중국 근대의 신상 紳商

마민馬敏 저

신태갑辛太甲·후걸侯杰 역

이 번역서는 동아대학교 학술연구번역지원
공모과제로 선정되어 동아대학교 번역총서
제74호로 출간되었음

도서출판 신서원

중국 근대의 신상

2006년 12월 20일 초판1쇄 인쇄
2006년 12월 25일 초판1쇄 발행

지은이 • 마민
역　자 • 신태갑 • 후걸
펴낸이 • 임성렬
펴낸곳 • 도서출판 신서원
서울시 종로구 교남동 47-2 협신빌딩 209호
전화 : (02)739-0222·3　팩스 : (02)739-0224
등록 : 제1-1805(1994.11.9)

ISBN • 89-7940-048-9

신서원은 부모의 서가에서 자녀의 책꽂이로
'대물림'할 수 있기를 바라며 책을 만들고 있습니다.
잘못된 책은 연락주세요.

中國 近代의 紳商

馬敏 著

辛太甲・侯杰 譯

한국어판 서문

한국어판 서문을 쓸 무렵 나는 마침 잇따라 열린 두 개의 학술대회에 참가했다. 하나는 소주상회蘇州商會[소주상업회의소] 설립 100주년을 기념하기 위해 소주에서 개최된 "근대중국 사회단체와 경제조직"에 관한 연구토론회였고, 다른 하나는 장건張謇을 기념하기 위해 북경에서 열린 "중화애국 프로젝트 2005우수논단[中華愛國工程2005高級論壇] - 장건의 애국실천과 당대 민영기업의 발전방향"에 관한 학술연구토론회였다. 이 두 학술대회는 모두 나의 오랜 주요 학문적 관심사와 밀접한 관련이 있다. 그것은 바로 상회사商會史와 신상紳商문제의 연구이다.

따지고 보면 당초 은사이신 장개원章開沅 선생의 깨우침 아래 이 두 개의 서로 밀접하게 연관된 연구영역에 종사하게 된 것은 벌써 20여 년 전의 일이다. 이 20여 년 동안 나는 의기양양한 청년학자에서 과중한 스트레스에 시달리는 중년으로 들어섰고, 학술적으로는 경험이 부족한 풋내기에서 점차 성숙한 단계로 접어들었다. 또 부지불식간에 급변하는 세상살이를 경험하기도 했다. 그러나 의아하게도 상회와 신상문제에 대한 흥미는 조금도 줄어들지 않고 오히려 더욱더 깊어만 갔다. 번잡한 대학 행정관리 업무로 인하여 시간적 여유가 없음에도 불구하고 나는 틈만 나면 붓을 잡았다.

상회문제에 관한 연구는, 주편을 담당하고 있는 5권의 『중국상회사中國商會史』 외에 주된 관심사가 당대의 상회와 행업협회行業協會에 관한 연구로 전이되었다. 이러한 측면에서 나와 화중사범대학華中師範大學의 상회 연구단체는 실로 많은 진전을 이룩했다. 당대 상회와 행업협회를 연구한 논저를 출판했을 뿐만 아니라, 전국공·상연합회와 호북성공·상연합회 사이의 밀접한 협력관계를 수립하기도 했다. 더욱이 무한武漢에서는 직접 요식업협회의 조사 연구에 참여하여 현지 행업협회의 발전을 촉진하기도 했다. 이를 통해 진실로 역사와 현실이 소통하는 연구의 즐거움을 느낄 수 있었다. 이러할 때 역사는 더 이상 휴지더미가 아니며 현실과 자연스럽게 연계되어 스스로 생명력을 회복하게 된다. 또 이것은 역사학의 선조 사마천이 수립한 "하늘과 사람의 관계를 탐구하고 고금의 변화를 통찰함으로써 스스로 하나의 체계적인 학설을 세운다"라는 명제에도 순응하는 것이다.

신상연구에 대한 관심은 최근 무의식중에 청말의 장원출신이자 강소성 남통南通사람인 장건張謇에게로 집중되었다. 잇따라 열린 몇 차례의 장건연구와 관련된 학술대회에 참가함으로써 이 청말민초의 가장 저명한 신상紳商인물에 대하여 많은 새로운 인식을 갖게 되었다. 장건은 일찍이 정치·학문·실업 3자의 관계에 대하여 논하기를 "정치란 군주와 재상의 일이고, 학문이란 사대부의 일이며, 실업이란 농·공·상의 일이다. 정치가 허상이면 실업은 실상이며, 정치가 원인이면 실업은 결과이다. 학문은 허실을 겸하는 것을 용도로 하고, 인과가 통하게 하는 것을 권세로 한다. 사대부는 민간에서 태어나지만 군주나 재상과 멀지 않으니 사회의 융성과 쇠퇴가 사대부의 책임이 아니면 누구의 책임이겠는가?"(張謇全集 제6권, 514쪽)라고 했다.

장건이 여기에서 이야기한 정치·학문·실업 3자의 관계는 사실상 관리·신사·상인 3자의 관계로 확대시킬 수 있다. 더 정확히 말하자면 그것은 곧 관리·신사·상인·학자 4자의 관계이다. 근대중국에서 이 4자의 관계는 중국사회의 성격과 방향을 결정하는 데 상당한 영향을 미쳤다. 왜냐하면 바로 이 4자가 근대사회 속의 상·중층사회를 구성했고, 공·농 중심의 하층사회가 일어나기 이전, 사회개혁의 추진력과 저항력은 종종 이 네 방면의 추동 혹은 반동에 의한 것이었기 때문이다.

신상문제 연구에서 최근의 핵심은 바로 이로부터 근대사회 관계의 변동 및 그 사회의 방향을 명시하는 것이다. 유사한 현상과 문제는 한국·일본 등 일찍이 유가사상의 영향을 받은 동아시아사회 모두에서 서로 다른 정도로 관찰되고 있다. 그러므로 우리는 이 문제에 대한 연구가 적어도 동아시아 근대사회 발전연구에서 아주 의미있는 것으로서 충분히 비교 연구할 만한 가치가 있다고 생각한다.

한국인 학자가 자진해서 졸저를 한국어로 번역하려고 한 이유는 중국의 학술연구 동향을 소개하려는 동기 외에도, 동아시아사회의 구성과 발전동력기제 방면에서 비교연구를 시도함으로써 더욱 깊이있는 역사해석을 실현하고자 하는 고려가 깔려 있는 것은 아닐까? 어쩌면 이것은 나의 현실과 동떨어진 억측에 불과할지도 모른다. 그러나 오늘날의 세계화 추세 아래 동아시아 지역사회의 발전에 대한 비교연구가 한층 강화되어야 한다는 것은 논쟁의 여지가 없는 사실이다. 졸저의 한국어판 출판이 이러한 연구추세를 촉진하는 데 일조할 수 있게 되기를 바란다.

본서의 한국어판 출판에 즈음하여 나는 특별히 남개대학南開大學의 후걸侯杰 교수에게 감사한다. 그가 이 졸저를 한국 동아대학교 사학과 신태갑 교수에게 적극 추천함으로써 한국학술계에 나의 연구성과가 소개될 수 있게 되었다. 물론 신태갑 교수에게도 깊은 감사를 표하는 바이다. 그는 나와 일면식도 없는데 오로지 친구의 소개와 자신의 판단에 따라 무수한 어려움을 극복하고 졸저의 번역을 결정했다. 이는 상당한 용기와 위험을 감내하는 의식이 필요한 일이다. 그러나 그가 번역을 마친 뒤에는 진정 마음으로부터 애초에 그것이 잘못된 선택이 아니며, 또한 사람을 잘못 본 것도 아니라고 느끼기를 희망한다. 나는 늘 믿고 있다. 진정한 학자는 심령이 서로 통하는 법이다. 왜냐하면 우리가 궁극적으로 함께 추구하는 것은 모두 진선미, 돈이나 권력과는 무관한 학문의 길, 곧 순수한 지식의 결정체이기 때문이다.

   이것으로 한국어판 서문을 대신한다.

마민馬敏

2005년 11월

무창武昌 계자산桂子山 자락에서

서 문

장개원章開沅

　최근 몇 년 이래 시민사회(civil society)와 공적 영역(public sphere)은 서양인 학자 (특히 미국의 중국 근·현대사 학자)에게 토론의 주된 관심사가 되었다. 메리 랜킨Mary B. Rankin의 절강浙江지방 엘리트에 대한 연구, 윌리엄 로우 William T. Rowe의 한구漢口의 상인조직에 대한 연구, 프라센지트 듀아라Prasenjit Duara의 산서성·하북성·산동성의 신정新政에 대한 연구는 대부분 청말민초 시기에 중국에서는 이미 어느 정도 시민사회와 공적 영역이 출현한 것으로 보고 있다. 그러나 저명한 학자인 프레드릭 웨이크먼Fredrick Wakeman, Jr.이나 필립 쿤Philip A. Kuhn 등은 상술한 관점에 대하여 부정적인 태도를 갖고 있다.

　지난 해 캘리포니아대학 샌디에고분교(UCSD)에서 강의를 하는 동안 나는 캘리포니아대학 로스앤젤레스분교(UCLA)에서 그들이 개최한 토론회에 참가한 적이 있다. 그 때 두 파 사이에 전개된 격렬한 토론은 나에게 깊은 인상을 주었다. 미국인 학자들은 사고가 적극적이고 개별연구를 통해 이론적 해석을 추구함으로써 늘 우리에게 약간의 새로운 시각과 사고, 그리고 참고할 만한 체계를 제공한다. 다만 사회-문화적 배경의 심각한 차이와 중문자료 해독의 어려움 때문에 그들의 진술과 판단은 때로 단편적이고 소략한 점이 있다.

　상술한 논쟁에서처럼 비록 부정론자들은 긍정론자들이 서양의 모델을 중국역사에 강요한다고 비판하고 있으나, 실제로 그들의 논술 역시 서양역사 모델의 영향을 완전히 벗어나지 못하고 있다. 이는 마치 폴 코헨Paul A. Cohen이 스스로 표방하는 중국 중심주의와 마찬가지로, 사실 그것 자체 역시 서양 중심주의의 그림자를 완전히 떨쳐버리지 못하고 있는 것이다.

국내에서든 국외에서든 나는 늘 젊은 학자들에게 "서양인 학자들이 상투적으로 사용하는 이론개념을 따라 선회할 필요는 없다"고 충고한다. 물론 그것은 결코 "서양인 학자들의 학술성과를 폄하하거나 배척하라"는 의미가 아니다. 중국사는 근원이 유구하고 독립적으로 발전한 대국의 역사이긴 하나 역시 세계사의 일부분이며, 아울러 시간이 지날수록 외부 세계로부터 보다 큰 영향을 받았다. 따라서 서양역사 모델은 중국역사를 연구하는 데 참조할 수 있다. 그러나 그것을 가지고 중국역사를 인지하고 판단하는 중요한 근거로 삼을 수는 없으며, 더욱이 함부로 그것을 차용하여 중국역사의 틀을 설명하고 해석해서는 안된다.

서양인 학자의 '시민사회'와 '공적 영역'에 대한 토론은 우리에게 '줄거리[線索]'·'분기分期'·'고조高潮'·'사건事件' 등의 공허한 격식으로부터 벗어나서, 중국의 중세기로부터 현대사회로 전환하는 곡절 많고 복잡한 역사적 과정, 현대화의 주요한 체제와 그것이 어떻게 탄생하고 변화했는지 그리고 현대화의 활동공간과 활동방식 등에 대하여 진지하게 연구하도록 촉구한다. 만약 우리가 노력하여 착실하게 이런 연구를 진행하지 않고 단순히 서양학자들의 뒤를 좇아, 개념에서 시작하여 개념에서 끝나는 방식으로, 중국에 '시민사회'와 '공적 영역'이 있었는지 없었는지에 대하여 논쟁한다면, 그것은 본을 버리고 말을 추구하는 것이며, 토교조주의土敎條主義에서 양교조주의洋敎條主義로 나가는 것이다.

아마도 바로 이런 생각 때문에 마민馬敏 교수는 장장 10년간의 시간을 들여 근대중국의 신상문제를 깊이 연구했을 것이다. 그 결과가 바로 지금 출판된 이 책 즉 『관상지간 : 격변하는 사회 속의 근대신상[官商之間 : 社會劇變中的近代紳商]』[역서명 : 『중국 근대의 신상』]이다.

이 책에서 다루고 있는 시간적 범위와 공간적 범위는 매우 넓다. 그것은 고대 '사士'계층의 대두, 전통 신사계층의 형성과 변천, 신사와 상인의 합류의 발생에서부터 근대 신상계층의 형성 및 그 역할과 작용에까지 이어져 있다. 동시에 이 책은 신상계층의 유형구분·사회속성·사회기능·정치참여에 대하여 검토했고, 이를 서양의 초기 부르주아 계급과 여러 범위에서 비교했으며, 아울러 '시민사회'와 '공적 영역'에 대한 견해를 서술했다. 책 속에 있는 신상에 관한 수량적 통계, 신상을 선비형·매판형·관료형으로 구분하고 각각에 대하여 분석한 것, 신상의 과도적 특징과 중개역할에 대한 이론적 탐구, '공'적 영역으로부터 근대 도시공익으로의 확장, 신식 상인사단[社團][결사단체]의 정합整合과 활동궤적 등에 관한 내용은 모두 심혈을 기울인 새로운 견해이다.

이 책은 근대중국의 신상紳商을 연구하는 데 도움을 줄 뿐만 아니라, 근대 중국사회의 변천과 구조, 그리고 체제변화에 대한 독자들의 총체적인 인식을 심화하는 데 기여할 것이다.

전후 서양에서 중국신상에 관한 연구는 매우 일찍부터 시작되었다. 1950년대 초에 이루어진 하병체[何炳棣]와 장중례[張仲禮]의 신사연구는 그 단서를 열었다. 1960년대 말에는 메리 라이트Mary C. Wright의 조직과 추진 아래 일군의 동·서양 학자들이 근대 신사 혹은 사회엘리트의 연구에 더욱 열중하여 허다한 서로 다른 관점을 가진, 그러면서도 매우 뛰어난 논저들이 출현했으며, 그 유풍과 여운은 아직도 사라지지 않고 있다.

이에 비해 중국에서 신상에 관한 연구는 시작이 늦었을 뿐만 아니라 장기간 비교적 냉대를 받았다. 그것은 아마도 역사학 영역의 범汎정치화라는 부정적인 영향과 관련이 있을 것이다. 즉 '신紳'이라는 말만 들으면 곧바로 '토호열신'을 연상하게 되어, 연구자가 꽁무니를 빼게 하거나 혹은 사고의 맥이 끊어지도록 했다. 1980년대 개별 신상인물(예를 들어 張謇과 周學熙 등)에 대한 연구가 상당히 발전했으나, 여전히 신상을 총체적이고 거시적으로 연구하는 전문서적은 나오지 않았다.

마민의 책은 이 방면의 부족함을 채워주고 있다. 그는 국내외 학자들의 기존 연구성과를 흡수하고, 이를 기초로 다시 자신의 진지한 새로운 견해를 덧붙였으며, 아울러 하나의 비교적 완전한 신상연구의 이론체계를 구축했다. 그는 1980년대 중기에 성장한 신세대 학자에 속하는데, 사고가 적극적이며 연구태도가 엄격하고 신중하다. 쉽게 글을 발표하지 않으나, 이미 출판된 논저는 대부분 그 분야의 학술을 새로운 경지로 끌어올렸다. 이 책의 출판은 그가 다시 한 단계 높은 경지로 도약했음을 의미한다.

나는 이 책이 완전무결하다고 생각하지 않는다. 국내학술계의 입장에서나 저자 개인의 입장에서나 신상연구는 아직 초보단계에 처해 있다. 중국의 전통사학은 대부분 왕조나 정부에 대한 연구를 중시했다. 1949년 이후에는 인민, 특히 하층민중에 대한 연구에 치중했다. 따라서 모두 정부와 백성 사이의 '크다고 할 수도 없으나 작지도 않은 공간'을 소홀히 했다. UCLA의 황종지黃宗智 교수는 일찍이 이를 '제3의 영역(the third realm)'이라고 했다. '제3의 영역'이라고 해도 좋고 '공적 영역(公衆領域)'이라고 해도 좋으나 '크다고 할 수도 없으나 작지도 않은' 이 공간을 탐색하는 것은 바로 그 공간에서 활동하는 사람과 일을 탐색하는 것이다. 그 속에는 신사紳士→신상紳商→신식 사회엘리트가 포함된다.

이 큰 과제는 학문적인 의미뿐만 아니라 현실적인 의미도 함께 지니고 있다. 어떻게 정부와 민중 사이에 적당한 공간을 유지하느냐, 어떻게 이 공간에서 '정부-중개中介-민중' 사이의 순조로운 상호작용 관계를 만들어 내느냐, 아울러 이것이 어떻게 사회의 건전한 성장을 촉진하는 양호한 환경이 되도록 하느냐 하는 것은 하나의 큰 학문이며 프로젝트이다. 이것은 결코 몇몇 역사학자가 탁상공론을 통해 능히 해결할 수 있는 문제가 아니다.

물론 사람들 역시 학자들에게 지나치게 큰 기대를 할 필요가 없다. 설령 학자들의 가장 훌륭한 연구성과라고 할지라도 그것은 단지 사회역사의 한 측면을 이해하는 데 필요한 열쇠를 제공할 따름이기 때문이다. 캐나다의 진지양陳志讓 교수는 일찍이 『군신정권軍紳政權』이라는 책을 쓴 적이 있다. 이 책은 분량은 많지 않으나 매우 치밀하여 우리가 정권구조라는 관점으로부터 근대 중국사회 역사를 이해하는 데 필요한 열쇠를 제공하고 있다. 마민의 이 책 역시 신상연구라는 관점에서 사람들에게 근대 중국국정의 내막을 살필 수 있는 열쇠를 제공할 수 있다면, 그것은 이 젊은 학자의 매우 큰 성공일 것이다.

이 책은 비록 신상계층의 생활방식과 망탈리테의 변화를 묘사하는 데 심혈을 기울였으나, 아직 그 내용이 충분하지 않다. 신상계층은 한 무리의 살아 움직이는 사람들이다. 그들의 생활과 망탈리테는 그들이 처한 사회지위와 마찬가지로 모두 신新과 구舊, 관官과 민民 사이에 끼여 있었고, 매우 풍부하면서도 다종다양한 내용을 갖고 있었다. 그들에게는 자신이 지향하는 포부와 사업상의 목표가 있었을 뿐만 아니라, 나름의 인간관계와 가정생활이 있었다. 그들의 일·보수·여가 내지 내면세계의 희로애락은 모두 갖가지 측면으로부터 이 계층의 공통성과 개별성을 반영하며, 모두 이 과도적 사회집단의 역할과 모습을 드러낸다.

물론 이 한 권의 내용에는 한계가 있어서 나처럼 만족할 줄 모르는 독자의 갖가지 요구를 다 채워줄 수는 없을 것이다. 따라서 혹 장래 필자가 또 다른 책을 출판하여 이 방면의 새로운 지식을 전해 줄 때까지 기다려 보는 것도 무방할 것이다. 이로써 서문에 갈음한다.

                      1994년 봄 계자산桂子山으로 다시 돌아온 뒤 1월에

[차 례]

한국어판 서문 · 5
서문 · 9

서론 : 신상 -하나의 역사적 투시점 · 19

제1장 신사와 상인의 합류에 관한 역사적 회고 -곰발바닥과 물고기

제1절 전통적 신사계층 · 33
   1. 사士계층의 대두 … 33
   2. 사대부의 세계 … 42
   3. 신사의 함의 … 53

제2절 고대의 상인계층 · 65
   1. 에피쿠로스의 신 … 65
   2. 4민사회의 질서 … 79

제3절 신사와 상인의 합류의 맹아 · 97
   1. 명·청시대의 사회변동 … 97
   2. 사와 상의 융합-초기의 신사와 상인의 대류 … 111

제2장 신상계층의 형성 -생존경쟁과 자연도태

제1절 천고변국의 충격효과 · 127
   1. 근대사회의 대변동 … 127
   2. 청말 중상주의의 대두 … 136

제2절 신사와 상인의 합류의 증강 · 151
   1. 상인에서 신사로의 전이 … 152
   2. 신사로부터 상인으로의 전화 … 162

제3절 신상계층 형성의 표지 · 173
    1. 신상의 함의 … 174
    2. 상회설립의 의의 … 180
    3. 신상의 수적 통계 … 192

제3장 신상의 사회적 해석 -사람은 같은 무리끼리 모인다

제1절 선비형 신상 · 197
    1. 상업에 종사하면서도 유학을 애호하는 유상儒商 … 197
    2. 장건과 경원선 … 204
제2절 매판형 신상 · 219
    1. 매판과 매판의 신사화 … 219
    2. 당정추와 정관응 … 227
제3절 관료형 신상 · 241
    1. 관상과 신상 … 241
    2. 성선회와 주학희 … 249

제4장 신상계층의 사회적 속성
    -장차 새롭게 될 것과 아직 새롭게 되지 못한 것 사이에서

제1절 전통과의 끊을 수 없는 인연 · 265
    1. 업종구성과 경영방식 … 265
    2. 향토연원 … 283
제2절 근대로의 진입 · 313
    1. 신상의 실업투자 … 313
    2. 새로운 운영방식 … 324
    3. 생활방식과 망탈리테의 미변微變 … 339
제3절 전형적인 과도계층 · 353
    1. 신상과 근대 부르주아 계급 … 353
    2. 과도적 특징과 중개역할 … 359
    3. 국제비교 … 366

제5장 신상의 사회적 작용 −독립사회의 기점

제1절 신상과 사회공익 · 375
    1. 공적 영역 … 375
    2. 근대 도시 공익사업의 확산 … 387

제2절 신상과 결사단체 · 414
    1. 전통 상인조직 … 414
    2. 신식상인 결사단체의 대두… 424
    3. 신식상인 결사단체의 정합 … 441

제3절 신상과 시민사회 · 454
    1. 도시자치에서의 신상 … 454
    2. 시민사회의 추형 … 471

제4절 신상과 남양권업회 · 487
    1. 중국 최초의 박람회 … 487
    2. 신상의 역할 … 495

제6장 신상의 정치참여 −상인의 깃발이 향하는 곳

제1절 신상과 민족주의 · 507
    1. 신상의 민족의식 … 507
    2. 미국상품배척운동의 영도자 … 518
    3. 이권회수의 중견역량 … 530

제2절 신상과 입헌운동 · 547
    1. 신상의 참정의식과 방식 … 547
    2. 헌정참여와 국회청원 … 558

제3절 신해혁명 전후의 신상 · 569
    1. 신상과 신해혁명 … 569
    2. 민국 초기 신상의 변천 … 594

여론餘論 : 현대화 진행과정에서의 관상관계 · 613

[부록] 1 : '신상'의 어의語義분석 · 634
[부록] 2 : '신상'의 어의 및 함의에 관한 몇 가지 검토 · 657
[부록] 3 : 청말 문헌 속의 광동'신상' · 677
참고문헌 · 703
후기 (1) · 716
후기 (2) · 719
역자후기 · 721
색인 · 727

□ 일러두기

1. 이 책은 馬敏 著,『官商之間 : 社會劇變中的近代紳商』(武漢 : 華中師範大學出版社, 2003)을 번역한 것이다.
2. 원서의 서술 가운데 문단이 지나치게 긴 것은 역자가 판단하여 단락을 세분했다.
3. 서명 혹은 잡지명은『　』로, 편명 혹은 논문명은「　」로 묶어 표시했다.
4. 역자가 주를 단 것은 [역주]라고 표시했다.

서론

신상
하나의 역사적 투시점

I

19세기 말 20세기 초 일련의 전례없는 사회변동과 더불어 중국사회에는 하나의 매우 특이한 사회계층 즉 '신상紳商'이 등장했다. 이 계층은 과거급제자로서의 공명功名과 직함職銜, 관리로서의 신분을 띠고 정계에 출입하고, 동시에 공·상업의 경영에도 널리 참여하여 부지런히 이익을 챙겼으며, 청말에서 중화민국 초기에 하나의 영향력있고 활동적인 사회집단세력이 되었다.

신상계층의 형성은 중국의 독특한 역사문화 전통, 사회구조와 기타 역사적 조건이 상호작용한 산물로, 이는 근대 중국역사 발전과정의 다양성과 특수성, 그리고 사회계급 구조의 다계층성을 드러낸다.

중국 전통사회에서 정치구조의 기본적인 특징은 관官·신紳·민民의 준관료(semi-bureaucracy)체계로 나타나며, 무한에 가까운 군주권력과 방대하고 질서있는 관료기구가 고도의 관료화된 전제국가 정권을 구성했다. 다만 소농경제와 향촌-동족(家族)제도의 발달로 말미암아 근대의 관료정권은 종종 현급縣級정도까지만 힘이 미칠 뿐이었다. 현급 이하 기층사회의 운영은 신사의 도움으로 유지했다.

신사는 특수한 사회지위를 누리며 문화와 지식을 장악하고 있었다.

그들은 출사하면 관리가 되고 물러나면 백성이 되어, 관과 민 사이의 중개인 혹은 교량의 역할을 담당함으로써 봉건-전제통치의 사회적 기초를 이루었다. 무릇 지방사회의 질서유지, 수리水利·도로·학교·자선 등 공익사업의 추진은 신사의 손을 거치지 않은 것이 없다. 따라서 관官·신紳·민民 3자의 복잡하고 미묘한 정치관계 속에서 신사가 맡은 사회적 역할은 관건적인 성격을 갖는다.

진나라에서 청나라에 이르기까지 중국 전통사회의 등급구조는 '사士·농農·공工·상商'의 피라미드식 기본구조로 되어 있었다. 이러한 사회 등급 구조에서 "4민四民을 순서대로 나열하면 사士가 가장 존귀한 위치에 있었다."[1]

신사와 상인계층의 경우, 하나는 4민 가운데 첫째 가는 자리에 있으면서 존경을 받았고, 다른 하나는 4민의 끝자리에 위치하여 사회로부터 경멸과 배척을 당했다. 그래서 둘 사이에는 넘기 어려운 사회등급의 깊은 골짜기가 있었다. 이른바 "선비士의 아들은 늘 선비가 되고, 농민의 아들은 늘 농민이 되고, 장인의 아들은 늘 장인이 되며, 상인의 아들은 늘 상인이 된다"[2]라는 것이다.

종래의 연구는 대부분 과거제도가 신사계층 내부구성원의 끊임없는 갱신을 초래하여 상대적으로 상하간의 사회유동을 강화하고, 이로부터 어느 정도 엄격한 등급구조 및 그것이 만들어낸 사회적 긴장과 모순을 완화시키며, 전제국가 정권의 상대적인 활력과 효율을 보증했다고 강조했다. 이것은 중국 전통농업사회가 서양 봉건사회와 다른 하나의 특징이었다. 아울러 이로부터 중국의 중앙집권적인 관료정치제도의 장기 지속

---

1) 「勸儒道者信道文」, 林樂知 主編, 『敎會新報』 1〈淸末民初報刊叢編 3〉(臺北:華文書局, 1968), 305쪽.
2) 「論居官經商」, 「申報」, 1883년 1월 25일.

을 설명했다.3)

이론상으로 말하면 이것은 옳다. 다만 이와 동시에 반드시 명확히 해야 할 것은, 사실상 중국 전통사회에서 사회유동은 단방향單方向적이며 그 가치지향은 '4민의 우두머리'인 신사계층에게 고정되어 있었다는 점이다. 과거제도와 서로 연계되어 있는 사회이동은 '사·농·공·상'이라는 사회계급 구조의 기본골격을 변화시킬 수 없었다. 이것은 그러한 사회이동이 사회계급 관계의 질적인 변화를 초래할 수 없었다는 의미이며, 신사집단이 여전히 사회이동의 합류점과 종착점으로, 전통사회 내부의 안정과 사회균형을 유지하는 데 신사계층이 아니고서는 불가능했다는 것을 말한다.

신사계층은 전통사회 등급구조의 중추이며 관료정치의 초석이었다. 따라서 근대 중국사회 계급관계의 전환을 고찰하기 위해서는 무엇보다 신사계층의 이동과 변천에 주목해야 한다. 만약 전통적 신사집단이 근대적 신사집단으로 전환하는 과정에서 '학문을 일으키고 인재를 길러' 신식 교육사업에 종사하기로 결심한 '학신學紳'이 봉건사대부로부터 근대 지식분자 혹은 자유직업인으로 나아가는 과도적인 중개교량이 되었다고 한다면, '신상'은 전통신사가 근대 공·상업 부르주아로 전환하는 중개교량이 되었다고 할 수 있다.

또한 이러한 전환은 상인이 신사가 되는 것과 신사가 상인이 되는 쌍방향적인 사회이동의 과정을 거쳐서 실현되었다. 결국 신사와 상인의 상호 삼투와 융합은 사·농·공·상이라는 귀천의 구별이 있는 전통구조를 타파하여, 등급구조의 양쪽 끝에 있던 신사와 상인이라는 두 개의 사회

---

3) Ping-ti Ho(何柄棣) 등의 저작 참조.

계층이 상호 접근하고 흡수되어 질적인 변화를 일으키도록 함으로써 근대적 요소를 가진 새로운 사회집단인 '신상'을 탄생시켰다.

신사 겸 상인인 신상은 이미 전통적인 의미의 신사나 상인은 아니지만 그렇다고 하여 진정한 근대 공·상업 부르주아의 자격을 갖춘 것도 아니며, 단지 이 둘 사이에 존재하는 '과도체過渡體' 혹은 '중개물仲介物'이었을 따름이다. 신상은 신·구 두 시대의 성격과 특징을 함께 가지고 근대 중국사회의 전환기적이고 과도기적인 역사과정을 나타내며, 근대 사회계급 관계의 전환을 고찰하는 데 필요한 절호의 역사적 투시점이 된다.

이미 고인이 된 저명한 역사학자인 진욱록陳旭麓 선생은 지적하기를 "〔상인으로서 신사가 되고, 신사의 신분으로 상인이 된〕 신상紳商과 향신鄕紳은 관리와 백성의 중개인으로, 전자는 대부분 도시에 거주하고 후자는 대부분 시골에 거주했다. 전자는 공·상업과 인연을 맺고, 후자는 종법이나 지대〔地租〕와 관련이 있었다. 그들의 신상身上에서 중국 근대사회의 맥락을 파악할 수 있다"4)라고 했다.

II

〔분산된 개별인물이 아니라〕 하나의 특정한 사회계층으로서 신상집단은 주로 이른바 '천고千古의 변국變局'이라고 하는 19세기 말과 20세기 초에 활약했다. 따라서 그들은 신해혁명사와 중국 민족 부르주아 계급을 연구하는 데 특별한 의미가 있다.

신해혁명의 성격에 관한 문제는 국내학자와 해외학자〔대만인 학자를 포

---

4) 『陳旭麓文集』(上海:華東師範大學出版社, 1997), 156쪽.

함)가 오래 동안 논쟁해 온, 그러면서도 아직까지 해결하지 못한 '미제사건'으로 남아 있다. 최근 20년 가까이 해외의 몇몇 신해혁명사를 연구하는 학자들은 각양각색의 '신사운동'설을 제기했다. 그들은 신해혁명 시기의 사회와 계급구조를 고찰하는 데 흥미를 가지고, 근대 중국사회의 내부운동으로부터 이 혁명의 사회-역사적 근원을 탐구하고자 했다. 그 가운데는 비록 몇 가지 새롭고 독특한 견해가 없지 않으나, 그들은 모두 서로 다른 정도로 신해혁명의 부르주아 계급적 성격을 부정했다.

어떤 학자는 단언하기를 신해혁명의 주역이었던 사신士紳은 "보수파이고 서양을 모방하는데 흥미가 없었으며" 따라서 신해혁명이 가져온 것은 단지 '정권교체'에 불과하다고 했다.5) 또 어떤 학자는 "이 혁명은 '근대'세력의 '전통'세력에 대한 승리가 아니라, 중국사회 내부의 장기적 권력투쟁이 정점에 달하여 표출된 것이다"라고 했다.6)

학자들 중에는 위의 견해에 완전히 찬성하지 않는 사람도 있다. 미국인 학자 조셉 에셔릭Joseph W. Esherick은 청말 도시의 전통 신사계층에서 발생한 분화와 전환을 홀시하면 안된다고 생각하고, '도시개량파 상류계층'이라는 용어를 가지고 신사계층으로부터 분화되어 나온 한 무리의 새로운 사람들을 묘사할 것을 제안하면서, 그들은 "분명히 구식 신사계층과 구별되지만 아직 부르주아 계급으로 성장한 것은 아니다"7)라고 했다. 프랑스의 여성학자 마리-끌레르 베르제르Marie-Claire Bergère는 더욱 명확하게

---

5) Chuzo Ichiko(市古宙三), "The Role of the Gentry : An Hypothesis", Mary Clabaugh Wright ed., *China in revolution : the first phase, 1900~1913*(New Haven:Yale University Press, 1968).
6) 〔美〕柯文(Paul A. Cohen), 「美國研究清末初中國社會」, 蔡尚思 等著, 『論清末民初中國社會』(上海:復旦大學出版社), 326쪽.
7) 〔美〕周錫瑞 著, 楊愼之 譯, 『改良與革命 : 辛亥革命在兩湖』(北京:中華書局, 1986), 81쪽.〔원전 : Joseph Esherick, *Reform and revolution in China : the 1911 revolution in Hunan and Hubei*(Berkeley:University of California Press, 1976)〕

지적하기를 청말에 일종의 신사와 상인이 합류하는 역사적 경향이 존재했으며, "사신士紳과 아직 명확한 사회적 지위를 획득하지 못한 신생의 〔상업〕 부르주아 계급은 이미 융합하여 하나의 신상계급을 이루었다"8)라고 했다. 일본인 학자 고지마 요시오小島淑男 역시 상해가 광복되는 과정에서 '상신商紳'계급이 영도작용을 했다고 하였다.9)

그러나 많은 학자들은 여전히 신해혁명의 부르주아 계급적 성격을 부정하고 있다. 베르제르는 지적하기를 신해혁명의 발생과 발전은 중국의 〔반〕식민지 상황을 배경으로 하는 것이기 때문에 그것은 "명백한 민족주의적 특징을 가지며" 서양적 의미의 '부르주아 계급혁명'10)은 아니라고 했다. 조셉 에셔릭은 신해혁명은 서구화되고 도시적이며 개량파에 속하는 상류계층이 영도한 사회변동이며, "여러 가지 면에서 1911년의 혁명은 매우 혁명 같지 않은 혁명이다"11)라고 했다. 에드워드 로우즈Edward J.M. Rhoads 역시 광동지역의 신해혁명은 사회혁명이 아니라, 차라리 한 차례의 "상인과 새로운 신사에게 유리한 도시화된 정치와 문화혁명"이었으며, 불행한 것은 상인이 하나의 새로운 정권의 기초를 형성할 만큼 충분히 강대하지 못했던 점이라고 했다.12)

이렇게 본다면 문제의 관건은, 여전히 신상계층의 사회적 속성을 어떻게 판단할 것인가, 신사집단의 근대적 전환을 어떻게 평가할 것인가

---

8) Marie-Claire Bergère, "The Role of the Bourgeoisie", Mary Clabaugh Wright ed., China in revolution : the first phase, 1900~1913(New Haven:Yale University Press, 1968), 240쪽.
9) 小島淑男,「辛亥革命における上海獨立と商紳層」, 東京敎育大學 文學部 東洋史學硏究室 等編,「中國近代化の社會構造: 辛亥革命の史的位置」(東京: 大安, 1960).
10) 주 8).
11) 〔美〕周錫瑞 著, 楊愼之 譯, 앞의 책,「引論」.
12) Edward J. M. Rhoads, China's republican revolution : the case of Kwangtung, 1895~1913(Cambridge, Mass. :Harvard University Press, 1975).

하는 점에 달려 있다. 이 책은 이런 문제를 다음과 같이 파악하고 있다.
 비록 신상계층은 전통신사나 구식 상인계층과 밀접한 역사적 연원을 가지며, 명백한 '과도기적' 특징을 가지고 있으나, 본질적으로 이 둘과 다르다. 그들은 새로운 시대분위기 아래서 '근대'적 가치를 지향했으며, 단순히 전통으로 돌아가자는 것은 아니었다. 그리고 그들은 비록 완전한 의미에서 근대 부르주아 계급과 등호를 그을 수는 없다고 해도, 이미 초보적으로 근대 공·상업 부르주아 계급이 갖고 있는 몇 가지 경제-정치-사상적 특징을 구비하고 있었다. 그들과 제국주의 및 봉건세력 사이에는 명백한 모순이 존재했으며, 그들은 초기 공·상업 부르주아 계급을 구성하는 근간이 되었다.13) 따라서 신상[혹은 새로운 신사]과 부르주아 계급이 동맹을 결성한 것이 아니라, 근대 신상계층 자체가 초기 부르주아 계급[전환· 형성과정 중에 있는 부르주아 계급]의 일부분으로 귀속된 것이다.
 전국적 범위에서 신상은 비록 그 수가 많지 않으나, 그들은 재력이 막강하고 특별한 사회적 지위를 누리며, 아울러 각종 유형의 신식사회 결사단체 조직과의 상호 연결을 통해 커다란 정치활동 에너지를 갖게 되었다. 초기 부르주아 계급이 참가한 청말의 이권회수운동·미국상품배척운동과 입헌운동에서 신상은 지도적이고 핵심적인 역할을 담당했고, 봉건전제체제를 전복하는 신해혁명에서 신상은 부차적인 역할을 담당했으며, 그들은 임기응변을 통해 혁명에 대하여 긍정적이고 부정적인 두 방면의 영향을 미쳤다.
 신해혁명의 성격은 근본적으로 단순히 참가자의 사회성분에 의해 결정되는 것이 아니다. 다만 부르주아화한 신상이 의거에 찬성하고 참가한

---

13) 이른바 초기 부르주아 계급은 부르주아 계급의 불완전한 형태 즉 과도적 형태를 가리키며, 시간적으로는 1860년에서 1913년까지를 말한다.

것은 얼마간 이 혁명이 갖는 부르주아 계급적 성격과 그것이 갖는 사회 계급 기초를 설명하는 데 도움을 준다. 적어도 '전통신사운동'설을 가지고 신해혁명의 부르주아 계급적 성질을 부정하는 것은 성립되기 어려운 것으로 보인다. 그것은 혁명의 큰 물결 속에 휩쓸려 들어갔던 신사는 이미 여러 가지 면에서 전통적인 신사가 아니었기 때문이다.

과거에 늘 말하기를 중국 민족 부르주아 계급과 봉건 전통세력은 천 갈래 만 갈래로 복잡하게 뒤얽혀 있었다고 했는데, 어떻게 연결되어 있었는가? 대부분의 경우 그것은 신상계층의 중계를 통하여 서로 연결되어 있었다. 신상계층 가운데 공명과 직함이 있는 상인이 주도적 지위를 차지했다는 사실은 한 걸음 더 나아가 중국에서 상업자본과 금융자본이 공업자본을 크게 앞서는 기형적 경제 발전이, 직접적으로 상업 부르주아 계급이 지배적인 지위를 점하는 기형적 계급구조를 이루고 있었음을 증명한다.

사람들이 전에 지적한 것처럼 중국의 상업자본은 서양 근대 상업자본과 다르다. 그것은 비록 공업자본과 일정한 관련이 있으나, 주로 여전히 소농경제 및 가내수공업과 상호의존적이었고, 어떤 상업자본은 계속적으로 봉건적 토지경영과 결부되어 있었다. 이것이 중국 초기 부르주아 계급으로 하여금 지주계급과 분명한 경계선을 긋지 못하게 했다.

다음으로 초기 부르주아 계급은 비록 이미 관료·사신士紳·지주와 구식상인으로부터 분리되어 나왔으나 다시 신상의 중계로 과거의 상태를 회복했다. 이것은 신흥 부르주아 계급이 정치상에서 발전을 도모하는 일종의 특수한 형식이며, 동시에 초기 부르주아 계급이 정치상에서 아직 완전한 독립과 충분한 발전을 이루지 못했다는 점을 반영한다. 이밖에 신상 가운데 일부구성원의 '사인士人'경력은 중국 부르주아 계급의 의식

형태에 대한 전통 유교문화의 영향이 그 뿌리가 깊어서 떨쳐버리기 어렵다는 것을 말한다.

　요컨대 중국 초기 공·상 부르주아 계급과 서양 근대 부르주아 계급은 '같은' 중에도 '다른' 것이 있었다. 후자와 비교하여 중국 부르주아 계급의 전반적인 정치투쟁 양상은 서양의 초기 부르주아 계급혁명과는 다른 몇몇 특징을 드러냈다. 왜 신해혁명 때 부르주아 계급과 그들의 급진적인 정치대표인 혁명파 사이에는 정치각성이라는 면에서 이와 같이 보기 드문 격차와 부조화가 존재했는가? 왜 신해혁명은 광범하고 심각한 사회변동을 조성하지 못하고 그처럼 빨리 유산되고 말았는가? 이 모든 것은 당연히 매우 복잡한 사회-역사적 원인이 있다. 다만 중국의 초기 부르주아 계급은 신상계층을 통하여 집중적으로 표출된 봉건 통치세력에 대한 심각한 유착성과 의존성 및 이로부터 초래된 경제와 계급구조의 치명적 약점을 갖고 있었는데, 이것이 그 중요한 원인 가운데 하나라고 하지 않을 수 없다.

III

　그런데 또 하나 흥미로운 문제는 왜 전통신사와 상인계층으로부터 근대 부르주아 계급으로의 역사적 전환은 반드시 신상계층을 통하여 '중간전환'되었느냐 하는 것이다.

　문화와 가치관이라는 점에서 볼 때 진나라 이래 중국은 기본적으로 '관본위'[14] 사회이며, 국가는 사회생활 가운데 매우 중요한 위치를 차지

---

14) [역주] '官本位'란 모든 일에 있어 官을 기본으로 하며, 官을 귀히 여기고, 官을 영예롭게 생각하

했다. 층층으로 통제되는 방대한 관료기구는 국가의 행정·입법·사법·군사·재정을 단단히 장악하고 있었을 뿐만 아니라, 직접적으로 사회경제 생활과 문화의식 형태에 간여했다. 관료체제의 최고대표인 황제는 신민에 대해 생사여탈의 절대권력을 가지고 있었다. 그래서 "주는 것도 군주에게 달려 있고 빼앗는 것도 군주에게 달렸으며, 가난하게 되는 것도 군주에게 달렸고 부자가 되는 것도 군주에게 달려 있다. 그러므로 백성은 해와 달처럼 군주를 떠받들고 부모처럼 군주를 섬긴다"15)라고 했다. 이러한 사실은 중세 서구사회에서 국가의 조직이 느슨하고, 사회생활에 대하여 간섭할 능력이 부족하여 약간의 공·상 자치도시가 존재할 수 있었던 상황과 선명한 대조를 이룬다.

당나라 이후 과거제도는 권력·지위·부와 학식을 결합하여 도시와 향촌에 분포하는 신사계층을 탄생시켰고, 학문을 익혀 과거에 응시하고 출사하여 관리가 되는 것은 식자계층이 반드시 거쳐야 하는 길이 되었으며, 사회 전체에 만연된 '관본위' 의식을 더욱 강화했다. 과거제도가 더욱 완비된 송대에 민간에서 매우 널리 유행했던 유명한 구절이 있었는데, 그것은 바로 "모든 것이 다 비천하나 오직 독서만이 고귀하다"라는 말이었다. 독서가 고귀한 까닭은 오로지 그것이야말로 출사하여 관리가 될 수 있는 첩경으로, "남아가 평생의 뜻을 이루고자 한다면, 창문 앞에 앉아 부지런히 경전을 읽어야 했기"16) 때문이다. '관본위'의 구조 아래 행

며, 官을 표준으로 하며, 관직을 사람의 가치를 가늠하는 가장 기본적이고도 최종적인 표준으로 간주하는 의식을 말한다.
15)『管子』,「國蓄」.
16) 〔역주〕 宋 眞宗이 지은 「勸學詩」의 한 구절로, 원서의 "占經勤向富前讀"은 "六經勤向窓前讀"으로 수정되어야 한다. 「勸學詩」의 전문은 다음과 같다 : "富家不用買良田, 書中自有千鐘粟. 安居不用架高堂, 書中自有黃金屋. 出門莫恨無人隨, 書中車馬多如簇. 娶妻莫恨無良媒, 書中有女顔如玉. 男兒欲遂平生志, 六經勤向窓前讀."〔金學主 譯著,『新完譯 古文眞寶』(前集)(서울:明文堂, 2005), 39~41쪽 참조〕

정권력이 무엇보다 우위에 있는 상황에서, 정치권력을 이용하여 재물을 획득하는 것은 재물을 가지고 권력을 얻는 것보다 쉬우며, 이것은 결국 부유함은 고귀함에 의지하고, 재물은 권세에 의지하며, 권세를 가지면 돈이 생기게 만들었다. 이른바 "책 속에 곡식이 가득하고… 책 속에 황금가옥이 있다"라는 것은 한 마디로 천기를 갈파한 말이었다.

이로부터 다음과 같은 사실을 이해하는 것은 그다지 어려운 일이 아니다. 즉 관본위사회가 근대 공·상업 사회로 나아가는 과도기에 놓였을 때, 돈과 권력이 새로운 시대조건 아래서 광범하게 결합하기 위해서는, 반드시 관리와 상인 사이에 끼어 있는, 봉건특권과 근대자본 사이에 끼어 있는 '신상'이라는 특수한 사회집단의 도움을 받지 않으면 안되며, 신흥 사회세력은 단지 부와 정치권력의 견고한 연계 속에서, 다시 말해 권력과 돈이 결합하는 가운데서 비로소 방해하는 힘을 물리치고 시기에 순응하여 생겨날 수 있다는 것이다. 1905년 과거제도가 폐지된 뒤 지위와 권력을 이용하여 부를 얻는 추세는 더욱 촉진되었으며, '신사가 상업을 경영하는 것'은 공전의 유행이 되고 전례없이 보편화되었다.

전통적 관본위사회의 유풍에 영합하면서 능히 서양 상품경제의 도전에도 적절히 순응할 수 있었던 신상계층의 존재는, 중국 근대사회의 전환기에 거대한 사회적 충돌과 긴장을 다소 완화함으로써, 중국과 서양의 전혀 다른 사회가치체계가 융합하는 데 필요한 모종의 원만한 사회적 메커니즘을 제공했다. 비록 그 작용은 단기적이고 임시적이긴 했지만, 이곳에서부터 저곳으로 도달하게 하는 일종의 '교량'과 같은 역할을 했다.

따라서 중국 근대 공·상업 부르주아가 반드시 관리 겸 상인인 신상계층을 통해 전환되는 과도기를 겪어야 한다는 것은 전통이 그렇게 만든 것이며, 시대가 그렇게 만든 것임을 알 수 있다.

세월이 흘러 지금 우리는 개혁을 통하여 사회주의 시장경제를 향해 매진하는 시점에 와있다. 비록 '신상'은 일찌감치 흘러간 과거이며 역사의 옛 자취가 되었으나, 관본위 의식은 문화심리 구조의 침전과 유전을 통하여 여전히 사라지지 않고 있다. 오늘날의 '관상官商'[17])과 '관도官倒'[18])는 전날의 '신상'과 '직상職商'의 되박이가 아니겠는가?

비록 시대적 배경이 같지 않고 명목과 호칭이 각기 다르다고 해도, 사회적 특권을 이용하여 재물을 모으는 것, 정치를 배경으로 치부하는 것, 금전과 권력이 결탁하는 것은 매한가지이다. 다른 것이 있다면, 당시의 역사적 조건 아래서 신사와 상인의 합류는 역사적으로 모종의 진보적인 의미가 있고, 어느 정도 전통사회 계급구조로부터 근대사회 계급구조로의 전환을 촉진했으며, 신흥 부르주아 계급의 탄생을 앞당겼다. 그러나 오늘날의 '관상'과 '관도'는 오히려 백해무익하며, 그들은 단지 시장 메커니즘의 성장을 방해하고, 현대 기업정신을 말살함으로써, 현대화 건설이라는 대세를 그르치고 있다는 것이다.

19세기 영국의 역사가 액튼 경은 "권력은 부패를 낳으며, 절대권력은 절대적으로 부패한다"라는 명언을 남겼다. 더욱이 권력과 금전이 부정한 방식으로 결탁할 때 부패현상이 거의 필연적으로 동반된다. 이러한 의미에서 중국사회의 진보와 현대화의 실현을 위해서는 분명히 '관'과 '상'을 더욱 분리시킬 필요가 있다.

이러한 점에서 볼 때 '신상'에 대한 역사적 연구는 현실적 의의가 있

---

17) 〔역주〕官商은 국영 상업을 가리키는 것으로, 늘 모종의 정당하지 못한 기풍을 비판하는 말로 사용되며 폄하의 의미가 내포되어 있다. 또 전통사회에서 관청의 허가를 받아 상업을 경영하는 사람을 가리키기도 한다. 예를 들면 고대 鹽商은 官商 가운데 하나였다.

18) 〔역주〕官倒는 영도계층에 있는 간부들이 직권을 이용하여 부당한 방법으로 장사를 하여 이익을 챙기거나, 혹은 자녀나 친척이 장사를 하여 폭리를 취하는 행위를 방조하는 것을 말한다. 간단히 말해서 상인과 결탁하여 제 주머니를 채우는 탐관오리를 가리킨다.

는 과제라고 할 수 있다. 당시의 역사는 이미 과거가 되었지만, 과거는 현재를 비추고 미래를 예측할 수 있게 한다. 만약 이 조그마한 책 속에 서술된 당시의 역사와 그 특수한 사회집단에 대한 연구가 오늘을 사는 사람과 이 시대에 얼마간 도움이 될 수 있다면, 더 이상 바랄 것이 없겠다.

□쉼터

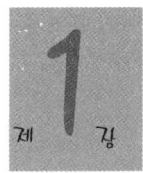

곰발바닥과 물고기

"물고기[재물]도 내가 원하는 것이요, 곰발바닥[권력]도 내가 원하는 것이나, 둘 다 얻을 수 없다면 물고기를 버리고 곰발바닥을 택할 것이다."
[『맹자』「고자」상]

신사와 상인의 합류에 관한 역사적 회고

제1절 전통적 신사계층

중국 근대의 신상紳商은 고대사회의 전통적 신사와 상인이라는 양대 사회계층에서 기원한 것으로, 이 양대계층이 장기간 융합한 결과이다. 따라서 근대 신상문제를 토론할 때는 우선 탐색의 렌즈를 머나먼 고대에 맞추어서 신사와 상인이라는 이 양대 사회계층의 역사적 변천과정을 살펴볼 필요가 있다.

1. 사士계층의 대두

중국 신사계층의 기원은 춘추전국시기의 '사士'에까지 소급될 수 있다. 춘추 이전에 '사'는 기본적으로 서주 봉건등급제도 가운데 들어 있는 하나의 계층으로, 그 사회적 등급은 '대부大夫'의 아래였다. 북궁의北宮錡가 주대周代의 작록爵祿 등급제도에 대하여 묻자, 맹자는 대답하기를 "천자天子가 한 계급이오, 공公이 한 계급이오, 후侯가 한 계급이오, 백伯이 한 계급이오, 자子와 남男이 같이 한 계급이니 전부 다섯 등급이다. 군주君가 한 계급이오, 경卿이 한 계급이오, 대부大夫가 한 계급이오, 상사上士가 한 계급이오, 중사中士가 한 계급이오, 하사下士가 한 계급이니 전부 여섯 등급이다"라고 했으며, 봉록에 대해서는 "군주는 경의 녹祿의 열 배요, 경의 녹은 대부의 세 배요, 대부는 상사의 배요, 상사는 중사의 배요, 중사는 하사의 배요, 하사와 평민(庶人)으로서 벼슬에 있는 자는 녹이 같으니 녹이 충분히 그 경작하는 수입을 대신할 만했다"1)라고 했다.

 맹자가 여기서 이야기하는 '작爵'은 봉건등급제에서 신분과 지위를 표시하는 칭호로, 천자가 친히 하사하며 세습이 가능했다. 서주시대에 엄격한 오등五等 혹은 육등작제六等爵制가 존재했느냐 하는 문제는 근세의 사가들이 대부분 의심하는 바이다. 그러나 일반적으로 서주시기에는 확실히 혈연관계에 의해 정해진 제후·대부·사의 작위등급이 존재했고, 게다가 관官과 작爵이 하나로 합쳐져 있었는데, '작'은 지위의 존비를 결정하고 '관'은 직무의 대소를 규정했으며, 이로부터 뛰어넘을 수 없는 엄격한 봉건등급제가 형성되었다고 본다.

 예를 들어 제사의 경우 "제후는 하늘과 토지·일월성신 및 국경 내의 산천에 제사지낼 수 있으며, 경대부는 예에 따라 제사지낼 수 있고, 사서인士庶人은 단지 자기 조상에게만 제사지낼 수 있었다."2) 또 예를 들어 장

---

1) 『孟子』, 「萬章」下. (역주) 한상갑 역, 『맹자·대학』(사서집주 Ⅱ)(서울:삼성출판사, 1982), 262~264쪽 : 성백효 역주, 『현토완역 맹자집주』(서울:사단법인 전통문화연구회, 1991), 292~293쪽 참조.
2) 『國語』, 「楚語」下.

례의 경우 "천자는 관곽棺槨이 일곱 겹이요, 제후는 다섯 겹이요, 대부는 세 겹이요, 사는 두 겹이었다."3) 경제적 지위면에서도 "공은 공봉貢奉을 누리고, 대부는 봉읍의 소득으로 생활하고, 사는 소유한 토지로 생계를 유지하며, 서인은 노동으로 먹고 살았다."4)

춘추전국시대에 사회의 혼란이 극심하여 등급질서가 붕괴하고, 각 제후국 사이에는 정벌전쟁이 끊임없이 발생하여, 이전에 볼 수 없었던 사회계급의 '대류'를 촉진했다. 이른바 "영명한 군주가 출현하지 않으면서 제후들이 무력에 의지하여 서로 정벌하고, 처사處士들이 거리낌없이 국사를 논의하여, 천하가 양주楊朱·묵적墨翟 같은 사람들의 언론으로 가득 차게 되었다"5)라는 것이다. 귀족과 평민계급 사이에 위치한 '사士'는 꼭 알맞은 상하이동의 합류점(匯合點)이 되었고, 그 대열이 신속하게 확대되면서 각 제후국에서는 '양사養士'의 풍조가 크게 성행했다.

제나라 맹상군, 조나라 평원군, 위나라 신릉군, 초나라 춘신군의 문하에 기거하는 사는 각각 1천 명 이상이었다. 그 가운데는 귀족이 몰락하여 '사'가 된 사람도 적지 않았다. 그러나 더욱 보편적인 것은 서민이 상승하여 '사'가 된 사람들이었다. "설령 서민의 자손이라고 할지라도 학문을 익혀 지식을 쌓고 품행을 단정하게 하여 행동이 예의에 부합되면 경卿·상相·사대부의 반열에 오를 수 있었다."6) 이것은 하층서민도 '학문'의 길을 통하여 사의 대열에 진입할 수 있었음을 가리킨다. 그 실례를 『여씨춘추』 존사편에서 찾을 수 있다.

---

3) 『莊子』, 「天下」.
4) 『國語』, 「晉語」4.
5) 〔역주〕『孟子』, 「滕文公」下.
6) 『荀子』, 「王制」.

자장子張은 원래 노나라의 보잘것없는 촌사람이었고, 안탁취顔涿聚는 본래 양부산梁父山의 도둑이었으나 그들은 공자에게 학문을 배웠다. 단간목段干木은 원래 진晉나라 시장의 거간꾼이었으나 자하子夏에게 학문을 배웠다. 고하高何와 현자석縣子石은 본래 제나라의 폭도로 향리에서 쫓겨났으나 묵자에게 학문을 배웠다. 삭로삼索虜參은 원래 동방의 유명한 협잡꾼이었으나 금활려禽滑黎에게 학문을 배웠다. 이 여섯 사람은 본래 죽음의 형벌을 받고 치욕을 당해 마땅한 사람이었다. 그런데 지금 비단 형벌과 치욕을 면했을 뿐만 아니라, 천하의 명사와 현인이 되어 천수를 다 누렸으며, 이로 인하여 왕공·대인들이 예를 갖추어 그들을 상대했다.

계명구도鷄鳴狗盜의 무리 역시 '학문'을 익혀 왕공·귀족의 예우를 받는 '문사文士'가 될 수 있었다. 이것은 전에는 상상도 할 수 없었던 일이다. 군공제도가 활성화됨에 따라 일군의 공을 세운 평민들은 공로로 상을 받고 신분이 상승하여 '무사武士'가 되었다. 예를 들어 고힐강顧頡剛 선생은 이르기를 "그러나 전국시대는 정벌전쟁이 가장 격렬했던 시기로 비단 [무사의] 공로를 폐지할 수 없었을 뿐만 아니라, 그들의 죽음도 불사하는 의로운 정신도 춘추시대보다 고상했다. 따라서 사 가운데 무예를 숭상하는 사람 역시 적지 않았다. 그들은 스스로 하나의 집단을 이루어 문사와 섞이지 않았다"7)라고 했다.

'사'의 수적인 격증과 성격의 변화는 사회계급 관계에 영향을 미쳐 "사의 자식이 늘 사가 되는" 등급제한을 타파했으며 '사'로 하여금 점차 하나의 방대하고 다양한 사람들을 포함하는 사회계층으로 변하도록 했다. 이 계층은 귀족과 평민의 중간에 위치했다. 이렇게 피차간을 연결하는 중간 전환지대가 만들어진 것은 춘추전국시대에 봉건군주제로부터 통일된

---

7) 顧頡剛, 「武士與文士之蛻化」, 『史林雜識初編』(北京:中華書局, 1963).

관료제국으로 전환하는 과도기 시대적 특징을 집중적으로 반영한다.
 등급으로서의 '사'와 계층으로서의 '사'의 본질적인 차이는 다음과 같은 점에 있다. 등급으로서의 사는 혈연-종친관계를 바탕으로 하고 세습과 계승이 가능하며 명확한 경제적·사회적 지위가 있었다. 이에 비해 계층으로서의 사는 일반적으로 고정된 명분과 직업이 없어 한자리에 머무르지 않고 이리저리 옮겨다니며, 관직과 작록은 세습과 계승이 불가능했다. 이른바 "고정된 재산이나 수입이 없음에도[無恒産] 굳은 신념을 지킬 수 있는 사람은 오직 사뿐이었다"[8]라는 것이다.
 선진제자先秦諸子의 기록에 따르면, 사계층은 대체로 아래와 같은 사회적 성격특성 혹은 기본적인 정체성을 갖고 있었다.
 첫째로 "사는 진리를 추구하는데 뜻을 두며"[9] 큰 이상과 포부를 안고 개인적인 이익을 초월하여 도의와 사회에 대한 궁극적인 관심을 표출했다. 『논어』 태백편에 이르기를 "사는 포용력이 넓고 의지가 굳지 않아서는 안된다. 〔그의〕 책임은 무겁고 길은 멀다. '인仁' 그것을 자기의 임무로 삼고 있으니, 어찌 〔그 임무가〕 무겁지 않겠으며, 〔그의 사명은〕 죽은 뒤에야 끝이 날 것이니 어찌 멀지 않겠는가?"[10]라고 했다. 제齊나라의 왕자 점墊이 맹자에게 묻기를 "사는 무엇을 일삼아야 합니까?"라고 하니 맹자가 대답하기를 "뜻을 고상하게 할 것이다"[11]라고 했다. 또 이르기를 "사는 궁하여도 의를 잃지 아니하며, 뜻을 이루어도 도를 떠나지 아니한다"[12]라고 했다. 공자와 맹자의 사에 대한 요구는 비록 상당히 이상적인

---

8) 『孟子』, 「梁惠王」上.
9) 〔역주〕 『論語』, 「里仁」.
10) 〔역주〕 박유리 편저, 『논어 해설』(서울:국학자료원, 2005), 248쪽.
11) 〔역주〕 원문수정 : '有志'→'尙志'.
12) 『孟子』, 「盡心」上. 〔역주〕 한상갑, 앞의 책, 340쪽 참조.

색채를 띠고 있으나, 사가 그들의 정신세계에서 추구하는 바를 잘 지적하고 있다.

둘째로 사는 출사하여 정치에 참여하는 것을 자신의 이상을 실현하는 길이라고 생각했다. 주소周霄가 맹자에게 묻기를 "예전에 군자는 벼슬을 했습니까?"라고 하자, 맹자가 대답하기를 "벼슬을 했다. 전傳에 말하기를 '공자께서는 3개월 동안 섬길 군주가 없으면 황황한 듯이 하시었다'"13)라고 했다. 맹자는 또 말하기를 "사가 지위를 잃음은 제후가 나라를 잃음과 같고… 사가 벼슬을 하는 것은 농부가 밭을 가는 것과 같다"14)라고 했다. 묵자도 사의 출사에 대하여 같은 견해를 갖고 있었다. 그는 "지금 천하의 왕공·대인·사군자가 만약 국가를 부강하게 하고, 인구가 번성하게 하고, 법과 정치가 공평하며 합리적이게 하고, 사직을 안정시키려고 한다면, 상동尙同15)의 도리를 살피지 않으면 안된다"16)라고 했다. 사가 치국평천하를 자신의 천직으로 생각했음은 분명한 사실이다.

셋째로 사는 특별히 인격과 도덕의 수양을 추구하며, 출사하여 관리가 되더라도 완전히 권세에 굴복하지 않는 일종의 초연하고 독립적인 인격을 갖고 있었다. 『순자』 영욕편에 이르기를 "오직 정의로움만 있다면 권세에 굴복하지 않고, 개인의 이익을 돌보지 않고, 온 나라 사람이 다 반대한다고 해도 자신의 관점을 바꾸지 않고, 비록 생명이 소중하나 오히려 정의를 지키며 타협하지 않는 것이 바로 사군자士君子의 용기이

---

13) [역주] 성백효, 앞의 책, 172쪽 참조.
14) 『孟子』, 「滕文公」下. [역주] 한상갑 역, 앞의 책, 161~162쪽 참조.
15) [역주] 묵자의 정치사상. 尙同은 上同 즉 아랫사람이 윗사람에게 동의하는 것을 말한다. 묵자는 지위가 낮은 사람은 차례로 지위가 높은 사람에게 복종해야 하는데, 예를 들면 家君은 國君에게 복종하고, 國君은 天子에게 복종함으로써 천하의 의견이 하나로 통일되는 세상을 이루어야 한다고 주장했다.
16) 『墨子』, 「尙同」中.

다"라고 했다. 여기서 말하는 '사군자'는 당연히 사의 상품上品에 속하는 사람들이다. 그들은 늘 사계층의 도덕적 가치추구를 대표하고 체현했으며 "궁窮하면 곧 그 몸을 홀로 선善하게 하고, 뜻을 이루면 곧 천하를 겸하여 선하게 했다."17)

넷째로 사는 일반적으로 이리저리 옮겨 다니는 것을 좋아하여 반드시 한 군주만을 섬기지 않았다. 이것은 대변동 시기의 사회적 유동성을 반영하는 것이며, 이 때문에 전국시대의 사를 '유사游士'라고도 했다. 공자는 "사士라고 하더라도 편안함만을 생각한다면, 그를 사라고 할 수가 없을 것이다"18)라고 했다. '합종'과 '연횡'을 주장한 소진蘇秦이나 장의張儀 등 유명한 '변사辯士'는 썩지 않는 세치 혀에 의지하여 각국의 군왕들 사이를 주유했다.

그렇다면 사계층의 근본적 사회정체성은 무엇인가?

과거 중국학계에서는 대부분 신흥 지주계급이라는 말로 사의 계급적 속성을 규정했다. 이러한 관점에서 사계층의 대두는 신흥 지주계급이 몰락한 노예주계급을 대체하는 역사적 변동이며, 이는 봉건제가 노예제를 타도하는 서막이라고 했다. 그러나 위에서 인용한 "사는 고정된 재산이나 수입이 없다"라는 사료를 통해서 보면, 경제적 지위라는 점에서 사를 지주계급에 귀속시키는 것은 성립되기 어려운 학설처럼 보인다.

이러한 점에 느낀 바가 있어 고힐강 선생은 아주 일찍부터 전국시대의 사는 '무사'가 '문사'로 탈바꿈한 것이며, 그들 가운데 "대부분의 사람들은 지식과 능력의 획득에 치중하여… 오직 독서에 전념하며 사색하고 탐구하는 일에 몰두하는 방식으로 존귀와 영광을 얻는 것을 목표로 했

---

17)『孟子』,「盡心」上. 〔역주〕성백효, 앞의 책, 380쪽 참조.
18)『論語』,「憲問」. 〔역주〕박유리, 앞의 책, 455쪽.

다"19)라고 했다. 이것은 사가 갖는 지식분자로서의 특징을 처음으로 명시한 것이다.

여영시余英時 선생은 중국 지식분자의 역사적 발자취를 탐구한 그의 유명한 책에서 더욱 명확하게 제기하기를 "'사'는 지식분자의 가장 중요한 역사적 근원인데, '사'가 고정된 봉건 신분질서 속에서 해방되어 자유롭게 이동할 수 있는 4민四民의 우두머리가 됨으로써 중국 고대에 비로소 엄격한 의미의 지식분자가 출현할 수 있었다"20)라고 했다.

사는 분명 하나의 사회계급의 개념이 아니며, '사'가 '사'인 것은 주로 경제적 지위에 의해 결정되는 것이 아니다. 따라서 지식분자의 역사적 근원이라는 맥락에서 사의 사회적 정체성을 탐구하는 것이 보다 합리적으로 보인다. 다만 주의할 점은 사는 일반적인 의미[더욱이 서양적인 의미]의 지식분자가 아니라 관과 긴밀하게 결합된 지식분자 혹은 고도로 정치화된 지식분자라는 점이다.

하나의 사회계층으로서 사의 근본적인 특성은 그것이 갖는 포용성과 불확정성 그리고 과도성에 있다. 사는 중국 고대 지식분자의 원시적 형태일 뿐만 아니라 중국 문관계층의 원시적 형태이며, 어떤 의미에서 그것은 신흥의 군공軍功이 있는 지주계급과 무관계층의 원시적 형태였다. 지식·덕행·용력은 사를 구성하는 3원색이며, 이 3원색으로부터 사의 다양한 외재적 형상이 만들어졌다.

종적인 의미로 말하면 사는 사회의 상층[귀족]과 하층[평민] 사이의 중간자로, 상하대류의 통로를 이루었다. 횡적인 의미에서 사는 사회 각 직업계층의 중간자로서 각 사회계층의 상호 융합을 반영하며, 하나의 거대한

---

19) 顧頡剛, 앞의 글.
20) 余英時, 『士與中國文化』(上海: 上海人民出版社, 1987), 87쪽.

용기容器로서 많은 유동적인 사회성분을 포용했다. 또 하나의 힘차게 용솟음치는 샘물로서, 지식분자를 포함한 많은 새로운 사회계층을 배출함으로써 중국사회 계급관계의 변화가 복잡다단한 시대로 진입하도록 했다. 이러한 사실은 두 가지 면에서 증명된다.

첫째로 사계층의 직업은 범위가 광대하여 거의 모든 것을 망라했다. 단지 『장자』 서무귀편의 사에 대한 분류만 보더라도 '지사知士' '변사辯士' '찰사察士' '포세지사抱世之士' '중민지사中民之士' '반력지사盤力之士' '용감지사勇敢之士' '병혁지사兵革之士' '고고지사枯槁之士〔隱士〕' '법률지사法律之士' '예교지사禮敎之士' '인의지사仁義之士' 등등이 있다. 기타 선진시기 문헌에도 '호분지사虎賁之士' '검사劍士' '상고지사商賈之士' '책사策士' '교사敎士' '이사吏士' 등이 보인다. 단지 전국시대 사서에 보이는 문사에 관한 각종 칭호만 하더라도 30~40종이 넘는다고 한다. 이것은 사계층의 사회적 성분이 그만큼 복잡했다는 것을 의미한다. 따라서 '지식분자'라는 개념만으로 그 전부를 포괄할 수 없다.

둘째로 사계층은 등급구조가 복잡했다. 사 자체는 하나의 다계층〔多層次〕구조에 속하는 사회계층으로, 상사의 아래는 중사가 있고, 중사의 아래는 하사가 있으며, 재산으로 나누면 빈사貧士의 위에 자경지사自耕之士가 있고, 자경지사의 위에 부사富士가 있었다. 빈사로는 장의張儀 같은 사람이 있었는데 "가난하여 행실이 좋지 않은" 지경이었다.21) 장자조차도 유명한 궁사窮士였는데, 그는 늘 누덕누덕 기운 거친 베옷을 입고 있었다.

사계층의 구성원이 처한 처지의 차이는 실로 놀라울 정도였다. 높은 사람은 왕후경상王侯卿相의 상빈上賓으로 대접받는 사람이 있었다. 『묵자』22)

---

21) 『史記』, 「張儀列傳」. 〔역주〕 원문수정 : "非世惡利, 自托於無爲"→"非世而惡利, 自託於無爲".
22) 〔역주〕 원문에서는 『荀子』, 「親士」편이라고 했으나 이 말은 『墨子』, 「親士」편에 나오는 말이다.

친상편에는 "국가의 보물을 돌려주는 것보다 현명하고 재능있는 사람을 국왕에게 추천하는 것이 낫다"라고 하여 사를 국보로 간주했다. 낮은 사람은 하인이나 계명구도鷄鳴狗盜 같은 무리와 어울려 다니는, 지극히 가난하고 천한 사람도 있었다. 이사李斯가 장차 서쪽으로 진秦나라에 들어가 유세하려고 할 때, 스승인 순경荀卿에게 하직인사를 하며 이르기를 "… 비천함보다 더 큰 부끄러움은 없고 빈궁함보다 더 심한 슬픔은 없습니다. 오랫동안 비천한 지위와 고달픈 지경에 놓여 있으면서 세상을 비관하고 이기심을 탓하여 실행하지 않는 것에 자신을 의탁한다면, 이는 사의 진심이 아닐 것입니다"23)라고 했다. 말속에 곤궁하고 비통한 심정이 넘치고 있다.

사계층의 포용성·불확정성과 과도적 특성은 이후 사계층의 한층 진전된 분화와 조합을 위한 복선이 되었다. 이러한 분화와 조합은 진·한이라는 대 통일제국에서 한층 강화된 사회계급 관계의 대조정大調整에 의해 전개되었다.

2. 사대부의 세계

'사대부'라는 말은 역대의 서적에 계속 사용되어 왔다. 역사연구자들 역시 이를 하나의 독립된 사회계층으로 간주하고 있으나, 사실 '사대부'의 함의는 시대와 사회에 따라 달랐다. 단지 일반사람들이 그 사실을 알아차리지 못했을 뿐이다. 엄격하게 말하면 '사대부 계층' 역시 일정한 시

---

23) 『史記』, 「李斯列傳」. (역주) 정범진 외 역, 『사기 열전』(상)(서울:도서출판 까치, 1995), 406쪽 참조

대의 산물이며, 일반적으로 알고 있는 것처럼 중국의 고대와 근대사회를 꿰뚫는 일관된 개념은 아니다.

전국시대 이전 '사士'와 '대부大夫'는 기본적으로 두 개의 분리된 봉건 등급으로 둘 다 귀족계급에 속했다. 이 때문에 역사서에서 '사대부'라고 붙여서 쓰는 경우는 매우 드물었다. 전국시대에 이르러 군웅이 다투어 일어나면서 "처사處士들이 거리낌 없이 국사를 논의했고" 사의 일부가 민民으로 전락하여 '서사無士' 혹은 '사서인士庶人'이 되었으며, 일부의 사는 출세하여 경·대부와 동등한 지위를 누렸다. 이렇게 하여 선진제자의 문헌 속에 '사대부'라는 개념이 탄생했으며, 그것은 당시 사대부가 상호 융합했던 사실을 반영한다.

사회적 의미에서 '사대부'는 관리와 지식분자의 혼합체였다. 우선 그들은 자신의 정체성을 갖고 있었는데, 대부분 재직하고 있는 사람을 가리켰다. "농부는 토지를 나누어 받아 경작하고, 상인은 화물을 나누어 받아 판매하고, 각종 장인은 자신의 직분에 따라 부지런히 노력하며, 사대부는 서로 다른 직위를 구별하여 정무를 돌본다."24) 여기서 직職은 바로 관직을 가리킨다. 문관 외에 사대부는 무관을 가리키기도 했는데 "장수는 군대를 지휘하여 북소리에 맞춰 진격하되 죽어도 물러서지 말아야 하고, 병거를 모는 마부는 죽어도 말고삐를 놓아서는 안되며, 각급 관리는 직무를 다하다가 죽어야 하고, 군사軍士는 죽어도 군진의 행렬을 떠나서는 안된다"25)라고 했다.

관련사료를 보면 '사대부'는 대부분 일반 소리小吏와 구별되는, 지위가

---

24) 『荀子』, 「王霸」, [역주] 高長山, 『荀子譯注』(二十二子詳注全譯)(哈爾濱:黑龍江人民出版社, 1993), 211쪽 참조.
25) 『吳子』, 「勵士」, [역주] "『吳子』, 「勵士」"라고 한 것은 필자의 착각인 듯하다. 이것은 원래 『荀子』, 「議兵」에 나오는 말이다. 高長山, 『荀子譯注』, 288쪽 참조.

비교적 높은 관원을 가리키기도 했다. 『순자』 군도편에 기술하기를 "만약 이와 같이 천자와 제후가 지나치게 낭비하지 않고, 사대부가 음란한 행위에 빠지지 않고, 문무백관이 직무에 태만하지 않고, 백성들이 간사하고 나쁜 습속에 물들지 않고 도적질 같은 범죄에 빠지지 않으면, 예의가 보편적으로 시행된다고 할 수 있다"라고 했다. 같은 책 강국편에 이르기를 "위대한 공적을 수립하면, 군주는 그 성과를 누리고, 각급 대신은 공로를 누리고, 사대부는 작위를 더하고, 관리는 등급과 직위를 더하고, 사졸은 봉록을 더한다"라고 했다.

다음으로 '대부'는 때로 관직이 없는 사 즉 문인文人을 지칭하기도 했다. 『한비자』 궤사편에 "지금의 사대부는 더럽고 천한 것을 수치로 여기지 않고 고관이 된다"라고 했다. 임관하기 전 품행이 바르지 못했던 이들 사대부는 단지 일군의 문인에 불과했음이 분명하다.

'사대부'라는 호칭은 비록 전국시대에 매우 유행했으나, 이 시기의 '사대부'는 아직 하나의 독립된 사회계층이 아니라 단지 사계층 가운데 사회상층과 연결되어 있는 일부를 가리킬 뿐이었다. 전한의 사마천은 『사기』에서 이전왕조의 무장들을 위한 열전을 쓰면서 자주 그들을 가리키는 말로 '사대부'라는 칭호를 사용했다. 이러한 사실은 당시 사람들의 관념 속에 들어 있는 '사대부'가 단지 상층에 있는 사[문사와 무사]의 별칭에 불과했다는 것을 말한다.

진나라는 '사'계층에 의지하여 육국을 멸하고 중국역사상 최초의 통일제국을 건립했다. 그러나 진시황은 강을 건너자 다리를 철거하는 식으로 다시는 사를 중용하지 않고 오히려 분서갱유를 단행했다. 그 결과 진나라는 짧디짧은 15년 만에 망하고 말았다. 이어서 등장한 한왕조는 진나라의 멸망을 교훈삼아, 건국 초기에 각종 조치를 취하여 사를 규합하고 사를 안정시켰다. 아울러 사계층으로 하여금 전한왕조의 전성기에 거대한 사회적 변화를 일으키도록 촉진했다. 그 결과 '사대부'는 갈수록 명확하고 안정된 사회적 의미를 가지게 되었으며, 아울러 전한 말기에 이르러 하나의 비교적 분명한 사회계층 즉 '사대부 계층'이 형성되었다. 과거에 학자들은 후한 광무제 정권의 건립은 사족士族지주의 승리라고 생각했다. 그러나 역사의 연속성이라는 관점에서 볼 때, 이른바 '사족지주'는 바로 '사'로부터 진화한 '사대부 계층'이었다.

한대 '사대부 계층'의 형성과정에 대해서는 여영시余英時 선생이 매우 자세하게 논술했다.

> 역사가 진·한으로 진입한 이후 중국 지식계층에 근본적인 변화가 발생했는데, 그것은 바로 전국시대에 뿌리가 없었던 '유사游士'가 심후한 사회-경제적 기초를 가진 '사대부'로 탈바꿈했다는 사실이다. 이 거대한 사회변화는 특별히 두 가지 면에서 잘 드러난다. 하나는 사와 종족宗族의 긴밀한 결합으로, 우리는 이것을 '사족화士族化'라고 할 수 있다. 다른 하나는 사와 토지재산이 밀접하게 결합된 것으로, 우리는 이것을 '지주화地主化' 혹은 '항산화恒産化'라고 할 수 있다. … '사족화'와 '항산화'는 사실상 동일한 사회발전의 양면이며, 그 작용은 사로 하여금 향토에 뿌리를 내리도록 했다는 것이다. 향토와 분리될 수 없는 사는 당연히 더 이상 '유사'가 아니다.26)

이것은 매우 세밀하고 타당한 분석이다. 확실히 종족宗族 및 토지재산과의 결합은 전한의 '사대부'로 하여금 전국시대의 '사대부'와는 질적인 차이가 나도록 만들었다. '사족화'와 '지주화'는 전한시대 사계층의 변화에서 두 가지 중요한 내용을 이루고 있다. 다만 우리가 보기에 보충이

---

26) 余英時, 앞의 책, 77쪽.

필요하다고 생각되는 것은 전한시대 사계층의 대규모 '관료화'가 '사족화'와 '지주화'의 기초이며 전제였다는 점이다. '사대부'가 널리 토지재산을 모으고 강력한 종족(强宗)을 결성할 때 의지했던 것은 바로 관세(官勢)와 관권(官權)이었다.

한 무제는 정화 2년(B.C. 91) 봄에 조서를 내려 이르기를 "이전에 승상 하의(何倚)는 황제의 오랜 친구로서 높은 권세에 의지하여(乘高勢) 사악한 일을 했는데, 그는 비옥한 토지를 점유하여(興美田) 자제와 식객들의 이익을 도모했다.…"27)라고 했다. 한 애제 때 포선(鮑宣)이 올린 글에는 "대신들이 은총을 입고 존귀한 관직에 올라(居尊官) 많은 봉록을 받지만, 누가 백성들을 측은히 여기며 폐하를 도와 교화에 힘쓰겠습니까? 그들의 마음은 오직 자기 집안의 이익을 꾀하고(營私家), 식객의 마음을 사기 위해 간사한 이익을 추구하는 데 있을 따름입니다"28)라고 했다. 여기서 "자기 집안 이익의 추구"와 "비옥한 토지의 점유"는 모두 "존귀한 관직에 오르는 것"과 "높은 권세에 의지하는" 경제외적 수단을 전제조건으로 하고 있다. 따라서 한나라 초기 사인이 대규모로 관료화되는 경향을 주목하지 않을 수 없다.

전한 사인의 대규모 관료화는 한 고조 유방이 창설한 현명한 사람을 선발하고 재능있는 사람을 임용하는 '찰거제(察擧制)'에서 기원했다. 한 고조 11년(B.C. 197) 유방은 조서를 내려 이르기를 "전하는 말에 따르면, 제왕 가운데 주문왕(周文王)보다 훌륭한 사람은 없고, 제후 가운데 제환공(齊桓公)보다 고명한 사람은 없다고 하는데, 그들은 모두 현명한 인재를 잘 대접하여 이름을 날렸다.… 지금 나는 하늘의 뜻을 받들고 여러 현명한 사대부

---

27) 『漢書』, 「劉屈氂傳」.
28) 『漢書』, 「鮑宣傳」.

의 도움을 받아 천하를 통일했다. 나는 이러한 형세가 오래 지속되어 대대로 종묘를 받들어 모시는 일이 영원히 단절되지 않기를 바란다.… 현명한 사대부 가운데 나를 도와 천하를 다스리고자 하는 사람이 있다면, 나는 그로 하여금 영화를 누리도록 할 것이다. 이를 천하에 포고하여 짐의 뜻을 명백히 알리도록 하라"29)고 했다.

아울러 조서에 규정하기를 각급관리[諸侯王과 郡守]는 반드시 인재를 조정에 천거해야 하며, 만약 현명한 인재가 있는데도 천거하지 않으면, 적발하여 파면처분을 내린다고 했다. 지방관은 관할지역에 거주하는 현명한 인재를 수소문한 뒤 친히 집을 방문하여 출사를 권했으며[身勸], 그런 다음 관청에서 수레를 준비하여 그 사람을 경사로 실어보냈다[公車라는 말은 여기서 나온 말이다]. 이후 지방관료가 인재를 찾아내어 조정에 천거하는 이러한 방식은 점차 변하여 '찰거제'가 되었다. '찰거제'의 시행은 재능 있는 사인을 찾아내어 출사하게 하는 대문을 연 것으로, 이로부터 중국 문관제도의 물꼬가 트였다. 한 무제 때 동중서가 제기한 "백가를 물리치고 오직 유학만을 숭상하는" 정책은 통일된 관료정치의 기초를 한층 강화했으며, 유생이 출사하는 것은 불변의 진리가 되었다.

따라서 전한 말기 사대부 계층의 형성은 사인의 대규모 관료화·지주화와 사족화가 결합되어 추동한 것이다. 시간의 순서로 보면 관료화가 먼저이고, 지주화와 사족화가 바로 그 뒤를 따랐다. 그리하여 구학求學→입사入仕→이록利祿→토지[田産]→종실宗室은 사대부의 인생에서 반드시 거쳐야 하는 길이 되었다. 사대부의 세계에는 관계官界와 전원田園과 동족[家族]으로 이루어진 삼차원의 공간이 있었다. 그들은 좁다고만 할 수 없는

---

29) 『漢書』, 「高帝紀」.

이 공간 안에서 출사하기도 하고 은거하기도 하면서 유유자적한 생활을 누리며 중국특유의 사대부 문화를 형성했다.

우리는 외재적 행위방식과 내재적 품성세계라는 두 가지 면에서 '사대부 문화'의 함의를 파악할 수 있다.

외재적 행위방식에서 사대부 집단은 종종 "궁窮하면 곧 그 몸을 홀로 선善하게 하고, 뜻을 이루면 곧 천하를 겸하여 선하게 했다"라는 말을 처세의 원칙으로 삼아 출사와 은거, 입세入世와 출세出世라는 이중적인 정치 성격을 겸비하고 있었다. 공자의 말을 빌리면 "나라에 도가 있으면 벼슬을 하고, 나라에 도가 없으면 자신을 거두어 들여서 품에 간직해 둘 수 있었다"30)라는 것이다.

정치가 발전하고 사회-역사적 조건이 허락할 때 사대부는 종종 적극적으로 세상에 뛰어들고(入世) 사회에 투신하여 '치국평천하'를 자신의 임무라고 생각하고, 공을 세우고 업적을 달성하며, 조상을 빛냄으로써 정치무대에서 자신의 실력을 과시했다. 사대부 가운데는 이럴 때 뇌물을 받고 법을 어기며, 아랫사람을 속이고 윗사람을 기만하는 무리가 적지 않았지만 대다수는 유가의 적극적인 입세정신을 발양하여 "하늘이 큰 임무를 사람에게 맡겼으니… 내가 아니면 또 누가 있겠는가"라는 씩씩하고 늠름한 기상으로 군주를 보좌하여 천하를 다스렸다.

그들이 생각하는 이상적인 인격은 "법률과 제도를 준수하고, 관리로 임명되면 직무를 다하며, 정해진 액수 이외의 봉급과 상을 사양하고, 다른 사람의 증여를 받지 않으며, 의관을 단정히 하고, 음식을 절제하는 것"31)이었다. 이것은 대체로 역사상 세상을 바로잡아 백성을 구제하는 청렴하

---

30) 『論語』, 「衛靈公」, 〔역주〕 박유리, 앞의 책, 505~506쪽.
31) 劉向, 『說苑』, 「臣術」.

고 선량한 관리의 모습이었다.

그러나 천하가 무도하거나 혹은 정치적인 포부를 펼치기 어려울 때 사대부는 종종 소극적으로 세상을 등지는 비 협조적인 태도를 취했다. 그리하여 전원세계로 돌아가 마음껏 산수를 즐기며 송풍명월을 노래하고 계곡물에 낚시를 드리우며, 한가로운 구름이나 들판의 학처럼 구속도 없고 속박도 없는 생활을 누렸다. 동진의 도연명이 오두미五斗米〔현령의 봉급〕 때문에 소인들에게 허리굽히기를 마다하고 팽택彭澤현령을 사직할 때 읊은 「귀거래사歸去來辭」는 사대부가 실의하여 험악하기 그지없는 관계官界를 떠나서 대자연으로 돌아가는 홀가분하고 유쾌한 심정을 가장 잘 표현하고 있다.

> 돌아가자 꾸나. 고향의 전원이 황폐해지려는데 어찌 돌아가지 않으리오. 이제껏 자신의 존귀한 정신을 천한 육체의 노예로 삼았으나 어찌 슬퍼 탄식하며 홀로 서러워하리. 지나간 생은 후회해도 이미 소용없음을 깨달으니 장래 인생을 좇아갈 수 있음을 알겠도다. 사실 내가 인생길을 갈팡질팡한 것은 오래지 않았나니 지금이 바른 삶이요, 이전 것은 잘못되었음을 알겠도다. 고향 가는 배는 가볍게 흔들리고 바람은 솔솔 옷깃을 스치는 구나.…32)

이 얼마나 소탈하고 거리낌 없는가! 그러나 그 뒤에 감추어진 것은 일종의 짙은 은둔주의였다. 이러한 정서가 극단적으로 발전하면, 행동이 방종해져 세속적인 예법에 구속을 받지 않고 세상의 불합리한 모든 것을 분개하고 증오하며, 남달리 기발한 주장을 내세우는 명사의 풍채를 갖추게 된다. 예를 들면 '죽림칠현' 가운데 한 사람인 완적阮籍은 "술을 아주 좋

---

32) 〔역주〕 김희보 엮음, 『증보 중국의 명시』(서울:도서출판 가람기획, 2001), 60쪽 참조.

아하고 지나치게 방종하여 관을 쓰지 않고 머리를 산발한 채로 웃통을 벗고 두 다리를 뻗고 앉아 있곤 했다."33) 그는 엄연히 예법에 구애받지 않는 모반형 사인士人이었다.

사대부의 이러한 상반되는 행위방식의 두 가지 극단적 경향은 내재적이며 상대적으로 일치되고 안정된 문화 즉 심리구조 안에서 통일되어 나타났다. 우리는 이것을 '학자적 품격'이라고 부른다. 사대부는 출사할 수도 있고 향촌에 은거할 수도 있으며, 외재적인 직업과 처지는 이래저래 변할 수 있으나, 시종일관 학자 겸 문화지식의 독점자(壟斷者)로서 "시를 읊조리고 책을 읽는 가풍을 대대로 전했다." 그들은 문화지식에 대한 독점(壟斷)을 통하여 우월한 사회지위 및 비범한 문화소양을 형성했다. 이것이 바로 사대부의 내재적 일치성이며 사대부를 사대부답게 만드는 본질이었다. 사대부의 외재적 행위방식(진과 퇴, 출사와 은거의 선택)은 내재적 본질에 의해 결정되었다. 바로 이러한 이유 때문에 그들은 관리로서 정치에 종사할 때에도, 일종의 내면적인 '유아(儒雅)'한 기질을 지니고 "문서와 법률에 익숙하며, 경술(經術)을 이용하여 관리의 직무를 윤색(潤飾)했다."34)

사대부의 학자적 품격을 구성하는 첫번째 요소는 "자기 한 몸을 바쳐 성현의 도를 선양하며(以身載道)", "생명을 무릅쓰고 정도를 실현하려는(以身殉道)" 강렬한 사명감이었다. 공자는 "천하에 도가 있으면 몸을 드러내고, 도가 없으면 몸을 숨겨야 한다"35)라고 했다. 맹자 역시 "천하에 도가 있으면 군자는 자신의 도를 행하고, 천하에 도가 없으면 도를 위해 죽음도 불사한다"36)라고 한 적이 있다. 이른바 공자와 맹자가 이야기한 도란 특

---

33) 『世說新語』, 「德行」편 注에 인용된 王隱의 『晉書』.
34) 『漢書』, 「循吏傳」.
35) 『論語』, 「泰伯」. [역주] 박유리, 앞의 책, 254쪽.
36) 『孟子』, 「盡心」上.

정한 함의가 있는 것으로, 주로 '인의仁義'를 핵심으로 하는 유가의 도를 가리킨다. 그러나 보다 넓은 의미에서 우리는 그것을 '정통政統'과 대립되는 '도통道統' 즉 사대부가 신봉하는 일련의 정치-도덕적 이념과 원칙 내지는 요즘 사람들이 이야기하는 '사상적 신념intellectual convictions'으로 이해할 수 있다. '도통'과 '정통'은 하나로 통일될 수도 있고 서로 모순될 수도 있다.

사대부는 스스로 '도통'의 계승자라고 생각했기 때문에 상대적으로 정치에서 벗어나서 정치를 비판할 수 있었다('은둔'은 일종의 소극적인 비판이다]. 이러한 점에서부터 스스로를 낮추고 스스로를 존귀하게 여기는 상대적으로 독립된 의식이 생겨났는데, 이것은 '학자적 품성'이 갖는 또 다른 차원의 함의이다.

도연명의 "굳센 의지는 사해를 달리고 펼친 날개 멀리 날 것을 생각하네"와 "동녘 울타리 아래에서 국화를 따다 한가로이 남산을 바라본다", 그리고 완적의 "화살 먹인 활은 부상扶桑에 걸려 있고 긴 칼은 하늘 밖에 기대어 두네"와 "얼굴을 하늘 끝에 두고 소매를 휘둘러 허공을 날아오르리"가 표현하고 있는 것은 비록 서로 전혀 다른 이상적인 경지이나, 그 속에 내장된 결연한 독립의식은 오히려 상통하는 것으로, 동일한 문화와 동일한 심리가 서로 다른 조건과 서로 다른 상황 아래에서 발산된 것이다. 그리고 이것은 그들이 관부의 '세력'에 항거할 때 의지하는 내재적 근거였다.

사대부의 '학자적 품성'은 또한 학문적 소양을 바탕으로 도야한 '고상'한 심미적 취향으로 나타났다. 대부분의 사대부가 시나 문장에 능했던 것은 잘 알려진 사실이다. 바로 이들 사대부 집단 가운데서 이백·두보·백거이 등 중국의 가장 위대한 시인과 한유·유종원·구양수 등 중국에서 제일가는 산문학자가 탄생했다. 사대부의 '고상'한 취미는 서예·회화·음악·바둑 등에 대하여 깊은 조예를 갖고 있었다는 사실에서도 잘 드러난다. 서예 예술에서 붓놀림의 굳셈·유창함·고름·긴밀함·민첩함·온화함·우아함·혹은 소탈함 등 무궁무진한 변화를 통하여 사대부들은 자신의 미에 대한 감상력을 훈련했다.

우스개로 '먹놀이[墨戱]'라고 부르는 '사부화士夫畵[문인화]'를 통하여 사대부들은 자신의 울적한 심사를 발산하고 억눌린 자아를 표현했다. 아름다운 선율 및 정묘한 바둑의 도리[弈道]는 사대부로 하여금 온화한 마음을 기르고 고상한 심미적 정취를 배양하며 생활의 예술에 대한 파악이 가능하도록 했다. 심지어 언어마저도 사대부들은 자기들만이 쓰는 '고상한 언어' 즉 문언文言이 있어서 평민백성들이 쓰는 '속어'인 백화白話와 구별했다. 이러한 '고상'한 심미적 정취는 중국의 문학과 예술을 발전시키는 데 매우 중요한 역할을 했다.

철학적 기초라는 점에서 '학자적 품성'은 유가가 주장하는 입세入世라는 '실천적 이성'을 기본줄기로 하여, 노자와 장자의 가르침을 혼합하고 불교의 내용을 융합함으로써 사대부의 세계관이 여러 가지 빛깔이 뒤섞여 알록달록하고 난잡하며, 모호하고 다양하게 만들었다. 그래서 "군주를 독촉하여 요·순 시대를 본받게 하고, 그렇게 하여 다시 세상의 풍속을 순박하게 바꾸고자 하는" 입세의 충동이 있는가 하면, 한편으로 "유유자적하며 세상과 더불어 부침하고", "한세상을 소요하는" 초탈하고 안일한 면을 가지고 있었다. 이것은 그들이 전제적인 군주권력 아래에서 어느 정도 신축적으로 진퇴에 대응하게 하고 스스로 보호할 수 있도록 했다.

요컨대 다양하고 다면적인 학자적 품성은 바로 1천수백 년 동안 지속되어 온 '사'의 전통으로, 이것은 선진先秦시대의 사가 물꼬를 트고, 양한·진晉·당唐의 '사대부'가 집대성했으며, 명·청시대의 신사가 대미〔尾章〕를 장식했다.

3. 신사의 함의

 이상 두 절의 내용을 바탕으로 우리는 곧바로 '신사'의 함의 및 그 사회적 의의에 대한 토론으로 들어갈 수 있다.
 신사gentry의 정의에 관한 사학계의 견해는 일치하지 않고 있다. 중국의 신사문제를 연구하여 이름을 날린 장중례張仲禮 선생은, 신사계층은 공명과 직함을 가진 사람 및 재직관원과 퇴직관원을 포함한다고 생각했고 "신사의 자격은 일반적으로 직함과 공명의 획득을 통하여 주어지며 관리는 자연스럽게 신사집단의 일원이 되었다"[37]라고 했다. 그는 한걸음 더 나아가 신사를 크게 상층과 하층의 두 부류로 나누고, 상층신사에는 진사進士·거인擧人·공생貢生 및 모든 관원이 포함되며, 하층신사에는 생원生員·증생增生 및 연공생捐貢生이 포함된다고 했다.[38] 하병체何炳棣 역시 주로 과거공명科擧功名을 기준으로 신사계층을 구분했으나, 특별히 이 계층으로 진입하는 사회적 유동성을 강조했다.[39]
 근자에 몇몇 미국인 학자와 일본인 학자는 장중례와 하병체 등 선배 학자들이 과거공명의 결정적 의의를 지나치게 강조하고 있는 것과 신사

---

[37] Chung-li Chang(張仲禮), *The Chinese gentry : studies on their role in nineteenth-century Chinese society* (Seattle:University of Washington Press, 1955), 3쪽.
[38] 위와 같음.
[39] Ping-ti Ho(何炳棣), *The ladder of success in Imperial China : aspects of social mobility, 1368~1911*(New York:Columbia University Press, 1962) 참조.

와 국가권력의 관계를 지나치게 강조하고 있는 점에 대하여 강열한 의구심을 표명했다. 대량의 개별적 연구를 통해 그들은 많은 수의 이른바 '지주'신사'들이 반드시 공명을 갖고 있었던 것은 아니며, 대부분 주로 토지점유·종족특권과 지방사무, 예를 들어 의창義倉·자선사업[善擧]·구제[賑災] 등의 업무를 관리함으로써 '명사elite'의 대열에 올랐다는 사실을 발견했다.40) 어떤 학자는 신사계층의 지식분자로서의 함의를 비교적 강조하면서, 그들이 비록 지식분자와 반드시 똑같은 것은 아니나 중국 지식분자 계층의 중요한 사회적 근원이라고 했다.41)

우리가 볼 때 과거공명은 비록 신사집단의 중요한 특징이긴 하나 결코 유일한 특징은 아니다. 이른바 신사란 당연히 과거공명이 있는 사士를 주체로 하는 재야 사회집단을 가리키며, 동시에 기타 경로[捐納이나 추천 등]를 통하여 신분과 직함을 획득한 사람들도 포함한다. 공명과 직함은 신사의 기본적인 표지標識로, 그들은 이것에 의지하여 정치-경제-사회적 특권을 누리고, 이로써 "광대한 일반백성 즉 '평민' 위에 군림하며 중국의 사회 및 경제생활을 지배하는 동시에 끊임없이 각종 대·소 관리를 배출했다."42)

문자의 자의字義로 말하면, 고대서적에서 신紳·금衿·사士는 서로 달랐다. 허신의 『설문해자』에는 신紳을 해석하여 "큰 띠를 말한다"라고 했다. 여기서 파생된 말이 "허리에 띠를 두른 사士"이며, "진신지사縉紳之士는 홀을 꽂고 허리띠를 늘어뜨린 사람이다."43) 금衿은 청금靑衿을 가리킨다. 이

---

40) Joseph W. Esherick and Mary Backus Rankin eds., *Chinese local elites and patterns of dominance*(Berkeley: University of California Press, 1990) 참조.
41) 余英時·張朋園의 관련저작 참조.
42) Chung-li Chang(張仲禮), 위의 책, 서문.
43) 梁章鉅, 『稱謂錄』 卷25, 「紳士」條.

것은 고대 의복의 옷깃으로 뒤에 '생원'의 복식이 되었으며, 뜻이 바뀌어 생원의 대명사가 되었다. 사의 함의는 더욱 넓으나, 대체로 학식과 교양이 있고 예절에 밝은 사람이라고 이해할 수 있다. 신금紳衿과 신사紳士는 함께 쓰이는 말인데, 일반적으로 지방에서 지위와 세력이 있고 동시에 학문이 있는 사람을 가리킨다. 신금·신사·사신士紳이라는 호칭은 이미 명말청초에 등장하여 청대 중엽 이후 매우 보편적인 호칭으로 바뀌었으며, 서로 대체될 수 있는 말이었다.

> 관리된 사람이 신금紳衿을 접견하지 않으려고 하는 것은 심한 편견에 사로잡혀 있기 때문이다. 지방의 이로움과 폐단, 백성들의 기쁨과 걱정은 신사들에게 자문을 구하지 않고는 두루 알기가 어렵다.44)

> 진신縉紳들 가운데 강대한 힘을 가진 사람은 평소 족인族人을 노예처럼 부린다. 그렇지만 관官을 두려워하는 습성이 있어 일이 생기면 깊이 숨어 모습을 드러내지 않는다. 혹은 은밀히 일족을 시켜 여러 가지 불법을 저지른다.… 신사는 관리를 신뢰하고, 백성은 신사를 믿어야 하며, 이렇게 되어야만 정령政令을 시행할 수 있다.45)

따라서 조금 신중하게 이야기한다면 적어도 명·청시대 중국사회에는 이미 권력을 장악한 '관官'과 구별되는 일종의 재야 신사집단으로서 신금紳衿이라 불리기도 하고 신사라고 불리기도 하는 집단이 형성되기 시작했다. 청대 중엽에 이르러 신사 혹은 사신士紳이라는 이 특정한 사회계층을 지칭하는 일체화된 개념이 관官·농農·공상工商과 함께 병칭되기 시작했다. 신사계층은 대체로 다음과 같은 사람들을 포함한다.

---

44) 『牧令書』 卷七, 「取善」.
45) 『淸朝經世文編』 卷22·23.

(1) 생원 이상의 공명을 가진 자[재직관원은 제외]. 과거제도에서 생원은 수재라고도 하는데, 이것은 과거등급 가운데 가장 낮은 계층이다. 현과 부의 두 차례 시험에 통과한 동생童生이 매년 거행되는 '시험'에 합격하면 곧 '수재'가 된다. "대저 수재가 된 사람들은 이 보잘것없는 작은 공명을 가짐으로써 자신은 족히 다른 사람과 다르다고 여기며, 다른 사람들 역시 그가 수재라는 사실 때문에 자기와 다르다고 생각했다."46) 수재신분을 가진 사람은 바로 신사의 대열에 들어갈 수 있으며, 이로써 일반평민과 구별되었다. 생원의 위에는 공생貢生[歲貢·選貢·優貢·副貢·恩貢으로 구분]·거인·진사·장원이 있었다. 청나라 초기에 고염무顧炎武는 "천하의 생원을 모두 합치면 현마다 3백 명으로 계산해도 50만 명은 된다"47)라고 했다. 이와 달리 장중례 선생의 19세기[태평천국 이전] 신사에 대한 통계에 따르면, 생원의 수는 73만 9,199명이며, 그 가운데 거인·공생·진사 등 상층신사의 수는 12만 5천 명이었다.48)

(2) 향촌에 거주하는 퇴직관원과 향촌에 거주하는 직함을 가진 자. "출사했다가 치사致仕49)하고 낙향한" 관원들은 출사하여 관리가 되기 이전부터 대부분 이미 생원 이상의 공명을 갖고 있었으며, 향리로 은퇴한 뒤에도 공명신분은 여전히 남아 있었고, 사회적 특권도 옛날과 같았으므로 신사집단에 속했다. 명·청시대에 신분을 획득하는 방법은 과거를 통하는 길만 있었던 것이 아니라 연납捐納·추천[保擧]·군공軍功 등을 통해서도 직함[일반적으로 이름뿐인 허함虛銜]을 획득할 수 있었으며, 이로써 평민 위에 군

---

46) 「論秀才輕重」, 「申報」, 1883년 10월 8일.
47) 顧炎武, 『天下郡國利病書』. [역주] 원문수정 : "今天下之生員, 具以三百計, 不下五十萬人"→"合天下之生員, 縣以三百計, 不下五十萬人".[(淸)顧炎武 著, 華忱之 點校, 『顧亭林詩文集』(北京:中華書局, 1983)에 수록된 『亭林文集』 卷1, 「生員論」上 참조]
48) Chung-li Chang(張仲禮), 앞의 책, 102·132쪽.
49) [역주] 致仕 : 나이가 많아 벼슬을 사양하고 물러남. 致事 또는 致政이라고도 한다.

림하는 신사가 되었다.

명나라 사람 손승택孫承澤은 『춘명몽여록春明夢餘錄』에서 이르기를 "관리가 되는 길은 다양하고 복잡하며, 등급을 표시하는 칭호·거마·복식 등이 서로 뒤섞여 있다. 돈이 있으면 관직을 살 수 있으며, 재능과 품성은 모두 고려의 대상이 되지 않는다"라고 했다. 청말 상군湘軍이 태평천국을 진압한 뒤 많은 장수들이 군공을 세우고 금의환향했다. 단지 상향湘鄕 한 현만 따져보아도 2품 이상의 군공이 있는 신사의 수가 2천 호에 달하여, 호남에서 "전란이 있은 뒤에 신사의 권력이 대대적으로 성장하는" 형세를 이루었다.50)

(3) 이밖에 연납을 통하여 신분을 획득한 감생監生[例捐], 무과武科공명 출신으로서의 신분을 갖춘 자도 모두 당연히 신사의 대열에 포함되었다. 장중례의 통계에 따르면, 19세기 중국신사의 수는 대체로 1백여만 명이었으며, 만약 그 가족구성원을 더하면 총수는 550만 명으로 당시 전체 인구의 약 1.3%를 차지했다.51)

사회-역사적 관점에서 볼 때, 명·청시대의 신사를 정부관원과 구별되는 하나의 독립적인 사회계층으로 간주하는 것은 신사집단의 사회-역사적 함의를 명확히 하고, 신사집단의 사회적 역할과 사회적 기능을 평가하는 문제와 관련하여 매우 중요한 의미를 갖는다. 장중례 등 선배학자들은 일반적으로 정부관원을 신사의 범주 안에 포함시켰는데, 이렇게 할 경우 신사의 사회적 역할과 사회적 작용을 해석할 때 혼란을 면하기 어렵다.

---

50) 楊世驥, 『辛亥革命前後湖南史事』(長沙: 湖南人民出版社, 1982), 8쪽.
51) Chung-li Chang(張仲禮), 앞의 책, 139쪽. 본서에서 내린 신사에 대한 정의에 따르면, 이 통계숫자는 당연히 당시 재직하고 있던 관원의 수 약 10만 명을 빼야 하며, 그렇게 되면 신사의 수는 90만 명 정도이다.

우리가 볼 때, 명·청시대 신사계층의 특색은 바로 그들의 지방성과 재야성에 있다. 이른바 지방성이란 신사는 보통 향촌에 거주하며 지방의 유력자로서 "대개 향신은 백성들의 영수였다"[52]라는 사실을 말한다. 그리고 이른바 재야성이란 신사는 관리와 달리 직접적으로 봉건 통치권력을 대표하는 사람도 아니고, 국가정책의 제정과 시행에 참여하지도 않으며, 실제적인 정치권력도 없는, 단지 봉건정권이 지방을 통치하기 위해 이용하는 매개이자 도구에 불과했다는 사실을 가리킨다.

물론 신사는 출사하여 관리가 될 수도 있고, 이전에 관리로 재직했을 수도 있으나 신사로서 존재할 때 그들은 "관직에서 벗어나 마음이 홀가분한" 사람들로, 단지 상징적인 공명·직함·정대頂戴를 누릴 뿐이었다. 바로 이러한 의미에서 비효통費孝通 같은 사회학자는 강조하기를 "설령 신사계층이 사실상 사대부와 밀접한 관계가 있다고 할지라도 당연히 신사와 사대부는 구별해야 한다"[53]라고 했다.

신사계층과 사대부의 상호분리剝離는 과거제도의 흥망성쇠와 밀접한 관련이 있는 역사적 과정이다. 중국역사상 가장 휘황찬란했던 성당盛唐시대에는 세족문벌이 쇠락하고 서족사인庶族士人이 대두함에 따라, 전한시대에 싹튼 과거제도가 마침내 시대의 요구에 부응하여 탄생했다. 이로부터 "한미한 신분으로 뛰어난 학문을 소지하고 있으면서도 때를 만나지 못하여 출세할 수 없었던" 하층한사寒士에게 출사할 수 있는 대문이 열렸고, 사대부 계층이 전례없이 규모가 커져 각 방면의 인재를 망라하게 되었으며, 그 가운데 많은 사람들이 "과거에 급제한 뒤 득의만면하여 말을 몰

---

52) 「警告全蜀」, 『四川』 第2号.
53) Hsiao-tung Fei(費孝通), *China's gentry : essays in rural-urban relations*(Chicago:University of Chicago Press, 1953), 17쪽.

아 경쾌하게 달리는"54) 형세를 연출했다.

송대에 이르러 과거제도는 이미 고도로 성숙되고 완비되었으며 규모 역시 더욱 커졌다. 송 태종은 재위 22년 동안 단지 진사 한 과를 통해서만 거의 만 명에 달하는 인재를 선발했다. 이는 매년 평균 450여 명을 뽑았다는 말이다.55) 그렇지만 당조 290년간 선발한 진사의 총수는 6천여 명에 불과했을 뿐이다. 시험의 법규를 엄격하고 공정하게 만들고 선발 인원을 확대함으로써 북송시대는 중국사대부의 황금시대가 되었으며, 사서에 이름이 빛나는 일군의 걸출한 인재들이 두각을 나타냄으로써 중국최초로 문관정치체제의 기초가 마련되었다.

그러나 과거제도의 규모가 확대되면서 용관冗官의 폐단이 생겨났다. 북송 말기 관료기구의 방대함과 중첩됨은 이미 심각한 사회문제가 되었다. 그래서 "사대부로 호적에 등록된 사람은 그 수가 터무니없이 많다. 경관의 경우 승의랑承議郞에서 조산대부朝散大夫에 이르기까지 그 수가 무려 2,800여 명이며, 선인選人(후보 관리)은 1만여 명이고, 대사신大使臣은 2천5백여 명, 소사신小使臣은 1만 3천여 명이다. 천하의 결원을 모두 합쳐도 입사하려는 사람들을 수용하기에는 모자란다"56)라고 했다.

명·청시대에 이르러 과거제도가 초래한 용관의 폐단은 더욱 심각하게 되었다. 청나라 초 단지 강남에 있는 네 개의 부와 한 개의 현에서 파면하거나 좌천시킨 신금紳衿이 2,171명, 생원이 11,346명으로 총수가 1만 3,517명에 달했다.57) 청나라 동치연간 장수성張樹聲이 올린 상소문에 강소성 관리의 비대한 상황에 대하여 이르기를 "강소성은 지세가 적중하여 이 지

---

54) 〔역주〕 唐나라 孟郊의 「登科後詩」: "春風得意馬蹄疾, 一日看盡長安花."
55) 『宋史』, 「王禹偁傳」. 〔역주〕 원문수정: 「禹偁傳」→「王禹偁傳」.
56) 『續資治通鑑長編』 卷386.
57) 葉夢珠, 『閱世編』 卷6, 「賦稅」.

역에서 벼슬을 하는 사람들은 선박교통의 안락함과 음식·기거의 편리함을 누린다. 동치 3년(1864) 성도省都를 수복한 이래 지금까지 이 성에 파견된 각종 인원 가운데 이미 면접을 거쳐 각 성으로 파견된 사람은 도부道府에서 미입류未入流까지 2천여 명에 이르며, 주현은 6백~7백 명에 달한다. 이러한 적체상황은 다른 성에서는 찾아볼 수 없다"58)라고 했다.

죽은 적고 스님은 많은 상황처럼 사인士人들이 말단관직이나마 하나 얻는다는 것은 지극히 어려운 일이었다. 그래서 "진사가 임용되는 경우는 반수에 불과하고, 거인이나 공생이 임용되는 경우는 각각 열에 하나도 안된다"59)라고 했다. 실무가 있는 관직을 얻지 못한 사람들은 장기간 후선候選 혹은 후보候補의 신분을 유지하며, 직함과 정대頂戴나 자랑하고 다닐 뿐 뾰족한 수가 없었다. 이렇게 관직을 얻지 못한 일군의 사인과, 관직은 있으나 실무가 없는 관료 후보들이 점차 적체되어, 관리사회와 광대한 평민백성 사이를 배회하는 하나의 비교적 안정된 사회집단 즉 신사집단이 형성되었다.

관직의 수가 제한되어 있었으므로 모든 신사가 관리가 될 수는 없었다. 그러나 그들은 특수한 사회적 신분(공명·직함)으로 인해 보잘것없는 평민(일반백성)으로 간주되지도 않았으며, 마침내 중국의 후기 봉건사회에서 매우 특수한 사회 특권계층이 되었다. 장중례 선생의 통계에 따르면, 청말 전국 신사의 수는 대략 145만여 명에 달했으나, 정부 관료기구가 수용할 수 있는 관원의 수는 겨우 15만 명 정도였으므로, 향리에 한거閑居하는 신사는 적어도 130여 만 명이었다.

일반 평민계층에 비해 신사는 광범한 사회특권을 누렸다.

---

58) 『張靖達公(樹聲)奏議』 卷1, 9쪽.
59) 何剛德, 『客座偶談』 卷2.

첫째로 부세와 요역을 면제받는 정치-경제적 특권을 누렸다. 봉건관부의 각종 가연잡세苛捐雜稅와 요역은 일반적으로 신사들에게는 할당되지 않았으며, 이것은 법적으로 명문화된 규정이 있었다. 청나라 순치 9년(1652)에 반포된 '훈사규조訓士規條'에 따르면, 학교생원에 대해서는 "인두세를 면제하고 녹미祿米를 후하게 지급하며… 각 아문의 관리는 예를 갖추어 이들을 상대해야 한다"60)라고 했다. 따라서 "집에 거인擧人이나 공사貢士가 있으면 감히 부세를 잠식했다."61)

둘째로 신사는 법적으로도 특권을 누렸다. 거기에는 관리를 만나도 무릎을 꿇을 필요가 없으며, 범법행위를 했을 때에도 일반백성들에게 하듯이 형구形具를 남용할 수 없다는 등의 내용이 포함되었다. 심지어 소송에 연루된 신사를 소환할 때에도 여러 가지 지켜야 할 불문율이 있었다. 즉 "사대부는 고소를 당하더라도 집안사람을 대리로 출석시킬 수 있었으며, 표票에는 사대부의 성명을 기재할 수 없었다. 가령 상급관청에서 보낸 고소장에 이름이 기재되어 있다고 해도 그것을 부르지 않았다"62) 관청에서 고소장에 기재된 진신縉紳의 이름을 부르지 않는 것은 이미 명대 관아에서 통용되는 규칙이었다. "관리가 고소장을 결제할 때는 반드시 붉은 붓으로 피고소인의 이름에 점을 찍는데, 그 사람이 혹 진신일 경우에는 이름에 동그라미를 그렸다."

당시 어떤 현령이 이러한 사실을 모르고 소송에 연루된 진신 왕응전汪應銓의 이름에 점을 찍었다. 왕응전이 소식을 듣고 크게 노한 나머지 시 한 수를 지어 다음과 같이 풍자했다.

---

60) 『欽定大淸會典事例』 卷389.
61) 『潛皖偶錄』 卷9.
62) 鄭端, 『政學錄』, 『畿輔叢書』本 卷3.

8척 짜리 대자리에 누워 서늘한 바람을 쏘이는데
떠들썩하게 들리는 소리, 내 이름이 현청의 동문에 걸렸다네
조정에서 나의 글을 뽑은 뒤에
또다시 현령에게 붉은 점을 얻었네.63)

셋째로 일상생활면에서도 신사는 약간의 특권을 누렸다. 예를 들어 가마를 타는 문제의 경우 명나라 초에는 규정하기를 단지 재경3품在京三品 이상의 관원만이 가마를 탈 수 있도록 허락한다고 했다. 만력萬曆 말년에는 3품 이하도 작은 가마를 탈 수 있도록 허락했고, 뒤에는 진사도 가마를 탈 수 있도록 했다. 명나라 말에 이르러서는 거인과 감생 및 새로 학관에 입학한 수재 등도 모두 가마를 탈 수 있게 했다. 이렇게 하여 가마는 사회적 지위를 가늠하는 기준 가운데 하나가 되었다.

신사는 관리와 고락을 함께하며 여러 가지 사회적 특권을 누렸으나 동시에 그들은 기층민중과도 밀접한 관계를 유지함으로써 관과 민 사이의 충돌을 완화하고 이 둘을 중개하는 역할을 했다. 존 페어뱅크John K. Fairbank가 말한 것처럼 "그들(신사)은 지방관리와 관부통치의 기초를 이루었으며, 이 기초가 없으면 관부는 일을 할 수가 없었다."64) 그들은 관리가 펼쳐놓은 촉수가 되기도 했다. 무릇 관부가 정령을 실시하고, 부세를 징수하고, 지방의 치안을 유지하기 위해서는 신사의 도움이 없이는 손을 쓸 수가 없었다.

그러나 한편으로 신사는 민의의 대변자로서 지방이익을 대표하여 관

---

63) 王應奎, 『柳南隨筆』 卷4.
64) 〔美〕費正淸 編, 中國社會科學院 歷史硏究所編譯室 譯, 『劍橋中國晩淸史: 1800~1911年』 上卷(北京: 中國社會科學出版社, 1985), 15쪽.〔원전 : John K. Fairbank ed., *The Cambridge History of China Volume 10 Late Ch'ing, 1800~1911, Part I* (Cambridge University Press, Cambridge, London, New York, Melbourne, 1978)〕

부와 교섭하는 과정에서, 때로는 소극적으로 방어하고 때로는 적극적으로 저항함으로써 관부와 민중 사이의 모순을 완화했다. 따라서 신사의 사회적 역할과 계급적 성격은 이중적인 것으로, 그들은 앞장서서 범의 먹이를 찾아주는 창귀倀鬼가 되어 봉건전제제도가 기염을 토하며 향리를 유린하도록 조장하기도 했으나, 한편으로는 민중을 모아 관부에 저항하고 관부와 대립함으로써 정치적으로 지방의 자치와 상대적인 독립성을 강화했다.

전통적 봉건사회에서 신사의 손길이 미치는 공간은 주로 관부권력의 채찍이 닿지 않는 '지방' 혹은 '향리'였다. 그들은 지방의 당당한 우두머리로서 지방의 공산公産, 예를 들면 의창義倉·사창社倉·육영당育嬰堂·절부당節婦堂 등은 대부분 신사가 관리했으며, 지방의 공익과 교육사업, 예를 들면 도로나 교량의 보수, 수리사업의 건설, 학관學館을 설립하여 학생을 받는 것 등은 대부분 신사가 이를 계획하고 시행했다. 이밖에도 예를 들어 도둑이나 비적의 방비, 소송의 대리, 향민의 교화 역시 신사로서 사양할 수 없는 임무였다. 그래서 "무릇 지방의 공무는 대부분 신사가 처리하며 … 신사들의 협조 여부에 지방사업의 성패가 달려 있다"[65]라고 했다.

이처럼 신사와 지방업무는 밀접한 관련을 가지고 있었으므로 어떤 의미에서 신사를 '향신鄉紳'이라고 불러도 무방하다. 물론 엄격한 의미로 말하면 '사신士紳'과 '향신'은 다르다. '사신'은 주로 과거공명·직함·정대頂戴를 표지標識로 하나, 일반적으로 '향신'의 경우 반드시 공명이나 직함을 갖는 것은 아니며, 그들은 주로 토지점유·재산·종족권력이나 혹은

---

65) 『浙江潮』 第2期, 8쪽.

명망에 의지하여 향리를 지배한다. 분명히 보통 향신은 '사신'으로서의 향신에 비하면 관방과의 연계가 상대적으로 긴밀하지 않았다.

　신사가 도시와 향촌, 봉건황권과 기층 지방사회를 소통시키는 중요한 사회역량이 됨으로써 중국 기층사회의 행정권과 자치권이 마침내 기묘하게 하나로 융합될 수 있었다. 이러한 관官·신紳·민民이라는 3중구조를 가진 사회조직 형태는 바로 중국 전통사회가 서양사회와 구별되는 중요한 특징 가운데 하나이다. 또 이것은 고도로 전제 집권화된 중국왕조체계가 상대적으로 균형을 유지할 수 있었던 비밀의 관건이라고 할 수 있다.

　지식·권세·명성과 특권을 한손에 장악한 '사'는 중국 전통사회에서 내내 중요한 사회적 기능을 발휘했다. 그러나 기나긴 역사과정에서 사 자체 역시 일련의 변화가 있었다. 전국시대의 '사계층'으로부터 전한과 당대唐代의 '사대부'에 이르고, 다시 명·청시대의 '신사'가 되기까지, 사는 관리사회와 민간, 도시와 향촌 사이를 들락거렸으며, 시대에 따라 서로 다른 면모와 구체적 함의를 갖고 있었다. 그러나 "출사하면 관리가 되고 물러나면 신사가 되어"[66] 통치자와 피통치자, 중앙과 지방사회 사이에서 중개와 완충이라는 기본적인 기능을 담당했던 것은 시종일관 변함이 없었다. 이것이 바로 신사계층의 본래의 모습이었다. 존 페어뱅크는 "과거 1천 년 동안 사신士紳은 갈수록 더 광범하게 중국인의 생활을 지배하게 됨으로써 몇몇 사회학자가 말하는 것처럼 중국은 사신의 왕국이 되었다"[67]라고 생각했다. 이러한 평가는 지나친 말이 아니며, 그럴 만한 역사적 함의와 근거를 갖고 있다.

---

66) 『萬國公報』14, 8998쪽.
67) 〔美〕費正淸 著, 孫瑞芹·陳澤憲 譯, 『美國與中國』(北京:商務印書館, 1987), 36쪽.〔원전 : John King Fairbank, *The United States and China*(Cambridge, Harvard University Press, 1958)〕

제2절 고대의 상인계층

1. 에피쿠로스의 신

고대 그리스의 철학자 에피쿠로스Epicouros는 일종의 상당히 독특한 신학관神學觀을 가지고 있었다. 그는 망망한 우주에는 무수한 세계가 존재하고, 그들 세계는 일정한 자연법칙에 따라 자생·자멸하며, 신은 비록 존재하나 초연하게 세계의 바깥으로 나가 각 세계의 공극空隙에 존재할 뿐 우주의 발전과 인류의 생활에 그 어떤 영향도 미치지 않는다고 했다. 에피쿠로스가 주장한 신의 초연성에서 암시를 받았는지, 마르크스는 그의『자본론』에서 익살스럽게 전적으로 틈새(夾縫)에서 생존을 구하는 고대 상업민족을 에피쿠로스의 신에 비유했다.

> 고대의 상업민족이 존재하는 상황은 마치 에피쿠로스의 신이 세계의 공극에 존재하는 것과 같다. 혹은 차라리 유태인이 폴란드 사회의 틈새(縫隙)에서 존재하는 것과 같다고 하는 것이 나을지도 모르겠다.68)

확실히 상업과 상인의 본성은 어느 정도 종잡을 수 없고 헤아리기 어려운 에피쿠로스의 신과 닮았다. 상인은 생산자도 아니고 소비자도 아니며 단지 둘 사이의 중개인으로, 그들의 매개활동을 통하여 상품의 교환이 신속하고 편리하게 이루어진다. "상인은 바로 그 운동 자체를 통하

---

68)『馬克思恩格斯全集』第25卷(北京: 人民出版社, 1974), 369쪽. 〔역주〕 원문수정 : 269頁→369頁.

여 등가물을 정립한다." 상업과 상인은 동일한 특정사회 형태에 속하는 것이 아니며, 각각의 사회형태 가운데서 모두 그들이 남긴 발자취를 발견할 수 있다. 그들은 신기한 재주를 가지고 마치 마술을 부리듯이 부를 증식시킨다.

다만 동시에 그들은 기존의 사회체제를 해체시킴으로써 세계문명의 신진대사를 촉진한다. 바로 이 때문에 세계사에서 한때 휘황찬란했던 고대문명 즉 그리스문명·로마문명·고대이집트문명·중국문명은 크든 작든 상업의 번영과 상호 관련이 있으며, 세계의 몇몇 주요한 오래된 민족 즉 중국인·유태인·인도인·아랍인은 모두 장사를 매우 잘하는 민족으로 인식되었고, 더욱이 유태인은 '상인'과 동의어가 되다시피 했다.

중국 고대사회에도 매우 일찍부터 상업활동에 관한 기록이 존재했다. 『주역』 계사 하편에 이르기를 "포희씨가 죽고 신농씨가 천하의 군왕이 되어… 한낮에 시장을 만들어 천하의 백성들을 오게 하고, 천하의 재물을 모아서 교역을 마친 뒤 돌아가게 하여, 사람마다 모두 필요한 것을 얻도록 했다"69)라고 한다.

이미 소멸되어 고찰이 어려운 신농시대는 중국이 원시사회에서 농경사회로 넘어가는 과도기로, 이 시대에 농산품을 교환하기 위한 '시市'가 생겨났는데, 이것이 상품시장에 관한 최초의 기록이다.

하·상·주〔서주〕 3대시대 중국사회의 발전은 이미 원시사회를 마감하고 노예제사회와 봉건영주제사회로 진입했으며, 이로부터 인류문명의 시대로 들어섰다. 중국에서 문자기록이 있어 탐색이 가능한 역사시대는

---

69) 〔역주〕 원문수정 : "包犧氏沒, 神農氏作, 列廛于國, 日中爲市, 致天下之民, 聚天下之貨, 交易而退, 各得其所"→"包犧氏沒, 神農氏作, 斲木爲耜, 揉木爲耒, 耒耨之利, 以敎天下, 蓋取諸益. 日中爲市, 致天下之民, 聚天下之貨, 交易而退, 各得其所."

'3대'에서 시작된다. 이 시대에 공·상업은 한층 발전하여 적어도 서주는 건국 초기에 이미 상인에 관한 명확한 기록이 존재했다. 주 문왕은 정程에서 『정전程典』을 지어 주나라 사람들에게 다음과 같이 고시했다.

> 사대부는 상인이나 장인匠人과 섞여서는 안될 것이다. 상인이 되어서 온후하지 못하고, 장인이 되어 공교하지 못하고 충직하기만 하고 실력이 없으면 국가를 통치할 수 없다. 만약 사士의 자식이 의義를 모르면 장유를 구분할 수 없을 것이다. 장인이 족族끼리 모여 살지 않으면 벼슬을 줄 수 없다. 만약 족이 지역별로 구분되지 않으면 상을 받을 수 없다. 족끼리 모여 살며 지역별로 구분되고 전문적으로 분업이 되어야 비로소 천하가 잘 다스려질 수 있다.70)

여기서 말하는 '상商'은 단순히 상업활동을 가리키는 것이 아니라, 명확한 사회적 직업의 분화를 의미하며, 상인은 이미 사·농·공과 다른 사회경제의 업종(行業)이 되었다.

서주는 왕궁·관부의 뒤쪽에 '시市'를 설치하여 매일 세 차례 집중적으로 교역을 하도록 규정했다. "대시大市는 오후에 교역을 시작하는데 백성들 위주였고, 조시朝市는 아침에 교역을 하는데 한자리에 머물러 있거나 이동하는 상인들 위주였으며, 석시夕市는 저녁에 교역을 하는데 남녀 소상인 위주였다."71) 여기서 이미 분명히 상인의 존재를 지적하고 있다.

서주의 관제를 보면 '지관사도地官司徒' 아래 상인과 시장을 관리하는 각종 직사관을 두었다. 예를 들면 '사시司市'는 시장의 관리업무를 총괄하는 사람으로 "시장의 관리·지휘·정령·형벌·도량형과 금령을 관장하고, 차서次敍72)의 대소와 방위에 따라 지역을 구분하여 시장의 범위를 정

---

70) 〔역주〕『逸周書』, 「程典」篇.
71) 『周禮』, 「地官司徒」下.

하고, 화물을 종류와 등급별로 구분하여 진열함으로써 화물의 가격을 비교할 수 있도록 하고, 정령에 의거하여 지나치게 사치스럽고 정교한 물품의 판매를 금지함으로써 일반상품의 시세를 안정시키고, 판매상을 불러들여 시장에 상품이 충분히 공급되도록 하고 화폐가 잘 유통되도록 하며, 도량형에 따라 화물의 가격을 정하여 고객을 끌어들이는 일을 관장했다."73) 이밖에 '고사賈師'·'질인質人'·'사찬司鄽'·'전인廛人'·'천부泉府'도 각자 전담하는 책무가 있었다. 따라서 중국은 적어도 서주시대에 이미 최초의 상인과 상업자본이 탄생했다고 할 수 있다.

예악이 붕괴한 춘추전국시대에 전통적인 정치질서는 혼란에 빠지고, 소비욕구의 증가와 함께 토지의 자유매매 현상이 광범하게 출현하여, 상품의 유통을 한층 확대시키고 상업의 신속한 발전을 촉진했다. 하나의 새로 일어난 상인계층이, 인연이 있어 서로 만나고 시운에 따라 생겨나서 "교묘한 책략으로 이익을 얻을 기회를 좇으며"74) 각 제후국 사이에서 활약했다.

사서史書를 보면 다음과 같은 내용이 있다.

주나라 사람들의 잘못은 교묘한 속임수로 이익을 추구하고, 재물을 귀하게 여기고 의를 천하게 생각하며, 부자든 가난한 사람이든 장사치가 되는 것을 좋아하여 사士나 관리가 되는 것을 싫어하는 것이다.75)

---

72) [역주] 次敍 : 次는 市官이 업무를 처리하는 사무실로 思次와 介次를 포함한다. 思次는 司市가 업무를 처리하는 곳이며, 介次는 胥師와 賈師가 업무를 보는 장소이다. 상품을 진열하는 곳을 肆라고 하며, 肆의 앞뒤 배열은 순서가 있는데 이를 敍라고 한다.
73) 『周禮』, 「地官司徒下」.
74) [역주] 박기수·이경룡·하원수·김경호 역주, 『사료로 읽는 중국 고대사회 경제사—史記 平準書·貨殖列傳, 漢書 食貨志 譯註』(서울:청어람 미디어, 2005), 245쪽.
75) 『漢書』, 「地理志」.

북쪽 땅에 원래 잘 달리는 말과 잘 짖는 개가 있었으나 중원지역에서 이를 사육하여 이용했다. 남쪽 땅에 원래 우모羽毛·상아象牙·서우피犀牛皮·동정銅精·단사丹砂 등이 생산되었으나 중원지역에서 이를 얻어 돈을 벌었다. 동쪽 땅에 원래 거친 갈포·자채紫菜·물고기·소금이 있었으나 중원지역에서 이를 얻어 의복을 만들고 먹을거리로 삼았다. 서쪽 땅에 원래 가죽과 아름다운 모우미牦牛尾가 생산되었으나 중원지역에서 이를 얻어 비로소 그것을 사용했다.76)

이는 확실히 '에피쿠로스의 신'이 솜씨를 뽐내던 시대이다. 이 기간 동안 부상대고富商大賈는 혹은 싸게 사서 비싸게 팔고, 혹은 점포를 열고 물건을 진열하여 재물을 크게 불렸으며, 어떤 대상인은 심지어 "한 도성의 군주에 비유되고", "군왕과 같은 즐거움을 누린다"라고 했다.

범려范蠡는 누구나 다 알고 있는 '와신상담臥薪嘗膽' 이야기의 주인공 가운데 한 사람이다. 그는 일찍이 회계會稽싸움에서 패한 월왕越王 구천句踐을 보좌하여 "10년 동안 인구를 늘리고 재물을 축적했고… 10년 동안 교육하고 훈련시키고"77) 치욕을 참아가며 중대한 임무를 맡아 월나라를 다스린 지 20년 뒤에는 군대를 일으켜 오나라를 멸했다.

월왕을 도와 복수를 한 뒤에 그는 눈치 빠르게 공을 이루고 나서는 은퇴하여 월나라를 떠나 이리저리 돌아다니다가 북방의 도국陶國에 도착하여 상업에 종사했다. 그 결과 19년 동안 세 차례에 걸쳐 천금을 모아 큰 부자가 되었으며, 사람들이 그를 '도주공陶朱公'이라 불렀다. 뒤에 '도주공'이라는 세 글자는 돈 많은 사람의 대명사가 되었으며, 범려는 후세 상인들로부터 경영의 신으로 존경을 받았다. 전하는 바에 따르면 "소매 긴

---

76) 『荀子』, 「王制」.
77) 〔역주〕『左傳』 哀公 元年條.

옷을 입어야 춤을 잘 출 수 있고, 돈이 많아야 장사를 잘 할 수 있다"78)라는 격언은 바로 범려에게서 나왔다.79)

또 한 사람의 유명한 상인은 주나라 사람 백규白圭이다. 그는 장사의 도리에 정통하고 안목이 예리하여 거래의 시기를 포착하는 데 뛰어나 "사람들이 버릴 때는 사들이고, 사람들이 사들이면 팔아넘겼으며… 기회를 잡을 때는 짐승이나 새가 먹이를 낚아채듯 민첩했다." 그는 장사를 하려면 이윤伊尹이나 여상呂尙과 같이 모략에 밝고, 손자孫子나 오기吳起가 용병할 때와 상앙商鞅이 법을 집행할 때처럼 과감하게 결단해야 한다. 만약 "지혜가 부족하여 임기응변에 능하지 못하거나, 용기가 부족하여 결단을 내리지 못하거나, 너그러움이 부족하여 취사선택에 미숙하거나, 강단이 부족하여 지킬 것을 지키지 못하면" 경영에서 성공을 거둘 수 없다고 했다. 『사기』는 백규를 평하여 "대개 세상사람들이 생업을 영위하는 것을 이야기할 때 백규를 으뜸으로 꼽는다.… 고로 상업을 경영하는 기술로 말하면 자공子貢이나 범려보다 뛰어났다"80)라고 했다.

그밖에 한때 이름을 날린 상인으로 공자의 제자인 자공[이름은 賜, 衛나라 사람] 같은 사람이 있는데 "자공은 4마리 말이 끄는 좋은 수레를 타고 기병을 거느리며 비단예물을 가지고 제후들에게 사신으로 가서, 이르는 곳마다 제후들이 주인과 손님의 예로써 뜰을 나누어[分庭] 그와 예를 대등하게 하지 않음이 없었다."81) 공자는 오히려 이 "천명을 받지 않은" 부유한 제자덕분에 천하에 이름이 알려졌다.

또한 노나라의 가난한 선비인 의돈猗頓은 소금장사를 하여 부자가 되

---

78) [역주] 『史記』卷79, 「范雎蔡澤列傳」.
79) 『史記』, 「貨殖列傳」.
80) 『史記』, 「貨殖列傳」. [역주] "故其經商之術, 又出子貢·范蠡上也." 이 말은 『史記』에 보이지 않음.
81) 『史記』, 「貨殖列傳」. [역주] 박기수·이경룡·하원수·김경호, 앞의 책, 200쪽.

었다. 전하는 바에 따르면 의돈은 당초 "농사를 지었으나 늘 굶주리고, 양잠을 했으나 늘 추위에 떨었다." 뒤에 도주공 범려에게 치부하는 법을 가르쳐 줄 것을 청하여 상업경영의 정수를 터득함으로써 "재물이 왕과 제후에 비길 만하고, 천하에 이름을 날렸다"82)고 한다.

상업에 뛰어난 인재가 배출된 춘추전국시대에 비하여 한대는 억상정책으로 인하여 경영환경이 나빠지긴 했으나 상업활동은 여전히 활발했다. 문제 때 조조晁錯는 일찍이 그 상황을 다음과 같이 묘사했다.

> 상고商賈로서 큰 자는 쌓아둠으로써 갑절의 이익을 보고, 작은 자는 열 지어 앉아서 판매하며, 그 이익을 가지고 날마다 도시를 돌아다니다가, 정부의 납세 독촉을 틈 타 파는 물건은 반드시 갑절로 합니다. 그러므로 그 남자들은 밭을 갈거나 김매지 않고 여자들은 누에치거나 명주를 짜지 않아도 옷에는 반드시 화려한 무늬가 있으며, 음식은 반드시 좋은 곡식과 고기를 먹습니다. 농업에 종사하는 고통이 없어도 천전千錢·백전百錢의 소득이 있습니다. 그 부가 큼으로 인해 왕후王侯와 서로 교제하며, 힘은 관리의 세력을 능가하여 이로써 이익을 서로 다툽니다. 천 리를 놀러 다니는 수레가 꼬리를 물고, 그들은 좋은 수레와 훌륭한 말을 타고 비단신을 신고 비단옷을 입고 있습니다.… 지금 법률에서는 상인을 천하게 여기나 상인은 이미 부하고 귀해졌습니다.83)

조조가 묘사하고 있는 득의만만한 한대 상인의 모습은 『사기』에 나오는 한나라 초기 상인의 활동상황에 대한 기록에서 그 증거를 찾을 수 있다. 『사기』에 이르기를 "한漢이 흥기하여 해내海內를 통일하자 각 제후국의 관문關門과 교량橋梁이 개통되었고 산택山澤의 이용을 금지하던 법령도 완화되었다. 이 때문에 부상대고富商大賈들이 천하를 두루 다니니 교역

---

82) 『史記』, 「貨殖列傳」.
83) 『漢書』, 「食貨志」. 〔역주〕 박기수·이경룡·하원수·김경호, 앞의 책, 348~351쪽.

하는 물자가 유통되지 않는 것이 없었고 이 때문에 사람들은 원하는 것들을 얻게 되었다. 또한 황제는 지방의 세력자와 관동關東6국의 제후 및 세력가들을 경사京師로 강제 이주시켰다"84)라고 했다. 사마천이 이야기한 "천하사람들이 모두 희희낙락 이익을 위해 모여들고, 천하사람들이 모두 왁자지껄 이익 때문에 떠난다"라는 유명한 구절은 바로 이러한 "부유한 상인들이 천하를 두루 돌아다니는" 상황을 보고 느낀 바가 있어서 한 말이라고 할 수 있다.

당·송에 이르러 중국의 전통적 농업사회는 1천여 년간의 발전을 거쳐 이미 고도로 성숙한 단계에 접어들었다. 이 시기에는 비록 안사의 난과 5대10국의 할거라는 두 차례에 걸친 파괴가 있었으나 통일과 안정은 역사의 주류가 되었다. 게다가 정치상에서 서족지주庶族地主가 사족호강士族豪强을 대신하여 지배적인 지위를 차지했고, 농민의 지주에 대한 인신의 부人身依附 관계도 완화되어 사회의 생산력이 한층 발전했으며 공·상업 역시 전에 없이 번영했다.

당나라 시대에는 육로를 통한 상품의 유통이 매우 활발하여 "동으로 개봉開封에서부터 서로는 기주岐州까지 길 양편에 상점이 늘어서 손님을 맞이했으며 술과 음식이 넘쳤다.… 남으로는 형주荊州와 양양襄陽에서 북으로는 태원太原과 범양范陽까지, 서로는 사천(蜀川)과 양주凉州까지 모두 상점이 있어 상인과 여행자들에게 편의를 제공했다. 수천 리에 달하는 먼 길을 나설 때도 조그마한 무기마저 휴대할 필요가 없다"85)라고 했다. 수로를 이용한 상품의 운반 역시 매우 편리하여 "천하의 모든 나루에 배들이 모여드는데, 서쪽으로는 파촉巴蜀과 한중漢中에 이르고 남쪽으로는 복건과

---

84) 『史記』, 「貨殖列傳」. 〔역주〕 박기수·이경룡·하원수·김경호, 앞의 책, 211쪽.
85) 『通典』, 「食貨」7.

광동에 이르며, 수많은 늪지대와 강과 호수는 황하와 낙수洛水의 물을 끌어 들이고 아울러 회해淮海를 감싸고 있으며, 넓고 큰 배 수천 수만 척이 화물을 싣고 왕래하여 새벽부터 온종일 끊임이 없다"86)라고 했다.

송대 상업의 번성은 당대를 능가했다. 오자목吳自牧의 『몽양록夢梁錄』을 보면, 임안臨安〔항주〕의 상업상황에 대하여 다음과 같이 묘사하고 있다.

> 큰거리에서부터 여러 방항坊巷에 이르기까지 크고 작은 점포들이 들어서 있는데 집집마다 모두 빈집이 없다.… 손님과 장사치의 왕래가 거리에서 종횡으로 교차하는데 일찍이 하루도 한가로운 날이 없었다.87)

> 강과 바다 상인들이 돛대도 높은 큰 배를 몰아 구름과 안개 가득한 아득히 먼 길을 운행함으로써 사방의 온갖 물건이 몸소 가지 않고서도 다 모여든다.88)

춘추전국시대에 기원한 상인계층은 당·송시대에 이르러 상품경제가 번영한 기초 위에서 완전히 틀을 갖추었으며, 그들의 숫자와 그들이 가진 거대한 재물 역시 상고시대의 상인을 훨씬 능가했다. 당대 요합姚合의 시에 이르기를 "나그네가 들판을 가로지르는데 집집마다 모두 문이 닫혀 있구나! 집안에 남아 있는 사람에게 물어보니 모두가 장사하러 갔다네!"89)라고 했다. 이는 어느 정도 당시사회의 실정을 반영하는 것이다.

우리는 당·송시대의 상인들을 통해서 중국 구식상인 계층의 몇 가지 전형적인 발전형태를 개관할 수 있다.

첫째로 상인계층의 발전과 도시경제의 발전은 서로 관련이 있으며,

---
86) 『舊唐書』, 「崔融傳」.
87) 吳自牧, 『夢梁錄』 卷13, 「鋪席」.
88) 위의 책 卷18, 「恤貧濟老」.
89) 『全唐詩』 卷18.

반대로 상업과 상인은 도시경제의 번영을 촉진하는 원천이 되었다. 만약 에피쿠로스의 신이 세계의 틈새에 거주한다면, 도시는 상인이라는 특수한 '에피쿠로스의 신'이 머물기에 가장 적합한 장소이다. 당·송시대 상인 계층의 성장과 그 시대 도시의 발전은 불가분의 관계가 있다.

당대唐代의 도시 가운데 중요한 경제중심지가 되었던 곳으로 가장 먼저 들 수 있는 곳은 서경 장안과 동경 낙양이다. 장안은 건물이 웅장하고 성의 둘레가 70여 리에 달했으며 동서로 나뉘어 두 개의 시市가 있었다. 동시는 "시장 안에 여러 가지 화물을 취급하는 220개의 점포가 있었으며, 4면에는 저점邸店이 즐비하고 사방의 진귀한 물건들이 모두 모여들었다."90) 서시의 경우 "시장 안의 점포는 동시와 그 규모가 같았다.… 다만 상인들이 모여드는 곳은 대부분 서시였다."91) 동경 낙양에는 풍도豊都와 대동大同 2개의 시가 설치되었는데, 그 안에는 120개의 행行, 3천여 개의 사肆, 4백여 개의 점店이 있었으며 "화물이 산더미처럼 쌓여 있었다"92)라고 한다.

송대에 이르러 도시는 고대형으로부터 근대형 상업도시로 넘어가는 과도기에 처했으며, 1천 년을 이어온 방시제도坊市制度가 무너졌다. 상점과 노점은 이제 업종[行業]에 따라 각기 따로 장사를 하거나 "아침에 모였다가 저녁에 흩어지는" 것이 아니라 임의로 성 안의 각 처에 개설했다. 아울러 명·청시대 소설 속에 자주 보이는 큰거리 쪽을 향해 개설하여 간판과 계산대가 있는 점포의 앞모습[鋪面 : 鋪席이라고도 함]을 갖추었다.

북송의 수도인 변경汴京[개봉]은 "네거리로부터 남쪽으로 가면 생강행[薑行]이 나오고, 고두가高頭街로부터 북쪽으로 가면 사행紗行에서부터 동화

---

90) 宋敏求, 『長安志』 卷8.
91) 위의 책, 卷10.
92) 위와 같음.

문가東華門街·신휘문晨暉門·보록궁寶籙宮을 지나 곧바로 구산조문舊酸棗門에 이르는 거리가 가장 점포가 많고 번화한 곳이다." 진주眞珠·필백疋帛·향약香藥을 파는 큰 상점과 금은·채백의 교역에 종사하는 곳은 모두 "건물이 웅장하고 앞면이 광활하여 보기에 위엄이 있으며, 매번 교역 때마다 천만금을 동원하여 보고 듣는 사람들로 하여금 놀라게 한다."93) "동십자대가東十字大街는 종행과각다방從行裹角茶坊이라고도 한다. 매일 저녁 5경에 점등하고 교역을 진행하며, 의복·그림·화환花環·영말領抹〔의복에 두르는 띠〕 같은 것을 매매하다가 새벽이 되면 흩어지므로 이를 일컬어 귀시鬼市라고 부른다"94)라고 했다. 이것은 엄연히 한 폭의 기교와 감정표현이 뛰어난 「청명상하도淸明上河圖」이다.

오자목이 묘사하고 있는 남송의 수도 임안〔항주〕 역시 매우 번화한 대도시였다.

> 항주의 큰 거리는 화녕문和寧門의 화살받이 장벽〔珠子〕 바깥에서부터 줄곧 조천문朝天門 바깥 청화방淸和坊까지… 오간루五間樓에서 북으로 관항남가官巷南街까지 거리 양쪽의 상점은 대부분 금은·소금·어음을 교환했다. 점포 앞에는 금은 그릇과 현금을 진열했으므로 이를 일러 '간타전看垜錢'이라고 했다.… 융화방融和坊에서 북으로 시남방市南坊까지를 '주자시珠子市'라고 하며 매매가 있을 때는 1만여 명이 들끓었다. 고관대작과 부호들의 전당포가 성 안팎으로 적어도 수십 곳에 달했으며, 이들이 벌어들이는 돈은 수천 수만금이었다.95)

위와 같은 봉건문인의 생생한 묘사를 통해서 볼 수 있는 당·송 도시에서 발달한 공·상업 규모의 크기, 분업의 세밀함, 교역수단의 다양함은

---

93) 孟元老, 『東京夢華錄』 卷2, 「東角樓街巷」.
94) 위의 책 卷2, 「潘樓東街巷」.
95) 吳自牧, 『夢梁錄』 卷13, 「鋪席」.

당시 세계 어느 곳에서도 볼 수 없는 것이었다. 자연경제 위주의 전통 농업사회에서 상품경제와 상인자본이 이렇게 널리 발전할 수 있었던 것은 실로 중국 고대도시의 전례없는 발전에 힘입은 것이었다. 중국의 구식 상인계층은 주로 공·상업 중심의 도시와 그 인근지역에서 활약했다. 따라서 중국 상인계층의 여러 가지 특징은 대부분 중국 고대도시의 성격과 특징에 의해 결정되었다.

둘째로 중국 상인계층은 아주 일찍부터 자신의 독특한 행회行會조직을 갖고 있었으며, 그들은 동업행회 조직으로부터 일정한 제재를 받았으나 상당히 큰 경영자유와 경쟁공간도 누렸다.

'행行'이라는 명칭은 처음에는 서로 다른 업종을 가리키는 말이었다. 예를 들면 '36행三十六行' '70행七十行' 등이 그것이다. 당나라 시대에 이르러 동일업종의 상인과 수공업주가 늘 함께 모여 '행두行頭'를 선출하여 관부와 교섭함으로써 관부의 강제적 분담[攤派科索]에 대응했고, 동시에 업종 내부의 사무를 조정했으므로, 점차 비교적 고정된 조직형식 즉 행회가 형성되었다. 송대에는 이러한 조직이 한층더 발전하여 대부분 '행行'이라고 불렸으며, 또 '단團'·'시市'·'작作'이라고 불리는 것도 있었다.

부축부傅筑夫 선생의 고증에 따르면 송대의 공·상업 행회조직은 대체로 다음과 같은 특징이 있었다. ① 각각의 행에는 모두 행로行老 혹은 행두行頭가 있어 그 행의 우두머리가 되었으며, 이들은 행을 대표하여 대외(주로 관부에 대한) 교섭과 대내협력(주로 가격에 대한 논의와 결정 등)을 도모했다. ② 각 행은 모두 고정된 교역장소가 있었으며, 각 행두는 대부분 다관茶館을 담판과 교섭의 장소로 이용했다. ③ 각 행은 전통적인 활동 및 경영방식이 있었는데, 그것은 이미 오랫동안 전해져 관례가 된 것이다. ④ 각 행은 전문적으로 모시는 신이 있으며 자신들만의 종교활동이 있었다. 서양 중세의 길드(行會)조직과 달리 중국의 초기 공·상업 행회조직의 주요 기능은 같은 업종의 경쟁을 제한하여 회원의 균등한 경제지위를 보장하는 것이 아니라, 관부의 인력분담(差派)이나 경제적 분담(課索)에 대응하기 위한 것이었다. 따라서 같은 업종 사이의 경쟁이 격렬했으며, 각 행의 대호大戶는 종종 시장을 농단하여 물가를 조종했다.96)

셋째로 중국 고대에는 서양 중세기의 향촌과 대립하는 자치도시가 존재하지 않았기 때문에 도시와 도시, 도시와 향촌은 서로 통했으며 도시는 외래상인에게 완전히 개방되어 있었다. 따라서 중국의 도시는 일반적으로 각 지역의 사람이 뒤섞여 살았으며 출신이 복잡했다. 예를 들어 송대 임안(항주)의 경우 "항주성의 부자는 대부분 다른 지역 출신의 임시거주자이며… 이 임시 거주자들은 대부분 강과 바다에서 장사하는 사람들이었다"97)라고 한다.

또한 광주廣州·양주揚州·천주泉州 등의 도시에는 늘 많은 '호고胡賈[외국상인]'들이 기거했다. 이러한 것은 중국상인들로 하여금 늘 출생지와 업종에 따라 상방商幇을 결성하게 함으로써 이른바 "동당을 결합하고 무리를 짓게" 함으로써 이후 명·청시대에 이르러 도시에서 상업회관이 대두하게 하는 역사적 근거(前提)를 제공했다.

넷째로 같은 업종의 상인들 사이에 경쟁이 치열했다. 그 결과 "능력 있는 사람은 재물을 모으고 무능한 사람은 와해되어" 중국 상인계층은 아주 일찍부터 내부에 등급분화가 생겨나고 빈부의 차이가 현격했으며, 상업자본은 종종 소수의 대상인에게 집중되었다. 다수의 소규모 공·상업

---

96) 傅筑夫,「中國經濟史論叢」下(北京:生活·讀書·新知 三聯書店, 1980),「中國工商業者的行及其特點」참조.
97) 吳自牧,「夢梁錄」卷18,「恤貧濟老」.

자의 참담한 경영이나 자포자기하여 염가로 세일하는 모습과 소수 부상대고富商大賈의 비할 데 없는 호사스러움은 선명한 대조를 이루었다.

당 고종 때의 부상 추풍치鄒風熾는 "집안이 매우 부유하여 금은보화가 셀 수 없이 많았다."98) 당 현종이 일찍이 장안의 부상 왕원보王元寶에게 재산이 얼마나 되느냐고 묻자, 그가 대답하기를 "제가 가지고 있는 비단 한 필을 폐하의 남산에 있는 나무 한 그루로 계산한다면, 남산의 나무는 다 해도 저의 비단은 끝나지 않을 것입니다"99)라고 했다. 이밖에 왕포王布·임령방任令方·장고張高 같은 사람들도 천만금을 보유하여 부유하기가 후왕侯王과 같았다.

북송 초기 "도성에서 재산이 백만금에 이르는 사람은 매우 많았고, 십만 이상은 도처에 널려 있었다."100) 왕안석王安石은 일찍이 개탄하기를 대지주·부유한 수공업자·호상豪商의 집안은 종종 "저택을 늘리고 누각과 정자를 높여 변화한 대도시의 유력자와 더불어 끊임없이 사치를 다툰다"101)라고 했다.

끝으로 중국 고대도시의 특징은 경제중심·군사중심과 정치중심으로서의 기능이 하나로 합쳐져 있는 것이며, 그 가운데서도 정치적 중심지로서의 특징이 더욱 두드러졌다. 도시는 방대한 관료기구의 소재지로 관청이 즐비하며 관리는 셀 수 없이 많았다. 따라서 상인은 관부와 경제적으로 관련이 있을 뿐만 아니라 정치적으로도 밀접한 관계를 맺었다. 그들은 권세가와 결탁하는데 열중하여 부지런히 그들의 집을 드나들며 자신의 이익추구에 도움이 되는 권력과 관계의 네트워크를 만들었다. 예

---

98) 『太平廣記』 卷495, 「鄒風熾」. 『西京記』에서 채록.
99) 馮贄, 『雲仙雜記』.
100) 『續資治通鑒長編』 卷85.
101) 王安石, 『王臨川先生文集』 卷83, 「杭州通判廳見山閣記」.

를 들면 당대의 신상臣商 왕원보王元寶·양숭의楊崇義·곽만전郭萬全 등은 "각각 사방으로부터 많은 선비들을 끌어모아 서로 다투어 중앙으로 올려보냄으로써 조정의 명신이 종종 그들의 문하에서 나왔다." 또한 당시 각지로부터 관리후보자들이 장안에 도착하면 "먼저 십상시十常侍에게 들리고, 다음으로 백관을 만났다"라고 한다. 자치권과 독립성이 없이 엄중하게 봉건국가 기구에 의부했던 점이 중국 구식상인의 가장 두드러진 특징이었다.

총체적으로 말하면 중국 봉건사회는 중농억상 위주였으나, 각 왕조의 건국 초기 및 비교적 개명된 군주의 통치시기에는 종종 '휼상恤商' 정책이 실행되기도 했다. 이와 같이 중국 구식상인 계층의 부침은 국가 공·상업정책의 변화와 밀접한 관계가 있었다. 뜻을 이루었을 때 그들의 부는 군주에 견줄 만했고 왕후와 왕래했으나, 뜻을 이루지 못했을 때는 자포자기하여 염가로 세일하는 상황에 빠졌으며 비천하기가 하인과 같았다. 요컨대 관官·상商 관계의 변화는 중국 상인계층의 역사적 운명을 결정하는 일대 관건이었다. 이 점은 뒤에 다시 논의한다.

2. 4민사회의 질서

고대 상인계층의 사회적 가치를 평가하기 위해서는 반드시 '4민사회四民社會'의 구조라는 틀 안에서 관찰을 진행해야 한다. 중국 전통사회는 기본적으로 사·농·공·상의 등급질서로 이루어진 '4민사회'라고 할 수 있다.

일반적으로 사·농·공·상의 '4민'설은 『관자管子』에서 비롯되었다고 본다. 『관자』 소광小匡편에 이르기를 "사·농·공·상 4민은 국가의 주춧돌과 같은 존재이다"라고 했다. 아울러 주장하기를 "4민은 각자 자기의 구역 안에 거주하면서 대대로 자신의 직업에 종사하도록 해야 한다"라고 했다. 『관자』는 관중管仲[102]이 지었다고 하나, 사가들의 고증에 따르면 실제로는 한 사람이 한 시기에 쓴 것이 아니라고 한다. 그 가운데 빠른 것은 아마도 전국 중기에 기록된 것으로 보이며 춘추에서 전국으로 넘어가는 시대의 역사적 상황을 반영하고 있다. 늦은 것은 아마도 전한 문제와 경제 때에 기록된 것으로 보이며 전한 초기의 역사를 반영하고 있다.

역사적 변화를 살펴보면, 사·농·공·상 '4민'의 구분은 처음에는 일종의 직업에 대한 구분으로, 각각 춘추전국시대의 사·농·공·상이라는 네 개의 사회집단을 대표했다. 『관자』를 보면 4민의 직업을 세습시키고 직업에 따라 지역을 나누어 "4민의 거주지를 정하고자 하는" 발상이 있었으나, 당시에는 실현불가능했던 것처럼 보인다. 당시 '4민' 가운데 농·공·상은 각각 사회경제의 세 가지 큰 부류로 직업범위가 매우 분명했다. 반면 사士의 직업은 매우 복잡했으나, 거기에도 공통점이 있었는데, 그것은 바로 사는 모두 그들이 기본적으로 선택할 수 있는 직업이 출사[임관]라고 생각했다는 점이다.

비교적 늦게 쓰인 『춘추곡량전春秋穀梁傳』을 보면 성공成公 원년조에 이르기를 "고대에 4민이 있었는데 사민士民·상민商民·농민農民·공민工民이 그것이다"라고 했다. 여기서 말하는 사·상·농·공은 여전히 일종의 직업집단에 대한 구분으로 한대 초기의 사·농·공·상이라는 4민사회의 등급질서와는 구별된다. 다만 주의해야 할 것은 여기에 나오는 '사민士民'

---

102) 管仲(?~645B.C.), 춘추시대 齊나라의 저명한 정치가. 齊桓公이 패권을 차지하도록 보좌함. 『管子』라는 책이 주로 管仲의 경제사상을 반영하고 있다는 말은 믿을 만하다.

과 같은 새로운 명사는 "사의 사회신분을 정식으로 '민'의 범주 안에 확정한 것으로, 이것은 춘추 말기 이래 사회변동의 결과였다."[103]

'사민士民'이라는 말은 이미 전국시대의 문헌에 자주 보인다.『순자』치사致士편에 이르기를 "국가는 사민이 거주하는 곳으로… 국가의 정치가 잘못되면 사민이 떠난다"라고 했다.

비록 춘추 말기에 이미 '4민四民'의 구분이 있었으나, 4민 가운데 상인과 수공업자가 특별히 천시되었던 것은 아니며, 오히려 각 학파의 학설은 고전 중상주의의 색채를 띠고 있었다. 유학의 아성 맹자는 일찍이 주장하기를 "마음을 수고롭게 하는 자는 남을 다스리고, 힘을 수고롭게 하는 자는 남에게 다스림을 받는다. 남에게 다스림을 받는 자는 남을 먹여주고, 남을 다스리는 자는 남에게 얻어먹는다"[104]라고 함으로써 수천 년 이래 '노심자勞心者'가 '노력자勞力者'를 통치하는 제도에 그 기본이 되는 이론적 근거를 제공했다.

맹자는 또 이르기를 "오직 인의가 있을 따름인데 하필 이利를 말씀하십니까"[105]라고 했다. 이 말은 뒤에 정통유가의 '의리관義理觀'이 되어 중국 역사의 발전에 중대한 영향을 미쳤다. 다만 맹자가 여기서 이야기하는 것은 '천하의 보편적인 도리와 법칙'[106]으로서의 사회적 가치관에 대한 것일 따름이며, 특별히 공·상업을 경시한다는 의미는 아니다.

다른 곳에서 맹자는 이르기를 "시장에서 장소를 마련하여 화물을 보관하도록 하되 화물세를 징수하지 않으며, 만약 상품이 적체될 경우 법에 따라 사들임으로써 오래도록 사장되지 않도록 한다면, 천하의 상인들

---

103) 余英時, 앞의 책, 20쪽.
104)『孟子』,「滕文公」上. [역주] 성백효, 앞의 책, 156쪽 참조.
105)『孟子』,「梁惠王」上.
106) [역주]『孟子』,「滕文公」上.

이 모두 기뻐서 그 시장에 저장하기를 원할 것이다. 관문에서는 단지 조사만 하고 통과세를 징수하지 않으면, 천하의 여행객들이 모두 기뻐하며 그 길로 지나기를 원할 것이다"107)라고 했다. "시장에서 장소를 마련하여 화물을 보관하도록 하되 화물세를 징수하지 않으며", "관문에서는 단지 조사만하고 통과세를 징수하지 않는 것"은 분명 상업의 유통을 장려하는 것이다. 「등문공滕文公」 하편에는 맹자와 대영지戴盈之가 나눈 일단의 상업세 감면에 관한 근사한 대화가 있다.

대영지가 말하기를 "세율을 10분의 1로 정하고 통과세와 화물세를 면제하는 일은 금년에는 아직 할 수 없으니, 우선 그것을 가볍게 하여 내년이 되기를 기다린 뒤에 완전히 실행하는 것이 어떻겠습니까?"라고 했다.

맹자가 대답하기를 "지금 날마다 이웃집 닭을 한 마리씩 훔쳐먹는 어떤 사람이 있는데, 다른 사람이 그에게 말하기를 '이것은 정직한 사람이 할 일이 아니다'라고 하니, 그가 말하기를 '그러면 그것을 줄여서 우선 한 달에 한 마리씩 훔쳐먹다가 내년이 되기를 기다린 뒤에 손을 씻겠다'라고 하는 것과 같습니다. 만약 이런 행위가 정당하지 못하다는 것을 알았다면 바로 중지해야지 무엇 때문에 내년까지 기다립니까?"라고 했다.

맹자는 닭을 훔치는 부당한 행위를 상업세를 무겁게 징수하는 데 비유하면서 이러한 행위가 불합리하다는 것을 알게 된 이상 즉각 중지해야 하며, 대영지가 생각하는 것처럼 내년이 되기를 기다렸다가 고치는 것은 잘못이라고 했다. 그렇지 않으면 닭도둑이 매일 한 마리씩 훔치던 것을 매월 한 마리씩 훔치기로 하는 것처럼 매우 가소로운 일이 된다는 것이다.

---

107) 「孟子」, 「公孫丑」上.

일반적으로 『관자』는 중본억말重本抑末의 선례를 만든 책이라고 생각되고 있는데, 그 이유는 『관자』에 "본업(농업)을 애호하고 말업(공·상업)을 금지해야 한다"[108]는 주장이 있기 때문이다. 다만 『관자』에서 이야기하는 말업이란, 사실은 단지 농업생산에 영향을 미치는 사치품의 생산과 유통을 가리키는 것으로, 일반적인 공·상업은 그 안에 포함되지 않는다. 그래서 "지금 장인들의 솜씨가 좋으나 백성들이 일용품에 만족을 느끼지 못하는 것은 군주가 노리개 같은 물건만 좋아하기 때문이고, 농민들이 매우 힘들게 일하나 천하에 여전히 굶주리는 사람이 있는 것은 군주가 진귀한 음식만 좋아하기 때문이며, 부녀자들이 베를 짜는 손놀림이 민첩하나 천하에 여전히 추위에 떠는 사람이 있는 것은 군주가 화려한 옷만 좋아하기 때문이다"[109]라고 했다.

　『관자』는 공·상업이 가진 "남는 것으로 모자라는 것과 교역하는" 유통작용의 효과를 충분히 긍정적으로 인식하고, 공·상업에 대한 억압이 아니라 혜택을 주장하면서 "잠재적인 재원을 개발하고, 적체된 물자를 수송하고, 도로를 건설하고, 무역을 편리하게 하고, 역참의 건설을 중시하며… 관문에서는 조사하되 통과세를 징수하지 않고, 시장에 물건을 저장하게 하되 화물세를 징수하지 않는다"[110]라고 했다. 관중은 제나라의 재상으로 재직하는 동안 휼상恤商정책을 실행하여 제나라의 공·상업이 매우 번성하도록 했으며, 이로부터 제나라 패업의 기초를 공고히 했다.

　전국시대에 토지분봉제가 급격히 토지사유제로 바뀌고, 중본억말·중농억상의 사상과 주장이 주도적인 위치를 차지하기 시작했다. 상앙商鞅

---

108) 『管子』, 「權修」.
109) 『管子』, 「五輔」.
110) 『管子』, 「五輔」.

은 지주계급의 이익을 보호하는 데서 출발하여, 우선 본말개념을 농·공·상 관계 속으로 끌어들여 "본업에 힘쓰고 말업을 금지해야 한다"라는 주장을 제기했다. 상앙은 농업은 입국의 근본으로 나라를 다스리는 요체는 "민으로 하여금 농업에 마음을 쓰도록 하는 데" 있으며 "민이 농사를 좋아하고 전쟁에 나가기를 기뻐하게 된" 뒤에야 비로소 부국강병을 이룰 수 있다고 생각했다. 그리고 농민이 부유해지도록 하기 위해서는 상업이나 수공업 같은 말업을 '금지〔제한〕'하여 "상인이나 수공업자로 하여금 번성하지 못하게 해야 한다"[111]라고 했다.

전국 말기의 걸출한 사상가였던 순황荀況은 한편으로 경제발전에 미치는 공·상업의 작용을 긍정하면서 "만약 상인이 성실하여 속이지 않으면, 행상들이 안전하게 되고 재물이 순조롭게 유통되어 국가는 필요한 것을 공급받을 수 있다. 만약 장인들이 충성스럽고 신실하여 조잡하고 열악한 물건을 만들지 않으면, 각종 기물이 정교하고 편리해지며 재료〔생산수단〕 또한 모자람이 없게 된다"[112]라고 했다.

다만 다른 한편으로 그는 농업이 부의 가장 기본적인 근원이라고 여기고 "상인과 수공업자가 많으면 나라가 가난해지므로" 당연히 "상인과 수공업자를 줄이고 농부를 늘려야 하며"[113] "토지세를 가볍게 하고 통과세와 영업세를 안정시키며, 상인의 수를 감하고 백성들을 노역에 동원하는 일을 줄이며, 농사의 시기를 놓치지 않게 하면 나라가 부유해진다"[114]라고 했다.

한비韓非는 비록 순황의 학생이나 선진先秦시대의 법가사상을 집대성

---

111) 『商君書』, 「農戰」.
112) 『荀子』, 「王霸」.
113) 『荀子』, 「君道」.
114) 『荀子』, 「富國」.

하고 중본억말·중농억상론을 극단적으로 추구하여 명확하게 공·상업을 말업에 넣고, 이를 강력하게 억제할 것을 주장했다. 그는 "현명한 군주가 나라를 다스리는 정책은 공·상업자와 무위도식하는 사람을 줄이고 그들이 명성을 누리지 못하게 해야 한다. 이는 농경에 종사하고자 하는 사람은 적고 공·상업을 좇는 사람이 많기 때문이다"115)라고 했다. 한비는 심지어 공·상업자를 '5두五蠹'의 하나로 간주하여 독충을 제거하듯이 깨끗이 없애야 한다고 주장했다.

그러나 주의할 것은 선진제자先秦諸子들이 제기한 억말抑末·억공상抑工商에 관한 각종 논의와 주장 중에도 특별히 '4민四民' 가운데 '사'의 중요성과 우월성을 강조한 것은 없고, 오히려 늘 '사'와 공·상 계층을 함께 거론하면서 모두를 '말末'의 범주에 넣고 있다는 사실이다. 그들의 눈에는 심지어 '농'의 사회적 지위가 '사'를 능가했다.

상앙이 금지하고자 한 '말末'에는 "능숙한 말재주를 밑천으로 하는 변사辯士, 고상한 의지를 밑천으로 하는 은사隱士, 용기를 밑천으로 하는 용사勇士, 뛰어난 솜씨를 밑천으로 하는 수공업자, 자신의 몸뚱이를 밑천으로 하는 상인"이 포함되었다. 그는 이 "다섯 종류의 사람이 나라에 등용되면 경작지는 황폐하게 되고 군사력은 약해지는데… 이런 까닭에 탕왕과 무왕이 이를 금지했다"116)라고 했다.

또 이르기를 "말업을 금하지 않으면 수공업자가 이익을 얻으며 무위도식자가 많아지는데" 이른바 무위도식자란 "헛된 이야기를 늘어놓고, 말재주를 부리는 것만 즐기고, 상업에 종사하거나 수공업에 손을 대면서, 농경에 종사하거나 전쟁에 참가하는 것을 꺼리는"117) 사람이었다. 여

---

115) 『韓非子』, 「五蠹」.
116) 『商君書』, 「算地」.

기서 사인士人의 사회적 지위는 상인과 다를 바가 없이 '무위도식하는' 사람에 속했으며, 상인 역시 사 즉 '상고지사商賈之士'로 불렸다.

순황 역시 상인과 수공업자를 천시하지 않았다. 그는 상인과 수공업자는 군자가 미치지 못하는 장점을 가지고 있으며, "재화를 유통시키고 물건의 좋고 나쁜 것을 가리며 귀하고 천한 것을 분별하는 데 있어 군자는 상인보다 못하다. 그림쇠나 곱자로 도형을 그리고 먹줄을 긋고 각종 공구를 다루는 데 있어 군자는 목수보다 못하다"[118]라고 했다.

동시에 그는 사대부는 상인이나 수공업자와 마찬가지로 직접적으로 사회의 재부를 창조할 수 없으므로 당연히 그 수가 적어야 하며 많아서는 안된다고 생각하고 "사대부가 너무 많으면 나라는 가난하게 되고 공·상업자가 너무 많아도 나라가 가난하게 되며 일정한 제도와 양을 정하는 표준이 없으면 나라가 가난하게 된다"[119]라고 했다. 또 한비가 이야기하는 다섯 종류의 사회의 독충 가운데는 '상인이나 수공업자' 외에도 오로지 인의만을 주장하는 학사學士, 종횡술을 이야기하는 유세가, 칼을 찬 협사俠士, 시종하는 근신近臣이 포함되었는데[120] 이들은 한 마디로 사계층이었다.

이로부터 춘추전국시대에 비록 '4민四民'의 사회적 분업이 있었으나, 뒤에 보이는 것과 같은 '4민'의 등급을 구분하는 사회질서는 없었다는 것을 알 수 있다. 선진제자의 문헌 속에 반영된 역사의 실제적 상황을 통해서 보면, 당시 가장 활발한 사회계층은 아마도 사士와 상商이었던 것 같으며, 이것은 위에 인용한 『춘추곡량전』 성공成公 원년조의 사민士民·상민商

---

117) 『商君書』, 「農戰」.
118) 『荀子』, 「富國」. 〔역주〕 『荀子』, 「儒效」편에 나오는 말.
119) 『荀子』, 「富國」.
120) 『韓非子』, 「五蠹」.

民·농민農民·공민工民의 배열순서에서 방증을 찾을 수 있다.

그러나 당시의 사민士民은 아직 후세에 그들이 누렸던 사회적 특권을 지니고 있었던 것은 아닌 것처럼 보이며, 당시의 상인 역시 아직은 4민의 끝에 편입되어 사회의 천시를 받았던 것 같지 않다. 선진시대 중농학파의 눈으로 보면, 사와 상은 모두 말류에 속하는 것으로 둘 다 당연히 억제되어야 하나, 진정으로 중본억말과 중농억상정책을 실현한 것은 단지 상앙이 보좌한 진나라뿐이었다. 따라서 전체사회를 통틀어 말하면, 춘추전국시대의 4민사회와 후세의 4민사회의 질서는 본질적인 차이가 있었다.

등급질서의 의미를 가진 '4민사회四民社會'는 전한 전기에 시작되었다. 전한 초기 특히 문제와 경제시대의 정치는 두 가지 큰 특징이 있었다. 하나는 위에서 서술한 것처럼 사를 숭상하고 존경하여 4민의 첫째 자리에 앉히고, 힘을 다해 그들을 끌어들이고 이용하는 능력이 있었다는 것이다. 다른 하나는 진나라의 제도를 이어받아 전면적으로 억상정책을 실행함으로써 2천여 년에 걸친 천상賤商·억상抑商의 물꼬를 튼 것이다.

우선 법률과 사회적 지위에서 상인은 이미 명백히 천대받기 시작했다. 진·한시대 정부는 도시에서 공·상업에 종사하는 사람들을 일률적으로 따로 등록하도록 했다. 이를 '시적市籍'이라고 했으며, 일단 상인이 시적에 등록되면 3대가 연루되어 죄인취급을 받았다. 진대秦代에 '적수謫戍[수졸의 징발]'는 "먼저 죄지은 관리와 췌서贅壻·상인을 징발하고, 다음으로 일찍이 시적市籍에 등록된 사람을 징발하고, 그 다음으로 조부모나 부모가 시적에 등록되었던 사람을 징발하며, 끝으로 마을로 가서 마을 문의 왼쪽 편에 거주하는 빈약한 평민들을 징발했다"121)라고 한다. 한 무제 때에도 유사한 법령이 있었다. 천한天漢 4년(B.C. 97) "천하의 '7과적七科謫'과 용감한 사를 징발하고, 이사貳師장군 이광리李廣利를 파견하여 기병 6만과 보병 7만을 거느리고 북방으로 출정하도록 했다"122)라고 한다. '7과적'을 순서대로 나열하면 죄지은 관리, 망명자, 췌서贅壻, 상인, 시적에 등록된 자, 부모가 시적에 등록된 자, 조부모가 시적에 등록된 자이다. 그 가운데 공·상업자가 넷이나 된다.

한대에 상인을 배척하고 장사를 억제하는 조서와 율령은 사서史書에서 끊임없이 발견된다. 한 고조 8년(B.C.199)에는 "상인으로 하여금 금錦·수繡·기綺·곡縠 등의 비단옷과 갈포·모시·융단 등의 옷을 입지 못하게 했으며, 무기를 휴대하거나 수레나 말을 탈 수 없도록 했다."123) 한 무제 때 다시 규정하기를 "시적에 등록된 상인과 그의 가족(家屬)들은 모두 자신의 이름으로 토지를 소유할 수 없도록 함으로써 농민을 이롭게 한다. 누구든 이 명령을 위반하면 그의 토지와 노비를 몰수한다"124)라고 했다.

곱고 아름다운 비단옷을 입지 못하게 하고, 출사하여 관리가 될 수도 없게 하며, 무기를 휴대하지 못하게 하고, 수레나 말을 타지 못하게 하며, 전택권田宅權을 향유하지 못하게 하는 것은 춘추전국 연간에 "금과 옥으로 수레를 장식하고 무늬있는 비단옷을 입고 제후들의 초대를 받았던" 부상대고富商大賈와 비교하여 한대 상인의 사회적 지위가 한없이 추락했음을 의미한다.

법률과 사회적 지위면에서의 상인에 대한 폄하와 억압 외에 한대는 경제적인 면에서도 상인들에게 타격을 주는 일련의 정책을 시행했다. 우선 상인에 대하여 "세금을 무겁게 하여 곤욕을 치르도록 하는" 상세정책

---

121) 『漢書』 卷49, 「晁錯傳」.
122) 『漢書』 卷6, 「武帝紀」.
123) 『漢書』 卷1下, 「高帝紀下」.
124) 『史記』 卷30, 「平准書」. [역주] 박기수·이경룡·하원수·김경호 역주, 앞의 책, 115쪽 참조.

商稅政策을 실행했다. 고조 4년(B.C. 203)에 성인남녀로 하여금 사람마다 매년 부賦 1산一算을 납부하게 하고 이를 '산부算賦'라고 했는데, 이는 120전錢에 해당하는 돈으로 상인 및 부비婦婢는 이것을 배로 내도록 규정했다. 한무제 원수元狩 4년(B.C.119) 처음으로 '산민전算緡錢'을 정하고 공·상업·고리대업·운수업에 대하여 영업세를 징수했다. 원정元鼎 3년(B.C.114) 정식으로 '고민령告緡令'을 반포하여 상인·수공업자·고리대업자 및 사재기를 하는 자는 시적의 유무를 막론하고 모두 화물의 값에 따라 신고하여 세금을 납부하도록 규정했는데 2천 전에 1산을 납부하며 거기에 더하여 상세商稅를 배로 징수하도록 규정했다.[125] '고민령'을 실행한 결과 "중등호 이상의 상인이 대부분 파산했다"라고 한다.

이밖에도 상홍양桑弘羊 등이 주장한 '금각禁榷[염철의 전매]', 균수·평준 등의 경제조치를 적극 추진하여 "재력에 의지하여 왕이나 제후와 왕래함으로써 그 권세가 일반관리를 능가하는"[126] 부상대고에게 타격을 주었는데, 그 화가 일반 중·소상인에게도 미쳐 "상인은 줄고 물건은 귀하게" 되었으며 "백성들은 맛있는 음식과 좋은 의복만 탐하여 목축이나 농업 같은 산업에 종사하지 않게 되어"[127] 사회적으로 나쁜 결과를 초래했다.

만약 춘추전국시대 사회여론이 대부분 상인을 긍정하고 찬미했다고 한다면, 한나라 시대는 엄격하고 신속한 억상정책 아래 사회여론이 상인을 비난하는 쪽으로 바뀌어 대부분 상인의 기만적이고 사악한 면을 강조하기 시작했다. 장형張衡은 「서경부西京賦」에서 상인의 영업방식에 대하여 묘사하기를 "이에 각양각색의 행상行商·좌고坐賈와 남녀 소상인들이

---

125) 『史記』 卷30, 「平准書」.
126) 晁錯, 「論貴粟疏」.
127) 『史記』 卷30, 「平准書」. [역주] 박기수·이경룡·하원수·김경호, 앞의 책, 143쪽 참조.

물건을 팔 때 좋은 물건에 나쁜 물건을 섞어넣어 변경에서 온 순박한 사람들을 현혹하고 기만한다. 굳이 어리석게 힘써 일할 필요가 있는가? 사기로 얻는 이익만으로도 치부하기에 족하거늘!"128)이라고 했다. 주석에 이르기를 "먼저 질 좋은 물건을 보여주어 가격을 정한 다음, 질 나쁜 물건을 섞어넣음으로써 먼 타지에서 온 사람들을 기만하고 현혹했다.… 다른 사람을 속여서 얻은 이익이 생활하기에 충분하다"라고 했다.

널리 '사영邪贏'과 '간리奸利'를 취하는 '간상奸商'의 딱지는 2천여 년 동안 그들에게 붙어다녔다. 이로부터 상인의 사회적 역할에 대한 평가는 정통 유가관념에 의해 용납되지 않기 시작했으며, 억말抑末은 주로 억상抑商으로 바뀌게 되고, 의義를 귀하게 여기고 이利를 천시하는 것은 "이익의 통로를 막고… 상인을 억압하는 것"129)으로 해석되었다. 사는 이미 '말末' 가운데에서 배제되었다.

한대에 들어와 천상賤商과 억상抑商정책이 전면적으로 시행된 것은 우연히 그렇게 된 것이 아니다. 진·한시대 통일된 중국이 봉건적 사회질서를 정식으로 확립하자 상인이 생산하고 대표하는 사회경제 요소와 가치 관념은 모두 이러한 통일적인 봉건등급 사회질서와 전면적으로 충돌했다.

통일된 봉건사회의 경제적 기초는 분산된 소농경제였으며, 농農은 입국立國의 근본으로 개인의 사회적 지위는 개인과 토지의 관계의 따라 결정되었다. 그런데 상업의 본성은 유통에 있으며 상인은 실제로 토지의 속박에서 벗어나 있는 계층이었다. 뿐만 아니라 상인의 활동과 영향은 반드시 농민과 이익을 다투어 농민으로 하여금 토지를 떠나게 만들며,

---

128) 〔역주〕『文選全譯』, 106쪽.
129) 『鹽鐵論』, 「本議」. 〔역주〕김한규·이철호 역, 『염철론』(서울: 소명출판, 2002), 32쪽 참조.

이는 국가 재정수입과 군사자원의 급격한 감소를 초래했다. 이것은 마치 한대의 문학文學과 현량賢良들이 생각하고 있던 "나라에 비옥한 토지가 풍부함에도 백성들의 식량이 부족한 것은 공·상업이 번성하고 본업이 황폐해졌기 때문이다.…그러므로 상업이란 적체된 화물을 유통시키는 것이고, 수공업이란 필요한 기물을 제조하는 것일 뿐이며, 나라를 다스리는 근본업무가 아니다"130)라고 한 것과 같다.

다음으로 통일된 봉건사회에서 정치적으로 관본위가 되면서 사회지위의 고하와 재산의 다과는 주로 권력의 대소에 의해 결정되었다. 그러나 상업사회의 논리(logic)는 사람들의 경제활동 능력에 의거하여 사회재부財富의 분배를 진행하고, 나아가 사회재부의 점유정도에 따라 사람들의 사회적 지위를 정하고자 하는 것이었다. 그러므로 상업사회의 논리와 가치관은 통일적인 관본위 사회질서와 서로 저촉되는 것이었다. 봉건사대부가 공·상업을 배척하여 기존의 사회질서를 유지하려고 한 것은 매우 자연스러운 현상이었다.

한대 이후 각 왕조가 행한 억상정책의 구체적인 방법과 정도는 차이가 있으며, 필요할 때는 모종의 임시적인 휼상恤商정책(예를 들면 당나라 초기와 같은)을 실시하기도 했다. 그러나 중농억상·숭사폄상崇士貶商의 기본정신은 근본적으로 변함이 없었으며, 억상천상抑商賤商의 조령詔令·주장奏章·조규條規는 각 왕조의 역사문헌 가운데 자주 보인다.

후한 화제和帝 영원永元 11년(A.D.99)에 내린 조서에 이르기를 "상인이나 백성들 가운데 법률로 금지하고 있는 것을 망각하고 사재기를 하는 사람이 있으며 이는 관리집안에서도 유행하고 있다. 관리가 법을 어기면

---

130) 『鹽鐵論』, 「本議」. [역주] 김한규·이철호, 위의 책, 30쪽 참조.

당연히 가장 먼저 바로잡아야 한다"131)라고 했다.

서진西晉왕조의 억상정책은 더욱 가혹하게 변하여 건국 초기에 바로 "군국郡國의 계리計吏·수상守相·영장令長에게 훈계하기를 지리地利에 힘쓰되 무위도식하거나 상업에 종사하는 것을 금하도록 했다."132) 아울러 복식방면에서도 상인이나 수공업자를 모욕하는 여러 가지 규정을 두었는데 "상인은 모두 당연히 중등복장을 입어야 하고, 모자의 앞면에 흰 천으로 직업과 성명을 써붙여야 하며, 한쪽 발에는 흰 신을 한쪽 발에는 검은 신을 신는다"133)라고 했다. 또 규정하기를 "각종 수공업자는 대강大絳·자선紫襈·가계假髻·진주眞珠·당이瑞珥·문서文犀·대모瑇瑁·월첩越氎을 착용할 수 없으며, 노장路張을 장식하거나 소달구지를 탈 수 없다"134)라고 했다. 실로 갖가지 방법으로 사람을 모욕하기 위해 온갖 궁리를 다 짜냈다고 할 수 있다.

남·북조시대에 남·북방의 모든 통치자들은 억상정책을 견지했다. 양무제梁武帝 때 곽조심郭祖深은 상주하여 이르기를 "널리 둔전을 개간하고 금전을 경시하고 농사를 중시하는 풍조를 일으키며, 근면하게 농업과 양잠에 힘쓰는 자의 지위를 높이고, 경작과 직조에 힘쓰지 않는 자에게 벌을 주어야 한다"135)라고 했다. 북방왕조 가운데서도 부견苻堅은 일찍이 조령을 반포하여 "명사命士 이상이 아니면 도성 1백 리 안에서 수레나 말을 탈 수 없다. 공상工商·조예皂隷·부녀婦女는 금은 장신구로 치장을 하거나 비단옷을 입지 못하며, 이를 어긴 자는 기시棄市의 형벌에 처한다"136)라고

---

131) 『後漢書』 卷4, 「和帝紀」.
132) 『晉書』, 「武帝紀」.
133) 『太平御覽』 卷828.
134) 『太平御覽』 卷775.
135) 『南史』, 「循吏」 「郭祖深傳」.

했다.

명대와 청초에도 봉건통치자들은 여전히 중농억상·숭사천상崇士賤商의 전통정책을 시행했다. 명왕조는 농민가정만이 주紬·사紗·견絹·포布를 입을 수 있도록 허락하고, 상인가정은 단지 견과 포만 입도록 규정했다. 만약 농민가정에 상인이 한 사람만 있어도 가족 모두가 주紬와 사紗를 입지 못하도록 했다.[137] 청나라 옹정雍正 5년(1727)의 상유에 다음과 같은 내용이 보인다.

> 짐이 4민의 생업을 관찰해 보니 사 외에 농민이 가장 중요하다. 무릇 사·공·상을 막론하고 모두 농민에게 의지하여 밥을 먹는다. 따라서 농업은 천하의 근본이며 공과 상은 모두 말업이다.[138]

이와 같이 "고대의 '봉건'질서가 붕괴한 뒤 춘추와 전국의 전환단계를 거쳐 전한시대에 이르러, 통일된 정부 아래서 점차 '4민사회'의 새로운 질서가 수립되기 시작했다. 전형적인 유사游士와 유협游俠의 시대는 사라지고 다시 부활하지 않았다."[139] 중국 고대의 전형적인 형태의 '4민사회'는 여전히 존비질서가 정해져 있는 등급사회로 천자·귀족·재직관료와 달리 사·농·공·상은 똑같이 평민의 범주에 속했으나, 사회적 지위는 오히려 천양지차가 있었다. 그 기본적인 특징은 "유가를 존경하고 학문을 숭상하며, 농사를 귀하게 여기고 상업을 천시하는"[140] 것이었다.

'4민'의 서열에서 사의 사회적 역할에 대한 평가가 가장 높았다. 그들

---

136) 『晋書』, 「苻堅載記」.
137) 『明會典』, 「士庶中服」.
138) 『大淸世宗憲皇帝實錄』 卷57.
139) 余英時, 앞의 책, 80쪽.
140) 『晋書』, 「傅玄傳」.

은 "4민의 우두머리로서" 각종 법률적·사회적 특권을 누렸으며, 역대 통치자가 통일된 전제왕조를 유지하고 공고히 하는 데 필요한 사회의 중견 역량이 되었다. 비록 '농민' 역시 하층사회에 속했으나, 그들은 통일된 전통 봉건사회의 경제적 초석이었으며, 그들의 사회적 역할에 대한 평가도 상인이나 수공업자보다 높았다.

'상인'과 '수공업자'는 부차적인 지위를 차지했으며, 그 중에서도 '상인'에 대한 사회적 평가는 가장 낮고 천했다. '상인'은 사실상 자유민으로서의 평등한 지위를 갖지 못했다. 비록 그들이 실제로 누리는 경제적 지위와 물질생활은 일반농민보다 훨씬 우월했고, 심지어 사조차도 그들에게 미치지 못했으나, 그들의 사회와 정치상의 지위는 여전히 매우 낮았다. 그들은 비단 윤리·도덕상에서 폄하와 배척을 받았을 뿐만 아니라, 법률과 정치와 사회생활 가운데서도 모두 멸시를 받았다.

역대왕조의 통치자들은 모두 이러한 '4민'등급 질서의 고정화와 영구화를 시도함으로써 전제통치의 장기적 안정을 도모했다. 그래서 이른바 "나라에는 4민이 있어 각자 자신의 일에 종사하는데, 4민으로서 자신의 본분에 충실하지 않은 사람을 간민奸民이라고 한다. 간민이 생기지 않으면 왕도가 이루어진다"[141]라고 했다. 여기에 이르러 '4민'은 이제 단지 춘추전국시대와 같은 직업집단의 구분이 아니라, 등급구분으로서의 함의를 갖게 되었으며, 이것은 동양적 농본사회의 전형적인 패턴이 되었다. 한대에 전통적인 '4민사회'의 질서가 확립된 뒤 청대 초기에 이르기까지 2천여 년 동안 그것은 일맥상통하여 봉건사회의 기본적인 조직형태가 되었다. 물론 2천여 년에 달하는 오랜 역사 가운데서 '4민'의 등급질서가

---

141) 荀悅, 『漢紀』 卷10.

전혀 변하지 않은 것은 아니며, 상인의 실제적 상황 역시 좋은 때도 있었고 나쁜 때도 있어서 일률적으로 논할 수는 없다.

한편 상업은 필경 국민경제의 불가결한 분야로, 봉건경제가 발전하고 사회적 분업이 날로 발전함에 따라 필연적으로 상품경제 및 이와 긴밀하게 연결된 상인계층은 점차 발전했으며, 이것은 거부할 수 없는 사회발전의 추세였다. 일부 두뇌가 명석한 봉건사대부 역시 이 점을 인식하고 상업에 대하여 억제하되 금하지 말고, 상인에 대하여 존재하게 하되 천시하자는 주장을 제기했다. 위·진시대의 부현傅玄은 "상인은 넘치는 것과 모자라는 것을 고르게 하여 천하의 이익을 획득하고, 남는 곳과 모자라는 곳을 서로 통하게 하여 천하에 재물이 균일하게 공급되도록 한다. 상인은 매우 천하나 그 일은 폐할 수 없다"[142]라고 한 적이 있다. 당시의 시대적 분위기와 인식수준에서 이것은 이미 상당히 탁월한 견해였다.

다른 한편으로 상인이 갖고 있는 에피쿠로스의 신으로서의 본성은 그들로 하여금 봉건통치자의 정치-법률-도덕적인 압박을 받으면서도 그 틈새에서 생존하도록 했으며, 나아가 자신만의 작은 세계를 발전시키도록 했다. 속담에 이르기를 하늘의 그물은 눈이 굉장히 넓어서 성근 것 같지만 악인은 결코 빠뜨리지 않는다고 했다. 그러나 아무리 촘촘하게 짠 그물이라고 할지라도 틈이 있게 마련이며, 더욱이 각급 관료가 목숨을 걸고 축재하고자 하는 상황 아래서, 재물의 화신인 상인은 관리들과 왕래함으로써 각종 천상賤商·억상抑商의 법령이 대부분 유명무실한 규정이 되도록 만들었다.

역사적 사실 역시 이와 같았는데, 한나라는 상인들에게 아름답고 화

---

142) 『群書治要』, 「傅子」.

려한 비단옷을 입지 못하도록 했으나, 가의賈誼의 상소에 이르기를 부가대고富家大賈는 "심지어 환紈·곡縠·보黼·수繡로 장의牆衣를 삼으니, 비록 동비僮婢라도 비단옷을 입고, 비단 신을 신는다"143)라고 했다. 당나라는 상인과 수공업자가 승마하는 것을 금지했으나, 당시의 상인들은 비단 말을 탔을 뿐만 아니라, 그들이 사용하는 조각한 안장과 은으로 만든 등자는 장식이 화려했으며, 동자에게도 말을 태워 따르도록 했다.144) 송대 소순蘇洵은 일찍이 다음과 같이 이야기했다.

> 선왕께서는 천한 사람이 귀한 사람을 능멸하고 아랫사람이 윗사람을 범하는 것을 걱정하여 관복冠服과 그릇(器皿)은 모두 작렬爵列에 따라 차등을 두었으며, 그 길이의 장단과 크기의 대소에 모두 법도가 있었다. 지금은 상인과 수공업자들도 비단 옷을 끌고 다니는데, 그 복식을 보면 머리에서 발끝까지 구슬과 비단으로 치장을 했으며, 법을 어기는 자가 열에 아홉이다.145)

소순은 이러한 상황에 대하여 "천하가 다 아는 일이나 아무도 이를 이상하게 여기지 않는다"라고 했다. 이로부터 허다한 법률상의 명문규정이 실제생활 가운데서 잘 준수되고 있지 않았음을 알 수 있다. 역대왕조가 계속하여 반포한 각종 중농억상·숭사천상崇士賤商에 관한 조령과 문서는 오히려 반대로 사서士庶의 경계와 '4민'의 질서가 늘 무시되고 파괴되었으며, 누차 금지해도 그치지 않았던 사실을 반영한다. 명말청초에 이르러 중국사회의 내부에서 싹트고 있었던 새로운 사회적 변동에 따라

---

143) 『漢書』, 「賈誼傳」. 〔역주〕 이 부분은 원서에 "至以紈縠緁繡爲牆衣, 雖僮婢亦綉衣絲履"라고 했는데, 이 말은 「賈誼傳」을 직접 인용한 것이 아니라 「賈誼傳」의 해당내용을 정리한 것으로 보인다.
144) 『唐會要』 卷31, 「雜錄」.
145) 蘇洵, 「申法」, 『嘉佑集』에 수록.

'4민사회'의 질서는 더더욱 유명무실하고, 매우 위급한 지경으로 빠져들었다.

제3절 신사와 상인의 합류의 맹아

1. 명·청시대의 사회변동

명대 중엽 이래 중국의 전통 농업사회에는 중대한 변화가 싹트기 시작했다. 경제적으로 명백한 사회변화가 실현되어 공·상업이 전에 없이 번영했다. 농산품의 상품화는 한층 증가하고 상업과 수공업이 보다 밀접하게 결합했으며 상품경제의 발전은 이전시대를 훨씬 능가했다.

명·청시대 공·상업의 번성에 관해서는 이전에 많은 사람들이 논의했으므로[146] 본서에서는 자세히 논할 생각이 없으며, 다만 그 대강을 개략적으로 언급하고자 한다. 오승명吳承明 등의 연구에 따르면 명·청시대 공·상업의 발전은 다음과 같은 모습을 띠고 있었다.

우선 들 수 있는 것은 상로商路가 보다 널리 개척되었다는 것이다. 대운하를 통한 남북화물의 유통은 명대에 시장이 확대된 증거 가운데 하나였다. 명나라 영락永樂 9년(1411) 회통하會通河를 다시 개통하여 운하의 흐름에 막힘이 없었으며, 하조河漕(황하를 이용하는 구간) 이하 선박에 의한 운송

---

146) 傅衣凌, 『明淸時代商人及商業資本』(北京: 人民出版社, 1956) ; 許滌新·吳承明 主編, 『中國資本主義的萌芽』(北京: 人民出版社, 1985) 등의 저작 참조.

이 더욱 발달하여 "항주에서 개봉까지 수륙 2천 리는 마치 고향 길을 오가는 것 같고, 방에서 부엌으로 가는 것처럼 편리하며, 안방에서 쉬는 것처럼 편안하다"147)라고 했다.

명나라 후기에 양자강 중·하류의 무역 역시 한층 발전하여 사시沙市·구강九江·무호蕪湖·영파寧波 등이 신흥 상업도시로 성장했다. 명나라 사람이 묘사한 당시 장거리 상품의 운송 판매의 상황은 다음과 같다. "연조燕趙[하북]·진진秦晉[섬서·산서]·제량齊梁[산동·하남]·강회江淮[강소·안휘]의 화물은 상인들이 밤낮으로 남쪽으로 날라 오고, 만해蠻海[운남]·민광閩廣[복건·광동·광서]·예장豫章[강서]·남초南楚[호남]·구월甌越[절강]·신안新安의 화물은 상인들이 밤낮으로 북쪽으로 실어온다."148)

청대에 이르러 양자강 중·상류의 상품운반이 발전한 결과 '9성통달[九省通衢]'이라고 불리는 한구漢口와 같은 인구 10만[건륭시기]에 달하는 상업대진大鎭이 출현했다. 청대 아편전쟁 이전 중국 내하內河의 뱃길은 5만km 이상이었으며, 연해의 뱃길은 약 1만km였다.149)

다음으로 들 수 있는 것은 식량·면화·견사와 견직물 등 몇 종류의 중요한 상품의 유통량이 확대되었다는 것이다. 명나라 후기 비교적 장거리를 오가는 곡물운송 판매량은 약 1천만 석石에 달하여 은으로 환산하면 약 850만 냥이었다. 명대 면방직업은 주로 송강松江·가정嘉定·상숙常熟 세 곳에 집중되어 있었으며, 그 가운데서도 송강의 생산량이 가장 많았다.

또한 명대에 상품으로 유통된 사絲는 주로 절강의 호사湖絲였으며, 그 다음은 사천 보녕부保寧府의 낭사閬絲였다. 청대 전기에 이르러 상술한 상

---

147) 孫作, 『滄螺集』 卷2, 送淮南省椽梅擇之序.
148) 李鼎, 『李長卿集』 卷19, 借箸編.
149) 吳承明, 『中國資本主義與國內市場』(北京:中國社會科學出版社, 1985), 249쪽.

품의 유통은 더욱 확대되었다. 오승명吳承明 선생의 통계에 따르면, 아편전쟁 이전 상품유통량 가운데 식량이 첫째 자리를 차지했는데 그 양은 약 245억 근으로 42%를 점했고, 면포는 둘째 자리를 차지했는데 약 255만 5천 담擔으로 24%를 점했으며, 그 다음은 소금·차·견직물 등의 순이었다.150)

명·청시대 공·상업의 번영정도를 가장 잘 보여주는 것은 몇몇 공·상업 도시의 대두였다. 명대의 큰 공·상업 도시는 30여 곳으로 남경南京과 북경北京 외에도 소주蘇州·항주杭州·복주福州·광주廣州·무한武漢·남창南昌·성도成都·중경重慶·개봉開封·제남濟南·임청臨淸 등이 있었다. 이러한 명대의 공·상업 도시는 대부분 동남 연해일대에 집중되어 있었으며, 강소와 절강 두 성이 전국 대도시의 거의 3분의 1을 차지했다. 그 가운데 소주와 항주 두 곳은 그 번성함이 심지어 남경과 북경을 능가했다. 이른바 "하늘에는 천당이 있고 땅에는 소주와 항주가 있다"라는 속담은 명·청시대에 매우 유행했다.

사서史書에 기록된 명대 소주의 상업의 번영상황을 보면 "늘어선 골목과 거리는 막힘없이 잘 통하고, 도심은 번성하고 상점은 화려하며, 점포가 숲처럼 빽빽이 늘어서 있고 교량이 즐비하다."151) "화물과 점포가 금색의 대문 안에 가득하고, 교역을 하기 위해 돈 가진 상인들이 사방에서 모여든다. 그러나 시장의 출입문 부근에서 돈을 빌려 장사를 하는 사람들은 많은 이자를 부담하며, 먼 곳 상인들은 자금을 들고 와서 큰 이익을 도모한다"152)라고 했다. 명나라 만력연간의 항주는 "안팎으로 이어진

---

150) 위의 책, 251쪽, 表 참조.
151) 同治 『蘇州府志』 卷2, 莫旦, 「蘇州賦」.
152) 『古今圖書集成』 卷676, 職方典.

거리가 수십 리에 달하며… 인구가 많고 물산이 풍부하다."153) "쌀은 북쪽에서 팔고 땔감은 남쪽에서 파는데, 그곳이 실상은 작은 지방이나 겉모양은 화려하다. 그래서 뽕나무와 삼이 들판에 가득하며, 견사가 끊임없이 생산되어 사방에 모두 공급할 수 있다"154)라고 했다.

청대에 이르러 동남지역의 공·상업 도시에서는 이미 자본주의의 맹아가 싹트기 시작했다. 그 가운데 가장 전형적인 것은 소주의 사직업絲織業이었다. 건륭연간 소주의 "동성東城에 거주하는 사람들은 대부분 베 짜는 일을 했는데, 이들 수공업자들은 관적官籍에 등록되었다. 고용노동을 하는 사람들은 일당을 받았으며, 각자 정해진 고용주가 있었다. 정해진 고용주가 없는 사람들은 새벽에 다리로 나가 불러주기를 기다렸다. 단공緞工은 화교花橋로 나가서 기다리고, 사공紗工은 광화사교廣化寺橋로 나가서 기다렸다. 물레를 가지고 방사紡絲하는 사람을 차장車匠이라고 했는데, 이들은 염계방濂溪坊에서 기다렸다. 수십 수백 명이 모이며 아침을 먹을 때가 지나서야 흩어졌다"155)라고 한다.

이러한 기록을 통해 우리는 당시 소주에는 이미 초보적 형태의 고용노동과 노동력 시장이 탄생했으며, 아울러 고용노동자 가운데서 이미 초보적이긴 하나 전문적인 분업이 존재했음을 알 수 있다.

공·상업의 발전에 따라 번영하는 도시에서 점차 하나의 새로운 시민계층이 형성되었다. 이 시민계층은 주로 '4민四民' 가운데서 도시에 거주하는 신사·지주·상인·고리대업자·수공업자(作坊과 공장의 주인)를 포함했다. 또한 각종 자유직업자 예를 들어 짐꾼·마부·뱃사공 등도 포함했으

---

153) 萬曆『杭州府志』卷34.
154) 張瀚, 『松窗夢語』卷4.
155) 乾隆『元和縣志』卷10.

며, 이밖에도 도시빈민에 속하는 실업유랑자·직업유맹·거지 등도 있었다. 이들 각양각색의 시정인물들과 엄격한 의미의 서구 봉건시대 도시민이 서로 완전히 일치하는 것은 아니다. 그러나 그들은 이미 중국 근대 시민계층의 몇 가지 특징을 지니고 있었으며, 공·상업과 매우 밀접한 관련이 있었다. 명·청시대 시민계층의 대두는 '4민사회'에서 귀천의 구별이 존재했던 등급질서가 다소 혼란스럽게 변하도록 만들었다.

의식은 존재의 반영이다. 명·청시대 중국사회 내부의 경제와 사회변동은 사상과 의식영역에도 영향을 미쳐서 송대 이래 지배적인 위치를 차지했던 정주이학程朱理學이 쇠퇴하고, 정통 유가관념과 배치되는 일종의 계몽사조가 등장했다. 이러한 사조는 처음에 왕양명의 '치량지致良知'를 강령적 구호로 하는 '심학心學' 특히 왕학王學의 급진파인 왕기王畿 같은 사람의 학설로 나타났다.

명말에 이르러서는 유학에 대한 이단적 색채로 가득 찬 이지李贄의 학설이 최고조에 달했다. 그 기본적인 내용은 인간의 윤리적 주체성, 개체의 역사적 책임감과 자아의식을 부각시키고, 개체의 존엄성에 대한 인정, 인간의 감정에 대한 존중, 인간이 자연적으로 갖게 되는 욕망에 대한 긍정을 요구하며, 정주이학 정통파가 주장하는 "하늘의 이치를 추구하고 인간의 욕망을 억누르는" 인간성을 속박하는 이학에 반대하는 것이었다.

이 한 줄기 피어오르는 계몽사조 가운데서 시대의 맥박을 가장 잘 포착하여 직접적으로 신흥 공·상업자의 이익을 반영한 것은 사私와 이利를 논하는 '치생治生'론 및 이것과 밀접한 관련이 있는 '신4민론新四民論'이었다.

'치생'이라는 말은 한대 사마천의 『사기』 화식열전에 나오는 말로, 무릇 생계를 도모하는 것을 가리키며, 때로 공·상업을 경영한다는 의미로 쓰이기도 한다. 명대에 '치생'문제는 사대부 계층이 이미 보편적으로 관심을 기울였던 문제이다. 왕양명이 강학할 때 그의 제자들이 여러 차례 유학자의 치생문제를 제기했다.

> 제자가 묻기를 "허형許衡156)이 학자는 치생을 가장 중요한 일로 삼아야 한다고 한 것에 대하여 선생님께서는 이는 사람을 그르치는 짓이라고 하신 까닭이 무엇입니까? 어찌 선비가 가난한데도 꼼짝 않고 견디며 경영에 나서지 않을 수 있습니까?"라고 했다. 선생이 이르기를 "학자는 치생함에 있어 공부에만 힘을 쏟으면 되는 것이다. 만약 치생을 가장 중요한 일로 삼아 영리추구에 급급하다면 이는 결코 안될 일이다. 게다가 천하의 급선무 가운데 강학講學보다 급한 것이 어디 있겠는가? 비록 치생 역시 강학에 포함되는 일이나, 이것을 가장 중요한 일로 삼아서 영리를 추구하는 마음이 일어나도록 해서는 안 된다. 과연 능히 이러한 일을 하면서도 자신을 적당히 조절하여 몸과 마음에 상처를 입지 않는다면, 비록 종일토록 장사를 한다고 해도 성현이 되는 일에 방해받지 않을 것이다."157)

여기서 왕양명은 그가 이전에 "허형許衡이 유학자는 치생을 급선무로 해야 한다고 한 것은 사람을 그르치는 일이다"158)라고 대답했던 것으로부터 한 걸음 물러나, 적절하게 조절할 수만 있다면 비록 종일토록 장사를 한다고 해도 성현이 되는 일에 방해를 받지 않는다는 사실을 인정했

---

156) [역주] 許衡(1209~1282) : 중국 13세기 걸출한 정치·교육 사상가. 원나라 사람들은 "북에는 許衡이 있고, 남에는 吳澄이 있다"라고 했다. 또한 "南北二許"라는 말도 있었다. 이는 그를 남방의 저명한 학자인 吳澄과 동남의 중요한 이학자인 許謙과 병칭한 것이다. 이로써 그가 원대 사상계에서 매우 중요한 위치를 차지하고 있었다는 사실을 알 수 있다. 학술상에 있어 許衡의 중요한 작용은 陸九淵의 학문으로 주희의 학문을 보완하여 주희의 이학이 관방의 철학으로써 전국적으로 확산되도록 했다는 점이다.
157) 『傳習錄拾遺』 第14條.
158) 『傳習錄』 第56條.

다. 그러나 여전히 "치생을 급선무로 하는 것"에 대해서는 찬성하지 않고 있다. 만약 맹자의 명제로 돌아가서 곰발바닥을 의義에 비유하고 물고기를 이利에 비유한다면, 왕양명은 결국 물고기[利]를 버리고 곰발바닥[義]을 취해야 한다는 전통적 견해를 인정하고 있었음이 분명하다.

그러나 왕양명의 철학은 그 계승자인 이지에 이르러 큰 변화가 발생했다. 만약 왕양명이 여전히 쑥스러운 듯이 학자의 '치생'을 묵인했다고 한다면, 이지는 대놓고 일체의 위선과 가식에 반대하며 '사私'와 '이利'를 이야기하는 데 전혀 거리낌이 없었다. 그는 "사사로움을 추구하는 것은 사람의 본심이다."[159] "비록 성인이라고 해도 권세와 이익을 탐하는 마음을 갖지 않을 수 없다."[160] "만약 이익을 도모하지 않는다면 이는 정상이 아니라고 할 수 있으며… 만약 공적을 헤아리지 않는다면 도道는 언제 밝아지겠는가?"[161]라고 했다. 이는 송대 유학자들이 "도리를 바르게 하되 이익을 도모하지 않으며, 도를 밝히되 공적을 계산하지 않는다"라고 주장했던 것과는 크게 엇박자를 놓은 것이다.

이지 이후 특별히 청대 유학자들에 이르러 '치생'론은 사인士人들 사이에 '풍미하는' 형세를 이루었다. 1656년 진확陳確은 「학자는 치생을 근본으로 삼아야 한다[學者以治生爲本論]」라는 글을 지어 비교적 전면적으로 학자의 치생문제를 논했다.

학문의 도리는 무슨 특별한 것이 아니라. 나라가 있는 사람은 나라를 지키고, 가정이 있는 사람은 가정을 지키며, 선비는 자신의 몸을 지키는 따위를 말한다. 이른바 몸이란 자기 한 사람의 몸뚱이만을 가리키는 것이 아니다. 무릇

---

159) 『藏書』 卷32, 「德業儒臣后論」.
160) 『道古錄』 卷上.
161) 주 159).

부모·형제·처자의 일은 모두 몸에 포함되는 일이다. 위로는 부모를 섬기고 아래로 처자를 먹여 살리는 일은 결코 다른 사람에게 의지해서는 안되며, 부지런하고 검소하게 치생하는 것이야말로 학자의 본분이다.… 나는 일찍이 독서와 치생을 비교하여, 진실로 이 두 가지 모두 학자의 본분이나, 독서보다 치생이 더욱 절실하다고 한 적이 있다.… 그러므로 독서도 못하고 치생도 못하는 사람은 학문을 한다고 할 수 없으며, 단지 독서만 하거나 오로지 치생만 하는 사람 역시 학자라고 할 수 없다. 진정으로 학문에 뜻을 둔 사람이라면, 반드시 독서도 할 수 있어야 하고, 기필코 치생도 할 수 있어야 한다. 천하에 어찌 재산도 지위도 없는 빈털터리 성현[白丁聖賢]과 정당한 직업이 없는 성현[敗子聖賢]이 있을 수 있겠는가! 어찌 학문을 익혀 성현이 되고자 하는 사람이 부모처자도 먹여살리지 못하고, 다른 사람이 부양해 주기를 바랄 수 있겠는가! 허형의 이 말은 전적으로 학자들을 위해 한 것이다. 그러므로 그의 말에는 어폐가 없음을 알 수 있으나, 그의 말을 실천하는 자 가운데 혹 폐단이 없지 않을 뿐이다.162)

진확이 볼 때 유생은 당연히 '치생'과 '독서'라는 두 가지 능력을 겸비해야 하나 '치생'이 '독서'보다 더욱 중요하고 절박하다. 그 이유는 '치생'할 수 있어야만 비로소 학자의 생계문제가 해결되며, 개인의 도덕적 수양과 학문의 증진에 필수불가결한 물질적 기초를 제공받을 수 있기 때문이다. 부모처자조차 부양하지 못하는 '실업자 성현[敗子聖賢]'은 '빈털터리 성현[白丁聖賢]'과 마찬가지로 가련하고 쓸모없는 존재일 뿐이다. 진확의 견해는 "오직 독서만이 최고라고 생각하는" 전통적 유교윤리와 상반되는 것으로, 심성의 수양에 필요한 경제적 보장을 강조하고 있으며, 명·청시대 유교윤리의 새로운 변화를 반영하는 면이 있다. 진확이 송·명 이학의 한계를 돌파하여 유가학문에 물질의 추구라는 새로운 내용을 추가할

---

162) 『陳確集』上, 「學者以治生爲本論」.

수 있었던 것은 그가 개체의 '사私'와 '욕欲'을 긍정한 것과 무관하지 않다. 이 점에서 그는 이지와 일맥상통한다.

진확은 '하늘의 도리[天理]'와 '인간의 욕망[人欲]'을 절대적으로 대립시키는 것에 단호히 반대하며 이 둘의 상호 융합[滲透]과 질적인 변화[轉化]를 주장했다.

> 식욕과 성욕은 모두 의리義理의 출처이며, 공명과 부귀는 도덕의 안식처이다.… 내 생각에 사람의 마음에는 본래 천리가 없으나, 천리는 인간의 욕망 가운데서 나타나며, 인간의 욕망에 꼭 알맞은 것이 천리이다.… 욕망은 마음의 생명력이며, 모든 선善은 여기서부터 생겨나는데, 단지 지나치고 모자람의 차이가 있을 뿐이며, 있고 없음의 차이는 없다.163)

"인간의 욕망에 꼭 알맞은 것이 천리이며" 공명과 부귀는 도덕수양의 결과이다. 이것은 유학자들이 정정당당하게 '치생[상업경영에 투신하는 일]'에 종사할 수 있도록 하는 철학적이며 이론적인 근거를 제공했다.

청대 유학자들 가운데 '치생'문제에 대하여 확실하게 이야기한 다른 한 사람은 조금 늦게 태어난 심요沈垚(1798~1840)이다. 심요는 절강 호주부湖州府 오정현烏程縣 사람으로 부학늠생府學廩生, 도광道光 갑오년 우공생優貢生 출신이며, 비록 독서에 뛰어났으나 불행하게도 뜻을 이루지 못하고 마흔 두 살의 나이에 일찍 죽었다. 가난한 선비로 살아온 그의 경력과 무관하지 않게, 그는 『낙범루문집落帆樓文集』에서 일찍이 여러 차례 사인士人의 '치생'문제를 언급했다.

> 지금의 공경公卿들은 용렬하고 인색하여 천하의 크고 작은 일을 돌보지 않고

---

163) 『陳確集』下,「無欲作聖辨」.

오직 사사로이 재물 불리기에만 힘쓴다. 글을 읽은 선비는 은거하면 먹을 것이 없고, 천신만고 끝에 다행히 공경의 눈에 든다고 해도, 역시 함부로 부림을 당하고 개와 말처럼 양육되며, 곧바로 보답을 강요당한다. 그러므로 은거하는 사람이나 벼슬길에 나가는 사람이나 모두 자립할 수 없다.164)

송대 유학자들은 비록 이利라는 말을 입 밖에 내지 않았으나, 허형許衡의 치생에 관한 논의가 있다. 대개 송대에 치생을 이야기할 필요가 없었던 것과 원대에 치생을 이야기하지 않을 수 없었던 것은 서로 말은 다르나 뜻은 같다. 이른바 치생이란 자신과 다른 사람을 모두 풍족하게 하는 것을 말하며, 다른 사람을 여위게 하고 자신만 살찌는 것을 말하는 것이 아니다. 독서를 하지 않는 것이 돈을 절약하는 것임은 분명하며, 오늘날 사람들이 독서를 하기 위해서는 반드시 많은 돈을 쓰지 않을 수 없다.165)

허형 같은 사람의 치생에 관한 이야기는 사실 유학자들의 급선무로, 몸소 경작할 수 있으면 몸소 경작하고, 몸소 경작할 수 없으면 한 가지 기술을 택하여 자신의 힘으로 생계를 유지해야 한다. 송대의 유학자가 지금 다시 살아난다고 해도 이 말을 바꾸지 않을 것이다. 권세 때문에 두려워하지 않으며, 이익 때문에 괴로워하지 않고, 환과고독을 속이거나 업신여기지 않는 등 이 몇 가지만 할 수 있다면, 설사 말은 송대 유학자와 같지 않다고 할지라도, 행동만은 송대 유학자에게 부끄럽지 않을 것이다.166)

심요는 허형許衡[許魯齋]이 이야기한 유학자는 치생을 급선무로 해야 한다는 견해에 대하여 이를 긍정했을 뿐만 아니라, 독서인은 경제적으로 자립할 수 있어야만 비로소 정치적으로 다른 사람에게 의부하지 않으며, 인격적으로 '자립'과 '자존'을 지킬 수 있다고 했다. 송대 유학자들의 "굶

---

164) 『落帆樓文集』 卷7, 外集 1.
165) 『落帆樓文集』 卷9, 外集 3. 「與許海樵」.
166) 위와 같음.

어 죽는 것은 작은 일이며, 절개를 지키지 못하는 것이 큰일이다"라는 진부한 견해에 비하면, 심요의 논의는 신유가의 국가경제와 국민생활이나 사람의 사회적 생존에 필요한 경제적 보장에 대한 관심을 대변하는 것이었다. 이는 명·청시대 계몽사조 가운데 보이는 유물론적 이성의 체현이며, 동시에 이것은 유학으로 하여금 공허한 이념과 심성에 관한 허황된 이야기로부터 현실세계의 인간으로 돌아오도록 했다.

만약 '치생론'이 사대부 집단 내부의 초보적인 자아각성이라고 한다면 '신4민론'의 출현은 농·상 관계와 사·상 관계의 변화라는 중대한 사회사의 주제와 관련이 있다.

'신4민론'은 왕양명이 "옛날에 4민은 하는 일이 서로 다르나 도리는 서로 같았다"라고 한 말에서 이미 그 단서가 보이며, 명말청초에 이르러 황종희黃宗羲가 "수공업과 상업이 모두 근본"이라는 논의를 제기했을 때 이미 매우 보편적이고 명확하게 되었다.

명·청시대 '신4민론'은 전통적인 중본억말重本抑末과 숭사천상崇士賤商의 가치관념을 완전히 뒤엎는 것으로 사회적 분업과 협업의 필요에 따라 상업[때로 수공업도 포함]을 본업의 지위로 끌어올려 농업과 마찬가지로 중시해야 한다고 여겼다.

사·농·공·상은 산 사람의 본업이다.167)

농업과 상업은 나라의 근본이요, 백성들의 생명이다.168)

고대의 현명한 군주는 공·상을 전문적인 직업으로 간주했으나, 사람들이 망령되게 이를 억눌렀다. 대체로 수공업은 성왕의 뜻에 따라 나온 것이며, 상업

---

167) 趙南星,『味檗齋文集』,「壽仰西雷君七十序仲」.
168) 朱國楨,『涌幢小品』.

역시 성왕의 의도를 실현하는 것으로, 둘 다 본업이다.[169)]

중본억말重本抑末의 설은 당연히 옳은 것이나, 본이 중요한만큼 말 역시 경시할 수 없다. 가령 천하에 농민만 있고 상인이 없다면 어찌 나라를 유지할 수 있겠는가?[170)]

기왕에 상업 역시 본업이라면, 당연히 상인의 배열순서를 4민 가운데 끝자리에 놓아서는 안되며, 농업에서 상업으로의 전환과 이동 역시 필연적인 추세였다. "사·농·공·상의 4민 가운데 상인의 지위가 가장 낮고 상인을 가장 천시했는데, 이것은 고대에 물품이 희소하고 일용품 역시 매우 간단한 데서 비롯된 것이다. 세상이 변하여 인구가 날로 많아지고 풍속이 날로 개화되고 일용품 역시 많아지면서 필연적으로 화물의 유통이 필요하게 되었다. 백성들에게 필요한 물건은 늘어나는데, 상인이 아니면 어떻게 않아서 그것을 공급받을 수 있겠는가?"[171)]

명나라 사람 하량준何良俊은 당시 농촌인구가 도시와 공·상업 쪽으로 이동하는 상황에 대하여 기본적인 통계 숫자를 제시했다.

내가 보기에 정덕正德연간 이전 백성들 가운데 열에 하나는 도시에 있고 열에 아홉은 향촌에 있었다. 이는 4민이 각자 일정한 재산(産業)을 갖고 있었기 때문으로, 백성들은 농사를 지어 안정된 생활을 유지하며 다른 뜻을 품지 않았다.… 40~50년 이래 부세賦稅가 날로 증가하고 요역이 날로 무거워지면서 백성들이 나라의 명을 견디지 못하여 모두가 다른 일을 찾아나섰다. 옛날 향관鄕官의 집에서 일하는 사람은 그다지 많지 않았다. 지금은 농사를 버리고 향관의 집으로 들어가는 사람이 이전의 열 배에 이른다. 옛날 관부에는 사람이

---

169) 黃宗羲, 『明夷待訪錄』, 「財計」3.
170) 王源, 『平書訂』, 「財用」第7.
171) 胡宥, 『崇邑蔡侯去思亭記』.

많지 않았으나, 지금은 농사를 버리고 관부에 들어가 먹고 사는 사람이 이전의 다섯 배에 이른다. 옛날에는 말업을 좇는 사람이 비교적 적었으나, 지금은 농사를 포기하고 공·상업으로 바꾼 사람이 이전의 세 배에 이른다.… 대체로 말해서 백성이 열이라고 한다면 그 가운데 예닐곱은 이미 농사를 떠났다.172)

하량준이 매우 우려하는 마음으로 묘사한 농촌의 이러한 변화 즉 60~70%에 달하는 사람들이 농촌과 토지를 떠났다고 하는 것은 비록 믿기 어려운 사실이나, 한편으로 이것은 전통적인 중본억말重本抑末정책이 그 효력을 잃어가는 '토붕와해土崩瓦解의 형세'를 반영하고 있다.

그러나 어떤 사인士人은 상인의 실제 사회지위는 이미 농민을 뛰어넘어 사인의 다음 자리를 차지한 것으로 보았다. 예를 들어 16세기의 하심은何心隱은 다음과 같이 이야기했다.

> 상인은 농민이나 수공업자보다 존경받고, 사는 상인보다 존경받으며, 성현은 사보다 존경받는다.173)

여기서 '4민'의 배열순서는 이미 사·상·농·공으로 되어 있으며, 이는 아마도 당시 사회계급 구조의 현실에 대한 반영일 것이다. 청대에 이르러서는 이미 사士가 상商만 못하다는 견해가 있었다. 예를 들어 심요는 이렇게 이야기했다.

> 지금은 돈의 신[錢神]이 귀하고 유가의 도는 쇠퇴하여, 절친한 선비들이 문을 닫아걸고 나오지 않는다.174)

---

172) 何良俊, 『四友齋叢說』 卷13, 112쪽.
173) 『何心隱集』 卷3, 「答作主」.

심요의 말은 아마도 한 가난한 선비의 푸념일 것이다. 그러나 상인의 사회적 지위가 상승하고, 사士의 사회적 지위가 상대적으로 하강하여, 사士와 상商 사이의 경계가 모호해지고 있었던 것은 명대 중엽 이래 사회 계급구조 변화의 기본적인 추세였다. 이에 대하여 심요는 우리를 위해 그 대략적인 윤곽을 그려주고 있다.

옛날에는 4민의 구분이 있었으나 후세에는 4민의 구분이 사라졌다. 옛날에는 사의 자식이 늘 사가 되었으나 후세에는 상인의 자식이라야만 비로소 사가 될 수 있게 되었다. 이는 송·원·명 이래 나타난 변화 가운데 두드러진 현상이다. 천하의 사가 대부분 상에서 나온다면 인색한 풍조가 더욱 심할 것이다. 그러나 친인척간에 화목한 기풍은 종종 사대부들한테서는 찾아보기 어려우며 오히려 상인들한테서 보인다. 이것은 무엇 때문인가? 그것은 천하의 형세가 상인들에게 편중되어 있으며, 무릇 호걸만이 천하의 물정을 통찰하고 능히 다른 사람이 하지 않는 일을 하고, 다른 사람이 고통받는 것을 참지 못하기 때문이다. 이 때문에 사는 오히려 더욱 인색해지고, 상인은 오히려 고대의 풍속을 더욱 중시한다. 이 또한 세도世道와 풍속의 큰 변화이다.175)

여영시余英時 선생이 이야기한 바와 같이, 위에서 심요가 송·원·명·청을 통틀어 한 이야기는 너무 막연하다는 단점이 있다. 그러나 만약 이것을 16~18세기에 이르는 중국의 사회상황에 대한 묘사로 간주한다면 그것은 대체로 맞는 말이다. 이들 민감한 봉건문인들은 조그만 단서를 가지고 모든 것을 꿰뚫어보기 때문에, 어느 정도 이미 명·청 사회의 변동이 초래한 사회적 가치체계의 심각하면서도 미묘한 내재적 변화를 체험하고 관찰했던 것이다.

---

174) 『落帆樓文集』 卷10, 外集4, 「與紀石齋」.
175) 『落帆樓文集』 卷24, 別集, 「費席山先生七十双壽序」.

그렇다면 상술한 명·청시대 사인士人들의 판단은 역사적 사실에 어느 정도로 부합되는 것인가? 이것이 바로 우리가 아래에서 논하고자 하는 문제이다.

2. 사와 상의 융합- 초기의 신사와 상인의 대류

위에서 서술한 것처럼 전통적 '4민'사회에서 신사와 상인은 분명 서로 다른 사회적 위치와 사회적 기능을 갖고 있었다. "사는 진리를 추구하는 데 뜻을 두며" 치국평천하와 '도통道統'의 계승이라는 신성한 사명을 띠고 있었다. 그들은 지식·특권·명망을 지니고 관리들과 왕래하며, 주로 사회제도와 정신적인 면을 발전시켰다. 사의 사회적 지위는 숭고한 것으로 4민의 머리가 되었다. 상인은 부를 가진 사람으로 그들은 자신의 교역활동을 통하여 신속하게 재산을 증식함으로써 부유하고 안락한 생활을 누렸다. 비록 상인은 4민의 끝자리로 밀려나긴 했으나, 확실히 사람들의 부러움을 사는 면이 있었다. 우월한 사회적 지위와 대단한 권세는 당연히 사람들이 애써 추구하던 것이었으며, 금의옥식을 누리는 부유한 생활 역시 사람들이 꿈꾸던 것이었다.

사인士人으로 말하면 그들은 대부분 전통적 윤리관념에 속박되어 부득이 표면적으로 말업을 추구하는 사람들과 금전에 대하여 멸시하는 태도를 취했으나, 속으로는 오히려 기회가 있을 때마다 재물을 보고 침을 흘렸다. 이는 맹자의 오래된 명제 즉 물고기(재물)도 내가 원하는 것이요, 곰발바닥(권세)도 내가 원하는 것이나, 두 가지를 다 얻을 수 없다면 물고기를 버리고 곰발바닥을 택할 것이라는 명제에 부합되는 것이다. 그러나 만약 곰발바닥과 물고기를 둘 다 얻을 수 있는 기회가 온다면 당연히 둘 다 포기하지 않을 것이다. 이것이 역사상 신사와 상인이라는 양대 사회집단이 결국 인위적인 장애물을 타파하고, 겉으로는 잔도棧道를 만드는 체 하면서 몰래 진창陳倉으로 군사를 보내 기습했듯이, 또는 졸졸 물이 흐르듯이 대류(이동)하는 근본적인 이유였다.

양한에서 명·청까지 관리와 사인士人들이 알게 모르게 상업을 경영했던 사실은 사서에 자주 보인다. 한 무제는 일찍이 분명히 명을 내려 관원의 상업경영을 금지했으나, 곽광霍光이 권력을 장악하자 곽광의 아들 곽우霍禹는 이 명령을 어기고 앞장서서 '사도고私屠沽' 즉 사사로이 도축업과 주류판매업을 경영했다.176) 당나라는 개국 초기에 "5품 이상은 시장에서 장사를 할 수 없다"177)라는 명령을 내렸다. 그 후에도 규정하기를 "나라의 녹을 먹는 사람은 아랫사람의 이익을 빼앗아서는 안된다"라고 했으며, 만약 재직관원 및 그 가족이 장사를 할 경우 반드시 파면하도록 했다.178)

그러나 실제로는 제왕諸王·공주公主와 관리들 가운데 저점邸店을 설치하고 장사(販鬻)를 하는 사람이 드물지 않았으며, 그들은 종종 오로지 이익만을 추구하여 가만히 않아서 몇 배의 이익을 얻었다. 당 덕종 때 진소유陳少游는 "(10여 년 동안) 세 군데 중요한 군郡의 절도사를 역임하면서, 하루도 거르지 않고 사방으로 세금을 거두고 장사에 힘써, 모은 재물이 억만 금에 달했다"179)라고 한다.

송대에는 관리와 사인士人이 장사를 하는 풍조가 더욱 성행했다. 인종

---

176) 『漢書』, 「趙廣漢傳」.
177) 『新唐書』, 「太宗紀」.
178) 『大唐六典』 卷3.
179) 『太平廣記』 卷239, 「陳少游」.

때 왕안석은 통렬히 지적하기를 "현재 관원의 봉록은 대부분 매우 박하여 만약 조정에서 황제를 모시는 반열에 오르지 못하고, 집안에 식구가 조금 많으면, 농農·상商을 겸영하지 않고서는 가족을 부양하기 어렵다.… 그래서 현재 고급관리들은 늘 서로 뇌물을 주고받고, 개인적인 산업을 경영함으로써 탐관오리라는 나쁜 평판을 듣고 있으며, 하급관리들은 작은 장사를 하거나, 도처에 다니며 토색질을 일삼는 등 못하는 짓이 없다"180)라고 했다. 많은 수험생들이 과거에 응시하기 위해 상경하는 길에 판매할 물건을 휴대하여 명예와 이익을 동시에 얻고자 했다. 예를 들어 송 휘종 때 호주湖州의 거인擧人 여섯 사람은 "성시省試를 보기 위해 상경하면서 모두 합쳐 비단 1백 필을 구입하여 하인 한 사람에게 이것을 지고 가도록 했다"181)라고 한다.

명·청시대 중국사회 내부에서 조성된 새로운 변동에 수반하여, 특히 사인의 '치생'론이 대두함에 따라, 강남과 동남연해의 부유한 지역으로부터 내지의 번화한 도시와 읍에 이르기까지 갈수록 많은 관리와 사인士人이 공·상을 겸영하여 부지런히 이익을 추구했는데, 이러한 현상은 이전 왕조를 훨씬 능가했다. 예를 들어 명대 신안新安의 상황에 대하여 귀유광歸有光은 다음과 같이 이야기했다.

> 많은 대족大族이 비록 사대부 집안이나, 모두 상인을 길러 사방에 보내 장사를 한다.182)

또한 예를 들어 상업이 번성한 소주에 대하여 황성증黃省曾은 『오풍록

---
180) 『王臨川集』 卷39.
181) 『夷堅丁志』 卷11.
182) 『震川先生全集』, 「白庵程翁八十壽序」.

『吳風錄』에서 아래와 같이 이야기했다.

현재 소주의 진신縉紳 사대부들은 대부분 공·상업의 경영을 급선무로 생각하고 있다. 예를 들어 그들이 수도에 점포를 개설하고, 성곽 주위에 전당포를 열고, 소금과 술을 팔아 얻는 이익은 일반인의 몇 배에 달한다.

하량준도 『사우재총설四友齋叢說』에서 송강松江지역 사대부의 상업경영 상황에 대하여 이렇게 이야기했다.

헌종과 효종연간 이전 사대부들은 아직 재물을 축적하지 않았다.… 정덕正德 연간에 이르러 제공諸公이 다투어 재산을 늘리고 이익을 추구했는데, 예를 들어 참정 송개宋愷, 어사 소은蘇恩, 주사 장개蔣凱, 원외 도기陶驥, 주사 오철吳哲 등은 한때 모두 십여만 금을 모았다.183)

일반적으로 관직이 없는 사인이 상업에 종사하는 것은 대부분 출사의 뜻을 이루지 못한 사람들이 생계(치생)를 유지하기 위해서였다. 아래에 드는 명대의 몇 가지 예는 하층의 가난한 선비들이 "유학을 버리고 장사에 투신하는" 이유를 잘 설명하고 있다.

황계종黃繼宗은 진강晉江사람으로 어릴 적에 총명하여 과거공부에 힘썼다. 성장한 뒤 아버지를 여의자 집안이 가난하여 점차 치생에 뜻을 두었다.184)

양종서楊宗叙는 진강晉江사람으로 어릴 적에 매우 민첩했다. 가난 때문에 학업을 그만두고 상업교역에 종사하여 얼마간 재산을 모았다.185)

---

183) 『四友齋叢說』 卷34, 313쪽.
184) 『泉州府志』 卷59, 「明篤行」.
185) 위와 같음.

양교楊喬는 안평安平사람으로 10살 때 이미 경전과 사서의 대의에 통달했다. 아버지와 맏형이 연이어 세상을 떠나고, 둘째형인 광光도 불치병에 걸려 치생 治生에 임할 수 없게 되자 학업을 버리고 상인이 되었다.186)

청대의 상황 역시 이와 같았다.

도계서屠繼序는 자가 기황其篁, 호가 부원鳧園으로 은현鄞縣사람이다. 나이 열일곱에 제생諸生이 되었으며 학업에 진력하여 진사에 급제하고자 했다. 여러 차례 시험에 낙방하자 뜻을 접고 독서나 하며 편안히 지내고자 했다. 그러나 집안이 가난하여 독서를 많이 할 수 없게 되자 시장에서 책방을 열었다.187)

서북명徐北溟은 읍(泉州) 동남쪽의 양수장楊樹莊 사람으로 현학생縣學生에 선발되었으나, 집안이 지독히 가난하여 자급자족할 수 없었으므로 항주로 가서 책을 팔아 생활했다.188)

명·청시대 관리와 사인이 상업에 투신하게 된 구체적 동기는 천차만별로, 재물을 모으고자 하는 본성에서 나오거나, 치생의 필요성 때문이거나, 출사의 좌절로 인함이거나, 혹은 정치적 원인189)에서 비롯되었을 것이다. 그러나 기본적인 동기는 한 가지 즉 재신財神의 계시를 받아 이익을 좇아 돈을 벌기 위해서였다. "재물의 신을 귀하게 여기는 것"은 명·청시대 극히 보편적으로 지향하는 가치였다. 명나라 말기에 「제전題錢」이라는 민요가 있었는데, 그 내용은 다음과 같다.

---

186) 위와 같음.
187) 吳德旋, 『初月樓聞見錄』 卷5.
188) 王端履, 『重論文齋筆錄』 卷6. 또한 일본인 학자 重田德의 연구에 따르면, 단지 안휘성 婺源縣 한 곳 만해도 청대에 "유학을 버리고 상업에 투신한" 실례는 40~50개를 밑돌지 않는다고 한다. 重田德, 『淸代社會經濟史硏究』(東京: 岩波書店, 1975), 294~349쪽 참조.
189) 余英時, 앞의 책, 537쪽에서 논한 士人이 정치적인 원인 때문에 "유학을 버리고 상업에 투신하는[棄儒就賈]" 내용 참조.

사람들이 너 때문에 산을 옮기고 바다를 건너고, 사람들이 너 때문에 호랑이를 사냥하고 승냥이를 잡으며, 사람들이 너 때문에 몸을 판다. 자세히 생각해 보면 얼마나 많은 가슴 아픈 일들이 돈 때문에 생기는가. 돈이 화근임을 분명히 알건만, 그럼에도 급한 사정이 생기면 돈 없이는 해결할 수 없네.
사람들이 너 때문에 품행에 손상을 입고, 사람들이 너 때문에 의를 단절하고 은혜를 저버리며, 사람들이 너 때문에 효도와 염치를 버리고, 사람들이 너 때문에 충성과 신의를 망각한다. 자세히 생각해 보면 얼마나 많은 어질지 못한 일들이 돈 때문에 생기는가. 돈은 분명히 화근이건만, 사람들이 모두 돈벌이를 인생의 근본으로 삼네.[190]

이것과 셰익스피어가 풍자한, 서양에서 자본주의 원시 축적시기의 금전배물교金錢拜物敎는 서로 다른 사람의 문장이나 언변이 다같이 훌륭하다.

황금! 누렇고 빛나는 귀중한 황금!
이것이 조금만 있으면 검은 것이 흰 것이 되고, 추한 것이 아름답게 되며, 틀린 것이 맞게 되고, 비천한 것이 존귀한 것이 되며, 노인이 소년이 되고, 겁쟁이가 용사로 변하게 할 수 있다네.[191]

요컨대 돈이라는 이 괴상한 물건은 "일체의 봉건적이고 종법적이며 전원시와 같은 관계를 모두 파괴했다.… 그것은 종교적 경건, 기사의 열정, 소시민의 비애와 같은 신성한 감정의 발로를 이기주의의 타산적 빙수氷水 속에 침몰시켰다. 그것은 인간의 존엄성을 교환가치로 바꾸어 버렸다."[192] 돈은 모든 것이며, 돈 앞에서는 사대부의 존엄도 필요없고 '문곡

---

190) 『林石逸興』 卷5.
191) 莎士比亞(셰익스피어), 『雅典的泰門』(아테네의 타이몬)』.[중역본: 莎士比亞(William Shakespeare) 著, 朱生豪 譯, 『黃金夢』(臺北:世界書局, 1980)]
192) 『馬克思恩格斯選集』 第1卷(北京:人民出版社, 1972), 253쪽.

성文曲星(독서인)'의 거드름도 사라지며, 등급이나 명분도 모두 깨지고 만다. 격이 떨어지는 문인들이 이익을 추구할 때의 냉혹함과 몰염치는 아래의 예에서 그 일단을 엿볼 수 있다.

> 명나라 때 동정산洞庭山 소하만消夏灣에 사는 장모蔣某 거인은 여러 번 예부의 시험에 응시했으나 급제하지 못하자, 드디어 다른 사람이 시장에서 장사를 농단하는 기술을 배워 사재기를 함으로써 이윤을 획득했는데, 계산이 밝기가 골수에 사무칠 정도였다. 구휼 같은 옳은 일을 하는 데 있어서, 비록 그 대상이 아주 가까운 친척이라고 할지라도 한 푼도 내놓지 않았다. 몇 년이 지나지 않아 큰 부자가 되었다.193)

실제로 청대 강희·옹정시대의 사회생활을 반영하고 있는 풍자소설 『유림외사儒林外史』에는 사인 임소경林少卿의 입을 빌려 사대부가 부유한 상인을 흠모하는 이야기를 하고 있는데 "소금상인들이 가진 보석과 귀중품의 사치스러움에 많은 사대부들이 넋을 빼앗겼다"라고 한다. 소설 속에서도 이러하며 현실생활 속에서도 역시 이와 같았다. 사대부들이 너나 할 것 없이 돈 앞에 고개를 숙이는 것은 명대 중엽 이후 사회의 기풍이 날로 사치스러워져 "호문귀실豪門貴室이 점점더 사치스럽고 음란하게 되었다"라고 하는 것과 무관하지 않다. 예를 들어 하량준은 명대 강남의 사신士紳들이 서로 다투어 부를 과시하는 사치풍조에 대해 다음과 같이 이야기했다.

> 지금은 보통 연회에도 걸핏하면 10가지 요리가 나온다. 게다가 산과 바다에서 나는 온갖 음식이 모두 차려지며, 혹은 멀리까지 가서 진귀한 물건을 구하

---

193) 『蘇州府志』 卷147, 「雜記」.

여 서로 우열을 다툰다. 일전에 어떤 사대부가 조순재趙循齋를 청하여 거위 3십여 마리 잡았는데, 마침내 그 사실이 상소문에 기록되게 되었다. 최근에는 어떤 사대부가 원택문袁澤門을 접대했는데, 들리는 바에 의하면 요리가 1백여 종이었으며, 집비둘기와 산비둘기 같은 것이 모두 들어 있었다고 한다. 그는 일찍이 외지에서 관리노릇을 한 적이 있어 재산이 두둑했다.194)

근래 우리 송강松江의 사대부 집안에서 사용하는 주기酒器는 오직 청하淸河와 패국沛國에서 만든 가장 정교한 것들이다. 패국은 옥으로 주기를 만들고, 청하는 금으로 주기를 제작한다. 옥은 모두 한나라 때의 것을 모방하여 제작하며, 금은 반드시 훌륭한 기술자를 구하여 고대의 기물과 같은 양식으로 제조하므로 매우 정교하다. 매번 연회를 베풀 때면 너무나 찬란하여 눈이 부실 정도이다.195)

이렇게 화려한 겉치레와 사치스러운 생활을 유지하기 위해서는 반드시 경쟁적으로 상업에 투신하여 이익을 추구하고 재물을 축적하지 않을 수 없었을 것이다. 이로써 볼 때 명·청시대 관리와 신사가 공·상업에 투신한 것은 은밀히 강림한 상업사회의 풍조가 그렇게 만든 것이다.

흥미로운 것은 관리와 신사가 상인의 재산을 흠모함과 동시에, 상인들 역시 관리의 권세와 독서인[士子]의 유아儒雅함을 갈망하며 관부와 결탁하여 이익을 챙기고 유림으로 출세하려 했다는 것이다. 상인이 신사계층으로 삼투滲透하는 현상은 옛날부터 존재했으나196) 명·청시대에 이르러 하나의 새로운 격식을 갖추게 되었고 범위와 수량 역시 이전왕조보다 많았다. 심요가 "옛날에는 사의 자식이 늘 사가 되었으나, 후세에는 상인

---

194) 『四友齋叢說』 卷34.
195) 위와 같음.
196) 당송시대 상인의 買官入仕 상황에 관해서는 林立平, 「唐宋時期商人社會地位的演變」, 『歷史研究』, 1989年 第1期 참조.

의 자식이라야만 비로소 사가 될 수 있다"라고 한 것은 이러한 사회풍조
의 변화를 두고 한 말이다.

전통사회에서 상인이 관료와 신사계층으로 진입하는 데는 두 가지
길이 있었던 것처럼 보인다. 그것은 직접 과거시험에 참가하거나, 혹은
연납捐納을 통하는 것이었다. 다만 실제로 생활을 하다 보면 과거의 응시
자격에 대한 각종 제한과 장기간 지속된 상인에 대한 천시풍조 때문에,
상인이 정도를 통해 출사하는 것은 실로 봉황의 털과 기린의 뿔을 얻는
것처럼 매우 드문 일이었으므로, 자연히 연납을 통하는 길이 상인이 관
료와 신사계층으로 나아가는 중요한 수단이 되었다.

이른바 연납은 사실 봉건국가에서 시행한 일종의 특이한 매관제도였
다. 이러한 제도는 한대의 납속배작제도納粟拜爵制度에서 기원한 것으로 후
에 각 왕조에서 이를 원용했다. 명나라는 경태景泰연간 초기부터 연납을
받고 감생監生의 지위를 주기 시작했는데 "무릇 생원으로서 곡식을 헌납
하거나 말을 바치는 사람에게 국자감에 들어갈 수 있는 자격을 주었으
며 그 수는 1천 명으로 제한했다."[197] 명대에는 부역이 과중했으나 감생은
역을 면제받을 수 있었으므로 민간이 오리처럼 떼를 지어 몰려들었으며
"상인·여대輿臺·예역隸役이 모두 거기에 가담하도록" 만들었다. 남명南明
굉광宏光시대에 간신이 정권을 잡자 동생童生·생원生員·직방職方·감기監
紀·도독都督·추점推點·한림翰林 등의 벼슬은 그것이 허함虛銜이든 실직實職
이든 모두 돈으로 살 수 있었다. 이에 민간에서는 노래를 지어 풍자하였다.

중서中書는 사방에 널려 있고, 도독都督은 거리에 가득하고, 감기[監記(紀)]는 양
털같이 많으며, 직방職方은 개처럼 천하네. 많은 가정에서는 여러 해 동안 재

---

197) 黃瑜, 「雙槐歲鈔」, 許大齡, 『淸代捐納制度』(北京:燕京大學 哈佛燕京學社, 1950)에서 인용.

물을 모았다가 발공拔貢 같은 공명을 얻기 위해 탕진하는데, 강남의 돈이 모두 휩쓸려가서 마사영馬士英의 집 앞에 쌓이네.198)

청나라는 명나라의 제도를 계승하여 옹정시대에 이르러 비로소 연납을 상례화했다. 그리고 이때부터 연납소득은 호부戶部의 경상수입이 되었으며, 연납의 범위 역시 크게 확충되어 문무생원·내외관리 내지 평민이 모두 연납을 통해 실관實官·허함虛銜·출신出身·가급기록加級紀錄·분발分發·봉전封典 등의 혜택을 누릴 수 있었다. 청나라 초기 연납수입은 매년 많으면 1,480여만 냥에 이르고, 적으면 120만 냥 혹은 수십만 냥으로 해마다 달랐으나, 일반적으로 재정수입 총액의 30% 정도를 차지했다.199)

명·청시대 상인으로서 연수捐輸 혹은 연납捐納을 통하여 관계官界로 진출한 사람은 그 예가 적지 않았다. 안휘 휴녕休寧의 왕송봉汪松峰은 명나라 정덕正德과 융경隆慶연간의 사람으로 어릴 적에 학문에 뜻을 두었으나 "약관의 나이에 진로를 바꾸어, 많은 자금을 가지고 양자강 중·하류 일대에서 교역에 종사하여, 하남[豫]과 강서[章]200) 일대에서 많은 재물을 모았다." 왜구가 침략해 오자 그는 수백 금을 기부하여 군사비를 원조함으로써 지휘사指揮使의 직함을 받았다. '종보宗譜'에 평하기를 "공은 탁월한 재능이 있어 무장의 일을 맡으면 반드시 때를 놓치지 않고 위대한 공을 세웠으며, 한신韓信·백기白起·위청衛靑·곽거병霍去病 등도 모두 그에 미치지 못할 것이니, 공이 그것을 사양할 까닭이 있겠는가?"201)라고 했다.

---

198) 南沙·三余氏,『南明野史』(上海:商務鉛印本, 1930), 23쪽, 許大齡, 위의 책에서 인용.
199) 羅玉東,『中國釐金史』上冊(上海:商務印書館, 1936), 3~5쪽.
200) [역주] 원문수정 : "而多居貨于豫常"→"而多居貨于豫章".
201) 『休寧西門汪氏宗譜』卷6,「揮僉新公榮歸序」, 張海鵬·王廷元 主編,『明淸徽商資料選編』(合肥:黃山書社, 1985), 380쪽에서 인용. [역주]『新校本舊唐書』,「李靖傳」: "高祖每云 : 李靖是蕭銑·輔公祏膏肓, 古之名將韓·白·衛·霍, 豈能及也!"『新校本新唐書』,「李靖傳」: "帝歎曰 : '靖酉銑·公祏之膏肓也, 古

청나라 강희와 건륭연간에 안휘 풍남염상豊南鹽商 오병吳鋜은 부공생附
貢生으로서 관례대로 연납하여 후선도候選道가 되고 아울러 4급級이 더해
졌으며 자정대부資政大夫의 작위를 하사받았다. 건륭황제가 강남을 순행
할 때 문방사무를 처리하는 데 공을 세워 정대일급頂戴一級의 은혜가 더해
지고, 아울러 하포荷包·은정銀錠·초피貂皮·문기文綺·장향藏香 등을 하사받
았다.202)

건륭연간 양주약상揚州藥商 육견산陸見山은 "청지당靑芝堂이라는 약재 판
매점을 열었는데, 그것은 양성揚城에서 가장 유명한 점포였다. 정어사鄭御
使의 휴원休園203)을 손에 넣어 별장으로 사용했으며, 연납하여 동지함同知銜
을 얻어 뜻밖에 여러 진신縉紳상인의 대열에 끼어들었다. 경사스런 연회
가 있을 때마다 걸핏하면 천청괘5품보복天靑褂五品補服을 입고 나타났다."204)

상인이 과거시험을 통해 관계로 진입하는 경우는 비록 많이 보이지
않으나 그러한 사례가 없는 것은 아니다. 청나라 귀장歸莊의『전연재기傳
硯齋記』에는 소주 동정洞庭의 부상富商 엄씨嚴氏 선조들의 사적에 대한 회고
록이 있다. 거기에 이르기를 "개주芥舟 선생은 상업에 종사하여 집안을
일으키고 과거에 급제하여 이천석의 벼슬에 올랐다.… 사의 자식은 늘
사가 되고 상인의 자식을 늘 상인이 되었으나, 엄씨의 선조들은 사와 상
이 서로 뒤섞여 있었으며, 엄순공嚴珣工은 한 사람이 이 둘을 겸했다"205)라
고 했다. 이밖에 안휘 이현黟縣사람 왕순수汪純粹는 자가 경사驚士이며 청대

韓·白·衛·霍何以加!"
202)『豊南志』第5冊,『明淸徽商資料選編』, 383쪽에서 인용.
203) [역주] 休園: 여기서 말하는 휴원은 揚州 新城 流水橋 옆에 있는 것으로 원래 이곳은 송대
朱瓦園이 있던 곳이며 면적이 50畝에 달하는 대형 정원이다. 휴원은 산수가 아름답기로 유명했다
[이상은 필자의 해석].
204) 錢泳,『履園叢話』卷21,「笑柄·陸見山」.
205)『歸莊集』卷6.

가경과 도광연간 "상인으로서 항주부杭州府의 학생學生이 되었고"206) 명대 휘주徽州 휴녕休寧사람 김성金聲은 자가 정희正希인데 "아버지를 따라 무창武昌에서 장사를 했으며, 가어현嘉魚縣으로 본적을 옮겨 천계天啓 갑자향시甲子鄕試에 급제했다."207)

적지 않은 수의 상인들이 치부한 뒤에는 자식들에게 상업을 버리고 학문을 닦아 관계로 진출하여 벼락출세하기를 기대했다. 명대 안휘성 흡현歙縣의 부상富商 강재江才는 그 전형적인 예이다. 그는 3살 때 아버지를 여의고 집안이 기울었으며, "가난하여 생계를 유지할 수 없었다." 조금 자란 후에 형을 따라 쌀과 소금과 잡화를 팔았으며, 뒤에 "형과 이별하고 북쪽으로 가서 산동과 하남일대를 돌아다니며 장사를 하다가 오랜 시간이 지난 뒤 다시 전당錢塘으로 돌아왔는데, 그때는 이미 많은 재물을 소유한 큰 상인이었다." 상업에 종사하여 축재한 뒤 강재는 고향으로 돌아와 슬하의 두 아들에게는 계속해서 상업에 종사하게 하고, 나머지 두 아들에게는 학문을 익혀 과거를 준비하도록 했는데, 이 둘은 함께 학관에 들어가 제생諸生[수재]이 되었다. 그 가운데 한 아들은 뒤에 향시에 합격하고 진사에 급제하여 관직을 제수받아 강서 서주부瑞州府 고안현高安縣 지현이 되었다. 아들이 관리가 된 뒤 강재는 얼굴 가득 기쁜 빛을 띠고 아들에게 격려하기를 "우리 조상들이 오래 동안 많은 재물을 모았으나 급제한 사람이 없었는데, 네가 지금 황제의 명을 받아 목민관이 되었으니, 네가 참으로 열심히 했구나!"208)라고 했다.

명대 강남의 저명한 재사인 당인唐寅[唐伯虎] 역시 부유한 상인의 아들

---

206) 道光『黟縣續志』卷6,「人物·孝友」.
207) 邵廷采,『東南紀事』卷4.
208) 歙縣『溪南江氏族譜』,「處士終慕江翁行狀」,『明清徽商資料選編』, 387쪽에서 인용.

이었다. 그의 아버지는 상업에 종사하여 치부한 뒤에 당인이 자신과 다른 통로를 개척하여 사회가 보편적으로 중시하는 과거의 길로 나가기를 희망했다. 소년 당인은 큰 뜻을 품고 독서에 몰두하여 밤늦도록 불을 밝히고 부지런히 책을 읽으며 싫증내지 않았다. 그는 일찍이 「야독夜讀」이란 시를 지어 당시 고생하며 책을 읽었던 상황과 마음속에 큰뜻을 품고 있었던 것에 대하여 다음과 같이 읊고 있다.

> 밤이 됨에 베개를 돋우고 깊은 생각에 잠기네.
> 홀로 누워 희미한 등불을 바라보니 시름만 깊어지는구나.
> 귀밑머리 세월 따라 희어짐이 걱정스러운데.
> 언제나 허리에 누런 띠를 두를 날이 올 것인가?
> 사람들이 이르기를 죽은 뒤에도 몸이 세 번 들썩인다고 하는데.
> 나는 생전에 한번만이라도 과거에 합격하고 싶구나.
> 이름을 드러내지 못한 바에는 마음을 접을 수 없으니.
> 다시 등불의 심지를 돋우고 책을 읽노라.

이 말솜씨가 심상치 않은 상인자제는 이후 스물아홉 살이 되던 해에 과연 응천부〔남경〕 향시에서 일등으로 급제했다. 그러나 이듬해 상경하여 회시會試에 참가했다가 부정행위 사건에 연루되어 영어囹圄의 신세가 되었으며, 이로부터 벼슬하여 출세하겠다는 희망을 버리고 역사상 누구나 다 아는 풍류재사로 변신했다.

명·청시대 상인들이 분분히 주머니를 열어 연납하거나 혹은 장사의 길을 버리고 학문의 길로 들어섰던 까닭은, 한편으로는 전통적인 가치를 인정하는 데서 출발하여 관리나 신사의 권세와 특권을 흠모하여 그 속에 섞이고 싶었기 때문이다. 이와 관련하여 어떤 사람은 "일찍이 보아하니, 그들 푸른 옷을 입은 선비들이 아침을 먹고 난 뒤에 저녁끼니를 해결할 수 없을 정도로 상황이 어려웠으나, 일단 향시에 합격하면 이로움이 무궁했다. 거인擧人이 진사[甲科]에 급제하면, 드디어 종을 쳐서 식구를 모아 솥을 벌여 놓고 식사를 하며, 살찐 말을 타고 가벼운 털가죽 옷을 입는 호사스런 생활을 하는데, 그들의 재산은 수백만 금이 아니면 수십만 금이다. 어찌하여 이렇게 되었는가 생각해 보면, 아아!… 그들의 몸뚱이에는 인두세가 붙지 않고, 재산은 있으되 요역이 없으며, 논밭에는 지세가 없고, 물건에는 화물세가 없다. 게다가 인두세·요역·지세·화물세를 내지 않는 간악한 무리를 비호하여 그 수입이 얼마인지 모른다"209)라고 했다. 이와 같이 명성과 재물을 함께 얻는 것이야말로 '본능적으로 이익을 추구하는' 상인들이 꿈속에서도 바라는 것이었다.

　다른 한편으로는 관부의 환심을 사거나 직접 관계에 진출함으로써 자신의 상업적 이익을 보호하기 위해서였다. 상인은 비록 돈과 재물이 있으나 만약 집안에 관리가 없으면, 정치적으로 비호를 받을 수 없고, 장사 역시 순조롭게 하기가 어려우며, 전제국가 기구로부터 가해지는 복잡하고 어려운 간섭을 피할 수 없었다.

　명·청시대 날로 강화되는 신紳과 상商의 대류는 "사士와 상商의 상호 혼합"이 비교적 보편적인 사회현상이 되도록 했다. 그것은 전통적인 '4민 사회'에서 지위가 현격하게 차이 났던 사인과 상인계층이 서로 접근하고 융합하기 시작했음을 의미한다. 비록 이 시대에는 아직 '신상紳商'이라는 말이 없었으나, 관품과 공명을 가지고 상업에 종사하는 신상인물은 사실상 이미 두각을 나타내기 시작했으며, 이들은 일종의 매우 특수한 상인

---

209) 計六奇, 『明季北略』 卷12.

계층이 되었다.

　그러나 사회계급 구조의 변화는 이제 막 시작된 것으로 명·청시대의 신상은 아직 하나의 완전한 사회계층이 되었다고 볼 수는 없으며, 심지어 사회집단으로서의 자격조차 갖추지 못했다. 그 이유는 다음과 같다. 첫째로 신상인물들은 대부분 상품경제가 비교적 발달한 동남연해 일대, 혹은 상인동족[家族]이 모여사는 곳에서 출현했으며, 아직 전국적으로 나타나는 현상은 아니었다. 둘째로 신상들 사이에도 아직 횡적인 연계가 결핍되어 단지 몇몇 독립적으로 존재하는 개체가 있었을 뿐이며, 자신의 독립적인 사상의식과 사회조직 역시 형성하지 못하고 있었다. 전체적인 사회풍조로 말하면, 사존상비士尊商卑는 여전히 의식의 주류를 이루었다. 『유림외사』를 보면 백정인 호씨[胡屠父]가 새로 과거에 급제한 범진范進의 뺨을 한 대 때리고는, 하늘의 '문곡성文曲星'을 범했다고 생각하여 자기도 모르게 손이 저려오는 느낌을 받는데, 이것이 바로 당시 보편적인 사회심리의 진상이었다.

　신사와 상인의 광범한 융합, 신상계층의 최종적인 형성은 역사의 수레바퀴가 중국의 근대라는 하나의 커다란 분열과 변동의 시대로 굴러들어 올 때까지 좀더 기다려야만 했다.

□쉼터

생존경쟁과 자연도태
"대체로 보아 사물에게는 경쟁이 존재하며 하늘은 또한 경쟁에서 살아남은 것들을 모아서 선택을 한다. 경쟁과 선택으로 말미암아 변화가 발생한다."
〔嚴復 역, 『天演論』「察變」〕

신상계층의 형성

제1절 천고변국의 충격효과

1. 근대사회의 대변동

만약 인류사회의 발전과정을 두 종류의 서로 다른 운동형태 즉 고대의 시간에 따라 변화하는〔古代時間遞進型〕 역사운동과 근대의 공간에 따라 변화하는〔近代空間傳動型〕 역사운동으로 구분할 수 있다고 하면[1] 명·청시대 중국사회의 변동〔異動〕은 비록 약간의 공간에 따라 변화하는 형태를 포함하고 있으나, 기본적으로는 역시 시간에 따라 변화하는 형태에 속한다. 그것은 고대적이지 근대적인 것이 아니다. 그것의 근원은 중국 전통농업

---

[1] 두 가지 역사운동 형태의 이론구상에 관해서는 樂正, 『近代上海人社會心態(1860~1910)』(上海:上海人民出版社, 1991), 719쪽 참조. 고대 역사운동은 비록 시간에 따라 변화하는 형태〔時間遞進型〕 위주이나 여전히 공간에 따라 변화하는 형태〔空間傳動型〕의 방식을 포함하며, 근대 역사운동은 비록 공간에 따라 변하는 형태 위주이나 역시 시간에 따라 변화하는 형태로부터 완전히 벗어나 있는 것은 아니다. 총체적으로 볼 때 인류역사운동은 마땅히 두 가지 방식의 통일이라고 할 수 있다.

종법사회의 장기적인 변천의 자연적인 축적[누적]에 있고, 변화의 범위와 강도 모두 매우 한계가 있어서 전통 농업사회의 토대를 뒤흔들기에 부족했으며, 비록 상품경제가 동남연해 일대에서 장족의 발전을 이루었으나 기본적으로 여전히 소농경제 구조의 보완에 불과했다.

시장에서 유통되는 주요상품은 농업경제에 속하는 곡물과 사絲·면棉이었으며, 농사와 길쌈이 결합하여, 길쌈으로 농사를 보완하는 농촌 가내수공업이 수공업을 구성하는 주요형식이었고, 생산기술과 관리방식 모두 간단하고 낙후된 중세기 유형에 속하여 근대 기계공업과는 거리가 멀었다. 미약한 자본주의 맹아는 비록 희미하게 모습을 드러냈으나 계몽사조와 연결되어 거대한 사회변혁을 일으키는 역량을 형성하지 못하고, 봉건 자연경제의 양양대해 속에 매몰되어 버렸다. 황인우黃仁宇 선생의 비유를 빌리면, 명·청시대 상품경제와 고용관계 속에서 근대 자본주의를 발육시키는 것은 길짐승을 변화시켜 날짐승이 되도록 하는 것만큼이나 어려웠다.

명·청시대의 사회변동과 비교하면, 아편전쟁을 효시로 하는 근대사회의 대변동은 전혀 다른 성격을 갖고 있었다. 그것은 '서세동점'으로 체현된 근대의 공간에 따라 변화하는 역사운동의 중국에 대한 맹렬한 충격의 결과이며, 아울러 그 거대한 힘으로 중국사회 본래의 발전방향을 근본적으로 바꾸어 놓았다. 그 시대에 살았던 두뇌가 비교적 명석한 중국인은 이미 어느 정도 근대사회 대변동의 중대성과 심각성을 깨닫고 있었다. 이로부터 거대한 위기의식이 출현했는데, 그 중에서 특히 이홍장李鴻章이 이야기한 '수천 년 이래 미증유의 대변동'과 '수천 년 이래 미증유의 강적'이라는 유명한 명제는 그러한 생각을 가장 명석하고 완전하게 표현하여 전달하고 있다.

지금 동남 해안지역 만여 리에는 각국이 통상과 선교를 위해 자유롭게 왕래하고 있다. 그들은 대부분 북경과 각 성의 주요도시에 집중되어 있으며, 표면적으로는 중국과의 우호를 내세우고 있으나 실제로는 중국을 집어삼킬 생각을 품고 있다. 어떤 한 나라와 중국 사이에 일이 생기면, 다른 나라들은 그 나라를 선동하여 중국과 충돌이 발생하도록 한다. 이것은 실로 수천 년이래 미증유의 대변동이다. 기선과 전보의 신속함은 순식간에 천 리에 이르며 무기와 기계의 정교함은 효력을 백배로 높였고, 포탄이 터지는 곳마다 파괴되지 않는 것이 없으며, 바다와 육지의 요새는 이를 막기에 부족하다. 이들은 또한 수천 년 이래 미증유의 강적强敵이다.2)

아편전쟁 이전 공자진龔自珍이 "해는 저물고 비바람이 몰려온다"라고 했던 '쇠세衰世'의 구호에 비해, 이홍장의 명제는 이미 단순하게 "빈부가 고르지 못하고" 인재가 박해를 받으며 "각박하고 괴이한 풍속이 백출하여 그치지 않는다"라는 등 봉건사회 내부에 보이는 위기의 징후에 착안한 것이 아니라 서방열강의 강대한 도전이라는 점에서 출발하여 봉건제국이 당면한 공전의 거대한 위기를 인식한 것이었다. 그러므로 공자진이 처방한 약방은 "단지 옛날의 단약丹藥을 파는" 즉 종법·균전·인재의 중시, 이치吏治의 정돈 같은 것이었으나, 이홍장은 따끔하게 "변화막측한 외환이 몰려오는데 우리는 오히려 기존의 방법으로 이를 제압하려고 하니, 이는 바로 의사가 치료를 하면서 증상을 살피지도 않고 일괄적으로 옛날의 처방을 내리는 것과 같으므로 진실로 효과를 보기 어렵다"라고 지적했다. 비록 시대와 계급적 한계를 벗어나지 못했으나, 이홍장은 전례없이 탁월한 안목으로 대청제국이 직면한 위기를 개괄했던 것이다.

이른바 '천고의 대변동'이란 한 마디로 중국 전통농업 종법사회가

---

2) 李鴻章, 『李文忠公全集·奏稿』 卷24, 「復奏海防事宜疏」.

"구미로부터 불어닥치는 비바람"의 충격 아래 강요에 못 이겨 어쩔 수 없이 자본주의 공업화 사회로 이행되고, 다소 굴욕적인 방식으로 세계 자본주의 근대 일체화의 발전과정 속으로 강제 편입되기 시작했다는 것을 말한다. 이것은 중국사회 구조의 한 차례 전면적인 재편운동이며, 고도로 성숙된 봉건 농업문명과 근대 자본주의 공업문명 사이에 벌어진 일종의 대박투·대결전·대전환이었다.

근대 유신사상가 양계초梁啓超는 일찍이 격정이 충만한 필치로 이 '대변국' 속의 대과도大過渡를 묘사했다.

오늘의 중국은 과도시대의 중국이다.… 중국은 수천 년 이래 모두 정지된 시대였으나 지금은 과도시대이다.… 과도시대는 마치 대붕이 남해에서 비상하여 단숨에 구만 리를 날고, 양자강의 큰 물줄기가 바다를 향해 흘러가다 비록 수많은 우여곡절을 겪지만 끝내 바다로 흘러 들어가는 것과 같다. 과도시대는 기세 좋은 태풍처럼 전도가 양양하고 생기가 넘치며 웅지가 장엄하다. 그 현재의 세력권은 마치 예리한 화살이 일곱 겹의 방패를 뚫는 것 같고, 기세가 만 마리의 소를 집어삼킬 것 같으니, 누가 능히 제어하겠는가? 그 장래의 목적지는 황금세계에서 호사스런 생애를 누리는 것이니, 누가 능히 제한할 수 있겠는가? 그러므로 과도시대는 실로 천고의 영웅호걸들의 큰 무대이며, 많은 민족이 죽음에서 살아나고, 수탈에서 벗어나고, 노예에서 주인이 되고, 수척한데서 살이 찌기 위해 반드시 통과해야 하는 길이다. 아름답구나, 과도시대여!3)

여기서 양계초가 노래하고 있는 것은 바로 '대과도'가 체현한 근본적인 역사의 방향이다. 사실 '대변국'이 단서를 연 '대과도'는 단지 하나의 "생기가 넘치고 웅지가 장엄한" 희망찬 과정일 뿐만 아니라, 동시에 하나

---

3) 梁啓超,「過渡時代論」,「淸議報全編」第1冊.

의 피와 불, 눈물과 원한이 뒤범벅이 된 고뇌에 찬, 그리고 반복되는 과정이었다. 실제로 진행과정에서 그것은 일종의 도전과 응전, 충격과 반응의 연쇄운동으로 나타났다.

'충격-반응'이라는 모형을 이용하여 중국근대사의 변천을 해석하는 논리는 등사우鄧嗣禹와 페어뱅크가 공저한 『중국의 서양에 대한 반응〔中國對西方的反應〕』4) 이라는 책에서 가장 먼저 제기되었다. 이 이론의 기본구상은 중국 전통사회는 장기간 정체상태에 빠져 있었으며, 이 때문에 오직 서방의 충격을 통해서만 비로소 격변이 발생할 수 있고, 이로부터 근대사회로 이행할 수 있다는 것이다.

서방의 침략과 중국의 대응은 중국근대사의 중요한 줄거리〔線索〕를 구성한다. 일찍이 1950~1960년대에 성행했던 이 이론은 근래 이 모형 자체가 갖는 심각한 '서구중심론'과 중국 내부의 역사적 변화를 홀시하는 단순화 경향 때문에 갈수록 준엄한 비판과 도전을 받게 되었다. 비록 그렇긴 하나 우리가 볼 때, 만약 이러한 모형으로 중국근대사 전체를 해석하고자 하는 지나친 욕망을 버리고, 단지 근대 중국사회 변천의 최초의 동인을 고찰하는 데 한정한다면 '충격-반응'의 모형은 여전히 논리적 가치와 설득력이 있는 방식이다. 어쨌든 서방의 충격은 시종 근대 중국사회의 대변동과 대과도의 논리적 출발점이었다.

충격이라는 면에서 볼 때 서방 자본주의가 중국의 대문을 두드리는 데 가장 먼저 이용한 것은 가장 야만적인 아편과 총포였다. 1840년 아편 판매를 위해 울린 포성은 천조제국을 상대로 승리를 거둘 수 없다던 신화를 타파했다. "천조제국이 영원할 것이라던 미신은 치명적인 타격을

---

4) 〔역주〕 Ssu-yü Teng and John K. Fairbank, China's response to the West : a documentary survey, 1839~1923(Cambridge:Harvard University Press, 1954).

받았고"[마르크스의 말] 이로써 1백 년 동안 지속된 역사의 대변동은 무거운 장막을 열었다. 제1차 아편전쟁 후의 오구통상五口通商 시대에 대포를 배경으로 한 상품수입은 이미 중국의 전통적인 자연경제 구조에 충격을 가하고 이를 와해시키기 시작했다.

그러나 이러한 역사적 과정은 이제 막 시작된 것으로 중국사회 내부로부터 나온 반응은 극히 둔하고 미약했다. 무역의 상황을 보면, 비록 전쟁이 발발하기 전의 폐관시대에 비하여 큰 신장이 있었으나, 신장의 속도는 매우 완만하고 기복이 심하여 안정적이지 못하다는 특징을 갖고 있었다. 1845~1846년간 영국의 대중국 면직물 수출액은 173만 5,141파운드에서 124만 6,518파운드로 떨어졌으며, 모직물 수출액은 53만 9,223파운드에서 43만 9,668파운드로 떨어졌다.5) 미국의 대 중국수출품은 1851~1853년 3년간과 1845년의 수치가 겨우 207만 9,341달러 정도였으며, 기타 연도는 모두 1845년의 수치에 못 미쳤다.6)

이러한 비정상적인 상황은 당초 지나치게 맹목적으로 낙관했던 외국상인을 크게 실망시켰으며 불가사의하다는 느낌을 받도록 했다. 다시 말해 "다섯 개의 항구를 무역항으로 개방한 이후 서양상인은 새로운 개항장에 대하여 자못 큰 기대를 갖고 있었으나, 영파寧波·복주福州·하문廈門 세 곳은 개항 후에도 무역상황이 개선되지 않아 오히려 사람들을 크게 실망시켰으며, 그것은 너무나 의외였다."7)

서방이 중국에 대한 충격을 강화하여 중국사회 내부에 비교적 현저한 변화를 야기한 것은 주로 1860년대 이후에 발생했다. 제2차 아편전쟁

---

5) 姚賢鎬 編,『中國近代對外貿易史資料(1840~1895)』(北京:中華書局, 1962), 511쪽.
6) 위와 같음.
7) 班思德(T. Roger Banister) 編,『最近百年中國對外貿易史』〈中文本〉, 35쪽.

의 결과 청정부는 강요에 못 이겨 11개의 개항장을 추가로 개방했으며, 서방 침략세력은 양자강을 거슬러 올라가 점차 내지로 침투했다. 제2차 아편전쟁이 막 끝났을 무렵 중국에 있는 외국양행은 모두 합쳐 40개에 못 미쳤으나, 1872년에 이르러서는 이미 343개에 달했으며, 같은 해 중국에 머물고 있는 서양상인의 총수는 3,673명이었다.8) 양행의 외국상인으로부터 매판에 이르고, 여기서 다시 약간의 좌고坐賈와 행상行商에 이르며, 나아가 직접 생산자와 소비자에 이르기까지, 하나의 완전[完整]한 서양상품 판매망과 토산품 구매망이 형성되었다. 이 상업망은 개항장을 거점으로 하여 광대한 내지 농촌으로 퍼져나가 연계가 긴밀한 상품유통 루트를 건립했다.

    1870년대 초 서방 자본주의 국가는 중국에 이미 78개의 공장을 건립했으나, 열강의 중국에 대한 대규모 자본수출은 주로 1894년 청일전쟁 이후에 시작되었으며, 거기에는 기업투자·철로투자·은행투자·차관·상업투자 등등이 포함되었다. 1902년 주요 자본주의 국가의 중국에 대한 투자는 이미 8억 1,278만 달러에 달했으며, 그 가운데 영국이 가장 많은 32.53%를 차지했다.9) 일련의 군사적 실패에 이은 영토할양과 배상금지불, 이권의 국외유출로 청제국이 당면한 위협과 도전은 전례없이 심각했다.

    반응이라는 면에서 볼 때, 무술유신운동 이전 근대 중국사회의 대변동은 주로 심리적 공포와 공예-과학기술이라는 물질방면의 개혁으로 체현되었으며, 대체로 '병전兵戰'으로부터 '상전商戰'에 이르고, '자강自强'에서 '구부求富'에 이르는 역사적 변천과정을 겪었다.

---

8) 姚賢鎬, 앞의 책, 1000쪽, 表.
9) 吳承明, 『帝國主義在舊中國的投資』(北京: 人民出版社, 1955), 제1장 附表 참조.

아편전쟁의 자극이 전국의 상하 모든 계층사람들에게 우선적으로 가져다 준 것은 일종의 거대한 심리적 충격효과와 침략폭행에 대한 가슴 가득한 의분이었다. 제1차 아편전쟁에서 영국군의 폭행과 중국의 참패에 대하여, 위원魏源은 일찍이 큰 소리로 외치기를 "이것은 무릇 혈기있는 자가 당연히 분개해야 할 일이며, 무릇 견문있고 지혜있는 자가 마땅히 강구해야 할 것이다"라고 했다. 두 차례에 걸친 아편전쟁의 크나큰 치욕을 겪은 뒤 풍계분馮桂芬은 비분강개하여 이르기를 "천지개벽 이래 일찍이 없었던 심한 분노이며, 무릇 지혜있고 혈기있는 사람은 격분하여 머리털이 곤두서지 않는 사람이 없으니, 오늘날 넓디넓은 지구에서 첫째가는 큰 나라가 작은 오랑캐에게 속박받고 있다"10)라고 했다.

비통한 심정이 가라앉은 뒤 이전의 고통을 회상하며 사람들은 위기에서 벗어날 출로를 냉정하게 모색하지 않을 수 없었으며, 그 최초의 사색과 결론은 위원이 제기한 "오랑캐의 장기를 배워 오랑캐를 제압해야 한다"라는 획기적인 의의를 가진 명제 속에 응축되었다. 위원의 명제는 계몽사상의 불꽃을 깜박이며 근대 서방문명을 학습하는 길을 열었다. 그러나 오랑캐의 장기를 배우는 데 있어 그 중점은 여전히 서방의 '선견포리船堅炮利' 즉 "① 군함, ② 무기, ③ 군대의 양성과 훈련법"11)을 본받는 것으로 기본적으로 그것은 '병전兵戰'의 범위에 속했다. 조금 뒤에 등장한 이홍장 등을 우두머리로 하는 양무파도 비록 변법도강變法圖强이라는 새로운 주장을 제기했으나, 사고의 맥락은 여전히 위원이 제기한 '사이지장기이제이師夷之長技以制夷'라는 낡은 명제를 좇음으로써 총포와 기선의 제조, 해군의 건립이라는 낡은 방식을 벗어나지 못했다.

---

10) 『校邠廬抗議』, 「采西學議」.
11) 魏源, 『海國圖志』.

바다의 적을 방어하여 이익을 얻으려면 해군을 정비하지 않으면 안되고, 해군을 정비하려면 국局을 설치하고 그 감독을 받아 기선을 건조하지 않으면 안된다.12)

서양 각국은 무기를 장기로 삼고 있으므로 그들을 제어하는 방도를 구하려면, 반드시 우리가 잘하는 바를 다 발휘하여 그들이 의지하는 바를 탈취할 수 있어야 한다.13)

상술한 인식과 서로 일치되게 양무파는 양무에 종사하면서 우선 근대 군사공업을 일으키는 것에서 착수하여 이른바 '자강'을 추구했는데, 그 발판은 여전히 외세의 모욕에 저항하는 '병전兵戰'에 있었다.

근대 군사공업의 창설이 극복할 수 없는 경제적 곤란에 직면하고 나서야 이홍장 등은 차츰 먼저 부유해진 뒤에야 비로소 강해질 수 있다는 생각을 하게 되었다. 이홍장은 "신臣이 고금의 국가정세를 살펴보니 반드시 먼저 부유해진 뒤에야 능히 강해질 수 있으며, 더욱이 반드시 백성들의 생활이 풍족해야 국가의 근본이 더욱 공고하게 됩니다"14)라고 했다. 이리하여 근대 중국사회의 대변동은 서방의 군사침략에 저항하는 '병전兵戰'으로부터, 서방의 상업조직과 공장제도를 받아들여 근대 국민경제의 발전에 힘쓰는 '상전商戰'시대로 전환하기 시작했다.

대략 1874년 무렵, 초기 민족자본가 정관응鄭觀應은 『역언易言』이라는 책을 출간하여 처음으로 비교적 체계적으로 '습상전習商戰'의 주장을 제기했으며, 이를 효시로 근대 중상주의가 먹구름이 가득한 중국대지에서 뭉게뭉게 피어오르기 시작했다.

---
12) 左宗棠, 『左文襄公全集』, 「請福建開設船廠疏」.
13) 李鴻章, 『李文忠公全集・奏稿』 卷7, 「京營官弁習制西洋火器漸有成效摺」.
14) 위의 책 卷43, 「試辦織布局摺」.

2. 청말 중상주의의 대두

청말 중상주의가 대두된 것은 근대의 '천고변국'이라는 충격효과의 산물이며, 또한 근본적으로 근대 사회변혁의 방향을 체현했다. 우리는 비록 서구 중상주의에서부터 청말 중상주의의 이론적 연원을 추적할 수 있으나, 그들 사이에는 공통점보다 차이점이 훨씬 많았다. 서구에서 중상주의는 15세기에 생겨나 16·17세기에 전성기를 맞이했다. 이것은 원시자본 축적시기의 상업자본을 대표하는 의식형태로서, 서구 초기 식민주의자의 대외확장과 약탈을 위한 사상적 도구가 되었으며, 당시 서구에 널리 퍼져 있던 황금을 추구하는 열기와 신흥 부르주아 계급의 돈에 대한 갈망을 반영했다.

반면에 2백~3백 년 늦게 세상에 모습을 드러낸 청말 중상주의는 중국이 폐쇄적인 농업종법사회로부터 반식민지 반봉건사회로 이행하는 역사적 조건 아래서 탄생했다. 당시의 중국은 대외확장과 무역을 통해 원시자본을 축적할 수 없었을 뿐만 아니라, 오히려 서방 식민세력으로부터 침략과 약탈을 당했다. 이와 같이 서로 다른 역사적 배경은 청말 중상주의로 하여금 서구 중상주의와 비교하여 모양은 비슷하나 질이 다른 내용상의 특징을 갖도록 했다.

산천이 파괴되고 국가정세가 극히 위태로운 심각한 도전 아래 '구국救國〔救亡〕'은 근대중국에서 일체를 압도하는 주제가 되었다. 청말 중상주의의 대두는 매우 자연스럽게 '구국'과 하나로 연결되어 우선적으로 외국의 경제침략에 저항하는 일종의 위기의식과 구국의식으로 체현되었다.

해금海禁15)이 풀린 뒤 백인들이 다투어 동방대륙에서 시장을 개척했으며, 교역이 이루어지는 곳마다 그들의 세력범위로 변함으로써, 병사 한 명 쓰지 않고 화살촉 하나 잃지 않으면서, 우리의 고혈을 빨아들이고 우리의 이권을 장악했다.16)

지금의 세계는 경제적 경쟁의 세계이다.… 싸움에서 이기지 못하면 영토가 날로 줄어들고 국세는 크게 쇠퇴하며, 비록 2등국가의 지위를 유지하고자 하나 오히려 하루도 지탱하기 힘들다.17)

초기 공·상 자본가 겸 유신사상가인 정관응이 제기한 '상전商戰'이라는 구호의 착안점 역시 구국에 있었다. "병전兵戰을 익히는 것은 상전에 대비하는 것만 못하다"라고 한 것은 병전을 하지 않겠다는 것이 아니라 무형無形의 '상전' 즉 외국의 경제적 침략이 유형有形의 '병전' 즉 외국의 군사적 침략보다 어떤 의미에서 더욱 은밀하고 대응하기 어렵다는 사실을 강조한 것이다.

오늘은 해안의 어떤 부두를 개항하고, 내일은 내지의 어떤 도시를 개방한다. 한 나라가 달려들면 여러 나라가 개미처럼 달라붙으며, 한 나라가 오면 여러 나라가 벌떼처럼 뒤쫓는다. 바닷가의 일곱 개 성은 서양상인의 세계로 전락했고, 양자강 연안의 다섯 개 성에도 서양의 선박들이 거침없이 왕래하고 있다.18) 전쟁의 피해는 쉽게 눈에 드러나지만, 중국백성들에게 경제적인 손해를 입혀 국가를 어려움에 처하게 만드는 것은 상대적으로 잘 보이지 않는다. 따라서

---

15) [역주] 海禁 : 명·청시대 외국인이 중국 연안에 와서 무역하는 것을 금지하거나, 혹은 중국인이 해외로 나가 장사하는 것을 금지했던 조처.
16) 「論振興商務當先振興業工業」, 『東方雜志』, 第2年 第7期.
17) 「論各國經濟競爭之大勢」, 『商務官報』, 第1冊 第3期.
18) 奠觀應, 『盛世危言』三編 卷1, 「商務」(2). [역주] 정관잉 지음, 이화승 옮김, 『성세위언—난세를 위한 고언』(서울:책세상, 2003), 98~99쪽 참조.

우리의 상업을 하루 빨리 발전시키지 못한다면 외국인들의 탐욕스러운 약탈은 계속 자행될 것이다. 용감한 군사들과 많은 군함이 있다 한들, 외국인들이 환호하며 왔다가 기쁘게 춤추고 만세를 부르며 돌아간다면 도대체 누가 이득을 얻고 누가 손해를 본 것인가? 따라서 나는 "군사력을 앞세운 전쟁을 익히는 것보다 상업전쟁을 익히는 것이 더 중요하다"고 단언한다.19)

상전은 비록 병전을 돌파하여 한 단계 더 앞으로 나아가는 것이었으나, 동시에 그것은 분명히 보다 깊은 의미에서 병전의 전개이기도 했다. 정관응 등이 볼 때, 오직 민족 공·상업을 크게 발전시키고 본국의 경제력을 키우는 것만이 애국과 구국의 근본적인 길이었다. 이에 정관응은 "서양을 물리치고 스스로 강해지기 위해서는 상업을 진흥시키는 것보다 시급한 일은 없다"20)라고 했다. 하계何啓와 호례원胡禮垣 역시 "천하를 이롭게 하고 만민에게 혜택을 베푸는 것은 상업이며… 상업을 진흥시키지 않으면 적국과 양립할 수 없다"21)라고 했다.

일찍이 프랑스에 유학하여 사상관점이 서구의 중상주의에 가장 근접했던 마건충馬建忠도 자신의 경제이론을 논술할 때, 그 사고와 입론의 출발점은 역시 어떻게 외국의 경제침략을 물리치고 부국강병을 이룩하느냐 하는 점에 있었다. 예를 들어 마건충이 대외무역의 효과와 금·은광의 개발을 강조한 것은 대부분 외국상품의 무분별한 덤핑[瘋狂傾銷] 및 화폐와 재물의 대규모 국외유출에 대한 우려에서 나온 것이다. 이에 그는 다음과 같이 지적하였다.

통상이 시작된 이래 금·은의 유출이 심각하다. 각국은 모두 금돈을 사용하

---

19) 鄭觀應,『盛世危言』初編, 卷3,「商戰」, 〔역주〕 정관잉 지음, 이화승 옮김, 위의 책, 69쪽.
20) 鄭觀應,『盛世危言』初編, 卷3,「商務」.
21) 何啓·胡禮垣,『新政論議』.

고, 우리는 상하가 모두 은돈으로 사고팔아 이미 자모상권子母相權22)의 도리를 상실했으며, 오랫동안 외국인에게 제압당했다. 만약 우리 중국에서 금의 생산이 풍부하다면 금의 가격이 반드시 저렴할 것이며, 대출을 주고받는 것과 중국상인의 무역에 도움 되는 바가 적지 않을 것이다.23)

중국이 보다 많은 상품을 생산하게 하고, 외국이 차지하는 이익이 보다 적어지게 하며, 중국의 공·상업자가 보다 많은 생계수단을 얻도록 하는, 이 모든 것이 이른바 외국의 상품을 모방 제조하여 우리의 아직 흩어지지 않은 재물을 모으는 것이다.24)

주목할 만한 가치가 있는 것은 청말 중상주의가 비록 상업과 대외무역의 효과를 강조했으나, 서구 초기 중상주의처럼 상업이 치부의 근원이라는 사실을 지나치게 강조함으로써 상대적으로 산업자본의 발전을 소홀히 한 것이 아니라, 공업과 상업을 함께 중시함으로써 기계공업의 도입과 확충에 큰 기대를 품을 수 있게 했다는 점이다. 일찍이 유럽 4국 대신四國大臣으로 출사했던 설복성薛福成은 유명한 '공체상용工體商用'론을 제기했다.

서양의 풍속은 공업과 상업으로 나라를 일으키는데, 대체로 공업에 의지하는 것을 체體로 삼고, 상업에 의지하는 것을 용用으로 삼기 때문에, 사실 공업은 오히려 상업보다 우선한다.25)

설복성은 서방 각국의 경제발전 경험에 대한 고찰을 통하여 이미 공

---

22) 〔역주〕子母相權 : 액면이 크고 작은 두 종류의 화폐를 상호보완적으로 통용시켜 서로 변통하고 조절하도록 한 것. '子'는 가볍고 액면가치가 낮은 것을 말하고, '母'는 무겁고 액면가치가 높은 것을 가리킨다.
23) 馬建忠, 『适可齋紀言』, 89쪽.
24) 위의 책, 5쪽.
25) 薛福成, 『庸庵海外文編』 卷3, 「振局工說」.

업생산은 상업발전의 기초이며, 근대 공업의 발전을 떠나 상업에 의지하여 치부하는 것은 오래 지속될 수 없다는 사실을 어렴풋이 인식했다. 그래서 그는 건의하기를 상민商民에게 권유하여 "서양의 방식을 본받아 방직하고 방사紡絲하도록 하는 것이 급선무이며, 그 다음은 광산의 개발, 그 다음은 제철, 그 다음은 니呢·우우羽·전氈·융絨의 방직, 그 다음은 성냥 및 정유精油이다"26)라고 했다. 정관응은 기계를 이용하여 생산함으로써 보다 많은 이익을 얻어야 한다고 명확하게 주장했다. 그는 서양 각국에서 "상업 발전의 근원은 역시 제조업이다. 제조업 중에서도 기계의 제조와 사용이 무엇보다 중요하다"27)라고 생각했다. 따라서 중국은 "신속하게 상인으로부터 자금을 모아 기계를 구입하여 스스로 직조함으로써 권리를 장악해야 한다"28)라고 주장했다.

주지하는 바와 같이 서구는 [중금주의重金主義와 화폐평형론貨幣平衡論을 특징으로 하는] 초기 중상주의로부터 발전하여 [무역평형론貿易平衡論과 중공주의重工主義를 특징으로 하는] 말기 중상주의에 이르기까지 1세기가 넘는 긴 시간을 경험했다. 그러나 청말 중상주의는 세상에 나오자마자 바로 서구의 초기 중상주의와 말기 중상주의의 특징을 망라했고 더욱이 후자를 중시했다. 이것은 실로 코앞에 닥친 민족위기와 민족경제를 급속히 발전시키고자 하는 절박한 심리가 그렇게 만든 것으로, 동·서양 근대 역사 진행과정의 서로 다른 특징을 반영한다.

만약 민족의 위기를 구원하는데 있어서 공·상업의 진흥이 차지하는 중요한 작용을 강조하는 것이 청말 중상주의의 가장 중요한 특징이라고

---

26) 위의 책, 卷3, 「海關出入貨類敍略」.
27) 鄭觀應, 『盛世危言』三編 卷1, 「商務」(5). [역주] 정관잉 지음, 이화승 옮김, 위의 책, 126쪽.
28) 鄭觀應, 『盛世危言』二編 卷1, 「機器」.

한다면, 그것이 갖는 또 다른 중요한 특징은 상인이 근대사회에서 담당하는 중대한 역할을 강조하는 것이다. 명·청시대에 비하면 상인을 천시하는 심리가 역전된 것은 이미 동남지역 한 곳에만 한정된 것이 아니다. 각 통상항구에서 상인의 사회지위는 계속 상승했으며, 그 직업가치 역시 사회여론의 보편적 인정과 찬사를 받음으로써 상인은 이미 엄연한 근대사회의 총아가 되었다.

하계何啓와 호례원胡禮垣은 "중국을 진흥시키는 것은 무엇보다 상인에게 달려 있다.… 지금 나라에 만약 십만 명의 호상豪商이 있다면, 백만 명의 경졸勁卒이 있는 것보다 나을 것이다"29)라고 했다. 또 이르기를 "다른 날 중국이 능히 외국으로 하여금 믿고 복종하도록 만들고, 전체적인 국면을 유지하는 것은 반드시 상민에게 달려 있다. 만약 중국상인이 연합하기만 하면, 그 힘은 족히 만리장성을 드높여 적국을 무색하게 할 수 있을 것이다"30)라고 했다.

상인을 천시하는 심리의 역전과 상인을 경시하는 기풍의 변화에 따라 상인은 변하여 자중·자존하고, 점차 모종의 사회적 책임감을 갖기 시작했으며, 이에 그들 스스로에게 다음과 같이 일렀다.

> 우리 장사하는 사람들은 이른바 20세기 실업경쟁의 시대라고 불리는 서기 1900여 년에 태어나 진정으로 존귀하기 그지없다.… 천하에서 가장 적극적인 정신을 가지고 있고, 세상에서 가장 발달된 능력을 가지고 있으며, 인류의 핵심기관이 될 수 있다. 상인을 제외하면, 다른 것은 아무것도 이런 가치를 가진 것이 없다.31)

---

29) 何啓·胡禮垣, 『新政眞詮』三編, 「新政始基」.
30) 何啓·胡禮垣, 『新政眞詮』五編, 「勸學篇書后, 正權篇辯」.
31) 「經商要言」, 張柟·王忍之 編, 『辛亥革命前十年間時論選集』(香港: 生活·讀書·新知 三聯書店, 1960).

고대의 강함은 목축업에 있고, 중세시대의 강함은 농업에 있었으나, 현세의 강함은 상업에 있다.… 나라를 강하게 만드는 기초를 다지는 것은 당연히 우리 상인이 그 책임을 져야 한다.32)

이러한 언론은 비록 과장된 면이 있으나, 근대 경제발전과 관련있는 신흥사회 역량이 갖고 있던 자신감과 포부를 토로한 것이다.

상인이 차지하는 사회적 지위의 대폭적인 상승은 전통적 '4민四民'사회의 질서를 한층 더 파괴시킴으로써 상과 공의 지위가 사와 농을 능가하는 추세를 만들었다. 상해 등 개항장에서는 심지어 '사와 상'의 사회적 가치 평가가 뒤바뀌는 현상이 출현했다. 당시의 사회소설인 『협객담俠客談』에서 주인공은 다음과 같이 피력하고 있다.

내가 상업에 투신한지 4년 동안 내가 얻은 소득은 실로 적지 않다. 상인의 근면함은 선비를 앞서고, 상인의 활동은 선비를 능가하며, 상인의 언행은 선비와 유사하고, 상인은 재물을 얻는 데 선비보다 뛰어나다. 내가 선비가 되기를 마다하고 상업에 투신한 것은 이 때문이다.33)

상인이 '4민' 가운데서 차지하는 사회적 지위에 관하여 설복성薛福成과 정관응鄭觀應은 명확히 "상인이 4민의 벼리[綱]를 장악해야 한다"라는 논단을 제기하여 상을 '4민'의 우두머리로 밀어올렸다. 설복성은 중국에서 상인은 오랫동안 '4민의 끝자리'를 차지했으나 "상업에 의지하는 것이야말로 서양사람들이 국가를 창조하고 만물의 도리에 따라 성공을 거두는 명맥命脈"이라 여기고 "4민의 벼리를 장악하고 있는 것은 상인이다"라고

---

32) 『商務報』, 1900年 第8期.
33) 『新新小說』第1号, 樂正, 「近代上海人社會心態(1860~1910)」(上海: 上海人民出版社, 1991), 65쪽에서 재인용.

했다. 정관응은 이렇게 이야기했다.

> 상업이란 무역을 통해 서로 필요한 것을 교환하여 물가를 안정시키고 수급을 조절함으로써 백성과 국가에 도움을 주고 사·농·공 등 다른 산업과 서로 조화를 이루는 것이다. 상업이 없으면 선비들은 격치지학格致之學을 이룰 수 없고 농민들은 많은 곡물을 재배할 수 없으며 수공업자들은 생산한 물품들을 팔 곳을 찾지 못한다. 이렇게 상인은 부를 창조하며 다른 산업을 이끌고 있으니 상업의 의미는 정말로 크다고 할 수 있을 것이다!34)

설복성과 정관응의 논단은 비록 명백한 중상주의적 경향을 갖고 있으며, 공·상 관계와 농·상 관계에 대한 이해 역시 완전하지 못한 점이 있다. 그러나 전통적 '중본억말重本抑末'이나 '존사천상尊士賤商'의 심리상태와 사회적 관습을 타파하는 면에서 매우 큰 충격효과를 발휘했다.

청말 중상주의의 대두는 또한 근대'대변국'의 조건 아래서 등장한 사람들의 '이의관利義觀'에 대한 새로운 해석과 서로 관련이 있다. 중상重商 사조의 충격 아래 유가의 정통의리관은 사람들이 보기에 점차 가치가 떨어지기 시작했으며, 구리求利와 치부致富의 관념이 점차 우세를 차지하고 사람들의 마음에 깊이 파고들어 시대적 추세를 이루었다. 우선 유가의 '불언리不言利'라고 하는 관념은 명·청 이래 가장 첨예한 공격을 받았다.

진치陳熾는 유가의 '불언리'는 사실 상당한 허위이고, 겉으로 도덕군자인양 점잔을 빼는 위선자가 실제로는 종종 욕심이 끝이 없으며 사리사욕을 챙기기에 급급하다는 사실을 폭로했다. 그는 지적하기를 "내 생각에 세상에서 이利를 이야기하지 않는 사람은 이利를 탐함이 다른 사람보다 심하며, 게다가 따로 재물을 모으는 방도가 있는데도 불구하고 세상

---

34) 鄭觀應, 『盛世危言』三編 卷1, 「商務」(2). [역주] 정관잉 지음, 이화승 옮김, 앞의 책, 95쪽.

사람들이 그것을 모를 뿐이다"35)라고 했다. 또 어떤 사람은 말하기를 욕망과 이익을 추구하는 본능은 사람이 태어나면서부터 갖게 되는 자연적인 속성이므로 인위적으로 억압할 필요가 없다고 했다. 개인적인 이익의 추구는 종종 물질생활의 진보나 경제발전과 불가분의 관계가 있다.

> 세상사람들이 활기차게 떠들며 가는 것은 무엇 때문이며, 사람들이 활기차게 떠들며 오는 것은 무엇 때문인가? 오직 이익을 위해서이다. 부자들이 재무를 관리하고 면밀하게 계산하며, 가난한 사람들이 분주히 뛰어다니는 것은 무엇을 위함인가? 오직 이익을 위해서이다. 서양 사람들이 수만 리 길을 멀다하지 않고 사나운 바다의 위험을 무릅쓰고 처자식을 거느리고 동료와 함께 중국에 와서 통상하고자 하는 것은 무엇 때문인가? 오직 이익을 위해서이다.··· 내가 아득히 사방을 둘러보니 4해四海는 넓고 5주五洲의 백성은 많으나 모두가 이익이 없으면 움직이지 않는다. 중국과 외국이 통상한 이후 무릇 지구상에 존재하는 어느 지역과도 서로 간에 교역이 이루어지지 않는 곳이 없다. 지금의 천하는 실로 천고에 유래가 없는 이익의 각축장이며, 지금 사람들의 심령 역시 천고에 유례가 없을 정도로 이욕에 물들어 있다.36)

명·청시대 강남의 유사儒士들 사이에서 격렬한 논쟁을 야기했던 '의리지변義利之辨'은 근대사회라는 조건 아래 약간의 새로운 해석이 이루어졌다. 진치는 말하기를 세상의 사람들을 크게 '성인聖人'과 '중인中人' 두 부류로 나누면 '중인'이 절대다수를 차지한다. 인간집단 가운데서 진정으로 중의경리重義輕利할 수 있는 '상지上智'는 필경 소수이며, 대다수의 사람들은 모두 이익을 중시하고 이익을 추구하는 '중인'이므로 이익을 이야기하지 않을 수 없다. "천하에 가득한 중인들은 오직 이利만 알고 의義를

---

35) 陳熾, 『續富國策』 卷3, 「攻金之說」.
36) 「利害辨」, 『申報』, 1890年 7月 23日.

모르나, 오직 의가 있은 뒤에야 비로소 이를 얻을 수 있다"37)라고 했다.

몇몇 개명된 사신士紳은 생각하기를 도덕과 공리功利는 결코 절대적으로 상호 배척하는 것이 아니라 통일될 수 있다고 여기고 "의義와 이利는 하나로 합쳐져 있는 것이지 서로 떨어져 있는 것이 아니다. 그러므로 진정한 이기利己의 도리는 도덕과 상호 위배되지 않는다."38) 따라서 전혀 '중의경리重義輕利'할 필요가 없다고 했다. 또 하계와 호례원 등 유신사상가는 매우 독창적으로 이익과 재물, 이익과 개인 및 이익과 상인의 자주권을 연계하여 '이의지변利義之辨' 속에 새로운 시대 내용을 받아들임으로써 신흥 부르주아 계급의 심성을 대변했다.

무릇 일을 함에 있어 사람으로 하여금 진정 기쁜 마음으로 복종하고 힘을 다해 앞으로 나서게 하는 것은 오직 재물뿐이며, 무릇 물건으로 말하면 사람으로 하여금 자신의 가슴에 품은 귀중한 물건을 꺼내어 나에게 넘기도록 하는 것 역시 오직 재물이다. 천하에는 이른바 승부란 없으며 이른바 강약도 없다. 재물이 있으면 비록 진다고 해도 역시 이기게 되고, 비록 약하다고 해도 역시 강하게 된다. 본성이 선한 것을 제외하면, 천하의 사물은 모두 재물 때문에 움직이지 않는 것이 없으며, 모든 일은 재물로 말미암아 이루어진다.39) 오늘날로 말하면 각 가정은 각자 자신의 가정을 편애해도 무방하고, 각 향촌은 각자 자신의 향촌을 편애해도 무방하며, 국민들 역시 각자 자신의 나라를 편애해도 무방하고, 사람들 역시 자신을 편애해도 무방하다.… 이렇게 하여 각자 자신의 이익을 얻을 수 있다면 천하 역시 질서가 있게 될 것이다.40)

천하의 이익은 당연히 천하사람이 공유해야 하며 그 권리를 독차지하는 자가

---

37) 陳熾, 『續富國策』卷4, 「分建學堂說」.
38) 『東方雜誌』, 第4年 第4期.
39) 何啓·胡禮垣, 『新政眞詮』六編, 「新政變通」.
40) 何啓·胡禮垣, 『新政眞詮』五編, 「勸學篇書後·正權篇辯」.

있도록 해서는 안된다.… 중국의 경우 나라 자체가 백성들을 가혹하게 수탈하고자 하는 마음을 갖고 있는 것은 아니라고 해도, 관부는 사사건건 백성들과 이익을 다투려고 한다.41)

재물 앞에서는 만인이 평등하여 이른바 등급도 없고 귀천도 없으며, 누구든 돈을 버는 사람이 잘난 사람이고 개인적 가치가 제일이며, 사람마다 사리를 추구할 수 있고 국가기구는 간섭할 수 없다. 이것은 바로 근대 자본주의 사회가 신봉하는 기본적인 가치법칙이다. 하계와 호례원 등 여러 사람들이 의리지변義利之辨을 둘러싸고 대문장을 지었던 것은 근대적 공리주의 가치관을 가지고 전통적 윤리주의 가치관을 대체하려는 시도로써 신흥 부르주아 계급이 역사무대에 등장하는 데 유리한 여론을 조성했다.

청말 중상주의의 특징은 그것이 단지 일종의 사조일뿐만 아니라, 하나의 실재하는 역사적 행동과 경제적 행위로서 청말 국가기구의 경제법령과 정책 가운데서 체현되었다는 데 있다. 1901년에 추진하기 시작한 '신정新政'개혁을 계기로 청정부는 낡은 제도를 개혁하여, 과거 역대왕조가 거의 2천 년 동안 실행해 온 '중농억상'정책을 '공·상 실업을 진흥시키기' 위한 정책으로 바꾸어, 국가권력의 간섭 아래 민족 공·상업을 크게 발전시키기 시작했는데, 이것은 중국역사상 전례가 없는 일이었다.

당시 관련상유上諭에서 제기하기를 "상품을 유통시키고 수공업자를 돌보는 것은 고금을 막론하고 나라를 경영하는 중요한 정책이다. 옛날부터 풍조를 이어받아 공·상을 말업으로 간주했는데, 국민경제와 백성들의 생활이 날로 빈약하게 되는 것은 여기에서 비롯되지 않은 것이 없으

---

41) 何啓·胡禮垣, 『新政眞詮』五編, 「勸學篇書後·礦學篇辯」.

니, 마땅히 세상의 변화에 순응하여 이익을 추구하는 데 힘쓰되 특별히 주의하여 그것을 강구해야 한다"라고 했다. 여기에 이르러 명·청의 중상주의는 일종의 사조와 지방경제 활동으로부터 관방정책으로 전환되어 중국 근대화과정에 심원한 영향을 미치기 시작했다.

청말 공·상 실업의 진흥은 내용이 매우 난해하고 복잡하다. 그 중요한 것을 들면 대체로 아래와 같은 몇 가지 항목을 포함한다.

1) 상부商部를 설립하여 업무를 총괄하도록 했다.

1902년 청정부는 경친왕慶親王의 장자인 패자貝子 진국장군振國將軍 재진載振을 구미와 일본에 특파하여 상업업무를 시찰하도록 했는데, 10월에 재진이 귀국하여 상부의 설립을 제안했다. 동년 11월 경친왕 혁광奕劻 역시 상부를 설립하여 "상업을 진흥시키는 토대로 삼아야 한다"42)라고 주청했다. 일단의 긴박한 준비기간을 거친 뒤 1903년 8월 청정부는 정식으로 명령을 내려 상부를 설립하고, 재진을 상부상서商部尙書에, 오정방伍廷芳과 진벽陳璧을 좌우시랑에 임명했다. 실제로 상부의 업무를 주관한 사람은 "시무에 통달하고 상업상황에 익숙한" 당문치唐文治〔左丞〕·왕청목王淸穆〔左參議〕·양사기楊士琦〔右參議〕·장진훈張振勛〔考察南洋商務大臣〕 등의 관원과 신상이었다.

상부는 "관과 상의 상황이 서로 통하게 하는" 중요한 국가기구로, 공·상 실업의 진흥을 촉진하고 지도하는 책무를 담당했다. 어떤 사람은 중국에서 "실업에 정책이 있게 된 것은 상부의 설립에서 비롯되었다"43)라고 했다. 이로부터 상부라는 이 신설된 국가기구가 서방의 도전에 대응

---

42) 『淸德宗實錄』 卷506, 5쪽.
43) 『東方雜志』, 第9年 第7期.

하여 중국 국민경제를 발전시키는 중요한 지위를 차지하고 있었음을 알 수 있다. 물론 상부가 이미 병이 고황에 든 봉건-전제국가 기구에서 진정 효과적으로 영향력을 발휘할 수 있느냐 하는 문제는 당연히 따로 논의해야 할 문제이다.

2) 상률商律을 제정하여 상업을 보호한다.

1903년 5월 상부의 설립을 준비함과 동시에 청정부는 이미 재진·원세개·오정방 등에게 명령을 내려 "먼저 상률商律을 정하여 칙례로 삼으라"고 했다. 상부가 성립된 뒤 곧바로 조정에 상주하여 이르기를 "지금 중요하게 도모해야 할 것으로, 각종 공사公司를 설립하여 이전에 분산되고 집중되지 못했던 폐단을 제거하는 것만큼 중요한 것은 없다. 상업업무를 날로 호전시키고 가만히 앉아서 이권을 상실하는 일이 없도록 하기 위해서는 마땅히 공사의 조례를 먼저 정해야 한다"44)라고 했다.

1904년 1월 상률 가운데 「공사율公司律」 및 권 머리의 「상인통례商人通例」가 완성되어 곧바로 청정부가 이를 반포·시행했다. 「상인통례」 제9조는 비교적 구체적으로 상인의 신분 및 상업종사자의 권리를 규정하여 "무릇 상업·무역·매매 업무를 경영하거나 화물의 판매와 운반에 종사하는 자를 모두 상인이라고 하며… 상인의 영업활동은 진짜 명호名號를 사용하든 혹은 따로 점포의 이름을 지어 '무슨무슨 기記', '무슨무슨 호號'로 하든 임의로 정할 수 있도록 한다"45)라고 했다.

「공사율」은 총 131조로 '공사의 분류 및 설립등기법' '주주의 권리에 관한 각종 사항' 등 11절로 나뉘어져 있었으며, 무역공사貿易公司의 조직형

---

44) 『光緖朝東華錄』, 光緖29年 12月.
45) 『大淸光緖新法令』 第16冊, 「商部奏定商律」.

식을 상세히 규정했다. 창립방법 및 경영관리 방법 등에 있어서는 상판공사商辦公司와 관판官辦, 관·상판공사官商公司에게 동등한 법적 지위를 보장했다.

중국 농업종법사회에서는 유사 이래 "모든 법이 하나로 합쳐져 있었으며" 그 어떤 전문적인 상법商法도 존재하지 않았다. 따라서 아직 불완전한 이『상률商律』은 중국에서 처음으로 만들어진 정식상법이라고 할 수 있으며, 상인의 상업활동에 대하여 모종의 법적인 보장을 제공했다. 동시에 상무商務소송의 해결을 위한 일정한 법적 근거를 제공했다.

그러나 이『상률』을 중국 최초의 정식상법이라고 하기에는 너무 불완전하고 빈틈이 많았다. 이에 대하여 민족 공·상업자들은 크게 불만을 느끼고, 반드시 하나의 '현대적이고[文明]' '완비'된 상법을 제정해야 한다고 목청을 높였다. 그들은 호소하기를 "각국에서 현재 통용되고 있는 상률을 인용하여, 이를 참작하고 고증한 뒤 한 부의 전문서적을 편찬하되, 반드시 상세하게 구비하는 데 힘써 차라리 번거로울지언정 누락되지 않게 해야 한다.… 큰 일 작은 일을 막론하고 모두 이미 정해진 법률에 따라야 한다"46)라고 했다.

3) 상업을 장려하는 장정을 반포하여 상인을 격려한다.

전통적으로 상업을 천시하는 풍조 아래 상인은 4민四民의 끝자리에 위치했으며, 그들의 사회적 지위는 죄인과 다를 바 없었으므로, 자연히 투자에 대한 열정이나 적극성이 없었다. 상부가 설립된 뒤 "사람들이 상업상의 형편을 관망한지 이미 오래 되었으며, 만약 이를 고무하고 진흥

---

46)『東方雜志』, 第2年 第2期.

시키지 않으면, 결코 그들이 기꺼이 상업에 종사하도록 하기 어려울 것이다"47)라고 생각하고, 곧바로 「장려화상공사장정奬勵華商公司章程」을 제정하여 상인에게 주식모집(集股)의 많고 적음에 따라 고문이나 의원 등 명예칭호를 수여하거나, 혹은 서로 다른 품급의 정대頂戴를 상으로 하사한다고 선포함으로써 작상爵賞을 통해 사람들의 투자의욕을 고취시키고자 했다. 1907년에는 다시 「장려화상공사장정」을 수정하여 이전에 정한 자본의 모금에 따른 표창기준을 크게 하향조정했다. 예를 들어 두등고문관頭等顧問官 두함頭銜에 두품정대頭品頂戴를 추가받으려면 원래는 2천 원元어치 주식을 모집해야 했으나, 이제는 8백 원으로 고쳐 평균 약 60% 이상을 내렸다.48)

1906년 상부는 「장려상훈장정奬勵商勳章程」을 반포하여 기선·기차·발전기의 제조와 탐광·제련·수리水利·개간 등에 탁월한 업적이 있는 사람에 대하여 서로 다른 등급의 상훈商勳을 수여한다고 규정했다. 또 이듬해 8월 청정부는 「화상판리농공상실업작상장정華商辦理農工商實業爵賞章程」을 반포하여 무릇 화상華商으로 2천만 원, 1천8백만 원, 1천6백만 원 이상을 투자한 사람에게는 특별히 각각 1등·2등·3등 자작子爵을 상으로 수여하고, 1천4백만 원, 1천2백만 원, 1천만 원 이상을 투자한 사람에게는 특별히 각각 1등·2등·3등 남작男爵을 상으로 수여하고, 7백만 원, 5백만 원을 투자한 사람에게는 특별히 각각 3품·4품경을 상으로 수여하며, 10만 원 이상을 투자한 사람에게는 5품함五品銜을 수여하여 표창한다고 규정했다.49)

공·상 실업을 장려하는 각종 규정은 사회기풍의 대변화를 촉진했으

---

47) 「商部奏酌擬獎勵公司章程摺」(光緖 29年 9月 20日), 中國第一歷史檔案館.
48) 『大淸光緖新法令』 第16冊, 「改訂獎勵華商公司章程」.
49) 『大淸光緖新法令』 第16冊, 「改訂獎勵華商公司章程」 第10類, 「實業」.

며 '상商'의 사회지위를 대폭적으로 제고했다. '4민의 끝자리'라는 비천한 신분에서부터 "두품정대頭品頂戴를 추가받고", "쌍룡금배雙龍金杯를 하사받는" 은총을 누리게 함으로써 사람들이 근대 공·상업에 투자하도록 매우 큰 자극을 주는 역할을 했다. 후세사람이 일찍이 이를 두고 감개무량하여 이르기를 "지금은 자작이나 남작 등의 작위를 수여하여 실업을 창설하는 상인을 장려함으로써 수천 년 된 고루한 습속을 일소했으니 진실로 전대미문의 사건이다"50)라고 했다.

이상 각 항목 외에 상회商會51)의 설립 역시 청말 공·상업을 진흥시키는 중요한 조치였으며, 아울러 이것은 신상계층을 역사의 무대 위로 밀어 올리는 데 중요한 작용을 했다. 이 문제는 글의 서술구조를 고려하여 아래의 관련있는 절에서 보다 자세히 논하고자 한다.

제2절 신사와 상인의 합류의 증강

위에서 서술한 것과 같은 광범한 사회-역사적 배경 아래, 명·청시대 강남지역에서 비교적 두드러졌던 "사士와 상商이 서로 뒤섞이는" 현상은 신속히 확대되어 전국적으로 영향을 미치는 사회조류가 되었다. 장중례

---

50) 楊銓, 『五十年來中國之工業』, 陳眞 等編, 『中國近代工業史資料』第1卷(北京: 生活·讀書·新知 三聯書店, 1957), 7쪽에서 재인용.
51) 〔역주〕商會란 상인단체인 상업회의소나 상업연합회를 가리키는 말이다. 본서에서는 모두 이와 같은 의미로 사용되었다.

張仲禮 선생의 연구에 따르면, 19세기 중국의 신사계층에게는 두 가지 비교적 분명한 변동이 있었다. 하나는 새로운 신사[비신사 가정 출신자]의 수가 끊임없이 증가했다는 것이다. 19세기 새로운 신사가 신사의 총수에서 차지하는 비율은 전기 50년의 32%로부터 후기 50년의 37%로 상승하여 5%의 증가율을 보였다.

또 다른 변동은 신사계층의 수입원의 구조가 변화한 것이다. 그 전반적인 경향은 토지수입이 점차 감소하고 상업을 통해 얻는 수입이 꾸준히 상승했다는 것이다.52) 사실 이 두 종류의 변동추세가 반영하는 것은 동일한 역사적 경향 즉 신사와 상인의 합류에 불과하다. 그리고 신사와 상인의 합류는 주로 상인→신사, 신사→상인이라는 두 가지 경로를 따라 진행되었다. 아래에서 이 둘을 나누어 고찰한다.

1. 상인에서 신사로의 전이

명·청시대에 비하여 청말 상인의 신사계층으로의 전이[滲透]는 범위가 더욱 넓고 수량이 더욱 많았으며, 이미 일종의 전국적으로 보편적인 현상이 되어 하나의 막을 수 없는 조류를 형성했다. 그래서 "오직 경영에 종사하여 크게 재물을 모으고 연납捐納하여 관직을 얻어야만 진신縉紳의 대열에 들 수 있었다."53) 광범위하게 유행한 연납과 연수捐輸는 여전히 상인이 신사집단으로 진입하는 중요한 수단이었다.54)

---

52) Chung-li Chang(張仲禮), The Chinese gentry : studies on their role in nineteenth-century Chinese society (Seattle:University of Washington Press, 1955), 215쪽.
53) 『申報』, 1880年 5月 6日.
54) 捐納과 捐輸는 두 가지 서로 다른 指導形式으로, 許大齡의 견해에 따르면 "捐輸는 獎勵이고,

청대 전기에 상인이 연관捐官이 되는 것은 아직 보편적인 현상이 아니었으며, 연관이 되는 사람은 지주와 하층사인士人이 대부분이었다. 청말 청조의 국세가 점점 나빠져 재정부족 현상이 극에 달했다. 광서연간 중앙정부의 수지적자는 늘 수천만 냥 전후였다. 이 때문에 매관육작賣官鬻爵의 상황이 더욱 범람하여 각 성은 모두 연국捐局을 설치하고 연관은捐官銀의 액수를 거듭 감해 주면서까지 불러모았다. 그러나 재원의 고갈과 생민의 피폐로 인하여 연간수입은 150만 냥 정도에 불과하여 건륭乾隆연간의 반을 밑돌았다.55) 연납의 광범한 개방은 직접적으로 이치吏治의 문란과 벼슬길에 쓸모없는 사람이 넘치는 현상을 초래했다. 통계에 따르면 단지 연감捐監 한 항목만 해도 가경 21년(1816)에서 도광 10년(1830)까지 연납을 통해 감생監生이 된 사람의 총수는 20여만 명에 달했다. 어떤 사람은 이러한 사회풍조의 변화에 대하여 통탄하며 다음과 같이 이야기했다.

> 뜻밖에 10여 년 후에 기풍이 급변하여, 마침내 관료기구가 일을 상의할 때 관청에 열을 지어 참석하는 사람 중에 열에 아홉은 연납자이다.… 성 안의 신사들이 경사스런 날을 맞아 서로 왕래할 때면 품정화령자品頂花翎者가 집안 가득 둘러앉는다. 이 한 가지만 보아도 관직의 범람이 오늘날 이미 극에 달했음을 알 수 있다.56)

청정부의 이치吏治와 재정의 악순환은 수중에 돈과 재물을 가진 상인들이 상류사회로 진입할 수 있는 문호를 열어주었다. 동치 원년(1861) 어사 구덕준裘德俊은 상주하여 이르기를 "근래 연납의 사례가 널리 열려 거의

捐納은 賣官이다".
55) 『淸史稿』 卷112, 3237쪽.
56) 『申報』, 1883년 4월 7일.

등급에 관계없이 이루어지고 있으며, 이 때문에 이치가 문란하게 되었습니다.… 신의 어리석은 생각으로는 시급하게 조사하여 마땅히 금지해야 할 것 가운데 상인이 연납하여 관리가 되는 것만큼 중요한 것은 없습니다. 아울러 듣건대 여러 사람이 돈을 모아 연납하여 한 사람을 관리로 내세운 뒤에 나머지 사람들이 그와 더불어 이익을 꾀한다고 합니다"57)라고 했다.

광서 9년(1883) 『신보申報』에 실린 글에도 이르기를 "현재 상인으로서 관리가 된 사람은 셀 수 없이 많다. 모모 국局의 모모 총판總辦집안은 재산이 수십만 금으로 그 관직은 후보후선도候補候選道로부터 승진한 것이며, 그 출신은 장사치라고 할 수 있다"58)라고 했다. 광서 27년(1901) 청정부는 비록 연납을 받고 관직을 파는 일을 중지하라는 명령을 내렸으나 "허함虛銜·봉전封典·영지領枝·공감貢監 및 현행상례常例는" 여전히 이전과 같이 행해지도록 했다.

강소성은 경제가 발달한 지역으로 연납 역시 가장 범람했다. 광서연간의 상주문에 이르기를 "강남은 사람과 물자가 풍부한 곳으로, 사람들은 대부분 의를 숭상하고 공적인 일에 앞장선다. 종전에 태평천국과 염군을 토벌할 때 신상이 기부금을 내어 군사비를 원조했는데 그 액수가 매우 컸으며, 근래 각성에서 구휼을 위해 기부금을 낼 때도 그 모은 금액이 적지 않았다"59)라고 했다. 급진적인 성향을 가진 잡지인 『강소江蘇』에 실린 어떤 글을 보면, 강소인의 오직 관직만을 추구하는 태도에 대하여 상당히 못마땅하게 생각하며 다음과 같이 적고 있다.

---

57) 『皇朝道咸同光奏議』, 「治法通論」, 許大齡, 『淸代捐納制度』(北京:燕京大學 哈佛燕京學社, 1950), 140쪽에서 재인용.
58) 『申報』, 1883年 11月 3日.
59) 「江南防務事例原奏」, 許大齡, 위의 책에서 재인용.

강소성 사람으로 중앙행정 기구의 주요관직에 있는 사람은 없으나, 연납하여 5품현승縣丞이 되고 미입류未入流60)의 관직을 사서 성省관리의 후보가 된 사람은 헤아릴 수 없이 많다. 그 가운데 실결實缺61)을 얻지 못한 자는 관청에 나아가 윗사람에게 아첨하는데 이것은 실결을 얻기 위함이다. 돈이 있고 술수에 능한 사람은 꼭 필요한 권세를 잡을 수 있겠지만, 실결에도 우열의 구분이 있어. 돈이 없으면 여전히 윗사람의 비위를 잘 맞추는 사람이 임시직이라도 맡는다. 돈도 없으면서 비위 맞추는 재주도 없는 사람은 끝내 임시직도 맡지 못한다. 파견임무를 맡고 임지에 가게 되면 마치 굶주린 호랑이가 산에서 나온 것처럼 먹어도 먹어도 배부른 줄 모른다.62)

청말 신상집단 가운데 절대 다수의 사람들은 연납이라는 나쁜 조류에 편승하여 신사의 대열에 진입했다. "당시 부상대고富商大賈 가운데 파격적인 포상과 서훈을 받은 사람은 아주 흔했다." 상인의 연납이 비교적 보편적이고 전형적이었던 소주의 경우 많은 상인들이 재물을 내고 벼슬〔대부분 虛銜〕을 산 경력을 갖고 있다. 예를 들면 다음과 같다.

장경강張慶鎌은 강소성 오강현吳江縣 사람으로 비단상인이며 성택상무분회盛澤商務分會 초대총리를 역임했다. 그는 광서 16년(1890) 강소성 주연국籌捐局에 연납하여 감생 포정사경력布政司經歷이 되었다. 광서 19년에는 다시 도양진연국徒陽賑捐局에 추가로 연납하여 5품함후선광록시서정五品銜候選光祿寺署正이 되었다.63)

방연상龐延祥은 자가 천생天笙이고 절강성 귀안현歸安縣 사람으로 전업錢業상인이며 몇 기에 걸쳐 상회의동商會議董을 지냈고 민국 초년 소주상회

---

60) 〔역주〕未入流 : 명·청시대 9품에 들지 못하던 낮은 관직.
61) 〔역주〕實缺 : 실지로 직무를 맡았던 관리의 결원.
62) 『江蘇』 제11·12합기, 「實業」.
63) 『淸末蘇州商會檔案』(이하 乙2-1로 약칭) 제4권, 「盛澤分會選擧職員銜名淸冊」.

蘇州商會 회장을 역임했다. 그는 광서 27년(1901) 순직진연안順直賑捐案64)이 발생했을 때 연납으로 동지함후선포정사이문同知銜候選布政司理問의 직함을 얻었다.65)

황가웅黃駕雄은 절강성 소흥紹興사람으로 신발상인이며 선통宣統 원년(1909) 상류사회로 진출하기 위하여 "돈을 내고 감생의 직함을 샀다."66)

계소송季筱松은 자가 후백厚柏이며 강소성 오현吳縣사람으로 유명한 목재상이며 "차라리 상업에 종사할지언정 관리가 되지 말라"는 아버지의 교훈이 있었으나, 여전히 연납을 통해 후선부경력候選府經歷이라는 직함을 얻어 신상이 되었다.67)

이경교李慶釗는 강소성 곤산昆山의 주단綢緞 및 전장錢莊상인으로 광서 4년(1878) 소호전연분국蘇滬捐分局에 연납하여 감생이 되었으며, 광서 10년(1884) 장문長門 등지에서 수영방판문안隨營幫辦文案으로 봉사하여 5품화령五品花翎을 상으로 받았고, 광서 27년(1901) 섬서연향총국陝西捐餉總局에 연납하여 주동직함州同職銜을 얻고, 아울러 수대일급隨帶 級이 더해졌으며, 5품봉전五品封典이 주어졌다.68)

이들 외에 연납상황에 관한 구체적인 문헌기록이 없는 한 무리의 소주신상들의 경우에도 비각碑刻·당안檔案·'과제보科第譜'·'제생보諸生譜'와 지방지 등 관련자료를 검색하고, 이들 자료와 청대 임관제도·연납사례 등을 묶어서 종합적으로 고찰함으로써 대체로 그들이 얻은 공명과 직함의 출처를 알 수 있다. 예를 들어 청말 소주 23개 공상공소工商公所 37명

---

64) [역주] 순직順直 : 순천順天과 직례直隸.
65) 『蘇州商團檔案匯編』(未刊稿), 547쪽.
66) 蘇州市政協, 『文史資料選輯』 第9輯, 125쪽.
67) 季坤文, 『季筱松生平事略』(未刊稿).
68) 『蘇州商會檔案叢編(1905~1911年)』 第1輯(武漢:華中師範大學出版社, 1991), 141~142쪽.

동사董事의 공명과 직함의 출처상황은 아래의 표와 같다.

<표 2-1> 소주공상공소蘇州工商公所 일부 동사董事의 공명직함 출처

출신[途徑] 인원수 및 백분율	과거	연납	총계
인원수	5	32	37
백분율	14%	86%	100%

자료출처 : 『江蘇省明淸以來碑刻資料選集』 : 『明淸蘇州工商業碑刻集』 등 통계.

또한 예를 들어 소주상회蘇州商會 제3기 73명 신상의 공명과 직함의 출처 상황은 아래의 표와 같다.

<표 2-2> 소주상회 제3기[第三屆] 신상 공명직함 출처

출신[途徑] 인원수 및 백분율	과거	연납	총계
인원수	11	62	73
백분율	15%	85%	100%

자료출처 : 『淸末蘇州商會檔案』 '第三屆職員表' 통계.

위의 두 표를 통해서 청말 소주신상의 약 85%가 연납을 통해 공명과 직함을 얻었으며, 단지 15% 정도만이 과거를 통해 관계로 진출했다가 다시 상업계로 전입했다는 사실을 알 수 있다. 소주와 비교하면, 전국 기타 각지의 상황은 아마도 정도상의 차이가 있긴 하겠으나 연납과 연수捐輸가 신상이 되는 중요한 수단이었음에 틀림없을 것이다.

예를 들어 '영파방寧波帮'의 창시자 절강출신 거상 엄신후嚴信厚는 일찍이 항주의 신원은루信源銀樓에 재직하는 기간 동안 점주 호광용胡光墉(자는 雪岩, 호는 紅頂商人)의 추천을 받아 1872년 직례총독 이홍장의 막료가 되었다. 뒤에 엄신후는 다시 연납을 하여 후보도候補道가 되었고, 이홍장은 그를 파견하여 장호염무독소長滬鹽務督銷·천진염무방판天津鹽務幇辦 등의 직책을 맡도록 했으며, 이러한 경력은 뒤에 그가 금융과 공·상업계에서 원대한 계획을 펼치는 데 필요한 정치적 토대가 되었다.69)

강소성 무석無錫출신의 '밀가루대왕' 영종경榮宗敬은 "낮은 관리는 재물을 얻는 것이 부정하고 부모를 공양할 수 없으며, 높은 관리는 능력이 부족하여 감당할 수 없다"라는 부친의 교훈을 받아들여 비록 관계官界를 어느 정도 회피하긴 했으나, 18세 되던 해에 연납하여 감생이 되었다.70)

재산이 많고 장사를 잘하는 한구漢口의 거상 송위신朱煒臣 역시 거금을 아끼지 않고 관부와 왕래했고 아울러 연납하여 후보도候補道 관함을 얻었으며, 뒤에 다시 2품정대二品頂戴를 얻음으로써 '관리 겸 상인'으로서 성망을 크게 높였다.71)

상해의 유명한 상인 증주會籌 역시 "해마다 각지에서 수재가 발생하자 흔쾌히 거금을 기부했으며" 그래서 "거듭 포상을 받아 1품봉전화령후보도一品封典花翎候補道가 되었는데"72) 이는 연수捐輸로서 출세한 것이다.

장중례 선생의 연구에 따르면 19세기 한 무리의 염상鹽商·광동행상廣東行商 및 산서표호상山西票號商들은 모두 연납 혹은 연수를 통하여 신사계층으로 진입했다.73) 예를 들어 유명한 광동행상 오씨伍氏동족은 뇌물·연

---

69) 陸志濂,「寧波幇開山鼻祖—嚴信厚」, 中國人民政治協商會議 寧波市委員會 文史資料硏究委員會 編, 『寧波文史資料』第5輯(寧波.:編者, 1987).
70) 許維雍·黃漢民, 『榮家企業發展史』(北京: 人民出版社, 1985), 3쪽.
71) 『武漢近代(辛亥革命前)經濟史料』, 254쪽.
72) 『上海縣續志』卷81, 48쪽.

수와 헌납[報效]을 통해 청조정 및 지방관부와 밀접한 관계를 수립하고, 또 연납을 하거나 권세에 빌붙어 대량의 직함·봉음封蔭 및 관직을 획득했다.74)

근대에 상인이 앞 다투어 주머니를 열어 연납을 통해 신사계층으로 진입[滲入]한 것은 명·청시대와 마찬가지로, 한편으로는 신사의 사회적 지위와 특권에 대한 선망에서 나온 것이며 얼마간은 재물을 얻기 위해서이기도 했다. 그리고 한편으로는 자신의 경영활동을 보호하기 위해 관부와 교제[접촉]할 수 있는 자격을 얻기 위해서였다.

청나라 초기에 고염무顧炎武는 일단 포의에서 생원이 되기만 하면 "호적에 편입되어 평민으로서 부담해야 하는 역을 면제받을 수 있고, 향리를 다스리는 관리의 수탈을 받지 않으며, 진신縉紳의 대열에 들어갈 수 있고, 관리의 예우를 받으며, 태형의 형벌을 당하는 수치를 면할 수 있다. 그러므로 지금 생원이 되고자 하는 사람들은 반드시 공명을 사모해서가 아니라 오로지 자신과 집안을 보호하기 위해서이다"75)라고 한 적이 있다.

이 말을 근대에 적용해도 마찬가지로 적용된다. 상인이 일단 신사의 대열에 들어서면 그에 상응하는 체면과 배경[保護傘]을 갖게 되며, 이야기를 하거나 일을 처리하는 데 있어 태도가 매우 당당하게 된다. 이것은 사회적 가치지향이 여전히 신사집단 쪽으로 쏠려 있었기 때문이다.

그러나 명·청시대와 다른 것은 근대에 개항하여 통상을 시작한 뒤 상인이 사회경제 생활 가운데서 담당하는 역할이 증대되고, 명·청 이래 명분과 실제가 맞지 않는 모순이 보다 뚜렷하게 되었다는 것이다. 상인

---

73) Chung-li Chang(張仲禮), The income of the Chinese gentry, introd. by Franz Michael(Seattle:University of Washington Press, 1962) 참조.
74) 『近代史硏究』, 1984年 第4期, 246쪽 참조.
75) 顧炎武, 『天下郡國利病書』.

은 사실상 이미 4민四民의 끝자리에 위치하는 것이 아니었다. 이에 따라 상인은 자연히 자신들이 부유하면서도 귀하게 대접받지 못하는 현상이 바뀌기를 원했고, 사회정치 지위상에서 그에 상응하는 인정을 해줄 것을 요구했다. 동시에 상인들은 '에피쿠로스의 신'처럼 농업 자연경제의 틈새 [夾縫]를 전전하며 활로를 모색하는 생활에 대하여 싫증과 분노를 느꼈으며, 그들은 스스로를 위해 하나의 광활한 천지를 개척하여 보다 큰 경제 발전을 도모할 수 있게 되기를 원했다. 그렇지만 그들 자체도 아직 신사계층을 대신하여 사회를 좌우하는 기본적인 사회역량이 되지 못했으며, 더욱이 봉건 통치세력과 공개적으로 대립하는 것은 어불성설이었다. 이 때문에 상인들은 부득이 관부와 신사의 권세를 빌어 자신의 발전을 도모할 수밖에 없었다.

어떤 사람은 근대상인이 흥기하는 과정을 회상하면서 이르기를 "대개 중국의 관리와 상인은 서로 융합되지 못하여 상인은 비록 부유하나 나라를 위하지 않으며, 게다가 종종 사람들로부터 경시를 받았다. 서양 사람들이 해금海禁을 완화하고 남북의 항구에 두루 부두를 설치해 줄 것을 요구하면서부터… 점차 관리와 상인이 일체가 되어야 한다는 견해가 등장했다. 그러나 각지의 군대가 태평천국을 소탕하는 데 군량이 부족하여 부유한 상인의 막대한 기부금에 의존하지 않을 수 없는 상황이 없었다면, 상인은 여전히 시장에서 중개의 차익이나 노리는 사람들에 불과했을 것이며, 끝내 고위관리와 서로 평등한 예절로 상대하는 처지가 되지 못했을 것이다. 그러므로 상인이 존경을 받게 된 것은 동남지역이 수복된 날로부터 비롯된 일이다"[76]라고 했다.

---

76) 『申報』, 1883年 12月 3日.

이 사료는 역사의 무게중심이 상인계층 쪽으로 기울어진 것은 대체로 함풍과 동치연간 청정부가 태평천국 봉기를 진압하는 기간에 시작되었으며, 이를 전후하여 '관리와 상인이 일체가 되어' 상호의존하고 경쟁하는 것은 시종 근대역사의 두드러진 현상이 되었다는 사실을 설명하고 있다. 이는 마치 관상官商인 성선회盛宣懷가 "현재 상업업무를 경영할 때 만약 다른 사람 밑에서 일을 하고 싶지 않다면, 스스로 주사主事의 직함을 가질 수 있다"[77)]라고 한 것과 같다.

역사는 역경 속에서 곡절을 겪으면서 발전한다. 근대사회 계급구조의 분화와 재편 역시 상인으로부터 신사가 되는 거슬러 흐르는 움직임 가운데서 조용히 진행되었다. 따라서 우리는 상인이 연관捐官이 되기 위해, 공명신분을 얻기 위해 열중하는 독특한 현상에 대하여 반드시 두 가지 각도에서 이를 살펴보아야 한다.

근대에 상인의 신사계층으로의 진입이 전통적 권세계층의 내부구성을 얼마나 분화하고 변화시켰고, 어떤 근대적 요소를 끌어들임으로써 장기간 안정되어 있던 전통적 사회계급 구조가 어떠한 분열을 일으키도록 했으며 신흥자본가 계급의 사회적 영향력을 얼마나 강화시켰는가 하는 것은 긍정적[적극적]인 의미를 가진 일면이다. 이것은 또한 상인으로부터 신사로의 역행하는 사회적 흐름의 본질적인 의미가 들어 있는 곳이다. 그러나 다른 한편으로 상인이 신사계층과 융합하는 과정에서 부분적으로 '관료기질'에 물드는 현상을 피할 수 없었고, 이로부터 상인계층의 소질에 모종의 불리한 변이가 발생하도록 했는데, 이것은 부정적[소극적]인 영향을 주는 일면이 되었다.

---

77) 經元善,『居易初集』卷2, 66쪽.

이상 두 가지 방면의 결과는 모두 중국 민족 부르주아 계급의 성격 형성에 중대한 영향을 미쳤으며, 아울러 중국의 근대화 과정과 근대의 정치적 변천방식(格局)에 간접적으로 영향을 미쳤다. 우리는 이러한 문제에 대하여 충분히 고려해야 한다.

2. 신사로부터 상인으로의 전화

신사가 상인이 되는 변천을 통해서 볼 때 19세기 말 이래 특히 1894년 청일전쟁 뒤 전통신사와 관원이 공·상업계로 진출(轉化)하는 경향이 크게 증가했다. "사士의 길을 버리고 상업에 투신하는" 것은 이미 하나의 시대풍조가 되었으며, 지금까지 줄곧 상인을 천시해 왔던 청정부조차도 부득이 다음과 같은 태도를 표명하지 않을 수 없었다.

> 종래 관직에 몸담고 있으면서 자금을 투자하여 상업을 경영하는 사람은 드물지 않았으나, 오랜 습속에 구속되어 종종 무역을 논하는 것을 수치로 여기고, 혹은 성명을 바꾸거나 혹은 다른 사람에게 위임하여 경영함으로써 관리와 상인 사이에 늘 틈이 존재했다. 현재 조정은 상업정책을 중시하고 마땅히 선입견을 타파하여 관리와 상인이 서로간의 경계를 허물고 융합하고 협력하도록 해야 한다.[78]

새로운 풍조가 밀려오자 심지어 과거에 급제하여 봉건시대 최고의 공명을 획득한 장원조차도 솔선하여 '장삿길에 나섬(下海)'으로써 본보기를 보여주었다. 1895년 양자강 북쪽에 위치한 남통南通에서는 그 전해에

---

[78] 『商務官報』, 第2冊 第19期.

있었던 과거시험에서 장원급제한 장건張謇이 명을 받들어 대생사창大生紗廠을 설립하고 '관리와 상인을 연결하는 전달자'로서 대신상大紳商이 되었다. 그리고 1896년 양자강 남쪽에 위치한 소주에서는 동치연간 장원급제한 육윤상陸潤庠79)이 소륜사창蘇綸紗廠을 설립했다. 이러한 '장원의 공장설립'은 한때 미담으로 전해졌다.

봉건 과거제 시대에 최고의 공명을 획득한 사람이 뜻밖에 사인士人들이 줄곧 경시해 온 상업에 발을 들여놓고, 약속이나 한 듯이 공장에 흥미를 가졌다는 것은 하나의 신랄한 풍자이며 역사 발전과정의 축소판으로, 실제적으로 이미 실업활동이 출사하는 길 외에 사인들이 선택할 수 있는 또 하나의 출로였다는 사실을 반영한다.

장원 외에 기타 등급의 신사들 가운데서 과거급제의 길을 버리고 공·상업계로 전환한 사람도 그 예가 적지 않았다. 전통사인의 집합소인 강남은 다른 곳보다 이런 풍조가 농후하여 신사로부터 상인으로의 전화 역시 가장 집중적이고 분명하게 나타났다. 문인들이 많이 모여사는 소주를 예로 들면 적지 않은 수의 유명한 공·상 실업인물들이 모두 과거급제의 길을 버리고 변신한 사람들이었다.

왕동유王同愈는 자가 승지勝之, 만호晩號는 허연노인栩緣老人으로 강소성 원화元和사람이며 광서 15년(1889) 진사에 급제하여 한림원편수翰林院編修에 임명되었다. 광서 17년과 19년 두 차례 순천향시동고관順天鄕試同考官을 지내고 이어서 청조 주일공사 참찬을 역임했다. 청일전쟁 폭발 후 왕동유는 귀국하여 오대징吳大澂의 군대에서 군사업무를 보좌했으며, 뒤에 다시

---

79) 陸潤庠(1841~1915)은 江蘇 元和(지금의 吳縣)사람으로 字는 鳳石이며 同治연간 장원급제하여 國子監祭酒가 되었으나, 모친상을 당해 蘇州로 돌아왔으며 蘇綸紗廠 외에도 그는 蘇經絲廠을 창설했다.

호북학정湖北學政으로 옮겼다. 광서 29년(1903) 딸이 병으로 죽자 고향인 소주로 돌아와 "다시는 고향을 떠날 생각을 품지 않았다." 그는 이렇게 하여 관계를 떠났으나 지방의 상무商務와 학무學務에 적극적으로 참여하여 1905년 소주상회蘇州商會의 조직을 발기하고 상부商部에 올리는 글을 초안했다. 상회가 성립된 뒤 명예회원으로 피선되어 신사로부터 상인으로의 전화轉化를 시작했다. 청말민초 소경蘇經·소륜사사창蘇綸絲紗廠 총경리總經理로 추대되었고, 아울러 소성철로공사蘇省鐵路公司에서 봉직했으며 동시에 예비입헌파(預憲派)의 활동에 적극적으로 참여하여 소주에서 명성이 자자한 신사 겸 상인이 되었다.80)

우선갑尤先甲은 자가 정부鼎孚로 강소 오현吳縣사람이며 조상은 안휘 휘주徽州의 대상인이었는데 청대 전기에 소주로 옮겨왔다. 우선갑은 어릴 적부터 사서오경을 숙독하여 과거급제에 뜻을 두었다. 광서 2년(1876) 거인에 급제하여 시독함내각중서侍讀銜內閣中書에 임명되었다. 그러나 그는 경사에 가서 임관하지 않고 소주에 머물며 상업활동에 종사했는데, 동인화주단장同仁和綢緞莊의 장동莊東으로서 역시 안료와 한약 등의 장사를 했다. 소주상회가 성립된 뒤 우선갑은 연이어 다섯 차례에 걸쳐 상회총리로 선임되어, 소주지역 공·상업계의 대표인물로 간주되었다. 그는 사인으로부터 전화轉化하여 신상이 된 비교적 전형적인 인물이라고 할 수 있다.81)

반조겸潘祖謙은 자가 제지濟之로 강소성 오현吳縣사람이며 조적祖籍은 복건 삼산三山이고, 점적占籍[호적을 등록하고 거주하는 곳 -역자]은 안휘 신안新安으로 뒤에 소주로 이주했다. 반씨집안은 소주에서 첫손가락에 꼽히는 세

---

80) 王同愈, 『栩緣日記』(上海圖書館藏善本書) 및 『蘇州商會檔案』 참조.
81) 『蘇州商會檔案』과 尤先甲의 후예, 尤大年의 口述資料 참조.

가대족이었다. 청대에 반씨 일족은 장원 1명, 진사 10명, 거인 31명, 공생 20명을 배출하여 강남에 명성이 자자했다. 반조겸의 부친 반세은潘世恩은 건륭 계축과 장원출신으로 재상을 지냈다. 그의 형 반조음潘祖蔭은 일갑 삼명一甲三名으로 진사에 급제하여 광서연간 군기대신으로 출사했다. 이와 같은 고관대작 가정에서 성장한 반조겸은 보고 들은 것이 있어 자기도 모르게 시서詩書에 몰두하여 함풍 9년(1859) 광액제일명廣額第一名으로 오현학吳縣學에 입학했으며, 동치 12년(1873) 우공생優貢生으로 선발되어 3품함 분성보용도三品銜分省補用道라는 직함을 받았다. 그러나 실관實官에 임용되지 못한 반조겸은 소주에 머물면서 상업에 종사하고 학교를 세우는 길을 선택하여, 반만성장원潘萬成醬園의 점동店東을 지냈고, 아울러 전당포를 개설했으며, 여러 차례 상회의동商會議董을 역임했다. 그도 역시 신사로부터 상인이 된 전형적인 인물이었다.[82]

이밖에 진사 장병장蔣炳章·오본제吳本齊, 거인 팽복손彭福孫·고인준高人俊·도유지陶惟坻 같은 사람도 정도는 다르지만 모두 상업 혹은 상무활동에 개입하여 소주의 이름있는 신상이 되었다. 나머지 예를 들어 방직·밀가루·피혁·유리·비누·농림 등 여러 업종에 걸쳐 기업활동을 한 강소 해주海州(지금의 東海)의 대신상 심운패沈雲沛는 진사출신으로 1906년 농부우참승農部右參丞에 임용되고 이듬해에 서농부우시랑署農部右侍郎이 되었다.[83]

상해상무총회上海商務總會의 초대 총리이며 상해통상은행上海通商銀行 총동總董이었던 엄신후嚴信厚는 일찍이 "공생으로서 이홍장의 막부에 들어갔고" 뒤에 연납하여 후보도候補道가 되었으며 아울러 이홍장의 위임을 받아 장호염무독소長蘆鹽務督銷·천진염무방판天津鹽務帮辦 등의 직무를 담당

---

82) 『大埠潘氏族譜』(蘇州市博物館 소장) 및 潘祖謙의 손자 潘爾卿 선생에 대한 탐방기록 참조.
83) 『現代支那人名鑒』, 1052쪽.

했다.84)

　상해의 또 다른 유명한 신상 이종각李鐘珏(자는 平書)은 우공優貢의 공명을 가지고 있었으며 1890년 광동에서 청리적안국淸釐積案局 총판總辦·전성양무국全省洋務局 위원委員 등의 직무를 담당하기 시작했으며, 1894년에는 서육풍현署育豊縣 지현이 되었고, 1895년에는 서신녕현署新寧縣 지현이 되었다.85)

　일찍이 상해총공정국上海總工程局 의동議董을 역임한 목상요穆湘瑤(자는 抒齋)는 거인출신으로 1905년 비로소 면업棉業·석탄과 방직업 등의 경영에 뛰어든 신사 겸 상인이었다.86)

　절강거인 여조웅余兆熊은 일찍이 1904년 여덟 폭짜리 고불古佛을 수놓은 병풍을 황궁에 바쳐 4등 상훈商勳을 하사받았다. 뒤에 그는 북경에서 수공과繡工科를 개설하고 자수공예刺繡工藝를 개량하여 "실로 옛것 중에서 쓸모없는 것을 버리고 좋은 것을 찾아내어 새로운 방향으로 발전시킴으로써 서양상인들의 칭찬을 받았고" 이로 인하여 다시 5품정대頂戴를 상으로 받았다.87)

　절강 진해鎭海사람 성병기盛炳紀는 어린 시절 경서에 몰두하여 과거시험장을 전전하다가 광서연간 금단金壇·율양溧陽·상숙常熟에서 수십 년 동안 막우로 있었다. 그 뒤 직을 버리고 상업에 종사하여 상해에서 태동제분공사(泰東麵粉公司)를 설립했으며, 곧이어 한구漢口에서 한풍제분공사(漢豊麵粉公司)를 창건하고 아울러 한구에서 절강흥업은행浙江興業銀行 지점의 총리를 겸임했다.88)

---

84) 『上海縣續志』 卷22, 14쪽.
85) 『旦頭老人七十歲自叙』.
86) 『申報』, 1905年 8月 15日.
87) 『商務官報』, 第2冊 第10期.

절강감생 왕승회王承淮는 광서연간 직포공장을 개설하여 "중국의 직기로 동양〔일본〕에서 생산되는 각종 옷감을 모방하여 짤 수 있었으므로" 절강순무는 그에게 5품정대頂戴를 수여하여 "격려했다."[89]

강남 외에 전국 각지에서도 "사士의 길을 버리고 상업에 투신한" 사람이 매우 많았다.

광동에서는 1905년 경주부瓊州府 신사들이 연합하여 윤선공사輪船公司를 설립하기 위한 대책을 상의하여 "이권을 유지하고 상업업무를 보호하고자 했다."[90]

호남에서는 1896년 지방신사 왕선겸王先謙〔진사〕·장조동張祖同〔전 형부관원〕과 양공楊鞏〔候補道臺〕이 항풍성냥공사〔恒豊火柴公司〕를 설립했다. 또 장조동과 양공은 연합하여 항풍목재공사恒豊木材公司를 창건했으며, 장조동과 또 다른 한 명의 신사는 장사長沙에서 초기형태의 광분정련창礦粉精煉廠을 창건했다.[91] 1902년 감생 우지모禹之謨는 상담湘潭에서 타월공장〔毛巾廠〕을 설립했으며 이듬해 장하長河로 이전했다.[92]

사천에서는 파현巴縣수재 양해산楊海珊이 독일상표를 빌려 남강문南江門 밖 쇄패麗霸에 성냥공장을 설립했다.[93] 1907년 파현巴縣 강진江津공생 진조우陳祖虞, 직원職員 이영방李榮芳, 감생 주해평周海平, 신사〔紳糧〕 오울정敖蔚廷 등 26명은 파현지현에게 글을 올려 와요공사瓦窯公司의 설립을 요청했으나 허락을 받지 못했다.[94]

---

88) 『中國商業名人錄』, 34쪽.
89) 『時務報』〈合訂本(6)〉, 3259쪽.
90) 『東方雜志』, 第2年 第11期.
91) 汪敬虞, 『中國近代工業史資料』 第2輯 下冊(北京: 科學出版社, 1957), 919·875쪽.
92) 『禹之謨史料』, 4쪽.
93) 『東方雜志』, 第1年 第4期.
94) 『四川保路運動檔案選編』, 75~76쪽.

산동에서는 연대烟臺의 생원 손낙수孫樂修가 생축공사牲畜公司를 설립하고자 중계료를 징수했으나 정관[章程]이 타당하지 못하여 관방의 승인을 얻지 못했다.95)

복건의 경우 민현閩縣사람 진벽陳璧은 광서 3년(1877) 진사에 급제하여 내각중서內閣中書의 벼슬을 받았으나 뒤에 상업계에 발을 들어놓아 "공예국을 개설하여 공업을 일으키고, 방직국을 설립하여 여공을 가르쳤다."96) 그밖에 생원 손손孫遜은 하문廈門에서 전등공사電燈公司를 설립했다.97)

유사한 사례는 일일이 다 열거할 수 없을 정도로 많다. 이러한 사례를 통해서 청말 사신士紳의 공·상업 경영은 이미 단순히 우발적으로 장사에 뛰어들거나 혹은 유행을 좇는 것이 아니라, 위에서부터 아래까지 남쪽에서부터 북쪽까지 하나의 돌이킬 수 없는 풍조를 형성했으며, 모종의 새로운 사회적 의미가 내포되어 있음을 알 수 있다.

신사로부터 상인으로 나아가는 사회운동을 촉진한 직접적인 원인은 우선 근대에 들어와 새로운 생산관계가 발생한 뒤 경제구조의 내재적 운동 및 사회관계의 조정으로 인하여 전통적 가치관이 그것과 부합되는 사회현실을 진정으로 상실했기 때문이다. 농업 종법사회에서 공·상업 사회로 이행되는 과정에서 금전은 점차 공명을 대신하여 사회적 성취와 지위를 가늠하는 표지가 되었다. 사람들은 점차 문장과 도덕의 높고 낮음이 아니라 경제적 성취의 크고 작음에 따라 개인의 사회적 가치를 평가하기 시작했다. 그래서 "근래 출사에 뜻을 두고 있는 사람들 역시 상업경영의 도리를 알지 않으면 안된다"98)라고 했다. 이에 "공명의 의의가 폄

---

95) 『商務官報』, 第1冊 第7期.
96) 汪敬虞, 앞의 책, 928쪽.
97) 汪敬虞, 앞의 책, 739쪽.
98) 『申報』, 1883년 1월 25일, 「論居官經商」.

하되어 사대부들이 과거처럼 세상사람들의 주목을 받는 시대는 사라지고 다시는 돌아오지 않았다."99) 옛날 의기양양하고 안하무인이던 사인들은 이제 머리를 숙이고 자기를 낮추어 생계를 도모하지 않을 수 없었다.

『중외시보中外時報』에 실린 「사인이 실업을 강구하지 않는 잘못을 논함〔論士人不講求實業之非〕」이라는 글은 근대사회에서 사인의 '상대적 빈곤화'에 따라 탄생한 새로운 종류의 '치생治生'문제에 대하여 언급하기를 "사士가 되고자 하나 가세가 한미하고, 각종 상황이 궁핍하여 학문의 길로 나아갈 방법이 없으므로, 부득이 공업의 길로 나아가 호구책을 마련하지 않을 수 없다"100)라고 했다. 새로운 사회현실은 그것과 부합되는 새로운 가치관념을 요구했으며, 권세가가 특별히 재물을 애호하고, 문인이 상인에게 접근하는 것은 돌이킬 수 없는 사회적 추세가 되었다.

> 그러나 지금의 관리들을 보면, 종종 결손이 났다는 핑계를 대고 비굴한 태도로 호상이나 부호를 찾아다니며 결손을 메워주기를 바란다.101)
>
> 이전에 이른바 풍속이 전이轉移하여 사士의 수중에 들어 있던 권한이 지금은 상인의 손으로 넘어갔다. 하물며 사가 기세를 떨치지 못하게 되어, 비록 한두 사람 이름을 보고 그 뜻을 생각하며 사회의 풍속을 바로잡고 사된 사람으로서의 천직을 지켜야 한다는 것을 분명히 아는 사람이 있으나, 그 가운데 평범한 사람은 가업이 초라하여 상인에게 의지하여 부족함을 해결한다.102)

다음으로 신사들이 분분히 상인으로 변신한 것은 청말 과거제도의 변혁 내지 과거제도의 최종적인 폐지와 매우 밀접한 관련이 있다.

---

99) 樂正, 『近代上海人社會心態(1860~1910)』(上海:上海人民出版社, 1991), 65~66쪽.
100) 『東方雜志』, 第1年 第6期, 五月 初八日 『中外時報』에서 채록.
101) 『華商聯合報』 第17期, 「官場虧本發財之比較」.
102) 「廣商學以開商智說」 上, 『申報』, 1904年 10月 31日.

청말에 이르러 봉건사인들이 입신출세의 기초라고 생각했던 과거제도는 이미 폐단이 속출하여 유신개혁 인사들로부터 집중공격을 받는 대상이 되었다. 우리가 볼 때 과거제도의 두드러진 폐단 가운데 하나는 바로 "팔고문으로 인재를 선발함으로써" 문인학사들의 학문이 보편적으로 내용이 비고 깊이가 없도록 만들었으며, '상전商戰'시대에 필요한 사회경제 발전의 수요에 적응할 수 없도록 했다는 것이다〔국가경제와 국민생활에 도움이 되는 '실학'을 가리킴〕.

풍계분馮桂芬은 팔고문으로 인재를 선발하는 과거제를 비판하여 이르기를 중국의 "총명하고 지혜로운 인재들이 모두 뜻과 기개를 다하여 시문時文·시첩試帖·해서楷書 같은 쓸모없는 것을 연마하는 데 시간을 낭비하고 있지만 성공할지 실패할지, 얻는 것이 많을 지 잃는 것이 많을 지 알 수 없다. 그럼에도 불구하고 과거시험을 포기하고 다른 일에 뛰어들지 않는 것은 조정이 과거시험을 중시하기 때문이다"[103]라고 했다. 『신보申報』에 실린 「수재의 경중을 논함〔論秀才輕重〕」이라는 글에서도 심도있게 지적하였다.

지금 수재가 너무 많아 실로 그들이 설 땅이 없다. 거인과 진사가 되는 것이 정도正道이나 1백 명 가운데 1명만 선발된다.… 이밖에 상업에 종사하고자 하나 자본이 없고, 농사를 짓고자 하나 힘이 없으며, 문필가가 되고자 하나 솜씨가 없고, 법률〔刑名〕이나 회계를 담당하고자 하나 통치를 보좌하는 재주가 모자라며, 소송문서를 작성하는 관리가 되고자 하나 법을 두려워하니, 우주가 비록 넓으나 가난한 선비가 생애를 의탁할 만한 곳은 아무데도 없다.[104]

---

103) 『申報』, 1904年 10月 31日.
104) 『申報』, 1883年 10月 18日.

과거시험제도를 변혁하는 일은 이미 필연적인 추세에 속했다. 강유위康有爲는 1898년에 쓴 「팔고문 시첩과 해서로 시험치는 방법을 폐지하고 대신 책론으로 시험보도록 해줄 것을 청하는 상소문〔請廢八股試貼楷法試士改用策論摺〕」에서 우선 팔고문 시첩을 폐지하고 책론으로 바꾸어 시험하되, 그 내용에는 동서고금의 지식을 포함시키도록 하여 "공허한 학문의 오랜 폐단을 바로잡아 오로지 유용한 학문이 되도록 한 뒤에 학교를 널리 열고 과학을 가르치며, 학교가 모두 열리기를 기다려 서서히 과거를 폐지하자"라고 주장했다.

양계초梁啓超 등은·유명한 「과거응시자들이 글을 올려 과거제도의 개혁을 청한 상소문〔公車上書請變通科擧摺〕」에서 분명히 이야기하기를 "나라의 일이 위태롭게 되는 것은 과거제도의 폐단으로 인하여 인재가 부족하기 때문이다"라고 하면서 과거제도의 변혁을 요구했는데, 다음에 있을 과거 시험부터 "팔고문체로 시첩을 쓰는 것을 폐지하고 경제육과經濟六科를 시험함으로써 인재를 배양하여 외국에게 당하는 모욕을 방지하라"고 요청했다. 양계초가 여기서 이야기하는 '경제육과'는 내정·외교·재무·군사〔經武〕·과학〔格致〕과 공업〔考工〕을 포함하는 것으로, 그 목적은 '전문학문'으로 '전문인재'를 교육하고, 근대형 지식분자를 배양하여 근대의 사회변혁에 필요한 인재를 공급하는 것이었다.

그러나 사실이 증명하듯이 과거제도에 대한 지엽적인 변통은 결코 중국의 '인재결핍' 국면을 근본적으로 바꾸는 데 도움이 되지 못했다. 그래서 1905년 청조정은 마침내 단호하게 "즉각 과거제도를 폐지하고 학교교육을 확대하라"는 명령을 내려 "병오년(1906)의 과거를 비롯하여 모든 향시와 회시를 일률적으로 중지하고 각성의 세과고시歲科考試 역시 즉각 중지한다"[105]라고 선포했다. 이렇게 하여 중국역사에서 1300년이라는 긴

세월 동안 시행되어 오던 과거제도가 마침내 폐지되었다.

과거제도의 폐지는 독서-승관-축재 3자 사이에 불변의 진리와도 같았던 필연적인 연결을 단절시켰으며, 사인들은 더 이상 "요행히 급제하고자 하는 마음"을 품을 수 없게 되었다. 동시에 각 성에 거주하는 수백만 명의 동생童生, 수십만 명의 생원과 수만 명의 거인擧人과 공생貢生으로 하여금 '생계가 막연하여' 부득이 공명을 포기하고 다른 출로를 모색하여 자신의 사회적 역할을 새롭게 확정하지 않을 수 없도록 했다. 많은 수의 거인·공생·생원들이 신식학당으로 몰려들어 교직을 담당함으로써 반신반구半新半舊의 '학신學紳'으로 변신했다. 동시에 일부 사인들은 염치불구하고 그들이 줄곧 천업으로 여겨왔던 상업에 뛰어들어 부지런히 이익을 도모하는 신사 겸 상인인 신상으로 전락하여 근대 공·상 부르주아로의 힘든 변신蛻變을 시도했다. 요컨대 1905년 과거제도의 폐지는 전통 신사계층의 대분화를 강요함으로써 신사와 상인의 합류추세를 전례 없이 촉진하고 강화하는 일대 관건이 되었으며, 근대사회 계급관계의 조정과 재편에 중대한 영향을 미쳤다.

근대의 사회변천(轉型)과 사회유동의 상호관련이라는 의미에서, 만약 상인으로부터 신사로의 광범한 삼투가 근대 초기[대략 1894년 청일전쟁 이전]의 역행하는 사회유동을 보여주는 것 즉 신흥 상인계층이 통치지위를 차지하고 있는 특권적인 사회집단[전통신사]에게 귀부함으로써 점차 두각을 나타내어 시대의 중심무대로 뛰어오른 것이라고 한다면, 청일전쟁 뒤 신속하게 열기가 더해진 신사로부터 상인으로의 전화轉化는 곧 시대조류와 사회변화의 추세에 부합하는 순행하는 사회유동에 속하는 것이라고

---

105) 『光緖政要』, 第27冊 卷31.

할 수 있다. 실로 어떤 학자가 지적한 것처럼 이러한 순행하는 사회유동은 "신사집단의 변천에서 그 선명한 시대적 특징이 드러나는데, 그것은 기본적으로 전통신분의 흡착(吸附)작용을 약화(淡化)시키고 일종의 새로운 사회유동 현상을 형성했다. 이러한 추세(경향)는 신분사회에서 직업사회로 나아가는 변동이며, 근대 중국사회에서 비록 그것이 극히 제한적이었다고 할지라도, 그러한 직업이 신분지위를 대신하는 변동은 본질적으로 인간의 해방과정이며, 등급의 속박을 벗어나 '개성'의 자유를 획득하는 과정이었다."106)

사회유동의 방향은 근대사회의 변천(轉型) 정도에 따라 결정된다. 신사로부터 상인으로의 순향유동(順向流動)이 상인으로부터 신사로의 역향유동(逆向流動)을 대체하고 압도한 것은 사회적 가치지향이 허(虛)에서 실(實)로, 사(士)에서 상(商)으로 바뀐 결과이며, 또한 사회구조의 변천이 명백히 빨라진 증거이다.

제3절 신상계층 형성의 표지

청말 사회에서 신사와 상인이 서로 한층더 삼투하고 합류한 결과 19세기 말 20세기 초에 반식민지 반봉건이라는 과도기적 사회형태에 상응

---

106) 王先明, 「近代中國紳士集團轉型初探」, 『東南文化』, 1990年 第4期. 王先明은 이 글에서 근대사회 계급유동에서 나타나는 '역방향 삼투(逆向滲透)'와 '순방향 삼투(順向滲透)' 현상에 대하여 비교적 명쾌하게 묘사하여 저자에게 매우 큰 깨우침을 주었다.

하는 특수한 신상계층이 형성되었다. 이 신흥 사회계층은 일정한 사회-정치적 지위를 가졌을 뿐만 아니라, 상당한 재력을 지니고 점차 전통 신사계층을 대신하여 대·중 도시 내지 일부 향鄕·진鎭에서 가장 권세있는 재야계층이 되었다. 그들은 신사와 상인이라는 이중적 신분과 이중적 성격을 한 몸에 지니고 위로는 관부와 통하고 아래로는 공·상업계를 대표하며, 관과 상 사이의 완충과 매개가 되어 관부의 의도를 관철하는 역할을 담당하고, 공·상업계를 위해 관에 요청을 하는 "관리와 상인을 연결하는 전달자"의 작용을 했다. 이러한 신상계층의 형성은 명·청 이래 신사와 상인의 장기간에 걸친 대류[순환]의 결과이며, 선명한 시대적 특징을 지닌 근대사회 역사변동의 산물이기도 하다.

1. 신상의 함의

'신상'이라는 말은 19세기 이전의 역사문헌에서는 거의 사용되지 않았다. 명·청시대에 신사와 상인의 합류현상을 언급할 때도 대부분 '사와 상의 상호혼합[士商相雜]'이라고 했다. 여기서 말하는 '사상士商'은 일반적으로 사인士人과 상인 두 부류의 사람을 가리키며, 간혹 사인 겸 상인, 혼연일체의 집단[群體] 혹은 개인을 함께 가리키기도 했다. 예를 들어 앞에서 인용한 귀장歸莊의 『전연재기傳硯齋記』에 이르기를 "엄씨嚴氏의 선조들은 신사와 상인이 뒤섞여 있었는데, 엄순공嚴舜工은 한 사람이 이 둘을 겸하고 있었다"라고 함으로써 엄순공의 신분이 사인 겸 상인 즉 '사상士商'이라는 사실을 암시하고 있다. 19세기 이후 '신상' 혹은 '상신商紳'의 칭호는 비로소 관련 역사문헌 속에 출현했으며, 20세기 초에 이르러 이미 매우 보편적으로 사용되었다.

여영시余英時 선생은 일찍이 인경麟慶(1791~1846)이 스스로 진술하기를 자신은 1823년 휘주지부徽州知府로 재임하면서 "상신商紳에게 권유해서 강을 준설하여 물길이 막히지 않도록 했다"라는 말을 인용하여 당시의 '상신'은 당연히 두 부류의 사람을 따로 가리키는 말이라는 사실을 증명했다. 여 선생은 또한 강소순무 비순費淳이 가경嘉慶 2년(1797)에 쓴「소주 성하 재준설기重浚蘇州城河記」에서 "이에 군郡 내의 신사상민紳士商民이 보낸 돈과 재물이 답지했다"라는 말을 인용하여, 후래의 '신상'은 당연히 '신사상민紳士商民'의 약칭이라는 사실을 증명했다.[107]

당연히 여영시 선생의 판단은 대체로 옳으며, 20세기 초에 이르기까지 문헌 속에 사용된 '신상'이라는 말은 대부분 '신사와 상인gentry and merchants'을 가리키는 말로서 하나의 복합적인 개념이었다. 예를 들어 1908년「남양제1차권업회간장南洋第一次勸業會簡章」의 '직원職員'조에 이르기를 "회장은 한 명을 두되 남양대신南洋大臣이 담당하고, 부회장은 다섯 명을 두되 영번사寧藩司・금릉관도金陵關道・강해관도江海關道가 한 자리씩 담당하며 나머지는 주주인 신상이 공동으로 신紳・상商・학계學界의 유명인사 가운데서 두 사람을 천거하여 담당하도록 한다"[108]라고 했다. 이 조문에서 뒤에 보이는 '신상'은 분명히 신사와 상인을 따로 가리키고 있다.

또 예를 들어 1906년「강소성의 신상들이 철로공사의 설립을 위해 상부에 올린 글蘇省紳商爲成立鐵路公司呈商部文」에 이르기를 "현재 본지에 적을 둔 신상들이 여러 차례 모여 상의한 결과 주식을 발행하여 1천만 원의 자금을 모아 소성철로유한공사蘇省鐵路有限公司를 설립하기로 했다"라고 했

---

107)余英時,『士與中國文化』(上海:上海人民出版社, 1987), 574~575쪽 참조.
108)『蘇州商會檔案叢編(1905年~1911年)』第1輯, 392~393쪽.

다. 여기서 말하는 '신상'은 도대체 어떤 사람을 가리키는가? 바로 아래 문장에서 그 해답을 찾을 수 있다. 거기에 이르기를 "…직 등職等이 혹은 경사에서 관리로 복무하고 혹은 향리에 흩어져 있어 전보를 주고받으며 상의하니 의견이 서로 같았다"109)라고 했다. 이로부터 위의 문장에서 이야기한 이른바 신상은 신사와 상인이라는 두 부류의 사람을 따로 가리킨다는 것은 의문의 여지가 없음을 알 수 있다. 「천진상무총회시판편의장정天津商務總會試辦便宜章程」 제20조에 이르기를 "어떤 신상을 막론하고 무릇 특별히 제기할 만한 견해가 있고, 과연 그것이 상업업무에 유익한 것이라면, 언제라도 총회에 와서 그것을 밝힐 수 있도록 허락하여 선택에 도움이 되도록 한다"라고 했다. 이 사료에서 이야기하는 신상은 그 말투로 추정하건대 서로 다른 두 부류의 사람을 따로 지칭하고 있음이 너무나 명백하다.

그러나 다른 한편으로 부인할 수 없는 것은 신사와 상인이 새로운 경제기초 위에서 한층 더 삼투·융합함에 따라, 때로는 이 둘이 혼연일체가 됨으로써 서로를 구분하기 어려운 일종의 신사 겸 상인 즉 신사와 상인의 특징을 겸비한 독특한 사회집단으로 변했다는 사실이다. 이러한 현상 역시 청말 문헌 속에 뚜렷이 반영되어 있다.

예를 들어 「상해상업회의공소 제1차장정上海商業會議公所第一次章程」에 언급하기를 "특회特會는 부당한 일을 당한 사람이 그것을 호소하고자 하면, 억울함을 당한 사람으로 하여금 사흘 전에 사유를 본 공소公所에 알리게 하고, 전단을 보내 공정한 신상을 소집하여 시간이 되면 함께 조정하고 처리하며, 시비곡직을 가려 날조·무고한 자는 처벌한다. 각 동사董事는

---

109) 위의 책, 772쪽.

모두 반드시 가입해야 하는데, 이들은 공정하고 부유한 신상이다"110)라고 했다. 만약 앞 구절의 '공정한 신상'이 혼연일체의 신상집단을 가리키는 것인지, 아니면 역시 신사와 상인을 따로 가리키는 것인지 불분명하다면, 뒤 구절의 '부유한 신상'이라는 말은 분명히 신사와 상인이 융합하여 탄생한 새로운 사회집단을 가리키는 말이라는 것을 분명히 느낄 수 있다.

또한 예를 들어 「천진지부 능복팽凌福彭이 재차 올린 상무공소의 상황에 관한 품의 및 그에 대한 회답 공문〔天津府凌守復陳商務公所情形稟幷批〕」이라는 관방문서에 "아울러 신상 영세복寧世福·요련원么聯元·변욱광卞煜光·왕현빈王賢賓 등을 공소동사公所董事로 위임한다"라는 말이 있다. 여기서 '신상'이라는 말이 갖는 단수형 개념의 성격이 더욱 명백하게 드러난다. 사실상 영寧·요么·변卞·왕王 네 사람은 모두 신사화한 상인 즉 상인 겸 신사인 인물이다. 다만 그들은 상인으로서의 신분이 주가 되는 사람들이었다.

또한 몇몇 관방문서에서 우리는 심지어 순수한 단수형〔單指性〕의 '그 신상〔該紳商〕'과 같은 호칭처럼 '신상'이라는 간판을 어떤 한 개인의 몸에 거는 경우도 발견할 수 있다. 1906년 『상무관보商務官報』에 실린 상부商部의 「북경 서쪽 교외에서 석탄업에 종사하는 신상 상춘 등의 품의에 대한 회답공문〔批京西業煤紳商常春等稟〕」에는 다음과 같이 쓰고 있다.

> 그 신상이 청한 바 매년 책임지고 5천 대를 고용하고 운반비를 납부하겠다는 요청을 허락한다는 지시를 받았습니다. 그래서 이 안건을 조사해 보니 이미 북양대신의 비준을 받았으므로 그 신상 등이 잔방棧房을 설립하고 석탄가루를 운반 저장하는 모든 일은 요청대로 입안하여 처리함이 마땅합니다.111)

---

110) 「上海商務總會歷次奏案稟定詳細章程」.
111) 「天津商會檔案滙編(1903~1911)」(天津:天津人民出版社, 1989), 2쪽. 〔역주〕「批京西業煤紳商常春等稟」, 「商部要批一覽表」, 『商務官報』 第17期, 光緒 32年 12月 15日 補版.

이 사료에서 관방은 상인인 상춘常春을 직접 '신상a gentry merchant'이라고 부름으로써 '신상'이라는 말을 더 이상 '신사와 상인gentry and merchants'이라는 복합적 의미로 사용하고 있지 않다. 이것은 당시 신사와 상인이 벌써 서로 융합되어 사람들의 관념 속에 반영되었으며, 신사와 상인은 이미 혼연 일체가 되어 서로 분리될 수 없는 것이라는 사실을 표명한다.

청말 상회당안商會檔案 문헌 속에 사용빈도가 매우 높은 또 다른 명사는 '직상職商'이다. 직상은 직함과 공명을 가진 상인이 상회商會와 관방에 공문을 보낼 때 스스로를 일컫는 말이다.112) 사실 이 역시 신사와 상인의 결합체 즉 신상을 가리킨다. 직상과 신상은 둘 사이에 호환이 가능한 개념이다. 신상의 함의에 관하여 일본사람들은 20세기 초에 집성한『중국경제전서中國經濟全書』제1집에서 다음과 같이 서술하고 있다.

> 다음은 신상으로 이들 역시 중국에서 상당한 등급을 가지는데, 관리인지 상인인지 뚜렷이 구별할 수가 없으며, 늘 표면적으로는 관부에 봉직하고 내면적으로는 상무商務를 경영한다.113)

우리가 볼 때 이른바 신상은 협의로 말하면 바로 '직상'이며, 광의로 말하면 관료·사신士紳과 구식상인으로부터 자본가 계급으로 전화한 일부분의 사람들을 가리킨다. 그들은 더 이상 전통적 의미의 신사가 아니지만 그렇다고 근대 공·상업자본가도 아니며, 이 둘 사이에 존재하면서 상대적으로 통일되고 명확한 경제와 정치적 특징을 가지고 있으며, 공·

---

112) 청말 商會檔案에서 '職商'의 호칭은 매우 흔하다. 예를 들어 "麟記煙卷有限公司 縣丞職銜 紀巨汾이 품의를 올려 상품의 판매를 방해받았으니 告示를 내려 보호해 달라는 요청을 한 건 : 그 職商이 公司를 창건하여 궐련을 제조하는 일은 이미 貴會에서 농공상부에 보고하여 등록 입안한 문서가 보관되어 있다..."『天津商會檔案匯編(1903~1911)』, 1169쪽]라고 했다. 이 사료로부터 職商은 직함을 가진 특수한 상인이라는 사실을 증명할 수 있다.
113)『中國經濟全書』〈兩湖督署藏版〉, 光緖 34년 第1輯, 119쪽.

상 실업활동에 종사하면서 동시에 전통적 공명과 직함을 향유하는, 신·구 시대의 틈새에 존재하는 일종의 과도적 성질을 가진 사회계층으로 간주할 수 있다. 신상계층의 사회구조적 특징은 아래의 그림에 보이는 것과 같다.

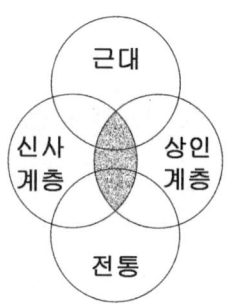

그림의 음영부분에서 알 수 있듯이 신상은 전통과 근대, 사신土紳과 상인의 합류점에 위치하여 전통사회 계급역량이 근대사회 계급역량으로 이행되는 데 필요한 '컨테이너(承載物)'와 '환승역(中轉站)'을 이루고 있다. 미국인 학자 페어뱅크John K. Fairbank가 주편한 『케임브리지 중국만청사(劍橋中國晚淸史)』에서도 신상을 하나의 신흥 사회계층으로 보고 있다.

상商·신紳·관官은 이미 하나의 신상 사회계층을 형성했으나, 당시 아직 하나의 교교佼佼한 부르주아 계급으로 바뀌지는 못했다. 대통상항구(大商埠)를 보면 신상의 숫자는 매우 많으며, 이러한 곳에서 그들의 일상생활방식·가치관, 사회와 정치적 경향은 모두 일반대중과 매우 달랐다. 그러나 그들은 여전히 하나의 완전히 통일된 목적이 없었다. 아울러 전통적인 향토와 종족관계에 대해서도 여전히 강렬한 의무감을 갖고 있었다.[114]

신사 겸 상인인 '신상'과 '학신學紳〔신식교육에 종사하는 신사〕'이라는 양대 사회집단은 서로 밀접한 관련이 있고 근대중국 '신파신사新派紳士'의 중견 분자를 구성했으며 전통신사와 서로 구별되었다. 물론 '신상' 자체로 말하면, 내재적인 '상商'의 기질은 외재적인 '신紳'의 간판보다 컸고, 전반적인 발전추세는 전통사회의 신사로부터 근대사회의 상인으로 진화하는 것이었으며, 비록 신사와 상인의 특성을 겸비하고 있긴 했으나, 마음을 더 기울이는 곳은 상인으로서의 신분 쪽이었다.

명·청 이래 서로 흩어져 있고 뚜렷이 공통되는 특징과 공동의 이익이 결핍된 신상으로부터 근대 신상계층으로 전환하기 위해서는 비단 그에 상응하는 수량적 규모가 있어서 신상으로 하여금 전국을 뒤덮는 보편적 현상이 되도록 해야 할 필요가 있을 뿐만 아니라, 하나의 "흩어진 것이 모이고", "점이 이어져 선을 이루는" 사회적 응집과정이 있어서 신상으로 하여금 점차 전통사회 계층으로부터 분리되어 나와 독립사회 계층으로서의 명확한 사회적 특징을 갖도록 할 필요가 있었다. 이 과정에서 1905년을 전후하여 각지에서 상회가 보편적으로 설립되었던 것은 신상계층이 정식으로 형성되었다는 중요한 지표였다.

2. 상회설립의 의의

상회商會〔상업회의소〕의 창설은 청말 중상주의의 중요한 내용 가운데 하

---

114) 〔美〕費正淸 主編,『劍橋中國晩淸史』下卷(中國社會科學出版社, 1985), 484쪽. 〔원전 : Fairbank, John K. and Liu, Kwang-ching eds., *The Cambridge History of China Volume 11 Late Ch'ing, 1800~1911, Part II*(Cambridge University Press, Cambridge, London, New York, Melbourne, 1978)〕

나이다. 일찍이 19세기 말 유신사상가들은 서방을 본받아 상회를 설립할 것을 호소했다. 1896년 진치陳熾는「속부국책續富國策」이라는 글에서 상부商部를 설치하고 상회를 설립하여 "상업상의 형편을 개선하고, 상업업무를 진작시키고, 상인의 권리를 보호하자"115)라고 주장했다. 같은 해 장건張謇 역시「상회의商會議」라는 글을 써서 만약 상회조직이 없으면 "상인이 재능과 지혜를 바쳐 공헌할 길이 없다"라고 생각하여 "각 성에 마땅히 [상무] 총회를 설립하고 각 부府에 마땅히 지회를 두며" 아울러 총독·순무에게 보고하여 "이를 보호해 주도록"116) 요청해야 한다고 주장했다.

무술변법 기간에 강유위는 여러 차례에 걸쳐 광서황제에게 상학商學 흥기·상보商報창립·상회설립을 건의하는 글을 올렸다. 그러나 당시 역사적 조건이 아직 성숙되지 못하고, 신흥자본가 계급이 아직 하나의 독립적인 사회계급 역량으로 발전하지 못하여 '백일유신'의 요절과 함께 상회의 종자 역시 억압되어 땅을 뚫고 나올 수가 없었다.

20세기의 막이 오른 뒤 민족자본주의 경제의 초보적인 발전에 따라 초기자본가 계급은 전통적 회관會館과 공소公所 등의 상업조직은 필경 중세기 봉건경제의 산물로 근대 상업사회의 수요에 적응할 수 없다는 사실을 더욱 절실히 깨달았다. 이에 그들은 더욱 절박하게 상회와 같은 하나의 공·상업계의 각 업종을 연결하여 자신들의 이익을 보호하는 근대적 사단社團[결사단체]조직이 건립되기를 갈망했다. 이에 그들을 다음과 같이 제기하고 있다.

상무商務를 일으키고자 한다면 반드시 각자 상회를 설립하고, 시행에 효과가

---

115) 趙靖·易夢虹 主編,『中國近代經濟思想資料選輯』中冊, 84쪽에서 재인용.
116)『張季子九錄·實業錄』卷1, 4쪽.

있으면 각 상회가 다시 연합하여 하나의 대 상회를 만들어, 점이 선이 되고 선이 면이 되도록 함으로써 대내적으로는 정부에 상인의 형편을 알리고, 대외적으로는 각국과 상무교섭을 유지해야 하는데, 이런 일은 상회를 설립하지 않고서는 성공할 수 없다.117)

당시 전국은 위에서 아래까지, 관방에서 민간에 이르기까지 거의 모두가 상업을 진흥하여 중국을 부강하게 만드는 희망을 상회에 기탁했다. 청말 상회는 바로 이러한 중상주의적 시대분위기 속에서 탄생했다.

1898년 이후 청정부의 의도대로 각 성은 속속 상무국을 설립하여 공·상 업무를 관리하는 준 관방기구로 삼았다. 상무국은 "대부분 후보도候補道나 후보부候補府를 선발 파견하여 상근총판으로 삼았는데"118) 관리와 상인은 각자 길이 다르고 출입의 제한이 엄격하여 근본적으로 상업을 진흥하고 상인을 보호하는 역할을 할 수가 없었으므로, 1902년 이후 비로소 상업회의공소 같은 조직이 출현했다. 상무국은 근대적 상회와 아직 상당한 거리가 있어서 단지 상회의 맹아정도에 불과한 것이었다면 상업회의공소는 이미 상회의 배태형태로, 신상이 그 가운데서 중요한 역할을 담당했다.

1902년 창설된 상해상업회의공소는 성선회盛宣懷가 초안한 종지에서 이르기를 "관리사회의 인습을 철저히 제거하고, 수시로 일이 있을 때마다 각계의 상인이 확실하게 이익과 폐단을 조사하여 밝힌다"119)라고 했다. 공문서를 보내 중국통상은행中國通商銀行 총동總董 후보도원候補道員 엄신후嚴信厚를 총리에, 시용도試用道 사명공소四明公所 상동商董 주금잠周金箴과 후

---

117) 『江南商務報』 第5期(1900年 3月 11日), 『新聞報』의 기사를 전재.
118) 『東方雜志』, 第1年 第10期, 「商務」.
119) 盛宣懷, 『愚齋存稿』 卷7, 35쪽.

보도 모조모毛祖模를 부총리에 위임했다[모조모는 아마도 부임하지 않은 듯하다].
또한 엄신후·당걸신唐杰臣·양경당梁鯨堂·진윤부陳潤夫·주보삼朱葆三 다섯
명의 신상으로 하여금 총동總董의 임무를 담당하도록 하고, 아울러 동사
회董事會를 조직·구성하여 공소公所의 사무를 주관하도록 했다. 이 다섯
명의 직함이 있는 총동은 각각 사명공소四明公所와 광조공소廣肇公所 등 대
상방大商帮과 은전銀錢·회업匯業·다업茶業·오금양화업五金洋貨業 등 큰 업종
에 속했다.

이밖에 "남시南市와 북시北市의 각 업종에서 각자 상동商董 두 사람을
선출하여 가입하도록 하고 이들을 의원議員이라고 불렀다."[120] 이들 각 업
종으로부터 온 75명에 달하는 의원議員과 회원會員은 이후에 등장하는 상
회의 회원과 대략 같으며, 이 때문에 어떤 사람은 상해상업회의공소를
'중국최초의 상회'라고 했다. 이 공소公所에 속한 80여 명의 총동·의원과
회원 가운데 신분추적이 가능한 27명은 직함이 있는 신상으로 약 33.75%
를 차지했다.[121]

1903년 천진신상들이 상해상업공소를 본받아 천진상무공소天津商務公所
를 설립했는데, 공동으로 선출[추대]하고 아울러 원세개의 위임을 받아 소
금상인 화령2품정대花翎二品頂戴 하남보용도河南補用道 왕현빈王賢賓, 화령3품
함花翎三品銜 후선지부候選知府 매판 영세복 등을 공소公所 총동總董으로 삼고,
각 업종 가운데 큰 업종은 동사 두 명을, 작은 업종은 한 명을 공동으로
선출하여 언제라도 공소에 와서 상무에 관한 각종 사항을 토론할 수 있
도록 했다.

그 장정에 규정하기를 "무릇 상업에 불편한 점이 있으면 즉시 방법을

---

120) 「上海商業會議公所第一次章程」, 『上海商務總會歷次奏案禀定詳細章程』, 4~6쪽.
121) 徐鼎新, 『上海總商會史』, 43~47쪽, 표.

마련하여 고치며, 만약 여러 상인들이 하고자 하는 일 가운데 본 공소가 제창할 것이 있으면 본 공소 역시 때에 맞게 준비할 것이다"122)라고 했다. 이밖에 광주와 한구에서도 1902년 각각 상업회의공소와 상회공소를 창설했다.

상업회의공소와 같은 조직은 명실상부하지 못했던 상무국商務局이 상회商會로 전환되는 과도기적 중간조직으로 간주할 수 있으며, 그것은 "상회설립의 서막을 열어 상업업무의 진보를 촉진하는"123) 역사적 작용을 했다.

중국에서 정식으로 상회가 설립된 것은 1904년 초에 청정부가 「상회간명장정商會簡明章程」 26조를 반포하여 각성으로 하여금 신속하게 상회를 설립하도록 명령한 데서 비롯되었다. 거기에 규정하기를 "무릇 상업이 번성한 지역은 그것이 성도省都이건 지방도시이건 마땅히 상무총회商務總會를 설립하고, 상업업무가 덜 발달한 곳은 분회를 설립한다"124)라고 했다.

상해는 처음으로 그해 초에 상업회의공소를 바탕으로 상무총회를 개설하고 "장정을 수정하여… 시판상세장정試辦詳細章程 72조를 정하고, 신상 엄신후嚴信厚를 총리로, 서윤徐潤을 협리로, 주금잠周金箴을 좌판坐辦으로 선출했다."125) 동년 11월 천진상무공소天津商務公所 역시 상무총회로 개조하여 신상 왕현빈을 총리로, 영세복을 협리로, 요련원을 좌판으로 선출했다.126) 이를 전후하여 강녕江寧[지금의 남경]·광주·중경·소주·항주 등지에서도 잇달아 상무총회를 설립했다.

---

122) 『天津商會檔案匯編(1903~1911)』, 3쪽.
123) 『上海總商會議案錄』, 「第二次常會議案」.
124) 「商部奏定商會簡明章程二十六條」, 『大淸光緖新法令』 第16冊.
125) 『上海總商會槪況』(上海總商會, 1928 編印).
126) 『天津商會檔案全宗(128) 二類 251卷.

1905년 말에 이르러 전국적으로 상무총회와 분회를 합쳐 모두 약 70개가 설립되었으며, 이듬해(1906) 한 해 동안 설립된 상무총회와 분회는 102개였다. 이와 동시에 해외 각지의 화교상인들 역시 분분히 중화상무총회中華商務總會를 설립했다.

상회가 전국적 범위 안에서 보편적으로 설립된 것은 신상이 이미 하나의 신흥 사회계층으로서 정식으로 역사무대에 등장했다는 것을 상징한다. 신상은 각지 상회의 설립자일 뿐만 아니라 각급 상회조직의 실질적 주재자이기도 했다. 신상이 상회에서 차지하는 지위와 인원수를 보면 상회를 신상단체라고 불러도 지나침이 없는 것처럼 보인다. 예를 들어 천진상무총회의 제3기(1907) 총리·협리·좌판과 14명의 회동會董은 작게는 후선종9품候選從九品에서 크게는 2품후보도候補道에 이르기까지 모두 연납으로 얻은 직함 혹은 공명을 갖고 있었다[〈표 2-3〉 참조].

1906~1911년 사이 직례성 각 주현에 건립된 48개 상무분회의 회동會董 역시 연납으로 공명功名[127] 혹은 직함을 획득하지 않은 사람은 거의 한 사람도 없었다.[128] 다만 분회의 동사董事들이 연납으로 얻은 공명과 직함은 감생이나 9품 같은 등급이 낮고 가격이 저렴한 것이 많았다. 예를 들어 선통 2년(1910) 정해현靜海縣 독통진獨統鎭에서 작성한 '동사함명표董事銜名表'에는 모두 36명의 동사를 열거했는데, 그 가운데 감생이 10명, 9품이 6명으로 두 부류를 합치면 44%를 차지했다[〈표 2-4〉 참조]. 한구상무총회漢口商務總會의 경우 제1대(1907)에서 제4대(1911)까지 6명의 총·협리[두 사람은 2대를 역임]는 전부 직함을 가진 대상인이었다. 그 가운데 제1대 총리인 노홍창盧鴻倉은 절강 은현鄞縣사람으로 강소보용도江蘇補用道 한구교통은행漢口交通銀行

---

127) [역주] 원문 수정 : "功名史"→"功名".
128) 『天津商會檔案全宗』(128) 二類, 總會及各地分會名冊.

<표 2-3> 천진상무총회天津商務總會 총·협리 및 회동會董 명단(1907)

직무	성명	본적	직함	업종 및 상호[執業行号]
총리	왕현빈王賢賓	천진	화령2품정대하남보용도 花翎二品頂戴河南補用道	중립점차무재동 中立店嵯務財東
협리	영세복寧世福	천진	화령3품함후선지부 花翎三品銜候選知府	신태흥양행재동 新泰興洋行財東
좌판	유승음劉承蔭	천진	후선동지候選同知	공기양행재동公記糧行財東
회동	황옥곤黃玉坤	천진	동지함후선주동 同知銜候選州同	의태창양포장재동 義泰昌洋布莊財東
회동	조영원曹永源	천진	5품남령후선현승 五品藍翎候選縣丞	대래생기기마방재동 大來生機器磨房財東
회동	유석보劉錫保	천진	동지함同知銜	동달은호집사桐達銀號執事
회동	장문한張文翰	천진	후선종구候選從九	유풍태주단장재동 裕豊泰綢緞莊財東
회동	이향진李向辰	천진	생원生員	신성원미장재동 信誠源米莊財東
회동	호유헌胡維憲	천진	후선동지候選同知	일원은호집사 溢源銀號執事
회동	고문한顧文翰	천진	5품함후선주부 五品銜候選主簿	천장인양행재동 天長仁洋行財東
회동	기련영紀聯榮	천진	동지함同知銜	돈경륭주단장재동 敦慶隆綢緞莊財東
회동	장유기張維騏	천진	5품봉직五品封職	화태양포장집사 和泰洋布莊執事
회동	서성徐誠	천진	화령2품함광동보용도 花翎二品銜廣東補用道	맥가리은행집사 麥加利銀行執事
회동	정금정鄭金鼎	천진	남령수어소천총 藍翎守御所千總	동달은호집사 桐達銀號執事
회동	양경림楊慶林	천진	남령동지함藍翎同知銜	삼기잡화장포동 森記雜貨莊鋪東
회동	주가관朱嘉寬	천진	부경력함府經歷銜	공유후은호집사 公裕厚銀號執事
회동	계장태季長泰	천진	후선종9품候選從九品	성발양호집사成發糧號執事

자료출처 : 『天津商會檔案匯編(1903~1911)』, 109쪽.

<표2-4> 천진정해현 독류진 상무분회 회동명단天津靜海縣獨流鎭商務分會會董名(1910)

직무	성명	직함	연령	업종
총리	주이렴朱爾濂	후선 통판候選通判	43	건합순주행乾合順酒行
평의동사評議董事	장준신張俊臣	부생附生	40	문성태포행文成泰布行
평의동사	장왈현張曰賢	9품九品	58	사취성초행四聚成草行
평의評議	손홍문孫鴻文	5품부생五品附生	58	삼서당주행三瑞堂酒行
평의	한금탁韓金鐸	무생武生	54	서덕륭초장방瑞德隆醋醬坊
회계	장충현張忠賢	현승縣丞	33	주행酒行
회계	왕거형王炬熒	감생監生	38	연토행烟土行
서무	유은명劉恩銘	부생	41	주행酒行
서무	유봉원劉逢源	부생	40	주행酒行
문독文牘	주봉동朱鳳彤	늠생廩生	35	양행糧行
행동行董	송은림宋恩霖	늠생	32	주행酒行
행동	가상영賈祥榮	늠생	60	전행錢行
행동	송운서宋雲書	5품五品	66	주행酒行
행동	장은다張恩多	무감武監	56	주행酒行
행동	손홍전孫鴻典	9품	38	주행酒行
행동	후유정侯維程	9품	37	포행布行
행동	유원제劉元第	감생	59	양행糧行
행동	인행림藺杏林	5품	59	양행糧行
행동	염금탁閻金鐸	5품	58	목행木行
행동	하여춘夏如春	중서함부생中書銜附生	37	잡량주행雜糧酒行
행동	왕만현王萬賢	중서함 부생	51	잡량주행雜糧酒行
행동	유수분劉樹芬	중서함 부생	41	간선잡화행干鮮雜貨行
행동	왕조경王兆慶	중서함 부생	52	초장방醋醬坊
행동	가작림賈作霖	중서함 부생	41	산동유행山東油行
행동	유계림劉桂林	중서함 부생	61	포위석행蒲葦席行
행동	주청선周靑選	9품	45	매회행煤灰行

행동	장왈현張曰賢	9품	38	초행草行
행동	왕거형王炬熒	감생	38	연토행烟土行
행동	학계암郝桂岩	종9품	40	석기행錫器行
행동	왕육당王毓棠	감생	53	다식행茶食行
행동	좌보명左寶明	감생	55	당희행糖稀行
행동	양옥성楊玉成	감생	66	포포행蒲包行
행동	왕해王楷	감생	38	과화행過貨行
행동	오옥발吳玉發	감생	52	연엽행烟葉行
행동	왕은준王恩俊	감생	38	양육업羊肉業
행동	장만기張萬起	감생	50	저육업猪肉業

자료출처 : 『天津商會檔案匯編(1903~1911)』, 261~264쪽.

경리經理였으며, 협리인 유흠생劉歆生은 호북 하구夏口사람으로 후선도候選道 동방회리은행東方匯理銀行 매판買辦이었다.[129]

청말 상해상무총회 각 기수의 총·협리 역시 전부 신상이었다. 예를 들어 제2대 총리인 증주曾鑄[자는 少卿]는 화령2품봉전후선도花翎二品封典候選道로 복건 호방湖帮상인이었으며, 협리인 주보삼朱葆三[자는 佩珍]은 3품함후선도三品銜候選道로 오금양화업五金洋貨業 상인商人 겸 이화양행怡和洋行 매판買辦이었다.[130] 그리고 소주상무총회 및 그 아래 소속된 여덟 개 상무분회의 구성원도 거의 전부가 각종 직함 혹은 공명을 가진 신상이었다⟪표 2-5⟫ 참조⟫.

광동의 상황은 약간 달랐다. 1905년에서 1908년까지 성립된 29개의 상무총회와 분회를 보면 총리와 협리 및 회장은 모두 31명인데, 그 가운데 27명이 직함을 가진 신상으로 총 인원수의 87%를 차지했다.[131] 비록 어떤

---

129) 皮明庥, 「武昌首義中的武漢商會·商團」, 『紀念辛亥革命七十周年學術討論會論文集』 上冊(北京:中華書局, 1983) 참조.
130) 丁日初, 「辛亥革命前的上海資本家階級」, 위의 책, 296쪽 참조.

<표 2-5> 소주상무총蘇州商務總·분회分會 직원 공명직함 통계

회별會別	합계·인원수	삼품직함三品職銜	오품직함五品職銜	육품직함六品職銜	후보候補·시용지부試用知府	후선동지候選同知·원외랑員外郎	후선동지候選同知·주동한州同銜	후선주동候選州同·주판한州判銜	광록시서정光祿寺署正銜·도장원도한都轉運都事銜	포정사이문한布政司理問銜·부경력府經歷·안경력按經歷	태상사박사太常寺博士·중서한中書銜	후선현승候選縣丞·주판州判	연대사鹽大使·염제거한鹽提擧銜	시용훈도試用訓導·팔품군공八品軍功	종구품종구직함從九品職銜	지사진사知事進士	거인擧人	공생員生	감생·무생·동생監生·武生·附生·童生
소주蘇州상무총회(1908)	65																		
총·협리	2					1										1			
의동	16	1		1	3	3	1	1	2			3					1	2	
회원	44		1	3	4	1	1	5	4	2	4	2	3	1	6		1	2	6
명예회원	3															3			
평망平望상무분회(1909)	30																		
총리	1																		
의동	9	3																	3
회원	20	2												1					16
강진江震상무분회(1906)	39																		
총리	1												1						
의동	10	2						1			1							2	4
회원	28	2			1													1	24
곤신昆新상무분회(1907)																			
총리	1				1														
의동	8	2						2					1						15
회원	28	1						2					1					4	15

자료 출처 : 『蘇州商會檔案』 제68권·제5권·제8권 관련 자료.

연구자는 광주에서 신사와 상인은 종종 모순과 대립상태에 놓여 있었다고 하나, 스스로 순수한 상인조직이라고 표방하고 있는 월상자치회[粤商自治會]를 보면, 그 핵심분자는 혹 동지직함[同知職銜]을 가지고 있거나 혹은 공생이나 생원공명을 향유하고 있었으며, 회는 여전히 신상에 의해 좌지우지되었다.132) 이것은 광주에도 마찬가지로 신상계층이 존재했으며 "사신士紳과 상인 사이에는 분명 뚜렷이 구별하기 어려운 점이 있었다"133)라는 것을 의미한다.

멀리 떨어진 서남지역의 중요한 도시인 중경重慶의 경우에도 1905년 10월 총상회를 설립한 이래 역대 총리·협리와 회동會董들 거의 전부가 신상이었다. 예를 들어 상회 제1대 총리는 '서남의 갑부'라고 불리던 중경 최대표호票號 천순상天順祥의 주인이자 분성보용지현分省補用知縣인 이정영李正榮[자는 耀庭]이었고, 협리는 후선포경력候選布經歷인 양이楊怡였다.134)

심지어 해외 각지에 설립된 중화상무총회中華商務總會의 주재자조차도 역시 대부분 연납捐納이나 헌납[報效]을 통해 청정부가 수여하는 직함·봉전封典과 정대頂戴를 획득했다. 예를 들어 자바Java의 반둥Bandung에 위치한 발량안상무총회渤良安商務總會의 총리인 양명간楊明簡은 본적이 복건성으로 화령도함지부花翎道銜知府였다. 부총리인 진운룡陳雲龍은 광동사람으로 5품 공로패를 하사받았다. 수라바야Surabaya 상무총회의 총리인 이병요李炳耀와 부총리인 장보과蔣報科는 모두 복건사람으로 도대道臺직함을 가지고 있었다.135) 이러한 예는 헤아릴 수 없이 많다.

---

131) 邱捷,「廣東商人與辛亥革命」, 위의 책, 362~396쪽 참조.
132)『廣州文史資料』第7·9·17輯 및『粤商維持公安會同人錄』등 참조.
133) Rhoads, Edward J. M., "Merchant Associations in Canton, 1895~1911", *The Chinese city between two worlds*, edited by Mark Elvin and G. William Skinner(Stanford, Calif.:Stanford University Press, 1974).
134)『四川官報』乙巳 第13冊,「公牘一」.

각지에서 상회가 분분히 설립된 것은 신상계층이 정식으로 형성되었다는 중요한 지표였다. 이것은 단지 상회가 인사면에서 기본적으로 신상에 의해 독점되었을 뿐만 아니라, 더욱 중요한 것은 상회의 출현은 신상계층으로 하여금 합법적인 형식 아래 신속하게 모여들어 동향과 동업이라는 좁은 범위를 타파하기 시작했으며, 나아가 서로 하나로 뭉쳐 하나의 지역성을 갖는 상업계 공동체 속으로 들어감으로써 이제 막 도래하는 근대 상업사회 속에서 더욱 큰 사회적 영향력을 발휘했기 때문이다. 이것은 마치 상부商部가 올린 상소문의 내용과 같다.

> 중국은 대대로 상업업무를 강구하지 않아 관리와 상인 사이에 벽이 존재했을 뿐만 아니라, 같은 상인들 역시 서로 왕래하지 않았습니다. 단지 이 업종과 저 업종 사이에 틈이 있었을 뿐만 아니라, 같은 업종의 상인들 역시 서로 교류하지 않았습니다. 최근 수십 년간 개방된 통상항구는 30여 곳에 이르며, 각국이 무리지어 이익을 다투고 있으나, 중국상인은 기세가 흩어지고 힘이 약하며 상대적으로 열세에 처하여, 가만히 앉아서 이권을 남에게 넘겨주며 국익의 손실이 더욱 커지는 것을 보고만 있습니다.… 지금 상황을 살펴보니 힘을 다해 틈을 제거하여 반드시 각각의 상인으로 하여금 정돈되고 획일적인 규율을 갖도록 한 뒤에야, 우리 상부商部가 보호하고 유지하는 힘을 다 발휘할 수 있습니다. 지금의 시급한 업무는 상회를 설립하지 않으면 성공할 수 없습니다.[136]

이 말은 비록 전체 상인계층을 겨냥하여 한 말이나, 신상이라는 특수한 사회계층에게도 마찬가지로 적용된다. 바로 상회의 응집력을 빌릴 수 있었기 때문에 신상의 계층속성과 특징 내지 정치적 귀결점은 날로 명

---

135) 光緒 34年(1908) 「農工商部統計表」 참조.
136) 『天津商會檔案匯編(1903~1911)』, 20쪽.

백하게 되었던 것이다. 또한 상회의 조직 네트워크에 의지함으로써 신상의 사회적 영향력은 개항장으로부터 주위의 도시와 읍으로 확대되었으며, 연해지역으로부터 광대한 내륙으로 확산되기 시작했던 것이다.

3. 신상의 수적 통계

19세기 말 20세기 초에 신상의 숫자가 급증한 것은 신상계층 형성의 또 다른 중요한 징표였다. 앞에서 이미 언급한 것처럼 연납제도는 신상이 탄생하는 중요한 통로이며, 명대와 청대 전기에도 비록 상인이 연관捐官이 되는 예는 드물지 않았으나, 아직은 보편성을 띤 사회문제가 될 정도는 아니었으며, 그 수량과 규모 역시 극히 제한적이었다. 상인들이 다투어 연납하여 조수처럼 신사집단[群體]으로 밀려든 것은 주로 함풍과 동치시대 이후의 일이다.

1907년 소주蘇州·오강吳江·곤산昆山·신양新陽 등지 약 80명 신상의 연령상황에 대한 통계를 보면, 최고령자는 70세로 1837년에 출생했고[張履謙: 蘇州典商, 三品銜戶部郎中], 최연소자는 28세로 1879년에 출생했으며[張璧祥: 昆山染業商人, 監生], 평균연령은 47세였다.[137] 천진과 정해현靜海縣 독류진獨流鎭의 약 60명에 달하는 신상의 연령에 대한 1910년의 통계를 보면, 최고령자는 68세로 1842년에 출생했고[芮玉坤: 天津洋布商人, 同知銜候選州同], 최연소자는 32세로 1875년에 출생했으며[宋恩霖: 獨流鎭西業行董, 廩生], 평균연령은 51세였다.[138]

이로부터 그들 청말민초에 활약한 신상들이 아마도 연납으로 공명과

---

137) 『蘇州商會檔案叢編(1905年~1911年)』 第1輯, 「職員銜名淸冊」, 참조.
138) 『天津商會檔案匯編』, 「商會組織狀況」 중의 관련 職員銜名淸冊 참조.

직함을 얻은 시대는 일반적으로 함풍·동치·광서·선통 네 시대 즉 1851년부터 1911년까지 60년간이었을 것으로 추정할 수 있다.[139] 상인에 의한 연납이 가장 집중되었던 시대는 광서연간 즉 1872년부터 1908년까지 30여 년간이었다. 환언하면 신상의 숫자가 급증하는 현상은 주로 19세기와 20세기의 교체기에 발생했으며, 이것은 근대사회 계급관계의 급격한 변동과 조정의 산물이었다. 이밖에 '관독상판官督商辦'·'관상합판官商合辦' 등 기업창건 형식의 보편적인 채용 및 전술한 1905년 과거제도의 폐지 역시 신상의 숫자가 급증하게 만든 중요한 사회적 요인이었다.

그러면 청말 전국에 도대체 얼마나 많은 신상이 있었는가? 이 문제는 자료가 부족하여 정확한 통계숫자를 제시하기는 매우 어렵다. 최근 몇 년 동안에 정리·출판된 천진과 소주 두 지역의 비교적 체계적인 상회당안商會檔案은 우리가 그 지역신상의 숫자를 파악하는 데 필요한 비교적 신뢰할 수 있는 원시자료를 제공해 주고 있다.

소주상회당안과 기타 지방사료에 대한 종합적인 고증에 따르면 소주시내(城廂)의 신상은 공명과 직함이 있어 확인이 가능한 사람과 확인이 불가능한 사람을 합쳐 대략 2백 명 정도이며, 이들은 주로 상무총회商務總會·상단商團 및 각 업종의 공소公所에 재직했다. 2백 명이라는 숫자는 이 도시에 거주하는 신사총수의 약 10%에 해당되며 총인구의 0.04%를 차지했다.[140] 소주지역의 매우 많은 소시진小市鎭은 일반적으로 상품경제와 문화가 모두 비교적 발달했으므로 향·진에 거주하는 신상 역시 그 수가

---

139) 관련 商會檔案에 보이는 가장 늦은 商人捐納에 관한 예는 蘇州의 신발상인인 浙江 紹興人 黃駕雄이 宣統 원년(1909)에 돈을 내고 監生직함을 얻은 것이다.
140) 공명과 직함이 있어 확인이 가능한 사람의 숫자는 『淸末蘇州商會檔案』·『蘇州商團檔案匯編』·『明淸蘇州工商業碑刻集』 등의 자료에 근거하여 통계를 내면 약 1백여 명을 얻을 수 있으며, 확인이 불가능한 사람의 숫자는 필자가 각종 단편적인 자료에 근거하여 계산한 것으로 어느 정도 오차가 있을 수 있다.

적지 않았다. 단지 오강吳江·진택震澤·성택盛澤·곤산崑山·신양新陽·매리梅里 등 여섯 개의 현·진에 거주하는 공명과 직함을 가지고 있어 확인 가능한 신상만 계산해도 근 2백 명에 달한다.[141]

천진상회당안을 보면 직례의 49개 상무총·분회商務總分會의 회동會董과 행동行董 두 부류의 사람들은 거의 모두가 각종 공명과 직함을 가진 신상이었다. 이것에 근거하여 추정하면 청말 직례성의 신상은 약 1천 명에 달했음을 알 수 있다. 그 가운데 천진신상은 약 1백 명으로 10%를 차지했다.

전국적으로 말하면 전국신상의 수적 규모를 알려주는 유일한 통계자료는 청정부가 1908년과 1909년에 편찬한 『농공상부통계표農工商部統計表』와 민국정부 농상부가 민국 초기에 발행한 제1차와 제2차 『농상통계표』이다. 이들 통계표는 전국상회의 수, 상회회동과 회원수 등에 대하여 각각 초보적인 통계를 내었다. 이들 통계는 통계기술상의 이유 때문에 일반적으로 모두 비교적 조잡하며 착오가 많으나, 참고할 만한 보다 정확한 통계자료가 없는 상황에서, 우리가 청말 신상의 수적 규모를 고찰하는 데 여전히 어느 정도 가치를 지니고 있다.

청정부의 두 차례에 걸친 통계를 통해 우리는 대체적으로 1908년을 전후하여 상회의 회동과 회원의 총수는 7,784명이었다는 사실을 알 수 있다. 그러나 만약 이것을 가지고 신상의 숫자와 규모를 추산하는 근거로 삼는다면 시간적으로 약간 이르다는 느낌이 든다. 1908년은 아직 '상회의 설립을 권유하는' 단계에 속하는 시대였으므로, 전국에서 대략 4분의 1에 해당하는 성省·시市에 아직 상무총회가 설립되지 않았고, 3분의

---

141) 『淸末蘇州商會檔案』 중의 「商務分會職員銜名淸冊」 통계 참조.

2 이상의 현縣·진鎭에 아직 상무분회가 설립되지 않은 상태였다.

따라서 비교적 취할 만한 방법은 민국 원년(1912) 상무총회와 분회의 회동의 숫자를 가지고 근대신상의 인원수를 계산하는 기준수(基數)로 삼는 것이다. 상회회동의 인원수를 기준수로 하는 까닭은, 각지의 관련 자료에 따르면 상회의 회동(천진·상해 등지의 行董을 포함)은 일반적으로 공명과 직함을 가진 신상이며, 상회의 일반회원은 대부분 일반 공·상업자였기 때문이다. 청말 소주상회처럼 총회와 분회의 회원 거의 모두가 신상일색인 경우는 전국의 다른 지역(특히 내지)에서는 많이 보이지 않는다. 민국 원년과 민국 2년 두 차례에 걸친 통계표의 숫자를 종합하면, 다음과 같은 1912년 전국 신상인원수 통계표를 얻을 수 있다.

<표 2-6> 1912년 전국 신상인원수 통계

지역	신상 인원수	백분율	지역	신상 인원수	백분율
경사京師	154	0.70%	절강浙江	2,384	10.83%
직례直隸	1,799	8.17%	호북湖北	463	2.10%
봉천奉天	1,368	6.21%	호남湖南	485	2.20%
길림吉林	405	1.84%	섬서陝西	116	0.53%
흑룡강黑龍江	32	0.15%	감숙甘肅	109	0.50%
산동山東	917	4.17%	신강新疆	15	0.07%
하남河南	977	4.44%	사천四川	1,841	8.37%
산서山西	547	2.49%	광동廣東	3,527	16.03%
강소江蘇	2,578	11.71%	광서廣西	900	4.09%
안휘安徽	335	1.52%	운남雲南	148	0.67%
강서江西	1,617	7.35%	귀주貴州	173	0.79%
복건福建	1,118	5.08%			
			계	22,008	100%

자료출처: 『民國元年第一次農工商統計表』; 『民國二年第二次農工商統計表』.

이상의 비교적 엄격한(보수적인) 계산을 통해서 우리는 근대 신상계층의 최저 기준수는 2만 2천 여 명으로 전국 각지에 분포되어 있었고, 그 가운데서 강소·절강과 광동 등 동남 연해지역의 인원수가 가장 많아서 약 38.57%를 차지하며, 내지와 변경지역은 상대적으로 희소했다는 사실을 알 수 있다. 이것은 강소와 절강지역의 상품경제와 교육이 비교적 발달하여 신상의 대류(순환)가 상대적으로 빈번했던 것과 무관하지 않다. 가령 좀 관대하게 대략 계산하면 즉 강소와 절강지역의 상회회원 전부를 신상-사실상 강소와 절강의 절대다수 지역이 확실히 이러했다-으로 간주하여 조금 높게 계산하면, 1912년 전후 전국 신상의 숫자는 약 5만 명에 달했다. 통계 자체의 누락과 신상 가운데 상회에 가입하지 않아 계산에 넣을 수 없는 사람의 수를 고려하면 근대신상의 숫자를 대략 5만 정도로 보는 것이 아마도 비교적 합리적일 것이다. 5만 명으로 계산하면 근대 신상의 숫자는 신사계층 총수의 약 3.3%에 해당하며, 전국인구의 약 0.01%를 차지한다.[142]

요컨대 각종 징후를 통해 우리는 다음과 같은 사실을 분명히 알 수 있다. 즉 19세기 말 20세기 초에 신상계층은 이미 근대중국에서 하나의 특수한 사회계층으로 두각을 나타내었다. 그들은 비록 인원수는 그리 많지 않았으나 신사와 상인이라는 양대 사회계층 사이에 존재하면서 위로는 관부와 통하고 아래로 공·상업계를 대표하며, 권세와 재물을 독점하여 가장 중요한 사회조직 즉 상회를 좌지우지함으로써 홀시할 수 없는 사회활동 역량을 보유하고 있었다.

---

142) 신사계층의 총수는 張仲禮의 계산에 의하면 150만 명이며, 전국 인구총수는 드와이트 퍼킨스 (Dwight H. Perkins)의 1893년 중국 인구통계에 의하면 3억 8,500만 명이다.

사람은 같은 무리끼리 모인다

"사람은 같은 무리끼리 나뉘고, 동물은 같은 종류끼리 모인다."〔격언〕

신상의 사회적 해석

제1절 선비형 신상

1. 상업에 종사하면서도 유학을 애호하는 유상儒商

　만약 교육의 정도 및 유교문화 소양의 깊음과 얕음에 따라 나눈다면 신상紳商계층은 크게 선비형〔士人型 : 士商〕과 보통형〔民商〕 두 가지 유형의 사회집단으로 구분할 수 있다. 전자는 유교문화에 매우 깊이 물들어 있었다. "장사를 이야기하면서도 여전히 유학을 지향하는"〔장건의 말〕 이들은 상인이라기보다 차라리 유사儒士에 더 가까웠다. 후자는 오로지 영리를 추구하여 축재할 생각뿐이고, 신사의 간판은 사람을 위협하기 위한 수단일 따름으로, 유교경전과 윤리에 대해서는 그다지 흥미를 느끼지 못하는, 근대의 이른바 예배에는 관심이 없고 오직 교회에서 제공하는 음식에만 관심을 갖는 '밥신도〔吃敎〕'와 흡사했다.

　근대신상 가운데 진정한 '사상士商'은 수가 그리 많지 않았으나, 그들은 지식과 교양을 바탕으로 신상계층의 중견으로 자리잡았으며, 각지에서 신상의 영수인물이 되었다.

근대'사상士商〔선비형 신상〕'은 명·청시대 "상업에 종사하면서도 유학을 애호하는" 유상儒商과 일맥상통한다. 명·청시대 '유상'의 신상身上에서 우리는 근대'사상'의 몇 가지 특징을 포착할 수 있다.

명·청시대의 유상은 공명을 얻은 유생이라고 할 수 있으나, 더욱 많은 수는 공명이 없는 보통상인이었다. 그들의 행위방식에서 공통적인 특징은 유학에 대하여 농후하고 지속적인 흥미를 가지고 있다는 것으로 "비록 상인이었으나 모두 선비의 기풍을 가까이 했다."1) 그들은 책을 목숨처럼 아끼고 이를 즐기며 지칠 줄 몰랐다. 예를 들어 소주 동정산洞庭山 상인 시봉施鳳〔자는 鳴陽〕은 아버지를 따라 강북에서 장사를 하면서도 독서에 대한 열정을 잃어버리지 않았는데 "밥을 지을 때도 책을 손에서 놓지 않고 밤늦게까지 열심히 책을 읽었으며, 혹은 길을 갈 때도 사람들 모르게 익힌 것을 암송했다"2)라고 한다.

어떤 유상은 박식했을 뿐만 아니라 학술에도 상당한 조예가 있었다. 소주사람인 유수옥鈕樹玉은 청초의 저명한 경학가인 동시에 목면을 거래하는 행상行商으로, 장사〔經商〕와 유학〔業儒〕을 하나로 융합하여 서로의 장점이 더욱 잘 드러나게 했다.

목면장사를 업으로 삼았는데 배를 타거나 수레에 오르거나 노새를 몰 때도 반드시 경전과 사서史書를 휴대했다. 귀가하면 조용히 방안에 앉아 종일 저술에 힘썼다. 매번 화물을 운반할 때 반드시 한구邗溝를 지났는데, 그때마다 읍

---

1) 『戴震文集』卷12,「戴節婦家傳」(北京:中華書局, 1980).
2) 王鏊,『震澤先生文集』卷3,「東岡高士傳」.

에 들러 그곳의 학식이 풍부한 사람과 여러 날 동안 학문을 토론한 뒤에 비로소 길을 떠났다.3)

유교경전의 훈도薰陶 아래 유상은 직접적으로 유교도덕 윤리규범의 영향을 받아 외재적 행위방식에서 내면세계에 이르기까지 모두 정통유생과 차이가 없었다. 그들은 "상인의 이름으로 유가의 도를 행하는" 사람으로, 몸은 비록 시장판에 있었으나 재물을 도외시하여 지나치게 돈만 따지지도 않았으며, 오히려 자신의 명예와 수양을 중시했다. 그들은 "큰 뜻을 품고 작은 이익에 구애받지 않았으며, 장사를 돌보느라 겨를이 없어도 유생처럼 성실하고 공손했는데"4) 이것이 바로 유상의 자화상이었다. 아래의 몇 가지 예는 유상의 덕행과 기질에 대한 우리의 인식을 보다 깊게 해줄 것이다.

휘주상인[徽商] 황경종黃敬宗은 어릴 적에 과거에 뜻을 두고 공부를 했는데, 나이가 좀더 들자 집안에 변고가 발생하여 "공명을 추구하는 길을 버리고" 상업에 투신했다. 각지를 왕래하며 장사하던 중에 황경종은 늘 "학문에 의지하여 천하의 선비들과 교류했는데, 그를 보는 사람마다 진등陳登과 같은 기개가 있다고 했다." 장사하여 많은 재물을 모은 뒤 황씨는 10만 관貫의 돈을 허리춤에 차고 귀향하여 한거했는데, 정원을 만들어 도랑을 파서 물길을 내고 꽃을 가꾸고 대나무를 심어놓고 "날마다 두세 명의 친구와 한가로이 거닐며 혹은 문장을 논하고 혹은 거문고를 타며 아침부터 저녁까지 시간가는 줄 몰랐다."5) 기뻐하고 만족하며 '은사隱士'

---

3) 李斗, 『揚州畵舫錄』 卷10.
4) 『新安歙北許氏東支世譜』 卷3, 「鳶溪傳」, 張海鵬·王廷元 主編, 『明淸徽商資料選編』(合肥: 黃山書社, 1985), 453쪽에서 인용.
5) 『新安黃氏會通譜』, 「黃處士仲榮公墓志銘」, 위의 책, 438~439쪽에서 인용.

로서의 날들을 보내면서 장사하여 이익을 얻는 데는 조금도 미련을 두지 않았다.

휘주상인 정생鄭生은 호가 방산자方山子인데 일찍이 방산에서 글공부를 했기에 붙여진 이름이다. 학문의 길을 버리고 장삿길에 들어선 뒤에도 처음에 먹은 마음을 버리지 못하고 "책을 끼고 조각배에 올라 거문고를 메고 검을 차고 송주宋州와 양주梁州 일대를 왕래했다." 식자들은 정생을 일러 "비록 장사를 하고 있으나 참으로 장사꾼 같지 않다"6)라고 했다. 이 말은 그가 겉보기에는 상인처럼 보이나 속마음은 유생이라는 뜻이며, 그래서 "실로 장사치 같지 않다"라는 것이다.

휘주상인 손대만孫大樠은 무원婺源사람으로 일찍이 관례대로 국학생으로 입학했으나, 도량이 넓어 "문인학사들과 교제하기를 좋아하고, 옛사람의 훌륭한 말과 아름다운 행동을 많이 듣고는 흉금이 넓어져 시정의 속된 자태를 말끔히 씻어냈으며, 비록 유학자의 옷차림을 하지도 않고 유학자의 관을 쓰지 않았으나 유달리 군자다운 기풍이 넘쳤다." 그의 후손들 역시 "인재가 많고 재주가 출중하며, 미언대의微言大義를 갖춘 경전을 읽고, 상업에 종사하여 모두 즐거움과 이익을 얻었다"7)라고 한다.

호북상인[鄂商] 장본열張本列은 사람됨이 기개가 있고 공명정대하며 널리 사람을 사귀었는데, 왕래하는 사람들이 모두 당대의 명사들이었다. 또 "성격이 소박하여 꾸밈이 없었으며 부모에게 효도하고 형제간에 우애가 돈독했다." 과거에 급제하여 "이름을 날리고 부모를 영광스럽게 하는 일"을 하지 못한 것이 한이 되어 무릇 명망있는 사람이 동네를 지날 때면 "반드시 글을 보내 집으로 초대하여 극진히 대접한 뒤에 돌려보냈다."8)

---

6) 歙縣『鄭氏宗譜』,「明故詩人關防山先生墓圖志」, 위의 책, 450~451쪽에서 인용.
7) 婺源『湖溪孫氏宗譜』卷1,「萃峰孫公傳」, 위의 책, 454~455쪽에서 인용.

일반상인과 비교하여 유상은 '시정의 속된 자태'를 일소했을 뿐만 아니라, 공손한 '유학자의 기풍이 있어' 모종의 독특한 학자티〔書卷氣〕와 문인티〔文人氣〕를 냈으며, 아울러 대부분 유가의 윤리도덕으로 자신을 단속하여 의를 중하게 여기고 재물을 가볍게 보며, 외로운 사람을 동정하고 가난한 사람을 구제함으로써 동족〔家族〕과 사회에 대한 자발적인 책임감과 의무감을 가졌으며 "그런 일에 재물을 쓰는 것은 그 의미가 지극히 크다"라고 생각했다.

예를 들어 휘주상인 오국금吳國錦은 청대 휴녕休寧 화촌和村사람으로 소금장사를 하여 치부한 뒤 늘 향민을 구제했다. 그는 "친척이나 이웃의 형편이 어려워 혼례나 장례를 치르지 못하는 사람들을 모두 힘껏 도와주었는데, 60년 동안 그 행동이 한결같았다."9) 호북상인 송승암宋勝庵은 "집안이 원래 벼슬이나 작위가 없는 큰 부자로 성격이 자상하며 급한 사람 구제하기를 좋아했다.… 종족 가운데 가난하여 끼니를 거르는 사람이 있으면 이들도 때맞춰 진휼했다."10) 간수刋水(호북성 武昌 동쪽에 위치)상인 장건재張健齋는 "매번 흉년이나 가뭄이 들면 수천금을 풀어 종족 가운데 가난한 사람을 구제했다."11) 상인 가경전柯敬傳 역시 선행을 좋아하는 사람으로 "교량을 가설하여 사람들이 편안하게 건널 수 있도록 하고, 역참에 정자를 세워 지친 사람들에게 쉼터를 제공했으며, 주머니를 털어 종족을 구제했다."12)

또한 명·청시대 유상은 유가윤리를 상업활동에 융합하여 "유가의 도

---

8)『刊水張氏宗譜』,「柳溪處士傳」〈湖北武穴市檔案館 소장〉.
9) 嘉慶『休寧縣志』卷14,「人物·孝友」.
10)『宋氏宗譜』,「宋勝庵先生傳」〈湖北武穴市檔案館 소장〉.
11)『刊水張氏宗譜』,「健齋公曁郭烈女合傳」.
12)『柯氏宗譜·傳』〈湖北武穴市檔案館 소장〉.

리를 장사에 적용함으로써" 서방의 상업전통과는 크게 다른 동방의 '상도商道[賈道]'를 형성했다. 이러한 상도는 유가의 '천인합일' "위대하고 고명한 경지에 도달할 뿐만 아니라 또한 보편적이고 평상적인 길을 따른다"라는 철리哲理에 바탕을 두고, 인仁·의義·예禮·지智·신信·성誠 등 유가의 도덕규범을 그 핵심으로 하고, 공·상업에 종사하는 것을 치가治家나 치국治國 같은 대사로 간주하고, 도량이 넓고 크며, 지성으로 사람을 대하고, 신용을 제일로 하고, 이익보다 의를 앞세우는 등 상업[經商]원칙을 강구하며, 오직 이익만 추구하거나 이익에 눈이 멀어 의를 저버리는 작태를 반대했다.

예를 들어 휘주상인 포문鮑雯 같은 사람이 그 전형적인 인물인데, 그의 「묘지명」에 이르기를 "그대는 어릴 적부터 성실하고 총명하며 독서를 좋아하여 육경六經·자서子書와 사서史書의 대의를 친히 기록하여 그 모은 것이 10상자나 되었다"라고 했다. 아버지를 여의게 되자 학문을 버리고 장사에 뛰어들었으며, 이후 "비록 시장바닥에 뒹굴었으나 서생·문인의 도리로 장사에 임하여 장사치들이 즐겨 사용하는 일체의 기교를 모두 물리치고 사용하지 않았으며 오직 지성으로 손님을 대했다." 그는 분명히 아주 지혜로운 사람이 어리석게 보이는 것 같은 그런 사람이었다. 그러나 그의 이런 '상도商道'는 뜻밖에 효과가 있어서 "사람들 역시 그를 속이지 않았으며, 이렇게 오랜 시간이 지나자 점차 이익을 보게 되었다."13)

유사한 인품을 가진 사람으로는 담도潭渡상인 황장수黃長壽가 있다. "그는 집안의 독자로서 가업을 계승하여 학문을 닦는 일에 종사했으나, 부친이 연로하여 장삿길로 뛰어들었다. 유가의 도리로 장사에 임하니 원근

---

13) 『歙新館鮑氏著堂宗譜』 卷2, 「鮑解占先生墓誌銘」, 『明淸徽商資料選編』, 451쪽에서 인용.

의 사람들이 기뻐하며 그를 따라주어 몇 년이 지나지 않아 큰 재산을 모았다."14)

박리다매의 방법 역시 유상들이 신봉하는 '상도'에 속했다. 예를 들어 서적상인 도정상陶正祥은 이 도리를 잘 실천했다.

> 사람들과 책을 거래하면서 이익을 올리는 데만 급급하지 않았다. 백금의 값어치를 가진 책이라고 해도 자신이 십금으로 얻은 것이면 단지 십여금에 팔았다. 자신이 십여금을 주고 얻은 것이면 팔 때도 역시 약간의 이문만 남겼다. 그는 이르기를 '내가 잉여를 구하는 것은 단지 호구를 잇기 위함이다. 내가 이익을 좋아하는 만큼 책을 사는 사람에게도 이익을 얻을 수 있도록 해야 한다. 사람들이 이익을 바라는 마음이 어찌 나보다 못하겠는가? 만약 내가 이익을 독점하여 상품의 유통이 막힌다면, 이것은 이익을 잃는 것과 같다'고 했다. 이런 까닭에 그는 책을 팔아 큰 이익을 얻었다.15)

이 서적상인이 천명하는 큰 도리는 일반용상庸商들이 1전 한 푼까지 꼼꼼하게 따지는 작태와는 진실로 크게 다르며 그들보다 훨씬 고명하다. 물론 유상의 '상도' 역시 결코 어디를 가나 승리하는 것은 아니며, 때로 좌절을 맛보기도 했다. 예를 들어 명대 신안新安상인 장박張朴은 "유상으로서 자질구레한 일에 얽매이기 싫어했고, 작은 이익을 따지지 않았으므로 살림살이가 날로 궁핍해졌는데, 교제를 잘하는 큰형의 도움을 받아 집안살림을 조금 일으켰다."16) 만약 상업계에서 '교제를 잘하는' 큰형이 손을 내밀어 도와주지 않았다면, 이 선량하기만 한 유상은 십중팔구 파산했을 것이다. "유학자로서 상업에 종사하기 위해서는" 어느 정도 사회

14) 歙縣『潭渡黃氏族譜』 卷9, 「望云翁傳」, 위의 책, 449쪽에서 인용.
15) 『篠㴚如詩文集』, 『五松園文稿』, 余英時, 『士與中國文化(上海: 上海人民出版社, 1987)에서 재인용.
16) 『新安張氏續修宗譜』 卷29, 『明淸徽商史料選編』, 451쪽에서 인용.

문화 환경에 적응할 수 있어야 하며, 모든 사람을 일률적으로 논할 수 없음을 알 수 있다.

근대 '사상士商'집단은 전반적으로 명·청시대 '유상'의 전통과 특성을 계승했으며, 근대의 역사적 조건 아래 조정이 가해지고 새로운 시대의 내용이 녹아들어 감으로써 독특한 개성을 형성했다. 아래서는 두 사람의 전형적인 근대 '사상'인물을 결합하여 좀더 심도있는 분석을 진행하고자 한다.

2. 장건과 경원선

'장원자본가' 장건張謇은 가장 전형적인 선비형(士人型) 신상이다. 그에 관한 전기는 거재두량車載斗量으로 셀 수 없이 많아서 일일이 장황하게 늘어놓을 필요가 없다. 우리는 단지 그의 '사상士商'으로서의 성격 특징에 대해서만 약간 새로운 탐색을 하고자 한다.

1896년 대생사창大生紗廠을 설립한 날로부터 장건의 근대신상이 되기 위한 탈바꿈 과정이 시작되었다. "관리와 상인의 중간에 위치하여 관리와 상인의 직분을 겸임하며 관리와 상인 사이를 연결하는" 과도기적 인물 즉 신상으로서 장건의 성격 특징은 한 마디로 "상업에 종사하면서도 여전히 유학의 도리를 추구하는" 것이었다. 진실로 장개원章開沅 선생이 이야기한 것처럼 "장건은 비록 한쪽 발은 이미 기업가 집단 속에 들여놓았으나, 몸통과 다른 한쪽 발은 여전히 사인집단 속에 담그고 있었던 것이다."[17]

"상업에 종사하면서도 여전히 유학의 도리를 추구하는 것"은 장건이 비록 사인과 상인이라는 양대 집단 사이에 두 다리를 걸치고 있으면서 사士와 상商의 사회적 특징을 겸비하고 있었으나, 기본적인 정체성은 사士에 있었다는 것을 말한다. 장건에게 상商이란 그것을 통해 자신의 인생 포부를 실현하는 수단과 형식에 지나지 않았으며, 유가의 도덕규범을 표지로 하는 사야말로 그가 뿌리를 내리고 살아가는 토대였다. 이것이 "상업에 종사하면서도 여전히 유학의 도리를 추구한다"라는 말의 제1단계 함의이다.

장건의 생애는 그가 곡절 많은 인생경로를 선택했다는 것과 무관하지 않다. 강소 해문海門의 부유한 농민 겸 소상인 가정에서 태어난 장건은 열다섯 살부터 기나긴 과거시험 생애를 시작했다. 그는 그 동안 얼마나 고생스러운 학업조건을 견디며 여러 차례 낙방의 슬픔을 맛보았는지 모른다. 동치同治 12년(1873) 스무 살이 된 장건은 강남향시江南鄕試에 참가했다가 다시 낙방했다. 그는 상심하여 그날의 일기에 쓰기를 "이날 도처에서 희소식이 전달되었는데, 겁먹은 사람을 놀라게 하는 그 소식은 계속 이어졌고 나는 스스로 낙방했음을 알았다. 세 차례 과거시험장에서 고생을 했는데, 그 동안 다만 등불과 뗄 수 없는 인연을 맺었고 천 리를 왕래하며 다른 사람에게 써주겠다고 약속한 글빚만 해결했을 뿐이다. 성공과 실패는 하늘에 달렸음을 믿으나, 여러 사람이 베푼 지우知遇의 은혜만은 잊을 수가 없다"[18]라고 했다.

26년간에 걸친 곡절 많고 불우한 세월을 거치면서, 거의 30여 차례에 달하는 크고 작은 과거시험장에서의 낙방을 경험한 뒤[19] 장건은 마침내

---

17) 章開沅, 『開拓者的足迹―張謇傳稿』(北京:中華書局, 1986), 88쪽.
18) 『柳西草堂日記』, 同治 12년(1873) 9월 20일.
19) 이것은 章開沅, 위의 책, 『考試詳表』에 근거했다. 『柳西草堂日記』, 光緖 12년(1886) 4월 11일 : "무진년 이후 대소시험에 응하여 무릇 149일을 시험장에서 보냈다."

이미 불혹을 넘긴 나이에 생애최고의 목표인 장원급제라는 염원을 달성했다. 그는 감개무량하여 그날의 일기에 쓰기를 "나는 문간에 깃들어 사는 바닷새처럼 본래 종소리나 북소리에 귀 기울일 마음[출세할 마음]이 없었으며, 구유와 끌채 옆에 엎드린 망아지처럼 오래전부터 세상사에 염증을 느꼈다. 그러다 일단 분수에 넘치는 일이 생기니 일의 갈피를 잡을 수가 없다"[20]라고 했다. 보아하니 오랜 세월 동안 추구해 왔던 것이 오히려 장건으로 하여금 어느 정도 부귀공명과 관리사회의 부침을 도외시하도록 한 것 같다. 다만 개인적인 취향이 어떻든 간에 이 길고 험난한 과거 생애를 지나는 동안에 유가의 윤리도덕 관념이 장건의 뇌리에 깊숙이 각인되어 그의 사인으로서의 망탈리테와 인생관은 벌써부터 정형화되었다.

바로 이러한 이유 때문에 시세에 떠밀려 어쩔 수 없이 사대부들이 말업으로 간주하는 상업계에 발을 들여놓게 되었을 때 장건이 겪은 심적인 모순과 고통은 말로 다하기 어려운 것이었다. 그는 대생사창大生紗廠을 설립할 때의 암담한 심경에 대하여 토로하기를 "무례한 중개인과 교활한 관리들이 남몰래 나를 비웃고 공개적으로 희롱하는 일이 수없이 많으나 비방을 들어도 따지지 못하고 모욕을 당해도 화를 내지 못하며, 오직 눈과 귀를 막고 못본 채 앞으로 내달릴 뿐이다"[21]라고 했다. 그는 「사창에 관한 일로 남양대신 유곤일에게 보낸 편지[爲紗廠致南洋劉督部書]」에서도 원망하기를 "3년 이래 내가 모욕을 참고 원망을 받으며 생전에 어울리지 않던 사람들과 어울리고, 평생에 하지 않던 말을 하느라 혀가 아프고 붓이 마르며, 밤낮으로 비통하고 수치스러움을 느낀 적이 도대체

---

20) 『張謇日記』, 갑오년 4월 22~25일.
21) 『張嗇翁(謇)實業文鈔』〈重印本〉(臺北:文海出版社, 1969), 94쪽.

몇 번인지 모른다"[22]라고 했다.

"세상사람들의 의심과 비방을 들으면서도 끝내 말 한마디 못하는 것" 등 외재적 요인으로 인한 심리적 압박 같은 것은 오히려 부차적인 문제이고, 진정으로 장건의 망탈리테가 심각하게 균형을 잃도록 한 것은 그가 그토록 오래 동안 신명神明처럼 떠받들었던 사대부로서의 인생가치관과 현실의 첨예한 충돌이었다. 한 사람의 가난한 선비로서 장건은 "어릴 적부터 부귀에는 관심이 없었으며" 다만 "독서에 매진하여 과거공명科擧功名을 얻어 부모의 명을 따르는 것이 자신의 사명이라고 생각했다."

그런데 실업에 투신하게 되면 필연적으로 부자들과 인연을 맺어야 하고, 그렇게 되면 "평소에 지키고자 하던 바를 지키지 못하게 된다." 이 때문에 그는 자신이 장원의 신분으로 실업에 종사하는 것을 두고 "가진 것을 버리고 호랑이에게 몸을 던지는 것"[23]이며 "스스로 초연히 대하던 몸을 혼탁하고 더럽고 속되게 만드는" 것으로 간주했다. 장건의 독백은 얼마나 침통한 말인가.

이로부터 당시 수구적 사대부의 눈에 반역으로 비쳐졌던 장건은 내심으로 여전히 진지한(순수한) 사인이었으며, 그가 사림士林호걸의 신분으로 실업에 투신한 것은 어떤 의미에서 일종의 '자아희생'이었음을 알 수 있다. 마치 그가 "나는 중국의 국가대계를 위해 자신을 폄하했을 뿐, 개인적인 이익을 위해 자신을 폄하한 것이 아니라, 염원을 이루되 지조를 잃지 않길 바랐고, 자신의 계획이 이미 세워진 이상 뒤돌아 볼 필요가 없다고 믿었다"[24]라고 한 것처럼.

---

22) 위의 책, 112쪽.
23) 위의 책, 178쪽.
24) 위와 같음.

선비형 신상으로서 장건이 실업에 투신한 중요한 목적은 교육의 진흥에 있었고, 이윤을 추구하는 것은 부차적인 문제였다. 장건은 평소 교육의 역할을 중시하여 "나라를 구하는 길은 교육 외에 다른 길이 없으며, 널리 실업을 일으키지 않는다면, 어떻게 필요한 자금을 확보할 수 있겠는가? 이것이야말로 사대부들이 경주해야 할 일이다"25)라고 했다. 인재는 교육을 통해서 얻는 것이지만, 교육을 일으키는 데 필요한 경비는 실업에 의존하지 않을 수 없었다. 이것이 바로 장건이 전에 이야기한 "교육이 아버지라면 실업은 어머니이다"라는 말의 의미이다. 사림으로부터 출발하여 상고商賈를 거쳐 다시 사림으로 회귀하는 것이 "상업에 종사하면서도 유학의 도리를 추구한다"라는 말의 제2단계의 함의이며, 이것은 또한 장건 등 선비형 신상이 일반신상과 다른 점이다. 사士는 독서를 근본으로 하며 유자儒者는 도리를 가르치는 것을 업으로 한다. 진지하게 이야기하면 교육이야말로 장건이 가장 잘하는 일이며, 동시에 그의 본성에 가장 적합한 일이었다.

일찍이 과거시대에 장건은 숭명영주서원崇明瀛洲書院·남경문조서원南京文照書院과 안경경고서원安慶經古書院의 원장으로 재직한 적이 있다. 그는 박학홍유博學鴻儒이며 일대종사一代宗師였다. 청일전쟁 후 장건은 구식서원의 직위를 일일이 사임하고 학부學部에 글을 올려 신식학당의 설립을 청했으며, 강소학무총회江蘇學務總會 총리와 강소성 교육회 회장을 차례로 역임했다. 더욱이 그는 고향인 통주通州에서 공장의 설립을 통해 얻은 자금과 또 다른 길을 통해 모은 경비를 이용하여 통주사범학교通州師範學校와 몇 개의 중·소학교를 창설했으며, 아울러 공과대학工科大學·남양대학南洋

---

25) 『癸卯東游日記』, 6월 초4일, 『柳西草堂日記』에 수록.

大學 등 고등교육 기관의 설립에도 참여했다.

　중국의 전통적 사대부들은 대부분 치국평천하의 원대한 포부를 지니고 정계에서 뭔가 의미있는 일을 하고자 했다. 그러나 한 사람의 선비형 신상으로서 장건의 성격은 비교적 독특하여 그는 비단 "부자나 권세가와 만나기를 꺼렸을 뿐만 아니라" 심지어 관리가 되는 것조차 싫어하여 벼슬살이에 관심을 두지 않았다. 그는 스스로 이르기를 "원컨대 비록 작지만 유용한 일을 할지언정 높은 자리에 있으면서 부끄러운 관리가 되지 않겠다는 것이 나 장건의 소신이다"26)라고 했다. 그는 공개적으로 "중국의 사대부는 대부분 귀족의 습성, 명사의 습성, 고관의 습성, 요인의 습성, 중개인의 습성을 벗어나지 못하고 있다"27)라고 비판했다.

　장건의 진정한 관심은 지방신사로 있으면서 착실하게 의미있는 일을 하는 데 있었다. 여기서 말하는 의미있는 일이란 실업에서부터 착수하여 교육으로, 다시 자선사업으로, 다시 공익사업으로 나아가 지방 전역에 자치를 실현하는 것이었다. 그는 일찍이 회고하기를 "나는 촌락주의를 실현하고 지방자치를 경영할 생각을 갖고 있었다. 예를 들어 실업·교육·수리·교통·자선·공익 등등이 거기에 포함된다"28)라고 했다. 실업·교육·자선과 공익 간의 관계에 대하여 장건은 "일을 이루기 위해서는 먼저 지식이 있어야하고, 민간의 지식을 깨우치기 위해서는 반드시 교육을 해야 하는데, 교육은 말로만 되는 것이 아니고 먼저 실업을 일으켜 실업과 교육이 상호보완적으로 이루어지도록 해야 하며, 이어서 자선사업을 일으키고 다시 공익사업으로 나가야 한다"29)라고 했다. 이로부터

---

26) 『張季子九錄·文錄』, 「致沈子培函」.
27) 『張嗇盦(謇)實業文鈔』, 360쪽.
28) 『張季子九錄·自治錄』, 「呈報南通地方自治第二十五年報告會籌務處成立文」.
29) 위의 책, 「謝絶參觀南通者之啓事」.

장건은 비록 관리로 입신양명하는 데는 무관심했으나, 여전히 사대부로서 갖는 우국우민憂國憂民의 마음, 구국구민救國救民의 뜻을 품고 있었으며, 다만 서생들이 갖고 있는 '치국평천하'라는 공허한 포부를 지방자치 사업을 통해 착실하게 실천하고자 했을 따름이라는 것을 알 수 있다. 이것은 장건의 독특한 점이며 또한 장건의 고명한 점이기도 했다.

그는 "상업을 이야기하면서도 유학을 지향했고" 처음 먹은 생각을 바꾸지 않았다. 그가 바꾼 것이 있다면, 그것은 바로 독서인이 단지 허명만 좇으며, 사회를 이롭게 하지 못하는 오랜 습관이었다. 언젠가 열린 주주 회의에서 연설하는 가운데 장건은 자신의 심경을 솔직하게 털어놓기를 "천하에는 단번에 이룰 수 있는 일이 없고, 무시해도 좋을 공로는 없다.… 내가 번거로움을 피하지 않는 것은 운영하는 기업이 모두 이익을 얻어 여러 주주들의 영리를 추구하는 마음에 부합하려는 것이다. 동시에 여러 주주들이 가진 자본의 힘에 의지하여 새로운 세계의 추형雛形을 건설하고자 하는 나의 뜻을 이룩함으로써 중국은 지방자치가 불가능하다는 치욕을 씻을 수 있다면, 설령 사회를 위해 내가 소나 말이 된다고 해도 그것을 마다하지 않겠다"30)라고 했다. 장건은 정말 큰 뜻을 품은 사람이었다.

남통南通의 '장원자본가' 장건의 신상身上에서 우리는 근대 선비형 신상집단의 몇 가지 특징을 개관해 볼 수 있다. 이러한 특징은 도대체 기타 선비형 신상에게도 적용되는 것인가? 우리는 상해신상 경원선經元善의 예를 통해 서로 대조해 보고자 한다.

경원선經元善(1841~1903)은 자가 연산蓮山(혹은 蓮珊)이며 원적지는 절강 상

---

30) 『張謇鬆(謇)實業文鈔』, 194쪽.

우上虞이다. 경씨집안은 대대로 "농사일과 독서로 생활하며 덕행을 숨기고 드러내지 못하다가" 경원선의 부친은 가난으로 인하여 1818년 "학문을 버리고 상해로 가서" 장사를 배웠다. 그 결과 "자수성가하여 수만금의 재산을 모았으며" 사교에 능하고 좋은 일에 앞장섬으로써 상해에서 이름이 자자했다.

경원선은 어릴 적부터 상해로 이주했으며, 나이 열일곱이 되자 장사를 배우기 시작하여 늘 부친을 따라다녔다. 1865년 부친이 세상을 떠나자 경원선은 이듬해 상해동인보원당上海同仁輔元堂 동사董事의 자리를 물려받았고, 1871년에는 '인원전장仁元錢庄'을 이어받았다. 1880년 경원선은 그가 의진義賑 자선활동을 하면서 보여준 재능과 경험으로 인하여 정관응鄭觀應과 함께 이홍장李鴻章의 위임을 받아 상해기기직포국上海機器織布局 회판會辦이 되어 양무기업가로서의 생애를 시작했다. 이후 그는 상해전보국 회판, 관독상판의 전보국 호국滬局 총판 등의 직무를 차례로 담당하여 탁월한 경영관리 능력을 보여주었다. 경원선은 어릴 적부터 상업에 투신하여 과거시험장에 발을 들여놓은 적이 없었다. 하지만 전보국을 경영하면서 업적이 두드러졌으므로 성선회盛宣懷의 추천을 받아 3품함후선지부三品銜候選知府가 되었는데, 처음에는 후보였다가 나중에 도원道員으로 임용되어 한 사람의 상당히 유능한 신상이 되었다.

경원선은 비록 공명을 바라고 과거공부에 힘을 쏟은 적은 없으나, 그의 사상과 언행을 종합적으로 관찰해 보면, 여전히 선비형 신상으로 분류할 수 있다. 장건과 마찬가지로 경원선 역시 "상업에 종사하면서도 유학의 도리를 추구하여" 결코 이윤추구를 유일한 목적으로 삼지 않고, 유가 경전의 의미를 체득하고 부귀공명을 도외시했으며, 담담하고 조용하며, 활달하고 너그러우며, 재물을 가볍게 여기고 의를 중시하며, 옳은 것을 보면 반드시 행했다.

1878년 경원선의 두 동생이 하남성과 섬서성으로 가서 재난을 구휼하는 일을 처리하게 되었다. 헤어질 때 경원선은 그들에게 말로 당부했을 뿐만 아니라 책을 주어보냈다. 이것은 그의 평생의 취향을 상당히 잘 반영하고 있다. 그가 동생들에게 준 서적에는 『격언연벽格言聯璧』 10책, 『노학구어老學究語』 20책, 『총훈재어聰訓齋語』 10책, 4서四書 1부, 여련촌余蓮村 선생의 『득일록得一錄』 1부가 들어 있었는데 모두가 유학에 관한 책이었다. 경원선은 특별히 당부하기를 "이 몇 종류의 책은 비단 몸과 마음을 수양할 수 있을 뿐만 아니라 진휼을 하는 중요한 비결이므로 극히 어려운 상황에 처했을 때 이 책을 꺼내서 자세히 읽어보면 반드시 해결방법을 찾을 수 있을 것이다. 조한왕趙韓王(趙普)이 반 권의 논어로 천하를 다스렸다는 것은 마음 깊이 깨달아 간직해야 할 말이다"라고 했다.

또 몇 마디 격려의 말을 남겼는데, 모두 선비로서 "처신하고 세상경험을 쌓을" 때 필요한 도덕교훈으로, 예를 들어 "요컨대 단지 '마음은 평온하고 태도는 온화하게'라는 이 두 마디만 기억하면, 어디를 가든 저절로 소득이 있을 것이다.… 군자와 소인을 가르는 가장 큰 관건은 어디에 있는가? 매사에 손해를 보면서도 도량이 넓은 사람은 반드시 군자이고, 매사에 잇속만 차리며 흉금이 좁은 사람은 반드시 소인이다"[31)]와 같은 말들이었다.

경원선은 의진구재義賑救災와 교육의 진흥에 대하여 유달리 열심이었다. 특히 의진 자선사업을 추진하는 면에서는 아마도 장건을 능가했던 것 같다.

---

31) 「送兩弟遠行臨別贈言」, 『經元善集』(武漢: 華中師範大學出版社, 1988), 11~13쪽.

1877년 겨울 경원선은 신문을 통해 하남성 등지에서 초대형 가뭄(旱災)이 발생했는데 "이 3년 동안 가뭄이 들어 황폐해진 땅이 끝이 없고 시체가 널렸으며 사람들이 서로 잡아먹는다"32)라는 소식을 접하고 측은한 마음이 북받쳐 올라 상해의 신상들과 연합하여 구휼사업을 펼쳐 하남의 재해를 구제하기 위한 기부금을 모으기로 결정했다. 이로부터 그의 일생에서 중요한 지위를 차지하는 민간인 구제활동을 조직하고 이끄는 일이 시작되었다.

이듬해(1878) 구제사업(籌販)에 전심전력하기 위해 경원선은 의연히 세업인 인원전장(仁元錢莊)의 문을 닫고 그 터에 '협진공소(協販公所)'를 설립하여 상해신상을 조직하여 의진(義販) 자선활동을 진행하는 상설기구로 삼았다.33) 경원선은 상해신상의 의진활동을 주도하는 실질적인 영수인물로서 1878년부터 1893년까지 하남·산서·섬서·안휘·강소·절강·산동·봉천·순직(順天과 直隸) 등 몇 군데에서 전개된 중대한 의진활동의 조직과 관리에 참여했는데, 전후하여 "모금액이 수백만 냥에 달했으며, 조정으로부터 표창을 받은 것이 11차례였다."34) 의진활동을 벌이는 것 외에 경원선은 공제당(公濟堂)·방생국(放生局)·선당(善堂) 등을 설립하여 고아·과부·환자·노인을 구제하는 자선사업을 벌이기도 했다.

경원선이 학교를 설립하여 인재를 양성하는 활동은 비록 의진 자선활동보다 늦게 시작되었으나 상당한 효과를 거두었으며, 그의 언행일치, 착실하게 일하는 일관된 품성을 보여주었다. 경원선이 창건한 첫번째 학당은 1893년 말 상해 성남(城南) 고려묘(高呂廟) 부근에 개설한 '경정서원(經正書

---

32) 「急功四省販捐穀」, 『經元善集』, 4쪽.
33) 『居易初集』 卷2, 46쪽.
34) 姚文楠, 『上海縣續志·游寓』 卷21, 16쪽.

院'으로 양계초와 왕경안王敬安 등 이름있는 신학新學인물을 초빙하여 학생들을 가르치도록 했으며, "중국학과 서양학을 함께 개설하여… 세가의 후예들을 불러모아 교육했다."35)

1897년 하반기 '경정서원'을 폐교한 지 1년 만에 경원선은 다시 첫번째 '중국여학당'의 창설을 발기했다. 이것은 당시 새로운 풍조를 선도하는 행동이었으며, 공동발기인으로 참가한 신상학계 인물로는 엄신후嚴信厚·정관응鄭觀應·시직경施則敬·왕강년汪康年·강광인康廣仁·양계초梁啓超 등이 있었다. 경원선은 여자학당을 건립하여 여성교육을 남성교육과 마찬가지로 중시해야 한다고 주장했으며, 아울러 전족의 폐지를 주장하여 사대부의 보편적인 불만을 야기했다. 조야의 여론의 압력과 경비부족에 직면한 경원선은 "스스로 호랑이 밥이 되겠다는" 결심으로 "다른 사람의 눈치를 보지 않고 소신껏 밀고나가" 마침내 "고심 끝에 이 여학교를 육성하여 성공을 거두었다."36)

1898년 여름 중국여학당이 정식으로 문을 연 뒤 경원선은 다시 고향인 여요餘姚와 상우上虞 두 현에 '농공학당'을 설립하여 "농사를 개량하고 공예를 진흥시키려는 계획"37)을 수립했다. 그러나 뒤에 절강순무가 시간을 끌며 승인을 미루는 바람에, 게다가 무술변법 실패 후 경원선이 병을 앓게 되어 끝내 뜻을 이루지 못했다.

경원선은 장사를 하면서도 틈을 내어 자선사업과 교육활동에 열심히 종사했다. 그 사상적인 근거는 주로 유가윤리가 창도한 '중화中和의 도리'와 사회봉사·멸사봉공의 사상에 있었다.

---

35) 『居易初集』 卷2, 30쪽.
36) 『先翁經元善簡歷』, 『經元善集』, 406쪽.
37) 「農工學堂發起啓」, 『居易初集』 卷2.

경원선은 유가의 전체우주관에서 "하늘과 사람은 하나이고" 개인과 사회도 하나이며, 하늘과 사람과 사회 사이에도 당연히 일종의 조화로운 관계가 유지되어야 하지 하늘의 뜻을 거역하여 자신의 이익을 다툴 수 없으며, 여론을 무시하고 사리사욕을 도모해서도 안된다. "기뻐하되 지나치게 좋아하지 말고, 화를 내되 지나치게 노하지 말며, 슬퍼하되 몸이 상하게 하지 말고, 즐거워하되 기가 꺾여서는 안되며"38) "부귀는 하늘에 달린 것으로 사람의 힘으로 어찌 할 수 있는 것이 아니다." 부상대고富商大賈는 반드시 "현상을 유지하고… 오래도록 부를 지키는" 도리를 깨달아 아침 일찍 일어나고 밤늦게 자며 부지런히 일하여39) "우선 유업을 오래 지킬 도리를 찾고 다시 그것을 늘릴 방도를 강구해야 한다."40) 갑자기 많은 재산을 모으면 당연히 재물 가운데 일부를 덜어내 사회를 구제함으로써 사욕이 과도하게 팽창하는 것을 절제해야 한다. "또 생각해 보니 내가 배운 것도 없고 재주도 없으며 젊고 건장한 나이에 가령 갑자기 큰 부를 얻었다면, 가무와 여색에 깊이 빠져 설사 죽지 않았다고 해도 폐인이 되었을 것이다"41)라고 했다.

이 때문에 경원선은 상인은 마땅히 "분수에 만족하여 본분을 지켜야 하고 비록 장사를 하더라도 이익을 다투어서는 안되며"42) 이익을 다투지 않아야만 비로소 큰 이익을 얻는다고 주장했다.

경원선은 또한 불교의 인과응보, 도교의 화복상의禍福相倚 등의 사상을 자신의 '사상士商'상도商道[賈道] 속에 받아들여 때맞춰 선행을 베풀고 사회

---

38) 『經元善集』, 11쪽.
39) [역주] 원문수정 : "夙興夜昧"→"夙興夜寐".
40) 「治家經營淺說八則」, 『經元善集』, 124쪽.
41) 「富貴在天說」, 『經元善集』, 242쪽.
42) 위와 같음.

를 복되게 하는 사상적 근거로 삼았다. 그는 "천지간에 가득 찬 사물은 성공이 있으면 반드시 실패가 있고, 모이면 반드시 흩어지며… 금은 재물은 모으기 어렵다는 사실을 알 수 있다"43)라고 했다. 사람의 계산은 하늘의 계획에 미치지 못하니 상인들은 인과응보의 '큰 주판알'이 움직이기 전에 "하늘보다 먼저 움직여서 신속히 재물을 베풀고 곡식을 나누어줌으로써 하늘이 손을 쓸 겨를이 없도록 해야 한다"44)라고 했다.

귀납해 보면, 경원선의 사상과 언행이 구현한 근대 선비형 신상의 특성은 다음 몇 가지로 요약될 수 있다.

첫째로 "유교의 종지를 위배하지 않고 다른 종교를 비난하지 않으며" 유학의 도리로 자신을 단속하고 유교의 도를 상업에 적용한다. 경원선은 비록 과거시험에 응시한 적이 없으나 "오직 4서四書만은 어릴 적부터 자못 익숙했다. 서른 살이 되기 전에『대학大學』의 첫 구절인 '대학지도大學之道'에서부터『맹자孟子』의 마지막 구절인 '무유호이無有乎爾〔그것을 이어받는 사람이 없다〕'까지 경전과 주석을 모두 암송할 수 있었다." 그래서 "평생 뜻을 세우고 일을 함에 성현을 본받고자 했으며 감히 유학의 종지를 위배하지 않았다."45) 유가의 신조와 도덕규범에 충실한 것이 바로 '사상士商'의 근본적인 특징이었다.

둘째로 부귀공명을 도외시하고 강인한 의지를 가지며 세상사람들에게 아첨하지 않는다. 경원선은 스스로 세 가지 일을 해내려고 했다. 하나는 "세속에 물들지 않고 정도에 어긋나지 않는다." 다시 말해 결코 세상사람들에게 아첨하거나 시세에 영합하지 않으며 정정당당하게 사람의

---

43)「禍福倚伏說」,『經元善集』, 7쪽.
44) 위의 책, 8쪽.
45)「五誓齋記」,『經元善集』, 238쪽.

도리를 다한다는 것이다. 설령 관직이 높고 명성이 대단한 장지동張之洞 같은 사람일지라도 경원선은 감히 솔직하고 직설적으로 공장설립의 입지 선정이 잘못되었다는 사실을 비평하여 "내가 보기에 호북성의 직포와 철강 두 국局의 기지는 모두 부적합하다"46)라고 했다.

둘은 "대중의 호의를 얻어 헛된 명예를 구하지 않으며" 성실하디 성실한 사람이 된다. 예를 들어 경원선이 부친의 뜻을 계승하여 수리공사 즉 해녕당공사海寧塘工事를 완수한 뒤 청정부가 그에게 두품홍정화령頭品紅頂花翎을 수여하려 하자 그는 한 마디로 사절하며, 자신이 자금을 대고 힘을 다해 제방을 축조한 것은 "인민의 안녕을 위한 것이지… 헛된 명예나 이익과 관록을 얻기 위해서가 아니다"47)라고 했다.

셋은 "산호 정주頂珠가 달린 관모를 쓰지 않으며 감사監司의 벼슬에 나아가지 않는다." 다시 말해서 돈과 재물을 기부하여 실관을 사지 않고 관계에 진출하지 않으며, 관官과 상商은 다르므로 각자가 자신의 도리를 다한다. 비록 "매번 관리들의 명성이 대단함을 볼 때마다 그것을 부러워하지 않았던 것은 아니나" 경원선은 여전히 "무릇 우리 자손 가운데 정도를 통하여 관직에 나가는 것 외에 지름길을 통해 요행으로 공명을 얻는 자는 불효자이다"48)라는 부친의 훈계를 엄격히 지켜 연납을 통해 관리가 될 생각을 하지 않았다.49)

셋째로 금전에 구애되지 않고 이익을 추구함에 있어서도 적당할 때 그만둔다. 경원선이 볼 때 "적은 돈이나 하찮은 일까지도 꼼꼼하게 따지는 것은 실로 천성에 부합되지 않으며, 사소한 이익을 구하는 것은 지엽

---

46) 「上楚督南皮張制府書」, 『經元善集』, 236쪽.
47) 「先翁經元善簡歷」, 『經元善集』, 405쪽.
48) 〔역주〕 원문수정 : "以捷徑幸得功名者"→"以捷徑倖得功名者"
49) 「五誓齋記」, 『經元善集』, 239쪽.

적인 것 중에서도 지엽적인 것이었다."50) 그는 "사士는 진리를 추구하는 데 뜻을 두며, 허름한 옷과 나쁜 음식을 부끄러워하는 사람은 더불어 논의할 수 없다."51) 사상士商은 마땅히 원대한 포부를 가져야 하고 당연히 사회에 대한 봉사와 향리의 복지를 위해 힘쓰는 일을 자신의 임무로 생각해야 하며, 옹졸하게 이익을 추구하거나 호화롭고 사치스런 생활에 빠져서는 안된다. "검소한 사람이 사치스럽게 되기는 쉬우나 사치스럽게 살다가 검소하게 되기는 어려우니 실로 깊이 경계해야 할 일이다"52)라고 했다.

자손의 교육에 대해서도 당연히 유가 윤리도덕의 수양을 중시하여 상업경영의 재능을 배양하되 돈과 재물을 모두 자손에게 물려주어 그들이 돈을 헤프게 쓰도록 해서는 안된다고 보았다. 경원선의 부친은 유훈遺訓을 남겨 이르기를 "장래 자손들의 사업을 걱정하지 말고 현재 자신의 공덕 쌓기에 힘쓰라"고 했다. 경원선은 스스로 삼자경三字經을 지어 "사람들이 자식에게 물려주는 것은 광주리 가득 담긴 황금이나, 내가 자식에게 가르치는 것은 오로지 하나 경전이다(人遺子, 金滿籯, 我敎子, 惟一經)"53)라고 했다. 여기서 말하는 '경전'은 자연히 유교경전을 가리킨다.

이상에서 본 장건과 경원선의 사상과 성격상의 특징은 모종의 이상적인 형태의 근대 '사상士商'의 표준을 수립했으며, 아울러 이것이 쌓여서

---

50) 「富貴在天說」, 『經元善集』, 241쪽.
51) 「復某姻世兄書」, 『經元善集』, 125쪽. [역주] 이 말은 원래 『논어』 이인편에 나오는 말이다. 원문을 보면, "선비는 도에 뜻을 두며, 허름한 옷과 나쁜 음식을 부끄러워하는 사람은 더불어 논의할 수 없다(士志于道, 而恥惡衣惡食者, 未足與議也)"라고 했다. 원서의 주에 나와 있는 『經元善集』 125쪽을 보아도 "士志于道, 而恥惡衣惡食者, 未足與議也"라고 했으나, 원서의 본문에는 "未足與議也"라는 부분이 빠져 있다.
52) 「五誓齋記」, 『經元善集』, 238~240쪽.
53) 위와 같음.

일종의 독특한 근대 사상윤리를 형성했다. 명·청시대의 유상儒商윤리와 비교해 보면 근대의 사상윤리는 유상윤리가 중시했던 덕행과 교화를 계승하여 사회와 향리에 봉사하는 전통을 강조했으나 신식교육의 보급, 학교를 설립하여 인재를 양성하는 것과 단체의 결성, 지방자치와 상인자치의 실행을 더욱 중시했다.

요컨대 선비형 신상집단의 출현은 유교문화가 근대상인에게 심각한 영향을 미친 결과이다. 이 사회집단은 위로는 고대 사士의 역사적 전통을 계승하고, 아래로는 동아시아 유가형 기업정신의 물길을 열었으며, 전통상인과 현대 공·상업 자본가 사이에서 모종의 '시범'과 중개교량의 역할을 했다.

제2절 매판형 신상

1. 매판과 매판의 신사화

매판(comprador)은 서방 자본주의의 중국에 대한 경제적 침투(삼투)에 따라 대두한 하나의 특수한 사회계층이다. 일찍이 제1차 아편전쟁(1840~1842) 이전의 '공행무역公行貿易' 시기에 이미 광주·마카오 등지에서 매판의 활동이 시작되었다. 당시의 통사通事·견객㨾客·근수跟隨와 마찬가지로 매판은 중국에 온 외국상인에게 봉사하는 사람들이었다. 그러나 지위가 매우 낮아서 단지 '사문沙文(servant의 음역, 僕役)'의 우두머리 정도에 불과했다. 그들의 직책은 외국상인을 위해 잡무를 처리하는 것이었으며, 뒤에 보이는 것과 같이 중국과 외국의 무역을 경영하는 경제적 기능을 갖고 있었던 것은 아니다. 도광 15년(1835) 제정된 「외국인방비장정[防範夷人章程]」에 규정하기를 외국상관商館에 필요한 수문守門과 도수挑水 등의 인부는 "매판에게 일임하여 대신 고용하게 하고, 매판은 통사通事에게 일임하여 보충하며, 통사는 양상洋商(즉 行商)에게 일임하여 보충하게 함으로써 층층 절제하도록 한다"54)라고 했다.

제1차 아편전쟁 이후 외국상인이 임의로 매판을 고용할 수 있는 특권을 얻게 됨에 따라55) 더 이상 행상行商이나 통사通事의 도움을 받아 보충할 필요가 없었다. 그러다 행상제도가 취소되자 매판은 신속하게 행상과 통사의 지위를 대신했고 직무는 날로 복잡하게 되었으며, 외국 경제 세력의 확장과 신속하게 확대되는 중외무역에서 중개인의 역할을 담당하기 시작했다. '매買'와 '판辦'의 내용은 외국상인을 대신하여 물자와 식품을 구입하고 잡무를 관리하던 것으로부터 일약 양행을 대신하여 매매를 중개하고 매매를 대리하는 사람으로 도약한 것이다. 구체적으로 말하면 외국상인을 대신하여 토산물을 수매하고 서양상품을 판매함으로써 구전이나 중계료(經紀費)를 받는 것이었다.

1860년대와 1870년대의 교체기에 외국상인의 통제 아래 놓인 매판상업망이 이미 정식으로 형성되었다. 제1차 아편전쟁이 막 끝났을 무렵에 중국소재 외국양행의 총수는 40개에 못 미쳤으나 1872년에 이르러서는

---

54) 梁廷楠, 『粤海關志』(木刻本) 卷29, 32쪽.
55) 외국상인은 "자유롭게 領港人·僕役·買辦·通譯·駁船·水手 등을 고용할 수 있으며 간섭을 받지 않는다."[『望廈條約』第8條, 『五口通商章程』第1條·第10條의 규정]

이미 343개에 달했으며, 같은해 중국에 거주하는 서양상인의 총수는 3,673명이었다.56) 양행의 외국상인으로부터 매판에 이르고, 다시 약간의 좌고坐賈와 행상行商을 거쳐 곧바로 직접 생산자와 소비자에 이르기까지 하나의 완전한 서양상품 판매망과 토산물 구매망이 수립되었다. 이 상업망은 개항장을 거점으로 하여 광대한 농촌으로 침투함으로써 긴밀한 상품유통로를 형성했다.

매판상업망의 형성은 매판제도가 이미 중국에서 정식으로 형성되었다는 표지였다. 이 제도 아래서 매판은 '계약[合同]'을 체결하여 일정액수의 '보증금'을 지불하고 양행에 고용되었다. 업무의 확대를 위해 총매판總買辦은 외자기업 안에 매판간買辦間 [comprador office]을 설치했는데, 혹은 이것을 매판장방買辦賬房 또는 판방辦房이라고도 불렀다. 매판의 아래에는 종종 '부매판' 혹은 '방매판幇買辦' 및 간은사看銀師 등 각종 명목의 중국인 고용자를 두었다.

매판의 수입은 양행이 지불하는 많지 않은 급료[일반적으로 단지 상징적인] 외에 주로 거래가 성사된 뒤에 받는 구전 즉 리베이트에 의지했다. 초기에 매판의 구전은 일반적으로 2%였다가 뒤에[19세기 70년대 이후] 1%로 떨어졌다. 그러나 매판의 진정한 수입의 대종은 매판신분에 의지하여 자신의 공·상업 경영활동에 종사함으로써 얻는 대규모 이윤에 있었다.

예를 들어 회풍은행匯豊銀行의 제2대 매판 왕괴산王槐山[1869~1874년간 재직]은 '은행 간의 단기대부어음이자'와 '시중공시이자'의 차액을 이용하여 중간에서 이윤을 도모하여 "회풍은행에 막대한 이익을 안겨주었으며, 왕괴산 역시 졸지에 부자가 되었다."57) 그는 짧은 6년간의 매판생애 동안

---

56) 姚賢鎬, 『中國近代對外貿易史資料』(北京:中華書局, 1962), 1000쪽, 表.
57) 『字林滬報』, 1884年 1月 11日, 1쪽.

수십만 냥의 재산을 모았다. 나머지 예를 들어 당정추唐廷樞・서윤徐潤・정관응鄭觀應 등도 모두 이화怡和・보순寶順・태고양행太古洋行의 매판으로 복무하면서 동시에 자신의 전장錢莊・당포當鋪・다잔茶棧・주장綢莊・포호布號 등을 경영했다. 자신이 경영하는 상업에서 벌어들이는 이윤이 양행에서 그들에게 지불하는 급료와 구전을 훨씬 능가했다.

학연평郝延平의 매판계층의 수입에 대한 통계에 따르면, 1842~1894년 사이 매판의 총수입은 5억 3천만 냥이었다.58)

매판이 되면 종종 "맨주먹으로 천금을 모을 수 있다"라는 이유 때문에 외국상인의 재 중국무역이 확대됨에 따라 매판계층의 숫자는 꾸준히 증가했다. 1854년 매판의 총수는 겨우 250명이었으나, 1870년에는 7백 명으로 증가했으며, 1900년에는 이미 2만 명에 달했다.59)

매판이 담당한 역할에 대하여 『중국경제전서中國經濟全書』 편찬자의 말을 빌면 "그들은 유럽상인과 청국상인 사이에 없어서는 안될 매개이다"60)라고 했다. 이 말은 물론 틀린 말이 아니지만, 아무래도 한 마디 덧붙여야 할 것 같다는 생각이 든다. 그것은 매판은 또한 서양상인과 청조 관부 사이를 연결하는 매개였다는 것이다. 서양상인이 가장 좋아하는 매판은 중국상인에게 잘 접근하고, 상업상황에 밝아 효과적으로 업무를 개척할 수 있을 뿐만 아니라, 봉건통치자와 격의없이 지내며 청탁을 할 수 있고, 지방 관신官紳세력과 교제할 수 있는 수완이 있어야 했다. 따라서

---

58) Yen-p'ing Hao(郝延平), *The comprador in nineteenth century China : bridge between East and West* (Cambridge, Harvard University Press, 1970), 105쪽. [중역본 : (美)郝延平 著, 李榮昌・沈祖煒・杜恂誠 譯, 『十九世紀的中國買辦 : 東西間橋梁』(上海:上海社會科學院出版社, 1988)] [역주] 하오옌핑 지음, 이화승 옮김, 『동양과 서양, 전통과 근대를 잇는 상인 매판—중국 최초의 근대식 상인을 찾아서』(서울:씨앗을 뿌리는 사람들, 2002), 126쪽 참조.
59) 『張謇鰲(謇)實業文鈔』(重印本)(臺北:文海出版社, 1969), 102~105쪽.
60) 『中國經濟全書』第2輯(兩湖督署藏版), 243쪽.

매판의 신사화는 필연적인 추세에 속했다.

1850년대 영국상인이 설립한 패덕복貝德福 [Badford-필자] 양행은 수재인 정건창丁建昌을 물색하여 공독公牘·품첩稟帖·찰문札文·주장奏章 등 관방문서를 번역처리하는 일을 전담하도록 했다. 양행주인의 말을 빌면 정건창은 '저명인사'이며 박식한 학자로서 매일 양행에서 그저 한 시간 정도만 머물면 되었으며, 양행의 업무에 대해서는 간여하지 않고, 오로지 늘 관아 사이를 돌아다니기만 하면 되었다고 한다.61) 정건창은 매판의 명의가 없었으나 이미 매판화된 신사였다.

개별적인 예외상황을 제외하면62) 대다수 매판의 신사화는 모두 연납을 통해 직함을 획득하는 방식으로 이루어졌다. 1900년을 전후하여 상해에서 이름있던 40명의 매판 가운데 적어도 15명은 연납을 통해 후보도대候補道臺의 직함을 얻었다.63) 그들 무기교역에 종사하는 '군장매판軍裝買辦'은 모두 관리사회에 접근했으며 "일반적으로 연납하여 공명을 얻었고 어떤 사람은 연납하여 후보도候補道를 획득했다."64)

대매판大買辦으로 예를 들면 이화양행怡和洋行의 당정추唐廷樞와 당무지唐茂枝 형제, 보순양행寶順洋行의 서윤徐潤, 태고양행太古洋行의 정관응, 노린양행魯麟洋行의 우욱경虞洽卿[후에 華俄道勝銀行 및 네델란드은행荷蘭銀行 매판으로 옮김] 등은 죄다 연납을 통해서 도대道臺나 관찰觀察 같은 직함을 얻었다. 그 가운데 서윤은 1862년 "감생으로부터 연납하여 광록시서정光祿寺署

---

61) Hosea Ballou Morse, *The International Relations of the Chinese Empire, Volume I, The Period of Conflict 1834~1860*(London, New York [etc.] Longmans, Green, and Co., 1910), 55~56쪽.
62) 예를 들어 怡和洋行 매판 楊坊은 일찍이 거금을 주고 직접 蘇松太道의 직위를 사서 상해지역의 대외 무역을 조종함으로써 어부지리를 얻고자 했다.
63) Yen-p'ing Hao(郝延平), 위의 책, 184쪽. [역주] 하오옌핑 지음, 이화승 옮김, 위의 책, 209~211쪽 참조.
64) 『舊上海的外商與買辦』(上海: 上海人民出版社, 1987), 37쪽.

正이 되었고" 1863년 "강남양대보소국江南糧臺報銷局에서 연납으로 원외랑員外郎 및 화령花翎을 추가로 획득했다." 1866년에는 이홍장이 "글을 올려 추천함으로써 4품함四品銜이 더해졌고" 1872년 "안휘성 연국捐局에서 연납을 통해 낭중郎中에 올라 여전히 병부쌍월선용兵部雙月選用으로 파견되었으며, 연납없이 추천을 받았다."65)

영미연공사英美烟公司(the British-American Tobacco·Company -필자)의 두터운 신임을 받았던 매판 교정생鄔挺生의 경우 입사 초기에 공사公司는 그가 업무를 확대하는 방면에서 올린 성적에 크게 만족하여 돈을 내어 그에게 후보도候補道의 직함을 사주고, 그로 하여금 관부에 출입하면서 지위가 높은 사람들과 교제하도록 했다. 이는 관아세력을 이용하여 공사의 궐련판매를 확대하기 위함이었다. 이 '외자外資'신상이 당시 교제한 사람은 모두 상류층 명사였다. 그가 밖에서 일을 볼 때면 늘 일류호텔에서 손님을 대접했고, 가장 큰 극장으로 고객을 초대하여 연극을 관람했으며, 또한 늘 고관귀인들을 모시고 마작을 즐겼다. 가는 것이 있으면 오는 것도 있는 법, 이후 영미연공사英美烟公司가 새로운 상품을 출시할 때마다 '교대인鄔大人'의 체면을 생각하여 늘 판매를 성원하는 사람들이 있었다.66)

거대한 자본을 장악한 매판은 연납을 통해 당당하게 신사의 대열에 합류했으며, 이로부터 일종의 매판이면서 상인이자 신사이기도 한 매판형 신상집단이 형성되었다. 그들은 매판과 신상이라는 두 개의 사회계층의 특징과 기능을 겸비하고, 외국상인과 관부 사이를 맴도는, 재산이 많고 기질이 조야하며, 같은 부류를 끌어모아 결당하며, 신흥 상업사회에서 약간 '서양냄새[夷膻氣]'를 풍기며, 시대의 조류를 이끄는 사람들이 되었

---

65) 『徐愚齋自叙年譜』(香山徐氏刊印, 1927) 참조.
66) 『舊上海的外商與買辦』, 147쪽.

다. 매판형 신상의 복잡한 특성에 대하여 어떤 중국경제사 전문가는 평하기를 "이들 사신士紳·상인과 매판 사이에 엄격한 경계선을 긋는 것은 매우 곤란하며, 그들 사이에는 늘 상호 대체하고 상호 이용하는 관계가 존재했다"67)라고 했다.

매판형 신상은 외국의 언어·문자에 통달하고 서방 상업제도를 이해하고 국내의 상업상황에 익숙하며, 아울러 국내상업의 특성을 잘 알고 있어서 중국관방의 몇몇 개명한 인사들로부터 상당히 칭찬을 받았다. 양무파 관료는 더욱 그들과 외국상인의 관계 및 그들이 축적한 거대한 재부를 이용하여 자강구부自强求富의 양무사업을 추진하려고 했다. 따라서 1860년대에 대두한 양무운동에서 매판형 신상은 각 지방의 총독·순무와 양무관료들이 서로 다투어 초빙하는 대상이 되었다.

중국에서 첫번째 민판民辦의 대형 근대 자본주의 기업인 윤선초상국輪船招商局은 장기간 매판형 신상 당정추唐廷樞와 서윤徐潤이 이를 주재했는데, 두 사람은 '총판總辦'과 '회판會辦'의 직무를 나누어 맡았다. 1876년부터 당정추는 이홍장의 위임을 받아 대형 양무기업인 개평매광開平煤礦을 설립하고 경영했다.

몇몇 과거에 관함官銜과 영정翎頂이 없었던 매판들이 양무운동 시기에 신속하게 매판형 신상으로 탈바꿈했다. 1863년 중국번과 이홍장은 기기국機器局을 건립하기 위해 두루 양무인재를 구하다가 용굉容閎과 정일창丁日昌을 찾아내었다.

용굉은 중국에서 처음으로 미국 예일대학을 졸업한 유학생이었으며, 귀국 후에 생계유지를 위해 경기瓊記·보순양행寶順洋行의 매판이 되었다.

---

67) 汪敬虞, 『十九世紀西方資本主義對中國的經濟侵略』(北京: 人民出版社, 1983), 506쪽.

1863년 용굉은 증계포曾繼圃의 소개로 증국번의 막부에 들어간 뒤 5품군공五品軍功의 직함을 받고 아울러 남령藍翎을 두르게 되었다. 같은 해 11월 증국번은 용굉에게 거금을 주어 미국에 가서 기계를 구입하도록 했다. 1865년 용굉이 귀국하자 증국번은 특별히 글을 올려 포상을 청했고, 조정은 예외적으로 그에게 5품실관五品實官을 하사했다. 이후 용굉은 바로 후보동지候補同知의 자격으로 통역관의 직무를 맡았으며 월급은 250금이나 되었다.68)

정일창 역시 과거에 "제생諸生의 신분으로 양행에 고용되었던" 매판 인물이었는데69) 1864년 이홍장의 위임을 받아 소송태도蘇松太道가 되었다. 이듬해 다시 양무시기 최대의 군수기업인 강남제조국의 창설을 책임지게 되었고 "상해도上海道로부터 염운사鹽運司가 되고, 다시 번사藩司로 승진했으며, 오래지 않아 또다시 벼슬이 올라 강소순무가 됨으로써"70) 엄연히 한 사람의 양무관료로 성장했다.

주의해야 할 것은 매판형 신상의 구분은 물론 이들이 매판출신이라는 것과 매우 밀접한 관련이 있으나 단지 이것만이 중요한 것은 아니다. 더욱 중요한 것은 그들의 매판경력으로 인해 형성된 사상기질의 특징에 있다. 많은 수의 매판이 뒤에 비록 매판의 생애를 벗어나 비교적 순수한 민족자본가로 탈바꿈했으나, 그 사상기질과 행위특징으로 말하면 여전히 '사상士商'과 다른 매판형 신상이었다.

과거의 역사학 연구는 일반적으로 매판을 외국 침략세력의 충실한 부용으로 간주했으며, 매판화 혹은 매판형 역시 모종의 부정적인 의미를

---

68) 容閎,『西學東漸記』(長沙:湖南人民出版社, 1981), 84쪽.
69) 『洋務運動』第1卷, 130쪽.
70) 容閎, 위의 책, 98쪽.

포함하고 있는 것으로 생각했다. 사실 매판은 "나라를 팔아 영화를 구하고", "민족적 절개와 지조가 결핍되어 있다"라는 등의 정치적 평가를 훨씬 능가하는 보다 풍부한 역사적 함의를 가지고 있으며, 매판화 혹은 매판형의 함의 역시 결코 호불호好不好의 간단한 이분법으로 개괄할 수 있는 말이 아니다. 일종의 사상기질과 행위특징으로 말하면, 그들은 기본적으로 중성적이었다. 당정추와 정관응의 일생을 합쳐놓고 보면, 우리는 혹 매판형 신상에 대한 보다 깊이 있고 구체적인 인식을 얻을 수 있을지 모른다.

2. 당정추와 정관응

당정추唐廷樞(1832~1892)는 자가 경성景星이며 광동 향산현香山縣(지금의 中山市) 사람이다. 당정추의 부친은 일찍이 홍콩에 거주하는 미국인 선교사 사무엘 브라운Samuel R. Brown(의사)의 조수(일설에는 쿨리라고 함)였으며, 이 브라운이 뒤에 용굉을 미국으로 데리고 간 바로 그 사람이다. 대체로 이러한 관계로 인하여 당정추는 열 살 때 브라운이 교장으로 있는 홍콩 마례손 교회학당馬禮遜敎會學堂(Morrison School)에 입학하여 용굉과 동창이 되었다. 뒤에 다시 또 다른 영국 교회학교에 진학했는데, 합계 6년 동안 "영화서원英華書院에서 철저한 교육"71)을 받았다.

학교를 떠난 뒤 당정추는 1848년 홍콩의 어떤 경매점(拍賣行)에 들어가 직위가 매우 낮은 조수의 임무를 담당했다. 1858년부터 당정추는 이전에

---

71) 「1871年6月1日約翰森致機昔」, 『淸華學報』, 1961년 6월, 150쪽에서 재인용.

홍콩에서 레이H.N. Lay[72]와 함께 일했던 관계에 의지하여 레이가 장악하고 있던 상해해관上海海關에 들어가 대사大寫·정대사正大寫와 번역 등의 직무를 담당했다. 1861년 그는 해관을 벗어나 동향이며 이화양행 매판인 임흠林鑫의 소개로 이화양행에 들어가 "양자강 일대의 장사를 대리했다." 2년 뒤 그는 이화양행의 총매판으로 발탁되어 임흠의 직무를 이어받아 10년이나 되는 긴 시간 동안 이화양행 매판으로 일했다. 이 시기 당정추는 자신의 사업을 동시에 경영했는데, 그 범위는 당포當鋪·면화행棉花行·전장錢莊·다잔茶棧·항운航運 등에 걸쳐 있었다. 그가 설립한 내지의 일곱 군데 다잔茶棧은 매년 "한 곳에서 적어도 1천2백 상자의 찻잎을 공급했다."[73]

당정추는 오랫동안 장사를 하다가 관계로 진출했는데 1873년 이전에 이미 연납을 통해 후보부동지候補府同知의 직함을 얻어[74] 이를 관부와 교제하여 출세하는 계단으로 삼음으로써 매판형 신상이 되었다. 1873년 당정추는 이화양행을 떠나 이홍장이 후원하는 윤선초상국의 개조작업에 참여하여 초상국 총판에 위임되었다.

당정추와 동시에 입사하여 회판會辦이 된 서윤徐潤은 당정추와 동향이며 절친한 친구 사이로, 그 역시 상해에서 이름있는 매판형 신상이었다. 1873~1876년 사이 당정추의 활동과 사업은 주로 윤선초상국에서 이루어졌다. 1876년 당정추는 이홍장의 위임을 받아 개평탄광開平炭鑛의 건립에 착수했다. 1885년부터 그는 완전히 초상국을 떠나 오로지 개평탄광 업무에 주력했다.

---

72) [역주] 원문수정 : "李國泰[H. Nlay]"→"李泰國[H.N. Lay]".
73) 주 71).
74) 『李文忠公全集·朋僚函稿』卷3, 13쪽.

당정추의 직함은 양무기업에서 그의 지위와 공적에 따라 상승했는데, 동지同知에서 도대道臺에 오르고 심지어 이홍장으로부터 "각국에 사신으로 파견될 수 있는 사람으로" 추천되었다.75) 그의 60세 생일 때는 당산 광구唐山礦區 48향鄕의 신사·부로·자제들이 함께 "만민패萬民牌와 만민산萬民傘을 각각 선물하여 축하했으며"76) 한때 이름을 크게 날려 당당한 관신官紳의 풍모가 있었다. 그러나 바로 그 해(1892) 10월 당정추는 천진에서 병으로 세상을 떠났다. 『북화첩보北華捷報』는 논평하기를 "그의 죽음은 외국인은 물론이고 중국인에게도 오래 지속될 손실이다.… 그의 자리를 대신할 사람을 찾는 것은 쉬운 일이 아니다"77)라고 했다.

당정추의 일생을 통해 우리는 매판형 신상의 몇 가지 특징을 살펴볼 수 있다.

첫째로 그들 가운데 대부분은 서방의 언어문자에 정통하고 서방의 문화를 이해하고 있었으며 근대서방의 상업제도와 경영방식에 대하여 모두 비교적 익숙한, 간단히 말하면 '서구화'가 비교적 철저한 사람들이었다. 예를 들어 6년 동안에 걸친 "영화서원英華書院에서의 철저한 교육으로"78) 당정추는 매우 아름다운 영어작문이 가능했으며 "영국인처럼 영어를 구사할 수 있었다."79) 또한 그는 『영어집전英語集全』이라는 책을 지었는데, 서두에 설명하기를 이 책은 "광동인이 외국인과 왕래하고 교제하는 데 필요한 내용을"80) 채워줄 수 있을 것이라고 했다. 1851년부터 당정

---

75) 『洋務運動』 第6冊, 76쪽.
76) 『徐愚齋自叙年譜』, 57쪽.
77) 『北華捷報(The North China Herald)』, 1872年 10月 14日, 568·562쪽.
78) 「1871年 6月 1日 約翰森致機昔」, 『淸華學報』, 1961年 6月, 150쪽.
79) 「1873年 1月 6日 費倫致何德」, 『淸華學報』, 1961年 6月, 169쪽.
80) 「英譯集全·卷首說明」, 『淸華學報』, 1961年 6月, 172쪽.

추는 또한 홍콩의 영국식민지 정부에서 7년 동안 통역을 담당했다. 이러한 경력은 그로 하여금 일반사대부에 비해 더욱 폭넓은 견식을 갖도록 했으며, 세계정세에 대한 이해 역시 더욱 명료하게 했다.

정일창丁日昌은 당정추를 복건에 보내 양무사업을 추진하도록 했는데, 그때 그를 두고 "각국의 사정 및 서방의 말과 글에 두루 정통하지 않는 바가 없다"라고 치켜세우는 외에 관리사회에서 늘 사용하는 "재주와 식견이 탁월하고 풍채가 비범하다"[81]라는 말로 그를 평가했다. 1878년 상해 『원동월보遠東月報』는 그를 평가하기를 "당군唐君은 진실로 탁월한 식견을 가진 사람으로 우리는 종래 이런 사람을 만나본 적이 없다.… 우리 서양 사람들은 날마다 중국인과 서로 왕래하지만 오직 당군의 폭넓은 지식은 사람으로 하여금 감탄을 금치 못하게 한다"[82]라고 했다. 봉건관료와 서양인의 칭찬을 받는 것이 반드시 좋은 것은 아니지만, 이 역시 어느 정도 당정추 같은 사람의 기질을 반영하는 것이라고 할 수 있다.

둘째로 그들은 대부분 두뇌회전이 빠르고 상대방의 말과 안색을 살펴 그 의중을 헤아리고 시기와 형세를 판단하는 일과 임기응변에 능하여 탁월한 경영재간을 구비한 얻기 어려운 근대 상업인재였다. 초기의 대중국 무역에서 중국의 정세에 어둡고 중국시장을 개척해 본 경험이 없는 외국상인으로 말하면, 매판의 상업경영 재간은 매우 중요한 것이었다. 이화양행의 경리인 존슨B. Johnson은 일찍이 "나는 이런 사업의 성공여부는 완전히 우리 매판의 통찰력과 신용에 의존해야 한다는 것을 알고 있다"[83]라고 했다. 이 방면에서 양행의 주인은 당정추의 재간에 대하여

---

81) 『海防檔(乙), 福州船政(二)』, 686쪽.
82) 『徐愚齋自叙年譜』, 58쪽.
83) 「1868年5月20日約翰森致機昔」, Yen-p'ing Hao(郝延平), 앞의 책, 86쪽에서 재인용. 〔역주〕하오옌핑 지음, 이화승 옮김, 앞의 책, 105쪽.

특별한 애정을 가지고 있었다. 그는 상업상황에 통달했을 뿐만 아니라 "그것을 조정하는 방법을 잘 알고 있었으므로" 양행에 없어서는 안될 조수가 되었다.

당정추는 양행을 대신하여 자금(庫款)을 관리하고, 비단과 차를 수매하고, 쌀을 운송 판매하고, 항운을 경영하고, 전당포에 대한 투자를 관리하여 중국전장錢莊에 대한 '단기대부어음(拆票)' 업무를 처리하고, 설탕과 동유桐油 등에 관한 경제정보를 제공했으며, 또한 늘 상해上海・복주福州・진강鎭江・한구漢口 등 개항장 사이를 바쁘게 오가며 그 지역의 중국상인과 긴밀히 접촉하여 각지에서 양행의 무역업무를 확대함으로써 양행을 위해 누누이 이윤을 획득했다. 동시에 당정추는 양행의 피고용인으로서 이화양행의 아편판매 내지 광산권의 탈취 등 부당한 장사에서도 역시 악인을 도와 나쁜 일을 하고 그러한 사태를 더욱 조장하는 명예롭지 못한 역할을 담당했다.84)

양무파 관료들도 당정추의 경영재간에 대하여 매우 칭찬했다. 이홍장이 당정추와 서윤徐潤으로 하여금 윤선초상국의 경영을 이어받도록 한 이유 가운데 하나는 맨 처음에 윤선초상국 총판으로 임명된 사선沙船신상 주기앙朱其昻이 "외국의 사정에 어두울 뿐만 아니라 무역에 대하여 잘 몰랐으며" 재능 역시 미치지 못했기 때문이다.85) 당정추와 서윤 두 사람은 업무를 맡은 뒤 윤선초상국의 경영권을 "상인에게 넘겨주어 경영하도록 하며… 각종 업무의 처리는 모두 상인들이 일반적으로 준수하는" 원칙에 따라 처리할 것과 "위원을 추가로 파견하지 않음으로써… 경비를

---

84) 1868年 7月 1日 約翰森(B. Johnson)은 機昔(William Keswick)에게 보낸 편지에서 이렇게 털어놓았다. "일반적인 상황 아래서 나는 唐景星을 통해 아편을 판매하지 않는다. 그러나 특수한 상황 아래서는… 그의 덕을 볼 필요가 있다."[『淸華學報』, 1961年 6月, 148쪽]
85) 『劉忠誠公遺集』, 奏疏 卷17, 20쪽.

절약할 것"86)을 제기했다.

두 사람이 심혈을 기울여 경영함으로써 매우 신속하게 주식을 모집하는 국면을 열었을 뿐만 아니라 영업이익이 수직상승하여 격렬한 상업경쟁에서 하나하나 승리를 거두었으며, 심지어 일찍이 한 시대를 제패한 외국상인 소유의 기창윤선공사旗昌輪船公司를 합병했다. 이홍장은 1887년에 올린 상주에 이르기를 "초상국을 설립한 지 10여 년 이래 중국상인은 값이 내리는 이익을 얻었다. 게다가 서양상인에게 지불하지 않게 된 배 운임이 어찌 수천만뿐이겠는가? 이것이야말로 이권회수의 대사건이다"87)라고 했다.

셋째로 매판형 신상은 한편으로 외국상인에게 고용되어 외국 자본주의의 경제적 침투를 위해 중개역할을 담당하여 다리를 놓고 길을 닦음으로써 명백한 기생성을 갖고 있었다. 그러나 다른 한편으로 그들은 독립적으로 상업과 근대공업에 투자하고 봉건관부와 왕래가 빈번하고 관계가 밀접했으며 경제상의 상대적 독립성과 정치상의 투기성을 유지했다. "그들의 매판으로서의 역할과 독립상인으로서의 역할은 근본적으로 분리될 수 없었다."88)

이중신분은 매판(매판형 신상 포함)이 복잡하고 모순된 망탈리테를 갖도록 했으며, 그들은 그들이 의부하는 외국인 주인면전에서 노복과 같은 의존심리와 귀부심리를 가졌으나, 그러면서도 어느 정도 증오와 반항의식을 가졌는데, 어느 것이 가볍고 어느 것이 무거운지는 이해관계와 사회정세의 변화에 따라 달랐다.

---

86) 『輪船招商局章程』, 『交通史航政編』 第1冊, 145쪽.
87) 『李文忠公全集·朋僚函稿』 卷13, 24쪽.
88) Yen-p'ing Hao(郝延平), 앞의 책, 95쪽. [역주] 하오옌핑 지음, 이화승 옮김, 앞의 책, 115쪽 참조.

매판시절의 당정추는 비록 그가 주식에 투자한 세 개의 외국 윤선공사輪船公司에서 공사동사公司董事이면서 또한 중국인 주주의 우두머리였으나 이화양행 주인면전에서 그는 시종 황공한 태도로 굽실거리고 '하인[佣人]'으로 자처하면서 이르기를 "당신은 완전히 신뢰하셔도 좋습니다. 단지 제가 당신을 위해 봉사할 수 있는 영광만 누릴 수 있다면 저는 최선의 노력을 다하여 당신의 장사를 돌볼 것입니다"89)라고 했다. 용굉은 뒤에 자신의 매판생애를 자기 일생 가운데 '암흑시기'90)라고 했는데, 이것은 아마도 당시 자립하지 못하고 다른 사람에게 의지했던 비정상적인 망탈리테에 대한 일종의 심각한 반성일 것이다.

그러나 이러한 사실 때문에 매판을 일률적으로 나라를 팔아 영화를 구하고 오로지 사리사욕만을 추구하는 무리로 간주하는 것 역시 큰 잘못이다. 그것은 똑같이 매판으로 있던 시절에 당정추는 연납을 통해 직함을 얻어 사대부의 대열에 진입했을 뿐만 아니라, 아울러 때때로 일종의 애국의식과 중국상인의 이익을 보호하려는 결심을 표현했기 때문이다. 일찍이 1872년 그는 서윤 등과 함께 광주부廣州府와 조경부肇慶府의 동향들에게 광조공소廣肇公所의 건립을 제안할 때 "향리를 연합하여 외국의 침략과 압박에 저항하자"라는 주장을 분명히 제기했다.91)

외국상인이 경영하는 기업에서 "중국인 주주의 우두머리이며 대변인"으로서 당정추는 중국상인의 이익을 보호하기 위해 온 힘을 쏟았으며, 위에서 이야기한 이화양행의 주인에게 보낸 편지에서도 그는 동시에 쓰기를 "나는 지금 필사적으로 일을 하고 있는데 내게 단지 몇 분의 시

---

89) 「1868年10月8日唐廷樞致機昔」, 『淸華學報』, 1961年 6月.
90) 壽爾, 「田鳧號航行記」, 『洋務運動』 第8冊, 420쪽.
91) 『徐愚齋自叙年譜』, 16~17쪽.

간이라도 나면 나는 늘 이곳의 친구들을 도와 일을 한다. 그들은 모두 내가 외국양행과 관련이 있는 기업의 대표를 맡으라고 요구한다. 그들의 이익을 돌보기 위해 나는 이미 공정公正과 북청北淸 두 윤선공사輪船公司의 동사董事가 되어달라는 그들의 요청을 받아들였다"라고 했다.

혹 당정추에게서 발견할 수 있는 이러한 매우 모순된 심리상태가 대다수 매판형 신상으로 하여금 시기가 성숙되었을 때 완전히 매판의 생애를 벗어나 점차 엄격한 의미의 민족자본가로 탈바꿈하도록 한 것은 아닌지 모르겠다. 또 다른 한사람의 전형적인 매판형 신상인 정관응이 "처음에는 외국인에게 상전商戰을 배우고, 이어서 외국인과 상전을 치른다"라고 한 것은 바로 이들의 곡절 많은 인생역정을 묘사하고 있는 것처럼 보인다.

정관응鄭觀應(1842~1921)은 원명이 관응官應, 자는 정상正翔, 호는 도재陶齋이고, 별호로는 나부학산인羅浮鶴山人·모옹산인慕雍山人 등이 있으며 광동 향산현香山縣[현 中山市]사람이다. 정관응은 대대로 학문을 하는 집안에서 출생하여 뿌리가 매우 깊은 가학家學을 이어받았다. 전하는 바에 따르면, 부친인 정문서鄭文瑞 역시 박학다식한 선비로 "가학을 잘 계승하여 독서할 때 한번 보면 바로 암송할 수 있었다"라고 한다. 정관응은 어릴 적부터 아버지를 따라 공자 맹자에 관한 책을 읽으며 "과거시험을 준비했다." 17세 되던 해(1858) 정관응은 "수재를 선발하는 시험에 합격하지 못하자 즉시 부친의 명을 받들어 상해로 가서 장사를 배웠으며" 이로부터 학문의 길을 버리고 상업에 투신했다.

정관응은 고향을 떠나 상해에 온 뒤 먼저 숙부인 정정강鄭廷江의 집에서 장사 일을 도우면서 영어를 배웠다. 당시 정정강은 영국상인 소유인 상해신덕양행上海新德洋行의 매판이었다. 1859년 정관응은 인친姻親 증기포

曾寄圃와 대대로 교분이 있는 서옥정徐鈺亭·서윤 등과의 관계에 의지하여 보순양행寶順洋行에 들어가 매판이 되어 비단상점을 돌보는 일과 윤선공사를 위해 화물을 소개하는 일을 했으며, 아울러 소규모로 자신의 장사도 겸했다.

1868년 보순양행이 문을 닫자 정관응은 매판의 자리를 잃고 화생상다잔和生祥茶棧의 통사通事가 되었다가 오래지 않아 이 다잔을 이어받았다. 다잔을 경영함과 동시에 정관응은 또한 인척인 당정추 등과 같이 출자하여 외국상인과 함께 공정윤선공사公正輪船公司를 경영했으며, 아울러 동사董事 가운데 한 사람으로 추대되었다. 1869년 정관응은 출자하여 원외랑員外郎의 벼슬을 사고, 이듬해 다시 연납하여 낭중郎中의 직함을 획득함으로서 매판형 신상이 되었다.

1874년 맥퀸(麥奎因: Mcqueen-필자)의 요청을 받아들여 정관응은 영국상인 소유인 태고윤선공사太古輪船公司의 매판이 되어 총리의 직을 담당했으며 잔방棧房과 장방賬房의 관리를 겸임했다. 태고양행의 매판으로 재임하는 기간 동안 정관응은 1878년 경원선 등과 함께 상해에서 진재활동賑災活動에 공을 세워 청정부로부터 도원함道員銜 쌍월선용雙月選用을 수여받았다. 이듬해 이홍장의 위임을 받아 상해기기직포국의 설립을 계획했다. 1881년 다시 상해전보국 총판을 겸임했다. 정관응은 1882년 정식으로 태고太古를 떠나 이홍장의 위임을 받아 상해기기직포국 총판과 윤선초상국 방판幇辦이 되었으며, 이듬해 다시 서윤을 대신하여 초상국 총판이 되었다. 이후 정관응은 한양철창漢陽鐵廠 등 대형 양무기업의 경영을 책임지기도 했으며 성선회를 도와 철로업무를 돌보기도 했다.

당정추나 서윤과 비교하면 정관응도 비록 일생 동안 주로 경제활동에 종사하여 탁월한 경영재간을 발휘하고 풍부한 실천경험을 습득했으며 두 사람과 대체로 비슷한 경력을 갖고 있었으나, 정관응은 오히려 자신만의 독특한 점이 있었다. 그것은 민족 공·상업자의 입장에서 책을 쓰고 논의를 전개하여 비교적 일찍이 그리고 비교적 체계적으로 민족 자본주의 경제와 정치를 발전시킬 일련의 이론 구상을 제기했다는 점이다.

일찍이 1860년대 정관응이 아직 보순양행寶順洋行의 매판으로 있을 때, 그는 가슴 가득 우국애민의 마음을 품고 『구시게요救時揭要』라는 책을 지어 "당시의 상황을 보고 연상되는 바가 있어 마음 아파하며 국제정세에 따른 중국의 이익과 폐단을 간략히 서술했다." 여기서 그는 대부분의 지면을 외국침략자의 '중국인 노동자[猪仔]' 매매와 아편투매의 죄악을 비판하는 데 할애했다.

이후 대략 1874년 무렵 『역언易言』 36편을 간행하여 한걸음 더 나아가 그의 진보적인 주장을 제기했다. 거기에는 다음과 같은 내용이 포함되어 있다.

첫째로 외국의 침략과 모욕을 방지하고 서방을 본받아 부강을 도모한다. 정관응은 외국침략자들이 중국인을 압박하는 것에 대하여 무한한 분노를 느끼고 지적하기를 "무릇 외국상인들이 이르는 곳마다 그들은 언어가 통하지 않고 법률이 다르다는 핑계로 자신을 높이고 상대를 억압하며 제멋대로 사리를 무시한다"[92]라고 했다. 그는 인식하기를 열강으로 하여금 '만국공법萬國公法'에 따라 일을 처리하고 중국의 주권과 존엄성을 존중하도록 하려면 반드시 서방의 장기를 모범으로 하여 "기선·기차·전보사업을 일으켜야 하고… 천체·지구·물리·수학 등의 학문을 익혀야 하고… 광무·통상·경작·직조 같은 여러 가지 일을 일으켜야 하

---

92) 「交涉」, 『易言』 下卷(1880), 6쪽.

며, 그렇지 않으면 저들은 부유하게 되고 우리는 가난하게 된다"[93]라고 했다.

둘째로 의회를 설립하고 정치를 개량한다. 정관응은 서방의 의회제도를 소개하고, 아울러 이것을 중국 삼대시대의 법도에 비부比附하여 양원제 정치제도와 군민공치君民共治의 실행을 주장했다. 그는 이르기를 "중국에 바라기는 위로 삼대의 유풍을 본받고, 아래로 서양의 훌륭한 방법을 채용하여 민정을 살피고 대중의 의견을 널리 채택함으로써 황제로 하여금 장애가 생길까 걱정하지 않도록 하고, 관료와 백성 사이에 이견이 발생하지 않도록 해야 한다"[94]라고 했다.

셋째로 상인들이 스스로 기업을 경영할 수 있도록 함으로써 민족 공·상업 경제를 발전시켜야 한다고 주장했다. 정관응은 중국이 스스로 기선을 제작하면서 "만약 오로지 관에서만 이를 경영하도록 한다면, 상인들에게 믿음을 주어 그들을 복종시킬 수 없으므로"[95] 동시에 당연히 민간에게 기계를 이용하여 상품을 제조하는 것을 허락해야 한다고 했다.

정관응의 이러한 사상은 1890년대에 간행된『성세위언盛世危言』속에 더욱 풍부하고 명확하고 뚜렷하게 표현되어 있다.『역언易言』과 비교하여 『성세위언』에는 「상전商戰」·「은행」상·「은행」하 등의 편장이 추가되었다. 그 중심사상은 '부강구국'에 있으며 '부강구국'을 실현하는 길은 첫째로 서방의 과학기술을 배워 근대 공·상업을 발전시키는 것이고, 둘째로 의회를 설립하고 군민공치를 실행하여 상하가 한마음이 되도록 하는 것이라고 했다. 이와 같이 전면적으로 민족 공·상업자의 경제와 정치주장을

---

93)「論公法」,『易言』上卷, 2~3쪽.
94)「論議政」,『易言』上卷, 38쪽.
95)「論船政」,『易言』上卷, 29쪽.

제기하는 데 있어 당시 중국에는 그보다 나은 사람이 없었다. 이것이 바로 『성세위언』이 계속 간행되어 천하에 널리 퍼진 까닭이다.

그러나 왕경우汪敬虞 선생이 이야기한 것처럼, 만약 정관응의 말과 행동을 결합하여 관찰하면 그에게는 매우 명백한 모순이 존재한다. 정관응이 『구시게요救時揭要』를 출판한 날은 그가 보순양행을 떠난 지 6년 만에 다시 태고양행에 들어가 태고윤선공사太古輪船公司 총매판에 취임하던 바로 그때였다. 그가 매판의 신분으로 직포국·전보국 등 양무기업의 요직을 겸임한 것은 당시로서는 매우 드문 일이었다. 1860년대부터 외국의 침략과 모욕에 저항하자고 호소하기 시작한 애국자 정관응은 1881년에 이르러 철저하게 매판생애를 청산할 수 있는 선택의 기회가 왔을 때 여전히 재삼 고려하고 주저하며 결정짓지 못하고 "마음이 마치 돌림판과 같아 차마 결단을 내리지 못하는"96) 지극히 모순된 심경에 빠져 있었다.

정관응의 행동에서 드러나는 이러한 명백한 모순을 어떻게 해석해야 하는가? 아마도 이 역시 매판형 신상의 특수한 기질에서부터 합리적인 대답을 구해야 할 것 같다. 우선 한 사람의 매판형 신상으로서 직업으로서의 매판적 신분과 독립상인의 신분은 명백히 분리될 수가 없으며 "양행은 매판에게 우선 반드시 상인이기를 요구했다."97) 특히 정관응과 같이 일찍부터 체계적인 유교교육을 받은 신상으로 말하면, 많은 경우 상商과 신紳의 내재적 기질은 종종 매판이라는 직업이 미칠 수 있는 영향력을 능가했다. 청년시절의 정관응은 이와 같이 한편으로 사대부들이 거들떠보지도 않는 매판이라는 직업에 종사하면서, 한편으로는 사대부의 시각으로 국내정세의 발전을 주시했다.

---

96) 鄭觀應, 「復津海關道鄭玉軒觀察書」, 『盛世危言後編』 卷10, 1쪽.
97) 『北華捷報』, 1865年 9月 16日, 146쪽.

정관응은 일찍이 그가 처음 『역언』을 쓸 때의 심경을 회고하기를 "경신년의 변란(1860년 영·불연합군의 북경침략)이 발생하자 시국의 난관을 목격한 뒤 무릇 관리와 백성들 가운데 분노하지 않은 사람이 없었다." 이에 "매번 술이 올라 귀가 빨개질 때마다 마음에 느낀 바를 수시로 기록하기 시작했는데, 여러 해가 지나니 몇 편을 모으게 되었다"라고 했다. 망국멸종에 대하여 우려하는 마음으로 말하면 정관응은 장건 등 선비형 신상과 서로 일치된 마음을 갖고 있었으며 심지어 그 분노는 '안각이 찢어질' 정도였으나 매판생애가 그에게 부여한 시각과 지식은 그로 하여금 또 다른 각도에서 문제를 제기하고 사고하도록 하여 서방 근대 자본주의 사상과 더욱 가까운 견해와 주장을 형성했으며, 더욱 직접적으로 일반 민족 공·상업자의 요구를 반영하도록 했다.

정관응이 태고太古를 떠나 초상국에 들어가는 문제와 관련하여 재삼재사 신중하게 여러 가지 문제를 고려했던 것은 여전히 상인으로서의 본성이 그렇게 만든 것이다. 상인은 언제나 이해득실을 따지는데, 두뇌 회전이 빠른 매판은 더더욱 그러했다. 당시 정관응이 중요하게 고려한 것은 두 가지였다.

첫째는 다른 날 혹 양무관료의 배척을 받지나 않을까 하는 우려였다. 그가 보기에 "관독상판으로 운영되는 초상국의 경우, 권한이 고관에게 있어 태고에 있을 때처럼 자신의 진가를 알아주는 것도 아니고, 믿을 만한 계약서가 있어 의외의 일을 걱정할 필요가 없는 것도 아니었다."[98] 그는 초상국이 일단 날로 경기가 호전되면 반드시 권세에 빌붙어 이익을 꾀하는 자가 많아질 것이나, 자신은 "평소에도 권력과 결탁하여 이익

---

98) 주 96).

을 도모하지 못하는데, 어찌 뒷배가 있어 도움을 받을 수 있겠는가!"99)라며 매우 걱정했다.

둘째는 비록 정관응은 입으로는 "연봉의 많고 적음은 관계가 없으되 오로지 안정된 직장을 버리고 불안정한 직장을 택함으로써 명예가 훼손될까 두려울 따름이다"100)라고 했으나, 사실은 연봉문제에 매우 민감했으며, 초상국에 들어간 뒤 혹시 태고에 있을 때 받은 약 7천 금金의 연봉을 보장받지 못할까 걱정했다. 뒤에 당정추와 서윤이 그에게 초상국의 연봉이 "결코 6천 금을 밑돌지 않을 것"이라고 털어놓자 비로소 한시름 놓았다.

요컨대 정관응의 사상경지와 실제행동의 차이는 전적으로 매판형 신상의 본질적인 정체성[規定性]을 감안해야만 비로소 비교적 공정하고 합리적인 해석을 구할 수 있다. 정관응은 더 많은 경우에, 매판을 일종의 비교적 훌륭한 생계수단이며 영리를 추구할 수 있는 직업이라고 간주했을 뿐, 결코 이것을 자기 사상 주장의 출발점으로 삼지는 않았다.

귀납하면 관부와 서방세력 사이에서 그들에게 의존하는 것은 중국 초기 민족자본의 기본적인 생존방식이었고, 매판형 신상 역시 초기 민족자본가의 일익에 속했으며, 단지 선비형 신상에 비해 그들의 서구화 색채가 더욱 농후하고 중국학문의 바탕이 조금 모자랐을 따름이며, 그들의 망탈리테는 더욱 개방적이었으나 절개와 지조에 손색이 있었다. 만약 선비형 신상이 전통과 근대를 연결하는 교량역할을 더 많이 담당했다고 한다면, 매판형 신상은 중국과 서양을 연결하는 교량역할을 더 많이 담당했다고 할 수 있다. 여기에는 절대적인 보수와 진보, 애국과 매국의 구분이 존재하지 않는다.

---

99) 鄭觀應,「致招商局總辦唐景星觀察書」,『盛世危言後編』卷10, 2쪽.
100) 위와 같음.

제3절 관료형 신상

1. 관상과 신상

　과거 습관적으로 불러온 '관상官商'이라는 말은 일반적으로 두 부류의 사람을 가리켰다. 하나는 장기간 봉건특권을 누린 황상皇商·염상鹽商과 행상行商〔개항 이전 광주 한 곳에 한정〕이고, 다른 하나는 재직관료의 신분으로 상업을 겸영하는 사람들을 지칭했다.

　황상과 염상은 자고이래 줄곧 존재했으나 명·청시대에 이르러 새로운 발전이 있었다. 명나라 정덕正德연간 원래의 관점官店이 대부분 황점皇店으로 바뀌었고 그 수입은 궁정경비로 사용되었다. 황족·귀족과 태감은 황제가 하사하는 관점과 탑방榻房〔상인들이 돈을 내고 물건을 맡기는 곳〕 외에 분분히 사점私店과 탑방을 개설하여 수탈을 자행했다. 황상은 궁정세력을 등에 업고 "강제로 상인의 화물을 저지하여 이익을 갈취했다." 만약 보통 민상民商이 "조금이라도 따르지 않으면 다짜고짜 때리고 욕했다."[101] 청대 내무부內務府 황상의 지위는 더욱 높았고 영업범위도 더욱 넓었다. 순치·강희·옹정 시대 저명한 황상으로는 범영두范永斗·왕등고王登庫·왕대우王大宇 등 10여 집이 있었다. 예를 들어 범가范家는 소금과 구리를 취급하는 외에도 황상의 신분으로 목재·인삼·말 장사를 크게 했으

---
101)『明英宗實錄』卷193, 景泰 三年 元月 丁丑.

며, 아울러 대외무역 업무에도 참여했다.

　명대와 청대 전기는 모두 소금전매제도(食鹽禁榷制度)를 실행했는데, 관부는 몇몇 세습적인 대염상을 파견하여 전매하도록 했기 때문에 염상은 많은 이윤을 획득했다. 양주揚州는 염상의 집결지였으며 그들은 '관염官鹽'을 양자강 중·상류 지역의 각성으로 운반·판매하여 "부유한 자는 재산이 천만금에 달했다." 건륭 때 양회兩淮염상의 부는 "거의 전국 금융시장을 좌지우지할 수 있을 정도"102)였다. 이들 명성과 위세가 높은 염상들은 돈을 물 쓰듯 하고 "의복과 가옥이 지극히 호사스러우며… 금전과 보석을 진흙이나 모래처럼 생각했다."103)

　행상으로 말하면 이들은 청조가 강희 24년(1686)에 "해상무역금지조치를 해제하고" 이듬해(1867) 십삼행十三行을 설립하면서 시작되었으며, 전적으로 대외무역을 독점했다. 건륭 22년(1757) 청정부는 다시 광주 한 곳만을 통상항구로 지정하여 점차 광동 '공행제도'('양행제도'라고도 함)'가 형성되었다. '공행제도' 아래서 행상은 관부로부터 대외무역을 독점하는 특권을 얻었을 뿐만 아니라, 외국상인의 모든 수출입 화물세 수수를 대신 처리하고, 외국상인과 관부 사이의 왕래문서를 전달하며, 광주에 와서 무역업에 종사하는 외국상인의 상관商館을 관리·감독했다. 이러한 특권은 13행 가운데 몇몇 행상으로 하여금 점차 거부가 되게 했다. 예를 들어 이화행怡和行의 오병감伍秉鑒이 보유한 자산은 2천6백만 원을 넘었으며, 동문행同文行의 반정위潘正煒는 재산총액이 1억 프랑에 달했다.104)

　비록 염상과 행상은 봉건특권에 의지하여 대규모의 부를 축적했으나

---

102) 『民國新修歙縣志』 卷1, 「風土」.
103) 丁金楨, 『四川鹽法志』 卷首, 「雍正元年八月上諭」.
104) 梁嘉彬, 『廣東十三行考』, 292·268쪽.

우리가 볼 때 그들은 관상官商이 아니라 당연히 신상에 속하는 것으로 보인다. 그 이유는 다음과 같다. 첫째로 그들은 일반적으로 정식관직이 없이 상인신분 위주로 단지 연납捐納과 헌납[報效]을 통하여 각종 허함虛銜·공명과 봉음封蔭을 얻었을 뿐이다. 둘째로 그들은 비록 독점적 경영특권을 누렸으나, 동시에 늘 관부에 뇌물·연수捐輸와 헌납을 함으로써 그 특권을 유지했다. 이것은 그들이 여전히 관료체계의 바깥에 떠돌면서 그들과 일종의 가까운 것 같기도 하고 먼 것 같기도 한 관계를 유지하고 있었음을 의미한다.

예를 들어 저명한 행상 가운데 하나인 오씨伍氏동족은 연납과 기타 방식을 통하여 각양각색의 공명·허함과 봉전, 심지어 관직을 획득하여 집안사람들은 모두 화려한 옷을 입고 관에는 빛나는 장식을 달고 있었다. 그 가운데 오씨집안[伍家]의 제2대인 오병감伍秉鑒은 청정부로부터 형부원외랑刑部員外郞 후선도포정사함候選道布政使銜을 얻고, 특별히 성지가 내려와 삼대에게 은사를 베풀어 1품영록대부봉전榮祿大夫封典이 주어졌다. 오씨집안의 제3대인 오원미伍元薇[商名은 紹榮]는 늠생廩生출신으로 거인擧人 후선도포정사함候選道布政使銜을 하사받고, 또 특별히 성지가 내려와 3대에게 은사를 베풀어 1품영록대부봉전이 주어졌으며, 부인 허씨許氏는 1품부인夫人, 첩인 예씨芮氏와 양씨梁氏는 모두 공인恭人에 봉해졌다.

단지 1801~1843년 사이에 오씨집안이 관부에 바친 뇌물·연수와 헌납[報效]한 재물만 해도 합계 160만 7천5백 냥에 달했다. 이것은 단지 자료가 있어 확인이 가능한 액수에 불과하며, 은밀하게 오고가서 확인불가능한 헌납은 얼마나 되는지 알 수 없다. 지방사지地方史志에 이르기를 "오씨가 전후로 낸 돈은 1천만이 넘으며 그 연수가 중국에서 으뜸이다"[105]라고 했다. 이로부터 오씨일족은 부유하므로 존귀함을 구하여 위로는 조정에 통하고 아래로는 시전市廛과 연결하여 관부의 비호와 지지를 받는 신상이었을 따름이며, 직접적으로 자신의 관권을 이용하여 사리를 도모하는 관상官商이 아니었음을 알 수 있다.

'관상'과 '신상'은 당연히 두 개의 서로 다른 개념이다. 우리는 '관상'을 사사로이 공·상업 경영에 종사하는 재직 중인 각급 정부관원으로 엄격하게 한정할 수 있다. 그들의 주된 직업과 신분은 관官이지 상商이 아니고 관으로서 상을 겸하는 것이었다. '신상'은 앞에서 이야기한 것처럼 신사 신분을 가진 상인을 가리킨다. 여기서 말하는 이른바 '신사'는 정식으로 과거시험을 통과하거나, 혹은 연납을 통하여 진사·거인·생원·공생·감생 및 각종 허함과 봉전을 취득했으나, 실관實官을 수여받지 못한 사람들을 포함한다. 혹은 실관을 받았으나 이미 퇴직하여 향리에 한거하는 관원들을 포함한다.

결론적으로 관상과 신상의 중요한 구별은 다음과 같은 사실에 있다. 첫째로 비록 둘 다 관과 상의 결합체이나 결합의 긴밀함 내지 정도가 다르다. 관상은 관권과 상업경영의 직접적인 결합으로 관官의 기풍이 상商의 기질을 훨씬 능가하며, 신상은 관권과 상업경영의 간접적인 결합[사회 등급의 중개를 거쳐]으로 보다 농후한 '민民'의 색채를 띠면서도 일반'민상民商'과는 구별된다. 둘째로 관상과 신상은 모두 서로 다른 정도로 권세와 재물의 교환원칙을 구현하나, 권세와 재물을 교환하는 방식이 다르다. 관상은 적나라한 국가권력의 행사에 의지하여 부를 도모하고, 신상은 사회적 성망과 관료사회와의 관계에 의지하여 이익을 추구한다. 이러한 관계는 실질적인 재물[錢財]·인친姻親·사승師承 관계일 수도 있고, 동도同道·

---

105) 史澄, 『廣州府志(光緖 5年刊), 卷129, 「伍崇耀傳」, 章文欽, 「從封建官商到買辦商人―淸代廣東行商伍怡和家族剖析」에서 인용.

세교世交·독우篤友 간에 존재하는 모종의 연대감일 수도 있다. 그것은 종종 형체는 없으나 영향력이 있고, 소리는 없으나 효능이 있으며, 술이 올라 귀가 빨개질 때 교역이 이루어진다.

청대에 신상 외에 현직관료의 신분으로 상업을 경영하여 재산을 증식한 '관상'은 매우 많았다. 굴대균屈大均은 청초에 광동지역의 관료들이 무리지어 상업에 종사하며 이윤을 추구하는 상황에 대하여 이렇게 기술하고 있다.

> 지금 광동 동부지역에서 관리가 된 자는 대소를 막론하고 모두 백성들을 흘겨보며 자신의 신분을 높인다. 대량의 재물을 획득하면 친척들을 결속하여 다른 백성들과 장사를 하는데, 그렇게 되면 일군의 간사한 무리들이 그들을 추종하고 그들의 우익이 되어 그들을 위해 시장을 농단하여 폭리를 취한다. 이러한 상황 아래 평민상인은 10원어치를 팔아 3원을 남기나, 관료상인들은 10원어치를 팔면 7원을 벌어들인다. 관료상인은 자본금은 많으나 장사에 전념하지 않고, 특별한[부당한] 책략을 써서 화물의 유통을 농단하여 이윤을 획득하는데, 그들이 얻는 이익은 본전의 몇 배에 달한다. 비록 평민상인들이 아무리 근면하고 고생을 한다고 해도 그들과 경쟁할 수 없다.… 관리로서 장사를 하지 않는 사람이 없으며, 상인으로서 관리가 되지 않은 사람이 없다. 백성들은 관리를 겁낼 뿐만 아니라 상인도 두려워하는데, 관리를 겁내는 것은 그들이 관리면서 상인이기 때문이고, 상인을 두려워하는 것은 그들이 상인이면서 관리이기 때문이다.106)

굴대균이 여기서 이야기하는 '관료상인[官之賈]'은 이른바 관상을 가리킨다. 건륭시대의 권신 화신和珅은 전형적인 관상으로, 전하는 바에 따르

---

106) 『廣東新語』 卷9, 「事語·貪吏」, [역주] 원문수정: "率務朘民以自封, 既得重費… 以其奇策"→"率務朘民以自封, 既得重費… 以其奇筴".

면 그가 개설한 전당포는 75개에 달하며 자본금이 20만 냥, 전장(錢莊)〔銀號〕은 42개로 자본금이 4천만 냥, 고완포古玩鋪는 13개로 자본금이 20만 냥이었다고 한다.107)

강희와 옹정연간에 생존한 호주湖州 귀안현歸安縣 사람 비금오費金吾 역시 매우 전형적인 관상이었다. 비금오는 강희 32년(1694) 과거에 급제하여 광서 계림부동지桂林府同知에 임명되었으며, 5년 후 운남 영창부지부永昌府知府로 승진했다. 비금오는 관계官界에 입문한 뒤에 관봉官俸이 부족할 뿐만 아니라 늘 제때에 지급되지 않자, 관리의 신분으로 상업을 동시에 경영함으로써 상업을 이용하여 벼슬아치로서의 부족한 부분을 보완했다. 뒤에 비금오는 「봉전해俸田解」라는 글을 지어 조금도 숨김없이 인정하기를 "무릇 관리생활을 하면서 얻은 잉여는 모두 장사를 해서 모은 것이다"라고 했다. 아울러 관리가 관계에 몸담고 있으면서 장사를 하는 것에 대하여 아래와 같은 두 단락의 근사한 변명을 남겼다.

> 나는 비록 훌륭한 관리는 못되나 다행히 장사하는 재주를 타고났다. 나는 감히 상인을 박대할 수 없다. 그 뿐만 아니라 천하의 벼슬아치들이 결코 모두가 다 상인 같지 못한 것을 유감으로 여긴다. 대개 공·상업을 경영하는 도리에 정통하면 돈을 들이지 않고 백성들에게 도움을 줄 수 있는 방도가 여기에 있으며, 청렴한 관리가 될 수 있는 길 역시 여기에 있다.… 쓸모없는 선비들이 헛되이 심성을 논하고 어려움 속에서도 절개를 지켜야 한다고 주장하나, 이는 현실과 맞지 않아 통용되기 어렵다.108)

> 옛날 관리들은 장사를 수치로 여겼으나, 오늘날은 장사가 관리생활에 도움을 준다. 관리가 된다고 하더라도 혹은 상업의 이익을 얻지 못할 수도 있으나,

---

107) 薛福成, 『庸盦筆記』 卷3.
108) 『射村費氏族譜』, 「孝集」 下, 「俸田解」.

상업에 종사하면 오히려 관리로서 성과를 거둘 수 있다. 상업에 종사하는 것이 관리생활에 도움을 주는 예는 매우 많다.109)

비금오가 이렇게 변명하는 이유는 자신이 관리이면서 장사에 손을 대는 것이 유가의 도리에 위배되는 것이 아닐 뿐만 아니라, 국가가 관리들을 충분히 먹여살릴 만큼 재정이 넉넉하지 못하여 겪는 곤란을 해결할 수 있다는 사실을 해명하는 데 있었다. 그의 사상은 명·청시대 신유가의 '치생治生'론과 약속이나 한 듯이 일치한다.

근대에 이르러 중상주의 사조의 영향 아래 관원의 상업경영은 더욱 보편적인 추세가 되었으며, 심지어 이제는 청초에 비금오가 했던 것처럼 스스로를 변명할 필요조차 없었다.『신보申報』에 실린「재론보호상국再論保護商局」이라는 글을 보면 다음과 같은 내용이 있다.

관계에 몸담고 있으면서 상업에 종사하는 자는 작위가 현격하게 높고, 해마다 받는 봉록이 만금이고, 관위가 1품이나 2품이며, 공개적으로 거리낌없이 뇌물을 받는다. 그 자제들은 자금을 장사에 투자하여 상점을 연 사람이 도처에 널려 있다. 이 역시 상업을 중시한다는 의미이다. 이 때문에 관원들이 모두 상업에 종사할 가치가 있다고 여기며 사회의 풍조가 일변하여 엄연히 관리와 상인이 일체가 되었다.110)

또 다른 한편의「관리가 장사를 하는 일에 대하여 논함[論居官經商]」이라는 글은 한마디로 갈파하기를 이렇게 많은 관원이 "관직에 몸담고 있으면서 장사에 손을 대는" 가장 중요한 이유는 조정에서 그러한 현상에 대

---

109) 위와 같음.
110)「再論保護商局」,『申報』, 1883年 11月 3日.

하여 질책하거나 징계하는 것이 아니라 오히려 장려하는 뜻을 갖고 있기 때문이며, 그래서 "가령 재직관리이면서 상업을 겸하여도 죄가 된다고 생각하지 않았으므로 이를 관례로 여기는 자들이 있다"라고 했다. 이 글은 관원이 상업에 종사하는 구체적인 원인을 크게 두 가지로 분석했다.

우선 관원은 대부분 사士에서 나왔으며, 사는 관리가 되기 전에 종종 이미 '치생'하기 위해 상업에 종사하거나 혹은 조상의 업을 계승하여 장사를 했으며, 이 때문에 관리가 된 뒤에도 계속하여 약간의 장사를 하여 이윤을 추구하는 것은 자연스러운 현상이 되었다.

다음으로 관료들의 '한탕주의[現世撈]' 심리가 빌미를 제공했다. 과거에 "가세가 한미하거나" 혹은 "가난한 집에서 태어나" 온갖 재주를 다 동원하여 매우 어렵게 관위를 얻은 경우 자연히 관권을 이용하여 공·상업에 종사함으로써 한 밑천을 잡았다. 이를 두고 사람들은 "출사하면 관리이지만 퇴직하면 백성이 되며… 사람이 평생 동안 관계에 머물 수는 없고 퇴직 이후에는 평민과 다를 바가 없기 때문이다"111)라고 했다. 이것과 오늘날 "관권을 쓰지 않고 있다가 기한이 넘으면 무효가 된다"라고 생각하는 관리들의 심리상태가 어찌 그리 닮았는지 모르겠다.

근대 각양각색의 관상 가운데 정체가 극히 모호하여 그 유형을 명확히 구분하기 어려운 부류가 있는데, 그들은 바로 양무운동 시기에 근대기업을 창설하고 경영·관리하게 되면서 대두한 '신관상新官商'이다. 이 일군의 사람들은 증국번·이홍장·좌종당·장지동 등 권세가 막강했던 지방의 총독·순무 집단과 다를 뿐만 아니라 당정추·서윤·정관응 등

---

111) 「論居官經商」, 『申報』, 1883年 1月 25日.

매판형 신상집단과도 다르며, 그들은 "상인 같으면서도 관리 같으며, 관리 같은 상태에서 나아가 관리가 되고, 상업을 통해 획득한 이익을 이용하여 관리가 되기를 도모하며, 관리 쪽으로 기울어져 있다가 다시 관리로서의 권력과 세력을 이용하여 상인을 능가하는 쪽으로 발전했다."112)

이들은 관리 겸 상인으로서 때로는 관리로, 때로는 상인으로 행세했다. 관부를 대신하여 기업을 창건하고 관권에 의지하여 부를 축적하는 것으로 말하면, 그들은 추호도 의심의 여지가 없는 관상임이 분명하다. 그러나 그 직권의 범위가 주로 근대기업을 경영·관리하는 것에 한정되며, 상인기질이 관료기질보다 더욱 농후한 것으로 말하면, 근대신상의 범주에 넣을 수 있을 것 같기도 하다. 이렇게 하기도 어렵고 저렇게 하기도 어려운 상황 아래 우리는, 비록 완전히 적합하지는 않을지라도 차라리 이들 개척정신과 경영기질을 가진 신흥 경제관료를 '관료형 신상' 혹은 '관료화한 신상'이라 부르고자 한다. 성선회와 주학희는 바로 이러한 부류의 대표적이고 전형적인 인물이다.

2. 성선회와 주학희

성선회盛宣懷(1844~1916)는 자가 행손杏蓀이고, 별호는 우재愚齋·지수止叟·보루補樓이며, 강소 무진武進사람이다. 성선회는 관료세가 출신으로 그의 부친 성강盛康은 일찍이 지부와 도원道員을 역임했고 이홍장과는 일찍부터 면식이 있었다. 성선회는 1867년 수재에 합격했으나, 이후 여러 차례

---

112) 夏東元,「論盛宣懷」,『社會科學戰線』, 1981年 第4期.

낙방의 고배를 마시게 되자 드디어 연납하여 주사主事가 되었다.

성선회의 관료로서의 출세는 1870년 이홍장의 심복 양종렴楊宗濂의 추천으로 이홍장의 막부에 들어가 행영行營의 문안文案으로 파견되어 영무처營務處 회판會辦을 겸임하면서 시작되었다. 성선회는 총명하고 강단이 있어 업무처리에 발군의 실력을 발휘했으므로 관운 역시 날로 형통했다. 직함 역시 주사·후선직례주候選直隸州로부터 연이어 지부·도원으로 승진했으며, 아울러 화령2품정대花翎二品頂戴를 수여받았다. 1872년 이홍장이 윤선초상국을 설립할 때 성선회는 좌우에서 이홍장을 적극 보좌함으로써 드디어 양무운동에 발을 들여놓았고, 이로부터 "큰 사업을 경영하면서", "높은 벼슬을 하는" 찬란한 생애가 시작되었다.

"상인 같으면서 관리에 가까우며, 관리 같은 상태에서 나아가 관리가 되었다." 이것은 성선회의 인생역정과 특색을 가장 잘 개괄하는 말이다. '벼슬살이[청정부에 봉사하는 것]'와 '업무처리[근대기업의 경영관리에 종사하는 것]'는 성선회라는 사람의 서로 분리할 수 없으면서 상호보완적인 두 가지 측면을 구성했으며, 그로 하여금 '일事'은 할수록 커지고, 관직 역시 갈수록 높아지게 했다. 비록 처음 양무운동에 발을 들여놓았을 때 성선회는 상商과의 일치성이 비교적 크고 신상의 색채 역시 비교적 농후했으며, 1884년 윤선초상국 독판의 직책을 맡은 후로는 관료적 색채가 갈수록 농후해져 신해혁명이 일어났을 때는 '전청역신前淸逆臣'으로 지목되어 재산몰수라는 액운을 만나기도 했으나, 그러한 "관권에 의지하여 상인을 능멸하고, 상인과 결탁하여 관리를 기만하는" 관료형 신상의 특질은 성선회의 일생을 꿰뚫고 있으며, 당정추·서윤·정관응 내지 장건·경원선 등과는 다른 독특한 개성을 형성했다.

우선 관료형 신상으로서 성선회는 주로 관방대표의 신분으로 양무기업의 경영과 관리에 종사했으며, 아울러 주로 관세官勢와 관권官權에 의지하여 자신의 부를 축적했다. 1872년 성선회가 이홍장의 위임을 받아 윤선초상국 회판會辦이 되었을 때만해도 총판總辦 당정추나 회판 서윤처럼 '상동商董'의 신분과 대량의 개인주식을 갖고 있지 않았으며, 기본적으로 이홍장을 대신하여 "왕래하며 살피는" 즉 당정추와 서윤에 대하여 감독을 행하는 역할만 담당했다. 그래서 그는 비록 "초상국 사무를 관리하는 직책을 맡지도 않았고", "초상국에 머물면서 일을 한 적도 없으며" 아울러 "분명히 재정을 관리하지도 않고 초상국으로부터 급여를 받은 것도 아니었으나" 그가 가진 권한은 오히려 막대하여, 무릇 관청과 교섭하기 위해서는 반드시 그가 나서야만 했다.113)

이홍장과의 특수한 관계와 그러한 보이지도 않고 만질 수도 없으나 무소부재無所不在하고 무시부재無時不在하는 '관세官勢'와 '관권官權'에 의지하여 성선회는 수단을 부려 단번에 높은 지위로 뛰어오르고 계속하여 국가경제 및 국민생활과 관련있는 양무기업들을 일일이 자신의 수중에 넣었다. 1899년에 이르러 성선회는 전국의 전보를 장악하는 외에도 기선·은행·철로·탄광·방직 등의 국정을 독점했다. 경원선의 말을 빌리면 당시 그는 "한 손에 16개의 야광주를 쥐고 있었다."114)

이와 동시에 성선회의 관등 역시 수직상승했다. 1884년 서천진해관도署天津海關道로 전보되어 북양北洋의 양무와 상무를 전담 관리했고, 1886년 산동등래청병비도山東登萊靑兵備道 겸 동해관감독東海關監督으로 자리를 옮겨 이홍장을 대신하여 '천진과 상해간의 중추'를 통제했고, 1892년 다시 보천진해관도補天津海關道 겸 진해관감독津海關監督으로 전보되어 북양집단을

---

113) 光緖 7년 2월 12일 「直隷總督李鴻章片」, 『洋務運動』 第6冊, 58쪽.
114) 『盛宣懷檔案資料』〈上海圖書館藏〉, 「經元善致鄭觀應函」, 光緖 25년 5월 초3일.

위해 대외교섭과 '신초양관세무新鈔兩關稅務'를 경영 관리했고, 1896년과 1898년 차례로 태상시소경함太常寺少卿銜과 대리시소경함大理寺少卿銜이 주어졌고, 1900년 회판상무대신會辦商務大臣에 임명되었고, 1902년 공부좌시랑工部左侍郞에 제수되었고, 1908년 우전부우시랑郵傳部右侍郞을 제수받았으며, 1911년 1월 다시 권세가 막강한 우전부상서郵傳部尙書에 임명되었다.

신속히 상승하는 관등은 성선회가 양무기업의 규모를 확대하는 발판이 되었을 뿐만 아니라, 공공의 재물을 사적인 것으로 만들어 개인의 부를 증식하는 '화수분[聚寶盆]'이 되었다. 성선회가 윤선초상국의 경영을 보좌하던 초기에 그에게는 겨우 1만 냥짜리 주식증서가 있었을 뿐이다. 그가 대량의 주식을 보유하게 된 것은 1884년 당정추와 서윤 등의 주식을 횡령하면서부터였다. 1887년 어떤 사람이 이야기하기를 그는 자신의 명의 아래 이미 주식 4만 냥이 있다고 했다. 같은 해 또 어떤 사람은 이르기를 그가 "중개하여 모은 주식이 실로 10분의 4 내지 5가 된다"라고 했다. 그 가운데 일부 확실히 그가 모은 다른 사람의 주식을 제외하더라도 적지 않은 양이 그가 가명으로 은닉한 주식에 속했다.[115]

1886년부터 1911년까지 그와 직접적으로 관련이 있는 외채차관은 고평은庫平銀으로 1억 7천6백만 냥에 달했으므로 그는 "수백만 냥의 리베이트를 받았을 것이다."[116] 상해기기직포국의 옛터에 건립된 화성방직총창華盛紡織總廠은 성선회가 은밀하게 몇 차례 교묘한 수단을 쓴 뒤에 결국 전부 그에게 넘어왔다.[117] 1899년 말 성선회 개인이 통상은행通商銀行에 예금

---

115) 「申報」, 光緖 13년 8월 21일. 樊百川, 『中國輪船航運業的興起』(成都:四川人民出版社, 1985), 424쪽 참조.
116) 黃逸峰 等, 『舊中國買辦階級』(上海:上海人民出版社, 1982), 269쪽 참조.
117) 盛宣懷, 『愚齋存稿初刊』卷5(1932年 思補樓藏版) 및 嚴中平, 『中國棉紡織史稿』(北京:科學出版社, 1955), 342쪽 참조.

한 돈은 40만 냥이었다.[118] 그밖에 성선회는 한야평공사漢冶萍公司의 주식 40만 원元어치를 보유하고 있었는데, 이는 한야평공사가 발행한 상인주식 총액의 30%에 해당되는 액수였다.[119] 1911년 청정부가 무너질 때 성선회는 다시 흐린 물속에서 고기를 잡듯 부당한 방법으로 우전부郵傳部 예금 규은規銀 2백만 냥을 외국은행으로 옮겨 자기 개인의 명의로 예금했다.

청말 성선회처럼 신식기업에서 이렇게 거대한 자본을 옹유한 관료는 실로 매우 드물며, 그의 신분은 이미 어느 정도 관료자본가의 함의를 갖고 있었다. 1880년 국자감좨주 왕선겸王先謙이 성선회를 탄핵하면서 "교통통신 사업을 경영하면서 간교하게 사리를 꾀했다"라고 한 것은 실로 정확한 평가이다.

다음으로 관료형 신상으로서 성선회는 또한 다른 부유한 상인들처럼 단순하게 관권으로 상인을 능멸하고 착취했을 뿐만 아니라. 봉건국가 자본과 개인자본의 동반 증식을 도모했는데, 반대로 관방을 대하는 태도로 말하면, 그는 또한 자주 신사와 상인으로 자처하며 사회상의 신상들과 광범한 사회적 유대를 맺고 있었다.

1860~1870년대 이홍장의 막부에서 윤선초상국의 회판會辦으로 있을 무렵 성선회는 상해의 저명한 신상단체 속으로 섞여 들어가 그들과 함께 공동으로 구제의연금의 출연을 권유하는 의진義賑활동을 전개했다. 그때 서로 왕래한 사람으로는 상해의 정관응·경원선, 소주의 사가복謝家福, 무석無錫의 이금강李金鏞 등이 있었는데, 이들은 모두 당시 지역에서 이름이 있는 대신상大紳商이었다. 1883년 원래 상해주진공소上海籌賑公所·양진

---

118) 中國社會科學院 近代史硏究所 中華民國史硏究室 主編: 中國人民銀行 上海市分行金融硏究室 編, 『中國第一家銀行: 中國通商銀行的初創時期, 1897~1911』(北京:中國社會科學出版社, 1982), 17쪽.
119) 「漢冶萍公司之內容」, 『東方雜志』, 第9年 第3卷.

주진공소揚鎭籌賑公所·소주주진공소蘇州籌賑公所의 동료들이 연합하여 상해에 진연분소賑捐分所를 설립하고 성선회·정관응·경원선·사가복을 경리인經理人으로, 당정추·서윤 등을 경모수동經募首董으로 삼았다. 이 공소는 당시 상해의 중요한 신상인물을 거의 총망라했다.[120] 이홍장이 당정추와 서윤을 윤선초상국의 총판과 회판으로 임명할 때 바로 "성선회가 이들을 소개했다."

경원선은 뒤에 성선회가 양무기업에 몸담고 있을 때 관리인지 상인인지 신분이 불분명했다고 비판하면서 이르기를 "독판으로서 그는 회사를 발전시킬 전반적이고 통일적인 계획을 세우지 못했으며, 상동商董으로서 그는 오직 한마음으로 자신의 일에 전심전력하지 못했다"[121]라고 했다. 이것은 측면에서부터 성선회가 비록 관리였으나 또한 자주 상인의 신분으로 자처했다는 것을 반영하고 있다. 1902년을 전후하여 원세개와 더불어 윤선초상국 및 전보국의 통제권을 둘러싸고 쟁탈전이 벌어지자 성선회는 더더욱 상인의 대표로 자처하면서 친구에게 불평하기를 "종전에 내가 윤선초상국과 전보국을 관리할 때, 주식은 모두 내가 모집했으며 날마다 중국상인들과 교제했는데, 이름이 상인의 독판督辦이지 실제로는 회사의 수동首董이었다"[122]라고 했다.

이밖에 성선회 역시 다른 신상인물들처럼 근대교육을 일으키는 데 상당히 열심이었다. 청일전쟁 후 오래지 않아 그는 천진에 중서학당中西學堂(후에 北洋大學堂으로 고침)을 설립했다. 1896년에는 다시 상해 서가회徐家滙에 남양공학南洋公學(交通大學의 전신)을 설립하여 그 안에 사범원師範院·외원外

---

120) 『申報』, 1883年 10月 5日.
121) 『盛宣懷檔案資料』, 光緒 25년 5월 초3일, 「經元善致鄭觀應函」.
122) 『盛宣懷檔案資料』, 光緒 28년 11월 16일, 「盛宣懷致陳瑤圃函」.

院[부속 소학]·중원中院[중학]·상원上院[대학]을 두었다. 중국의 첫번째 상인[商會] 단체인 상해상업회의공소上海商業會議公所도 사실은 당시 중영상무조약[中英商約] 담판 수석대표 가운데 한 사람이었던 성선회가 거듭 재촉하고 친히 관여하여 설립한 것이었다.[123]

관리·신사·상인의 본질을 한몸에 지닌 성선회의 정체성은 그로 하여금 자연스럽게 관리·신사·상인 각종 세력 사이를 왕래하면서 도처에서 지원을 얻을 수 있도록 했고, 그의 이러한 점은 이홍장 등 총독·순무 같은 대관료 내지 청정부의 깊은 주목을 받았다. 장지동은 일찍이 직례총독 왕문소王文韶에게 보낸 전보에서 그를 격찬하였다.

> 요즘 사방을 둘러보면 관리는 상업의 상황을 이해하지 못하고, 상인은 전체적인 국면을 고려하지 못한다. 어떤 사람은 양무에 대해서는 알지만 중국의 정치체제에 어둡고, 어떤 사람은 쉽게 외국인의 속임수에 당하며, 어떤 사람은 예리하게 일을 처리하나 경험이 부족하고, 어떤 사람은 대담하게 그럴 듯한 말로 사람을 속이며 임무를 혼자서 도맡으려고 하나 말한 것을 실행하지 못한다. 이런 사람들은 모두 이 일을 맡을 자격이 없다. 이 도원道員은 이상 여섯 가지 결점이 없으므로 만약 그로 하여금 나와 더불어 이 국局을 경영하게 하여 윗사람의 뜻을 받들고 아랫사람의 생각을 수렴하게 한다면, 가히 남과 북, 중국과 외국, 관리와 상인이 서로 통하게 할 수 있을 것이다.[124]

명망이 성선회에 미치지는 못하나 역시 청말과 민국초기에 명성이 자자했던 또 한 사람의 관료형 신상인 주학희 역시 장지동이 제기한 "상하를 연결하고[承上注下]", "남북을 연결하며[聯南北]", "중국과 외국을 연결하

---

123) 徐鼎新·錢小明,『上海總商會史(1902~1929)』(上海: 上海社會科學院出版社, 1991), 37~40쪽 참조.
124) 光緖 22년 3월 26일,「張香帥致王夔帥電」,『愚齋存稿』卷24, 電報(1), 23~24쪽.

고[聯中外]", "관리와 상인을 연결하는[聯官商]" 역할을 했다는 말에 어느 정도 부합되는 인물이다.

주학희周學熙(1866~1947)는 자가 집지緝之, 또 다른 자는 지암止庵이고, 만호晩號는 송운거사松雲居士, 또 다른 호는 연경노인硏耕老人이며, 안휘 지덕至德 사람이다. 주학희는 진신縉紳세가 출신으로 그의 증조부는 일찍이 이홍장의 막부에 들어가 이홍장을 보좌했으며, 관직이 산동순무·양강총독에 올랐다. 일반사인들과 마찬가지로 주학희도 "어려서부터 과거공부를 하여 나이 근 30에 이르러서야 비로소 1등으로 급제했으나" 거인에 급제한 뒤 더 이상 상급 과거시험에 응시할 생각을 버리고 관계로 진출하여 벼슬살이를 하면서 실학을 추구했다. 그는 천진도天津道·장로염운사長蘆鹽運使·직례안찰사直隸按察使·농공상부승참農工商部丞參을 역임했다. 그리고 민국시대 두 차례 재정총장財政總長을 지냈다.[125]

주학희는 청나라 말기에 성선회처럼 관직이 극히 높고 경제사업이 해가 중천에 떠 있는 것처럼 번성하지는 않았으나, 북양세력의 범위에 속하는 북경·천진·당산唐山 지역에서는 권세가 막강하고 업적이 탁월하여 "북양실업의 선도자이며 민국재정의 권위자"라고 칭송되었다. 주학희와 장건은 모두 봉건사신士紳으로부터 근대실업가로 탈바꿈한 대표적이고 전형적인 인물이다. 이 두 사람이 한 사람은 남쪽에서, 한 사람은 북쪽에서 설립한 근대 기업체계는 중국 실업발전사에서 모두 특별한 지위를 차지한다. 그래서 당시사람들은 이 두 사람을 '남북사선생南北四先生'으로 추앙했으며[그들 두 사람은 모두 형제 가운데 넷째였기 때문], 중국 실업초창기 남북의 두 영웅으로 간주하여 '남쪽은 장건, 북쪽은 주학희[南張北周]'라는

---

125) 『周止庵先生自撰墓志銘』, 周叔媜, 『周止菴(學熙)先生別傳』(上海:上海書店, 1991)[이하 『別傳』으로 약칭], 209~210쪽.

말이 미담으로 전해졌다.

주학희의 후손은 일찍이 두 사람의 실업성과를 다음과 같이 비교했다.

> 수십 년 이래 우리나라에서 실업건설에 대하여 담론하는 사람들은 모두 남북사선생南北四先生에 대하여 이야기한다. 남사선생南四先生은 장계직張季直이다. 그는 장원급제한 사람으로 재능이 탁월하고 사고가 적극적이며, 솔선하여 면철구국지론棉鐵救國之論을 제기하여 남통면간공사南通棉墾公司와 대생사창大生紗廠을 설립하고, 남통南通의 지방자치를 앞장서 외쳤는데, 그 규모가 원대하여 지금에 이르러서도 사람들을 탄복하게 한다. 그러나 사람을 기용함이 부당하여 선한 사람과 악한 사람이 뒤섞여 있었고, 뜻은 높은데 재능은 한계가 있어 고려하는 바가 주도면밀하지 못하여 면간棉墾사업은 여러 차례 실패했고 경제가 날로 고갈되었으며, 남통사업은 중간에 좌절되었고 자신은 마침내 우울하게 세상을 떠났다. 북사선생北四先生은 나의 조부인데, 평소 자주 자신의 견해를 이야기하지 않았으나, 오로지 착실하게 한 걸음씩 점차적으로 일을 추진하면서 민첩하게 행동에 임하고 근면하게 사업을 지키며 변함없이 사업을 유지하셨기에 수십 년 이래 그 성과가 남사선생에 못지않았다.[126]

주씨의 후손이 지은 전傳이므로 장건을 폄하하고 주학희를 찬양하는 것은 피하기 어려운 일이나, 장건과 주학희 내지 성선회를 비교 연구하는 것은 매우 흥미로운 일이다.

선비형 신상의 대표적이고 전형적인 인물로서 장건의 기업활동은 주로 '장원'이라는 찬란한 금박간판[金字招牌] 및 지역에서의 성망 내지 권세 있고 지위 높은 관원과의 밀접한 관계라는, 간단하게 말하면 이른바 '관세官勢'에 의지한 것이었다. 비록 그 역시 일찍이 장지동張之洞·유곤일劉坤一·서징瑞徵·심운패沈雲沛[署理郵傳部尙書] 등으로부터 서로 다른 정도의 지

---

126) 『別傳』, 191쪽.

원을 받았으나 전반적으로 말하면 관방과 일종의 가까운 것 같기도 하고 먼 것 같기도 한 비교적 느슨하고 그다지 고정되지 않은 관계를 유지했다.

반대로 성선회나 주학희 같은 관료형 신상의 기업경영 활동은 직접적으로 자기수중의 관권 및 이것과 밀접한 정치적 연관을 맺고 있는 관료집단의 지원에 의지했다. 성선회는 먼저 이홍장의 비호를 받고 나아가 장지동·왕문소 심지어 청정부의 지원을 받았다. 주학희 자본집단은 주로 원세개 집단의 지지에 의지했다. 민국초년에 국무총리를 역임한 안혜경顔惠慶은 친히 저술한『주지암선생사략周止庵先生事略』에서 이르기를 "청나라 광서연간 원세개가 직례총독으로 재직하면서 한때 북양의 신정新政은 욱일승천하는 기세를 떨쳐 전국이 우러러 보는 바가 되었다. 그 공업건설은 모두 공[주학희]의 손에서 나왔다"[127]라고 했다.

주학희와 원세개의 밀접한 관계는 유서가 매우 깊다. 그의 부친 주복周馥과 원세개는 둘 다 이홍장의 막부출신이었고, 게다가 서로 아들과 딸을 혼인시킴으로써 개인적인 친분이 매우 두터웠다. 주학희 본인은 자신이 가진 재능으로 원세개의 마음을 사로잡았다. 1900년 원세개가 직례총독이 된 뒤 천진지방에서 화폐의 주조량이 매우 부족하여 상인들이 곤란에 직면하자 원세개는 주학희를 천진에 파견하여 북양은원국北洋銀元局을 설립하도록 했다. 주학희는 명을 받은 뒤 기계공을 소집하여 주야로 주조하여 70일 만에 10동원銅元에 해당하는 화폐 150만 매枚를 주조해서 시장에 공급·유통시킴으로써 천진의 전시錢市를 안정시켰다. 원세개는 "그 신속함에 놀라 그를 당대의 기재라고 칭찬하면서… 일체의 공업건설

---

127)『別傳』, 214쪽.

을 그에게 위임했으며"[128] 주학희는 드디어 북양 실업건설의 핵심인물이 되었다.

주학희가 벌인 최초의 실업활동은 북양관방의 전폭적인 지지 아래 북양 관영실업을 창설하는 것이었다. 1903년 그는 직례공예총국直隸工藝總局을 창설하고, 이것을 "직례성 전역의 실업을 진흥하는 중추로" 삼았다. 공예총국 아래 실습공장·고공창考工廠(후에 勸工陳列所로 고침)·공예학당工藝學堂(후에 高等工業學堂으로 고침) 등 경제교육기구를 설치했으며, 다시 북양관조지창北洋官造紙廠(1905)과 북양권업철공창北洋勸業鐵工廠(1906) 등의 근대 관영기업을 창설하여 북양 관영실업체계의 토대를 다졌다.

주학희의 민영실업 활동 역시 북양집단의 지지를 받아 장족의 발전을 이루었다. 1906년 주학희는 북양대신 원세개의 명령을 받아 영국상인과 교섭함으로써 애초에 당정추가 창건했던 당산세면토창唐山細棉土廠을 회수하여 관독상판의 계신양회공사啓新洋灰公司로 고쳤다. 계신양회공사는 설립 초기에 원세개와 청정부로부터 다방면에 걸친 큰 지원을 받았다. 그 내용은 다음과 같다.

첫째는 재정지원이다. 주학희가 제기한 "일체의 옛날 채무는 새 공사公司와 관련이 없다"라는 요구를 비준함으로써 새 공사로 하여금 무거운 부채의 부담을 떨쳐버릴 수 있도록 했다. 또 상인주식(商股)을 다 모집하기 전까지는 회군은전소淮軍銀錢所와 천진관은호天津官銀號에서 연리 8리에 5년간 그리고 3년 동안은 단지 이자만 갚고 원금은 상환하지 않는 특혜 조건으로 각각 50만 원씩 융통해 줄 것을 비준했다.

둘째는 독점적인 경영특권을 허락한 것이다. 계신양회공사는 농공상

---

128) 『別傳』, 11~12쪽 참조.

부農工商部가 정식으로 입안할 때 바로 규정하기를 "동북지역 각 성 및 양자강 유역에 우선적으로 분창分廠을 설립할 수 있는 특권을 준다"129)라고 했다. 청정부 역시 분명히 명령하기를 "직례경내에서 다른 사람은 공장을 설립할 수 없다"라고 했다. 판매에 관해서는 경봉京奉·경장京張·경한京漢·정태正太·변락汴洛·도청道淸·호녕滬寧130) 등의 철로국은 반드시 계신啓新시멘트만 쓰도록 규정했으며, 다시 개란開灤은 계신에 석탄을 공급하되 "마땅히 짐작하여 적당히 값을 내려" 가격이 시세의 10분의 7을 초과할 수 없도록 규정했다. 계신과 각 철로국 및 초상국이 체결한 수상 운송비 할인협정에 따라 일반적으로 운송비를 70~80%만 받았다.

셋째는 연세捐稅특권을 주는 것이다. 계신의 시멘트 및 기타 제품은 "어느 곳으로 운송하든지 단지 5%에 해당하는 정세正稅를 한번만 납부하면 연도에서는 일률적으로 세금을 면제했다."131) 자금의 공급, 상품의 판매, 기부금과 세금의 납부 등 각 방면에서 계신양회공사는 관방의 특혜를 받지 않음이 없었음을 알 수 있다. 이는 일반 개인기업의 경우 기대하기 어려운 것이었으며, 심지어 장건의 대생집단大生集團조차도 그것과 비교될 수 없었다.

주학희가 설립한 기타 민영기업 역시 정도의 차이는 있지만 각종 특혜와 특권을 누렸다. 예를 들어 그가 설립한 개란광무공사開灤礦務公司는 자본금 2백만 냥 가운데 북양관고北洋官股가 80만 냥에 달했다. 또 그는

---

129) 『啓新洋灰公司檔』, 董字 第23號卷.
130) [역주] 경봉京奉: 北京~奉天(沈陽), 경장京張: 北京~張家口, 경한京漢: 北京~漢口, 정태正太: 河北 正定~山西 太原, 변락汴洛: 開封~洛陽, 도청道淸: 河南 浚縣 道口鎭~沁陽縣 淸化鎭, 호녕滬寧: 上海~江寧(南京). 李占才 主編 『中國鐵路史(1876~1949)』(汕頭: 汕頭大學出版社, 1994), 609~640쪽 참조.
131) 『啓新洋灰公司檔』 第12號 卷.

"이 광산은 북양관부가 석탄을 사용하기 편리하도록 하기 위해 설립했다"라는 이유를 들어 원세개에게 특권을 줄 것을 요청했다. 그리하여 광업계에서 원래 정한 "30평방 리를 초과하지 못한다"라는 규정을 확대하여 330평방 리로 넓혔다.[132] 그가 설립한 경사수도공사(京師自來水公司)는 주식을 다 모집할 때까지 천진관은호天津官銀號에서 우선 차입할 수 있도록 해 줄 것과 아울러 관방의 힘으로 "자금조달과 이자지불 보증을 유지해 줄 것"[133]을 농공상부에 요청했다.

북양집단과 민국시대의 북양정부를 배경으로 하면서 관권을 '도깨비방망이(點金棒)'로 이용했기 때문에 주학희 기업집단은 청말민초에 평시와 다른 발전을 이루었다. 이 기업집단은 화북에 근거를 두고 전국으로 발돋움했는데, 계신양회공사라는 전국최대의 시멘트공업 기업과 화신방직공사華新紡織公司라는 화북지역 최대의 화상華商 방직공업 기업을 중심으로 하여 건축·석탄·방직·기계·유리 제조와 도시상수도 등 공용사업과 금융업에 광범하게 분포되어 있었다.

60세 이전에 주학희는 북양정부에 출사했으나 실업의 진흥을 자신의 임무라고 생각했으며, 관리와 상인의 신분을 한몸에 겸비함으로써 이미 관계에서 부침하는 보통정객과는 달랐다. 60세 이후 주학희는 더욱더 의연하고 결연하게 일체의 정치와 경제관련 직무를 사직하고 나이가 들었다는 구실로 낙향했다. 자기 휘하의 공사公司 역시 모두 믿을 만한 사람에게 넘겨주어 경영하도록 했다. 중국실업은행中國實業銀行 총리직무는 공선주龔仙洲가 이어받고, 난주매광灤州煤礦 정주임동사正主任董事 직무는 진일보陳一甫가 이어받고, 계신양회공사 총리직은 언중원言仲遠이 대신했는데 거

---

132) 「稟直督袁陳開灤礦界文」, 『別傳』, 36~37쪽.
133) 「呈農工商部籌擬創設京師自來水公司大概辦法文」, 『別傳』.

기에다 금백병金伯屛을 총경리로 초빙했으며, 화신당위창관리처華新唐衛廠
管理處 정주임正主任 직무는 양미운楊味雲이 이어받고, 북평상수도공사[北平自
來水公司] 총리직무는 부원숙傅沅叔이 이어받았다.

공사公司를 맡은 많은 사람들이 일찍이 상의하기를 주씨집단실업총
회처周氏集團實業總匯處를 설립하여 여전히 주학희가 이를 주재하면서 각 회
사의 업무를 지도하도록 하고자 했다. 이듬해 실업총회처實業總匯處를 실
업협회實業協會로 바꾸어 주학희를 회장으로 추대하고 각 공사는 모두 회
원이 되었다. 그러나 주학희는 이미 떠나고자 하는 마음이 확고하여 헛
된 이름만 가지는 일 따위는 하지 않으려고 했으므로 실업협회는 결국
해산했다.[134]

퇴임 후 낙향한 주학희는 더욱더 사신士紳 본래의 모습에 근접한 것으
로 보이며, 오직 유학에 정진하는 것을 낙으로 삼았다. 그는 "시골에서
유유자적하면서도 손에서 책을 놓지 않았으며" 제이의 도연명과 같은
기풍이 있었다. 유학자로서의 주학희와 은사로서의 도연명의 심사는 서
로 통하는 것이었다. 아래의 시가 그것을 증명한다.

> 인생의 긴 여정을 지나 몸이 쇠하고 보니 감개가 무량한데,
> 귀밑머리는 제멋대로 하얗게 새었구나.
> 단지 이 한몸 건강하면 그만이지,
> 세상만사 지나치게 집착할 이유가 무엇인가.
> 새가 공중을 날아간 뒤에는 아무런 흔적도 남지 않으며,
> 기러기가 눈 위에 남긴 발자국을 어디서 찾는단 말인가.
> 수면을 보고 바람이 불어오길 기다리노니,
> 일렁이는 물결에는 달그림자 져있네.[135]

---

134) 『別傳』, 185~186쪽 참조.

인생 칠십에 신세가 바람 앞에 등불과 같으니
천형天刑의 질곡에서 벗어나고파
가슴 속 답답한 시빗거리 쓸어내버리고
세상의 헛된 영욕을 잊고 싶구나.136)

그러나 은퇴한 주학희는 결코 하루 종일 늙음을 한탄하고 빈 소리나 늘어놓으며 하는 일없이 지낸 것이 아니라, 다른 지방신사들처럼 향리의 공익사업에 매우 열심이어서 "오직 다른 사람을 돕고 대중을 이롭게 하는 일에 힘쓰며 특히 고향사람들의 생계를 걱정했다." 그는 혼자서 거금을 기부하여 고향인 지덕至德에 농림공회農林公會를 설립했다. 그곳에 시험장을 설치하고 우선 관과 민이 황무지를 개간하여 식수·조림하게 하고 겨울철에 불을 놓아 산을 태우는 행위를 엄금했다. 농림공회 및 그 지회의 활동은 10여 년 동안 지속되어 효과가 자못 컸다. 또한 경자선당敬慈善堂을 설립하여 고향의 각종 사회사업을 통합 관리했다.

주학희는 또한 대학자인 요중실姚仲實·진조작陳朝爵 등을 초빙하여 굉의학사宏毅學舍를 설립하고 유학을 널리 보급했고, 저명한 한의사인 팽성대彭星臺를 초빙하여 의학전습소醫學傳習所를 설립하고 한의학 인재를 배양했다. 다시 잠상강습소蠶桑講習所를 설립하여 지방의 이익을 도모하고, 상업전습소商業傳習所를 설립하여 상업인재를 배양했다. 게다가 주학희는 옛날 상평창常平倉을 모방하여 스스로 곡물 6천 석을 기부하여 세 개의 향鄕에 나누어 보관하다가 매년 춘궁기에 비축했던 곡물을 방출하여 가난한 사람들을 구제했다. 또한 각 지역에 의학義學을 설립하여 지방교육을 지원했으며, 도서관을 설립하여 민간의 지식을 일깨웠다.

---

135) 『別傳』, 「後記」에서 인용.
136) 위와 같음.

요컨대 주학희는 한 사람의 지방신사가 자기의 고향을 위해서 할 수 있는 모든 일을 시도했으며, "자신이 생각하는 일을 전국에 시행할 수 없자 한 지역에 치중하여 풍조를 수립함으로써 전국에 모범을 보이고자 했다."[137)

사람에 대한 평가는 죽은 뒤에야 결정된다. 주학희는 일생 동안 전형적인 관료형 신상으로서의 모습을 잃지 않았으며, 말년으로 갈수록 사신士紳으로서의 내재적 기질을 더욱 넉넉히 드러냄으로써 중국 전통신사의 이상적 인격에 더욱 가까이 접근했다.

상술한 내용을 종합해 보면 신상은 서로 다른 사회집단으로 나눌 수 있으며, 이들 집단은 각자 신상계층의 서로 다른 측면 및 내재적 다양성을 구현했다. 이것은 신상과 서로 다른 사회계층이 상호 삼투·융합한 결과이다. 다만 각종 유형은 고정불변하는 것이 아니라, 서로 받아들이기도 하고 내보내기도 하면서 한 폭의 동태적이고 유동적인 화면을 구성한다. 선비형 신상 장건 등은 정부관원으로 임명된 뒤에 어느 정도 관상官商의 의미를 가지게 되었다. 그리고 매판형 신상 당정추·서윤·정관응 등은 양무고관의 직함이 주어진 뒤 관료형 신상에 더욱 근접하기 시작했다. 반대로 주학희와 같은 부류의 관료형 신상이 노령으로 사직하고 고향으로 돌아가 은거한 뒤에는 선비형 신상과도 일맥상통했다. 따라서 신상의 유형구분은 단지 그것을 상대석으로 이해하기 위한 수단일 뿐이며, 절대적 의미나 넘을 수 없는 한계를 지니고 있는 것은 아니다. 이러한 각 집단 간의 받아들이기와 내보내기는 신상계층 자체의 다양한 사회속성에 따라 결정되었다.

---

137) 『別傳』, 186쪽.

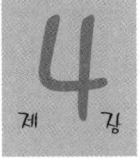

장차 새롭게 될 것과 아직 새롭게 되지 못한 것 사이에서

"우리는 일신을 과거의 유해와 미래의 태아 사이의 중간에 두고 있다."
〔『원생유저遠生遺著』「상영록想影錄」〕

신상계층의 사회적 속성

제1절 전통과의 끊을 수 없는 인연

1. 업종구성과 경영방식

청말민초 중국 근대공업의 발전은 막 걸음마를 시작한 초보적인 단계에 속하여 산업자본은 아직 상업자본으로부터 최종적으로 분리되지 못했다. 상업과 공업의 미분리는 당시의 보편적인 상황이었으며, 이 때문에 청말의 이른바 '상업'과 '상인'의 함의는 지극히 광범했다.

청정부는 1904년에 반포한 「상인통례商人通例」에서 '상인'에 대하여 "무릇 상업업무를 경영하고 무역과 매매에 종사하며 상품을 판매하는 자를 모두 상인이라고 한다"라고 개괄적으로 정의했으며, 민국 초년에 간행된 「상인통례」에는 '상업'이 포괄하는 범위를 다음과 같이 규정했다. ① 매매업, ② 임대업, ③ 제조업 혹은 가공업, ④ 전기공급 혹은 수도사업, ⑤ 출판업, ⑥ 인쇄업, ⑦ 금융업, 금전태환업 혹은 대부업, ⑧ 신탁업, ⑨ 작업 혹은 노무청부업, ⑩ 공연장을 설치하고 고객을 모으는 업종, ⑪ 임시창고업[堆棧業], ⑫ 보험업, ⑬ 운송업, ⑭ 운송청부업, ⑮ 아행업[牙行業], ⑯ 거간업[居間業], ⑰ 대리업[代理業].1) 여기서 '상商'은 국민경제의 거의 대부분의 분야·업종과 관련이 있다. 이러한 개괄적이고 모호한 '상업'과 '상인'의 개념은 지금까지 그대로 이어져 사람들은 습관적으로 경제·경영 활동에 종사하는 행위를 통틀어서 '장사에 뛰어든다[下海經營]'라고 하며 '상인[business man]'은 그 진정한 업종이 상품유통을 촉진하는 상업과의 관련 여부를 떠나 엄연히 일체의 경영과 관련된 활동을 하는 사람을 가리키는 대명사가 되었다.

따라서 근대 신상紳商이 각 업종을 망라하는 복잡한 직업을 가진 사회집단이 된 것은 이상할 것이 없다. 근대 신상계층 가운데는 비록 한창 두각을 나타내는 공업자본가도 있었으나, 절대다수는 상업자본가와 구식상인이었다. 청나라 말기 전통경제 요소가 여전히 절대적 우세를 차지하는 사회경제 구조와 마찬가지로 근대 신상의 업종구성 역시 명백한 전통적 특징을 갖고 있었으며, 그들은 주로 전통적 상업·금융업[銀錢業]·저당업[典質業]에 종사했고, 전통농업 종법사회의 고루한 경제형식 및 조직과 얽히고설킨 혈연관계를 유지했다.

상해上海는 근대사에서 가장 먼저 개항된 통상항구 가운데 하나이며, 가장 일찍부터 근대공업이 발전한 대도시이다. 상해의 경우 공업자본가와 매판이 신상계층에서 차지하는 비중은 다른 지역에 비해 훨씬 크지만, 그들은 종종 구식상방商帮에서 일어나 근대기업에 투자했으며, 동시에 구식상업과 금융업을 겸영했다.

1904~1911년 사이에 상회商會[상업 회의소]의 역대 총리와 협리協理를 역

---

1) 『政府公報』, 1914年 3月 3日, 第653號.

임한 상해 상층신상 가운데 엄신후嚴信厚와 엄자균嚴子鈞 부자는 원래 남방 상방商幇의 금융업자였으며, 연이어 상호商號·표호票號·염호鹽號·사창紗廠·조면창[軋花廠] 등 각종 기업을 경영하여 신·구 두 종류의 업종 사이에 위치했다. 엄씨가 상해에 설립한 원풍윤은호源豊潤銀號는 그들의 기업과 상점의 자금집결지로 창업자본금은 1백만 냥 은자였고, 전문적으로 관청·상인 경비의 송금과 태환업무를 경영하여 이익의 근원이 넘치고 규모가 날로 확대되었으며, 연이어 북경과 천진 및 양자강 연안도시에 10여 개의 지점을 설립했다.2)

진윤부陳潤夫는 강서표호江西票號 거상이었고, 주보삼朱葆三은 주로 '철물과 서양상품[五金洋貨]'을 취급하는 영국상사 평화양행平和洋行의 매판이었으며, 동시에 착유·방직·기선 등 신식기업에 투자했다. 서윤徐潤은 매판으로서 사絲·마麻·차·아편 등의 무역을 겸영했으며, 주진표周晉鑣·증주曾鑄·손음정孫蔭庭 등은 한편으로 각종 공·광업 및 항운기업에 투자하면서 동시에 각종 점포를 개설하여 상업에 발을 들여놓았다.

1902년에 설립된 상해상업회의공소 신상의 개업상황에 대한 분석에 따르면, 그 업종의 범위는 환어음업·금융업·은행업·제사업[絲業]·다업茶業·'철물 및 서양상품업[五金洋貨業]'·양포업洋布業·면업[花業]·두미업豆米業·철강업·석탄업·목재업·통관수속업[報關業]·인삼약품업·정크선박업[沙船業]·개간업·건설업·저당업[典質業]·매판업 및 방직공장·제사공장·제지공장·윤선초상국·전보국 등 20여 개의 업종 혹은 기업을 포괄했다. 총리·부총리·총동總董과 의원議員으로 구성된 영도계층은 주로 환어음업·금융업·제사업·다업·'철물 및 서양상품업'의 5대 업종에서 나왔

---

2) 陸志濂, 「"寧波幇"開山鼻祖―嚴信厚」, 中國人民政治協商會議 寧波市委員會 文史資料硏究委員會 編, 『寧波文史資料』 第5輯(寧波.: 編者, 1987).

다.3) 이 5대 업종 가운데 앞의 4개 업종은 명·청시대부터 이어져온 전통상업에 속하며, '철물 및 서양상품업'은 통상항구의 개방 후에 대두한 신흥업종에 속한다.

앞에서 서술한 것처럼 각지 상회의 의동議董계층은 일반적으로 비교적 높은 공명과 직함을 갖고 있었고, 자산 역시 비교적 많은 상층신상이었으며, 강소·절강 지역의 보통 상회회원 역시 대부분 각종 공명이나 직함 혹은 봉전封典을 가진 신상에 속했다. 아래 표는 상해상회 신상의 업종구성 상황을 나타낸다.

<표 4-1> 제1기(1904) 상해상무총회上海商務總會의 업종구성

회원 총수	행방行幇 대표											기업 대표				
	다업동사 茶業董事	목업동사 木業董事	남시전업동사 南市錢業董事	북시전업동사 北市錢業董事	양화업동사 洋貨業董事	화업동사 花業董事	회표업동사 匯票業董事	전당업동사 典業董事	미곡업동사 米業董事	보석업동사 珠寶業董事	저당업동사 質業董事	의류업동사 衣業董事	합계	회원 총수에서 차지하는 비율(%)	은행대표	윤선공사대표	공장대표(工廠代表)	상호대표商號代表	외상기업대표外商企業代表	합계	회원 총수에서 차지하는 비율(%)
171	1	1	2	3	1	1	2	1	1	1	3	1	18	10.5	1	1	5	125	25	153	89.5

자료출처: 徐鼎新『上海總商會史(1902~1929)』 61쪽 표 인용.

위의 표를 자세히 관찰하면, 18명의 행빙行幇 회원 가운데 4명의 대표가 어느 정도 새로운 경향을 추구하는 동업공회同業公會 즉 각각 다업·목재업·남시금융업(南市錢業)과 북시금융업(北市錢業)의 대표임을 알 수 있다. 그리고 10명은 면업·환어음업·전당업·미곡업·보석업(珠寶業)·저당업·의류업의 회원 즉 순수하게 구식을 대표하는 동업공회에서 나왔음을 알

---

3) 徐鼎新·錢小明 著, 『上海總商會史(1902~1929)』(上海: 上海社會科學院出版社, 1991), 43~47쪽, 表 참조.

수 있다. 153명의 기업회원 가운데 공장·윤선공사·은행 등 신식기업의 대표는 겨우 7명으로 회원총수의 0.46%를 차지하며, 외국상사 기업의 대표〔매판〕가 모두 25명으로 회원총수의 16.34%를 점했다. 각종 상점〔그 가운데 반수 이상이 전통상업에 속함〕의 대표는 오히려 121명으로 회원총수의 79.1%에 달했다. 이로부터 설사 상해와 같은 근대도시라고 할지라도 신상의 업종구성은 역시 전통경제 쪽에 편중되어 있었으며, 신흥산업 영역은 아직 단지 극소수의 일부 근대의식을 가진 신상들이 발을 들여놓고 있었을 뿐이라는 사실을 알 수 있다.

북방에서 최대의 통상항구인 천진 역시 비록 중국적인 것과 서양적인 것이 뒤섞여 있는 곳으로 외국 자본주의 세력의 침투가 비교적 심하고 매판계층이 매우 큰 활약을 했으나, 신상의 업종구성은 역시 아주 명백한 전통적 색채를 띠고 있었다. 1905~1911년까지 역대상회의 총리를 역임한 왕현빈王賢賓의 직함은 화령2품정대花翎二品頂戴 하남보용도河南補用道였고, 직례의 저명한 소금상으로 오래 동안 장로염업공사長蘆鹽業公司의 책임자〔綱總〕로 있으면서 모두 합쳐 31안岸, 114처, 3만 8,882개의 염전〔引目38,882道〕을 관리했으며, 직례에 소금상점 여러 곳을 갖고 있었다. 1906년부터 금융업 신상 요련원么聯元의 뒤를 이어 상회 좌판坐辦의 임무를 담당했던 유승음劉承蔭은 직례의 저명한 양곡상으로 천진공기양점天津公記糧店의 재동財東이며 전문적으로 양곡도매업을 경영했고, 직함은 화령후선동지花翎候選同知였다.

천진상무총회의 제1기 회동會董 22명 가운데 겨우 1명만이 공업자본가이며, 나머지 21명은 각각 저명한 소금상·곡물상·금융업자·견직물상〔綢布商〕·금은보석상〔金銀珠寶商〕·수출입상인과 매판이었다. 〈표 4-2〉는 1905~1912년간 천진 중요신상의 직함과 업종상황을 정리한 것이다.

<표4-2> 천진신상의 업종[行業] 구성상황

성명	직함	상회 내의 직위	직업[執業]
왕현빈王賢賓	화령2품정대하남보용도花翎二品頂戴河南補用道	총리總理	제염업鹽業
영세복寧世福	화령3품함후선지부花翎三品銜候選知府	협리協理	양행洋行
오련원吳連元	화령2품정대후선도花翎二品頂戴候選道	협리	양행
요련원幺聯元	4품함분성보용지현四品銜分省補用知縣	좌판坐辦	금융업錢業
유승음劉承蔭	화령후선동지花翎候選同知	좌판	곡물도매糧食批發
고문한顧文翰	5품함후선주부五品銜候選主簿	회동會董	양행
장전청張傳淸	동지함同知銜	회동	양행
궁여림宮汝霖	늠선생廩膳生	회동	양행
왕용훈王用勛	5품함후선지현五品銜候選知縣	회동	주단양포업綢緞洋布業
양은륭楊恩隆	5품남령후선천총五品藍翎候選千總	회동	곡물도매糧食批發
예옥곤芮玉坤	동지함후선주동同知銜候選州同	회동	양포업·부동산업洋布業房地產業
조영원曹永源	5품남령후선현승五品藍翎候選縣丞	회동	양식업糧食業 백분업百粉業
호유헌胡維憲	화령도함花翎道銜	회동	제염업鹽業 금융업錢業)
기련영紀聯榮	동지함同知銜	회동	주단양포업綢緞洋布業
류석보劉錫保	동지함同知銜	회동	금융업銀錢業
장문한張文翰	후선종구후선從九	회동	주단양포업綢緞洋布業
장유기張維琪	5품봉전五品封典	회동	양포업洋布業
이향진李向辰	동지함同知銜	회동	미곡도매업[大米批發]
서성徐誠	화령2품함광동보용도花翎二品銜廣東補用道	회동	외자은행外資銀行
정금정鄭金鼎	남령수어소천총藍翎守御所千總	회동	금융업銀錢業
주가관朱嘉寬	부경력함府經歷銜	회동	금융업銀錢業

계장태季長泰	후선종구候選從九	회동	외자은행外資銀行, 곡물도매업[糧食批發]
양경림楊慶林	남령동지함藍翎同知銜	회동	박래품잡화洋廣雜貨
가학방賈學芳	동지함同知銜	회동	양포업洋布業
황종형黃宗衡	화령후선동지花翎候選同知	회동	양행
진환장陳煥章	화령3품함직례시용동지花翎三品銜直隸試用同知	회동	양행
조사기趙士琦	5품정대五品頂戴	회동	금융업銀錢業
조진趙振	동지함同知銜	회동	양포업洋布業
유종림劉鐘霖	간선지현揀選知縣	회동	송목행松木行

자료출처 : 天津商會檔案歷屆會董情況表, 胡光明 「論早期天津商會的性質與作用」의 附表 참조.

표를 보면 천진신상 중에서 매판이 약 31%로 매우 큰 비중을 차지하고 있다. 그 다음이 전통경제와 밀접한 관련이 있는 곡물상·금융업자·견직물상과 소금상으로 이들은 모두 합하여 51.7%를 차지한다. 진정으로 공업자본가라고 할 수 있는 사람은 겨우 2명(寧世福과 曹永源)뿐으로 그 가운데 1명(영세복)은 또한 매판신분이 주였다.

상해와 인접한 소주蘇州는 명·청시대에 이미 중국 동남지역에서 저명한 상업무역과 수공업의 중심지가 되었으며 "서양사람들이 뒤섞여 살며 인구가 조밀하고 무역의 번성함이 천하에 으뜸이었다." 1895년 개항장으로 개방된 뒤 소주는 점차 반식민지 반봉건 도시로 전락하기 시작했으나, 상해나 천진에 비하면 소주의 반식민지화 정도는 비교적 가벼웠다. 근대사에서 소주는 여러 방면에서 여전히 장기간 전통상업 소비도시로서의 특징을 보유하고 있었으며, 새로운 식민경제는 주도적인 지위를 차지하지 못했고, 전통상업과 수공업이 여전히 계속해서 기형적으로 번성하여 구식 상업자본과 금융자본이 압도적인 우세를 점했다.

민국 초년 소주의 조사 가능한 상점[字號]은 모두 721개로 30여 개의 업종에 종사했으며, 그 가운데 사단紗緞・사주絲綢・전장錢莊・전당典當 등 전통업종이 현저했다. 직접적으로 관리・신사・거상의 호사스런 생활에 필요한 주추綢緞・사단紗緞・금은보석・옥기玉器・술과 담배 등을 공급하는 업종에 속하는 상점은 모두 237개로 이 도시 상점총수의 32.87%를 점했다.[4)]

청말 소주신상의 직업구성과 전통상업 소비도시로서 소주의 경제구조의 특징은 서로 일치한다. 대부분의 신상은 모두 전당업・금융업・사단업紗緞業・주단업綢緞業 등에 투신했다. 예를 들어 연이어 다섯 차례나 상회 총리를 역임한 신상 우선갑尤先甲은 그 지역의 저명한 주단상이었으며, 일찍이 네 차례에 걸쳐 상회 협리를 역임한 오리고吳理杲는 금융업 신상이었다. 이밖에 일찍이 상회 총리와 협리를 역임한 3명의 신상 장리겸張履謙・예사구倪思久・예개정倪開鼎은 각각 전당업・금융업・보석업의 상동商董이었다. 〈표 4-3〉은 역대상회 의동議董을 역임한 소주신상의 업종구조를 보여준다.

〈표 4-3〉 소상총회蘇商總會 역대의동議董의 직업

업종 기수	전당	금융	사단紗緞	주단綢緞	보석	미곡	차[茶]	장醬	담배	기타	총계
1	5	5	2	2				1		1	16
2	6	4	2	3	1			1		1	18
3	6	5	3	3	1						18
4	6	4	4	4	1	1	1				21
5	5	4	4	4	1	1	1				20
6	5	4	4	4	1	1	1		1		21

자료출처: 『蘇州商會檔案』 제68권 통계.

---

4) 『蘇州總商會同會錄』.

위의 표를 보면 상회 의동을 지낸 신상은 대부분 전당업·금융업·사단紗緞·주단綢緞·보석·미곡업·다업茶業·장업醬業 등 전통적으로 큰 업종의 상동商董으로부터 나왔으며, 공업자본가와 매판은 한 사람도 없었음을 알 수 있다. 이러한 구성은 또한 보통 상회회원이었던 중·소 신상의 업종구조에도 반영되었는데, 소상총회蘇商總會 제1기 회원 개업상황에 대한 통계에 따르면, 그 가운데 63.1%가 금융·전당업과 주단·사단 및 주업綢業에서 나왔다.

그러나 보통 상회회원의 상당수는 염색업·제약업·목재업·의류업 등 상대적으로 비교적 규모가 작은 전통직업으로부터 나왔다. 소주지역 일부 상무분회의 회원명부에 따르면, 현縣과 진鎭에 위치한 상회의 신상은 대략 3분의 2가 양초업燭業·면업·저업猪業·목재·노화爐貨·석회 등 규모가 더욱 작은 전통직업으로부터 나왔다. 이러한 상황에 대해서는 〈표 4-3〉에 보이는 소주지역 상회회원(기본적으로 모두 신상)의 직업구성을 참고할 수 있다.

전국각지에서 한구漢口 등 몇 개의 개별적으로 비교적 큰 개항장이 천진·상해의 상황과 유사하게 양행매판이 신상 가운데서 비교적 큰 비중을 차지하고 있는 것을 제외하면, 다수의 지역(특히 내지의 낙후된 성)은 소주의 상황에 더욱 가깝게 즉 전통상업과 수공업이 신상의 직업구성에서 절대적으로 우세한 지위를 차지하고 있었다. 1909년 상해·항주·남경·구강·한구·중경·귀주·강서·광주·섬서·길림·흑룡강·천진 등지 334명 상회 의동(모두 중상층 신상)의 개업상황에 대한 통계에 따르면, 겨우 13명만이 근대 공·광업·항운업을 대표할 뿐이며 나머지는 전부 전통직업에 속했다.[5]

근대신상이 의지한 전통 공·상 업종은 일반적으로 유구한 역사를 갖고 있으며, 경영방식과 조직형식에서 대부분 '앞은 가게, 뒤는 작업장〔前店後坊〕'식의 개인자본 경영과 정도가 서로 다르긴 하나 봉건동족〔家族〕6)·친척과 친구·동향 관계에 기초한 동업제도·도제제도와 행회行會제도를 유지했다. 회계제도는 장기간 이어져 온 구식의 중국식 부기를 이용했다. 그 주요특징은 현금의 수입·지출 기장법과 위에는 수입을 기록하고 아래는 지출을 기록하는 세로식 기장법을 사용하는 것이었다. 일반적으로 이러한 단식부기로는 자산·부채의 손익상황을 제대로 반영하기가 매우 어렵다. 요컨대 이들 전통직업은 농후한 중세기 색채를 띠고 있었다. 이것은 농업 종법사회의 상품경제 아래 생겨난 것으로, 근대의 서방에서 들어온 신식 공·상업제도 내지 경영방식과는 전혀 어울리지 않았다.

예를 들어 각지 신상들이 광범하게 종사한 전장錢莊·표호票號와 전당업은 모두 봉건 전통사회에 원래부터 존재했던 낡고 오래된 금융조직이었다. 전장은 청대 전기에 기원하여 건륭 때는 이미 상당한 규모를 갖춘 독립 직업이 되었으며, 주로 강소성·절강성·복건성·하북성 등지에 분포했다. 건륭 41년(1776)에서 가경 원년(1796)까지 상해의 전장은 이미 106개나 되었다.7) 초기의 전장은 주로 서로 다른 화폐 사이의 태환업무를 취급했으며, 뒤에 예금과 대출 및 환어음 등의 업무를 취급했다. 그러나 전적으로 환어음업무에 종사할 뿐 장기예금이나 대출업무를 취급하지 않았으므로"8) 근대은행과 같이 논할 수는 없다.

전장의 조직형식과 각종 제도규정 및 점원에 대한 고용과 관리는 농

---

5) 馬敏·朱英,『傳統與近代的二重變奏:晚淸蘇州商會個案硏究』(成都:巴蜀書社, 1993), 第四章 표 2 참조.
6) 〔역주〕이 책에서 필자는 '族' '宗族' '家族' '親族' '家庭' '家屬' 등의 용어를 사용하고 있는데, '族'과 '宗族'은 종족, '家族'은 동족, '親族'은 친족, '家庭'과 '家屬'은 가족으로 구분해서 번역했다.
7) 中國人民銀行 上海市分行 編,『上海錢莊史料』(上海:上海人民出版社, 1960), 11~12쪽.
8)『申報』, 1884년 1월 12일.

후한 전통색채를 띠지 않은 것이 없었다. 그 업무활동, 예를 들어 대부 등은 주로 행방行帮·동족[家族]·친척과 친구 등 봉건 종법관계를 통해 진행되었고, 초기에는 심지어 예금의 유치 역시 아는 사람의 소개가 필요했으며, 최대한으로 개방하여 자금을 흡수하는 일은 하지 않았다.

전장에서 가장 큰 이윤의 근원은 태환수입 즉 은량銀兩과 은원銀元의 태환 때 얻는 '양리洋釐[은전에 대한 순은 환산율]'의 차액이며, 아울러 '양리'의 높고 낮음과 '은탁銀拆[단기 대부 어음에서 은 1천 냥의 대부에 대한 하루 이자]'의 변화를 이용하여 전시錢市를 조종함으로써 중간에서 이득을 얻었다. 1887년 11월 23일자 『신보申報』의 기사를 보면 "상해시장의 금융업은 허위로 돈을 빌려주고 이자를 취하여 공매매空賣買를 한다. 본전없이 이익을 구하고자 하니 그 상황이 도박과 비슷하고, 그 형세가 시장을 농단하는 것과 같다"라고 했다.

전장이 직공을 고용할 때는 일반적으로 아는 사람의 소개를 통해서 하며 공개채용은 극히 드물었다. 전장 내부에서는 견습공[學徒]제도가 통용되었는데, 견습공은 3년을 기다려 정식직원이 되어야만 비로소 임금을 받았으며, 초기에 견습공은 단지 3백 문文의 월급을 받았을 따름이다. 전장에서 일하는 일반직원의 수입은 가계를 유지하기에 부족했으므로 임시로 지급받아 생활했고, 임시지급을 받은 돈은 이른바 상여금의 지급을 기다렸다가 갚을 수밖에 없었다. 이와 같이 원래의 고용관계 외에 또 하나의 채권·채무 관계가 있어서 점원은 전업의 자유를 제한받았으며, 이러한 착취방식은 일반적인 의미의 자본주의적인 착취가 아니라 농후한 봉건적 색채를 띠고 있었다.

전장의 장무제도賬務制度는 장기간 이어져온 구식 장부제도였다. 이 직업에서 '극존신의克存信義'라는 말은 종종 정기예금 장부를, '이유유왕利有攸

往'은 정기대출을, '월증월성月增月盛'은 월말결산을 일컬었다. 이밖에도 다른 상서로운 용어를 이용하여 기타 각종 장부를 가리키는 말로 사용했는데, 이로부터 이 직업의 미신정도를 짐작할 수 있다. 연말결산 역시 무슨 결산보고서가 있는 것이 아니라, 단지 간략하게 장부에 기록할 뿐이었다.9) 요컨대 청말 전장은 거의 대부분 여전히 전통적 궤도를 따라 운행되고 있었다.

표호票號 역시 청대 전기에 기원했으나, 전장에 비해 봉건적 색채가 더욱 농후했다. 표호는 그것을 경영하는 사람들이 대부분 산서상인들이었으므로 '산서표호山西票號'라고 부르기도 했다. 표호는 환거래[匯兌]를 주요업무로 했으며, 환거래 방식은 분호왕래제分號往來制 즉 각지에 설치한 분호分號를 이용하여 피차 환거래를 하는 것이었다. 1850~1860년대 크게 세력을 떨친 산서표호는 북쪽으로는 몽고 변경에서부터 남쪽으로는 복건과 광동에 이르고, 서쪽으로는 사천四川과 서강西康에서부터 동쪽으로는 바다에 이르는 대부분의 중요한 도시와 읍, 통상항구와 부두에 환결제 지점을 건립했다.

표호가 벼락부자가 되거나 재운이 형통했던 것은 주로 봉건관부와 결탁하여 "관에다 부를 저장했기" 때문이다.10) 일찍이 함풍 초기에 "연납으로 경비를 마련하고자 하는 사례가 생겨나자 연납을 원하는 사람이 매우 많았으며, 이러한 일은 대부분 표상票商을 통해 진행되었다." 태평천국의 봉기가 폭발한 뒤에 "조정은 각 업종을 돌보지 않았으나, 오직 표호만은 충실하고 믿을 수 있어 군량을 모두 태환하도록 했다." 동치同治 이후 "규모가 더욱 커져 변경의 지원금과 내지의 구휼자금은 모두 표호에

---

9) 『上海錢莊史料』, 각 절 참조.
10) 『申報』, 1884年 1月 12日.

의지하여 유통시켰다."11) 통계에 따르면 1891~1911년간 전국에서 표호가 거래한 공금은 총 1억 5,471만 1,654냥이나 되었다.12)

공금을 취급함과 동시에 표호상인 자신들 역시 분분히 연납하여 관직을 사들임으로써 관료 겸 신사 겸 상인인 관상官商과 신상紳商이 되었다. 산서순무 합분哈芬과 항춘왕恒春王 경운慶雲 등의 상소문에 보이는 자료에 따르면 산서 표호상인 가운데 일승창日升昌・울태후蔚泰厚・대덕흥大德興・원풍구元豊玖・지성신志成信・금생윤錦生潤・협동경協同慶・협화신協和信・건성형乾盛亨・기창덕其昌德 등 호號의 자본주 21명은 은을 바치고 관직을 샀다. 동시에 일승창日升昌・천성형天成亨・울태후蔚泰厚・울풍후蔚豊厚・신태후新泰厚・거흥화巨興和・융성장隆盛長・만성장萬盛長・취발원聚發源・만성화萬成和・만성합萬成合・의흥영義興永・광태영光泰永 13개 표호 26명의 주인은 6,182냥을 기부하고 각종 직함을 획득했다.

표호는 청정부와 영고성쇠를 함께하는 의존관계에 놓여 있었기 때문에 신해혁명 이후 쇠락하여 다시는 일어나지 못했다. 이 때문에 비록 청말민초에 표호 역시 근대 공·광업 기업에 대하여 소량의 대출업무를 전개함으로써13) 구식화폐 경영자본과 신식 대부자본이라는 이중적인 속성을 갖추기 시작했으나, 전자가 시종 주도적인 지위를 차지했으며, 표호업은 끝내 근대금융업으로 탈바꿈하지 못하고 1920~1930년대에 이르러 결국 소멸하고 말았다.

전당典當은 더욱 고루한 업종으로, 전하는 바에 따르면 당나라 정관貞觀연간에 시작되었는데, 당시 "황제가 현명하여 민간의 질고에 관심을 기

---

11) 李宏齡, 『山西票號成敗記』〈山西太原監獄 石印本〉, 2쪽.
12) 陳其田 著, 『山西票莊考略』(上海: 商務印書館, 1937), 138~139쪽.
13) 張國輝, 「二十世紀初期的中國錢莊和票號」, 『中國經濟史硏究』, 1986年 第1期 참조.

울였으며" 이에 전당포를 설립하여 백성들이 "긴급한 일을 당했을 때 돈을 빌릴 수 있도록" 하자는 논의가 있었고, 전당에 출자하는 사람들의 백성을 구제하는 덕행을 표창하기 위해 조정은 특별이 그들에게 '원외員外'의 칭호를 주어 관부와 왕래가 편리하도록 했다고 한다.

전해지는 이야기는 비록 믿기가 어려우나 역대 여러 고전소설과 필기의 기록을 살펴보면 전당은 확실히 일반상점과는 달리 관아와 같은 겉치레를 지나치게 강구했다. 일반적으로 전당포의 외관은 큰 집에 높은 담장을 두르고 검은 대문을 양쪽으로 열어젖힌 모습이었으며, 계산대는 기어오를 수 없을 정도로 높아서 사람들에게 일종의 삼엄한 느낌을 주었다. 전당의 고용인雇員은 '집관執管'·'조봉朝奉'·'소랑小郞' 등 특정한 호칭으로 불렸으며 엄연히 관아와 같은 기풍을 갖고 있다. 그래서 민간에는 "화가 나서 죽더라도 송사하지 않으며, 굶어죽더라도 전당을 잡히지 않는다"라는 속담이 널리 퍼져 있었는데, 여기서 전당과 아문이 함께 언급되고 있다. 전당업에 종사하면 명예와 이익을 함께 얻을 수 있을 뿐만 아니라 위풍이 넘쳤으므로, 그것은 명·청 신상들이 떼를 지어 몰려드는 직업이 되었다.

오래된 도시 소주는 대대로 관리와 신상의 집결지로 상업이 번성하여 전당포의 수가 많기로 강남에서 으뜸이었다. 민국 원년의 통계에 따르면 소주의 전당포는 모두 50개가 있었고 자본금은 1백 74만 1,701원元이었다. 〈표 4-3〉에 보이는 바와 같이 1905년 상회 제1기 의동議董 가운데 전업典業신상은 4명이나 되었는데, 이로부터 그 부와 세력의 일단을 엿볼 수 있다.

소주에서 전당업에 종사했던 사람의 회고에 따르면, 구시대 소주 전당포의 이자는 일반적으로 월리 2% 정도였으며 때로 3%에 달하기도 했으므로, 청조 지방정부는 부득이 동치 8년(1869)부터 전당품의 값어치가 30냥 이상이면 2.4%로 내리고, 20냥 이상은 2.6%로 내리고, 10냥 이내는 2.8%로 내리며, 여전히 12개월을 만기로 한다는 특별규정을 만들지 않으면 안되었다.14) 전당품의 범위는 지극히 광범하여 무릇 가치가 있고 보관할 수 있는 조건만 갖추어지면 그 어떤 재물이라도 다 받았으며, 심지어 가옥과 토지 등도 모두 전당이 가능했다. 그것은 일종의 완전히 봉건 고리대 성질을 가진 업종에 속했다.

소주의 전당포는 일반적으로 외관과 규모가 매우 커서 관원을 접대하기 편리했고, 고위 관리를 모시기 위하여 특별히 교청轎廳·관청官廳·화청花廳·관제청關帝廳 등 명목이 번다한 건축물을 건립했다. 어떤 전당포는 심지어 돌을 쌓아 가산을 만들고 꽃을 가꾸고 대나무를 심어 소형화원을 만들어 관료들이 와서 즐길 수 있도록 했다.

전당업 내부의 고용과 관리제도는 봉건성이 농후한 종신고용제와 등급관리제를 채택했다. 모든 고용인은 한번 전당포에 들어가면 몸을 판 것과 다름없었다. 그들은 지혜롭고 어리석음, 나이의 많고 적음, 재간의 유무에 관계없이 먼저 들어온 사람 순서대로 구체적인 직급의 호칭이 주어지고 서열이 정해진 뒤에 사망이나 연로하여 물러나는 사람이 있으면 등급과 순서에 따라 차례로 승진했다. 어떤 사람은 귀밑털이 하얗게 세고 아들딸이 여럿 있었음에도 여전히 일개 견습공이었다.

전당포 관리의 핵심은 봉건 도덕규범 즉 '예禮'를 따르는 것이었다. '예'에 따라 반드시 등급대로 복종하고 순서대로 존경하되 조금이라도 등급 질서를 뛰어넘거나 위배해서는 안되었다. 같은 식탁에서 식사를 할 때 생선이나 육류에 누가 먼저 젓가락을 대느냐 하는 것조차도 서열에

---

14) 丁日昌, 「飭司核減蘇省各典當利息議復」, 『撫吳公牘』 卷47.

따라 진행되었으며, 그렇지 않으면 '무례'로 간주되어 징계를 받았다. 장기간에 걸친 '예법'의 속박과 훈도를 경험한 대다수 고용인의 공통된 특징은 얼굴에서 웃음기가 사라져 나무를 깎아만든 닭처럼 멍한 모습으로 변한다는 것인데, 이것은 바로 감시가 삼엄한 행규行規에 의해 이화異化되었기 때문이다.15) 청대부터 민국시대까지 전당업의 이러한 진부한 규칙과 낡은 관습은 그다지 변화가 없었으며, 예전과 다름없이 전통 속에서 오리걸음을 걸었다.

천진의 신상이 광범하게 종사한 곡물업과 제염업 역시 그곳에서 유구한 역사를 가진 전통 지주支柱업종이었다. 곡물업을 보면 천진은 원대 이래 역대왕조에서 남북 조운의 중심지로 명나라 숭정崇禎연간 조운에 종사한 운수대군運輸大軍은 이미 12만여 명에 달했으며, 청대 조선漕船의 숫자는 1만 455척에 달했다. 조량漕糧의 보관과 관리는 곡물업의 발달을 자극했다. 운하의 양안에 둔적된 곡물은 양곡상들이 말(斗) 단위로 발매했고, 이렇게 하여 저명한 동집東集·서집·북집의 각 두점斗店이 형성되었다. 매년 강물이 얼어 뱃길이 막히는 시기에도 둔량屯糧은 늘 수십만 석에 달했는데, 개항 후에는 더욱 많아져서 1백여만 석에 달했다.

두점斗店의 업무는 양곡상과 소매상 및 기타 구매자를 소개하여 교역을 진행하도록 하고 중간에서 말로 되는 일을 함으로써 수수료(구전)를 취하는 것으로, 기본적으로 아행牙行 중개인의 업무와 같았다. 두점은 반드시 현 아문(縣衙)의 비준을 얻어 허가증(龍票)을 발급받은 뒤에야 비로소 개업할 수 있으며, 매년 일정한 아행세를 납부해야만 했다.

1855년을 전후하여 일군의 부유한 신사들이 두점과 양곡상이 수익을

---

15) 姬允奎,「蘇州典當業的盛衰」,『蘇州文史資料選輯』第9輯.

많이 올리는 것을 보고, 둘을 하나로 합쳐 이름을 '두국斗局'이라 했으며, 속칭 '두국자斗局子'라고도 했다. 두국자에는 반드시 표호가 있었으며, 그들은 곡물상이 점포를 설치하지 않고 돌아다니며 곡물을 파는 방법을 버리고 두점에서 곡물을 보유하고 손님을 기다려 판매하는 방법을 흡수했다. 앞에는 점포를 두고 뒤에는 창고를 지어 구매·운수·보관 등 모든 업무를 함께 경영했으며, 이로부터 배태상태의 곡물 도매업이 형성되었다. 1855년에서 1900년 사이 '두국자'가 가장 번성할 때는 그 수가 8개나 되었으며[속칭 '八大成'이라고 함], 그 가운데 성발호成發號는 이 업계의 큰 손으로 재력이 막강하고 장사가 활발했다.16) 따라서 천진상회 의동1급議董一級 30명의 신상 가운데 곡물상이 5명이나 되어 6분의 1을 차지했던 것은 우연이 아니다.

다음으로 제염업을 살펴보자. 천진은 역사상 장로염長蘆鹽의 유일한 집산지였다. 장로염구에는 염장이 24개가 있었는데, 북으로는 진황도秦皇島에서 남으로 산동 이진利津에 이르기까지 매년 해염海鹽 16만 인引을 생산했으며, 청초에 노염蘆鹽은 직례성 80주현, 하남성 34주현, 합계 114주현의 판매지역에서 전매하도록 규정되어 있었다. 단지 장로염구에 속하는 천진의 염장 세 곳에서 직접 청조정 내무부에 공납하는 소금만 하더라도 24만 근이었으며, 내관감內官監과 광록시光祿寺에 공급하는 소금은 30만여 근이었다.

강희 8년(1669)과 16년(1677) 원래 북경에 설치했던 장로염운서長蘆鹽運署와 창주滄州에 설치했던 장로염운사사長蘆鹽運使司가 연이어 천진으로 이주하자 천진을 중심으로 해하海河수계 3백여 개의 물길을 네트워크로 하여 소

---

16) 朱仙洲,「天津糧食批發百年史」,『天津文史資料選集』第28集.

금과 곡물 등 생필품 위주의 상품유통망이 형성되었다. 이에 따라 천진 역시 봉건 특권상인 즉 소금상인의 집결지가 되었다.

2백여 년에 달하는 오랜 기간 동안 천진염상은 대량의 부를 축적했을 뿐만 아니라 헌납(報效)과 연납(捐納)을 통해 각종 공명과 직함을 획득하여 천진·북경·직례 지역에서 상당히 명성을 날리는 특권계층이 되었다. 염상들은 돈을 물쓰듯 하고 청정부에 헌납을 하는 외에도 여유자금을 금융·전당과 부동산업에 투자했다. 천진이 개항된 후부터 경자년(1900) 이전까지 대형 전당포는 44개가 있었는데, 그들의 자본총액은 660만 냥 가량으로 그 가운데 염상의 소유가 반 이상을 차지했다. 그래서 청말 천진염상은 비록 하나의 직업으로서 상회에 가입하지는 않았으나 장로 강총(長蘆綱總)의 직무를 담당했던 신상 왕현빈(王賢賓)은 오히려 장기간 상회의 요직에 머물면서 일곱 차례 천진상회 총리를 연임했다. 이로부터 천진염상의 실력의 강대함과 가지의 무성함이 실로 천진 전통상업 경제 가운데 하나의 큰 지주였음을 알 수 있다.17)

신상이 종사한 전통상업 업종은 경영에서 행회인소를 이용하여 농단을 진행했으며 무역방식 역시 비교적 낙후했다. 이에 대해서는 전통약재업을 예로 들 수 있다. 호남 상담(湘潭)은 한때 전국약재의 집산지 가운데 하나로 '약도(藥都)'라고 불렸다. 약재행(藥材行)에는 이른바 '팔당(八堂)〔金善堂·崇誼堂·崇慶堂·崇福堂·福順堂·聚福堂·懷慶堂·公正堂〕'의 조직이 있었다. 약재매매는 수량의 다과를 막론하고 모두 반드시 약재행을 거쳐야만 교역이 이루어졌다. 위반하는 자에 대해서는 일치된 행동을 취하여 매매 쌍방과 교역관계를 단절했다.18)

---

17) 胡光明, 「論早期天津商會的性質與作用」 참조.
18) 張秀文, 「湘潭藥材行的經營情況」, 「湖南工商史料」 第1輯.

소주약재행은 관료官料와 초약草藥 두 부류로 나뉘어져 있었으며, 역사상 이른바 '6대행大行'으로 불렸던 것은 태래덕泰來德·건대인乾大仁·일대—大·덕대德大·풍기항豊記恒·건창순乾和順이었다. 6대행은 주로 사천·양광·운남·귀주·복건·절강·산서·섬서의 정교한[細料] 약재를 취급했는데, 모두 도매위주였으며 본지의 약재상을 주요 판매대상으로 했다.

경영형식은 외상판매 위주였으며 현금교역은 그 비율이 매우 낮았다. 일반적으로 모두 3대 명절[단오·추석·연말]에 결산을 했는데, 매년 음력 설날은 각 행이 객호客戶에 대하여 총결산을 하는 시기로, 각 행의 '수객선생水客先生[판매원]'은 모두 각지로 가서 밀린 대금을 회수했으며, 동시에 판촉활동에도 종사했다[보통 연말결산서를 가지고 온다고 함].19)

이상의 하나를 인용하고 만개를 빠뜨리는 설명을 통해, 청말 신상이 종사한 업종과 경영방식은 기본적으로 구식에 속하는, 농업 종법사회에 원래부터 존재하던 경제형식의 연속이었으며, 이 방면에서 근대 신상계층과 전통 사이에는 자를 수도 없고, 정리를 해보지만 어지러우며, 떼려야 뗄 수 없는 인연이 존재했음을 알 수 있다.

2. 향토연원

1) 경상經商과 치전置田

중국 전통사회는 본질적으로 무수히 많으면서도 상대적으로 폐쇄적이고 협소한 향토사회로 구성되어 있었다. 농촌주민[일반적으로 지주와 농민

---

19) 陳寶昌 等, 「蘇州藥材業的回顧」, 『蘇州文史資料選輯』 第9輯.

으로 구분)은 일정한 토지관계에 따라 상대적으로 고정된 지역[향과 자연촌]
안에 거주하며 조상대대로 함께 생활하는 일종의 경제적 지역공동체를
형성했다. 토지와 혈연은 이 경제공동체를 유지하는 양대 지주였다. 전
통사회에서 토지가 갖는 중요성에 대하여 청말 보수사상가 증렴(曾廉)[20]은
구체적으로 비유하기를 "천하를 몸에 비유한다면 땅은 골육이고, 재물은
정기와 혈액이다"[21]라고 했다. 그가 생각하는 이상사회는 당연히 토지를
본위로 하여 남자는 농사짓고, 여자는 길쌈하는 소농사회였다.

> 옛날부터 성왕이 천하를 다스림은 남자는 밖에서 밭을 갈고 여자는 안에서
> 베를 짜서 집집마다 살림이 넉넉하고 사람마다 의식이 풍족하며 물산이 풍부
> 하고 백성들이 편안하게 하는 것이다.… 그러므로 군사에 힘쓰면 곧 군대가
> 강해지고, 예의를 이야기하면 곧 예의가 갖추어졌으니, 이른바 백성이 풍족
> 한데 어느 임금이 부족했으리요.[22]

이처럼 토지는 전통사회의 통치질서를 유지하는 데 매우 중요하며,
아울러 주요한 경제적 근원을 구성했기 때문에, 토지수입은 시종 전통신
사의 주요수입원의 하나가 되었다. 장중례 선생의 19세기 중국신사의 경
제수입에 관한 계산에 따르면, 신사계층이 토지점유를 통해 획득하는 수
입은 대략 2억 2천만 냥으로 그들이 관리가 되거나 혹은 사회적 봉사를
통해서 얻는 수입 3억 1,162만 5천 냥보다 적으나, 그들이 상업경영 활동
을 통해서 얻는 수입 1억 1,360만 냥보다 많으며, 대략 연간 총수입의 34%

---

20) 曾廉(1857~?), 字 伯隅, 湖南 邵陽人으로 擧人. 일찍이 徐桐의 추천을 받아 『會典』의 편찬에 참가. 뒤에 知府鹽運使의 직함을 받음. 무술변법 시기 변법유신에 격렬히 반대한 수구파 사대부. 저서에 『元書』 및 『瓠庵集』이 있다.
21) 曾廉, 「應詔上封事」, 『戊戌變法』第2冊, 496쪽.
22) 曾廉, 『瓠庵集』 卷15, 31쪽.

를 차지했다.23) 이로써 신사와 토지 사이에 밀접한 관계가 있다는 것을 명백하고도 쉽게 알 수 있다. 상인계층에게 "상업으로 치부하고 농업으로 이를 지킨다"라는 전통관념은 장기간 지배적인 지위를 차지했으며, 그들은 종종 장사해서 번 돈으로 향리에서 그들이 '항산恒產'이라고 여기는 토지를 구입했다. 예를 들면 다음과 같다.

명대 신안新安상인 허죽일許竹逸은 강남일대에서 10여 년간 상업에 종사하여 "크게 재물을 모으자" 드디어 "집을 늘리고 논밭을 사들여 자손들에게 물려주었다."24) 명대 흡현歙縣상인 왕우람王友攬은 "여주廬州[합비]에서 장사하여… 집안이 점차 여유가 있게 되자" 이에 "1천여 무畝의 경작지를 사들이고 수십 채의 집을 지었다."25) 청대 가경연간의 사상士商 장회章匯는 태학생으로 "어릴 적부터 단신으로 외지에서 장사를 하여 재물을 모아 가정을 이루었으며, 널리 토지와 가옥을 사들여 후손들에게 물려주었다."26) 또 다른 한 사람 무원婺源출신의 감생 첨태규詹泰圭는 "항주에서 장사하며 때때로 여유 자금을 고향에 보내 토지와 가옥을 사들였으며, 아버지 역시 이를 가지고 얼마간 공익사업을 할 수 있었다."27)

근대 신상이 이어받은 명·청시대 '사상士商'의 전통과 봉건적인 토지경영은 계속적으로 끊을 수 없는 인연을 유지했다. 혹은 조상으로부터 물려받고 혹은 새로 사들임으로써 많은 수의 근대 신상들은 확실히 토지 재산을 많이 확보했고, 공·상업에 종사하는 동시에 또한 토지에 눈독을 들여 봉건적인 지대[地租]의 착취를 탐냈으며, 결코 전통신사들이 뿌리

---

23) Chang, Chung-li(張仲禮), *The income of the Chinese gentry*, introd. by Franz Michael(Seattle:University of Washington Press, 1962), 197쪽.
24) 『明淸徽商資料選編』, 293쪽.
25) 위와 같음.
26) 『明淸徽商資料選編』, 302쪽.
27) 위와 같음.

를 내리고 살아온 토대를 완전히 포기하지 않았다.

앞에서 서술한 매판 겸 신상인 서윤徐潤의 자술에 따르면, 1880년대 초에 사들인 토지 가운데 아직 건축하지 않은 것이 2천9백여 무에 달했고, 이미 건축한 것이 320여 무로 합계 양옥 51채, 222칸, 주택 2채, 당방當房 3채, 누평방樓平房과 가방街房 1,890여 칸, 매년 임대료 수입이 12만 2,980여 냥이었으며, 토지와 부동산의 명의 아래 자본금이 합계 223만 6,940냥이었다.28) 또 다른 한 사람의 매판 겸 신상 왕괴산王槐山은 일찍이 고향인 절강 여요餘姚에서 토지 7천 무를 사서 농민에게 경작하도록 빌려준 다음 고액의 지대를 거두었다.29)

절강 진해鎭海출신 신상 섭징충葉澄衷〔觀察〕은 상해에서 미부화유美孚火油〔미국 Standard Oil Company의 등유 -필자〕를 독점판매하여 벼락부자가 되었으며 "재산이 더욱 많아지자 사전祠田을 설치하여" 봉건적 토지착취에 뛰어들었다.30) 신상 증주曾鑄〔花翎候選道〕는 일찍이 "광서연간에 양전良田을 구입하여 서지의장瑞芝義莊을 건립했다."31) 또 다른 신상 양종한楊宗瀚〔해직당한 道員〕은 "토지 280여 무와 점포 20여 칸이 있었다."32) 신상 설남명薛南溟〔薛福成의 아들〕 집안은 "토지로 말하면 인근의 전지와 장원을 죄다 사들였으며 다시 먼 곳으로 발전하여, 예를 들어 정류교鄭塿橋 한 곳에서만 양전良田 3천~4천 무가 있어 장원을 설치하여 지대를 받았다. 모두 합하면 토지가 4만 무 정도이며 지대수입은 매년 2만~3만 석에 달했다."33)

---

28) 『徐愚齋自叙年譜』 참조.
29) 上海市工商業聯合會史料科調査資料, 黃逸峰, 「關于舊中國買辦階級的硏究」, 『歷史硏究』, 1964年 第3期에서 재인용.
30) 『淸史稿』, 列傳285.
31) 『上海縣續志』 卷18, 47쪽.
32) 汪敬虞, 『中國近代工業史資料』 第2輯 下冊, 1021~1023쪽 참조.
33) 위와 같음.

일찍이 천진상무국 국동局董을 역임한 제염업 신상 이사명李士銘[戶部候補郞中]이 소유한 부동산은 소류장小劉莊·서루西樓·남루南樓 등 다섯 촌락의 전답 1,150무를 포함하여, 당고塘沽 관마장官馬場의 흑저하黑猪河 일대에 벼논 3천 무, 갈대밭[葦地] 5천 무를 차지하고 있었다.34) 또 다른 한 사람의 국동局董 석원사石元士는 화령2품정대花翎二品頂戴 호북시용도湖北試用道로 주로 전장[銀號]·전당典當과 사장紗莊 등의 상업을 경영했으나, 동시에 각종 논밭 1백여 경을 소유하고 있었다.35)

이밖에도 소주에서 논밭을 소유한 상층신상 몇 사람의 산업 및 수입 분포상황은 아래의 표에 나열된 바와 같다.

<표 4-4> 우선갑尤先甲 등 소주 상층신상의 산업 및 수입상황표

성명	토지 및 수입	상업자본 및 수입	근대기업 투자	기타 수입
우선갑 尤先甲	상속 토지 6천~7천 무畝, 연간 지대 수입 약 5만 원元	동인화주단장同仁和綢緞莊 자본 2만 원 연간 판매량 약 6만여 원	소경蘇經·소륜사사蘇綸絲紗 두 공장에 투자, 신·구 주식 각각 20주 이상 차지, 최저자본액 2천6백 냥	상회商會·학무學務 활동 중에 얻은 소량의 수당補貼
장리겸 張履謙	상속 토지 4천~5천 무畝, 연간 지대 수입 약 3만원	보유전保裕典 자본 2만원, 연간 영업액 9만원, 연간 이자 수입 약 1만 5천 원	소경·소륜사사 두 공장에 투자, 단, 이 두 공장에서 경리로 재직할 때 입체금이 매우 많음	상회·학무 활동 중에 얻은 소량의 수당
왕립오 王立鰲	상속 토지 약 2천 무, 연간 지대 수입 약 1만 5천 원	동순전同順典 자본 6만 원, 연간 영업액 9만 원, 연간 이자 수입 약 1만 5천 원 영생永生·진생晉生·원창元昌 등 전장자본 합계 약 5만 6천 원 이밖에 상해에서 대덕大德·정강鼎康 등 전장을 개설	소경·소륜사사 두 공장에 투자, 단, 이 두 공장에서 경리로 재직할 때 입체금이 매우 많음	상회·학무 활동 중에 얻은 소량의 수당

---

34) 胡光明, 앞의 글 참조.
35) 위와 같음.

반조겸潘祖謙	상속 토지 약 2천 무, 연간 지대 수입 약 1만 5천 원	반만성장원潘萬成醬園 자본 미상. 전당 1칸, 자본 미상	소성철로蘇省鐵路 주주, 빈민 습예소貧民習藝所 자본 5천 원	상회·학무 활동 중에 얻은 소량의 수당
항조량杭祖良	매입 토지 약 수백 무	항록부기사단장杭祿富記紗緞莊, 자본 약 2만 원	소성철로 주주, 소경·소륜 공장의 소량 주식	상회·학무 활동 중에 얻은 소량의 수당

자료출처 : 『蘇州商會檔案』과 필자의 탐방 조사

    표에 나열된 5명의 상황으로 볼 때 우尤·장張·반潘 세 사람의 경우 지대 수입의 비중이 상업성 수입보다 클 가능성이 높다. 청말 그들 세 집안은 모두 창고를 설치하고 지세를 거두었는데, 이들은 중장가항中張家巷 왕씨王氏와 더불어 소주의 수조收租 '4대선四大船'으로 불렸다. 매번 수조 시기에 '4대선'은 직함과 깃발을 내걸고 사방으로 달려나가 징을 울리며 지세를 수취하여 위풍을 드날렸다. 그러나 이들 세 사람을 '봉건지주'라고 단정하기는 어려운데 그 이유는 다음과 같다.

    첫째로 그들의 토지와 건물은 모두 조상이 물려준 것으로 봉건 대가정의 소유에 속하며, 반드시 본인의 경제활동의 중심을 반영하는 것은 아니었다. 예를 들어 우선갑尤先甲은 비록 장자의 명의로 우씨尤氏집안의 토지와 건물을 물려받았으나, 실제로 토지는 주로 그의 동생 우선성尤先聲이 관리했으며, 우선갑은 상업경영에 치중했다. 장리겸張履謙이 1908년 소경蘇經·소륜蘇綸 두 공장의 경리로 취임할 때 입후보자의 자격규정 가운데 하나는 "피선된 뒤 늘 공장에 와서 일을 볼 수 있는 자"였다. 이밖에 아직 건재한 노인들의 회고에 따르면 "당시 반조겸潘祖謙의 주된 신분은 신사와 상인이며 지주가 아니었다"라고 한다.

    둘째로 설사 전조田租가 여전히 주요수입원이라고 할지라도, 상업과 신식기업으로 향하는 비중이 오히려 점차 증가하여, 본질적으로 그들의 경제활동과 이익은 도시경제와 함께 연결되어 있었다. 우尤·장張 두 집안 후예들의 회고에 따르면, 집안의 조상들은 모두 상업에 종사하여 부를 축적했으며, 그런 뒤에 널리 토지와 건물을 사들여 본업으로 그것을 유지했고, 청말민초에 이르러서는 일반적으로 토지를 추가 구입하는 경우가 매우 드물었으며, 전조수입을 이용하여 상업경영을 확대함으로써 "토지로 상업을 돌보았다"라고 한다.

여전히 우씨집안을 예로 들면 우선갑의 부친대에는 주로 약재장사를 했으며, 우선갑 대에 이르러 비로소 광서 19년(1893) 동인同仁과 주단장綢緞莊[우씨 집안의 주요 상업수입의 근원]을 창설했는데, 당시 우선갑은 51세였다. 이후 그는 다시 안료사업을 개척했으며, 아울러 소경蘇經·소륜창蘇綸廠에 투자했다. 장씨張氏집안과 반씨潘氏집안 역시 장리겸張履謙과 반조겸潘祖謙 대에 이르러 비로소 점차 신식공장과 철로에 투자했다. 토지재산이 대체로 불변한다는 전제 아래 공·상 실업에 광범하게 투자할수록 총수입에서 전조가 차지하는 비중이 자연히 하락했는데, 이것은 말하지 않아도 알 수 있다.

이와 같이 봉건 지대수입이 속도를 더하여 공·상업 경영 쪽으로 흘러들어가는 경향이 출현한 까닭은 사회배경 내지 기풍의 변화와 관련이 있는 것 외에, 주로 토지를 부동산으로 보유할 경우 비록 안전하고 믿음직스러운 점은 있으나, 역시 대규모로 증식하기가 곤란하고 자금 회전이 지체되는 불리한 면이 있었기 때문이다. 근대에 이르러 지가地價가 날로 앙등하여 토지경영에 의지하여 수입을 대량으로 증가시키는 것은 더욱 곤란하게 되었다. 비교해 보면 공·상업을 경영하는 것은 비록 약간의 위험을 무릅쓰지 않을 수 없었으나, 그것을 통하여 얻을 수 있는 이익이 훨씬 풍부했으므로 여전히 사람을 끄는 매력이 있었다.

이상의 단지 순수한 경제적 근원이라는 각도에서 분석한 바에 따르면 우선갑 등 근대신상의 주요 경제적 신분은 '상인 겸 지주'의 부류에 넣는 것이 '봉건지주' 혹은 '지주 겸 상인'이라고 하는 것보다 훨씬 타당해 보인다.

근대신상과 명·청 신상 〔혹은 사상士商〕의 중요한 구별은 다음과 같은 점에 있다. 전자는 "토지로 상업을 돌봄으로써" 지대수입이 점차 상업성 수입으로 전이되었고 사회활동의 중점도 향촌에서 도시로 옮겨졌으며, 후자는 오히려 "상업으로 치부하여 농업으로 그것을 지킨다"라는 불변의 교훈을 견지함으로써 상업성 수입이 봉건 지대수입으로 되돌아가 도시에서 향촌으로 은퇴하도록 했다. 이것은 재부가 서로 다른 사회와 시대 배경 아래서 서로 다르게 유동하는 방식이었다.

이로부터 '경제적 수입의 원천'은 비록 한 사람의 사회계급 속성을 판단하는 중요한 근거이기는 하나 절대로 유일한 표준은 아니며, 더욱 중요한 것은 그들 본인이 사회경제 생활 가운데서 행하는 주요한 사회적 실천에 달려 있다는 사실을 알 수 있다. 일부 근대신상들이 이전처럼 계속하여 봉건적인 토지경영에 종사하고 있었다는 사실을 통해 우리는 단지 근대 신상계층이 여전히 전통 농업사회의 깊은 흔적을 갖고 있었다는 결론을 도출할 수 있을 뿐이며, 이것에 근거하여 근대신상은 여전히 봉건지주 계급의 범주에 속하며 전통신사나 상인과 차이가 없다고 단정할 수는 없다. 후자는 단지 일종의 간단한 계급분류법일 따름이다.

2) 동족식〔家族式〕 경영

전통 중국사회에서 향촌의 토지관계와 혈연연계는 물과 젖이 융합하듯 서로 결합되어 있었다. "토지는 단순한 자연물이 아니라 동족(家族)과 조상을 자신과 동일시하는 혈육지친 의식을 내포하고 있으며, 유구한 역사를 지닌 일종의 인문정신을 구현하는 것이었다. 사람들의 조상과 동족에 대한 동일시는 토지에 대한 미련(依戀)과 귀속을 촉진했다."36) 피는 물보다 진하다. 근대 신상계층의 '향토연원'은 토지와의 연계에서 구현되는 것 외에 상업활동 가운데서 구현되는 '동족의식'과 '지연의식' 속에 더욱 잘 드러난다. 이 역시 일종의 전통과의 단절할 수 없는 유기적인 연계이며, 아울러 이로부터 중국 공·상업 자본가의 상당히 독특한 일면이 형성되었다. 근대신상의 공·상업 경영은 대부분 동족식으로, 자식이 아버지의 업을 계승하고 친족이 서로 도와줌으로써 하나의 상당히 응집력있는 경제공동체 즉 '자기 집안사람'으로 구성된 하나의 작은 사회를 형성했다.

강소와 절강 등지의 전장錢莊동족은 근대 신상 동족식 경영의 특징을 잘 보여 주고 있다. 전장의 동족관계는 종종 한두 명의 조상으로부터 이어져 내려오다. 대가정의 번성에 의해 끊임없이 분화하여 변화가 많은 축심軸心을 따라 광범하고 복잡한 기업 네트워크를 형성했다.

상해를 경영중심으로 하는 절강 진해鎭海 방씨方氏 금융업 동족은 맨 처음(약 1796~1820년 사이)에 방개당方介堂이 양곡과 잡화상을 경영하기 시작했다. 뒤에 약간 재물이 모이자 각지를 전전하다 상해에 이르러 설탕매매에 손을 대어 의화당행義和糖行을 개설하고, 아울러 종족자제 여러 사람을 상해로 불러모아 경영을 돕도록 했다. 방개당이 죽은 뒤 그의 집안조카인 방윤제方潤齊와 방몽향方夢香 두 사람이 췌화당행萃和糖行과 진승유사

---

36) 徐勇, 『非均衡的中國政治 : 城市與鄕村比較』(北京:中國廣播電視出版社, 1992), 99쪽.

호振承裕絲號를 개설했다. 1830년 무렵 방윤제는 남시南市에 이화전장履和錢莊을 설립하여 토포 및 잡화를 함께 취급했는데, 이것이 바로 방씨집안이 전장을 경영한 시초이다. 방윤제와 방몽향이 세상을 떠난 뒤에는 다시 그들의 일곱째 동생인 방성재方性齋가 집안의 각종 기업을 이어받아 관리했고, 아울러 상해·한구·영파 등지에 전장을 증설하여 전성기에는 그 수가 25개나 되었다. 그는 방씨집안이 상해 등 대 통상항구에서 경영하는 기업의 기초를 다졌다. 방씨집안의 다른 지파는 방개당의 집안아우인 방건강方建康으로, 그는 맨 처음에 상해에 태화당행泰和糖行을 설립했다. 그가 죽은 뒤 아들인 방앙교方仰喬가 가업을 이어받아 크게 확장시켜 영업범위를 전장업錢莊業으로 확대하고, 연이어 상해·영파·항주 등지에 18개의 전장을 설립했다.

방가方家의 두 지파는 모두 상업에서 전업錢業으로 나가고, 다시 기타 각 업종으로 확대하여 그 경영범위가 제당·정크선박·금은방·주단·면포·약재·남방특산물·어업·서적·부동산업 등등에 두루 미쳤으며, 상해를 중심으로 항주杭州·영파寧波·소흥紹興·한구漢口·남경南京·사시沙市·의창宜昌·호주湖州·진해鎭海 각지로 뻗어나가, 청말에 하나의 방대한 동족기업 네트워크를 형성했다.37) 방씨의 세계를 간략하게 표로 나타내면 다음과 같다.

진해鎭海에서 온 또 다른 하나의 금융업 동족은 이씨李氏동족이었다. 이 동족이 상해에서 경영을 시작한 것은 이야정李也亭이 1822년 상해에 와서 창업하면서부터였다. 그는 처음에 다른 사람의 견습공으로 있다가 정크선박업에 뛰어들었으며, 대략 19세기 중엽에는 이미 상해탄上海灘에서 유명한 정크선박업자가 되었다. 그는 일찍이 정크선 10여 척을 보유하여

---

37) 「上海錢莊史料」, 730~733쪽 참조.

남·북양을 왕래했는데, 배 한 척마다 그 값어치는 수만 냥에 달했다. 당시 정크선박업은 완전히 전장錢莊의 융자에 의존했으므로 이야정은 생전에 금융업에 투자하기 시작하여 금융업 자본가가 되었다.

이야정이 상해에서 상업에 종사하는 기간 동안 그의 가족은 여전히 진해에 머물렀으며, 일체의 지출은 그의 형 이필안李弼安〔乾房이라고 칭함〕이 공급했다. 형의 온정에 보답하기 위해 이야정은 세상을 떠날 때 자기 재산의 반을 형에게 나누어 주어 그의 후손들 역시 상업계에 발을 붙이고 살아갈 수 있도록 했다. 이씨의 자식들은 가업을 계승한 뒤 다시 힘써 확충하여 마침내 상해의 저명한 금융·부동산업 대동족으로 발전했다. 그 가운데 한 사람이 상해의 저명한 신상 이운서李雲書였다.38) 이씨동족의 세계를 간략하게 표로 나타내면 다음과 같다.

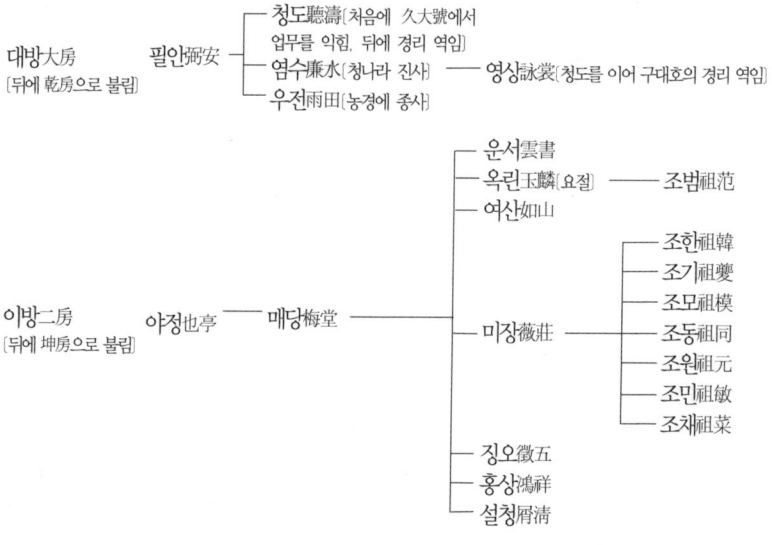

---

38) 『上海錢莊史料』, 734~737쪽 참조.

294 중국 근대의 신상

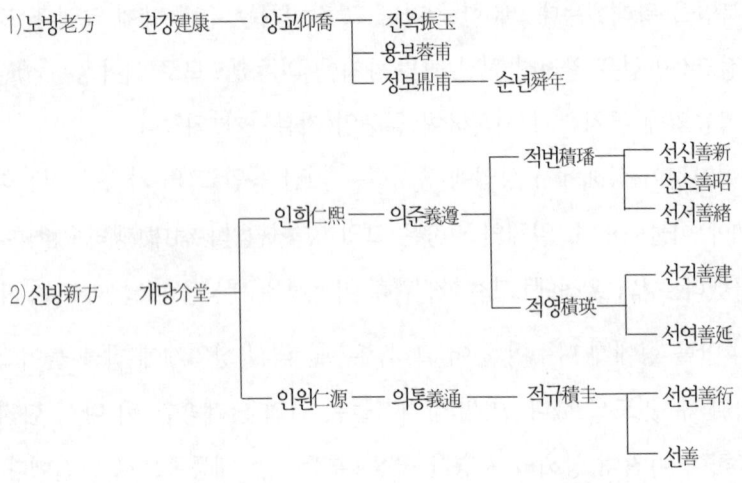

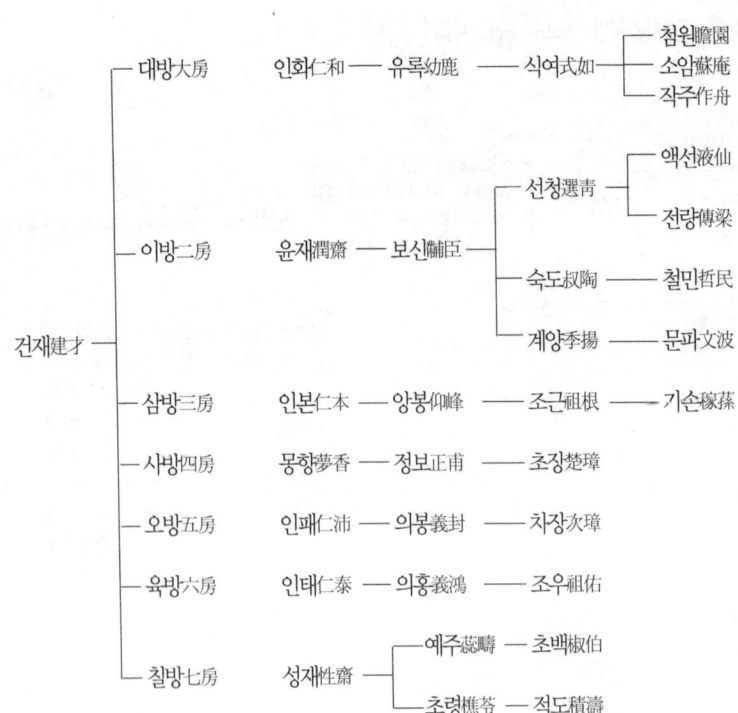

청말과 민국시대에 매우 유명한 상점으로서 전문적으로 면포와 주단을 취급했던 전통있는 연쇄점 서부상瑞蚨祥은 강희에서 광서연간에 발전하기 시작한 산동 장구章丘 구군진舊軍鎭의 소작지주 겸 상업거두인 긍서당矜恕堂 맹씨孟氏동족에서 기원했다. 이 동족은 청말민초에 토지 2천 무 이상을 소유했다. 이 동족의 상업경영은 긍서당의 선대 맹연승孟衍升이 건륭 초년 내천萊芜에서 개설한 2개의 잡화점 및 신태新泰에서 개설한 '서린상瑞麟祥' 잡화점에서 비롯되었다.

맹연승 이후 두 아들은 분가했다. 장남 맹흥지孟興智의 당호는 '강학당強學堂'이라고 했는데, 가경 초년 강학당은 북경에 '서생상瑞生祥'포점布店을, 제남濟南에 '경상慶祥'포점을 개설했다. 맹흥지의 장남 맹육한孟毓翰과 차남 맹육고孟毓罡 이후 재차 분가했는데, 따로 당호를 취하여 강서당強恕堂과 학서당學恕堂이라고 했으며, 각자 상업을 발전시켰다.

동치연간 긍서당 경리 맹계생孟繼笙은 서생상과 경상으로부터 자금을 인출하여 제남에 서부상瑞蚨祥 주포점綢布店과 천상다장泉祥茶莊을 개설했다. 이후 서부상 주포점은 또한 제남에 2개, 천진에 3개, 북경에 2개, 연대烟臺에 1개의 분점을 설치하고, 청도靑島에도 역시 1개의 분점을 열었다. 아울러 상해에 잔장棧莊을 설립하여 전문적으로 양포洋布와 주화綢貨를 판매했으며, 영업범위가 매우 넓은 동족연쇄점을 형성했다.[39]

긍서당矜恕堂은 비교적 전형적인 신상동족으로 그 중요한 경영자 가운데 한 사람인 맹전산孟傳珊(가경 25년생)은 일찍이 연납을 통해 '중서후선주사가3급中書候選主事加三級'의 직함을 얻었다. 맹전산의 장남 맹계부孟繼符는 연납을 통해 '후선동지부함가5급候選同知府銜加五級'의 직함을 얻었고, 차남 맹서잠孟瑞箴은 '염운사함후선지부가5급鹽運使銜候選知府加五級'의 직함을

---

39) 羅侖·景甦, 『淸代山東經營地主經濟研究』, 96~108쪽 참조.

<표 4-5> 산동 긍서당서부상衿恕堂瑞蚨祥 분점 설치상황표

장소	상호명칭	경영범위	개설시간	비고
제남	서부상瑞蚨祥	주단, 서양상품, 가죽제품, 백화百貨, 금은장신구	1862년	
북경	서부상	주단, 서양상품, 가죽제품, 백화	1893년	
연대	서부상	주단, 서양상품, 가죽제품, 백화	1896년	
북경	서부상홍기瑞蚨祥鴻記	주단, 서양상품, 가죽제품, 백화	1903년	서호西號라고 통칭
청도	서부상	주단, 약궤藥櫃, 백화 주단, 가죽제품, 백화	1904년	
천진	서부상홍기	전장錢莊, 면포 도매	1905년	
북경	서부상홍기	의류, 가죽제품	1906년	
북경	홍기鴻記	차	1911년	서호西號
북경	홍기	차	1918년	동호東號
제남	홍기	염색	민국초기	
제남	홍기	직포공장	민국초기	
천진	서부상	주단, 서양상품, 가죽제품, 백화	1912년	
제남	서부상홍기	주단, 서양상품, 가죽제품, 백화	1924년	
제남	서부상창기瑞蚨祥昌記	주단, 서양상품, 가죽제품, 백화	1934년	원래 경상창기慶祥昌記를 개조
천진	서부상경기瑞蚨祥慶記	주단, 서양상품, 가죽제품, 백화	1934년	원래 경상창기慶祥昌記를 개조
상해	서부상신장瑞蚨祥申莊	주단구매, 서양상품	미상	

자료출처 : 羅崙·景盨, 전게서.

얻었으며, 4남 맹계생孟繼笙은 광서 19년 '2품정대강소후보도二品頂戴江蘇候補道'의 직함을 획득한 뒤 민국 초기 제남상회濟南商會 회장을 역임했다.

　동족식 기업의 기본적인 특징 가운데 하나는 명백히 혈연관계를 유대로 한다는 점이다. 이러한 혈연관계는 직계친척[親屬]에 속하는 부자·조손祖孫과 형제관계일 수도 있고, 비직계 친척에 속하는 숙백叔伯·생질과 외삼촌 혹은 종형제 친척관계일 수도 있다. 그러나 가장 미덥고 흔한 것은 자연히 자식이 부업을 계승하는 재산계승 관계였다. 예를 들어 청말 중경重慶거상 양문광楊文光40)은 "무릇 장사는 인력과 재력이 서로 돕지 않으면 성공할 수 없다"라는 경험을 깊이 체득하고, 자기가 천신만고 끝에 창건한 동족기업이 계속해서 번성·발전하도록 하기 위해 그의 자손 후대에게 크나큰 기대와 희망을 걸었다. 그는 광서 24년(1899) 친히 정한 「의인당가규依仁堂家規」에서 이르기를 "나는 충후·인자하고 독서하여 사리에 밝은 사람을 원하며, 그런 사람이 우리 집안을 지켜준다면 더 바랄 것이 없겠다"라고 했다. 광서 31년(1905) 양문광은 차남 양희중楊希仲과 조카 양지분楊芷芬을 일본에 보내 유학시켰다. 양희중이 일본에서 공부하고 귀국하자 다시 그를 미국에 보내 더욱 정진하도록 했다. 이렇게 심혈을 기울인 것은 동족기업의 전도가 밝고 걱정이 없도록 보장받기 위함이었다.41)

부자관계 외에 형제간의 연합 역시 놀라운 성공을 거두었다. 청말민초의 저명한 신상 가운데 형제가 쌍쌍이 경영에 성공하여 상업계에 명성을 날린 사람으로는 '밀가루대왕[麵粉大王]' 영종경榮宗敬·영덕생榮德生 형제, 남양연초공사南陽烟草公司를 창건한 간조남簡照南·간옥계簡玉階 형제, 영안공사永安公司의 곽요郭樂·곽천郭泉 형제, '면사대왕棉紗大王'이라고 불렸던 목우초穆藕初·목저재穆杼齋 형제 등이 있었다.

1892년 영씨형제는 아버지 영희태榮熙泰가 이금징수국의 회계를 맡으면서 모은 돈으로 다른 사람과 합작하여 상해 홍승鴻升부두에 광생전장廣

---
40) 楊文光(1854~1919). 이름은 煥斗. 본적은 강서성 南城縣, 할아버지 대에 사천성 巴縣으로 이주. 아버지는 청조의 廩生으로 누차 과거에 낙방하여 집에 관을 설치하고 글을 가르쳐 호구했다. 楊文光은 유년시절에 가계가 몰락하여 부득이 과거공명의 환상을 포기하고 장삿길로 들어섰으며 뒤에 重慶의 유명한 富商이 되었다.
41) 中國民主建國會 重慶市委員會, 重慶市工商業聯合會 文史資料工作委員會 編, 『重慶工商人物志』(重慶: 重慶出版社, 1984), 28쪽.

生錢莊을 개설했는데, 자본금은 3천 원元으로 영씨형제가 그 가운데 반 즉 1천5백 원을 출자하고 나머지 반은 주식을 모집했다. 영종경은 장남의 신분으로 경리를 맡고 영덕생은 회계를 담당했다. 이것이 영씨형제가 합작하여 스스로 사업을 경영한 발단이며, 이로부터 이후에 있을 영가기업 왕국의 초석을 다졌다.

간씨형제의 경우 처음부터 줄곧 형인 간조남이 회사의 업무를 책임졌는데, 동생인 간옥계는 간조남이 1923년 세상을 떠난 뒤에 비로소 자신의 경영재간을 충분히 발휘하여 전면적으로 동족기업의 운영을 책임졌다.

목우초42)는 청말 일찍이 자비로 미국에 유학하여 농업과 면업을 공부했으며, 귀국 후에 형인 목저재[恕再]의 도움을 받아 자금을 모아 덕대사창德大紗廠을 창설하여 서방의 선진기술과 관리방법을 채용함으로써 막대한 이윤을 거두었다. 1920년대 초 목우초는 '화상사창연합회華商紗廠聯合會' 회장을 역임했다. 그의 형 목저재는 비록 그 명성이 동생에게 미치지 못했으나 역시 상해상업계에서 영향력있는 인물이었다.

두 형제가 공동으로 상업을 경영하고 기업을 창건했으나, 단지 한 사람만 이름이 알려지는 경우도 있었는데, 남통南通의 '장원자본가' 장건張謇 형제의 경우가 그러했다. 장건은 장원의 신분으로 기업을 설립하여 세상에 이름이 널리 알려졌으며, 정계에서도 상당히 큰 활약을 했다. 그러나 그의 형인 장제張祭는 사람들 앞에 얼굴을 내미는 경우가 매우 드물었으며, 단지 근면성실하고 슬기롭게 장건의 이름 아래에 있는 기업을 실제

---

42) 穆湘瓅(1876~1943). 字 藕初. 江蘇 上海人. 어릴 적에 私塾에서 공부했고, 1889년 棉花行에 들어가 일을 배웠고, 1897년 영어를 배우기 시작했으며, 1900년 江海關 供職시험에 합격했다. 1904년 滬學會에 가입하고, 1907년 江蘇省鐵路公司 警務處長을 역임했다. 1909년 자비로 미국에 건너가 농업을 익히고, 1914년 학업을 마치고 귀국하여, 다시 棉紗廠을 설립했으며, 20세기 20~30년대 중국의 '棉紗大王'이라고 불렸다.

로 관리했으며, 세상사람들에게 알려지지 않았다.

　동족식 기업의 또 다른 하나의 특징은 기업에서 상급직원의 대부분이 자기 동족출신이며 외부인의 손을 빌리지 않았다는 점이다. 1903년 무신茂新제분공장을 창건한 뒤 1922년까지 20년 동안 영씨형제는 모두 합쳐 무신·복신제분공장茂新福新麵粉廠 12개, 신신사창申新紗廠 4개를 창설했으며, 공장은 상해·무석無錫·한구漢口·제남濟南 등의 대·중 도시에 분포했다. 이 방대한 기업체계는 기본적으로 주주권리의 독립, 분산 생산·경영하는 무한공사無限公司 혹은 합자의 조직형식을 취하여 영씨형제의 수중에 권력이 집중되기 쉽도록 했다.

　1928년의 조사에 따르면 영씨형제 집단은 모두 합쳐 54개의 총경리·경리·부공장장의 직위를 가지고 있었으며, 그 가운데 19개는 영종경 본인이 담당했고, 공사公司집단에 동사회董事會를 설치하지 않았으므로 영종경은 당연한 결정권자가 되었다. 나머지 35개의 직위 가운데 3개 즉 무신제분茂新麵粉 제1공장·제3공장 및 신신방직申新紗織 제3공장의 경리직책은 그의 동생 영덕생이 담당했다. 영씨형제의 세 아들이 각각 신신방직 제2공장·제3공장과 제5공장의 부공장장 혹은 조리助理 4개의 직위를 차지했다. 영씨집안의 나머지 세 명의 구성원인 영월천榮月泉·영악생榮鄂生·영길인榮吉人은 5개의 직위를 차지했다.

　그 나머지 직위는 대부분 영씨집안의 인친姻親들이 담당했다. 영종경의 사위 이국위李國偉는 복신제분福新麵粉 제5공장과 신신방직申新紗織 제4공장의 부경리를 겸임했다. 영씨집안과 인척인 왕요신王堯臣은 5개 공장의 경리와 부경리를 겸임했으며, 그의 형인 왕우경王禹卿은 1912년 영씨형제와 복신제분공장을 합판合辦했다. 이밖에 복신제분 제2공장·제4공장과 제8공장의 부경리는 모두 영종경의 인친이었다. 환언하면 영씨집안 및 그

<표 4-6> 영가기업榮家企業 고급직원 구성표

인원 구성	점유한 고급직위의 수	고급직원의 점유비율(%)
영씨 동족[榮氏家族]	31	57.5
인친 동족[聯姻家族]	14	26
조수와 주주[助手和股東]	6	11
기술전문가[技術專家]	3	5.5
합계	54	100

자료출처 : 『榮家企業史料』, 上海人民出版社, 1980, 287~289쪽.

들의 친척은 이 기업집단에서 83.5%의 고급직위를 장악했다(〈표 4-6〉 참조).

무신茂新-복신福新-신신申新이라는 영씨 동족기업 집단은 기본적으로 주식회사 형식으로 조직된 것이었기 때문에 영씨형제의 기업에 대한 통제권은 주로 주식권리에 대한 통제를 통해 실현되었다. 신신 제1공장에서 영씨계통의 주식액과 기타 주주가 소유한 주식액의 비율변동을 통해서 보면, 1916년 창건당시의 자본금은 30만 원元이었는데, 이 가운데 영씨형제의 주식액이 15만 9천 원으로 53%를 점했고, 기타주주의 주식액이 14만 1천 원으로 47%를 차지했다. 1922년 3백만 원으로 증자했을 때 영씨형제의 주식액은 190만 원으로 늘어나 63.3%를 점했으며, 기타주주의 주식액은 110만 원으로 늘어나 36.7%를 차지했다. 복신 제1·제3공장의 주요 주주는 영榮·포浦[浦文汀]·왕王[王禹卿] 세 집의 형제로, 그 가운데 영씨형제의 주식액이 50%를 차지했다. 1917년 증자 후에 영씨형제가 소유한 주식액은 60%로 늘어났다. 이로부터 기업의 성장에 따라 영씨형제의 주주로서의 권리는 갈수록 커지고 갈수록 집중되어 영씨형제가 대권을 독점하는 구조가 형성되었음을 알 수 있다.[43]

---

43) 榮家企業의 상황에 관해서는 『榮家企業史料』上冊 : 許維雍·黃漢民, 『榮家企業發展史』(北京:人民出版社, 1985), 참조.

동족에 의지하여 기업을 관리하는 것은 물론 전통적인 방법이나, 몇몇 동족기업의 업적을 통해서 보면 이러한 제도가 현대화와 저촉되는 것 같지는 않고, 반대로 그것은 중국 근대신상들로 하여금 사회전통을 확실히 타파하지 않고서도 현대경제의 운영에 적응할 수 있게 했으며, 이로부터 신상계층이 근대 부르주아 계급으로 넘어가는 디딤돌의 하나가 되었다.

기업의 자금조달·경영관리와 기술도입 어느 면을 막론하고 동족의 정[家族親情]과 혈연관계는 여러 가지 효능을 발휘했으며, 기업경영의 위험을 감소시키고 기업 내부의 응집력을 증가시켰다. 동시에 광범한 친족간의 연계성을 이용함으로써 기업과 관방의 관계를 유지하는 데 유리했으며, 각종 루트를 잘 소통시킬 수 있었다. 예를 들어 주지요朱志堯가 1904년 구신求新기계공장을 순조롭게 창건할 수 있었던 것은 두 명의 외삼촌 즉 교육가 마상백馬相伯과 개량파 마건충馬建忠이 당시 공부좌시랑工部左侍郎이었던 성선회盛宣懷와의 관계를 이용하여 지원을 받을 수 있었기 때문이다. 이밖에 앞에서 서술한 것처럼 주학희周學熙가 북양실업을 창설한 것 역시 그의 부친 주복周馥이 관료사회에서 수립한 각종 관계, 특히 북양의 실력자 원세개와의 교제를 광범하게 이용했기 때문이다.

물론 동족기업이 능력에 관계없이 자신에게 가까운 사람만 임용하는 것은 필연적으로 기업에 여러 가지 불리한 영향을 초래했으며, 불가피한 가정분규 역시 때로 기업의 발전에 영향을 미쳤다. 양씨楊氏형제의 취흥성은행聚興誠銀行은 설립된 지 얼마 안되어 양찬삼楊粲三과 양배현楊培賢의 불화로 인하여 오래지 않아 요절했다.

어떤 제도든지 장점과 단점이 있게 마련이며, 관건은 어떤 제도가 경제사업의 발전과 시장경쟁의 필요에 적합하냐에 달려있다. 일종의 기업제도로 말하면 동족기업 자체는 기업쇠퇴의 원인을 제공하지 않으나, 문제는 어떻게 운영하느냐에 달려 있다. 지금에 이르러 서방의 자본주의가 발달한 국가에 여전히 적지 않은 부자회사와 동족기업이 존재하는 것은 전통과 현대가 잘 결합될 수 있음을 보여주는 명백한 증거이다.

3) 동향단결

동족관계 외에 향친鄕親관계 역시 신상의 경제활동에 대하여 중요한 의미를 갖는다. 동족연계는 혈연을 유대로 하며, 향친관계는 지연을 기초로 한다. 어떤 의미에서 고향의 정(鄕土親情)은 동족의 정(家族親情)의 외연이다. 동족구성원은 반드시 한계가 있으나 동향관계는 거의 무한대로 확대할 수 있다. 중국에는 전통적으로 소동향小同鄕(동일 鄕과 동일 縣)과 대동향大同鄕(동일 府 동일 省)의 구분이 있는데, 양자는 친근정도가 다르나 모두 동일한 본적이 만들어내는 친근감을 포함한다. 이러한 친근감은 같은 말투, 동일한 생활습관, 서로 닮은 성격특징에서 기인하며, 심지어 매우 유사한 심미정취가 만들어내는 것이다. 예를 들어 사천사람들이 고추를 먹고, 사천지방의 전통극(川戲)을 감상하며, 찻집에 모여앉아 '용문진龍門陣(한담)'을 펼치는 것은 일종의 절대적인 지방문화로, 다른 성의 사람들은 동질감을 느끼기 어렵다. 근대신상은 자신의 경영활동에 이러한 보편적으로 받아들여지는 향토관념을 매우 성공적으로 잘 이용했다고 할 수 있다.

앞에서 언급한 것처럼 매판과 신상은 종종 둘이 하나로 합쳐져 있었다. 초기매판(19세기 70년대 이전) 집단은 동족출신이 아니면 피차 동향으로 상호 소개하고 상호 의지했다. 초기 상해매판 가운데 대다수는 광동인으로 그 중심은 향산인香山人이었다. 향산출신 매판은 부단히 그들의 동향을 소개하여 매판이 되게 함으로써 향산인이 직위를 독점하는 추세를 유지했다. 1863년 이화양행怡和洋行의 매판 임흠林欽이 사직할 때 동향인 당경성唐景星을 추천하여 그의 자리에 앉도록 했다. 이로부터 당가唐家와 이화양행 사이의 50여 년에 걸친 왕래가 시작되었다. 1881년 정관응鄭觀應은 윤선초상국輪船招商局에 들어갈 결심을 했을 때, 동향인 양계헌楊桂軒의 보증인이 되어 양계헌으로 하여금 그를 대신하여 태고양행太古洋行 총매판 자리를 물려받도록 했다. 서윤徐潤 역시 그의 동향인 양매남楊梅南이 태고양행 매판이 될 때 일부 경제적 담보를 제공했다. 향산출신 매판은 또한 언제나 동향을 고용인으로 채용해 달라고 요청했다. 개항장에는 광동출신 고용인의 수가 많아 그들은 매우 환영을 받았으며, 그들이 받는 보수는 각 개항장의 토박이들이 받는 것보다 훨씬 많았다.44)

 1870년대 이후 강소출신 매판이 상해에서 점차 광동출신 매판의 지위를 대신하기 시작했다. 이것은 주로 소주 석씨席氏매판 동족이 일어난 결과이다. 석가席家는 소주에서 대대로 상업에 종사해 온 집안으로, 태평천국이 일어나자 석씨 4형제는 황급히 상해로 도망하여 몇 개의 전장錢莊을 열었다. 1874년 막내인 석정보席正甫가 회풍은행匯豊銀行 매판이 되었고, 그의 소개를 거쳐 석씨동족의 구성원·친척과 동향 가운데 많은 사람들이 모두 상해 외국은행의 매판이 되었다.

 기업에 대하여 말하면 동향의 단결은 자금모집을 위해 필요하며, 또한 기업 내부의 화합과 친밀한 인간관계를 형성하는 전제가 되었다. 동향의 정[情誼]은 고용인들로 하여금 기업에 대하여 일종의 특수한 감정을

---

44) 葛元煦, 『滬游雜記』 卷2, 6쪽.

갖도록 했는데, 그들은 고향을 등지고 객지에 나와 생계를 도모하는 사람들로, 기업은 그들에게 그들이 발길을 들여놓을 수 있는 집이 되어 주었으며, 그들은 이 '집'에 대하여 특별한 충성심을 보였다. 기업에서 고용인의 이러한 친화력은 매우 중요한 것으로, 그것은 기업으로 하여금 안정적이고 더욱 큰 경쟁력을 보유하게 하는, 실제적으로 일종의 무형의 자본이었다.

북경·제남·천진·상해 등의 도시에 두루 분점을 두고 있었던 전통 있는 상점 서부상瑞蚨祥 주포점綢布店이 고용한 점원은 대부분 산동사람이었는데, 그 가운데서도 긍서당矜恕堂이 소재한 장구인章丘人 위주였다.45) 영씨榮氏형제의 깃발 아래 있는 무신茂新-복신福新-신신申新 집단이 1920년대에 고용한 957명의 고급직원 가운데 617명(64.5%)은 무석인無錫人이었다. 그러나 이 집단이 무석에 설립한 공장은 단지 4개뿐이며, 그 나머지 대부분은 상해에 설립되었고, 어떤 것은 제남과 한구에 설립된 것도 있었다.46) 대매판 정백소鄭伯昭는 광동 중산현中山縣 평람인平嵐人으로, 1919년 영미연공사英美烟公司(the British-American Tobacco Company -필자)의 상품을 판매하기 위해 영태화연행永泰和烟行을 개설했다. 이 행의 총공사總公司와 외지의 분공사分公司에는 모두 합쳐 2백여 명의 직원이 있었는데, 기본적으로 모두 정백소의 친척과 동향이었다. 이들은 광동 시골에서 왔으며 사회적 연계성이 매우 적어 정백소가 기업 내부에서 가부장적으로 통제하기가 편리했다.47)

저명한 신상인 장건의 대생大生자본시스템은 기본적으로 본향·본토

---

45) 羅侖·景盨, 앞의 책 참조.
46) 『榮家企業史料』上冊, 289쪽.
47) 『舊上海的外商與買辦』, 161쪽.

인 위주의 향토기업이었다. 장건이 당초 공장을 설립할 때 먹은 생각 가운데 하나는 고향인 남통南通에 사는 향친부로의 복리를 도모하는 것이었다. 대생사창大生紗廠의 '정관〔廠約〕' 첫 조항은 "통주通州에 사창을 설립하는 것은 통주의 민생을 도모하기 위한 것이며, 또한 중국의 이익을 도모하기 위함이다"48)라고 했다. 이른바 "통주의 민생을 도모하기 위해서"라는 것은 첫째로 본지의 백성들에게 일자리를 제공하기 위함이며, 둘째로 본지에서 보편적으로 발전하고 있는 농촌 수방직 토포업을 위해 충분한 생산원료 즉 기사機紗를 제공하기 위함이었다.

하나의 향토기업으로서 대생사창의 상품시장의 본질적인 특징은, 그것이 농촌상품 가내수공업의 생산원료 시장이지 기계제 생활소비품을 생산하는 시장이 아니라는 데 있었다. 전형적인 서방 자본주의 경제발전과정과 명백하게 다른 것은, 이 상품시장의 형성은 현지농촌 가내수공업의 파괴나 개별 농민경제의 파산의 기초 위에서 건립된 것이 아니라, 정반대로 그것은 본지농촌 가내방직업의 발전의 필요에 적응하여 지방경제 발전을 자극하고 선도하는 것이었으며,49) 이렇게 함으로써 대생사창 자체 역시 지방 수방직업의 발전에 따라 풍부한 이윤을 획득했다. 1899년 봄 대생사창은 정식으로 가동되어 하루에 겨우 조사粗紗 20여 포包를 생산했으며, 1900년에는 45포에 달했다. 다만 이때 관장포關莊布50)만 해도 연간 생산량이 4백만 필에 달했으며, 날마다 기계사機械絲 120여 포대〔大包〕가 필요했다.

왕성한 시장수요와 향토기업이 갖는 기타 유리한 조건은, 대생大生으

---

48) 『張謇(謇)實業文鈔』, 109쪽.
49) 林剛, 「試論大生紗廠的市場基礎」, 『歷史研究』, 1985年 第4期 참조.
50) 〔역주〕南通은 면화의 산지로, 비교적 많은 농민이 방직을 부업으로 했다. 스스로 실을 뽑아 스스로 짠 土布를 關莊布라고 불렀으며, 스스로 소비하는 외에 동북 각지에 판매하기도 했다.

로 하여금 1899년에서 1923년에 이르는 짧은 20여 년 동안에, 자본금이 50만 원 미만이고 방추紗錠의 수가 2만 개가 안되는 작은 기업으로부터 공장 4개, 방추 16만여 개와 직기 1천3백여 대를 갖추고, 개간과 목축·제염·교통운수·기계·양곡과 식용유가공·제지·인쇄·부동산 등을 거느린 종합기업으로서 총 자본금이 2,480여만 냥에 달하는 대생자본 집단으로 성장하도록 했으며, 여기에 의지하여 생활하는 본지인의 숫자가 수백만 명에 달했다.51) 대생기업 집단의 성공은 근대산업과 전통 가내수공업을 서로 접속하여 효과적으로 향토경제를 발전시킨 전형적인 성공사례라고 할 수 있다. 그 가운데서도 남통사람 장건이 이룩한 창업의 공로는 무시할 수 없다.

개별기업의 작은 범위를 벗어나면, 동향사람들의 단결은 도시에서 같은 본적지 출신 상인과 기업주 사이의 보다 광범한 연결과 협력으로 나타난다. 이러한 연계방식은 유래가 오래 되었으며, 그 형식은 바로 명·청 이래 점차 형성된 상방商帮과 회관會館의 전통이다. 명·청시기 도시에서 상인들은 대부분 일종의 '이민사회' 안에서 생활했는데, 그들은 사면팔방에서 모여든 사람들로 각지의 풍속·습관과 경영방법을 대동했으며, 심지어 서로 통하지 않는 방언을 구사했다. 따라서 감정의 연계에서 출발했든 혹은 상업경영의 실질적인 필요에서 출발했든 간에, 그들은 모두 일종의 조직형식을 갖추어 연락할 필요가 있었으며, 지연을 바탕으로 하는 상방과 회관은 안성맞춤으로 이러한 사회조직 형식을 제공했다.

상방은 지역에 따라 나누면 본방本帮과 객방客帮의 구분이 있으며, 또

---

51) 『大生資本集團史』, 125·155쪽.

한 직업에 따라 나누어진 행방行幇[서로 다른 업종으로 결성된 방]의 구분이 있었다. 명·청시기 어떤 한 지역의 상인은 종종 동일한 직업에 종사했는데, 산서상인이 표호票號에 종사한 것과 휘주상인[徽商]이 전당업에 종사한 것이 그것이다.

이렇게 지역의 방幇과 업종의 방이 합쳐져서 지역적이면서 행업적인 상방이 되었는데, 산서표호방山西票號幇 등이 그러했다. 다만 상방은 우선적으로 하나의 지연성을 가진 개념으로 상인의 본적에 따라 구분되었다는 점은 의심의 여지가 없다. 예를 들어 청말 상해의 상방은 영파방寧波幇·소흥방紹興幇·전강방錢江幇·금화방金華幇·휘녕방徽寧幇·강서방江西幇·호북방湖北幇·호남방湖南幇·사천방四川幇·남경방南京幇·양주방揚州幇·강북방江北幇·진강방鎭江幇·소주방蘇州幇·무석방無錫幇·상숙방常熟幇·통주방通州幇·산동방山東幇·천진방天津幇·산서방山西幇·조주방潮州幇·건정방建汀幇·광동방廣東幇 등 23개의 방으로 구성되었다.

그 가운데 영파방의 세력이 첫 손가락에 꼽혔다. 이 방의 실제인원수는 6만~7만 명으로 주로 금은방·전장錢莊·양약·약재 등의 직업에 종사했으며, 또한 적지 않은 사람들이 양행에서 매판으로 일했다. 광동방의 세력은 영파방보다 약간 손색이 있어, 인원수는 약 5만 명으로 주로 수입품 상점 등을 경영했으며, 양행매판 역시 적지 않았다.52)

회관會館은 대부분 상방商幇을 바탕으로 하여 조직·건립되었으나 모두가 그런 것은 아니었다. 회관이나 분소의 수가 가장 많은 강남의 도시 소주를 예로 들면 소주의 회관은 명나라 만력연간에 처음으로 건립되어 청나라 강희·건륭연간에 흥성했다. 당시 "소주는 동남지역의 큰 도시로

---

52) 楊蔭杭,「上海商帮貿易之大勢」,『商務官報』, 第1冊 第12期.

사방에서 상인들이 구름처럼 모여들고 각종 상품이 넘쳤으며 교역이 활발했다. 그러므로 이곳에서 교역하는 각 성의 군읍郡邑사람들치고 회관을 건립하지 않은 사람이 없었다."53) 청말에 이르기까지 소주회관은 모두 약 50개소나 되었는데, 이미 명확하게 조사를 통해 입증된 것이 모두 47개소이다.54)

이들 회관을 설립자의 신분에 따라 나누면 세 종류로 구분할 수 있다. 첫번째 큰 부류는 순전히 공·상업자[民商과 신상]가 창건한 회관으로 전강회관錢江會館[비단상인]·선옹회관仙翁會館[종이상인]·동월회관東越會館[양초상인]·대흥회관大興會館[목재상인]·무안회관武安會館[비단상인]·비릉회관毗陵會館[돼지상인] 등이 여기에 속한다. 두번째 부류는 지방관원과 상인이 합동으로 건립한 것[仕商會館이라 칭함]으로 영남회관嶺南會館·삼산회관三山會館·강서회관江西會館·소무회관邵武會館·오흥회관吳興會館·가응회관嘉應會館·안휘회관安徽會館 등등이 그것이다. 마지막 한 부류는 지방의 문무관원이 창건한 회관으로 단지 호남회관湖南會館과 팔기봉직회관八旗奉直會館 두 곳이 있었다. 소주회관 창건자의 상황은 아래의 표와 같다.

<표 4-7> 소주회관 창립자의 구성

창립자의 신분	인원수	백분율	창립자의 신분	인원수	백분율
민상民商과 신상	32	68.17%	관원	2	4.26%
관원과 상인	10	21.28%	미상	3	6.38%
			합계	47	100%

자료출처 : 『江蘇碑刻』, 『明淸蘇州工商業碑刻集』 통계.

---

53) 「姑蘇鼎建嘉應會館引」, 江蘇博物館 編, 『江蘇省明淸以來碑刻資料選集』(이하 『江蘇碑刻』으로 약칭)(三聯書店, 1959), 351쪽.
54) 『江蘇碑刻』·『明淸蘇州工商業碑刻集』 통계 참조.

비록 소주에서 90% 전후의 회관이 모두 공·상업과 관계가 있으나, 그 가운데 절대다수는 일률적으로 동업 간의 자유경쟁을 제한함으로써 본 행동업자의 이익을 보호하는 엄격한 의미의 행회行會조직이 아니라 단지 지역성 상방을 기초로 하는 동향회 성격의 조직이었을 따름이다. '신사와 상인[仕商]'이 공동으로 창건한 회관의 경우 그 목적은 물론 "무릇 회관의 건립은 사·상이 모이도록 하기 위함이며, 또한 왕래하다 머물 수 있도록 하는 데"55) 있었다. 순수하게 상인이 설립한 많은 회관의 역할은 주로 "신령을 숭배하고, 우의를 증진시키고, 의거義擧를 실행하고, 동향의 감정을 증진시키며"56) 같은 지역 출신으로 구성된 상방을 규합하여 "서로 보살피고 서로 구제하기"57) 위해서였다. 이로써 비록 어떤 회관의 경우 업종성[行業性]과 지역성을 동시에 갖고 있었으나, 지역성과 외래성이야말로 회관조직의 기본적인 특징이었음을 알 수 있다. 바로 이와 같은 이유 때문에 많은 상업성 회관은 여러 업종을 동시에 받아들였으며, 업종에 대한 배타성을 갖고 있지 않았다.

예를 들어 복건상인이 명나라 만력연간에 건립했다가 청나라 도광 10년(1830)에 중건한 삼산회관三山會館은 양화방洋貨帮·간과방干果帮·청과방靑果帮·사방絲帮·화방花帮·자죽방紫竹帮 등이 수리비를 기부했다. 또 예를 들어 무림항선회관武林杭線會館은 건륭 초년 항방杭帮이 건립한 것으로 주견·박박 두 개의 행업이 그 안에 부속되어 있었다. 건륭 35년(1770)에 창건한 휘군회관徽郡會館은 휘주 피지방皮紙帮·노유방撈油帮·밀조방蜜棗帮 상인이 공동으로 건립했다.58)

---

55) 「重建嘉應會館志」, 『江蘇碑刻』, 354쪽.
56) 「潮州會館記」, 『江蘇碑刻』, 340쪽.
57) 「正乙祠碑記」, 李華, 『明淸以來北京工商會館碑刻選編』.
58) 馬敏·朱英 著, 『傳統與近代的二重變奏:晩淸蘇州商會個案硏究』, 권말 부록 표 5, 「蘇州會館·公所

귀납하면 회관조직은 아래와 같은 특징을 갖고 있었다.

1) 그것은 객지에 머무는 타지방 출신(客籍)의 주민(대부분은 상인)이 창건한 것으로, [작은 것은 향鄕·진鎭에서부터 큰 것은 성省·부府에 이르기까지] 엄격한 지역적 구분이 있었으며, 외지인(外籍)에 대하여 배타성을 갖고 있었다.

2) 회관은 일종의 사회조직이면서 또한 특별히 그 조직이 위치한 장소 혹은 건축물을 가리켰다. 습관적으로 양자강 상류에 위치한 각 성의 회관은 모두 보편적으로 궁宮·묘廟·사祠와 같은 종류의 건물을 갖고 있었다. 예를 들어 관성궁關聖宮은 "호북(楚)지역 사람들이 공동으로 건축한 것으로 호광관湖廣館이라고 부르고", 천후궁天后宮은 "광동출신들이 공동으로 건립한 것으로 광동관廣東館이라고도 부르고", 천상궁天上宮은 "복건사람들이 공동으로 건립하여 복건관福建館이라고도 하고", 만수궁萬壽宮은 "강서사람들이 공동으로 건립한 것으로 강서관江西館이라고 하고", 위령궁威靈宮은 '황주회관黃州會館'을 말하고, 옥황궁玉皇宮은 '상덕회관常德會館'을 일컬었다(이에 대해서는 〈표 4-8〉 참조).

3) 모든 회관 내부에는 본적지에서 신봉하던 신령(神祇) 혹은 전대의 현인을 받들어 모셨다. 그 대상은 관제關帝도 있고 대우大禹도 있으며, 장비張飛도 있고 심지어 문천상文天祥을 모시기도 했다. 여전히 양자강 상류의 회관을 예로 들면 그들이 받들어 모시는 신령과 선현 및 주요건축은 아래 〈표 4-8〉과 같다.

4) 회관은 일종의 매우 느슨한 동향조직으로 구성원에 대한 구속력이 결핍되어 있었으며, 일반적으로 단지 몇 명의 동사董事를 선출하여 일상적인 회관업무 및 자산관리를 맡겼다. 이들 동사는 종종 관방과의 왕래

一覽表(巴蜀書社, 1993) 참조.

가 편리하도록 공명과 직함을 가진 신상이 맡았다. 동치 3년(1864) 소주의 선주회관宣州會館 연업동사烟業董事가 강소선후총국江蘇善後總局에 올린 글을 보면 정문呈文에 함께 이름을 올린 몇 명의 동사는 모두 신상으로 그들은 각각 안휘출신 공생 왕덕흠王德歆, 종9품 두백무杜伯茂, 감생 호육영胡毓英이었다.59) 다시 동치 4년(1865) 소주의 각 회관대표가 연명으로 강소 포정사와 안찰사에게 올린 정문呈文을 보면, 함께 이름을 올린 사람 중에는 직함 혹은 공명을 가진 신상 18명과 보통 민상民商 5명이 포함되어 있었다.60)

<표 4-8> 사천 각성회관에서 모시는 신령[神祇] 및 주요건축

회관 명칭	주요 건축	모시는 신령 혹은 선현
강서회관	만수궁萬壽宮	허진인許眞人
복건회관	천후궁天后宮, 천상궁天上宮, 천비궁天妃宮, 경성궁慶聖宮, 복성궁福聖宮	천비天妃
귀주회관	남장군묘南將軍廟, 검양궁黔陽宮, 혜민궁惠民宮, 검남궁黔南宮, 검서궁黔西宮, 영록회榮祿會	관제關帝, 남대장군南大將軍, 흑신黑神
광동회관	용모궁龍母宮, 남화궁南華宮, 육조회六祖會	관성제군關聖帝君, 육조六祖
섬서회관	삼성궁三聖宮, 삼원궁三元宮, 삼의궁三義宮	유비, 관우, 장비
호광회관	우왕궁禹王宮, 왕부궁王府宮, 관성궁關聖宮, 전의궁全義宮, 초촉궁楚蜀宮, 호광관湖廣館	대우大禹
호북회관	제왕궁帝王宮, 제안궁齊安宮, 위령궁威靈宮, 정천궁靖天宮, 강릉묘江陵廟, 호북궁湖北宮	대우
호남회관	수불궁壽佛宮, 태화궁太和宮, 장사묘長沙廟, 진무궁眞武宮, 염계사濂溪祠, 악학례회관岳學禮會館, 형영보회관衡永寶會館, 옥황궁玉皇宮, 위원궁威遠宮, 보선궁寶善宮	대우
산서회관	조천궁朝天宮, 무성궁武聖宮, 산서 회관山西會, 고남궁古南宮, 옥청궁玉淸宮, 문무궁文武宮, 삼관사三官祠, 삼의묘三義廟, 숭성궁崇聖宮	관제

---

59) 『江蘇碑刻』, 382쪽.
60) 위와 같음.

광서회관	만수궁萬壽宮, 소무궁昭武宮, 헌원궁軒轅宮, 소공연공묘蕭公宴公廟, 홍도사洪都祠, 문공사文公祠, 인수궁仁壽宮	문천상文天祥
하북회관	충의궁忠義宮	
절강회관	열성궁列聖宮, 절강공소浙江公所	
팔성회관 八省會館	복록궁福祿宮	

자료출처 : 何炳棣(Ping-ti Ho), *Geographic Distribution of Hui-Kuan*에 나열된 자료를 정리. 王笛, 『跨出封閉的世界-長江上游區域社會研究』, 中華書局, 1993 인용.

동향의 단결을 구현하는 일종의 사회조직으로서 회관의 실제작용은 다음과 같았다. 첫째로 외지에 머무는 동향에게 집회·숙박과 동향의 정을 나누는 장소를 제공하여 향수를 달래도록 한다. 둘째로 동향을 위해 자선 사업을 전개하여 구제함으로써 객지생활의 어려움을 덜어준다. 셋째로 동향끼리 단결하여 다른 지역상인들과의 경쟁에 공동으로 대처함으로써 발전을 도모한다.

명·청시기 내지 민국시기에 적지 않은 신상과 보통 상인은 모두 본성회관本省會館 조직의 수혜를 받아 막대한 도움을 얻었다. 영파출신 상인이 상해에서 상업경영에 종사하여 거대한 성공을 거둘 수 있었던 것은 약 6만 명의 회원을 가진 재력이 막강한 영파회관寧波會館(즉 四明公所)의 존재와 무관하지 않다. 저명한 신상 우흡경虞洽卿도 1872년 고향 진해현鎭海縣(영파 부근에 위치)을 떠나 상해에 왔을 때 한낱 이름없는 어린 견습공에 지나지 않았다. 이후 마침내 상해상회 회장에 오르는 입지전적인 일생을 통해 그는 일찍이 여러 차례 실력이 막강한 영파방寧波帮 및 그에 부속된 영파회관의 재정-정치적 지원을 받았으며, 그 자신도 장기간 영파방의 수령 가운데 한 사람으로 일했다. 각 회관의 동사董事 혹은 '수사首事'는 모두 지방관과 밀접한 관계를 유지하고 있었으며, 지방연세捐稅의 징수·소방・치안・단체・구제 및 기타 자선사업의 관리에 적극적으로 참여함으로써 상업활동에 적지 않은 편리를 제공받았다.

　신상과 회관會館・상방商幇의 연계는 전통과 서로 연계된 방식 가운데 하나에 속한다. 이러한 연계는 상인들의 횡적 사회연계를 강화하고, 같은 지역출신 상인들 사이에 상호 부조를 촉진함으로써 그들로 하여금 근대사회의 변천과 급격한 소용돌이에 비교적 잘 적응할 수 있도록 했다. 물론 지역성을 지닌 회관의 보편적 설립으로 인하여, 각 성의 상인과 외지인 사이에 쉽게 틈과 분리가 발생함으로써, 중국상인이 총체적으로 쟁반 위에 흩어진 모래와 같은 상태가 되어, 성의 경계를 초월하는 교류와 연계가 결핍되도록 했음도 사실이다. "각 지역 사이에는 경계가 뚜렷했으며, 경계가 뚜렷하면 뚜렷할수록 배타성 역시 강했다."[61] 이러한 사실은 공업화 사회 내지 상품시장경제의 발전이 요구하는 것과는 서로 저촉되는 것처럼 보인다.

제2절 근대로의 진입

1. 신상의 실업투자

　중국 근대사회의 변화[轉型]는 실질적으로 전통 농업사회에서 근대 공

---

61) 楊蔭杭,「上海商幇貿易之大勢」,『商務官報』, 第1冊 第12期.

업사회로의 전환이었다. 다만 이러한 전환이 중국 근대에 완성되지 못했을 따름이다. 따라서 신상계층과 근대사회의 연계에서 매우 중요한 것은 그들과 근대 산업발전의 관계에서 표현되었다. 이른바 산업은 당시 실업을 총칭하는 것으로, 국가경제나 국민생활과 관계가 가장 밀접한 공업·농업·교통운수업·공익사업〔公用事業〕과 신식 은행업을 포괄했다.

19세기 말 20세기 초 중국은 외국자본 침략의 자극 아래 '상전商戰'을 호소하여 연이어 두 차례 민간실업 투자의 붐을 조성했다. 제1차 투자 붐은 중국 본국 근대기업의 흥기단계(1872~1900)에 발생했으며, 이 기간에 설립된 상판商辦공장과 광산의 숫자 및 자본의 총액은 둘 다 이전 20여 년의 총액을 초과했으며, 아울러 관판官辦 혹은 관독상판官督商辦 기업을 앞지르기 시작하여 중요한 위치를 차지했다.

20세기 초에 이르러 민간자본은 이전보다 더욱 신속하게 발전하여 규모가 더욱 큰 제2차 붐이 출현했다. 1901년 새로 설립된 민간 공工·광礦 기업은 16개이고, 1902년에는 21개, 1903년에는 8개, 1904년에는 31개, 1905년에는 43개에 달했다. 이 시기에는 문을 연 공장의 숫자와 투자액이 대대적으로 증가했을 뿐만 아니라, 투자의 범위 역시 이전보다 광범했다. 원래부터 있었던 생사업·면방직업·성냥업이 장족의 발전을 이룬 것 외에 전등·비누·담배·유리·보일러·화장품 등의 업종 역시 모두 민간이 자본을 투자한 공장이 출현했다.[62]

상술한 두 차례의 민간투자 붐 가운데서 눈부신 활약을 한 신상인물들은 도처에서 그들의 그림자를 번뜩였을 뿐만 아니라, 많은 공장과 노광공사路礦公司에서 그들은 주요 창업자 및 투자자와 관리자로서의 역할

---

62) 汪敬虞, 『中國近代工業史資料』第2輯 下冊 참조.

을 담당했다. 광서 33년(1907) 농공상부에서 올린 상주문을 보면, 몇몇 고관대작과 지방신사가 설립한 근대기업의 '실제사적[實迹]'을 매우 구체적으로 열거하고 있다.

이에 살펴보니 3품함三品銜으로 우리 부서[臣部]의 두등고문관頭等顧問官 한림원편수翰林院編修 장건張謇은 강소요서유리공사[江蘇耀徐玻璃公司]와 상해윤보공사[上海輪步公司]를 설립하여 1백만 원 이상의 주식을 모집했습니다. 3품함직례후보도直隸候補道 엄의빈嚴義彬[즉 嚴信厚]은 절강통구원조면방직창[浙江通久源軋花紡織廠]을 설립하여 80만 원 이상의 주식을 모집했습니다. 2품정대頂戴 안휘후보도安徽候補道 허정림許鼎霖은 강소해풍제분공사[江蘇海豊面粉公司]를 설립하여 60만 원 이상의 주식을 모집했습니다. 4품함후선주동候選州同 누경휘樓景暉는 절강통혜공방직공사[浙江通惠公紡織公司]를 설립했고, 3품함중서과중서中書科中書 고교顧釗는 절강화풍방직공사[浙江和豊紡織公司]를 설립했고, 3품함병부낭중兵部郞中 소영화蕭永華는 광동산두상수도공사[廣東汕頭自來水公司]를 설립했고, 후선도候選道 마길삼馬吉森은 하남육합구[河南六合溝(응당 六河溝)] 매광공사[煤礦公司]를 설립했고, 분부낭중分部郞中 장여방蔣汝坊은 강소제태공방직공사[江蘇濟泰公紡織公司]를 설립했는데, 이들은 모두 40만 원 이상의 주식을 모집했습니다. 2품함탁지부우참의度支部右參議 유세형劉世珩은 안휘귀지간무공사[安徽貴池墾務公司]를 설립했고, 어사 사리진史履晉은 경사화상전등공사[京師華商電燈公司]를 설립했고, 2품정대頂戴 절강후보도浙江候補道 정사배程思培는 안휘유흥착유공사[安徽裕興榨油公司]를 설립했고, 후선도 증주曾鑄는 진강기기제지공사[鎭江機器造紙公司]를 설립했고, 2품정대 복건보용도福建補用道 정조복程祖福은 하남청화실업공사[河南淸華實業公司]를 설립했고, 후선도 고사원顧思遠은 산동박산유리공사[山東博山玻璃公司]를 설립했고, 고윤장顧潤章은 호북양자강기기제조공사[湖北揚子江機器製造公司]를 설립했고, 황란생黃蘭生은 [호]북한풍제분공사[(湖)北漢豊麵粉公司]를 설립했는데, 모두 20만 원 이상의 주식을 모집했습니다. 모두 탁월한 성과를 거두었습니다.63)

---

63) 『光緖政要』, 「實業」.

이 상주문에서 언급하고 있는 장건·엄신후·허정림·누경휘 등은 모두 당시 저명한 신상으로, 그들이 창건하고 투자한 기업은 상주문에 열거한 이들 공사·공장과 광산에 한정된 것은 아니었다. 〈표 4-9〉는 장건 등 12명의 저명한 신상이 참여하여 설립한 기업의 숫자와 자본금의 액수를 보여준다.

<표 4-9> 장건 등 12명 신상이 설립·투자한 기업상황(1913년 이전)

성명	신 분	설립·투자한 기업가의 수	자본(천원)	비고
장건張謇	장원·한림원 수찬	27	7,087.7	
엄신후嚴信厚	공생貢生·도원道員	14	8,064	
심운패沈雲沛	진사·한림원 편수	13	4,118	
허정림許鼎霖	관찰觀察·2품정대후선도二品頂戴候選道	10	5,547	
방원제龐元濟	후보4품경당후보사품경당候補四品京堂	6	2,912	
주정필周廷弼	3품함수후보도三品銜修候補道	8	1,440	
증주曾鑄	1품봉전화령후선도一品封典花翎候選道	3	1,949	
누경휘樓景暉	4품후선주동四品候選州同	3	829	
장진훈張振勛	두품정대태복시경頭品頂戴太僕寺卿	11	485.8	
이후우李厚祐	4품분부낭중四品分部郎中	8	5,793	이 안에는 한개 기업자본의 숫자가 빠짐
송위신宋煒臣	2품정대후선도二品頂戴候選道	8	6,969	
주주朱疇	절강시용도浙江試用道	7	3,189	
	합 계	118	48,389	

자료출처 : 汪敬虞, 「中國近代工業史資料」 제2집, 하책.

위에 열거한 12명의 신상 가운데 남통南通의 '장원자본가' 장건이 참여하여 설립하고 투자한 기업이 가장 많으며, 관여한 업종 역시 가장 광범하여 방적·제분·착유·기선·비누·도자기·전등·간목墾牧〔개간과 목축〕·제염업·어업·수리·부동산 등등을 포괄했다. 전통사대부의 신분으로 실업을 일으키고 근대 공·상업 자본가로 변신하는 면에서도 장건은 천하제일의 '장원'으로서 손색이 없었다.『관책關冊』에서는 다음과 같이 그를 추앙하고 있다.

> 한미한 가문출신으로 천하에 으뜸가는 장원이 되어 수찬修撰의 직을 받았으나, 고향을 깊이 그리워하며 스스로 실업을 진흥시키는 것을 자신의 임무로 삼아 각종 제조업을 차례로 설립하니, 그에 의지하지 않고 유지되는 것이 없었으며, 사람들은 그를 칭찬해 마지않았다. 장전찬張殿撰〔장건〕의 뜻을 추측해 보면 무릇 외국에서 반입되는 각종 상품들은 모두 마땅히 중국에서 스스로 생산해야 하는 것이나, 혼자의 힘으로는 한계가 있으므로 반드시 여러 사람의 힘을 모아서 이를 도모해야 한다는 것이었다. 장전찬은 명망이 높아 사람들이 모두 공경하고 우러러보아서 순식간에 부호들이 모두 출자를 원하며 그를 영수로 추대하니, 무슨 일을 만나 결단을 내려도 견제가 없었다.64)

중국에서 근대공업이 일어나기 시작했을 때, 신상계층 가운데 거액의 자금을 지니고 있었던 사람으로는 우선 개항장을 열어 통상을 시작한 뒤 남들보다 먼저 부유하게 된 매판을 들 수 있으며, 게다가 매판은 외국상인과 장기간에 걸쳐 왕래하는 가운데 일찍부터 근대적인 기업설립의 중요성과 이를 통해 이익을 도모할 수 있다는 사실을 인식하고 있었다. 이에 매판형 신상은 실업투자 방면에서 뛰어난 식견과 열정을 보여주었을 뿐만 아니라 투자규모 역시 일반상인들보다 훨씬 컸다. 19세기

---
64)『關冊』〈中文本〉(鎭江口, 1905), 48쪽.

70년대 이전 당정추唐廷樞·서윤徐潤·정관응鄭觀應을 대표로 하는 매판형 신상은 주로 국내외의 운수업에 투자했으며, 70년대 이후에는 운수업에 계속 투자하는 외에 광업·면방직업·기계제조·제분·전등과 기타 업종으로 투자범위를 확대했다. 〈표 4-10〉은 축대춘祝大椿 등 매판형 신상의 실업투자 상황을 보여준다.

<표 4-10> 축대춘祝大椿 등 6명 매판형 신상이 창립·투자한 기업의 상황(1913년 이전)

성명	신 분	창립·투자한 기업가의 수	자본(천원)	비고
축대춘祝大椿	화령도함花翎道銜·이화양행매판怡和洋行買辦	10	3,345	허위 보고한 원창오금 昌源昌五金廠 제외
주패진朱佩珍	3품함후선도三品銜候選道·본화양행매판本和洋行買辦	7	6,708	
우흡경虞洽卿	화령2품정대사용도花翎二品頂戴試用道, 화란은행매판荷蘭銀行買辦·도승은행매판道勝銀行買辦	2	1,501	
유인상劉人祥	후선도候選道, 압흥양행매판立興洋行買辦·동방회리은행매판東方匯理銀行買辦	4	1,567	공장 1개와 광산 1곳의 자본 숫자가 빠짐
오무정吳懋鼎	도원道員, 화풍매판匯豊買辦	3	375	탄광 1곳의 자본 숫자가 빠짐
서윤徐潤	화령도함花翎道銜, 보순양행매판寶順洋行買辦	2	42	
합 계		27	13,538	

자료출처 : 汪敬虞, 『中國近代工業史資料』 제2집, 하책. 매판의 연납직함 상황을 판명하는 데 기타 자료를 이용하여 보충.

위의 표에 보이는 매판형 신상의 실업투자 상황이 전반적인 것은 아니다. 그 이유는 첫째로 어떤 매판의 경우 연납을 통해 직함을 획득했는지의 여부를 확인하기가 매우 곤란하여 그 투자액을 통계에 넣을 수가 없기 때문이며, 둘째로 매판형 신상은 동시에 또한 관판官辦과 관독상판 官督商辦 기업에 대량으로 투자하여 단독으로 통계를 낼 방법이 없기 때문이다. 예를 들어 1878년 당정추唐廷樞가 개평광무국開平鑛務局을 설립할 때 실제로 거두어들인 자본금 149만 280냥 가운데 대부분은 당정추 본인과 서윤徐潤 등이 투자한 것이었다. 그리고 1873년 윤선초상국을 설립할 때도 당정추와 서윤 등이 투자한 액수는 47만 6천 냥에 달했다. 단지 위에 열거한 지극히 불완전한 통계숫자에 근거하여 계산하면, 이들 매판형 신상과 전술한 장건 등 12명 신상의 투자총액은 이미 6,192만 7천 원元에 달하여 1895~1913년 사이 전체 상판商辦기업의 투자액 9,079만 2천 원의 68.2%를 차지했다.

아래에서 다시 민판民辦 근대공업 가운데 몇 개의 주요업종을 통해 신상계층의 실업투자 상황을 고찰해 보자.

외국자본의 중국이권에 대한 침탈을 막기 위해 근대신상들이 집중적으로 자본을 투자한 업종 가운데 하나가 채광업이었다. 광서 33년(1907) 정식으로 설립된 산서보진광무공사山西保晉鑛務公司는 영국복공사英國福公司〔Peking Syndicate, 원래 이탈리아상인이 경영〕가 산서성 경내에서 탄광을 채굴하려는 계획을 저지하는 데 그 목적이 있었다. 이 회사의 발기인은 산서성 신사 후보3품경당候補三品京堂 거본교渠本翹, 후보5품경당候補五品京堂 유독경劉篤敬, 한림원검토翰林院檢討 양선제梁善濟 등이었으며, 창업자본으로 주식자금 합계 162만여 냥을 거두었다.65) 안휘 동관산銅官山의 탄광과 동광銅鑛 역시 본지신사 이경여李經畬와 방리중方履中 등이 발기하여 영국상인의 수중으로부터 그것을 회수하여 스스로 채굴했다. 1910년에 이르러 탄광은 주식자본 용양龍洋 1백만 원을 모으고, 동광은 주식자본 용양 120만 원을

---

65) 『時報』, 1910年 10月 24日, 「山西保晉公司報告書」.

모았다.66)

이밖에 광서 28년(1902) 강서후보도江西候補道 주액周掖과 주자춘朱子春이 강서 낙본樂本에서 유통매광공사裕通煤礦公司를 설립했다.67) 강서에서 관찰觀察 주재정朱載亭은 광서 32년(1906) 12만 냥의 주식을 모집하고 신건현新建縣에 서당매광徐塘煤礦을 설립하여 매월 5백 톤의 석탄을 생산함으로써 "큰 이익을 얻었다."68) 광서 32년(1906) 산서성 신사 형부주사刑部主事 적루해狄樓海, 즉용지현卽用知縣 유면훈劉綿訓, 거인 허상림許上林·유통균劉統均·소윤공邵允恭·장뢰張䪈·허감관許監觀, 우공優貢 방전태龐全泰, 늠생 왕방사王芳士·가정헌賈廷獻·유자음劉子蔭·송희정宋希程 등은 상회와 연락한 뒤 현지에서 자금을 조달하여 2천 주(주식 한 주당 은 50냥)를 모아 평륙현광무유한공사平陸縣礦務有限公司를 설립하고 전문적으로 본현의 각종 광산업무를 처리했다.69) 호남 익양益陽거인 익양구통공사益陽久通公司 총리 양환규梁煥奎는 광서 33년(1907) 장사長沙에서 화창순제련광창華昌純鍊鑛廠을 창설하여 자본금 30만 냥의 주식을 모아 양상洋商이 염가로 안티몬Antimon을 수매하는 것을 막고자 했다.70) 신상의 근대 채광업에 대한 투자비율에 관해서는 〈표 4-11〉을 참고할 수 있다.

<표 4-11> 신상의 근대상판 채광업에 대한 투자

창립자 신분	광산 숫자	백분율	자본(천원)	백분율
신상	19	40.42%	5,699	59.86%
민상民商	13	27.66%	1,451	15.24%

---

66) 『時報』, 1905年 11月 19日 : 1910年 5月 1日.
67) 『時報』, 1905年 9月 30日.
68) 『東方雜志』, 第3年 第3期, 「實業」.
69) 『時報』, 1906年 5月 12日.
70) 『時報』, 1907年 12月 26日.

관원	6	12.77%	1,521	15.97%
불명자	9	19.15%	849	8.91%
합계	47	100%	9,520	100%

자료출처 : 汪敬虞,『中國近代工業史資料』제2집. 하책. 직함이 있는 매판은 신상으로 계산하고, 직함이 없는 사람은 민상民商으로 계산.

　근대 신흥 면방직업은 신흥 민족공업의 핵심부문이며, 동시에 신상의 투자가 비교적 집중된 업종이었다. 1878년에 개설된 중국 최초의 면방직 공장 즉 상해기기직포국上海機器織布局은 신상 팽여종彭汝琮[前候補道]·정관응鄭觀應[觀察] 등이 설립했으며, 후에 대경풍戴景馮[候補道]·공수도龔壽圖[補用道]·대항戴恒[翰林院編修] 등이 대신 주관했다. 1880년 대경풍 등이 부실하게 경영하자 다시 공동으로 정관응을 추대하여 "업무를 총괄하게 하고" 경원선經元善에게 "회사에 머물며 일을 전담하도록 했다."[71] 주요투자자는 정관응·경원선·채홍의蔡鴻儀[部郞]·양종렴楊宗濂[道員]·양종한楊宗瀚[도원]·유여익劉汝翼[전 天津海關道] 등의 신상 및 매판 탁배방卓培芳, 염상 이배송李培松, 관원 습조원襲照瑗 등이었다.

　소주지역에서 첫 손가락에 꼽히는 민족자본 기업 즉 소경사창蘇經絲廠과 소륜사창蘇綸紗廠은 맨처음에 "모친상을 당하여 고향에 머물고 있던" 장원 국자감좨주 육윤상陸潤庠이 첫 서명자가 되어 창건했으며, 1908년 상해신상 주정필周廷弼과 소주신상 장리겸張履謙·오본선吳本善·왕립오王立鰲·우선갑尤先甲 등이 연합하여 주식을 모아 일을 이어받은 뒤에 '소경소륜사사양창고분유한공사蘇經蘇綸絲紗兩廠股份有限公司'로 이름을 바꾸고 계속 새 주식을 모집하여 옛 주식과 합쳐 모두 105만 7천6백 냥의 자금을 확보했으며, 아울러 장리겸張履謙을 경리로 선출했다. 소주신상으로 이 기업에

---

71) 經元善,『居易初集』卷2, 36쪽.

투자한 사람들은 그 수가 적지 않았는데, 상회 회동會董 일급신상만 해도 6명이나 되었으며, 그 가운데 장리겸·왕립오·우선갑 세 사람의 투자액은 최소한 각각 2천6백 냥 이상이었다.[72)]

이와 유사한 경우가 있는데 장원자본가 장건이 대생大生자본 집단을 일으킬 때 역시 "신사가 영도하고 상인이 경영하는[紳領商辦]" 방직공장에서 시작했으며, 주요투자자로는 장건 형제 외에도 본고장의 '통동通董' 장석신蔣錫紳·심섭균沈燮均·고청高清·유계형劉桂馨 등의 신상이 있었다. 각지의 신상 가운데 근대 면방직업에 소액으로 투자한 사람은 더더욱 그 수가 많았다. 〈표 4-12〉을 보면, 청말 신상의 근대 면방직업에 대한 투자상황과 그것이 차지하는 비율을 개괄할 수 있다.

〈표 4-12〉 19개의 비교적 큰 방직공장의 창립자 상황(1895~1910)

창립자 신분	공장수	백분율	자본액	백분율	방추수	백분율
신상	13	68.42%	10,15	75.55%	200,056	66.57%
민상民商	2	10.53%	1,899	13.91%	13,092	4.36%
관원	2	10.53%	880	6.44%	72,408	24.09%
불명자	2	10.53%	560	4.1%	15,040	5%
합계	19	100%	13,654	100%	300,533	100%

자료출처 : 汪敬虞, 『中國近代工業史資料』 제2집, 하책, 924쪽. 직함이 없는 매판은 민상으로 계산.

또 다른 통계에 따르면, 1895~1910년간 28개의 중국자본[華資]으로 설립된 방직공장의 창업자 가운데 신상은 61%를 차지했다.[73)] 따라서 좀더 타당하게 말하면, 당시 약 100분의 60 이상의 근대 면방직 기업은 신상이

---

72) 蘇州商會檔案 속의 관련자료에 근거하여 추산.
73) 汪敬虞, 앞의 책 및 嚴中平, 『中國近代經濟史統計資料選輯』에 근거하여 종합통계.

창건하고 또한 주요투자자가 되었다.

근대 공·광업 외에 신상은 근대 교통운수업에 대해서도 매우 높은 투자 적극성을 가지고 있었다. 1911년에 이르러 중국에는 모두 합쳐 14개의 상판 철로공사가 설립되었으며, 그 총리와 협리는 거의 모두가 각종 공명 혹은 직함을 가진 신상이었다.74) 사천성에서 진사나 거인 등의 공명을 가진 자의국咨議局 의원 가운데 많은 수는 동시에 천한철로공사川漢鐵路公司의 동사董事와 주주회[股東會]의 책임자였으며, 이로부터 '신신상新紳商'의 대열에 진입했다.75)

소성철로공사蘇省鐵路公司의 45명의 소주출신 주주 가운데 그 성명과 직업을 알 수 있는 신상은 12명으로 그들의 이름은 다음과 같다. 왕동유王同愈[진사, 소경소륜공사 총경리]·반조겸潘祖謙[優貢生, 醬商 겸 전당업자]·항조량杭祖良[候選員外郎, 紗緞商]·오본제吳本齊[郎中, 상회 명예회원]·장병장蔣炳章[한림원편수, 상회명예회원]·예개정倪開鼎[候選布政司理問, 보석상]·도퇴지陶堆坻[전 하남지현, 농회총리], 오리고吳理杲[同知銜中書, 금융업자]·채정은蔡廷恩[감생, 찻잎상인]·시영施瑩[州同, 박래품상인]·방연조龐延祚[候選同知, 금융업자]·오소생吳韶生[二品封職, 유리공장 사장].76)

1909년 장사상무총회長沙商務總會 협리 진문위陳文煒는 일찍이 다른 신상과 연합하여 상판호남전성철로유한공사商辦湖南全省鐵路有限公司를 발기하고 2천만 원의 주식을 모집하여 구파신사 왕선겸王先謙 등이 창설한 "월한철로주관구지공사粵漢鐵路籌款購地公司"에 대항하려 했다.77) 호북에서도 철로

---

74) 『交通史路政編』, 『軌政紀要初編』 등의 기재에 근거함.
75) 鮮于浩, 「試論川路租股」, 『紀念辛亥革命七十周年青年學術討論會論文選』 下冊 참조.
76) 蘇路股東常會, 「蘇路股東意見書」(光緒 戊申 二月) 참조.
77) [美] 周錫瑞 著, 楊愼之 譯, 『改良與革命―辛亥革命在兩湖』(北京:中華書局, 1982), 100쪽. [원전 : Joseph Esherick, *Reform and revolution in China : the 1911 revolution in Hunan and Hubei*(Berkeley:University of California Press, 1976)]

주식의 청약자는 역시 주로 몇몇 신상인물이었다. 영국의 한구주재 총영사의 보고에 언급하기를 "몇몇 씀씀이가 크지 않은 신사가 거액의 주식을 갖고 있다"[78]라고 했다.

근대 공·광업과 교통운수업에 투자함과 동시에 청말 신상은 또한 전장錢莊·은행과 각종 신식상업에 광범하게 투자했으며, 아울러 실업과 상업학당을 적극적으로 건립하고, 상품진열소商品陳列所·권공회勸工會·물산회 등을 설립했다.

요컨대 남에서 북까지, 동에서 서까지, 신상계층과 근대실업의 발전은 비교적 보편적이고 밀접한 관련이 있으며, 그들은 부르주아 계급화라는 공통적인 경향을 나타냈다. 물론 신상이 일단 신식 공·광 기업에 투자했다고 해서 바로 근대 산업자본가로의 탈바꿈이 완성되는 것은 아니다. 이것은 단지 그들이 이미 근대 공장제도와 새로운 경제운영 방식에 접촉하기 시작했으며, 아울러 이렇게 근대적 생산방식과 밀접하게 접촉하는 가운데 자기도 모르는 사이에 변화가 발생하여, 이로부터 한 걸음씩 근대 경제사회의 문턱을 넘어서 날로 근대적인 의미의 공·상업 부르주아에 근접하기 시작했다는 것을 뜻한다.

2. 새로운 운영방식

자본주의의 원시적 축적과정을 거치지 않은 청대 중국에서 근대 신식 공장기업에 대한 투자와 경영은 일종의 완전히 새로운 경험이었다. 예를 들어 거액의 자본조달, 기업예산의 편성, 원가구조의 확정, 종업원

---

[78] 周錫瑞(Joseph Esherick), 위의 책, 103쪽에서 재인용.

의 관리 및 시장수요의 예측 등은 모두 유교경전에서는 지금까지 한번도 언급된 적이 없는 것들이었다. 매판형 신상들은 외국자본과의 장기간에 걸친 왕래를 통해서 습득한 직감과 경험에 의지하여 침착하게 대응할 수 있었으나, 기타 다른 유형의 신상들은 부득이 모든 것을 처음부터 다시 배우지 않으면 안되었다.

전통사회의 존경을 받았던 장원이나 진사의 휘황찬란한 간판은 근대적 경제운영과 과학적인 기업관리에 거의 아무런 도움도 되지 않았다. 이 때문에 많은 학생(신상)들은 "3년에 한번 장원급제자가 나오기는 쉬우나 3년에 한번 우수한 경영관리 인재가 나오기는 어렵다"[79]라고 탄식했다. 설령 뒤에 가서 실업계에서 눈부신 성과를 거둔 신상이라고 할지라도 "장사에 뛰어드는" 초기에는 모두 비싼 학비를 지불하지 않으면 안되었다.

근대기업을 창건하는 과정에서 신상들이 우선적으로 부딪친 어려운 문제는 바로 어떻게 상인들로부터 주식을 모으고, 어떻게 필요한 사업재운영 자금을 조달하는가 하는 문제였다. 중국 최초의 관독상판형 면방직기업인 상해기기직포국上海機器織布局은 신상 팽여종彭汝琮이 창건을 주관하는 기간 동안 자본을 끌어들이기가 매우 어려웠으며, 심지어는 일상경비를 손에 넣는 것조차도 곤란한 지경에 이르러 "방세와 식비 역시 빌려 와야만 했다."[80] 뒤에 신상 대경풍戴景馮과 공수도龔壽圖에게 맡겨 일을 주관하도록 했으나 주식을 모집하여 자금을 모으는 일은 여전히 성과가 없었다. 그러다 경영재간을 가진 신상 정관응과 경원선이 일을 맡은 뒤에야 주식모집이 비로소 활기를 띠기 시작했다.

---

79) 「上楚督張制府創辦紡織局條陳」, 『經元善集』, 101쪽.
80) 鄭觀應, 『盛世危言后編』 卷7, 4쪽.

정관응과 경원선은 주식모집장정(集股章程)을 개정하고 액면가 규은(規銀) 1백 냥짜리 주식 4천 주를 발행하여 합계 규은 40만 냥을 모집하고자 했다. 그 가운데 반수는 주요창립자가 떠맡기로 했으며, 반수는 공개모집했다. 신문에 광고하여 공개적으로 주식을 모집하는 외에 경원선은 기발하게 전장(錢莊)상호에 위탁하여 통상항구와 번화한 도시와 진(鎭)에 36개소의 주식판매 대리점(代收股份的處所)을 분설함으로써 주식구입이 편리하도록 했다. 그 결과 '정관(章程)'이 공포된 지 한 달도 안되어 "신상들이 끊임없이 몰려들어 예정된 모금액수가 거의 다 차게 되었다."81) 주식을 인수하려는 사람이 너무 많아 부득이 회의를 거쳐 1천 주를 더 발행하여 모두 50만 냥의 자금을 모으기로 함으로써 원래 계획을 훨씬 초과했다.82)

장건 역시 대생사창(大生紗廠)을 창건할 때 주식을 모집하는 일 때문에 골머리를 앓았다. 대생사창은 처음에 상판(商辦)하기로 하고 장건과 "통(通)·호(滬) 육동(六董)"83)이 협력하여 액면가 1백 냥짜리 주식 6천 주를 발행하여 60만 냥의 주식을 모집함으로써 먼저 직기 2만 방추를 마련하는 데 필요한 자금을 모으기로 했다. 원래 상해에서 40만 냥을 모으고, 통주(通州)본지에서 20만 냥을 모집하기로 했다. 그 결과 세 명의 '통주동사(通州董事)'는 상당히 적극적으로 협력하여 주식 5만~6만 냥을 모집했으나, '상해동사(上海董事)' 쪽은 움직임을 보이지 않고 줄곧 주저하며 관망했다. 공장부지가 선정되고 "오래지 않아 기초다지기·항구준설·접안시설의 건축을 계획하고 창고 및 공사감독이 머무를 방을 건축하기 위해 이미 2만여 냥을 지출했는데도, 반화무(潘華茂)와 곽훈(郭勛)은 주주가 되려고 하지 않았고 기계

---

81) 「答暨陽居士采訪滬市公司情形書」, 『申報』, 1884年 1月 12日.
82) 위와 같음.
83) "通·滬六董"이란 沈燮均(海門花布商)·陳維鏞(通州花布商)·劉桂馨(通州花布商)·郭勛(上海洋行 買辦)·樊芬(上海紳商·捐州府銜)·潘華茂(上海洋行買辦)를 말한다.

또한 주문하지 못했다."84) 통주와 상해가 연합해도 순수하게 상판할 수 있는 희망이 이미 사라져 버린 상황 아래, 장건은 부득이 생각을 바꾸어 관상합판官商合辦을 고려하지 않을 수 없었다.

그런데 때마침 원래 호북남사국湖北南紗局이 서기지아사양행瑞記地亞士洋行(Schultz & co., H.M. -필자)에 주문한 '관기官機' 4만 8백 개의 방추紗錠가 상해 양수포楊樹浦 강변 석붕席棚 속에 쌓여 장장 3년 동안 "날마다 녹이 슬어 못 쓰게 되어가고 있었다." 양강총독 유곤일劉坤一은 이 일로부터 급히 손을 털고자 하는 마음에서 상해상무국 도대道臺 계숭경桂嵩慶에게 명하여 이것을 염가로 팔아치우도록 했다. 결국 계숭경은 구매자가 없어 고민하고, 장건은 사고 싶으나 주머니 사정 때문에 머뭇거리고 있는 상황 아래 쌍방은 단번에 합의에 이르러, 이 녹슬고 낡은 '관기官機'를 50만 냥으로 환산하여 이를 출자금으로 전환하고, 따로 상인주식[商股] 50만 냥을 모집하여 합계 1백만 냥을 마련하기로 했다. 이렇게 하여 대생사창의 설립은 관초상판官招商辦에서 관상합판官商合辦으로 바뀌었다.

그러나 관상합판으로 바뀌자마자 다시 민간상인의 의구심을 불러일으킴으로써 앞으로 나아가지 못하고 멈추어 서있게 되었다. "무릇 사창紗廠에서 주식을 모집한다는 사실을 사람들에게 알리면, 웃기만 할 뿐 대답을 하지 않거나 귀를 막고 달아나 버렸으므로" 50만 냥의 상인주식은 여전히 모을 방법이 없었다. 이때 사창紗廠 운전자금의 궁핍함이 극에 달하여 장건조차도 자금을 모으기 위해 상해에 갈 때 여비로 "차마 공사의 돈을 쓰지 못하고 주로 친구들에게 글씨를 팔아 스스로 마련했다."85)

백방으로 노력했으나 어쩔 수 없는 상황 아래, 장건은 오직 '관기官機

---

84)「大生紗廠第一次股東會之報告」,『張謇謇先生實業文鈔』卷1.
85) 위와 같음.

의 최초 주문자인 호광총독 장지동張之洞에게 도움을 청할 수밖에 없었다. 그리하여 양강총독 유곤일의 동의를 얻은 뒤 '관기'의 환산가격 50만 냥을 절반으로 공평하게 나누어 성선회와 장건이 각각 절반씩 수령하고, 상해와 통주에 따로 두 개의 공장을 설립하여 이른바 '신령상판紳領商辦'86) 하기로 확정했다. 신령상판의 조치는 대생사창으로 하여금 주식모집액을 25만 냥 줄임으로써 어느 정도 [자금조달의] 압력을 경감시켰다. 그러나 상인이 인수를 약속한 25만 냥의 주식을 발매하는 데는 여전히 곤란이 많았다.

주식모집이 가장 곤란할 무렵 장건은 일찍이 "두 달 동안 상해에 머물렀는데, 그야말로 온갖 계책이 다 막힌 상황 아래서" 여전히 글씨를 팔아 스스로 여비를 마련했다. 상해에서 그는 매일 밤 가로등 불빛 아래 한두 사람의 친구와 함께 관광객의 왕래가 빈번한 큰길가 이성교泥城橋 일대를 배회하면서 "하늘을 우러러보고 땅을 내려다보았으나 아무런 대책이 없었다."87) 뒤에 갖가지 방법을 동원한 끝에 어렵사리 자금을 모아 마침내 난관을 극복함으로써 대생사창은 1899년 4월 정식으로 문을 열었고, 양성순환의 길로 들어서게 되었다. 장건의 '천하제일이라는' 장원의 간판으로도 상인으로부터 주식을 모으는 것이 이처럼 어려웠다면, 다른 사인士人의 공장창업과 과거출신자의 회사창업의 어려움은 충분히 짐작이 간다.

설령 주식자본이 다 모아진다고 할지라도 회사가 진정으로 잘 될지는 미지수였다. 각지에서 신상이 설립한 공·광 기업은 종종 각종 회사의 이름으로 떠들썩하게 소리를 지르며 일어났으나, 진정으로 경제적

---

86) 위와 같음.
87) 위와 같음.

효과와 이익을 올린 것은 봉황의 깃털이나 기린의 뿔만큼 드물었다. 적지 않은 회사가 준비 단계에서 그만 불행하게도 요절하여 우담화처럼 잠깐 나타났다가 덧없이 사라져버렸다. 당시사람들은 다음과 같이 논평했다.

> 중국에서 회사가 창립된 이래 지금까지 몇 년 동안 풍조가 크게 번져서 신속하게 날마다 늘어나고 달마다 번성하는 기세가 있었다. 그러나 토끼가 뛰자 매가 덮치듯 갑자기 올해에 이르러 값이 떨어지지 않은 주식이 없다.… 주식을 산 사람들은 오로지 주식값이 올라 이익을 얻기만 바랄 뿐 회사의 형편에 대해서는 묻지 않는다. 지금 중국회사의 상황을 보면, 날로 형편이 나빠지고 있는 추세이다.[88]

광무공사礦務公司의 흥기와 쇠락은 이 문제를 잘 설명해 주고 있다. 광산물은 국가의 이권과 관련이 있으며, 청정부가 이에 대한 금지를 해제하기만 하면 각지의 신상들이 분분히 기업을 설립하고 채굴하여 일시에 하나의 풍조를 형성했다. 그러나 경원선經元善의 관찰에 따르면, 1880년대 초 이미 주식을 모아 창건한 개평開平·서주徐州·금주金州·형문荊門·지주池州·귀지貴池·역현嶧縣의 탄광과 철광, 본천本泉·순덕順德·시의施宜·장락長樂·학봉鶴峰의 동광, 승덕承德·삼산三山의 은광 등 10여 곳의 광무공사 가운데 단지 개평과 역현 두 곳만이 석탄을 발견하여 경영이 비교적 좋았을 뿐이고, 장악·형문·시의·순덕 등 여러 곳은 주식자본도 아직 다 모으지 못한 상태에서 "이미 폐업을 하고 주식을 처분해야 한다는 논의가 있었다."[89]

---

88) 「中西公司異同說」, 『申報』, 1883年 12月 25日.
89) 「答暨陽居士采訪滬市公司情形書」, 『申報』, 1884年 1月 12日.

앞에서 언급한 소주의 소경蘇經·소륜蘇綸 두 공장을 창립할 때는 비록 주로 "이자를 주고 상인자금을 빌려" 창립 주식자본으로 삼았으나, 동시에 또한 "이자를 내고 상인자금을 빌리는" 형식으로 "관청으로부터 23만 5천여 냥의 돈을 지급받음으로써 건축·기계구입·설립경비로 쓰기에 족했다. 이 돈은 곡식저장[積穀]·수리水利·풍비豊備[예비비] 항목에서 지급되었으며" 이에 따라 그 관리권은 상무국에서 갖게 되었고 "두 개의 공장은 이름은 회사였으나 회사정관도 없고 주주의 실명명부도 없었다."90)

그러다 1908년에 이르러 새 주주가 이 두 공장을 회수하여 스스로 경영하게 된 뒤에야 비로소 논의를 거쳐 새로 정관을 규정함으로써 진정으로 주식회사의 형식을 갖추게 되었다. 회사의 최고 의결기구는 주주회의에서 선출한 동사국董事局이 되었으며, 이것은 신상 장리겸張履謙[호부낭중]·오본선吳本善[候選鹽運同知]·오소생吳韶生[三品封職]·섭영榮葉榮[候選同知]·육정규陸鼎奎[浙江試用道] 다섯 명으로 조직되었다. 동사국은 회계감사 두 명을 추천했는데, 임지화任之驊[直隸候補道]와 항조량杭祖良[候選員外郞]이 그들이며, 왕립오王立鰲[候選郞中]를 총경리로 추대했다.

회사정관에 규정하기를 "공장의 각 직원은 총경리가 능력을 감안하여 임용하되 반드시 동사국에 보고하여 승인을 받아야 한다. 아울러 부유한 상인이 신용보증을 서도록 하여 금전적인 폐단이 발생하는 것을 막는다"라고 했다. 또 규정하기를 "총경리와 부경리가 만약 정관의 약정을 위반하면 공사율公司律에 따라 처리한다"91)라고 했다. 이로부터 이 두 근대기업의 경영관리는 비로소 새롭게 호전되는 기미가 있었다.

---

90) 『蘇經·蘇綸兩廠沿革始末』(抄件), 乙2-1, 1035/77~80.
91) 「蘇經·蘇綸絲紗兩廠老股接辦條款」, 『蘇州商會檔案叢編(1905年~1911年)』第1輯, 273~274쪽.

물론 몇몇 신상이 창건한 회사 가운데는 초기부터 상당히 성공을 거두어 근대적 정신이 농후한 회사도 있었다. 예를 들어 천진직상職商[즉 신상] 이정새伊廷璽와 기거분紀巨汾 등이 1909년 창설한 '북양성냥공사[北洋火柴公司]'는 취지가 명확했는데 "전문적으로 성냥을 제조하여 내지에서 판매하며, 중국공예의 확충을 도모하여 이권을 회수하는 것을 종지로 삼는다"라고 했다. 정관도 완비되어 있었는데 '동사董事'항목을 보면 "본 회사는 1천 냥 이상의 주식을 가진 주주를 동사로 선출한다.… 동사국은 적어도 세 명 이상이 참석해야 의결을 할 수 있으며, 세 사람이 안될 때는 차수를 바꾸어 다시 논의한다"라고 규정했다. '경리'항목을 보면 "총리는 회사 안에 상주하면서 회사운영 일체를 책임지며 매월 급여는 은원 30원으로 한다.… 겸리[부경리]는 유사시 회사에 출근하여 회사운영 일체를 도우며 매월 급여는 은원 20원으로 한다"92)라고 규정했다.

이 회사는 자금통계 역시 비교적 정확하여 회사를 등록할 때 "이미 중국의 신상으로부터 3백 주를 모집했는데, 주가는 한 장당 1백 냥으로 모두 합쳐 은 3만 냥이다. 돈은 한 번에 모두 완납했고 서양인 주주는 없으며 현금은 이미 견실한 전장錢莊에 예치했다"93)라고 했다. 경영실적으로 보아도 이 회사는 성공의 본보기였다. 1909년 9월부터 1911년 9월까지 2년 동안 이 회사는 합계 1만 5,500상자의 성냥을 제조하여 천진 및 서어허西御河 등지에 판매했다. 1910년 직례성 제1회 고공회考工會에서 이 회사의 상품은 권업도勸業道로부터 "전성초등제일금장패全省超等第一金獎牌 한 개"94)를 수상했다.

---

92) 『天津商會檔案匯編(1903~1911)』, 1235~1236쪽.
93) 위와 같음.
94) 『天津商會檔案匯編(1903~1911)』, 1238~1239쪽.

신상계층의 근대기업가로의 전화轉化과정을 통해서 볼 때, 만약 장건을 대표로 하는 근대신상이 아직 창건·변화·과도기에 속하는 세대로 근대 경제제도와 기업경영 관리에 대하여 아직 잘 적응하지 못하고 익숙하지 않은 상태였다고 한다면, 민국성립 이후 섭운대聶雲臺나 목우초穆藕初 등 새로운 형태의 공업 부르주아 세대에 이르러서는 이미 근대 서방의 '과학적 관리법'의 정수를 깊이 체득하여 명실상부한 실업가나 기업가가 되었다고 할 수 있다. 이러한 구舊에서 신新으로 향하고, 미숙에서 성숙으로 나아가며 "수영하면서 수영법을 익히는" 과정은 중국 근대 산업자본가의 점차로 변화하는 역사적 발전의 족적을 반영한다.

솔직히 말하면 일부 신상들이 실업에 투자함으로써 점차 근대 산업자본가로 전화할 때 다수의 신상은 오히려 여전히 조상이 물려준 상점을 지키기만 하는 진부한 상황에 처하여 결코 신식 공장기업에 투자하지 않았다. 그러나 만약 자세히 관찰하면, 설령 순수한 전통상업과 고리대 자본경영이라고 할지라도 점차로 중세기의 구식상인과 구별되는 변화의 경향 즉 마르크스가 이야기한 바와 같이 "공업이 부단히 상업으로 하여금 혁명을 일으키도록 하는" 현상을 드러내고 있었음을 알 수 있다.

우선 몇몇 상업 주식회사의 창설은 신상이 경영하는 전통상업에 모종의 새로운 활력을 불어넣었으며, 이렇게 함으로써 어느 정도 근대적 요소를 갖도록 했다. 1912년까지 전국에서 등록한 상업공사는 모두 131개였으며 자본금은 1,342만 7,250원이었다.[95]

천진상회당안天津商會檔案 자료에 따르면 청말 천진에는 약 일곱 개의 상업주식회사가 있었는데, 성태익지피공사盛泰益地皮公司(1906)·후대양광화

---

95) 『中華民國二年第二次農商統計表』, 「公司」.

공사厚大洋廣貨公司(1908)·화흥산업유한공사華興産業有限公司(1909)·화리지산공사和利地産公司(1910)·돈유해화유한공사敦裕海貨有限公司(1910)·영업산업공사榮業産業公司(1911)·동경잡화유한공사同慶雜貨有限公司(1911)가 그것이었다.

그 가운데 영업산업유한공사榮業産業有限公司는 신상 영성보寧星普와 양이덕楊以德이 창건했으며, 주식자본 1백만 냥을 모집하여 "전문적으로 토지의 매매 및 가옥을 지어 임대함으로써 시장을 확장하는 것을 업으로 삼았는데"96) 현대의 부동산을 경영하는 물업공사物業公司와 유사했다.

이밖에 소주상회당안蘇州商會檔案 기록에 따르면, 청말 소주에는 상업 분야의 합자·주식 및 무한회사는 모두 여섯 개가 있었는데, 그 영업내용·자본금액수와 창업자 상황은 〈표 4-13〉을 보면 알 수 있다.

〈표 4-13〉 청말 소주의 신식 상업공사 상황

공사 명칭	영업 종류	자본금 [원(元)]	창립자	등록연도
도향촌稻香村	다과[茶食], 사탕[糖果]	3,834	심이기沈詒記, 왕신지王愼之, 심수백沈樹百 등	1905
동원전합자공사同源典合資公司	전당典當	30,000	마취기馬翠記, 육진陸珍, 오겸기吳謙記 등	1906
제대전무한공사濟大典無限公司	전당典當	40,000	성복기盛復記 등	1906
서흥이조유한공사瑞興胰皂有限公司	향료, 비누	3,000	육국주陸國柱, 모증毛曾, 마종선馬鐘選 등	1907
화통유한공사華通有限公司	각종 상품을 남양南洋 등지로 운송 판매	40,000	요문姚文[候選訓導], 허효선許孝先[候選縣丞]	1907
삼우간목합자유한공사三友墾牧合資有限公司	닭, 오리, 생선 각종 야채와 과일	7,500	오소생吳韶生[三品封職], 섭영葉榮[삼품봉직]	1910

자료출처: 『소주상회당안蘇州商會檔案』 관련부분[有關卷宗].

---

96) 『天津商會檔案匯編(1903~1911)』上, 「新式商業公司」.

위의 표에 열거한 여섯 개 외에도 '농업비료유한공사農業肥料有限公司'(1906)와 '장금유한공사張金有限公司'(1907)가 있었으나, 이 둘은 설립 준비단계에서 자금이 부족하여 요절했다.97) 이밖에 1903년 호남인 마백해馬伯亥가 창건한 '소주전화국蘇州電話局' 역시 합고상판合股商辦의 성격을 갖고 있었다. 이들 상업공사는 비록 수량과 자금면에서 모두 매우 허약하고 초라했으며, 어떤 것은 여전히 봉건성이 농후한 고리대 자본을 계속 경영했으나, 그들은 필경 자본주의라는 새로운 옷을 입고 있었으며, 자본주의적 운영방식을 채용하기 시작하여 구식상업으로부터 근대상업으로 향하는 과도적 역사발전 방향을 체현하고 거기에 부응했다.

다음으로 전통상점의 업무경영 및 내부의 노사관계에서도 약간의 미세한 변화가 발생했다. 여전히 소주를 예로 들면 아편전쟁 후 소주에는 비로소 전문적으로 외국상품과 광주를 거쳐서 들어오는 외국상품을 판매하는 박래품업(洋廣貨業)이 출현했고, 아울러 매우 신속하고 비교적 크게 발전하여 청말에 이르러 몇몇 전통적인 주단상점 역시 부대적으로 소량의 서양상품를 판매하기 시작함으로써 신식상업과 관계를 맺었다.98)

노사관계에서 소주의 구식점포는 점원에 대하여 일련의 봉건적 속박제도[封建羈絆制度]를 채용했다. 예를 들어 목공소의 경우 임금제도에서 대부분 '탕장제宕賬制[임금의 지불을 연기하는 제도]'를 채용하여, 점원이 매월 실제로 받는 임금이 극히 낮았으며, 평소 오로지 점포에서 돈을 빌려 생계를 유지했다. 만약 사직하고 일을 하지 않으려고 하면, 반드시 한꺼번에 밀린 임금[宕賬]을 다 상환받아야만 비로소 자유를 얻을 수 있었다. 따라서

---

97) 乙2-1, 68 참조.
98) 예를 들어 '同仁和' '人和遂' '振原永' 등의 전통있는 가게[老字號]는 모두 부대적으로 洋貨를 판매했다.

종업원이 "한번 점포에 발을 들여놓게 되면, 이는 몸을 파는 것과 다름없었으며" 점포주인에 대한 인신의 예속정도는 막대했다.

근대에 이르러 이러한 봉건적 인신속박제도는 느슨해지기 시작했다. 1900년 목재업 신상 계소송季筱松은 소주 왕영순목작호王永順木作號의 경리가 된 뒤에 같은 업종의 관례와는 반대로 점원의 임금에 대해 '일저삼면제一底三面制〔만약 임금을 2원으로 정했다면 실제로는 흔히 한꺼번에 8원을 지급하는 것〕'를 제정하여 불합리한 저임금제도를 혁파하고 점원들로 하여금 다시는 외상에 의지하여 생계를 유지하지 않도록 했으며, 가고 싶으면 가고 남고 싶으면 남고 자신이 편한 대로 하도록 했고, 아울러 장부〔水礦簿〕에 기록된 각자의 영업실적 및 취급항목을 연말 이익분배의 기준으로 삼았다.99) 이러한 대담한 개혁조치는 실제로 이미 근대 자본주의 임금제도의 색채를 띠고 있다.

그밖에 앞에서 전통 금융조직인 전장錢莊·표호票號와 전당典當의 낙후성에 대하여 비교적 많이 언급했으나, 근대 이래 실제로 이들 업종에서도 역시 몇 가지 새로운 변화가 발생하기 시작했다. 특히 전장은 19세기 중엽 이후 날이 갈수록 자본주의적 성격을 더 많이 띠기 시작했으며 근대 금융업의 종속부분이 되었다.

전장업무에서 최대의 변화는 20세기 초에 근대 공·광 기업과의 금융연계가 강화되어 비교적 적극적으로 생산영역으로 삼투하기 시작하면서 나타났다. 상해의 복강전장福康錢莊이 1899~1907년간 서륜사창瑞綸絲織·항창사창恒昌絲織·섭창성냥공장燮昌火柴廠·계신시멘트공사〔啓新洋灰公司〕·한야평국漢冶萍局 등 13개의 근대기업에 신용대출한 금액은 합계 27만 3,558냥이었다. 1902~1906년간 다시 서순사창瑞順絲織·항창사창恒昌絲織·우신사

---
99) 季坤文, 『季筱松生平事略』〈未刊本〉.

창쇠新紗廠에 담보대출한 금액은 23만 5,982냥이었다.[100] 또 다른 통계에 따르면, 1903~1905년간 한구의 120여 개 전장이 매년 제공한 상업성 대출금 총액은 4천5백만~5천만 냥 사이였다.[101] 한구의 복성·협합기기착유공장〔福聖協合機器搾油廠〕·모업제조소毛業制造所·기기미창機器米廠과 탄산만매광炭山灣煤礦·강서동광江西銅礦 등은 모두 일찍이 한구의 전장으로부터 돈을 빌려 자금부족 문제를 해결했다.[102]

전당업의 경우 그 변화가 비교적 완만하기는 했으나, 결코 전혀 변화가 없었던 것은 아니다. 소주 소경사창蘇經絲廠과 소륜사창蘇綸紗廠의 준비기간에 이른바 '상인자본 차용'은 실제로 본지의 전상典商에게 돈을 빌려 주식자본을 충당한 것으로, 그 총액은 54만 7,600냥에 달했으며 연리는 7%였다. 이들 전당주典當主는 채권자이면서 오랜 주주이기도 했다. 이후 공장의 발전에 따라 상인자본 차용은 점차 순수한 주식자본으로 전환되었고 채권자인 대전상大典商은 드디어 기업주가 되었다. 소주의 저명한 전당업 신상 장리겸張履謙은 이렇게 하여 한때 소경蘇經과 소륜蘇綸 두 공장의 경리를 담당했다. 봉건성이 농후한 전당업은 이와 같이 기묘하게 근대 자본주의 기업과 결탁했다.

주의할만한 가치가 있는 것은 일군의 신상들은 주로 전통상업과 구별되는 신식상업에 종사했으며, 이들은 처음부터 근대적 운영방식과 보다 밀접한 연계를 맺었다는 점이다. 이러한 신식상업은 크게 두 부류로 이루어져 있었는데, 하나는 수입무역과 밀접한 관련이 있는 양포洋布·양사洋紗·각종 국내외 상품·서양약품·안료 등등과 같은 신흥업종이었다.

---

100) 『上海錢莊史料』 第12章의 관련 표에 근거하여 계산.
101) 『商務官報』(合訂本), 第1冊 第23期.
102) 武漢市檔案館藏檔, 119-130-113.

다른 한 부분은 수출무역과 관련있는 업종이었다. 그 가운데 몇몇 업종은 수출의 필요성 때문에 새로 탄생한 것으로 쇠가죽·돼지털·양모 등이 그것이다. 어떤 것은 원래 농업과 부업산물의 구입과 판매업무를 경영했던 구식상업으로부터 발전한 것으로 찻잎·제사업·면화업 등이 그것이다.

상해의 신상 가운데는 이러한 신식상업에 종사하는 사람이 비교적 많았는데, 상해상회 제2대 의동議董 21명 가운데 뜻밖에 10명이 생사·차·철물·양포洋布·서양상품 등 신식상업 업종으로부터 나왔으며 의동총수의 47.62%를 차지했다.[103] 다시 1906년 천진에서 상회에 가입한 각 업종 상호의 명세서에 따르면, 통계에 잡힌 750개의 상호 가운데 114개가 각각 양행·안료·양포洋布·찻잎·서양약품·가죽제품·서양거울·임시창고 등 신식 상업업종에 속하여 상호총수의 15.2%를 점했다.[104]

이들 상업은 수출입 무역의 루트를 통하여 국제자본 대순환의 일부분을 이루었으며 경영방식도 점차 근대화했다. 우선 그 이윤의 근원은 더 이상 상품가치를 훨씬 초과하도록 가격을 높게 책정하여 판매한 뒤 얻는 소득이 아니라 주로 정상적인 구매와 판매의 차액에서 나온 것으로 비교적 국제 상업관례에 부합했다. 예를 들어 영파출신 신상 섭징충葉澄衷이 상해에 개설한 남순기오금양십화호南順記五金洋什貨號는 1870년대부터 미부화유美孚火油를 중계[위탁]판매하기 시작했는데, 상자당 구입가는 약 1냥 1전이었고 판매가는 1냥 7전으로 6전의 중간이윤을 보았다.[105]

다음으로 이들 업종은 일반적으로 더 이상 구식의 스스로 생산하여

---

103) 『上海商務總會同人錄』(1906年 刊行)에 의거.
104) 『天津商會檔案匯編(1903~1911)』, 63~78쪽 참조.
105) 『上海私營五金商業社會主義改造資料』(油印稿) 참조.

스스로 판매하는 형태를 취하지 않고 중개판매(經銷)·대리판매(代銷)·일수판매(包銷)·경매(拍賣)와 도·소매(批零) 겸영 등 새로운 거래방식을 채용했으며 광고·선전 역시 날로 중시되었다. 약간의 신설상점들은 일반적으로 모두 비교적 건전한 부기제도와 비교적 순수한 고용제도를 갖추었으며, 아울러 신식 쇼윈도 장식을 채택하고 상품진열 등에도 주의를 기울였다.

예를 들어 1900년 마응표馬應彪가 홍콩에 창건한 중국자본 선시백화점 (先施百貨商店)은 상품의 구매에는 겨우 5천 원을 투자하면서, 쇼윈도 장식과 상품진열대 배치에는 2만 원을 쏟아 부었다.106) 선시先施의 경영 관리방식은 모두 서방 자본주의 방법을 채택했는데, 전통상점에서는 대부분 물건을 놓고 흥정을 했으나, 선시는 명확히 가격을 표시하여 정찰제를 실시했다. 구식상점은 물건을 주고 대금을 받으면 거래가 이루어진 것으로 간주했으나, 선시는 화물의 다과를 막론하고 일률적으로 영수증을 발급하여 신용을 드러내었다. 새로운 경영방식은 선시에게 굉장한 이윤을 가져다주었다. 1910년 '막대한 이윤획득'의 기초 위에 선시는 다시 자본금 40만 원을 모아 광주선시공사廣州先施公司를 개설했으며, 1914년 상해에 선시분공사先施分公司를 설립했다.107)

새로운 운영방식은 근대적 생산방식과 시장관계 발전의 산물로, 신상들은 선진적인 경영과 관리수단을 채용함과 동시에 자신의 소질과 가치관념 역시 필연적으로 이에 따라 변화가 발생하여 새로운 경제환경과 시장의 수요에 적응했으며, 장기간 전통의 단단한 껍질 속에 틀어박혀 누가 뭐라 해도 자기 식으로 하거나 홀로 자기만의 길을 갈 수 없었다.

---

106) Wellington K. K. Chan(陳錦江), "The Organizational Structure of the Traditional Chinese Firm and Its Modern Reform", *Business History Review* 56, no. 2(Summer)(1982).
107) 『先施公司二十五周年紀念冊 : 清光緒二十五年至民國十三年』, 「記載」, 2쪽.

3. 생활방식과 망탈리테의 미변微變

외재적인 경제와 사회의 거대한 변동에 비하여 근대 신상계층의 생활방식과 내재적 망탈리테(心態)의 변화는 비교적 완만했다. 유교문화 전통이 여전히 지배적인 위치를 차지하는 사회환경 가운데서 그들은 다양화된 경쟁사회가 제공하는, 여러 루트의 돈을 벌 수 있는 기회와 오색찬란한 사회생활에 이끌려 들어갔으나, 한편으로는 근대 공·상 생활의 다변하는 리듬에 적응하지 못하고, 협소하고 편안하고 조용한 중세기 생활에 대하여 여전히 그리워하는 마음을 가지고, 차라리 가정생활과 마음 깊숙한 곳에 상대적으로 혼란스럽지 않은 한 조각 '정토淨土'를 남겨두고자 했다.

종족혈연의식·거주생활과 언행을 통해서 보면, 청말 신상은 전통적인 '신사'에 더욱 가까우며 현대적 의미의 '상인'과는 동떨어진 것처럼 보인다. 가정생활 방식에서 신상과 전통신사는 똑같이 대가정大家庭을 이루어 살고자 하며, 아울러 동족[家族]으로서의 의무를 충실하게 이행하고자 하는 경향이 있었다.

일찍이 여러 곳에 서부상瑞蚨祥 주포점綢布店을 개설한 산동 구군진舊軍鎭 긍서당矜恕堂 신상 맹가孟家는 전형적인 지주사신士紳 대동족[大家族]의 생활을 영위했다. 그들의 고향 주택은 면적이 20여 무畝에 달하며 남북 두 곳에 화원이 있었다. 가내에 총장방總賬房을 설치하여 상점이윤과 지대수취의 계산을 책임지도록 했다. 또한 다기茶記·근기勤記·검기儉記 세 개의 장방賬房을 분설하여 가내의 수지·소비를 관리하도록 했다. 아울러 가관家館 한 곳을 설치하여 전적으로 동족자녀에게 독서를 할 수 있는 장소로 제공했고, 행인춘약포杏仁春藥鋪 한 곳을 설치하여 전문적으로 집안사람의 병을 돌보도록 했다. 궁서당은 또한 많은 복역僕役을 고용했는데, 인력거 꾼(車夫)이 6~7명, 마부馬夫가 4~5명, 여종(女僕)이 20여 명, 비녀婢女가 5~6명, 목공이 5~6명, 시멘트공이 수십 명, 화장花匠이 3~4명, 장방회계賬房會計가 4~5명, 요리사가 4~5명, 의사가 2명, 훈장(塾師)이 1명, 잡일하는 머슴이 6~7명, 경비원이 20여 명이었다.108)

소주신상 우선갑尤先甲은 1백여 명의 대가정이 족을 이루어 살았으며 우선갑 본인은 일곱 명의 아들을 두었다. 그들의 거대한 주택은 소주시내 유가병劉家浜 일대에 자리잡고 있었는데 마치 미궁과 같았다. 대가정 안에서 각 방房은 명확하게 분업이 되어 있어서 토지재산·상업 및 기타 가정사무를 나누어 관리했으며, 아울러 여러 명의 집사(管家)를 두어 서로 협력하여 시골로 내려가 지대를 거두게 했다.109) 우선갑과 마찬가지로 유명했던 신상 반조겸潘祖謙은 조상[건륭연간의 재상 潘世恩]으로부터 '사모청紗帽廳[소주 林敦路 紐家巷에 위치]'이라는 저택을 물려받아 역시 전집안이 일족으로 함께 모여 살았으며, 청말 소주의 일등 대호였다.110) 전당업 신상 장리겸 張履謙은 소주에서 2만 냥의 은자를 주고 여섯 개의 정원을 가진[六進] 대저택 한 곳을 사들여 역시 대가족이 함께 거주했으며, 상업을 경영하는 것 외에 시골에 대량의 논밭[田產]이 있어 매년 지대를 거두었다.111)

신상은 비록 1년 내내 객지에서 공·상업에 종사하며 세상의 온갖 고생을 다 겪었으나, 시종 고향의 동족에 대한 혈육의 정을 잊지 않고 전통

---

108) 羅侖·景甦, 『淸代山東經營地主經濟研究』, 109쪽 참조.
109) 尤先甲의 후예인 尤大年과 尤嫻秀 등의 구술 및 필자의 현재 탐방에 근거함. 그 저택은 현재 수십 호 주민의 거주지로 나뉘어져 있다.
110) 潘祖謙의 아들 潘爾卿 선생에 대한 탐방기록에 근거함.
111) 張履謙의 증손녀 張德涵에 대한 탐방기록에 근거함.

신사와 마찬가지로 늘 고향의 종족에 대한 의무를 이행했다.

경원선經元善은 상업을 경영하여 재산을 모은 뒤 네 명의 형제와 연합하여 고향에 종사宗祠 한 곳을 건립했는데, 이 사당은 "향당享堂이 5칸, 배청拜廳 1채, 문루·회랑·주방 및 관리자 거처[管丁住屋] 등 모두 25채로" 심히 웅장하여 장관을 이루었다. 경씨經氏가 보기에 "옛날 선비들이 말한 것처럼 조상이 비록 멀리 있다고 해도 제사는 정성스럽게 지내지 않을 수 없고, 자손이 비록 어리석다고 하더라도 경서를 읽히지 않을 수 없었다."112) 그는 또한 "종족의 사람들은 모두 조상으로부터 나왔으므로 종족을 후하게 대하는 것이 조상을 정성스럽게 대하는 것"113)이라고 생각했다.

매판신상 서윤徐潤은 그의 고향 광동 향산香山에서 적어도 2만 8천 냥의 은자를 들여 지방 공익사업을 일으키고, 서씨종보徐氏宗譜를 편찬했다. 광서 7년(1881) 서윤은 상해를 떠나 고향을 방문했는데, 이 단 한번의 귀향에서 그는 고향의 친족들에게 돈을 기부하고, 담장두르기·보루쌓기·나무심기·교량수리·도로닦기·수로뚫기·사당수리·문각文閣이전 및 사창社倉과 의창義倉의 창설 등 17건의 자선사업을 행했다.114)

신상 섭징충葉澄衷은 일찍이 3만 냥을 기부하여 고향인 절강 진해鎭海 장시莊市 중흥교中興橋에 '충효당忠孝堂' 의장義莊을 창건하고자 했다. 이것은 섭징충이 죽은 뒤에 그의 여러 아들들이 다시 2만 냥을 기부하여 1902년 6월에 완공했다. 이 의장은 전답 1,300무를 설치하여 벼 수입 전부를 가난한 종족들에게 나누어주었다.115)

---

112) 「創建經氏宗祠祀」 및 「經氏宗約」, 『經元善集』, 29~34쪽.
113) 위와 같음.
114) 『徐愚齋自叙年譜』, 58쪽.
115) 周克任, 「旅滬早期工商事業家葉澄衷」, 『寧波文史資料』第五輯.

관료형 신상 주학희周學熙 역시 조상을 공경하고 일족을 보살피는 의미를 특별히 중시하여 "고향에 사당을 짓고 제사용 전답을 마련하여 해마다 때에 맞춰 종족을 구제함으로써 주위의 사람들이 은혜를 입었다." 고향을 떠나 진고津沽(천진의 또 다른 이름 -역자)에 오래 머물렀던 주학희周學熙는 또한 그곳에 종족지사宗族支祠를 건립하고 향약을 세워 봄가을로 제사를 받들었으며, 아울러 집안사람들을 모아 종족에 관한 일을 공동으로 논의했는데 해마다 그렇게 했다고 한다.[116]

신상은 복장·혼례와 상례면에서 더더욱 전통적 의미의 신사적 표준에 근접한 것처럼 보인다. 필자는 각종 자료를 조사하던 가운데 일찍이 10여 장의 청말 신상인물의 존영을 본 적이 있다. 그들은 대부분 몸에 장포와 마고자를 입고 있으며, 어떤 사람은 과피모자瓜皮帽子를 썼는데, 엄연히 '향신鄕紳'의 위엄을 갖추고 있다. 넓은 외국인 거류지가 있어 '십리양장十里洋場'이라고 불렸던 상해탄上海灘에서도 신상의 복색은 역시 매우 '토속적'이었는데, 서윤徐潤·정관응鄭觀應과 하동何東 등 매판신상의 개인 사진을 보면, 입고 있는 것은 모두 전형적인 중국식 복장이다. 영미연공사英美烟公司의 매판신상 오정생鄔挺生은 1907년 세계일주 여행을 했는데 "여행도중에 시종 민족습관을 유지했다"[117]고 한다.

또 어떤 신상은 정대頂戴에 조복을 입고 과시하는 것을 좋아하여 정통 사대부들의 비난을 샀다. 사대부들은 그들을 풍자하여 "체제에 어둡고 예절을 모르며 평상시에는 오직 낮은 관淺帽, 긴 신발深鞋, 짧은 옷깃短襟, 좁은 소매窄袖만을 입고 모리배들과 함께 찻집과 주루에서 멋대로 장광설을 늘어놓으며, 더욱이 의관이 뭐하는 물건인지 알지 못하는 황당무계

---

116) 周叔媜, 『周止庵(學熙)先生別傳』(上海:上海書店, 1991), 195쪽.
117) 『商埠志』, 544쪽.

한 자가 황당무계한 옷을 입고 진신縉紳의 대열에 들고 싶어하니… 문장으로 하여금 풍미를 잃게 하고, 뜻있는 선비로 하여금 낙담하게 한다"118)라고 했다. 특히 몇몇 돈으로 높은 벼슬을 산 거상들은 "마치 그것을 명예직이 아닌 실제 관직인 것처럼 여겨 명절 때마다 서로 왕래하고, 친척과 친구들에게 경조사가 있을 때면 수레와 말을 타고 거리에 나서 남령藍翎을 과시했다."119)

신상은 경조사에서도 역시 전통사신들과 마찬가지로 각별히 겉치레를 중히 여겨 한결같이 구습을 따랐다. 서윤은 함풍 8년(1858) 상해에서 고향으로 돌아가 장가들 때 예물을 많이 받았는데 "영촌榮村 사숙四叔이 대양大洋 1천 원을 찬조하고, 상해 각계각층의 친구와 친척이 선물한 옷·모자·옷감은 헤아릴 수 없이 많았으며, 그들로부터 예물로 받은 돈은 대양大洋 1,600~1,700원에 달했다." 그는 고향에서 상해로 돌아온 뒤 "이렇게 큰 온정에" 보답하기 위해 4~5일 동안 연달아 주연을 베풀었는데, 매일 계화루桂花樓에 40~50개의 연회석을 마련했으며 "그 광경이 매우 성대했다."120)

장례식을 치를 때 역시 마찬가지로 사치스럽고 지나치게 겉치레에 신경을 썼다. 1892년 저명한 매판신상 당정추唐廷樞가 천진에서 병으로 죽은 뒤 그 영구가 천진에서 상해로 돌아갈 때, 운구를 맞이하는 행렬이 부두에서부터 출발하여 시가지의 주요 도로를 가득 메우며 움직였다. 신문에 실린 기사를 보면 "선두에는 문무개로신文武開路神·충풍만호沖風彎號·매로비전賣路飛錢·깃대[杠錠] 등등이 길을 열고, 다음으로 등롱잡이가

---

118) 葛元煦, 『滬游雜記』 第1卷.
119) 『新聞報』, 1896年 6月 28日.
120) 『徐愚齋自叙年譜』, 9쪽.

잡인의 침범을 막고 사람들이 깃발을 들고 북을 울리는 가운데 '숙정肅靜' '회피回避' 등의 아패衙牌 20여 개가 나란히 늘어섰고… 뒤에는 마취수馬吹手・마군건馬軍健・차두산遮頭傘・마회반馬鄶班・향정香亭이 따르는데[121] 형형 색색의 매우 화려한 광경이며, 봉황을 잡아 요리하고 해오라기가 날아오를 듯한 위세를 갖추었다. 강남제표수사우영江南提標水師右營의 병사가 뒤를 이었으며, 아울러 소송태蘇松太의 병사들이 길을 준비하고 친병양창대親兵洋槍隊와 대기대大旗隊는 모두 장교가 감독하여 질서정연하고 엄숙했다"라고 한다. 또한 특별히 중국과 서양 두 종류의 악대를 청하여 연도에서 취주하도록 했다. 상해 각계의 명사들이 "혹은 가마를 타고 혹은 마차를 타고 모여들었는데 그 수가 수백이나 되었다." 지나는 곳마다 인산인해를 이루지 않은 곳이 없어 그야말로 장관이었다.[122]

1905년 소주출신 매판신상 석정보席正甫의 출상 때도 역시 상해가 떠들썩했는데, 어떤 사람이 『시보時報』에 글을 실어 다음과 같이 논평했다.

> 석씨席氏는 단지 일개 매판에 불과하며 그는 조정에서 혁혁한 작위도 없고 세상에서도 역시 권세가 없었다. 관위는 4품에 불과했고 관직은 관찰觀察에 불과한 사람이었으나 이와 같이 사치스럽다. 10리를 가면서 만금의 재물을 쓰고 수천 명의 인력을 부리고 수만 명의 무리를 동원했으며, 동시에 수백 종의 사업을 교란[질서를 어지럽히거나 간섭함 -필자]하니, 이러한 성망과 위세는 실로 계급국가의 왕후를 능가한다. 이는 무엇 때문인가? 국법으로 논한다면 이는 참람하고 무도한 것이다.[123]

---

121) 〔역주〕: 沖風鶚號는 악기의 일종이고 賣路飛錢은 죽은 사람을 위해 태우는 종이돈을 말한다. 馬吹手는 의례담당 집사를 말하며, 馬軍健・遮頭傘은 장례 때 사용하는 帛帳・帷蓋를 가리키며 영구 앞에서 길을 인도한다[이상은 필자의 해석].
122) 『萬國公報』, 1892년 12월, 樂正, 『近代上海人社會心態(1860~1910)』(上海: 上海人民出版社, 1991)에서 인용.
123) 『時報』, 1905년 6월 12일.

이 글의 작자는 비록 구도덕을 지키려고 하는 냄새를 풍기고 있으나, 한편으로 매판신상은 생전과 사후의 예우라는 점에서 이미 고관이나 귀인과 다름이 없었다는 사실을 반영하고 있다.

개인적인 기질과 취향면에서도 청말 신상은 전통사대부 계층에 매우 가까웠으며 그들 가운데 선비형 신상은 실제로 사대부 계층의 일원이었다. 그들은 종종 뛰어난 학식과 경륜을 품고 있었으며 시詩·서書·화畵에 모두 뛰어났다.

소주 최대의 신상 왕동유王同愈는 평소 서화에 조예가 깊어 『허연노인묵적栩緣老人墨迹』1권과 『허연화집栩緣畫集』이 세상에 전한다. 전자는 강서제학사江西提學史로 재임하던 시절에 쓴 작품이다. 소주에 머무르던 기간에 왕동유王同愈는 항상 서예계의 명사였던 고학일顧鶴逸·오청경吳淸卿·고약파顧若波·김심란金心蘭·오창석吳昌碩·비기회費屺懷 등과 교제했으며, 고씨의 이원怡園을 빌려 매달마다 화사畫社를 열어 발묵潑墨기법으로 그림을 그렸다. 신해혁명 뒤 왕동유는 가정현嘉定縣 남상진南翔鎭에 은거하며 인간사를 멀리하고 화법을 전수했는데, 문하생이 매우 많았으며 거정居正과 하성준何成浚이 모두 그의 제자였다.[124]

상해의 저명한 신상 엄신후嚴信厚 역시 서화에 조예가 깊었는데, 그는 특히 갈대 저수지·물오리·화초·새 같은 그림을 잘 그렸다. 그는 특별히 상해에 있는 자신의 거처를 '소장로관小長蘆館'이라고 명명했는데, 이는 시적인 정취와 그림 같은 아름다움이 넘칠 뿐만 아니라, 또한 이로써 그가 일찍이 장로長蘆에서 뜻을 이룬 사실을 드러내고자 했다.[125]

'장원자본가' 장건은 서예에 능했는데, 그 글씨가 예스럽고 소박하고

---

124) 『栩緣畫集』, 「江西提學史王公行狀」 및 『吳縣志』 참조.
125) 陸志濂, 「"寧波帮"開山鼻祖一嚴信厚」.

힘이 있으며 상당히 솜씨가 뛰어나 늘 글씨를 팔아 지방 자선 공익사업을 도왔다. 장건은 매우 특별하게 자신이 쓴 대련족자에 평소에 사용하는 개인도장을 찍지 않고 일률적으로 팔려고 쓴 글에 찍기 위해 일부러 새긴 인장을 사용함으로써 비영리 목적의 본심을 표명했다. 70세 이후 장건은 이미 세상사에 지쳐서 남통南通의 왕산玉山기슭, 양자강 가에 머물면서 자신의 독특한 지혜를 발휘하여 몇 가지 풍경을 장식했고, 때로 미장이나 목수와 어울려 원림園林건축과 나무를 심고 꽃을 가꾸는 등의 원예에 종사하여 성정을 도야하고 산수를 아름답게 가꾸었다.126)

주학희周學熙는 나이가 70세에 이른 뒤 향촌에 은퇴하여 손수 선현들의 철언哲言을 기록하여 일성편日省篇이라 불렀다. 또한 옛날의 격언 및 송대의 저명한 시인 육유陸游의 시를 골라서 양심일과養心日課라 했으며, 이것을 책상 위에 비치하고 아침저녁으로 펼쳐보았다.127) 그들은 모두 유가의 수신양성修身養性의 수련을 매우 중히 여기고, 평화롭고 화목하고 대범한 이상세계를 추구했음을 알 수 있다.

비록 일부 매판형 신상은 서방의 천주교와 기독교에 의지했으나128) 신상계층의 종교신앙은 여전히 중국화된 불교와 중국고유의 도교에 더욱 기울어져 있었던 것 같다. 상해신상 왕진王震[이름은 一亭]은 천부적인 소질을 지닌 서예가 겸 국화가國畵家이자 경건한 불교도였으며, 일찍이 한 차례 중국불교협회 회장을 역임했다.129)

면직물업 신상 목우초穆藕初는 말년에 홍일법사弘一法師130)의 영향을 받

---

126) 宋希尙 編述, 『張謇的生平』(臺北: 中華叢書編審委員會, 1963), 341쪽 참조.
127) 『周止庵(學熙)先生別傳』, 195~196쪽.
128) 예를 들어 朱志堯는 天主敎徒이며, 朱挺生은 上海 虹口에 있는 한 敎堂의 관리자[住持]이다.
129) 李平書, 『且頑老人七十歲自叙』〈中華書局 聚珍版〉참조.
130) 弘一은 근대의 저명한 예술가 李叔同(1880~1942)의 출가 후의 法號이다.

아 "불교는 사람의 마음을 바르게 하고 사람의 마음을 위로하며 사람으로 하여금 정신을 가다듬게 하고 사회에 봉사하게 한다"라고 생각하고 드디어 불문에 귀의했으며 "불교가 인생에 크게 도움이 된다고 깊이 믿었다." 다만 그는 집에서 스스로 수양하는 것을 즐겼을 뿐, 사원에 가서 향을 사르고 부처를 경배하는 것은 그다지 좋아하지 않았다.[131] 장건은 불교의 인과응보, 가공의 세계, 부도와 보탑 등에 대하여 흥미를 느끼지 못했으나, 불교의 고행과 자력설을 중히 여겨 "文문에 치우치면 병유病儒이고, 空공에 치우치면 병불病佛이다"[132]라고 했다.

경원선은 오직 유학만을 존중했으나, 그의 말을 통해서 보면, 불교의 인과응보나 도교의 화복상의설禍福相倚說에 대해서도 상당히 찬동했으며, 이 때문에 세상사람들에게 권고하기를 "큰 주판알이 움직이기 전에 하늘보다 먼저 움직여서 신속히 재물을 베풀고 곡식을 나누어줌으로써 하늘이 손을 쓸 겨를이 없도록 해야 한다"[133]라고 했다. 장건과 경원선은 또한 기우祈雨와 같은 미신활동에 대하여 모두 "차라리 그것이 있음을 믿을지언정 그것이 없음을 믿지 않는다"라는 태도를 취했으며, 이러한 활동에 적극적으로 참여하고 심지어 발기했다.

주학희의 종교신앙은 그다지 명확하지 않으나, 그가 노년에 지은 시를 보면 선종禪宗의 색채가 농후하다.

바다 위의 한 점 거품 같은 몸이라.
있다가 없어짐도 원래 스스로 결정할 수 없다네.
아픔을 깨달으면 더 이상 아픔을 느끼지 않으리니.

---

131) 『薔初五十自述』上, 92쪽.
132) 宋希尙, 앞의 책, 343~344쪽 참조.
133) 「禍福倚伏說」, 『經元善集』, 8쪽.

허공을 봄에 무슨 일이든 풍류 아니랴!
-병기우음病起偶吟

새가 공중을 날아간 뒤에는 아무런 흔적도 남지 않으며,
기러기가 눈 위에 남긴 발자국을 어디서 찾는단 말인가.
수면을 보고 바람이 불어오길 기다리노니,
일렁이는 물결에는 달그림자 져 있네.
-위로慰老

 비록 근대신상의 생활방식과 가치관념은 여전히 기본적으로 전통의 범주에 갇혀 있었으나, 경제상황의 변동과 구미에서 불어 닥친 비바람의 영향을 받아 모종의 미세한 변화가 조용히 발생했다.

 첫째로 그들의 생활방식의 중요한 변화 가운데 하나는 생활공간과 사회연계의 확장이었다. 상품시장 경제는 그들을 보다 광범하고 복잡한 인간관계망 속으로 끌어 들였다. 투자자로서 그들은 각지를 바쁘게 뛰어 다니며 시장의 상황을 이해하고 빈번히 각지의 주주회股東會 · 집자회集資會 · 권업회勸業會 · 고공회考工會 · 물산회物產會 등등에 출석해야만 했다. 기업관리자로서 그들은 사정이 복잡한 노사관계와 기업관계 내지 외국상인과의 연계 등등의 문제를 처리해야만 했다. 지방의 유력자로서 그들은 또한 각양각색의 사회단체, 예를 들어 회관 · 공소公所 · 상회 · 상단 · 교육회 · 체육회 등등에 가입하고 이를 조직해야만 했으며, 심지어 시정市政의 운영에 광범하게 참여했다. 이러한 것은 그들의 생활이 보다 풍부하고 다채로우며 더욱 도전적으로 변하도록 만들었다.

 둘째로 새로운 사회생활과 시대요구에 적응하기 위해 그들은 또한 부득이 새로운 지식을 받아들여 두뇌를 더욱 새롭게 하고 이전에 접촉

한 적이 없는 새로운 사물을 이해하지 않으면 안되었다. 신문을 구독하는 것은 새로운 지식을 획득하는 방법 가운데 하나였다. 각지의 신상은 대부분 독보회讀報會와 같은 단체를 설립하여 각종 신문을 정기구독하고 조직적으로 공동관심사를 토론했다. 예를 들어 신상 경원선이 고향인 절강 상우上虞에 설립한 '권선간보회勸善看報會'는 "선비로서 군자가 집안에만 틀어박혀 마을을 벗어난 적이 없다보니, 대면하는 것은 오직 처자식들뿐이고 접하는 것은 오로지 이웃들뿐이라, 견문이 날로 고루해지고 품은 뜻이 날로 좁아지는" 당시사회의 병폐를 겨냥하여 자금을 모아 신문을 구입하여 사상士商들에게 공급하여 열독하도록 했다. 구독을 주문한 신문에는 새것과 낡은 것이 뒤섞여 있었는데, 『어제권선요언御制勸善要言』·『성유광훈聖諭廣訓』·『태상보벌太上寶筏』·『음극문설증陰隲文說證』·『만국공보萬國公報』·『농학보農學報』·『동아시보東亞時報』 각 12부, 『신문보新聞報』·『중외일보中外日報』 각 120부가 들어 있었다.134)

어떤 신상은 스스로 경비를 마련하여 외국으로 나가 유학을 하거나 상무商務를 시찰했다. 전자의 예로는 목우초穆藕初가 미국에 가서 면방직업을 학습한 것을 들 수 있으며, 후자의 예로는 장건 등이 일본에 건너가 실업을 시찰한 것을 들 수 있다. 1911년 천진상회는 신상 송수항宋壽恒·유팽년劉彭年 등 4명을 선출하여 부동실업고찰단赴東實業考察團을 조직하여 일본 동경 등지에 가서 공·상업을 시찰하도록 파견했으며, 그들은 일본 공상성工商省 대신 오쿠보大久保의 접견을 받았다.135) 각지의 신상들은 또한 신체를 건강하게 하고 정신을 단련하기 위해 체육회와 같은 조직을 마련하여 서방으로부터 전래된 군대식 체조를 학습했다.

---

134) 「余上勸善看報會說略章程」, 『經元善集』, 267~269쪽.
135) 『天津商會檔案匯編(1903~1911)』, 1124~1126쪽 참조.

이밖에 근대신상의 생활방식의 미변微變은 자녀에 대한 교육방식에서도 구현되었다. 그들은 일반적으로 더 이상 자기의 자녀를 사숙에 보내 학습시키거나 혹은 학관을 설립하고 선생을 초빙하여 스스로 가르치지 않았다. 그들은 자녀를 신식학당에 보내 학습하도록 했으며, 아울러 각종 상업과 실업학당을 설립하여 자제를 교육했다. 소주신상이 공동으로 설립한 이러한 종류의 상업과 실업 학당은 다섯 군데로 그 경비의 출처는 주로 각 업종 상인의 기부금에 의존했다. 교육과정은 부기·상품학·상업요점商事要項·상업실천 등 공·상업과 밀접한 관련이 있는 새로운 내용을 증설했다. 자제들에게 요구하기를 "일반적인 각 학과목에 관심을 기울여 언어·산술·역사·지리·제조에 뛰어나야 할 뿐만 아니라 각국의 정세도 두루 알아야 한다"[136)]라고 했다.

매판형 신상은 비록 자녀들이 유가경전의 훈도를 받는 것을 배척하지는 않았으나, 자녀를 외국에 보내 순수한 서방교육을 받도록 하고자 하는 쪽으로 더 많이 기울어져 있었다. 서윤徐潤의 자녀 가운데 넷째아들 서건후徐建候는 천진 북양대학당北洋大學堂에서 공부를 한 뒤 1900년 자비로 존 프라이어John Fryer를 따라 미국으로 건너가 유학을 했으며, 귀국 후 32등으로 상과商科거인에 합격했다. 다섯째아들 서초후徐超候는 여덟 살 때부터 서양학문을 배우기 시작했으며, 21세 때 영어교사를 따라 영국으로 자비유학을 떠났다.[137)]

몇몇 망탈리테 방면의 미묘한 변화는 신상의 언행 가운데서도 포착할 수 있다. 1905년 5월 소주신상 왕동유王同愈 등이 상부商部에 올린 정문呈文에 이르기를 "국세의 강약은 민지民智에 달렸으며, 국가경제의 넉넉

---

136) 乙2-1, 「商業學堂卷」.
137) 『徐愚齋自叙年譜』, 236~237쪽.

함과 모자람은 실로 상업과 관련이 있다.… 각국의 문명과 야만, 강과 약 역시 상무의 다과와 성쇠를 보아 판단할 수 있다. 따라서 상무는 세계를 좌우할 수 있는 권세가 있다"[138]라고 했다. 이는 소주신상이 느끼고 있는 상업과 상인의 사회적 지위의 중요성에 대한 새로운 인식을 표현하고 있다. 같은 해 상해『상무보商務報』에 실린 한 편의 서명문장에는 더욱 명확하게 지적하기를 "상고시기의 강함은 목축업에 있고, 중고시기의 강함은 농업에 있었으나, 지금 세상의 강함은 상업에 있다"[139]라고 했다.

어떤 미국인 학자가 이야기한 상황과 꼭 마찬가지로, 새로운 사회경제적 가치관 및 통상항구의 새로운 환경은 "중국상인으로 하여금 그들이 사회에서 중요한 지위를 차지하고 있다는 것을 느끼도록 했다."[140] 더욱이 상인이 차지하는 사회적 지위의 중요성에 대한 인식은 "서양상인들이 끊임없이 밀려오니 상업계의 책임이 실로 적지 않다"[141]라는 일종의 강렬한 시대적 긴박감과 책임감으로 승화되었다.

상인의 사회심리적 변천은 또한 공·상 관계에 대한 새로운 반성에서도 나타났다. 이른바 "현재 상업계의 풍조는 점차 열렸으나, 농업과 공업은 여전히 중시되고 있지 않다. 그러나 공업과 상업은 매우 직접적인 관계가 있는 것으로 상업은 공업의 결말이고 공업은 상업의 원천이다"[142]라는 것이다. 1905년 소주신상 방중方中은 상회에 보낸 한 통의 편지에서

---

138) Z2-1, 391/14.
139)『東方雜志』, 第1年 第3期.
140) Wellington K. K. Chan(陳錦江), *Merchants, mandarins, and modern enterprise in late Ch'ing China* (Cambridge:East Asian Research Center, Harvard University:distributed by Harvard University Press, 1977), 39쪽. [중역본 : 陳錦江 著, 王笛·張箭 譯,『淸末現代企業與官商關係』(北京:中國社會科學出版社, 1997)]
141) Z2-1, 391/14.
142) Z2-1, 3/56.

특별히 제기하기를 "우리 소주의 상업은 박약하니 마땅히 자본을 많이 모아 은행·전등·상수도·비료 회사 등을 속히 설립해야 한다"[143]라고 했다. 이것과 "첫째는 독서, 둘째는 의술을 배우는 것, 셋째는 전당포를 여는 것, 넷째는 직기織機"라는 고루한 습속 내지 전통적 사유방식을 서로 대조하면, 상술한 사회경제적 가치관에는 한 줄기 참신한 시대정신이 넘쳐흐르지 않는가?

굳게 닫혔던 마음의 문이 일단 열리자 중국 공·상업이 위축되고 피폐한 현상에 대하여 자연히 우려와 불안이 생겨나 "조용히 앉아서 시국을 살펴보고 가만히 개탄하건데, 근래 수십 년 이래 외세가 제멋대로 날뛰며 이권을 침탈하고 그 근원을 고갈시켰다. 그러나 우리나라의 상업이 그들과 경쟁할 수 없는 까닭을 생각해 보면, 실로 상인들이 편한 것에만 취해 바뀌지 않으려는 데 이유가 있다."[144] "다시 10년이 흘러도 우리 상업계의 모습이 여전히 옛날과 같다면, 아마도 중국상인은 발붙일 곳이 없을 것이다."[145] 낙후한 현상을 개선하기 위해서는 신상들이 일어나 상학商學을 일으켜야만 구식상업의 개조를 기대할 수 있고 근본적으로 상무商務를 진흥할 수 있다고 했다. 그들은 "오늘날 이른바 상전商戰의 세계는 사실은 학전學戰의 세계이다.… 학당이나 강습소나 진열소는 모두 상업계를 위해 새로운 종자를 뿌리는 곳이다"[146]라고 했다. 이것은 근대신상이 이미 새로운 시대에는 새로운 공·상 인재가 필요하다는 사실을 인식했으며, 그들은 망탈리테에서 이미 수성에 익숙한 구식상인과 비교적 명백한 구별이 있었다는 것을 표현하고 있다.

---

143) Z2-1, 8/22.
144) Z2-1, 43/53~54.
145) Z2-1, 56/21.
146) Z2-1, 56/21.

제3절 전형적인 과도계층

1. 신상과 근대 부르주아 계급

　신상계층과 근대 부르주아 계급의 관계는 도대체 어떠했는가? 그들은 이 새로 일어난 계급형태에 종속되었는가 아닌가? 이것은 줄곧 상당히 논쟁거리가 되는 문제였다.
　앞에서 서술한 내용을 통해 우리는 신상계층의 사회적 속성이 매우 복잡했음을 알 수 있다. 한편으로 신상은 업종구성·경영방식·향토연원 내지 생활방식과 가치관념 등 여러 방면에서 모두 매우 수구적이며 전통적이어서 전통 신사계층이나 구식상인과 차이가 없었다. 그러나 다른 한편으로 이러한 점과 마찬가지로 홀시할 수 없는 것은 근대신상은 상당한 규모의 실업투자에 손을 대기 시작함으로써 근대경제와 천 갈래 만 갈래 대단히 복잡하게 얽힌 관계를 맺고 있었으며, 아울러 새로운 자본주의 운영방식을 받아들이고 이용하기 시작함으로써 생활방식과 사고방식 역시 미변微變하여 근대적 경향을 띠기 시작했다는 것이다. 이러한 의미에서 우리는 그들을 근대 부르주아 계급 진영에서 완전히 쫓아낼 수 없다.
　이상 두 가지 면을 종합하여 우리는 비교적 신중하게 근대 신상계층의 사회계급 속성을 중국 민족 부르주아 계급의 초기형태로 확정하기를 건의한다. 이른바 '초기형태'란 신상이 아직 성숙되고 완비된 형태의 근대 부르주아 계급이 아니라, 단지 중국사회가 중세기 농경사회로부터 근대 공·상업 사회로 전환하는 과정에서 일부 신사 겸 상인인 인물들이 점차 근대적 의미에 부합되는 기업가로 탈바꿈했으며, 차례로 근대 민족 부르주아 계급의 몇몇 사상과 행위특징을 구비했다는 것을 의미한다. 환언하면 신상계층이 점차 전통적인 궤도로부터 벗어나 더욱 많은 근대적 요소들을 섭취하는 과정은 바로 중국 민족 부르주아 계급이 무에서 유로 점차 형성되는 과정이었다. 새로우면서도 구식이며, 전통과 근대의 사이에 처한 신상은 근대 민족 부르주아 계급이 형성되도록 하는 역사적 매개체이자 캐리어로서의 임무를 담당했다.

이점에서 이것은 사회계급 평가의 기준문제와 관련이 있다. 우리가 신상계층의 계급속성을 판단하고, 개개의 신상이 부르주아 계급으로 전화하는 정도를 판단하기 위해서는, 당연히 두 개의 서로 연계되어 있으면서도 서로 구별되는 표준을 사용해야 한다고 생각한다. 이것은 마치 자본주의 경제체제가 기업의 단순한 중첩이나 더하기가 아닌 것처럼, 계급과 계층 역시 단순히 개인적인 간단한 줄 세우기 조합이 아니기 때문이다.

신상계층이 이미 근대 민족 부르주아 계급의 초기형태를 이루고 있는지 아닌지를 고찰하기 위해서는, 그것이 하나의 사회계층으로서 표현하고 있는 정체성의 특징을 포착하는 데 시종일관 주의를 기울여야 하며, 이 계층이 근대화의 조류 가운데서 표현한 전체적인 발전방향을 고찰하여 그것이 하나의 총체로서 자본주의 신흥경제체계에 종속되는 것인지 아닌지, 그것이 이미 초기 부르주아 계급의 입장에서 이야기하고 일을 처리하는지 아닌지, 간단히 말해서 그 근본적인 경제와 이익의 소재로 파악하는지 아닌지 보아야 한다.

이로부터 판단해 보면 근대 신상계층은 이미 새로운 자본주의 생산 방식과 광범하고 밀접한 연계를 맺고 있으며, 그 경제활동과 사상의식 역시 전통신사나 상인계층과는 다른 가치지향을 표현하기 시작했고, 그 때문에 총체적인 경향에서 "확고하게 경제현대화를 지지했다."[147] 따라서 기본적으로 근대 민족 부르주아 계급의 초기형태로 간주할 수 있다. 비록 개개의 신상이 근대 부르주아 계급으로 전환하는 것은 그 정도가 달라서, 어떤 사람은 이미 산업 부르주아로 탈바꿈했으나, 어떤 사람은 여전히 상업 부르주아였으며, 심지어 일부의 사람들은 여전히 구식상인의 수준에 머물렀다고 할지라도, 이것은 결코 그들이 하나의 사회집단으로서 표출한 부르주아 계급화의 총체적 경향성을 방해하지 않는다.

그러나 개개의 신상인물들이 모두 근대 부르주아로의 전화를 완성했느냐 하는 문제를 증명하는 것은 분명 상당히 곤란하고 복잡한 면이 있다. 단지 출신·직업·수입 혹은 몇몇 언론의 어떤 한 방면에만 의지하여 그들의 사회계급 속성을 판단한다면, 종종 주관적인 억측을 면하기 어려우므로 반드시 그들의 주요한 사회실천에 근거하여 경제·정치와 사상의식을 종합적으로 고찰해야 한다. 구체적으로 마땅히 아래의 다섯 가지 점에 착안해야 한다. ① 원래의 전통적인 신분이 이미 부차적인 지위로 낮아졌는지 여부, ② 근대기업에 적극적으로 투자했는지 여부, ③ 경영방식이 자본주의적 성격의 변화를 띠고 있는지 여부, ④ 정치사상 경향이 민족 부르주아 계급의 근본이익을 대변하는지 여부, ⑤ 상회와 같은 부르주아 계급의 결사단체 조직에 가입했는지 여부.[148]

다음으로, 이점에서 또한 이것은 중국 초기 민족 부르주아 계급에 대

---

147) Wellington K. K. Chan(陳錦江), 앞의 책, 9쪽.
148) 이 다섯 가지 판별기준은 唐傳泗·徐鼎新 선생의 견해를 받아들였다.

한 인식문제와 관련이 있다.

'부르주아 계급'은 서방 사회과학에서 유래한 개념으로 거의 대부분 유럽 근대사회 계급변화 형식에 대한 개괄이다. 이 때문에 사람들은 늘 알게 모르게 서방 초기 부르주아 계급의 표준을 그의 동방 동료에게 요구하며, 다소 중국 초기 부르주아 계급의 '원래의 면모'에 대한 탐구가 소홀했다. 사실 중국과 서방사회는 전혀 다른 문화전통과 역사배경을 갖고 있기 때문에 만약 근대사회로 변천하는 과정에서 중국 역시 서방 부르주아 계급과 유사한, 근대 자본주의 생산방식과 관련있는 초기 부르주아 계급이 출현한 적이 있다고 한다면, 이 둘의 다른 점은 아마도 같은 점보다 많을 것이다.[149]

예를 들어 서방 초기 부르주아 계급에 비해 중국 초기 부르주아 계급의 불순수성[전자본주의 경제와 계급형태의 유착성]은 더욱 두드러지고 전형적이며, 아울러 더욱 많은 기형적 변화현상을 수반했다. 자본형태로 말하면 순수 개인자본과 국가자본 사이에 공동의 것을 개인의 것으로 만든 관료자본의 맹아가 뒤섞여 있으며, 전형적 민족자본과 외국자본 사이에도 반중반서半中半西의 매판자본이 뒤섞여 있었다. 공업자본·상업자본·고리대자본과 토지경영도 종종 뒤얽혀서 네 속에 내가 있고, 내 속에 네가 있어 갈피를 잡기가 매우 어렵다. 대부분의 기업주는 한편으로 일부의 재부를 떼어내 신식공업에 투자하나, 다른 한편으로 여전히 대량의 토지를 장악하고 전장錢莊·전당典當·상호商號를 경영했다.

이와 같이 중국 초기자본가들이 사람들에게 남긴 것은 지극히 조화롭지 못하고 이것도 저것도 아니라는 인상이었으나, 신상·매판과 같은

---

149) 拙著,『過渡形態 : 中國早期資産階級構成之謎』(北京:中國社會科學出版社, 1994) 참조.

신과 구 사이, 중국과 서방 사이에 끼어서 극도로 모호한 성질을 가진 과도적 사회집단은 오히려 초기 부르주아 계급의 '원래의 면모'가 되었으며, 근대사회 계급 변천과정에서 구에서 신으로 향하는 '교량'이 되었다.

이밖에 초기 민족 부르주아 계급의 형성은 또한 밖에서 안에 이르고, 내외가 결합하여 보이지 않던 것이 드러나는 연속적인 건립·구성의 과정이었다. 이러한 역사적 과정에서 양극단의 사회적 분화와 정합整合이 끊임없이 발생했는데, 하나의 극은 구식 지주·상인관료와 사신士紳이 거대한 사회적 동요 속에서 와해·분화되어 원래의 운행궤도에서 밀려나 새롭게 자신의 사회적 위치를 모색하는 것이고, 다른 하나의 극은 새로운 혹은 반신반구半新半舊의 사회구성원이 공동이익의 부추김 아래 날로 접근·조합하고 나아가 하나의 일치된 경제와 사회목표를 가진 신흥 사회계급 즉 초기 민족 부르주아 계급으로 응집하는 것이었다.

만약 중국 초기 민족 부르주아 계급 자체가 분화·조합 중에 있는 다계층 구조의 사회계급 집단에 불과하다고 한다면, 신상계층은 그 가운데서 전통사회와 가장 가까운 하나의 계층이며, 또한 신·구 사회계급과 계층이 부분적으로 중첩되고 유착되어 있는 단계였다. 그러나 사실상 바로 이 단계가 초기 민족 부르주아 계급의 핵심부분을 구성했다. 진실로 프랑스인 학자 베르제르Bergère 여사가 말한 것처럼 "사신과 아직 명확한 사회적 지위를 획득하지 못한 신생의 부르주아 계급이 이미 융합하여 하나의 신상계급을 이루었던 것이다."[150]

하지만 약간 보충설명이 필요한 점이 있다. 베르제르 여사는 중국 근대신상의 계급속성을 설명할 때 그것을 상업 부르주아 계급으로 귀결시

---

150) Marie-Claire Bergère, "The role of the bourgeoisie", Mary Clabaugh Wright ed., *China in revolution : the first phase, 1900~1913*(New Haven:Yale University Press, 1968), 240쪽.

켜 후래의 산업 부르주아 계급(기업주)과 구별했는데[151] 이것은 너무 편협한 것이 아닌지 모르겠다. 상인은 비록 신상계층의 주체이나 신상집단 가운데는 사실상 약간의 산업 부르주아와 산업 부르주아로 전화轉化 중에 있는 상인도 포함된다. 강소·절강 지역과 무한 등지에서는 적지 않은 신상이 이미 모두가 다 아는 실업계의 거두였다. 중국은 근대공업이 발달하지 않아 상업자본과 상인이 수적으로 우세한 지위를 차지했으며, 관습적으로 수공업주·공업 부르주아와 매판을 모두 '상인'의 개념 속에 포함시켰다. 그러나 만약 단지 수량과 표상에서 출발하여 상업 부르주아 계급으로 초기 민족 부르주아 계급 전부를 개괄한다면, 진정으로 그 본질적 특징과 발전추세를 반영할 수 있는가 없는가? 그것과 중세기의 상인자본을 적절히 구분해낼 수 있는가 없는가? 이 때문에 우리가 볼 때 역시 근대 신상계층의 사회계급 속성을 민족 부르주아 계급의 초기형태로 귀결짓는 것이 아마도 좀더 역사적 실제에 부합되는 것 같다.

　신상 1세대 초기 부르주아로부터 더욱 성숙되고, 근대적 기업정신을 더욱 잘 갖춘 민족 부르주아 계급으로의 이행은 대체로 민국성립 후 첫 10년 동안에 완성되었다. 일정한 의미에서 신상 1세대는 아직 근대의 과학적 관리지식과 창조·경쟁의식이 결핍되어, 그들의 근대기업에 대한 투자와 경영은 대부분 풍성한 이윤에 이끌린 것이거나, 혹은 민족위기의 자극을 받은 것이었으므로, 종종 일종의 단기적 경제행위를 표현했고, 기업의 원대한 발전 혹은 진정으로 국가경제와 국민생활에 유익한 공업부문에 대한 투자는 그다지 중시하지 않았으며, 그들은 "공업에 투자하는 것과 전당포나 전장錢莊을 열고 투기사업을 경영하는 것, 혹은 외국자

---

151) 白吉爾(Marie-Claire Bergere), 「資産階級與辛亥革命」, 中華書局編輯部 編, 『紀念辛亥革命七十周年 學術討論會論文集』下(北京:中華書局, 1983).

본의 매판노릇 하는 것을 모두 동일시했다."152)

마치 어떤 논자가 말한 것처럼 "만약 신상이 중국 민족 부르주아의 초기형태로 그들의 몸에 여전히 혹은 많고 혹은 적게 명예와 절조의 숭상(崇尙名節), 고향의 정 나누기(聯絡鄕誼), 장사의 신의(信義經商) 및 인과응보 등과 같은 전통적 가치 관념과 행위방식이 남아 있었다고 한다면, 신세대 민족 부르주아는 비교적 완전하게 자본의 인격화의 구체적 담당자로서 모습을 드러냈으며, 그들은 집착을 가지고 경제사업에 종사할 때 기본적으로 사회를 향해 숨김없이 자신들의 이윤추구와 자본증식의 동기를 표명했다"153)라고 할 수 있다.

2. 과도적 특징과 중개역할

신·구 사회역량의 삼투융합·인온화생(氤氲化生)의 산물로서 근대 신상 계층은 전체적으로 자본주의화와 동시에 특별히 주목을 끄는 과도적 특색을 갖고 있었다. 신상집단이 분화·조합하고 점차로 자신의 근대화를 실현하는 과정을 통해서 우리는 매우 명백히 전통 사회계층이 부분적으로 그 가치관념을 보유함과 동시에, 어떻게 전통과 근대적 요소의 평형 가운데 하나의 비혁명적이고 점차적으로 변하는 길을 찾아내어, 이로부터 전통의 역량을 빌어 근대적 변신을 실현하는지 관찰할 수 있다. 이것은 또한 신상연구의 가장 매력있고 가치있는 점이다.

엄격히 말해 이른바 부르주아 계급화한 신상은 이미 부르주아로 변

---

152) 李紫翔, 「我國銀行與工業」, 『四川經濟季刊』, 第1卷 第3期.
153) 徐鼎新·錢小明 著, 『上海總商會史(1902~1929)』(上海:上海社會科學出版社, 1991), 247쪽.

신했거나, 변신 중이거나, 변신을 원하는 신사와 상인을 포함한다. 따라서 한편으로, 그것은 점차 구사회의 모체에서 새롭게 태어나 날로 새로운 함의와 활력을 획득함으로써 초보적으로 근대 부르주아 계급의 몇몇 경제·정치와 사상의식 특징을 갖기 시작했다. 그러나 다른 한편으로 그것은 또한 모체와 연결된 '탯줄'을 완전히 끊어버리지 못하고, 연뿌리는 끊어졌으나 실은 이어져 있는 것처럼, 전통신사와 상인집단의 몇몇 특징을 보유하고 있었다. 관료·지주·사신士紳과 구식상인으로부터 분리되어 나온 초기 부르주아가 다시 '신상'이나 '직상職商'의 '명목'을 거쳐서 과거로 돌아감으로써 피차 포용하는 중첩구조를 형성한 것은, 다분히 신흥 부르주아 계급이 그 험난한 과도기적 역정을 아직 완성하지 못했음을 반영하고 있다. 마치 저명한 신상 장건이 "과도시기·과도사회의 과도적 인물이었던 것"과 마찬가지로, 그가 예속되었던 신상집단 역시 전형적인 과도계층이었다. 과도성은 특수한 모순성과 복잡성을 포함하며, 동시에 역사적 과정성과 잠시성을 의미한다.

신상계층의 과도적 특징은 그것이 구비한 다양한 속성 및 그것이 행한 중개역할에서 집중적으로 표현되었다. 여러 개의 사회집단이 상호 융합·삼투하는 지대地帶에 처하여 근본적인 계급속성 외에 부르주아 계급화한 신상은 종종 상인 겸 관리 겸 학자 겸 농민이라는 복잡다단한 사회속성을 갖고 있었으므로, 서방 부르주아 계급의 순수 공·상 혹은 순수 지식분자라는 성질과는 함께 논할 수 없다. 다양한 속성은 신상에게 모종의 독특하고 기묘한 기능 즉 사회가 변화[轉型]하는 과정에서 신·구 사회집단이나 계층 혹은 계급 간의 모순을 완화하고, 그들 사이에서 인수인계·변화교체의 중추樞紐와 중개자가 되어, 그들 사이의 경계선을 모호하게 하고, 전화가 가능하도록 했다.

우선 관리와 상인이라는 양대 대립계층 사이에서 신상은 "관리와 상인의 임무를 겸하는" 이중신분으로서 관·상의 경계를 모호하게 했다. 그들은 종종 위로는 관부와 통하고, 아래로는 공·상과 연결되는 이른바 "관리와 상인을 연결하는 전달자"로서 관리와 상인, 국가와 성성城·진鎭 사회 사이의 완충 및 매개가 되어 한편으로는 관부의 의도를 관철하고, 다른 한편으로는 공·상업계를 위해 일하는 이중적 사명을 담당했다.

과거에는 관리와 상인 사이에 건널 수 없는 큰 강이 있는 것처럼, 관官은 국가권력의 화신으로서 찬란한 사회적 지위와 특권을 향유했으나 상인은 4민四民의 끝이었다. 그러나 이제 관리와 상인 사이에는 이미 절대적인 장벽이 존재하지 않으며 '상인'은 '신사'와의 결합을 통해 부분적으로 관리가 향유하는 사회적 특권을 획득했고, 아울러 연줄을 타고 관료계층으로 상승했다. 예를 들어 신상 오건장吳健章은 일찍이 상해도서방판上海道署幇辦으로 재직하다가 이윽고 소송태병비도蘇松太兵備道 겸 상해해관감독으로 자리를 옮겼으며, 신상 심운패沈雲沛는 일찍이 농공상부우승 및 우전부시랑을 역임했다.

반대로 '관리' 역시 '상인'을 조종함으로써 이익을 추구하여 돈을 벌었으며, 혹은 돌연히 변신하여 직접 '상인'이 되었다. 그 전형적인 예로는 성선회盛宣懷와 북양집단의 주학희周學熙가 있다. 이를 두고 당시사람들은 "지난날 관리와 상인 사이에는 무한한 등급차이가 존재했으나, 지금은 관리는 점차 상인의 길로 향하고, 상인 역시 점차 관리의 길로 향하고 있다"[154]라고 했다.

관·상의 상호삼투의 본질은 정치권력과 경제활동의 상호결합, 간단

---

154)『大公報』, 1910年 10月 4日.

히 말하면 권력과 돈의 합일이며 교환이었다. 이것은 봉건 지주계급과 신흥 부르주아 계급이 서로 타협하고 서로 이용한 결과이며, 근대중국이 라는 특수한 사회환경에서 채택하지 않을 수 없었던 전통적 가치관에 대한 일종의 비교적 완화되고 절충적이며 아울러 그것과 부합하는 계급 전화방식이었다. 그러므로 그 영향에 대해서는 반드시 두 가지 측면(긍정적인 면과 부정적인 면)에서 관찰해야 한다. 상인의 관계(官界)진입은 어느 정도 전통 권력계층의 내부구성을 분화하고 바꾸어, 봉건통치의 사회기초를 약화시키고 신흥 부르주아 계급의 영향력을 증대시킴으로써 그들로 하여금 행정권력을 빌어 공·상업을 발전시키도록 했는데, 이것은 긍정적인 의미가 있는 일면이다. 그러나 상인이 관료와 부분적으로 융합·화생하는 과정에서 '관료기질〔官氣〕'에 물들지 않을 수 없었고, 그래서 얼마간 관권에 대한 의뢰성과 타협성이 첨가되었으며, 이로부터 신흥 부르주아 계급의 소질에 모종의 불리한 변이가 발생하도록 함으로써 그 내부구조가 더욱 불순하고 기형적이 되도록 했는데, 이것은 부정적인 일면을 구성했다.

다음으로 신상계층은 봉건적 토지소유제와의 떼려야 뗄 수 없는 인연을 통하여 신흥 부르주아 계급과 봉건지주의 경계를 모호하게 만들었으며, 중국 자본주의로 하여금 봉건적 토지경영과 함께 뒤섞이도록 했다. 앞에서 서술한 것처럼 혹은 조상으로부터 물려받고 혹은 새로 구입하는 방식으로, 다수의 부르주아 계급화한 신상은 확실히 토지를 광범하게 보유했으며, 그들은 공·상업을 경영하고 근대기업에 투자함과 동시에 봉건지대〔地租〕의 착취에 종사함으로써 전통신사들이 삶의 뿌리이며 생명의 터전이라고 여겼던 토지를 결코 완전히 포기하지 않았다. 이러한 봉건적 토지소유제와의 밀접한 혈연적 연계는, 시종 그들과 지주계급 사이에 모종의 공동이익이 존재하도록 했고, 거대한 봉건의 꼬리를 잘라낼 수 없도록 했다. 그리고 이것은 또한 필연적으로 초기 부르주아 계급의 소질에 영향을 미쳐, 더욱 순수하고 성숙된 부르주아 계급으로 탈바꿈하는 것을 지연시켰다. 초기 부르주아에게 시장의식・관리의식・창조의식과 경쟁의식으로 대변되는 근대 기업정신이 결핍되어 있었던 것은 이러한 점과 깊은 관련이 있다.

선비형과 매판형 신상의 존재(본서 제3장 참조) 때문에 신상과 학신學紳(신식 교육에 종사하는 신사)・매판이라는 또 다른 두 개의 비교적 전형적인 과도적 사회계층의 내재적 구별 또한 매우 모호해졌으며, 때로는 완전히 양위일체 혹은 삼위일체가 되었다. 선비형 신상과 매판형 신상은 신식교육의 건립에 깊은 관심을 보였으며, 혹은 찬조하고 혹은 직접 참여함으로써 사람들이 그들을 학신과 동일시하도록 했는데, 예를 들어 장건・경원선・서윤・정관응의 행위가 그러했다. 반대로 학신집단은 때로 서재에서의 적막함을 참지 못하고 각양각색의 회사에서 동사董事 혹은 주주의 명의를 갖고 있었는데, 예를 들어 천한철로공사川漢鐵路公司와 소성철로공사蘇省鐵路公司의 동사와 주주 가운데 많은 사람들이 교육계 인사였다. 천한철로공사의 발기인과 주주회동사(股東會董事) 가운데 공명이 있는 사람은 14명으로 그 가운데 6명은 진사나 공생 같은 고급공명을 누렸고, 신식학당의 졸업증서를 가진 사람이 11명으로 대부분 일본에서 유학한 사람들이었다.[155] 소성철로공사의 주요발기인과 동사 가운데는 일찍이 청대 학술의 최고기관인 한림원에서 봉직한 사람만 8명이나 되었으며, 저명한 사람으로는 장원・한림원수찬 장건, 한림원편수 왕동유・등방술鄧邦述, 한

---

155) 鮮于浩, 「試論川路租股」, 『紀念辛亥革命七十周年靑年學術討論會議文選』 下冊(1983).

림원서길사 장병장蔣炳章〔일찍이 강소교육회 회장 역임〕등이 있었다.[156]

　신상·학신과 매판〔그 중 일부는 매판인 동시에 신상〕은 서로서로 뒷배가 되어 중국 근대 중산계급〔서방의 부르주아 계급과 유사〕의 주요한 사회-역사적 근원이 되었으며〔애석하게도 중국 중산계급의 계급정합은 줄곧 완성되지 않은 것으로 보이며 따라서 중국 근대사회에는 서양적 의미의 중산계급이 존재하지 않았다〕, 초기 민족 부르주아 계급은 지식분자와 부르주아 계급 정치 활동가와는 기본적으로 피차 독립적이고 상호 단절된 상태에 놓여 있었다. 어떤 의미에서 이 역시 중국 근대 시민사회[civil society]가 시종 성숙되지 못하고 유치한 상태에 놓여 있었던 사회적 근원 가운데 하나였다.

　신상이라는 이 하나의 매개체적 존재는 또한 어느 정도 초기 민족 부르주아 계급 내부의 집단적 경계를 모호하게 했다. '신상'을 하나의 포괄성이 지극히 방대하고 두리 뭉실한 사회집단으로 보는 동일시 경향 때문에 공업·상업·금융업 및 농업 등 경제분야와 상응하는 집단의식은 오히려 묽어졌다.

　대다수의 신상은 상업과 공업을 겸영하여 교차 투자했으며, 일정한 경영위험을 감수해야 할 뿐만 아니라 안정된 부의 원천을 확보하기도 어려운 공업에 대한 투자보다는 장사·무역·고리대 착취 혹은 부동산·금괴[標金]·주식·면사[紗布] 등의 투기활동에 대하여 훨씬 더 큰 흥미를 가지고 있었다. 이것은 부지불식간에 부르주아 계급 내부의 정상적인 경제 분화와 소질을 정화하는 과정을 지연시켰다.

　예를 들어 신상 주정필周廷弼이 경영한 기업의 범위는 철물·석탄·방

---

156) 蘇路股東常會 編印, 『蘇路股東意見書』, 91쪽.

직·생사·안티몬광산·전당·은행 등 여러 업종을 포괄했으며, 신상 섭징충葉澄衷은 철물업으로 집안을 일으킨 뒤에 전장錢莊·부동산·운수·생사·성냥 등 여러 업종으로 발전했다. 섭씨葉氏동족이 경영한 전장은 전성기에 108개에 달했고, 그들이 조직·설치한 수덕토지공사(樹德地產公司)는 상해에서 4백여 무畝의 토지를 점유했으며, 또한 정크선 1백여 척을 구입하여 연해와 양자강 항로의 운수업무를 경영했다. 그들이 생사와 성냥 등 공장기업에 투자한 자본은 그들이 보유한 자본총액의 7분의 1에도 미치지 못했다.157)

금융업 신상으로서 다른 업종을 겸영한 예로는 상해 전장업계의 진해鎭海 출신 방方·이李 두 동족을 들 수 있다. 방가方家는 양곡·잡화와 설탕을 경영함으로써 집안을 일으킨 뒤 연이어 40여 개의 전장을 개설하고, 아울러 제당·정크선·금은방·주단·면포·약재·남화南貨(중국 남방의 특산물)·어업·서업書業(서적의 출판과 판매)·부동산업 등을 겸업했다. 이가李家는 정크선박업으로 집안을 일으키고 연이어 전장 9개를 개설했으며, 아울러 부동산·간목墾牧(개간과 목축) 등의 사업을 겸영했다.158)

요컨대 신상이라는 이 하나의 매개 내지 투시점을 통해서 보면, 중국 근대사회의 계급구조는 매우 복잡했다. 초기 민족 부르주아 계급은 명백히 하나의 순수한 혈통을 가진 귀염둥이가 아니라, 차라리 신·구 교체 시대와 신·구 사회집단이 상호 융합·삼투하는 가운데 어렵게 세상에 탄생한 '혼혈아'였다. 구시대와 구습관의 음영이 언제 어디서나 악몽처럼 그것을 휘감고 그것을 제약함으로써, 나약하고 발육이 부진한 몸뚱이로 하여금 곡절로 가득한 과도적 역정을 마감할 수밖에 없도록 했다.

---

157) 黃逸峰 等, 『舊中國的買辦階級』(上海: 上海人民出版社, 1982), 246쪽 참조.
158) 『上海錢莊史料』, 730~735쪽.

3. 국제비교

공명·직함과 공·상업 경영을 한 몸에 모아가지고 있는 신상계층은 비록 중국의 특수한 역사조건 아래 생겨난 '특산물'이나, 전통사회에서 근대사회로 바뀌는 변화의 시기에 지주 귀족계급의 부르주아 계급화 혹은 부르주아 계급의 귀족화는 오히려 세계 각국이 공유했던 보편적 역사 현상이었다.

서방과 일본의 부르주아 계급은 비록 뒤에 장족의 발전을 이루었으나, 결코 처음부터 순수하디 순수한 것은 아니었다. 마르크스는 일찍이 지적하기를 "영국에서 현대사회의 경제구조는 의심의 여지없이 이미 최고도로 전형적으로 발전했다. 그러나 심지어 여기서도 이러한 계급구조는 아직 순수한 형식으로 표현된 적이 없었다. 여기서도 여전히 약간의 중간적이고 과도적인 단계가 도처에서 경계규정을 모호하게 만들었다 [비록 이러한 상황은 도시에서보다 농촌에서 훨씬 적었으나]"[159]라고 했다. 마르크스가 이 글을 쓸 때는 이미 19세기 중엽이었다.

만약 1,2백 년 전 서구 자본주의가 섶나무로 만든 초라한 수레와 누덕누덕 기운 해진 옷을 입고 있었던 초창기로 거슬러 올라간다면, 계급구조가 이리저리 뒤섞여 혼잡하고, 신·구 진영의 보루가 아직 굳게 닫혀 있지 않았음이 분명하다. 17세기 혁명전야의 영국에는 중·소 귀족신사, 도시의 부유한 상인과 부유한 농민으로부터 전화하여 이루어진 '신귀족' 계층이 존재했다. 그들은 명의상에서 여전히 '검을 가진 기사[帶劍的騎士]'였

---

159) 『馬克思恩格斯(마르크스·엥겔스)全集』第25卷(北京: 人民出版社, 1974), 1000쪽.

으나 실제로는 이미 '부유한 기사(財富的騎士)'가 되어, 혹은 자본주의 토지경영에 종사하고 혹은 공장을 설립하고 상업에 종사하여 경제적 이익과 가치관이라는 점에서 부르주아 계급과 그 어떤 본질적인 차이도 없었으며, 영국 부르주아 계급혁명의 주요 사회기초 가운데 하나를 구성했다. F. 기조는 『1640년 영국혁명사』[160]라는 명저에서 다음과 같이 서술했다.

> 신사들·소업주들·시민들은 오로지 그들의 토지를 개량하고 그들의 무역자본을 늘리는데 정신을 집중했다. 그리하여 나날이 돈을 벌고 부를 쌓게 되고 신용 또한 나날이 증대되고 서로간의 연락이 더욱 밀접하게 되면서 그들은 전체 인민들을 자신들의 영향력 아래로 끌어들였다. 그들은 자신을 과시하지 않고 정치적인 야심도 없었으나, 거의 부지불식간에 모든 사회역량을 장악하게 되었는데, 이것이 진정한 권력의 원천이었다.

18세기 프랑스혁명 전야에는 적지 않은 부르주아 계급 분자들이 매관봉작과 토지구입을 통하여 귀족의 대열에 끼어들었는데, 이들은 '법복귀족(穿袍貴族)'으로 불렸다. 따라서 만약 영국에서는 귀족이 부르주아 계급화했다면, 프랑스에서는 부르주아 계급이 귀족화했다. 독일 역시 예외가 아니었으며 공업혁명 후 매우 긴 역사 시기 동안 농촌에는 여전히 반봉건 반자본주의적 결합체 즉 융커Junker지주가 지배적인 위치를 차지했다.

명치유신 이전의 일본은 장기간 유교문화의 영향을 받아 마찬가지로 비교적 긴 봉건시대를 경험했으며, 신·구 사회역량의 상호 융합·삼투 현상이 더욱 두드러졌다. 구미의 비바람이 몰아치는 가운데 봉건등급제의 바탕 즉 무사계층 가운데서 점차 분화가 발생하여 하급무사가 날로

---

160) [역주] François Pierre Guillaume Guizot, *History of the English revolution of 1640 : from the accession of Charles I. to his death*(London:G. Bell & sons, 1884).

상인계층으로 삼투하고, 이로부터 신흥 부르주아 계급의 대변인이 되어 막부 타도운동과 명치유신의 주역이 되었다. 다른 한편으로 상인의 사회적 지위도 명백히 제고되어 사람들은 무사를 존경하는 것과 마찬가지로 부유한 상인을 존중했다. 비록 공식적인 경우에 그들의 지위는 여전히 무사의 아래였으나, 실제로 그들은 이미 '준무사'로 간주되었으며, 그들 가운데 어떤 이들은 이미 무사와 마찬가지로 성씨를 사용하고 도검을 차도록 허락을 받았다.[161] 이러한 현상은 마치 중국 근대상인이 돈을 내고 관위官位와 이름뿐인 직함을 산 뒤 신사의 대열에 들어갈 수 있었던 것과 같다.

명치유신 후 명치정부는 "도검을 주판으로 바꾼 무사"의 양성을 시정 목표의 하나로 삼아 일련의 조치를 취하여 각급 무사의 근대 부르주아 계급으로의 전화를 촉진했다. 명치 2년(1869)부터 시작하여 정부는 소자본 대출의 구제방법을 실행하여 하급무사들로 하여금 자립 소상공업자가 되도록 했으며, 아울러 무사들이 새로 건립한 공업기업에 취직하도록 파견하고 격려했다. 명치 3년(1870) 정부는 화족華族·사족士族과 무사 등 일하지 않고 이익을 얻는 식록자食祿者들이 농업·공업과 상업을 경영하는 것을 허락했다. 명치 9년(1876) 식록자들이 향유하는 봉록을 일정한 비율의 공채권으로 교환하는 것을 윤허하여 공채권을 이용하여 공·상업 혹은 자유 매매업을 경영할 수 있도록 했다. 이듬해 명치정부는 또한 업종자유의 법률을 공포했는데, 이 법률에 따르면 이른바 특정한 '무사계급'은 이제 더 이상 존재하지 않았다.

하급무사로부터 근대 산업자본가로 탈바꿈한 각양각색의 인물 가운

---

161) 〔日〕森島通夫 著, 胡國成 譯, 『日本爲甚麽"成功": 西方的技朮和日本的民族精神』(四川:四川人民出版社, 1986), 73쪽.

데 가장 저명한 사람은 '일본실업의 아버지'라고 일컬어지는 시부사와 에이이치澁澤榮였다. 시부사와가 일본역사에서 차지하는 지위는 청말민초 중국에서 가장 저명한 신상 장건과 비슷하나, 양국의 국가정세가 서로 달랐기 때문에 두 사람의 인생역정과 운명 역시 다른 점이 있었다.

시부사와 에이치(1840~1931)는 막부 말기 무사귀농武士歸農한 호농가정豪農家庭에서 출생했다. 그의 집안은 대대로 농업과 양잠에 종사했으며, 아울러 남전염료藍靛染料 [당시 藍玉商이라고 칭함]를 겸영했다. 시부사와는 유년 시절 한문서적을 공부하기 시작하여 『효경』·『소학』·『대학』·『중용』·『논어』 등 유가경전 저작을 통독했으며 상업경영도 익혔다.

성년이 된 뒤 시부사와는 시대조류의 영향을 받아 한 차례 존왕양이 활동에 참가하여 제후 히도츠바시 요시노부一橋慶喜를 곁에서 모신 적이 있었다. 히도츠바시가 막부 장군에 취임하자 그는 지극히 모순된 심정을 안고 막신幕臣이 되었다. 1867년 요시노부는 그에게 동생 아키다케昭武를 수행하여 유럽을 시찰하도록 명했다. 1868년 12월 그가 귀국했을 때 일본은 이미 명치유신이라는 거대한 변혁을 겪었다. 시부사와는 1869년 명치정부에 임용되어 대장성大藏省에서 봉직했다. 1873년 오쿠보 도시미치大久保利通 등과 정견이 달라서 사직하고 하야하여 온 몸과 마음을 실업계에 투입했다. 이후 수십 년 동안 시부사와는 '논어에 주판을 더한다'는 구호를 표방하여 상업계를 종횡무진하며 일본 근대기업 기초의 정립을 위해 불후의 공헌을 했다.

일본의 저명한 경제사학자 츠치야 다카오土屋喬雄 박사의 연구에 따르면[162] 시부사와와 관련이 있는 경제사업은 아래 각 부문의 업종을 포괄했

---

162) 〔역주〕 원문수정: "据日本著名經濟史學土屋喬雄博士的硏究"→"据日本著名經濟史學者土屋喬雄博士的硏究".

다. 은행·제지·해운·보험·맥주·화학비료·제사制絲·제융制絨·직물·제마制麻·제모制帽·제혁制革·제당·유리제조·과자류·장유醬油·청주·제유制油·제람制藍·제빙制氷·인쇄·도자기제조·벽돌과 기와·시멘트·제련·제강·조선·도크·기차·자동차·자전거·가스·전력·토목건축·항구건설·토지경영·교역소·창고·여관·채광업[구리·철·유황·초석·석탄·석유 포함]·제약·화학공업·농업·목축·양잠·임업·수산업·신탁·전화·철로운수·항공 및 수출입 무역과 실업학교 등. 그와 관련이 있는 회사는 5백여 개에 달했다.

그는 1916년 실업계에서 물러난 뒤 다시 광범하게 사회 공공사업에 종사했으며, 특히 실업지도 인재의 배양에 힘을 쏟아 동경상과대학東京商科大學을 설립하고 각종 실업학교를 지원했다. 통계에 따르면, 그가 참여한 사업은 6백여 종이나 되었다.[163]

실천과 사상주장에서 시부사와는 전형적인 일본'사상士商'에 속했다. 여기서 말하는 사士는 유사儒士의 '사'이면서 무사도武士道의 '사'로, 이는 유가문화와 일본 본토문화의 융합이었다. 시부사와 본인의 말을 빌리면, 자신의 경제사상 주장은 '사혼상재士魂商才' 네 글자로 개괄할 수 있다고 한다. '사혼상재'를 통속적으로 말하면 '논어에 주판을 더하는 것' 즉 유가의 윤리도덕과 무사도의 진수에 근거하여 실업을 경영하는 것이며 "이른바 상재商才란 원래 도덕을 근본으로 하며, 도덕을 버린 무덕無德·기만·협잡·부화浮華·경망한 상재 즉 보잘것없는 잔재주나 부리고 말재간이나 뽐내는 것은 근본적으로 진정한 상재라고 할 수 없다. 고로 상재가 도덕에 배치되지 않고 존재하도록 하려면, 도덕을 논한 『논어』가 마땅히

---

163) 萬峰, 『日本資本主義史硏究』(長沙: 湖南人民出版社, 1984), 139~141쪽 참조.

상재를 배양하는 근거가 되어야만 한다"164)라는 것이다.

시부사와는 한걸음 더 나아가 "무사도가 곧 실업의 도이다"라는 명제를 제기하여 사인士人에게 무사도가 필요한 것처럼 공·상업자에게도 실로 그 도가 없어서는 안되며, 무사도 가운데 정의와 청렴·의협심·사양·과단성과 책임감 등의 미덕은 모두 당연히 공·상업 경영의 도덕적 지도원칙이 되어야 한다고 했다.165)

시부사와가 이와 같이 공·상업 경영에서 윤리도덕관을 중시한 까닭은 '의리양전설義利兩全說'의 경제주장과 관련이 있다. 그는 유가의 의리관을 새롭게 해석하여, 봉건시대에 부귀와 인의仁義 양쪽 모두를 원만하게 할 수 없다고 한 것은 일종의 오류이며, 이는 유가윤리를 잘 못 이해한 것이라고 주장했다. 사실 공자와 맹자는 결코 부귀를 경시하지 않았으며, 단지 '부귀로도 현혹할 수 없음'을 강조하며 '정도'로 부귀를 취득하라고 했을 뿐이다. 기업을 일으켜 이윤을 추구하고 자본을 증식시키는 것은 국가 전체를 위해 실력을 증강시키는 것이다. 이렇게 하여 '의義'와 '이利'는 '도道'를 추구하는 가운데 통일되었다. 그는 이르기를 "내가 생각하기에 진정으로 상업을 경영하려는 사람은 사리사욕에서 출발할 것이 아니라 공리공익에서 출발해야 하며… 공익과 사리私利는 일체이다"166)라고 했다. 이로부터 우리는 시부사와의 사상은 기본적으로 상승시기 일본 부르주아 계급의 사상주장을 반영하고 있으며, 아울러 동아시아 '유가 자본주의'의 흥기를 위해 모종의 역사적 기초를 마련했음을 알 수 있다.

---

164) 澁澤榮一, 『論語與算盤』(臺北: 允晨文化實業股份有公司, 1987), 19쪽.
165) 위의 책, 221쪽.
166) 黃峰, 앞의 책, 142쪽에서 재인용.

상술한 세계범위의 비교를 통해서 우리는 두 가지 상관된 결론을 도출할 수 있다. 첫째로 기왕에 세계 주요 자본주의 국가의 부르주아 계급이 그 발전의 초기단계에 모두 일단의 신·구 사회세력이 상호 융합흡수〔交融互攝〕·인온화생氤氲化生하는 과도과정이 있었다고 한다면, 중국 역시 반식민지 반봉건사회에서 출생한 중국 민족 부르주아 계급이 시작부터 그렇게 순수하디 순수하기를 요구할 이유가 없다. 특수한 사회역사 조건이 중국 근대 민족 부르주아 계급의 경제·정치와 사회구조가 필연적으로 더욱 두드러진 '맺고 끊는 맛이 없는' 불순수성과 불성숙성을 갖도록 결정했다. 신상계층의 출현은 그 전형적인 표현 가운데 하나이다.

둘째로 세계 주요 자본주의 국가는 근대화 초기에 비록 모두 중국의 신상과 유사한 사회역량이 발생한 적이 있었으나, 일반적으로 지속기간이 비교적 짧고 스스로 분화하는 과정이 격렬하여 자본주의의 잇따른 승리에 수반되어 대부분 비교적 순조롭게 근대 부르주아 계급의 사회적 변화를 실현하여 민간에서 시장경제를 추진하는 주도적 역량이 되었으나, 오직 중국의 신상계층만은 시종 관방과 밀접한 연계를 맺음으로써 국가와 사회의 분리과정이 지지부진하여 완성되기 어렵게 만들었다. 민국 이후 신상의 명목이 사라졌다고 할 수 있으나〔사실상 반드시 그런 것은 아니다〕, 관官과 상商 사이의 관계는 언제나 서로 뒤섞여 분간이 안되고, 서로 상대를 이용함으로써 권력과 돈의 교환은 처음부터 끝까지 중단된 적이 없다.

다른 복잡한 사회-역사적 원인 외에 하나의 매우 중요한 원인은 아마도 중국에서는 시종 진정한 부르주아 계급 정권이 건립되지 못했다는 데에 있을 것이다. 청정부는 말할 것도 없고 민국정부 역시 완전히 신흥 민족 부르주아 계급의 이익을 대표한다고 말하기 어려우며, 너무나 많은 구세력과 구전통이 그 속에 뒤섞여 있었다. 신해혁명 실패 후 손중산孫中山 선생은 일찍이 강개한 마음으로 이르기를 "8년 이래 중화민국 정치의 불량함이 이러한 지경에까지 이른 것은 실로 단지 지표만 갈아엎고 지층을 갈아엎지 않았기 때문이다"라고 했다.

바로 이러했기 때문에 비록 장건과 일본의 시부사와는 개인의 기질·사상주장과 실업창건의 성취에서 대체로 서로 필적했으나, 개인의 처지와 최후의 운명은 오히려 전혀 달랐다. 시부사와가 명치정부의 큰 지지를 받았던 것과 비교하여 장건이 신상의 신분으로 실업을 경영하는 처지는 그 어려움이 어떠했는지 알 수 없다. 일본이 이룩한 식산흥업殖産興業의 성취를 참관한 뒤에 장건은 일찍이 감탄을 금치 못하면서 실업을 제창하는 것에 대하여 이르기를 "중국에서 그것은 외줄거문고를 타며 광야를 거니는 것과 같아서, 내 연주를 듣기 좋아하고 나의 매일의 수고를 불쌍히 여기는 사람은 없다"[167]라고 했다.

특히 말년에 이르러 중국에서 실업을 일으키는 여러 가지 어려움을 회상할 때, 자신의 손으로 일으킨 대생기업시스템[大生企業系統]이 날로 형편이 악화되는 상황을 목도하게 되면서, 장건이라는 이 '상인 속의 서생'은 마음속에 말로 다할 수 없는 쓰라림과 글로 다 쓸 수 없는 시름을 안고 있었다. 마치 『천령관자수사千齡觀自酬詞』에서 이야기한 것처럼.

북풍을 바라보니 작은 호수에 물결이 일고,
남산을 바라보니 자욱한 아지랑이가 평지를 덮고 있네.
남쪽이든 북쪽이든 모두 큰 뜻을 펼칠 수 없게 하니,
한가로이 높은 난간에 앉아 자고새의 울음소리나 들을 수밖에.

---

167) 張孝若 編, 『南通張季直(謇)先生傳記』(上海:中華書局, 1920), 115쪽.

근대화 과정에서 중국은 왜 실패하고 일본은 왜 성공했는가? 중국'신상紳商'과 일본'사상士商'의 서로 다른 역사적 운명을 통해 우리는 무언가 깨달을 수 있을 것이다.

독립사회의 기점

"나라의 존재 여부는 무리를 이룰 수 있느냐 없느냐로 결정된다. 큰 무리를 이루려면 반드시 작은 무리를 결합하여 서로 연결시켜야 한다."
[『강소동향회창시기사江蘇同鄕會創始記事』]

신상의 사회적 작용

제1절 신상과 사회공익

1. 공적 영역

중국 전통사회의 구조에 관하여 과거에는 일반적으로 비교적 대립적인 양극 즉 봉건 전제국가 정권과 정권의 기초를 구성하는 소농경제 사회를 강조하고, 상대적으로 양극을 소통시키는 중간층 구조 즉 '공'적 영역을 소홀히 취급했다. '공'은 '사'와 구별되는 즉 무수히 많은 분산된 소농가정으로 구성되는 경제실체이며 사회세포이다. 또한 그것은 '나라[國]' 즉 고도로 관료화된 전제국가 기관에 대해서는 상대적으로 독립된 존재로서 자체의 특징적인 함의와 사회적 의의를 갖는다. 중국 전통사회[특히 명·청 이래]에서 하나의 현저한 특징은 '공'적 영역의 존재가 국가의 사회에 대한 압력을 상대적으로 완화하여 이로부터 장구한 사회의 안정적 발전을 유지했다는 점이다.

이른바 '공'적 영역은 내용 면에서 첫째로 지방에 속하는 모든 '공산公產' 예를 들어 공전公田·공옥公屋·사창社倉·의창義倉·서원書院·의학義學·각종 선당善堂〔자선 단체〕 등을 가리키며, 둘째로 관방이 직접 개입하지는 않으나 개인이 완성할 수도 없는 지방공사公事와 공무, 예를 들어 보갑保甲·단련團練·방화·도적방지·교량보수·도로포장·수리水利·민간구제 및 육영育嬰·고아구휼·양로·매장 등의 자선사업을 가리킨다.

서양 중세사회에서 봉건장원과 시민도시가 서로 맞서는 사회구조 양식과는 달리 중국 전통사회에서 '공'적 영역은 아래와 같은 특징을 갖고 있었다.

첫째로 역사가 유구하고 사회적으로 복개覆蓋하는 면적이 비교적 광범했다. 유가의 "백성이 귀하고, 사직은 그 다음이며, 군주는 가볍다"[1]라는 민본사상의 영향 아래 중국은 자고로 민간사회의 상호부조와 협력을 비교적 중시했다. 이에 대하여 맹자는 "장사지내고 이사함에 시골에서 나아가지 말 것이니, 향전鄉田에 여덟 가구가 같이 살되 나아가고 들어옴에 서로 도우며, 도둑을 지킴에 서로 도우며, 질병에 서로 구원케 하면 백성이 친목하게 될 것이다"[2]라고 했다.

따라서 각종 민간구제와 자조自助조직은 기원이 매우 오래되었으며, 비록 전란 등으로 인하여 때로 중간에 끊어지기도 했으나 맥이 계속 이어져서 전통을 형성했다. 예를 들어 의창義倉은 늦어도 당나라 시대에 이미 설립되었으며, 청대 강희연간 더욱이 관방에 명을 내려 향촌에 사창社倉을 건립하고, 시진市鎭에 의창을 설치하여 기근이 발생했을 때 비축미를 방출〔平糶〕·대출〔借貸〕하고 구제를 실시할 수 있도록 대비했다. 청대 각

---

1) 『孟子』, 「盡心」下.
2) 『孟子』, 「滕文公」上.

지에 설립된 가난하고 병들고 의지할 데 없는 노인을 수용하는 보제당普濟堂의 역사 또한 당송시기의 복전원福田院, 원대의 혜로자제당惠老慈濟堂, 명대의 양제원養濟院에까지 소급될 수 있다. 육영당育嬰堂은 남송의 자유국慈幼局에서 기원한 것으로 청초에는 북경·양주揚州·소주·송강松江·항주杭州·소흥紹興·통주通州 등 경제문화가 비교적 발달한 지역에서 이미 설립되기 시작했다. 다만 아직 보편적인 것은 아니었다. 강희 황제는 1706년 부도어사副都御史 주청원周淸原의 건의를 받아들여 각지에 육영당을 설치하도록 명령했다. 이로써 이러한 종류의 선당善堂이 드디어 각지에 보급되었다.3)

둘째로 명·청시기의 지방 공익사업은 주로 신사와 신상의 찬조 및 주재 아래 이루어졌으며 '공'적 영역은 마침내 지방신사와 신상이 가장 활발하게 활약하고 크게 실력을 과시하는 영역이 되었다. 어떤 사람은 지적하기를 "신사가 간여하는 지방공사의 범위는 각국의 지방자치 단체와 비슷하며 때로는 그것을 능가한다.… 교육[서원 등]·사업[육영원 등]·토목공사[도로와 교량 등]·공공재산[이른바 지방에서 공동 적립한 금전과 물품] 등과 같이 신사의 손을 거처 이루어지는 사업은 헤아릴 수 없이 많다"4)라고 했다.

아래의 소략한 분류와 열거를 통해 우리는 명·청시기 신사 및 신상이 참여한 지방 공익사업의 범위와 규모를 대략 살펴볼 수 있을 것이다.

1) 교량·도로·나루와 수리水利

강희연간 양주에서 상업을 경영한 신상 유정실劉正實은 후보지주候補知

---

3) 『淸聖祖實錄』卷223, 三月 丙戌條.
4) 「敬告我鄕人」, 『浙江潮』第2期.

州로 "용문교龍門橋의 건설에 만금을 썼고, 기근이 들자 돈을 기부하여 진휼을 도왔다."5) 불산진佛山鎭 신사 진문광秦文光은 도광 15년(1835) 진민鎭民에 의해 불하준설공사(淸浚佛河工程)의 총리로 선출되어 2년 반의 기간 동안 2만여 금을 들여 준공했다. 그 결과 "전체 물길의 통행이 편리하게 되어 배들의 왕래가 막힘없이 잘 통하자 진의 사민들이 서로 칭찬했고" 정부에서는 그에게 상으로 6품정대頂戴를 하사했다.6) 가경연간 휴녕休寧상인 진지굉陳志宏은 연납으로 주동州同의 직위를 얻었으며 시혜를 좋아했다. "전조田租를 기부하여 의도호義渡戶를 세우고 그 수입을 조선造船 및 도부渡夫의 임금과 식비로 지급했으며, 연례적인 보수비 역시 이것으로 지불했다."

광동 『혜주부지惠州府志』와 광서 『용현지容縣志』에 보이는 교량과 나루의 건설에 참여한 사람들의 신분에 관한 장중례의 통계에 따르면, 두 곳에서 건설한 2백 개의 교량 가운데 관에서 건설한 것은 13개로 6.5%, 신사가 건설한 것은 86개로 43%, 관리와 신사가 협력하여 건설한 것은 3개로 1.5%, 민간이 건설한 것은 50개로 25%를 차지했으며, 나머지는 신분이 불분명한 사람이 건설한 것으로 24%를 차지했다. 나루는 모두 94곳으로 관에서 건설한 것과 관리와 신사가 공동으로 건설한 것이 2곳으로 2.13%, 신사가 건설한 것이 22곳으로 23.4%, 민간이 건설한 것이 26곳으로 27.66%를 차지하며, 신분이 불분명한 사람이 건설한 것이 모두 72곳이었다.7) 신분이 불분명한 사람들 가운데 실제로 신사가 대대수를 차지한다는 사실을 고려하면, 신사[그 가운데 일부는 신상]가 이러한 활동에서 지도적 역할을 담당했음은 말할 필요도 없다.

---

5) 康熙 重修 『揚州府志』 卷52, 「篤行」.
6) 民國 『佛山忠義鄉志』 卷14, 「人物」(7).
7) Chung-li Chang(張仲禮), *The Chinese gentry : studies on their role in nineteenth-century Chinese society* (Seattle:University of Washington Press, 1955), 54쪽 표.

2) 의창·사창·의학·의진

청대 공공양곡의 비축방식은 상평창常平倉·의창義倉·사창社倉 등이 있었다. 상평창은 관에서 설치하고 관에서 관리했다. "곡물이 흔할 때는 비싼 값으로 사들여 농민을 이롭게 하고, 곡물이 귀할 때는 싼값으로 팔아 백성을 이롭게 했는데, 이것은 순전히 값을 고르게 하는 성질이 있었다."8) 사창과 의창은 민간이 설치하고 민간이 경영하는 것이었다. "봄에 빌려주고 가을에 거두어들이는데, 자금을 늘리고 이자를 남기는 것은 민간이 마음대로 하도록 했으며, 상평창이 미치지 못하는 부분을 보충했다."9) 비록 사창과 의창은 모두 민간이 자금을 모아 공동으로 설치한다고 규정하고 있으나, 실제로는 대부분 지방의 신사와 부자가 기부하여 건설했다. 이 때문에 각 사창과 의창의 관리인인 '창수倉首'와 '사수社首'는 일반적으로 모두 '집안이 부유한' 신사와 상인으로부터 나왔다.

예를 들어 가경 23년(1818) 송강부 누현婁縣과 화정현華亭縣 두 곳의 신상이 전답 786무를 헌납하여 화루華婁의창을 건립했다.10) 소주의 풍비豊備의창은 본지인 광록시서정光祿寺署正 한범韓范이 도광 15년(1835) 전답 110무를 헌납하여 건립했다. 도광 22년(1842) 군의 신사 육의陸儀 등이 계속해서 5천1백 무를 헌납했다. 얼마 뒤에는 1만 5천 무를 보유한 대창大倉으로 발전했다.11)

광동 불산佛山에서는 건륭연간 오두구사五斗口司에 소속된 신민紳民 조조비趙祖庇와 황여충黃汝忠 등이 비축양곡 1,031석을 헌납하여 사창을 건립

---

8) 民國『綿竹縣志』卷2,「建置」.
9) 위와 같음.
10) 嘉慶『松江府志』卷2,「建置」.
11) 『豊備義倉全案』卷1 : 民國『吳縣志』卷31,「公署」.

했다.12) 건륭 20년(1795)에 설립된 불진佛鎭의창은 "신사와 부자들이 돈을 마련하여" 세운 것으로, 창건자 가운데는 거인 7명, 생원 9명, 감생 8명 외에 각종 직함을 가진 사람 6명이 있었다.13)

휘주상인 여문의佘文義는 "포의로서 공경·거상들과 교제했으며… 의전義田·의옥義屋·의숙義塾·의총義冢을 설치하여 종족을 구휼하고 가난한 사람을 구제하는 데 쓴 돈이 1만 민緡이었다."14) 또 다른 휘주상인 사세춘史世椿은 이현黟縣사람으로 역시 일찍이 "재물을 풀어 기근을 구제하고, 서원에 시험장 건립비를 헌납했다."

3) 고아구제·빈민구휼·장례·급식 등의 자선사업

광서 23년(1897) 사천성 동부지방에 재난이 발생하자 중경에서는 "엄동에 죽을 끓여 사람들에게 나누어 주었다." 조천문朝天門·임강문臨江門·남강문南江門 세 곳에 "세 개의 급식소를 나누어 설치하고 하루에 한 끼씩 공급했는데 무릇 50일 동안 그 일을 했다." 관에서 일부의 곡물을 지급한 외에 중경 "각 방幫의 상동商董 및 본군本郡의 신량紳糧[지주]들 역시 각자 능력대로 재물을 내어 도왔다."15) 도광 13년(1833) 불산佛山에 흉년이 들어 "진鎭에 거주하는 신사들이 돈을 기부하여 사람들에게 죽을 먹였다." 이듬해 다시 흉년이 들어 창고가 텅 비게 되자 진의 신사들이 관부에 건의하기를 진 안의 모든 포호鋪戶로부터 한 달 치의 조를 거두어 성도省都에 가서

---

12) 乾隆『佛山忠義鄉志』卷3,「鄉事志」.
13) 廣東省社會科學院 歷史硏究所 中國古代史硏究室 等編,『明淸佛山碑刻文獻經濟資料』(廣州:廣東人民出版社, 1987)[이하『明淸佛山碑刻』으로 약칭], 91쪽.
14) 張海鵬·王廷元 主編,『明淸徽商資料選編』(合肥:黃山書社, 1985), 342쪽.
15)『渝報』第6冊,「本省近聞」.

양미洋米를 사와서 진휼하라고 했다.16)

청대 휘주 무원인婺源人 여석진余席珍은 읍상생邑庠生으로 강서 경덕진景德鎭에서 상업에 종사했다. 그는 적극적으로 휘상회관徽商會館을 창건하여 "의도義渡·의관義棺·의총義冢을 설립했으나 경비가 모자라자 진중하게 6읍邑의 신사가 기부한 토지를 모아 장기적인 대책을 마련했다." 아울러 의예회義瘞會를 설립하고 해마다 사람을 고용하여 배토培土함으로써 무덤을 돌보았다. 또한 석자회惜字會를 설립하고 문창궁文昌宮을 건립했는데 그 계획이 매우 주도면밀했다.17) 또 다른 한 사람의 무원婺源출신 소주사람 오종융吳宗融은 소주에 "보급소를 설치하고 죽과 옷을 나누어주었다." "어려서 유학을 공부하고" 뒤에 강서 경덕진에서 상업에 종사했던 무원婺源출신 사상士商 김성金城은 "육영育嬰·의도義渡·회관會館·의거義擧 사업을 하면서 모두 자신이 앞장서서 기부금을 추렴했으며 급료를 받지 않았다."18)

셋째로 전통적 지방 공익사업은 비록 주로 민간에 흩어져 사는 신사와 부상富商이 경영했으나, 관방이 실제로 그에 대한 독촉과 감독의 책임을 완전히 방치했던 것은 아니며, 때로 직접 개입하거나 협조하는 형태로 신사가 일하는 것을 도왔다. 따라서 전통적인 '공'적 영역의 본질적인 특징은 결코 관과 민 사이의 분립 혹은 대치가 아니라 관과 민 사이의 합작이며, 이것은 국가권력과 민간사회의 역량이 상호삼투·피차의존, 공동으로 작용하는 영역으로, 당연히 그 가운데서 민간의 성분이 주도적 지위를 차지했다. 예를 들어 각지의 사창과 의창은 비록 민영이었으나,

---

16) 『明淸佛山碑刻』, 436쪽.
17) 光緖 『婺源縣志』 卷35, 「人物·義行」.
18) 光緖 『婺源縣志』, 「人物·質行」.

완전히 관방권력의 통제로부터 벗어나 있는 것은 아니었다. 사창은 일반적으로 "민간에서 설립하고 관에서 이를 감독했다." 저장된 곡물의 출입은 공동으로 선출한 사수社首가 결정했으나, 지방관은 '감사의 책임'을 지고 있었다. 의창은 도시와 읍에 설치되어 있고 그에 딸린 토지가 있어서 관방의 참여와 영향이 더욱 컸던 것 같다.

불산佛山의창에 대한 관리를 예로 들면 건륭 60년(1795) "여러 신사가 관청에 보고하고 입안하여" 창설할 초기에 "탁지度支는 향신이 관리하고 곡물의 출고와 입고는 관부에서 맡았다." 그러다 점차 "탁지는 신사가 맡고 감사는 관에게 귀속되어 상호 감시·대조·검토하는" 규정이 만들어졌다. 규정을 보면 무릇 창고를 열어 진휼할 때는 "먼저 지방의 문무관원에게 보고하고, 관아에서는 이 사실을 고시하고 명백히 알려 사태를 진정시킨 다음 본현에서 다시 상급관리에게 보고하여 사창의 곡식을 방출하며, 보증서를 제출하고 가을이 되면 곡물을 사서 사창에 되돌려 놓는다"라고 했다. 또 규정하기를 "창고를 열어 구휼할 때는 먼저 창고 안의 곡식을 다 사용한다. 만약 부족하여 사창의 곡식을 빌렸다면, 반드시 현에 요청하여 상급관원에게 보고하도록 하며 보증서를 제출한다"라고 했다. 무릇 구휼이 끝나면 신사는 지방관변官弁에게 요청하여 향을 피워 축하하며 "각 아문에서 차출된 병사와 간부[地保]에게는 조촐한 음식을 대접하여 노고에 보답했다."19)

신사가 의창을 관리하다 재물을 횡령하여 결손이 발생하면 관부가 그를 체포하여 법으로 다스리기도 했다. 예를 들어 불산佛山의창에서 어떤 사사司事가 거액을 횡령하자 진의 신사들이 연명으로 처벌을 요청했

---

19)『明淸佛山碑刻』, 399쪽.

으며… 현에서는 다시 상급관청에 보고하여 그를 파면시키고 구속수사 하도록 했다."20)

청대 광서연간 사천총독 정보정丁寶楨이 창립한 적곡창積谷倉은 "마을 마다 혹은 촌락마다 풍년이 든 해에 수확의 100분의 1을 모아 공동으로 하나의 창고를 건립하여 보관하고 공동으로 한 사람을 선출하여 이를 관장하도록 했다." 아울러 규정하기를 "백성들이 스스로 관리하며 관청은 간섭하지 않는다"라고 했으나, 실제로는 "상평창·의창과 사창의 성격을 동시에 갖고 있었으며, 관리와 적곡창의 우두머리가 공동으로 모든 책임을 졌다."21)

다시 예를 들어 각지의 서원은 비록 명의상 신사가 관리했으나, 사실 대부분 관방이 창설한 것으로, 성省의 학정學政이 통합관리했다. 호북의 유명한 양호서원兩湖書院은 원래 동치 8년(1869) 장지동이 호북학정湖北學政으로 재직할 때 호광총독 이홍장과 논의하여 설립한 경심서원經心書院이었다. 그 후 약 20년 동안 수리가 이루어지지 않아 장지동이 1889년 호광총독으로 전보되었을 때는 이미 담장과 벽이 무너져 파괴의 정도가 아주 심했다. 장지동은 호북성 다상茶商들의 기부를 받는 방법으로 원래의 땅에 양호서원을 설립했다. 1890년 양호서원이 건립된 뒤 우선 양호의 제생諸生 1백 명 및 상인자제 40명을 선발하여 이곳에서 학습하도록 했으며, 이렇게 하여 적지 않은 수의 심복과 우익을 양성했다.22)

다시 예를 들어 소주에서 과거제도는 일찍부터 발달하여 청말에도 여전히 6개의 서원이 존재했다. 그것은 문정서원文正書院·자양서원紫陽書

---

20) 民國 『佛山忠義鄕志』 卷14, 「人物」(6).
21) 民國 『綿竹縣志』 卷2, 「建置」.
22) 『張文襄公全集』 卷30, 「奏議」(30).

院・평강서원平江書院・정의서원正誼書院・태호서원太湖書院과 학고당學古堂이 었다. 그 경비는 주로 관전官田의 지대(租金)・은행(庫銀行)의 이자와 군내 신부紳富의 기부금에서 나왔으며, 이를 공산公產으로 하여 지방신사가 맡아서 관리했다. 다만 각 서원과 당堂의 장은 학정이 임명했고, 경비에 대해서도 관방이 감독과 감사의 권한을 행사했다.[23]

보갑・단련 등 지방의 관리・치안 사무에서 현급縣級 지방장관과 신사의 협력은 더욱 긴밀했다. 청대에 지방에서는 보갑제도가 실행되었다. 현 이하의 성・진과 향촌에 거주하는 백성은 패牌・갑甲・보保 세 개의 등급에 소속되었다. "10가家를 패로 하여 패장牌長을 두고, 10패牌를 갑으로 하여 갑장甲長을 두었으며, 10갑甲을 보로 하여 보정保正을 두었다.… 같은 보保의 사람끼리 출입할 때는 서로 친구처럼 돌보아 주고, 외부의 침입을 방지하기 위해 서로 감시해 주고 협조하여 대처하며, 변고가 있으면 함께 근심하고 평시에는 함께 즐거움을 누린다"[24]라고 했다. 보갑保甲은 국가 행정기구에 속하는 것이 아니라 "품행이 단정하고 사람됨이 공정하여 평소 고장사람들의 존경을 받는" 지방의 명사와 장로(紳耆)를 선발하여 이를 맡겼는데, 국가권력은 이들 '신기'의 중개를 통하여 사회의 기층에 도달했다. 지방치안을 유지하는 단련 역시 주로 '신기'가 구체적으로 조직・통솔하고 관방은 감독과 조절의 책임을 졌는데 "도적을 잡는 일은 관에서 책임을 지고 도적을 방비하는 일은 백성들이 힘을 합쳐야 한다"[25]고 했다.

보갑과 단련 외에 관방과 신사가 긴밀한 관계를 유지하는 지방의 공

---

23) 民國『吳縣志』, 「書院」: 乙2-1, 第107卷 참조.
24) 民國『溫江縣志』卷3, 「民政志」.
25) 李平書, 『且頑老人七十歲自叙』, 258・255〜256쪽.

무로는 세금징수·성유선강聖諭宣講 등이 있었다. 세금징수는 본래 정부의 직무에 속하나 청대에는 흔히 지방신사에게 의뢰하여 일을 진행했다. 예를 들어 사천 운양현雲陽縣에서는 "매년 초가을에 현령이 자리를 마련하고 성城·향鄕의 신량紳糧〔지주〕들을 관사官舍로 초청하여 세율은가稅率銀價를 논의했는데, 이를 의량議糧이라고 했다."26)

'성유선강'은 청초 이래 시행된 일종의 백성을 교화하는 제도로, 보름마다 한 차례 16조목으로 된 정치와 도덕준칙에 관한 '성유聖諭'를 백성들에게 강연했는데, 지방신사의 협조를 받아 실시했다. 구체적 방법은 다음과 같았다. "매월 초하루와 보름 두 시기에 〔주와 현의 관리는〕반드시 교관敎官·좌이佐貳·잡직雜職들을 거느리고 친히 공소公所에 이르러 군사와 백성들을 불러모아 삼가 성유광훈聖諭廣訓을 조목별로 강해한다.… 사방에 흩어진 향촌으로 말하면, 직무 때문에 참석할 수 없는 경우 정해진 규칙에 따라 대향大鄕·대촌大村에 강약소講約所를 설립한다. 성실하고 믿을 만하며 평소 죄를 범한 적이 없는 신사를 선출하여 약정約正으로 삼아 당번인 달에 각각 강의를 하도록 한다."27) 청말 상해신상 이평서李平書는 그의 자술에서 언급하기를 자신이 광동 육풍陸豊지현으로 재직할 때 일찍이 생원 요좌희廖佐熙에게 명하여 공유지 한 곳을 골라 강당을 지어 "성유聖諭를 선강宣講하는 곳"28)으로 삼도록 했다고 한다.

상술한 바를 종합하면 '공'적 영역은 실로 국가정권과 기층사회 사이의 광대한 중간 과도지대였다. 그것은 위로는 국가정권과 서로 유착되어 있고, 아래로는 가정家庭·동족〔家族〕과 점포·작업장〔作坊〕 등으로 구성된

---

26) 民國 『雲陽縣志』 卷9, 「禮俗·風俗」.
27) 田文鏡, 「欽頒州縣事宜」, 『宦海指南五種』.
28) 李平書, 앞의 책, 238~239쪽.

'사'적 사회와 연결되어 있었다. 그 구조는 국가와 사회의 경계선이 개의 이빨처럼 들쑥날쑥하고 서로 삼투 융통하는 짜임새를 갖고 있었다. 따라서 그들 사이에는 마치 아래 그림이 보여주는 것처럼 하나의 분명한 경계선을 긋기가 어려운 면이 있다.

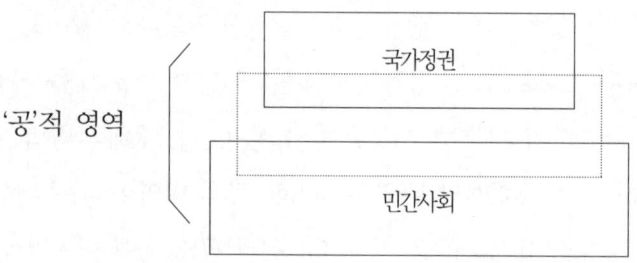

그림에서 점선으로 된 네모난 틀 부분이 '공'적 영역의 범위를 표시한다. 국가와 사회는 모두 그것과 겹쳐져 있다. 그 범위는 국가와 사회의 관계변화에 따라 바뀐다. 민간사회가 우세를 차지할 때 그것은 위를 향하여 국가정권의 권력 범위를 잠식하고, 국가정권의 통치력과 사회에 대한 통제가 강화되면 그것은 아래를 향하여 민간사회 쪽으로 범위를 넓힌다.

주의할 만한 가치가 있는 것은 서방 근대초기의 '공적 영역(public sphere)'29)과 달리 중국의 전통적인 '공'적 영역에서는 국가와 사회의 관계가 주로 일종의 합작과 협조의 경향을 드러내며 상호대립 내지 대항하지 않는다는 점이다. 이 속에서는 자본주의 사회구조의 최초의 생장을 관찰할

---

29) Jurgen Habermas, *The structural transformation of the public sphere : an inquiry into a category of bourgeois society*, translated by Thomas Burger with the assistance of Frederick Lawrence(Cambridge, Mass.:MT Press, 1989).

수 없으며, 이것은 단지 중국 전통사회 구조의 연속으로 유가의 고로한 사회이상과 전통 가치관념에 부합될 뿐이었다. 이것이 또한 바로 우리가 애써 서방(주로 하버마스)의 '공적 영역'의 개념을 적용하지 않으려고 하는 이유이며, 만약 이 개념을 이용하여 중국의 전통적인 '공'적 영역을 해석한다면, 아마도 선입관에 사로잡혀 오히려 중국의 역사적 진상으로부터 더욱 멀어지게 될 것이다.30)

2. 근대 도시 공익사업의 확산

19세기 중엽 이래 중국 전통사회가 근대사회를 향해 궤도를 수정하기 시작함에 따라 전통적인 '공'적 영역은 명백한 확장추세를 드러냈다. 이러한 확장추세는 주로 민간에 거주하는 신사와 상인에 의해 추진된 것이었다. 따라서 이 시기 '공'적 영역의 확장은 기본적으로 민간사회의 확장으로 볼 수 있다. 국가권력의 지방사무에 대한 간섭은 상대적으로 감소·약화되는 추세였으며, 적어도 민간사회의 확장과 어깨를 나란히 할 수는 없었다.

근대도시에서 '공'적 영역의 확장을 보여주는 중요한 지표 가운데 하나는 각종 성·진 공익사업의 첫번째 제도상의 정합整合이었다. 어떤 도시에서 이러한 정합은 전통적 자선단체(善堂) 조직의 숫자가 급증하는 형태로 체현되었다. 예를 들어 미국인 학자 윌리엄 로우William T. Rowe의 연구에 따르면 한구漢口의 자선단체는 주로 동치와 광서연간에 나타났다. 도

---

30) 미국의 黃宗智(Philip C.C. Huang) 교수는 '第三領域'의 개념으로 '公衆領域'의 개념을 대체하여 몇 몇 선입견 위주의 이론적인 가설을 탈피해야 한다고 주장했다.

광과 함풍연간(1831~1866)에 건립된 자선단체는 모두 10개로 단지 한구 자선단체 총수의 29%를 차지했다. 그러나 동치와 광서연간(1867~1895)에 건립된 자선단체의 수는 25개에 달하여 총수의 71%를 차지했다.

다수의 지역에서 전통 공익사업의 제도적 정합은 주로 전문적으로 사회공익에 종사하는 각종 '공국公局'과 '공소公所'의 분분한 설립으로 체현되었으며, 이로부터 이러한 활동의 조직화와 제도화의 정도가 대대적으로 향상되었다. 소주는 이러한 지역 가운데서도 매우 전형적인 곳으로 〈표 5-1〉은 『오현지吳縣志』의 기재에 근거하여 이 시기 소주[吳縣·長洲縣과 元和縣 포함]에 설립된 각종 자선관련 '국局'과 '소所'를 나열한 것이다.

<표 5-1> 청말 소주의 자선관련 국局과 소所

명칭	장소	방지方志 중의 관련기록
추인국推仁局	보림사寶林寺 서쪽[西]	청 동치 5년 군민 정조청程肇淸 창립, 양화공소洋貨公所 내에 부설, 전문적으로 매장하는 일을 도움.
종선국種善局	정화방樺和坊	청 동치 6년 동민 단목찬징端木燦澄 창건, 관을 제공하고 매장을 대신함.
육원국毓元局	장춘궁長春宮	청 동치 7년 동민 오진종吳振宗 창건, 영아보호와 과부구휼.
윤향국輪香局	도화오桃花塢	청 가경 20년 군민 호녕수胡寧受 창건, 의숙義塾을 설립하고, 다시 석학회惜學會를 설립. 동치 4년 동민 사가복謝家福 등이 중건, 빈사殯舍를 병설.
유고학사儒孤學舍	도화오桃花塢	청 동치연간 군민 사가복謝家福 창건, 경비는 각 신사에게 의지하여 조달, 선통 말년 경비부족으로 중지.
휼고국恤孤局	범문교항梵門橋巷	동치 5년 장주지현長洲知縣 괴덕모剻德模가 함께 건립, 관전官田 3백 무를 발급하여 경비충당.
세심국洗心局	전금교항剪金橋巷	청 동치 10년 군민 풍방식馮芳植 창건, 세가자제 불초자를 국에 보내 관리단속. 선통 말년 관청에 경비를 지원하지 않아 중지.
양생국養牲局 [속칭 牲廟]	조시교棗市橋	청 가경 17년 군민 한시승韓시승 창건, 늙고 병든 소를 수용, 광서 9년 한시승이 자금을 모아 중건. 관목을 외상으로 대신 사주는 등의 자선활동을 함.

태호구생국太湖救生局	서문외조시脣門外棗市	군인郡人 송준末俊 등 창건. 호수 중의 어선을 어디서나 구조. 생사 여부에 따라 상을 줌.
강제국康濟局	사전가남채련항司前街南采蓮巷	청 광서연간 주월朱樾 창건, 매장을 대신해 주고, 석자惜字(글자가 쓰인 종이를 모아 불태우는 것), 과부를 구휼하고, 의숙義塾을 병설.
만년석자국萬年惜字局	서문외장춘항脣門外長春巷	청 동치 9년 동민 필진畢晉·정동程棟이 자금을 기부하여 창건, 전문적으로 글자가 쓰인 종이를 수집.
조장회助葬會	왕세마항王洗馬巷	오교吳釗·우선갑尤先甲 등 창건, 오로지 정직한 선비의 장례를 도움. 선통 2년에 계속 확충하여 4민을 위해 매장을 대신해 줌.
체인국體仁局	상의교尙義橋 동북쪽(東北)	청 광서 28년 서준원徐俊元·오소생吳韶生 등 창건, 병들고 다친 영아를 수용, 경비는 각 전장 및 전업공소錢業公所에서 월별로 보조.
접영국接嬰局	광복진光福鎭	경비는 본진本鎭의 신상들이 기부.
서류소栖流所	왕폐기王廢基	늙고 병든 유민을 수용, 겨울에 수용하고 봄에 내보냄.
빈민습예소貧民習藝所	왕폐기王廢基	서류소栖流所가 바뀐 것. 경비는 번고藩庫에서 발급, 지방행정비 내에서 충당.
적선국積善局	구학 앞에 위치(在舊學前)	청 광서 20년 군민 오소생吳韶生·영연기寧沿基 등 창건, 먼저 의숙義塾을 설립하고 석자惜字, 이어서 과부구휼·영아보호·우두접종·긴급구조 등의 일을 함.
인제국仁濟局	천후궁동원天后宮東院	청 동치 4년 구용인句容人 창건, 사망한 동업자를 위해 영구를 잠시 보관하는 일을 함.
영원국永元局	호서진滸墅鎭	
안인국安仁局	현교항縣橋巷	청 동치 6년 동민 고장태顧長泰 등 건립, 의숙을 설립하여 마을의 자제를 교육.
안인남국安仁南局	왕맹자교王猛子橋	함풍 4년 건립, 관을 제공하고 대신 매장하며, 약품을 베풀고 급식을 함.
안절국安節局	누문신교항婁門新橋巷	풍계분馮桂芬 등 창설, 명문가의 과부를 수용하여 토지와 가옥을 빌려주는 등의 일을 함. 경비는 전액 각종 기부금에 의존.
보식국保息局	제문 신교항在齊門新橋巷에 위치	풍계분馮桂芬 창설, 양로·과부구휼, 관을 제공하고 의숙을 병설.
주급국周急局	녹가항菉葭巷	청 도광연간 군민 황수봉黃壽鳳이 건물을 빌려 설립, 과부구휼·맹인구제·영아보호·의숙운영.

공의국公義局	대지사내부(大智寺內)	청 동치 12년 동민 장은패蔣恩霈 창설. 매장을 대신하고, 석자惜字·급식.
창선국昌善局	육화창六和倉	강희 46년 군민 고개한顧開韓 등 창건. 기부금을 모아 관을 제공하고 매장을 대신하며, 석자惜字·방생放生.
영선국永善局	창문외반변가閶門外半邊街	청 광서 원년 군민 고수정顧秀庭 창건. 전적으로 버려진 아이와 순국자를 돌보는 자선행위를 함.
동선국同善局	봉문외封門外	봉계 팽씨葑溪彭氏가 창시. 의료와 약품을 제공하고, 관을 베풀고 매장을 대신함.
천선국遷善局	각직진角直鎭	동치 9년 동민 양인전楊引傳 등 창건. 세가자제 불초자를 관리단속.
석자국惜字局	주장진周庄鎭	강희연간 암승庵僧 요능了能 창설.
적선국積善局	유정진唯亭鎭	건륭 46년 동민 왕영화王永和 설립. 관을 제공하고 매장을 대신하며, 석자惜字.

 위의 표를 통해서 우리는 소주의 각종 자선사업 관련 국局과 소所는 주로 동치와 광서연간에 창건되었고, 이들 조직의 성질과 기능은 전통선당과 본질적으로 다름이 없어 여전히 전통적 자선기구에 속하나 영향을 미치는 범위가 더욱 넓고 사회구제의 내용이 더욱 풍부했으며, 조직과 관리 역시 전통선당보다 훌륭했다는 것을 알 수 있다. 표는 또한 이러한 종류의 자선기구는 대부분 지방신상이 설립하고 관리했다는 사실을 반영하고 있다. 예를 들어 우선갑尤先甲·오소생吳韶生·사가복謝家福 등과 같은 사람은 모두 소주의 저명한 신상이었다. 이것은 지방사신과 상인이 근대에 더욱 광범하게 사회생활에 개입하고 간여함으로써 자동적으로 성·진에서 생로병사를 돌보는 의무를 담당했음을 말한다.
 물론 소주의 근대 자선 공익사업의 발달은 그 지역에 부유한 신사와 대상인이 비교적 많으며 그들이 선행을 좋아하고 베풀기를 즐기는 전통을 갖고 있었던 것과 밀접한 관련이 있다. 이에 대하여 당시사람들은 다

음과 같이 말하고 있다.

소주의 부호집안은 대부분 선행을 좋아하여 겨울에는 옷과 이불을 나누어주고, 여름에는 모기장과 부채를 나누어주며, 죽어서 염을 할 돈이 없는 사람에게는 관을 주고, 병이 들어도 치료비가 없는 사람에게는 약을 주고, 흉년에는 죽과 쌀을 베풀었다. 최근에는 황제께서 낙선호시방樂善好施坊의 조례를 반포하시어 사창과 의창을 창설한 사람에게 공로에 따라 상을 주시니, 자선이 사회적 지위를 높이는 길이 되어 사람들의 자선활동 참여가 더욱 활기를 띠게 되었다.31)

다른 지방에서 자선·복리기구의 신설은 비록 소주와 송강松江 등 풍요로운 강남지역에서처럼 보편적이지는 않았으나, 그래도 역시 많은 기록이 있다. 예를 들어 산서에서는 "성도의 보영국保嬰局은 양곡현陽曲縣 주부主簿의 관아에 설치되어 있는데, 연간 6백 명의 어린이를 보육한다는 계산으로 매년 480냥을 경비로 책정(윤달이 있는 경우는 추가)하여 보육 및 바느질·용지구입·사무원 급료로 지불하도록 했다.… 이후 경비가 보다 많이 확보되면 성도省都 전역으로 확대하고 다시 각 부府·청廳·주州·현縣으로 확대할 것을 제창했다"32)라고 한다.

사천성 파현巴縣은 동치 초년 현 전체에 육영소育嬰所를 설치하고 현아문이 나서 신상들의 의연금을 모집하여 운영하도록 했는데 "그 명분은 육영을 확대하여 빈민들을 돕는 것이었다." 각 육영소에는 주임 겸 사무원 1명, 유모 3~4명, 간호인 2~3명을 두어 "빈민 및 버려진 남녀영아를 거두어 길렀는데 유모들이 골고루 돌보았다"33)라고 한다. 또 보절원保節院

---

31) 民國 『吳縣志』 卷52上, 「風俗」.
32) 『晉政輯要』 卷18, 「戶制·恤政」3.

을 설립하여〔광서 3년〕 "절부節婦 120명과 절부의 자녀 160명을 양육했다."

신상들이 각 국局과 소所의 신동紳董으로 취임하여 지방의 자선과 복리 사업을 경영함으로써 전반적으로 말해서 서리들이 직접 경영하는 것보다 효과가 좋았으며 부패 역시 상대적으로 적었다. 강소순무 정일창丁日昌은 일찍이 비교적 사실대로 평가하기를 "신동紳董들이 부정한 수단으로 이득을 보고자하는 마음이 있어도 그들은 청의淸議의 비판을 받을까 두려워했다. 그러나 관청의 하급관리들은 오직 이익만 꾀할 뿐 다른 것엔 관심조차 없어서 청의에 의해 마음이 움직이는 사람들이 아니다. 내가 향리에 거주할 때 빈민구제·육영 및 과부에 대한 진휼 등의 자선활동을 살펴보니, 비록 신동들이 경영한다고 해서 한 푼도 빠짐없이 다 구제활동에 쓰이는 것은 아니라고 할지라도 7~8할은 실제 구제사업에 쓰였다"34)라고 했다.

신상의 근대 도시 공익기구 즉 공국公局과 공소公所에서의 지위와 역할에 관하여 우리는 상해신상 경원선經元善 등이 창건한 협진공소協賑公所와 이 공소가 전개한 대규모 의진義賑활동을 예로 들어 보다 자세한 설명을 할 수 있다.

앞에서 서술한 것처럼 경원선의 의진활동은 그가 1878년 상해 '협진공소協賑公所'를 창립한 것을 기점으로 하여 시작되었다. 다른 자선단체들이 산발적이고 일시적인 구제활동을 벌인 것과는 달리 '협진공소' 신상의 의진활동은 강력한 조직성과 계획성, 높은 업무효율, 넓은 범위와 큰 규모 등 모든 면에서 전례가 없는 일이었다고 할 수 있으며, 그것은 실제로 이미 강소와 절강 신상집단의 연합적인 사회 공익활동이었다.

---

33) 民國 『巴縣志』 卷17, 「慈善」.
34) 丁日昌, 『撫吳公牘』 卷18, 2~3쪽.

조직상에서는 상해 협진공소를 중심으로 하여 따로 소주·양주·진강鎭江과 항주에 네 개의 주진공소籌賑公所를 설립하여 상호 협력했다. 그 가운데 상해 협진공소의 의연금 대리징수처는 상해의 과육당果育堂·보원당輔元堂·보영국保嬰局·보안당保安堂 외에도 21곳이 송강松江·복주福州·남경南京·소흥紹興·영파寧波·가흥嘉興·전당錢塘·자계慈溪·구강九江·안경安慶·한구漢口·연대煙臺·샌프란시스코·요코하마·나가사키에 나누어 설치되었다. 이로부터 하나의 거대한 공익조직 네트워크가 형성되어 당시 사회상의 신상명류인 성선회盛宣懷·정관응鄭觀應·사가복謝家福·당정추唐廷樞·서윤徐潤·이금강李金鏞·주기순朱其尊·욱희승郁熙繩·요보훈姚寶勛·당정계唐廷桂·왕승기王承基 같은 사람을 모두 그 속에 받아들였다.

「상해의 원래 산서성 구제사무에 종사했던 동료에게 알리는 글〔上海原辦晋賑同仁啓〕」의 기록에 따르면, 상해 협진공소와 관련있는 전국각지의 신상은 180여 명에 달했다.35) 이 방대한 민간 공익조직 네트워크는 경원선과 성선회 등 신상을 우두머리로 했는데, 상해를 중심으로 하고 강소·절강을 기초로 하여 전국토의 절반이 넘는 지역에 영향력을 미쳤으며, 아울러 홍콩·마카오·대만과 미국·일본 및 남양南洋으로 범위를 확대하여 근대 민간구제의 사회 공익활동을 전례없는 규모로 추진했다.

재해구제의 구체적인 방법이라는 면에서 상해 협진공소의 동료들은 많은 새로운 방법을 창안했다. 그들은 구제활동을 할 때마다 먼저 소량의 자금을 가진 사람을 재해지역에 파견하여, 한편으로 구제활동을 하면서 다른 한편으로 재해상황을 조사하게 한 뒤에 실제 재해상황에 근거하여 구제범위를 확정했으며, 모금·회계·운송·구제활동에 각각 모두 전담자를 두어 책임을 맡겼다. "이러한 모금·회계·운송·구제 활동을

---

35)『申報』, 1879年 4月 8日.

상호 분리하고 지역·인원·자금을 정하는 재해 구제방법은 자금을 횡령하여 사복을 채우는 일이 발생하는 것을 사전에 방지했다."36)

그들은 또한 각지에서 향약을 강연하는 사동司董에게 재해지역의 지도〔災圖〕와 모금장부를 휴대하고 사방으로 가서 기부를 권하도록 했다. 동시에 강이나 바다를 항해하는 선박에도 모금함을 설치하여 기부를 권했다. 방법이 적절하고 업무가 견실하여 기부금 역시 많았다. 단지 1879년 11월까지 상해 협진공소에서 직례·하남·섬서·산서 네 성의 재해지역에 보낸 구호금만 해도 합계 은 47만 763냥에 달했다.37)

경원선 등 신상의 대규모 재난구제 활동에 대한 당시사람들의 평가는 매우 높았다. 어떤 사람은 『신보申報』에 글을 투고하여 다음과 같이 논평하였다.

> 상해의 여러 자선사업가들이 6~7년 전부터 산동지역 가뭄피해에 대한 구제활동을 벌였는데, 필요한 자금이 막대하고 시간이 오래 걸리나, 일을 하는 사람들 가운데 전심전력을 다하지 않는 사람이 없으며, 모금액은 모두 공적으로 집행되었다. 구제활동이 있은 이래 그 방법이 적절하고 뜻이 아름다운 것 가운데 이것이 가장 훌륭한 구제활동이라고 생각된다.38)

20세기 초에 일군의 새로운 형태의 공익사단社團〔일반적으로 '회'라고 칭하며, 전통적인 명칭을 그대로 쓰기도 함〕의 출현을 시작으로 중국 근대의 도시 공익사업은 한층 더 발전했고, 아울러 비교적 선명한 근대적 특징을 드러내기 시작했다. 날로 더욱 부르주아 계급화한 신상집단은 도시 공익영역에서 더욱 적극적인 역할을 담당했다. 이에 대하여 아래서는 소방·아편

---

36) 虞和平 編, 『經元善集』, 3쪽.
37) 『申報』, 1879年 4月 8日 ; 12月 18日.
38) 『申報』, 1883年 8月 1日.

금지·도시위생 등 여러 방면으로 나누어 서술한다.

1) 소 방

고대부터 근대까지 중국에서 도시와 읍의 주택건축은 대부분 벽돌-목재구조 위주로 대량의 대들보·기둥·골격·위층의 바닥판 등은 모두 불에 타기 쉬운 재료였으며, 게다가 도시지역 주민의 거주지가 밀집되어 있고, 점포가 즐비하고, 처마가 서로 맞닿아 있어 "화재가 갑자기 발생하면 매번 수습할 수 없는 지경에 이르렀다." 이 때문에 방화와 소화는 줄곧 도시와 읍의 주민들을 괴롭히는 큰 문젯거리가 되었다.

청초 이래 민간에서는 계속적으로 '수회水會'·'수국水局'·'용사龍社'·'용국龍局'·'화사火社'·'수사水社'·'수룡국水龍局' 등 명목이 번다한 민간 소방조직을 설립하기 시작했다. 이들 전통적인 소방조직은 일반적으로 시가지의 점포에서 자발적으로 조직한 것으로 "조직이 불완전하고 구성원이 복잡하며" 건전한 규칙과 제도가 없었다. 뿐만 아니라 사용하는 소방기구 역시 매우 낙후되어 주로 물통·물주머니·펌프 등을 이용했으며 효과적으로 화재를 진압할 수 없었다.

예를 들어 천진 최초의 수회水會는 강희연간에 설립되었는데 "사원의 땅을 빌려 공동으로 국소局所를 건립했으며" 동치 9년(1870)에 이르러 이미 40여 국으로 증가했다. 비치한 제복·도구·등롱 등은 주로 성내의 신상 점포에서 찬조한 것이었다. "의화단사건 이후 각 수회는 거의 황폐화되었다가" 광서연간 다시 설립되어 전성기에는 71개에 달했다.[39] 그러나 이러한 구식수회는 "경비조달이 어렵고 훈련방법이 부적절하여 곤란을

---

39) 『天津商會檔案』 三類 85號 卷2547號.

겪었으며, 비록 수회의 동지들이 재난의 구제에 용감하게 나섰으나, 매번 화재현장에서 수회 사이에 서로 상대에게 불끄기를 양보하는 위선적인 풍조가 있어서 불끄는 시기를 지체하는 일이 발생했다."40)

소주에서도 마찬가지로 일찍이 청초에 이미 '화사火社'라고 불리는 민영 소방조직이 있었으며, 뒤에 이름을 바꾸어 '용사龍社'라고 했다. 이들은 대부분 각 업종의 공소公所·묘우廟宇 혹은 선당善堂에 부설되어 매우 분산적이었으며, 게다가 "조직이 불완전하고 구성원이 복잡하여 한번 화재사건을 만나면 동발을 울리며 소란을 피워 인심을 어지럽혔다. 때로는 심지어 물을 빼앗고 길을 다투며, 자기 쪽 사람이 많은 것을 믿고 흉악한 행동을 하는 일도 있었다는 소문이 돌기도 했다."41) 이밖에 예를 들어 한구의 신상들이 함풍과 동치연간에 창건한 '수국'과 '용국龍局' 및 북경에서 함풍연간에 창건된 '종선수회從善水會〔광서연간에 安平水會로 이름을 바꿈〕'도 역시 유사하게 조직이 낙후되어 '있으나 마나한 조직으로 전락해 버리는' 문제가 존재했다.42)

전통도시 민간 소방조직의 폐단을 보고 느낀 바가 있어 20세기 초부터 도시와 읍의 신상들은 새로운 형태의 소방조직을 건립하거나 혹은 이전의 조직을 개조하여 근대 시정발전의 수요에 적응하고자 했다.

상해는 가장 먼저 근대형 구화회救火會가 조직된 도시로, 1907년 시내의 구화회〔사〕救火會〔社〕는 이미 30여 개에 달했으며, 각 업종과 각 시가지에 분포했다. "비록 각각의 수룡회水龍會가 따로 소방활동을 벌이긴 했으나

---

40) 『天津商會檔案匯編(1903~1911)』, 2104쪽.
41) 乙2-1, 38/7.
42) 北京의 '從善水會'에 대해서는 李華 編, 『明淸以來北京工商會館碑刻選編』, 167~168쪽, 漢口의 '水局 龍局'에 대해서는 William T. Rowe, *Hankow : conflict and community in a Chinese city, 1796~1895* (Stanford, Calif.:Stanford University Press, 1989), 164~165쪽 참조.

각 회가 서로 협력하지 않고 종종 현장에서 서로 다툼으로써 소방행정에 큰 장애가 되는 문제"를 해결하기 위해 1908년을 전후하여 각 구화회〔사〕가 연합하여 상해구화연합회上海救火聯合會를 조직하고 통일된 장정을 제정하여 다섯 개의 구화구救火區로 나누어 서로 소방활동을 지원하기로 했다. 아울러 연합회가 백은 7천여 냥을 모아 당시 상해에서 가장 높은 건축물인 경종루警鐘樓를 건립하고 화재를 엄밀히 감시하여, 화재가 발생하면 즉각 종을 울려 제때에 소방활동을 벌이도록 했다.43)

1908년과 1910년 소주의 신상들은 상해의 방법을 모방하여 전통적인 '용사龍社'를 기초로 '소주서북성구화연합회蘇州西北城救火聯合會'와 '소성구화연합회蘇城救火聯合會'를 각각 창건하여 소방활동의 지휘와 협조체계를 통일함으로써 분산적으로 활동하던 '용사'의 단점을 보완하고자 했다. 연합회 아래에서 1910년 직물업 신상 도용陶墉과 조일승趙日升 등이 발기하여 장주長洲와 오吳 두 현의 접경지에 기제수룡구화사旣濟水龍救火社를 창건했다. 이 사社의 발기문을 보면, 주로 서방근대 구화회조직의 계몽과 영향을 받아 이르기를 "오늘날 세계각국은 구화회를 설립하여 순전히 군대식으로 관리하는데, 경종警鐘이 한번 울리면 모든 사람이 앞 다투어 달려나간다. 이것은 의롭고 용감한 일에 앞장서는 사람이 중국보다 그들 나라에 많기 때문이 아니라, 오랫동안 훈련하고 부지런히 연습하다보니 숙달이 되어 일을 쉽게 처리할 수 있게 됨으로써 얻게 된 효과라는 것은 말할 필요도 없다"44)라고 했다.

조직과 형식상에서도 이 사社는 이미 느슨한 임시적 조직이 아니라 일련의 비교적 엄밀한 조직기구를 갖추고 있었으며, 상세한 '시범운영장

---

43) 秦蒼力,「上海消防發展簡史」,「上海消防」, 1981年 第1期 참조.
44) 乙2-1, 38/8.

정'을 입안하여 종지를 정하기를 "여러 사람의 힘을 규합하여 화재를 소멸하고 지방의 치안을 유지하는 것을 유일한 종지로 삼는다"라고 했다. 공동으로 도용을 정사장正社長으로, 조일승을 부사장으로 선출했다. 기제수룡구화사의 아래에는 하나의 소방대가 부설되어 있었는데, 모두 16명의 "나이 20세 이상"인 신체 건장한 소방대원은 "인부를 통솔하여 화재현장을 보살피는 것을 종지로 했다."45)

같은 해 소주 항춘사행恒椿絲行 신상 서원무徐源茂 등이 전례에 따라 치안용사治安龍社를 설립하고 명확히 선포하기를 "본사는 설립초기부터 외국구화회의 규칙을 채택하여 종래의 수룡회 장정을 개량했으므로 이름을 치안용사라고 한다"라고 했다. 이것은 이 사社가 비록 명칭은 구식이나 이미 전통적인 '용사'나 '수국'과 다른 근대적인 소방단체였다는 사실을 증명한다. 이 사의 규모는 기제수룡구화사보다 컸으며 직원이 40~50명에 달했다. 조직 역시 보다 엄밀하여 "본사本社의 산역散役 등이 사의 규정을 위반하여 혹 현장에서 분규를 일으키면 반두盤頭와 관반管班으로부터 그 명단을 넘겨받아 죄가 가벼우면 벌을 주고 무거우면 파면한다"46)라고 규정했다.

얼마 뒤 금융·주단·서양상품업 신상인 동의대童義大와 허덕유許德裕 등은 "작년 여름과 가을 사이 화재가 빈번하게 발생했으며… 제루齊婁일대는 점포가 즐비하고 인가가 조밀하나 용사가 조직되었다는 말을 들어보지 못했다"라고 하면서, 뜻을 모아 창문하閶門河 주변 일대의 "기존 수룡회를 힘써 개량하여 새로운 사를 조직하고" 관의 허락을 받아 영의용사永義龍社를 설립했다.47)

---

45) 乙2-1, 38/8.
46) 乙2-1, 38/10-4.

이러한 신식 구화회[사]는 조직이 비교적 정규적이고 엄밀할 뿐만 아니라, 소방기구 역시 비교적 선진적이었으며, 분업 역시 매우 명확하여 대대적으로 소방효과를 제고했다. 예를 들어 기제수룡구화사는 성립될 때 자금을 모아 외국으로부터 '수룡' 한 개를 주문 구매했으며, 또한 경무공소警務公所에 요청하여 '광룡廣龍' 한 대를 수령함으로써 더 이상 조잡한 물통·물주머니·펌프 등의 소화기구에 의존하지 않았다.

소방대원은 반두盤頭·관반管班·산역散役 세 부류로 구분되었다. 반두는 "경보를 발령하고 징을 쳐서 인부를 소집하고" 관반은 "인부를 단속하고 소화기를 관장하며" 산역은 각각 명라鳴鑼·경등警燈·충봉冲鋒[소화담당]·견제肩梯[사다리 담당]·지차持叉[갈고리 담당]·태룡抬龍[소방호스 담당]·도수挑水[물공급 담당]·수주收籌[소화용 그릇 -필자]·급촉給燭[조명 -필자]의 책임을 맡아 "각기 그 일을 관장했다." 아울러 일률적으로 긴 옷을 입고 경보를 들으면 즉시 징을 울리고 "신속하게 화재진압에 임하여 지체되는 일이 없도록 하며… 화재진압에 임할 때는 그 시간의 길고 짧음에 관계없이 언제나 전력을 다하여 물을 뿌려 불을 꺼서 더 이상 불이 번지지 않도록 해야 한다"48)라고 요구했다.

청말 천진의 도시소방은 관이 건립하고 신사가 운영하는 소방대[火會라고 칭함] 외에 주로 전통적인 '수회'에 의존했다. '수회'가 분산되어 있고 정돈되지 못하여 일관된 명령체계가 없는 폐단을 극복하기 위해 1908년 무렵 신상 홍려시서반鴻臚寺序班 생원 송국음宋國蔭, 직상職商 마운청馬雲靑 등이 발기하여 '합진수회총국闔津水會總局'을 설립하고 장정을 정리 개정하여 사방의 각 수회[華界 59會, 租界 12會]를 통괄했다. 총국에는 관리管理·사장司

---

47) 乙2-1, 38/17.
48) 乙2-1, 38/11.

賑·사사司事·차역差役 합계 28명을 두어 각 지역수회의 소방작업에 협조하는 책임을 지도록 했다. 그리고 각 수회에 요구하기를 "제복[號衣: 번호가 달린 소매없는 웃옷]·기치·등롱은 모두 규격을 갖추고… 어떤 지역에서 화재가 발생하면 우선적으로 해당지역의 수회가 가서 화재를 진압하되, 인근지역의 수회 역시 마땅히 각종 소방기구를 미리 정비하여 투입을 기다린다. 만약 그 지역의 불기운이 너무 맹렬하면 인근 수회는 반드시 해당지역 관원의 지원 요청을 받아들임으로써… 각 수회가 연합하여 혼연일체가 되도록 한다"49)라고 했다.

기록에 따르면 천진수회가 사용한 소방기구는 주로 '격자激子[소방용 호스의 주둥이]'와 '수소水筲[물을 담는데 사용하는 용기인 듯]' 두 종류였다. 총회는 요구하기를 "격자회는 반드시 평소에 격자를 사용하기 편리하도록 잘 관리하고, 수소회水筲會는 반드시 수소를 견고하게 수습하여 화재진압 때 효력을 발휘할 수 있도록 해야 한다." 요撓와 구鉤 역시 늘 사용하는 소방도구로 "요와 구 두 회는 어디에서 화재가 발생하든 간에 모두 가서 화재를 진압해야 한다"50)라고 했다.

이밖에 천진 제화업계(鞋業)는 화재를 예방하기 위해 일종의 '구대회口袋會'를 설립하고 각 점포에 자루·제복·등롱 등을 비치하여 "만약 어떤 집에서 화재가 발생하면 각 점포의 점원들은 자루를 가져가 동료를 도와 물건을 운반하고 화재진압 후에 그 물건을 주인에게 돌려주되 착오가 없도록 함으로써"51) 어느 정도 화재의 손실을 줄일 수 있었다. 1908년 천진의 여러 상인들은 또한 의견을 모아 '방수회防水會'를 설립하여 "소방

---

49) 『天津商會檔案匯編(1903~1911)』, 2113쪽.
50) 위의 책, 2113·2110쪽.
51) 위의 책, 2095~2096쪽.

대나 수회와 서로 도와서 일을 진행했는데, 그 경비는 각 신상이 협의하여 분담했다"52)라고 한다. 하지만 구체적인 활동상황은 자세히 알 수 없다.

상해나 소주 등지의 구화회[사]와 달리 천진의 수회는 소방과 치안의 이중적 성질을 갖고 있었는데 "평시에는 소방의 임무를 담당하고 유사시에는 외세의 침략을 방어했다."53) 한구漢口의 신식 소방사단社團 역시 유사하게 이중적인 성격을 갖고 있었다. 예를 들어 1910년 성립된 한구영제소방회漢口永濟消防會는 "전적으로 소방을 연구하고 치안을 보위하는 것을 목적으로 했다."54) 영녕구화사永寧救火社는 상업계 신상들이 "힘을 모아 만들었는데 소방과 거리청소를 임무로 했다."55) 신해혁명 전후 한구에 설립된 '보안회保安會'는 원래 '수국水局'을 바탕으로 하여 재건된 것으로, 그 명칭에서부터 이미 소방과 치안이라는 이중적인 성격이 분명히 드러나고 있다.56)

2) 금연과 계연戒煙57)

아편과 대포는 열강이 중국의 빗장을 여는 둘도 없는 법도였다. 임칙서林則徐가 광주에서 추진한 금연운동이 야기한 아편전쟁은 중국근대사의 기점이 되었다. 따라서 아편문제는 중국 근대에 특수한 상징적 의미를 갖고 있으며, 아편의 흡연과 범람은 근대중국에서 최대의 사회문제

---

52) 위의 책, 2103~2104쪽.
53) 『天津商會檔案』 三類, 2547號卷.
54) 『武昌起義檔案資料選編』 上卷, 260쪽.
55) 위의 책, 257쪽.
56) William T. Rowe, 앞의 책, 168쪽.
57) 〔역주〕禁煙과 戒煙을 굳이 구분하자면, 금연은 정부의 입장에서 아편을 금지하는 것이고, 계연은 흡연자의 입장에서 스스로 금하거나 다른 사람에게 금하도록 권고하는 것이다. 다만 그 효과는 같다고 할 수 있다.

가운데 하나였다.

　1840년 아편전쟁 전후부터 청말까지 아편은 여러 차례 금지되었으나 근절되지 않고 흡연자는 날로 증가했다. 1836년 외국인은 중국의 아편 중독자가 약 1,250만 명이라고 추정했다. 임칙서는 1838년 아편흡연자가 중국인구의 약 1%를 차지하며 따라서 약 4백만 명이라고 생각했다. 어떤 사람은 제기하기를 1890년에는 1,500만 명이고, 1906년에는 2천만 명이라고 했다. 비록 추정수치의 차이는 비교적 크나, 중국에서 아편이 날로 범람하여 중국인의 육체적·정신적 건강에 심각한 위해를 가하고 있었다는 것만은 논쟁의 여지가 없는 사실이었다. 그래서 "아편이 중국에 끼치는 해독을 조사해보니 지금까지 60여 년 동안 사람의 의지를 말살하고 우리 종족種族을 약화시켜 그 해로움이 끝이 없다"58)라고 했다.

　1906년을 전후하여 청정부는 여론에 밀려 부득이 재차 조령을 발표하여 "강제로 아편을 끊는 기한을 정하고" 각급 정부관원에게 명하여 반드시 광서 33년(1907) 6월말 이전까지 각지에 있는 연관烟館의 문을 닫게 하되, 일률적으로 아편고약 상점으로 고쳐서 "단지 아편고약만 판매하게 하고 상점 안에서 램프를 이용하여 아편을 흡식하지 못하도록 하라"59)고 했다. 각 지방관은 명령을 받은 뒤 분분히 본지의 상회商會[상업회의소]에 협조를 요청하여 이르기를 "각 업종의 상동商董과 상점주인에게 명령을 전달하고 공동으로 논의하여 적절한 장정을 제정하고 업종별로 계연선회戒烟善會를 설립하여 서로 권유하며 각자 협력의 의무를 다하고 다같이 상업계의 정신을 진작시켜 고질적인 폐단을 일소하여 건강하고 화목한 사회로 나아갈 수 있도록 하자"60)라고 했다.

---

58) 乙2-1, 119/31.
59) 『蘇州商會檔案叢編(1905年~1911年)』第1輯, 664쪽.

이에 각지의 신상들은 이 기회를 이용하여 각종 금[계]연단체를 설립하고 정식으로 금연과 계연을 도시공익의 범주에 넣었음으로써 도시와 읍에서 이전에는 볼 수 없었던 한 차례 아편을 금절하는 풍조가 형성되었다.

상해의 신상은 상회의 지지 아래 솔선하여 진무계연종사振武戒烟宗社를 설립했는데 "분점과 지사가 모두 합쳐 6백여 곳에 달했고, 강제적인 금연 조치를 받아들인 사람이 3만여 명이었으며" 엄격히 금연을 실시함으로써 본지와 소주·항주 등지에서 생아편의 판매량이 격감했다. 농공상부는 일찍이 회답공문을 보내 칭찬하기를 "현재 상해상회가 공동으로 진무계연종사를 설립하여 그 성과가 자못 현저하다. 만약 각자가 연합하여 서로 돌아가며 권면하고 경계한다면 효과가 더욱 빠르고 영향력이 클 것이다. 우리 부는 여기에 큰 기대를 걸고 있다"61)라고 했다.

천진의 신상들 역시 앞다투어 이를 본받았는데, 상회 총리 왕현빈王賢賓과 협리 영세복寧世福이 나서서 "천진지역의 각 신상들을 규합하여" 광서 32년 11월(1907년 12월) 영풍둔永豊屯의 황씨 성을 가진 신사의 화원에서 계연선회戒烟善會를 창설하고 공동으로 장정 10조를 제정하여, 무릇 입회하여 금연하고자 하는 자는 반드시 사전에 회會의 장방帳房에 와서 등록하여 연령의 많고 적음 및 중독의 정도를 설명하고, 회에서 진단을 받아 질병이 없을 경우 다시 확인증을 발급받아 정해진 시간에 입회한다고 규정했다. 금연은 7일 동안 약을 복용하고 몸조리를 하는 방법으로 진행되었는데, 일체의 음식은 회에서 마련하며 비용은 무료였다. 입회하여 금연치료를 받던 자가 무단으로 도주하거나 혹은 금연 후 다시 피우면 보증인에게 알려 약값을 변상하도록 했다.62)

---

60) 위와 같음.
61) 『天津商會檔案匯編(1903~1911)』, 2175쪽.

계연선회는 "금연을 위해서는 약품이 중요하다"라고 생각하고 약행藥行신상 정련중程聯仲 등에게 여러 약상들과 상의하여 "약재를 충분히 마련하되 이 일은 특히 공익을 위한 일이니 마땅히 전력을 다해달라"고 요청했다. 그리고 경비는 "모두 각 총리, 각 회의 회동會董, 각 업종의 동사董事 및 각 자선단체의 신상들이 널리 모금하여 공급이 끊이지 않고 계속 이어지도록 했다."63) 계연선회가 설립된 뒤 "입회하여 금연하려는 자가 날로 늘어나 활기가 넘쳤다." 이 회는 7일에 한번 사람들을 내보내고, 내보내자마자 바로 받아들여 "중단한 적이 없었으므로" 1909년까지 단지 3년 동안 금연한 사람이 이미 2,535명에 달했다[연도별 인원수는 〈표 5-2〉 참조].

<표 5-2> 천진 및 부근지역의 계연단체 기구의 성과(1906~1909)

	회명시간	1906	1907	1908	1909	비고
인원수 누계	천진계연선회天津戒烟善會	180명	870명	700명	785명	합계 2,535
	인왕전현계연국人王田縣戒烟局			218명		단지 6~11월
	회래현계연국懷來縣戒烟局		182명			당해 연도~선통 원년 3월까지 합계
	거서현계연공소鉅庶縣戒烟公所			42명		단지 11·12 2개월
	정해현계연국靜海縣戒烟局			298명		단지 7월~연말까지
	원씨현계연국元氏縣戒烟局			246명		단지 6월~연말까지
3,521명			180명	1,052명	1,504명	785명

자료출처 : 『天津商會檔案匯編(1903~1911)』, 2179쪽.

---

62) 위의 책, 2176쪽.
63) 위의 책, 2173~2174쪽.

소주상회 신상의 아편금절에 대한 태도 역시 매우 분명했으며 일찍이 1905년 상회가 성립될 때 명확히 논의하여 정하기를 무릇 아편을 판매하는 토잔土棧이나 고점膏店은 "모두 입회할 수 없으며… 연관烟館의 점동店東은 모두 상인의 자격이 없다"라고 했다. 1907년 6월 장주長洲·원화元和·오吳 세 현에서 상회에 협조공문을 보내 각 연관에 권유하여 아편 대신 아편고약을 판매하고 "상점 안에서 램프를 이용하여 아편을 흡식하지 못하도록 하라"고 요청하자, 상회 신상들이 즉시 답장을 보내 "연관에서 침상을 설치하고 램프를 제공하며 아편쟁이를 숨겨주고 받아들이는 것은 지방에서 가장 큰 해악이다. 그러므로 마땅히 기한을 정하여 폐쇄시킴으로써 황제의 명령이 지엄함을 보여야 한다"라고 했다. 동시에 편지에서 설명하기를 상회는 그들 연관이나 고점과 "평소 왕래가 없어… 권유할 방법이 없으니" 청컨대 관청에서 우뢰같이 맹렬하고 바람같이 신속하게 "실력으로 금지하여 고질적인 해독을 제거하고 아울러 관망하지 못하게 해야 한다"64)라고 했다. 신상 오눌사吳訥士·예영상倪咏裳·요청계姚淸溪 등은 별도로 거연총회拒烟總會를 발기·조직하여 관방의 금연에 협력했다.65) 1909년 상해에서 만국금연회를 개최하자 소주상회 역시 전보를 보내 축하하기를 "금연에 대한 협의의 필요성에 대하여 우리 회는 깊이 공감하며 매우 환영하는 바이다"66)라고 했다.

이밖에 복건신상들은 상회의 주재 아래 하문거독사廈門去毒社를 건립했는데, 임칙서의 손자인 임병장林炳章이 발기하고 양자휘楊子暉가 사장社長에 취임하여 학교는 새로 아편을 피우는 습관에 물든 자와 새로 연관을

---

64) 『蘇州商會檔案叢編(1905年~1911年)』 제1輯, 664쪽.
65) Z2-1. 28/44.
66) Z2-1. 20/7.

개업한 자 및 그 자제들의 입학을 불허하고, 상점과 작업장은 새로 아편을 피우는 습관을 가졌거나 또는 즉시 아편을 끊지 못하는 자를 점원·견습공·고용인으로 받아들일 수 없으며, 토지재산이 있는 자는 아편을 재배하는 자에게 땅을 빌려주어서는 안된다고 규정했다. 거독사去毒社가 엄격하게 금연을 실시했기 때문에 '아편중독자'들은 두려워하지 않는 사람이 없고, 스스로 아편을 끊는 자가 적지 않았다.[67]

나머지 한구신상의 연설자치계연회演說自治戒烟會, 강서신상의 계연공회戒烟公會, 보정保定신상의 계연회戒烟會, 성도신상의 상계계연소商界戒烟所 등도 본지의 금연·계연 활동에서 모두 중요한 작용을 했다. 예를 들어 1909년 5월 성도상무총회成都商務總會 신상이 조직한 상계계연소는 상업계 사람들 가운데 "새로 아편에 물든 사람 역시 적지 않음"을 알고, 1개월 안에 각 상점은 모두 상회에 와서 등록하고 자신의 상점에 흡연자가 있는지 없는지를 설명하되 흡연자가 "없으면 사실을 보고하여 보증하는 증명서를 발급받고, 있으면 1개월 안에 스스로 금연하도록" 요구했다. 무릇 기한이 지나서도 끊지 못하는 자나 계연소에 들어가기를 원하지 않는 자의 경우 "각 상점에서는 모두 이들을 고용할 수 없었으며" 만약 규칙을 위반하면 그 죄는 상점주인에게까지 미쳤다.[68] 이듬해 5월까지 짧은 1년의 기간 동안 상업계에서 모두 2천 여 명이 아편중독에서 벗어났다. 뒤에 아편 흡연자가 날로 감소하여 "금연하기 위해 계연소를 찾는 사람이 새벽의 별같이 드물어지자 드디어 중지하기로 했다"[69]라고 한다.

강서상무총회江西商務總會의 신상들 역시 그 아래 딸린 각 상점의 점주

---

67) 『東方雜志』, 第3年 第8期.
68) 『四川官報』, 己酉 第11冊, 「新聞」.
69) 『成都商報』, 第2冊, 「新聞」.

와 동업자에게 아편중독자가 있으면 기한 내에 모두 아편을 끊도록 요구했다. 만약 기한이 지나도 여전히 끊지 못하면, 점주가 총회에 보고하여 그 이름을 연책烟冊에 기록하고, 그를 상업계 사람으로 간주하지 않았다.70)

3) 시정과 위생

청말 도시면모의 정돈, 시정건설과 위생관리는 일반적으로 관청이 운영하는 순경국·공정국工程局과 위생국의 직책범위에 속했다. 그러나 근대도시에는 상포商舖가 즐비하여 이러한 종류의 시정을 처리하는 것은 종종 상인의 이익과 관련이 있고 상회 등 상인조직의 지지와 협조가 필요했으며, 이에 근대신상은 이러한 신흥의 도시 공익사업에 개입할 수밖에 없었다. 대부분의 경우에 신상은 관방과 합작하는 태도를 취했으나 때로 모종의 논쟁과 충돌을 피하기 어려웠다. 우리는 주로 소주와 천진 두 개의 도시를 예로 들어 근대신상이 이러한 공익사업에서 행한 활동 상황을 설명할 수 있다.

소주가 처음으로 세워진 것은 춘추시기로 그 역사가 매우 유구하나, 동시에 길거리가 좁고 가옥이 밀집되어 있는 문제가 존재했다. 근대에 이르러 소주의 상업이 더욱 발달하면서 몇몇 상점과 노점상은 고객을 끌어들이기 위해 임의로 난간欄干·판자鋪板·계산대櫃臺를 거리 쪽으로 끄집어내어 교통에 영향을 줄 뿐만 아니라 외관 역시 눈에 거슬렸다.

이 때문에 1906년 순경국은 여러 차례 소상총회蘇商總會에 협조공문을 보내 상회 신상들이 상인들에게 철거를 권유해달라고 요청하면서 이르기를 "거리를 정돈하는 것은 순경국의 중요한 업무로 반드시 집집마다

70) 『東方雜志』, 第5年 第1期, 「內務」.

알려 확실하게 시행하도록 해야 한다. 특히 각 신상들이 앞장서 제창하여 이웃사람들의 모범이 되어 나머지 주민과 상점들이 보고 느껴 따르도록 해달라"고 했다. 이와 동시에 상회로 하여금 거리정돈에 관한 규칙을 각 상점에 전달하고 "널리 권유하여 사람마다 거리정돈 규칙을 알도록 함으로써 행인들이 편하게 하고 위생을 개선하여 자신에게도 이롭고 다른 사람에게도 이롭게 하며 함께 공익을 누리도록 하자"[71]라고 했다.

상회 신상과 순경국 관원의 긴밀한 협조 아래 거리정돈은 진행이 매우 순조로웠으며, 순경국은 상회에 보낸 편지에서 이르기를 "전에 우리 순경국이 금지령을 반포한 뒤 귀회貴會의 권유와 인도를 받아 우선적으로 철거한 각 점포의 명부를 만들어 우리 국에 보내주어 곧바로 심의하여 명예증서를 발급함으로써 성과가 현저함에 대하여 표창하고자 한다"[72]라고 했다. 그러나 1909년에 이르러서도 자본이 풍부한 큰 상점들은 여전히 대의를 깊이 깨달아 규칙을 지켜 거리를 침범하지 않았으나, 소자본으로 생계를 유지하는 작은 상점들은 묵은 버릇이 되살아나서 "오직 개인적인 이익만 꾀할 뿐 공익을 돌보지 않았다." 특히 익힌 음식·돼지고기·과일 및 소금에 절인 음식을 파는 소점포들은 분분히 거리를 점거하고 영업했다.

순경국은 대책이 난감하여 할 수 없이 다시 상회 신상들에게 협조 편지를 보내 요청하기를 "귀회는 상업계를 총괄하는 기관으로 한번 부르짖으면 모든 사람들이 호응하니, 반드시 각 상인들을 소집하여 여러가지 방법으로 권유하고, 도처에 사람들을 보내 시찰하되 무릇 거리를 침범한 각 상인들에게 명하여 규정에 따라 일률적으로 거두어들이게 하

---

71) 『蘇州商會檔案叢編(1905年~1911年)』第1輯, 686쪽.
72) 위의 책, 695쪽.

라"73)고 했다. 상회 신상과 순경국은 협의를 거쳐 이미 상회에 가입한 돼지고기·과일 등의 상점은 상회가 "전단을 발송하여 힘써 권고하고" 상회에 가입하지 않은 영세노점상에 대해서는 순경국이 "진지하게 단속하여… 그 정도에 따라 처벌하거나 훈방함으로써" 보다 성공적인 정비효과를 거두기로 했다.

천진에서는 주로 관영 공정국工程局이 거리의 관리와 유지를 담당했으며, 상회 신상은 상점과 공정국 사이의 중개역할을 담당하여 위의 뜻을 아래에 알리고 아래의 의견을 위에 전달했다. 1910년 3월 침시가針市街의 신시가지에 있는 상점인 만존호萬存號와 취원성聚源成 등이 상회에 보고하기를, 도로변에 설치된 석축제방이 여러 해 동안 보수되지 않아 수로를 막아 물이 흐르지 못하게 함으로써 모든 상점에서 하수구를 통해 물을 바깥으로 배출하지 못하여 "매번 장마철만 되면 집이 마치 고깃배처럼 되니" 상회에서 공정국에 요청하여 즉각 사람을 파견하여 수리하게 해 달라고 했다. 공정국은 상회의 통지를 받은 뒤 곧바로 인원을 파견하여 조사하고 아울러 일꾼을 보내 소통시킴으로써 점포의 문제를 해결했다. 때로는 신상들이 스스로 자금을 모으고 공정국은 일꾼을 파견하여 도로를 보수했다. 예를 들어 1910년 7월 남각南閣 서쪽 대화항大伙巷의 여러 점포들은 도로에 물이 고여 통행에 불편을 느꼈다. 이에 각 신상들이 곧 자발적으로 3백 원元의 자금을 모아 공정국에 요청하여 인원을 파견하여 수리하도록 했다.

신상과 공정국 사이에는 시정문제 때문에 가끔 마찰이 발생하기도 했다. 예를 들어 1911년 6월 공정국과 진포철로북단구지총국津浦鐵路北段購地總局은 북영문내대가北營門內大街 일대의 민가와 점포를 철거·이전하고

---

73) 위의 책, 696쪽.

레일을 부설하여 전차를 운행할 계획을 세웠다. 이러한 행동은 본지신상들의 강렬한 불만을 야기했으며, 그들은 "하북대가河北大街 및 관상關上 일대는 주택과 점포가 즐비한데, 어찌 전차가 마음대로 다니게 할 수 있단 말인가! 게다가 시장상황은 이미 불황의 위기가 나타나고 있는데, 만약 다시 가옥을 헐고 택지를 분할하여 점유하면, 지금까지 편안히 살면서 즐겁게 일하던 사람들이 졸지에 파산하고 실업자가 되어, 자연스럽게 약한 자는 사방으로 유랑하고 강한 자는 반드시 도적이 될 것이니, 앞으로 닥칠 우환은 상상하기조차 어렵다"[74]라고 했다.

마침내 신상 2품정대 유석선劉錫善, 5품함 유귀영劉貴榮, 거인 고수남高樹南 등이 첫 서명자가 되고 하북대가 및 관상일대 3백여 호의 상인이 연합하여 직례총독 진기룡陳夔龍에게 글을 올려 공사중지를 강력하게 요구했다. 진기룡은 인원을 파견하여 조사하고 보고를 받은 뒤 "지역의 형편에 장애가 되는 점이 실로 많다"라는 사실을 발견하고, 공정국과 구지총국에 명하여 "건설할 필요가 없으니… 꽂아놓은 표기들을 철거하여 민심을 안정시키라"고 했다. 이는 시정市政의 건설이 본지의 신상과 의사소통을 하지 않고는 처리하기가 어려웠다는 것을 보여주는 전형적인 사례이다.

청말 소주와 천진의 신상은 도시 위생관리 방면에서도 관방과 협조하여 많은 활동을 전개했다. 1907년 소주상무총회 신상들은 '치리성시위생간장治理城市衛生簡章' 10조를 제정하고 적극적으로 이 도시의 위생관리에 참여했다. 그 내용은 대체로 다음과 같다. ① 제때에 거리를 청소하고 거리에 나무통을 설치하여 쓰레기를 버릴 수 있게 하며, 상인과 주민들에게 권고하여 함부로 쓰레기나 오물을 버리지 못하게 한다. ② 도시에 하나의 국局을 설립하고 사사司事 몇 명을 파견하여 매일 일꾼들을 통솔하

---

74) 『天津商會檔案匯編(1903~1911)』, 2272~2274쪽.

여 집집마다 방문하여 쓰레기를 수거하여 도시 밖으로 운반하도록 하며, 아울러 길거리에 물을 뿌리고 비질을 하여 청결을 유지한다. ③ 청결비로 필요한 비용은 우선 신동紳董들에게서 차입하고, 국을 설립한 뒤에 사사司事를 나누어 파견하여 구간별로 집집마다 지도하여 가구당 매일 1문文을 내게 하되 큰 점포는 매일 2~3문을 더 내게 하여 차이를 두고 "개인의 의사에 따라 보조를 받되 강제로 모금하지 않으며" 가난한 집은 돈을 거두지 않는다.75)

거주조건의 제약 때문에 소주사람들은 보편적으로 변기[馬桶]를 사용하는 습관이 있었으며, 매일아침 그것을 쏟아버릴 때 거리에 변기가 가득하고 악취가 진동하여 "위생에 큰 장애가 되었다." 그래서 분뇨의 관리는 소주 도시위생에서 특히 중요한 문제였다. 1907년 초 순경국은 위생문제를 처리하기 위해 비옹업肥壅業[호별로 분뇨를 수거하는 업종] 종사자의 수거시간·인원·공구 등에 대하여 많은 강제규정을 마련했다. 그 결과 순경과 수거꾼 사이에 충돌이 발생했는데, 어떤 수거꾼이 규칙을 어기고 시간이 지나 수거하다가 순경에게 방망이 80대를 맞았다. 이 때문에 비옹업은 상회에 통고하여 항의의 표시로 파업을 하여 분뇨를 수거하지 않겠다고 했다.76)

소주의 상회 신상들이 중간에서 조정에 나서 순경국에 편지를 보내 수거꾼을 구타한 순경을 조사하여 처벌함으로써 "상인을 보호하고 민심을 안정시키라"고 요청했다. 동시에 순경국과 협의하여 비옹업이 고용한 인부에게는 요패를 주어 허리에 차도록 하고, 수거통은 모두 뚜껑을 덮어 시간에 맞춰 수거하며, 아울러 분뇨처리를 위해 도시 바깥으로 나가

---

75) 乙2-1, 213/12.
76) 『蘇州商會檔案叢編(1905年~1911年)』第1輯, 688쪽.

는 선박은 배 위를 갈대로 완전히 덮어 가리도록 했다.77) 쌍방의 협조 아래 분뇨수거라는 장애가 있었던 소주의 위생문제는 비교적 원만하게 해결되었다.

천진상회 신상은 안료와 '돼지가죽을 끓여서 정제하는(猪皮熬煉)' 등의 업종이 공기를 오염시키는 문제를 처리하는 데서도 관영 위생총국과 적극적으로 합작하는 태도를 보여주었다. 1906년 안료와 저피오련업猪皮熬煉業은 솥을 걸고 기름을 달여 악취를 풍겼으므로 위생총국으로부터 멀리 이전하라는 명령을 받았다. 이 두 업종의 상인들은 시간을 끌고 물고 늘어지면서 야간에 기름을 달이고 연통을 설치하여 연기를 배출하는 등의 임기응변적인 방법을 채택하여 얼렁뚱땅 속여넘기려 했다.

위생국의 관원들은 "야간에 기름을 달이는 것은 대낮에 기름을 달이는 것과 마찬가지로 여전히 위생에 장애가 되므로 결국 좋은 계책이 아니다.… 비록 높이가 수십 장에 이르는 연통을 설치한다고 해도 기름기 섞인 공기가 공중에서 맴돌다가 시간이 지나면 여전히 아래로 내려온다. 성의 안팎에는 인가가 조밀하고 숯 연기가 가득히 밀집되어 있어 이미 공기가 부족함을 느낀다. 이러한 숯 연기는 절대 위로 올라가는 법이 없다는 사실은 이미 화학자들이 아주 상세하게 연구한 바이니, 어찌 바람에 실려 흩어지겠는가?"라고 했다. 여러 차례 금지했으나 잘 지켜지지 않는 상황 아래 위생국은 "현에 공문을 보내 수사하게 하여" 기태호起泰號 오매저고熬賣猪膏 상인 임소춘任少春을 잡아 칼을 씌우고 10일 동안 거리에 끌고 다니며 사람들에게 그 모습을 보였다.

천진상회 신상들은 이 소식을 듣고 한편으로 그를 석방하여 "체면을 지키도록 하고 상업계의 정서를 위로해 달라"고 요청했으며, 동시에 관

---

77) 위의 책, 691~693쪽.

계기관에 편지를 보내 그들 두 업종의 상인들을 설득하여 "새로운 규정을 진심으로 준수하도록 하겠다"라고 했다. 이 사건은 결국 관방과 묵계가 성립되어 사람들이 모방하는 것을 금지하기 위해 법을 위반한 상인 임소춘을 곤장 80대에 처하고 규정에 따라 벌금을 부과하는 것으로 마무리되었다.[78]

1911년 동삼성에서 유행하던 페스트가 천진까지 번지자 인심이 혼란스러웠다. 이에 천진의 신상들은 뜻을 모아 천진방역보위의원天津防疫保衛醫院을 설립하고, 천진에서 의술에 정통한 한의사 여러 명을 초빙하여 반을 나누어 병원에 머물면서 수시로 진료하도록 했다. 아울러 각 지역에서 동사董事를 선출하여 각각 검사와 보고 등의 일을 관리하도록 했는데, 만약 유행성 전염병이 발생하면 즉각 그 지역의 동사가 보고하고 보위의원에 가서 치료를 받게 했다. 또한 천진상회 협리 영세복寧世福은 자발적으로 토지 30여 무를 기증했다. 그는 "병원 건물을 짓는 데 도움이 되고 싶으며 그것이 오래 유지되기를 바란다"라고 했다.

병원 건축자금 및 일상경비는 "모두 본지의 신상들이 힘을 모아 마련했다." 병원 건축공사를 시작하기 전에 "신상 이정보李定甫가 서영문西營門 바깥에 있는 회와방灰瓦房〔지붕의 윗부분은 기와를 덮고 아랫부분은 회칠을 한 집〕 1백여 칸을 빌려주고, 신상 섭성해葉星海가 절강의원浙江醫院 건물을 빌려주어 임시병원으로 사용할 수 있게 했다. 이로써 공사가 조속히 완공되도록 했을 뿐만 아니라 급한 환자를 돌볼 수 있게 되었다."[79]

병원이 설립된 뒤 조계 안팎을 막론하고 환자가 있으면 모두 입원하여 치료를 받았다. "이렇게 하여 생존한 사람이 매우 많았으며 "상인들은

---

78) 『天津商會檔案匯編(1903~1911)』, 2274~2278쪽.
79) 위의 책, 2164~2165쪽. 〔역주〕 원문수정 : "由李紳定甫→"李紳定甫".

그들의 방역과 위생조치를 칭찬했다." 당안기록에 따르면 "[개업하고 나서] 두 달 동안 중환자 42명을 받았는데, 치료 후 완쾌되어 퇴원한 사람이 20명이고, 효험이 없는 사람이 12명이며, 여전히 입원하여 치료받고 있는 사람이 10명이었다."[80) 이 방역의원防疫醫院은 전염병이 사라진 뒤 일반 병원으로 바뀌었고 경비는 여전히 "각 신상들이 힘을 모아 조달했다."

이상의 사실은 청말 신상들이 근대 도시 공익사업에서 매우 중요한 역할을 했으며, 관부와 광대한 상민商民 사이에서 중개역할을 담당했다는 사실을 보여준다. 근대 도시 공익사업의 확산은 신상계층과 관방이 힘을 합쳐 추진함으로써 실현될 수 있었다. 부르주아 계급화한 신상집단은 이러한 공익활동에서 자신들의 집단적인 응집력을 한층더 강하게 통합시킴으로써 그들의 세력과 영향력이, 국가와 사회 사이의 경계가 그리 명확하지 않은 수많은 공적 영역으로 뻗어나가도록 했다.

제2절 신상과 결사단체

1. 전통 상인조직

사회계급과 계층의 활동에 대한 고찰은 사회조직에 대한 연구를 벗어날 수 없다. 어떤 계급·계층·집단 혹은 개인도 일단 조직이 되어야

---

80) 위의 책, 2167쪽.

비로소 가장 기본적인 경제·정치와 문화 등 사회활동에 종사할 수 있다. 중국 전통사회에서 상인들은 매우 일찍부터 집단역량에 의지하여 상무商貿활동에 종사했으며 상인조직 역시 이로부터 생겨났다. 전근대의 전통상인 조직은 혈연관계를 기초로 하는 친연親緣조직 즉 상인동족, 지연관계를 기초로 하는 지연조직 즉 상방商幇과 회관會館, 업연業緣관계를 기초로 하는 업연조직 즉 행회行會와 공소公所를 포괄한다. 일반적으로 말해 지연조직은 친연조직보다 진보적이며, 업연조직 또한 지연조직에 비해 진보적이었다. 다만 이 세 가지 사이에는 엄격한 시간에 따른 변화관계는 존재하지 않으며 교차병존·상호의존과 삼투관계가 존재한다.

본서는 앞의 관련 장절에서 이미 상인동족과 상방·회관[제4장 제1절 참조]에 대하여 언급했으므로 여기서는 단지 근대상인의 업연조직인 행회와 공소의 조직상황에 대하여 간략하게 소개하고자 한다.

앞에서 서술한 것처럼, 중국은 일찍이 당·송시기에 이미 상인들의 행회조직인 '행行' 혹은 '단團'이 출현했다. 명·청시기에 이르러서도 이러한 고로한 행회조직은 몇몇 지역에서 여전히 그대로 이어져 계속적으로 활동을 전개했다. 중경을 예로 들면 가경 16년(1811) 운반부행搬運夫行은 자신들의 행규行規를 다음과 같이 정해 놓고 있었다.

一. 영수領首는 반드시 나이가 젊고 원기왕성하고 충실하고 재능이 있어야 하며, 본인의 이름으로 할 것이며 남의 이름을 사칭할 수 없다.
一. 영수는 매일 부두에서 업무를 관리하고 화물이 항구에 도착하면 즉각 운반부를 승선시켜 순서대로 화물을 운반하며 폭력으로 쟁탈할 수 없다.
……
一. 부두에 왕래하는 관원을 맞이할 때도 일체의 업무는 여전히 전임 중주仲主가 정한 옛 규칙대로 각자가 완수해야 한다.

一. 화물운송은 매일 진시辰時에 운반을 시작하여 신시申時가 되면 일을 마친다. 만약 신시가 되기도 전에 서로 책임을 미루다 운반하지 못하여 고객의 화물을 부두에 방치했다가 비바람을 맞아 유실되면 영수는 손실을 변상한다.81)

도광道光 13년(1833) 중경의 잡량행雜糧行은 "잡량에 관한 정부의 개정된 고시를 접수하고" 옛 규칙을 정리하여 다음과 같이 업무규정에 관한 옛 조례를 거듭 천명했다.

一. 곡식을 되는 말[斗]과 휘[斛]는 관청에서 정한 규격을 사용하며, 행두行斗는 행호行戶의 점검을 받아 착오가 생기지 않도록 한다.
一. 큰 강이든 작은 강이든, 먼 곳의 물건이든 가까운 곳의 물건이든, 하역이든 선적이든 모두 손님이 마음대로 행을 골라 맡기도록 하며, 반드시 시장에서 논의된 공정한 가격으로 거래해야 한다.… 만약 이를 위반하면 조합[幇]에서 논의하여 처벌한다.
一. 획득한 수입 가운데 2분의 1석石은 조합[行]에 넘겨야 한다. 임의로 규정을 문란하게 해서는 안되며 만약 이를 위반하면 행주行主가 그 사실을 공개적으로 알린다.
一. 세금징수를 위해 할당된 업무가 과중할 경우 3행三行이 돌아가며 월별로 각 관청에서 할당한 업무를 맡아 처리한다.… 만약 할당된 업무처리에 불응하면 두 행주行主가 관청에 보고하며, 문제를 사사로이 해결하는 것을 금한다.82)

위에서 알 수 있듯이 명·청시기 행회는 예전과 마찬가지로 여전히 관방이 임명하는 '행수行首'나 '행주行主'가 있어 관아에 대하여 일정한 업무를 분담하고, 각종 규율이 있어 본행本行상인의 활동을 단속했다. 그러

---

81) 『巴縣檔案』, 嘉財Ⅰ 27-31호.
82) 『巴縣檔案』, 道財Ⅰ 7-1호.

나 근대에 이르러 각 행의 영업규정이 이미 문란해지는 현상을 드러냈
다. 도광연간 중경사행重慶絲行은 "근래 간사한 상인들이 산사山絲를 중경
으로 운반해 오는데, 대부분 이전의 규칙대로 사행에 맡겨 판매하지 않
고 각자 사사로이 교역을 한다." 어떤 상인은 "깊은 밤에 남몰래 화물을
운반하여 점포 안에 들여놓음으로써 교묘하게 행비의 납부를 피한다."
그리고 본지의 각 상점들도 역시 각자 상품을 갖추고 각자 판매하므로
"우리 같은 사행絲行은 거의 유명무실하게 되었다"[83]라고 했다.

당·송시기부터 이어져온 고로한 행회 외에 청대 각 업종은 대부분
'동업공소同業公所'라는 행회조직 안에 편입되어 들어갔다. 소주는 중국에
서 행업'공소'가 가장 많은 도시 가운데 하나였다. 소주에서 공소가 생겨
나기 시작한 것은 명나라 때이다. 그러나 당시에는 그 수가 매우 적었고
청대 강희와 건륭연간[특히 건륭연간]에 이르러 비로소 진정으로 번성하기
시작했다. 어떤 연구자의 통계에 따르면 청대 소주지역에는 모두 합쳐
157개나 되는 공소가 있었다고 한다. 이러한 사실은 그 발달정도를 잘
보여준다.[84]

상해의 행업공소行業公所 역시 청나라 건륭과 가경시기에 비로소 대량
으로 출현했다. 아편전쟁 이전 상해에는 26개의 공소가 건립되었다. 그
가운데 순치와 옹정연간에 각각 1개, 강희연간에 2개, 그리고 건륭연간에
건립된 공소가 10개에 달하며, 가경연간에 건립된 것이 6개였다. 환언하
면 건륭과 가경연간에 건립된 공소가 전체의 62%에 달했다.[85]

회관과 마찬가지로 공소는 공·상업자의 사회조직이면서 또한 특별

---

83) 『巴縣檔案』, 道財 I 3-1号.
84) 唐文權, 「蘇州工商各業公所的興廢」, 『歷史硏究』, 1986年 第3期 참조.
85) 上海博物館圖書資料室 編, 『上海碑刻資料選輯』(上海: 上海人民出版社, 1980).

히 함께 모여 사안을 논의하는 장소를 가리켰다. 예를 들어 건륭 12년 (1748) 소주사직업蘇州絲織業은 화교花橋 토각塊閣에 오군기업공소吳郡機業公所를 개설했고86) 도광연간 "소주의 주단동업자들은 모두 자신의 능력에 맞게 각자 돈을 내어 공소를 구입하여 운영했으며, 그 이름을 칠양七襄이라고 했다."87) 휘상목업공소徽商木業公所의『징신록徵信錄』에 이르기를 "항주 후조문候潮門 바깥의 휘국문공사徽國文公祠가 바로 휘상목업공소이다"88)라고 했다. 하지만 회관과 달리 공소는 일반적으로 지역출신에 따른 제한을 강조하지 않았으며 일반적으로 업종에 따라 설립되었다. 예를 들어 소주공소가 아우르는 업종은 사주絲綢·목기·사단紗緞·옻칠·지업·항선杭線[항주의 방직업]·연업烟業·면업麵業·저업猪業·단포踹布·금은방·자수刺繡 등 30여 개의 업종을 포괄했다[〈표 5-4〉참조].

각 업종의 상인들이 공소를 창설하는 목적은 주로 동업 내부의 경쟁을 제한하고 외래침탈을 방지하여 동일업종의 공동발전을 도모하기 위해서였다. 즉 이른바 "우리나라 상인들은 시장에 늘어선 점포에 거주하며 업종에 따라 파벌을 나누어 그것을 유지하고 본분을 지켰다. 그러나 함께 일하고 공동으로 이익을 추구해야 할 일이 있으면 자주 굳센 의지로 단결하여 맹약을 맺고 서로 준수했다.… 단체의 역량을 유지하여 쇠퇴하거나 변하지 않게 함으로써 자신의 일을 경애하고 동료들과 한데 어울려 즐거움을 누리는 효과를 거둘 수 있었다"89)라는 것이다. 따라서 업연業緣으로 서로를 연결하는 것이 공소조직의 근본적인 특징을 이루었다. 신령[神祇]에 대한 제사와 숭배에서 나타나는 모습을 보면 공소는 일반

---

86) 顧沅輯,『元妙觀志』卷1.
87) 蘇州博物館 等編,『明淸蘇州工商業碑刻集』(南京:江蘇人民出版社, 1981), 28쪽.
88) 唐力行,『商人與中國近世社會』(杭州:浙江人民出版社, 1993), 99쪽에서 인용.
89)『江蘇碑刻』, 154쪽.

적으로 더 이상 지역과 향토적 특색을 지닌 신령을 제사하지 않았으며, 각자 본업의 신령과 조상을 숭배했다.〔〈표 5-3〉 참조〕

〈표 5-3〉 각 업종[行業·公所]에서 제사한 신령神祇

업종[行業·公所]	제사한 신령
양초업燭業	관성대제關聖大帝
신발업鞋業	귀곡자鬼谷子
토목업土木業	노반魯班
안료업顔料業	갈葛·매梅 이선二仙
양주업釀業	두강杜康
옥기업玉器業	구진인邱眞人
면포업棉布業	단화지신團花之神
금융업錢業	조공명趙公明
약재업藥業	약왕손사막藥王孫思邈
유칠업油漆業	보안화상普安和尙
동銅·철鐵·석錫·탄업炭業	태상노군太上老君

회관과 마찬가지로 일종의 업무성[行業性] 조직으로서 공소가 갖는 기본적인 기능 가운데 하나는 동업자를 돕고 각종 자선사업을 일으키는 것이었다. 예를 들어 동치 7년(1868) 소주 은루업銀樓業은 회안공소懷安公所를 창건하여 특별히 강조하기를 "장래 행규行規를 정돈하여 자선사업을 추진한다"[90]라고 했다. 소장공소梳粧公所 역시 명확하게 규정하기를 "만약 병이 들어도 치료받을 여력이 없는 동료가 있으면 공소에서 의사를 불러 진찰하고 약을 주며, 만일 죽은 뒤에 자식이 없으면 수의와 관목棺木을

---

90) 위의 책, 157쪽.

제공하여 임시로 의총義冢에 장사지낸다"91)라고 했다.

그러나 공소의 가장 중요한 기능은 자선사업을 추진하는 데 있는 것이 아니라 반드시 공동으로 준수해야 할 행규를 제정하여 강제적인 방법으로 업종의 내부 혹은 외부의 경쟁을 제한함으로써 각 업종의 기득이익을 보호하는 것이었다. 이 점에서 공소의 기능은 기본적으로 서방 초기의 행회 즉 길드guild와 유사했다. 공소의 행회적 기능은 대체로 아래와 같은 몇 가지 내용을 포함했다.

첫째로 각종 상품의 가격·노임과 규격을 강제적으로 규정했다. 가격은 모두 행 내부에서 의논을 거쳐 정하며, 같은 업종의 사람이 "사사로이 값을 올리거나 내리는 것을 허락하지 않았다."92) 동치 7년(1868) 상해 수목업공소水木業公所는 미장이와 목수의 노임은 일당 1백 문, 견습공은 80문으로 정했다.93) 공소는 수공업 제품의 규격에 대해서도 엄격하게 규정했다. 예를 들어 소주염방업공소蘇州染坊業公所는 "일찍부터 정해진 규칙이 있었는데 ① 원포原布〔염색하지 않은 흰 베 -역자〕는 반절로 자른다. ② 양표洋標〔고급포목 -필자〕는 반절로 자르고, 사문포斜紋布는 3절로 자른다. ③ 조포粗布는 3절로 자른다"94)라고 했다.

둘째로 동일업종 사이에서 견습공의 모집인원과 방공幇工의 고용숫자를 제한했다. 예를 들어 소주소장공소蘇州梳粧公所는 1893년 행규전行規錢을 납부하게 하는 경제적 수단을 채택하여 그것을 제한했는데 "점포를 개설하든 작업장을 개업하든 견습공을 모집하려면 종래의 규칙대로 행에 가입하고 점포주인이 70%에 해당하는 돈 2냥 2전을 내야 한다." 견습

---

91) 위의 책, 118쪽.
92) 위의 책, 217쪽.
93) 『上海碑刻』, 312쪽.
94) 『江蘇碑刻』, 63쪽.

공이 견습기간을 끝내고 행에 가입할 때도 반드시 "화우사伙友司에서 70%에 해당하는 돈 6냥 4전을 내야 한다"[95]라고 했다.

셋째로 상점과 작업장의 증설, 특히 외지인에 의한 상점·작업장의 개설을 제한했다. 예를 들어 소주소목업공소蘇州小木業公所는 1898년 새로 정한 행규에 명확히 규정하기를 외래 동료개업자는 반드시 행규전 4냥 8전을 납부하며, 본지인은 반으로 감한다고 했다. 만약 회비를 내지 않고 사사로이 개업한 자가 있으면 갑절로 처벌했다.[96] 소장공소 역시 외래개업자는 반드시 행규전을 납부하도록 규정했다. 그 액수는 더욱 많아 20냥에 달했다. 이밖에도 공소公所는 동일업종 점포의 임금수준을 통일하도록 규정했다. 거기에는 점원의 임금과 방공幇工의 노임이 포함되었다. 이러한 조치는 모두 시장에 대한 농단을 유지하고 업종의 이익을 독점하여 본 업종의 발전 즉 "동일업종을 위해 공동의 이익을 도모하기"[97] 위한 것이었다.

공소와 회관[업무성 회관은 제외]은 비록 구성원칙과 사회기능에서 갖가지 서로 다른 점이 있었으나, 두 조직 모두 신상이 상당한 비중을 차지하고 있었다는 사실은 그들의 공통되는 특징 가운데 하나였다. 특히 공소의 조직에서 신상이 차지하는 비중은 더욱 컸다.

소주의 공소를 예로 들면 동치 10년(1871) 창건된 사업공소絲業公所의 초대 동사는 소주사경아상蘇州絲經牙商 후선훈도候選訓道 주정동周廷棟과 감생 이정李庭이었다.[98] 장업공소醬業公所는 동치 12년(1873)에 창건되었는데, 그것은 소주에서 장방醬坊을 경영하는 휘주·소주·영파·소흥 4방幇의 상인

---

95) 위의 책, 119쪽.
96) 위의 책, 108쪽.
97) 『上海碑刻』, 321쪽.
98) 『明淸蘇州工商業碑刻集』[이하 『蘇州碑刻』으로 약칭], 30쪽.

이 연합하여 조직했다. 당시의 공소동사회董事會는 신상들로 구성되었다. 5품함휘주부흡현학증생五品銜徽州府歙縣學增生 섭덕배葉德培, 절강인화현학부공생浙江仁和縣學附貢生 반준기潘遵琪, 5품함후종9품五品銜候從九品 반준병潘遵炳, 한림원대조원화현학부생翰林院待詔元和縣學附生 반준영潘遵榮이 그들이었다.[99]

소주 해산물상이 함풍 7년(1857)에 창건한 영화공당永和公堂의 동사는 지주함후선포리문知州銜候選布理問 조수삼趙樹森, 5품함즉선훈도五品銜卽選訓導 장경희張敬熙, 주동함주동銜 손계종孫繼鐘, 감생 포준상鮑遵祥・주세동周世棟・포현영鮑賢榮・이보선李寶善 등이었다.[100] 소주 경승상經繩商 동업자들이 광서 24년(1898)에 창건한 채승공소采繩公所는 네 명의 발기인이 모두 신상으로 5품함후선포리문五品銜候選布理問 이문괴李文魁, 5품함후선종구五品銜候選從九 황정계黃定桂, 감생 중안태仲安泰・귀세영歸世榮이 그들이었다.[101] 〈표 5-4〉는 소주에서 절대다수의 공소는 대부분 신상과 민상民商이 함께 건립했다는 사실을 보여준다.

〈표 5-4〉 소주공소의 성분구성

| 공소명칭 | 창건연대 | 소속업종 | 구성분자 | | | 관신官紳직함・공명 |
			관상官商	신상紳商	민상民商	
위경威慶공소	1836	과모업瓜帽業		×	×	감생監生
칠양七襄공소	1843	주단업		×	×	직감職監
숭덕崇德공소	1845	출판업		×	×	직원職員・감생・생원
영근咏勤공소	1846	서양상품업・양포업洋布業	×		×	관찰觀察

---

99) 『蘇州碑刻』, 260~261쪽.
100) 위의 책, 252쪽.
101) 위의 책, 223쪽.

제5장 신상의 사회적 작용 423

절소浙紹공소	1870	염색업	×		×	지현知縣
사업絲業공소	1870	사경업絲經業		×	×	후선훈도候選訓導・감생
손정巽正공소	1871	목재업		×	×	직감
영화공당永和公堂	1873	해산물업		×	×	지천함후선포리문知川銜候選布理問・감생
장업醬業공소	1873	장업醬業		×	×	5품함증생銜增生・부공생附貢生・한림원대翰林院待・조부생詔附生
양의兩宜공소	1874	지업紙業		×	×	거인・후선동지候選同知・세습운기위世襲雲騎尉
구업裘業공소	1874	가죽제품업		×	×	거인・중서과중서함中書科中書銜・감생・후선 종구候選從九
운장雲章공소	1876	헌옷 판매업[估衣業]		×	×	거인・직감・감생
초피硝皮공소	1877	피혁업[硝皮業]		×	×	감생
오풍五豊공소	1878	곡물업米粮業	×	×		
상시尙始공소	1893	포업布業		×	×	국사관등록부공생國史館謄錄附貢生
성선性善공소	1894	칠업漆業		×	×	감생
안인安仁공소	1897	수의업壽衣業		×	×	직감
채승采繩공소	1898	편승업鞭繩業		×	×	
우락友樂공소	1902	주관업酒館業		×	×	감생
석업石業공소	1903	석재업[石作業]		×	×	감생
영업領業공소	1908	의류업[領業]・서양상품업		×	×	직원
안회安懷공소	1909	금은방업		×	×	직원
곤진坤震공소	1909	석탄업		×	×	

자료출처: 『江蘇省明淸以來碑刻資料選集』・『明淸蘇州工商業碑刻集』, 표의 제작은 『中國近代社會硏究』(臺北), 30~32쪽 참조.

〈표 5-4〉를 보면 통계에 잡힌 25개의 공소 가운데 23개 공소의 구성원은 신상을 포함했으며 그들은 총수의 88%를 차지했다. 만약 보다 많은 자료를 발굴한다면, 틀림없이 거의 모든 공소의 동사가 한결같이 신상위주라는 사실을 발견할 수 있을 것이다. 이것은 신사의 자격을 갖추어야만 비로소 관방과 동등한 자격으로 교제하면서 공소의 각종 업무를 추진할 수 있었기 때문이다. 환언하면, 그것을 주도할 만한 신상과 관상이

있는 것은 행업공소를 건립하기 위해 기본적으로 갖추어야 할 필수조건이었다. 통계에 잡힌 23개의 신상을 포함하는 공소를 보면 단지 5개 공소의 신상만이 과거 정도출신이며, 그 나머지 대부분의 신상은 모두 연납捐納에 의지하여 감생 같은 종류의 신사직함을 얻었다. 이것은 청대 신상은 주로 비정규적인 연납을 통해 대두했다는 추론이 가능하게 하며, 동시에 청대 신상에게 있어서 '상인'으로서의 정체성은 '신사'로서의 정체성보다 훨씬 컸다는 것을 말한다. 신사는 간판이고 상인이 본질이었다.

이상의 사실은 또한 전근대(주로 명·청시기를 가리킴) 시기에 신상은 주로 회관이나 공소와 같은 전통적인 공·상 조직에 의탁하여 자신의 사회적 영향력을 발휘했다는 것을 말한다. 이러한 조직의 지역성·편협성·분산성이라는 특징은 신상의 사회적 기능이 질적인 변화를 수반하는 정합整合을 실현하기 어렵게 만들었다. 신상의 사회적 기능의 질적인 변천은 근대에 진입한 이후 일군의 신식상인 결사단체가 대두하면서 생겨났다.

2. 신식상인 결사단체의 대두

결사단체는 사회집단이 만든 높은 수준의 조직형식 가운데 하나로 공동활동 목표와 내부정체성을 갖는 사회공동체였다. 사단은 종종 개인과 계층·계급 사이의 연결고리가 되었다. 전통상인 조직 가운데 상업성 회관과 공소는 비록 대체로 사단의 범주에 넣을 수 있으나, 그것은 발육정도가 비교적 낮은 구식사단에 속했다. 그들은 일반적으로 규모가 비교적 작고 내부기구의 설치, 권력의 구분 등이 모두 그다지 명확하지 않았다. 관리면에서도 민주적인 색채가 결핍되어 있었고, 기본적으로 종법

가부장제적 통치를 실행하고, 명백한 혈연과 지역특징을 띠고 있으며, 폐쇄성과 배타성이 비교적 강했다. 일반적으로 말해서 그들의 고로한 규약장정과 행회의식은 2,3백 년에 걸친 상전벽해의 변화를 겪으면서도 그대로 유지되어 변하지 않았다.

20세기 초에 이르러 자본주의 경제인소가 증대함에 따라서 동시에 청정부가 차례로 추진한 '신정'·'예비입헌'과 '지방자치'운동에 의해서 중국에서 비로소 근대적 색채를 띤 신식상인 사단이 출현했다. 회관이나 공소 등 구식상인 사단과 달리 이들 사단은 일반적으로 이미 부르주아 계급화한 신상이 창건하여 새로운 자본주의 생산관계와 밀접한 관련을 맺고 있었으며, 일정한 근대 민주적 색채를 구비하여 초기 민족 부르주아 계급의 자본주의적 발전에 대한 요구, 지방행정 관리에 대한 참여라는 강렬한 소망을 반영했다. 만약 길고 긴 중세기 동안은 아직 '사단'과 '법인'의 개념이 일치되지 않았다고 한다면, 이러한 신식상인 사단 가운데서 '사단'과 '법인'은 이미 초보적인 통일을 이루었다. 그 창건자와 주관자 즉 부르주아 계급화한 신상계층은 어느 정도 개인 혹은 행방行幇의 낙후된 현상을 벗어나서 '사단법인'이라는 새로운 모습으로 사회무대에 등장했다. 아래서는 이들 각각의 신식상인 단체에 대하여 대략적으로 서술한다.

1) 상 회

상회商會는 20세기 초 신상계층이 사회활동을 하는 가장 중요한 진지였으며, 근대신상의 중심사단이었다. 1904년 이후 각지에서 상무총회와 분회의 보편적인 성립은 바로 신상계층이 사회생활 가운데서 날로 중요한 지위를 차지하기 시작했다는 뚜렷한 징표였다.

청말 상회의 창건, 신상과 상회의 관계문제에 관해서는 앞에서 이미 비교적 자세히 소개했으므로[제2장 제3절 참조] 여기서는 단지 상회와 회관·공소의 상호비교를 통하여 상회조직의 구조와 기능 및 그 근대적 특징에 대하여 좀더 자세히 설명하고자 한다.

우선 상회와 회관·공소 등 구식 상인조직의 구성원칙은 판연히 달랐다. 그 수가 매우 많은 공소와 회관은 일반적으로 동일업종에 종사하는 자 혹은 동일지역 출신자가 연합하여 이루어진 것으로, 업종·방파幇派·지역의 구분이 있었으며, 상호 간에 소속이나 한계가 분명했다. 상회는 일종의 업종과 업종 간의 통일 연합조직으로, 그것은 출신지역과 업종을 제한하지 않았으며, 횡적으로 도시 전체의 각개 업종을 연합하고 조직하여 하나의 총체를 이루었다. 상회는 단지 다음과 같은 조건을 갖추기만 하면 일반회원으로 가입할 수 있도록 했다. ① 품행이 단정하고, ② 사리가 분명하고, ③ 본지에서 상업활동을 하며, ④ 나이 24세 이상인 자.[102]

상해의 소주상회 시판장정試辦章程에는 또 규정하기를 각 행방行幇은 매년 기부금 3백 원 이상을 내면 회원 1명을 추천할 수 있으며, 이렇게 하여 회원을 늘리되 최대 3명까지 추천할 수 있다고 했다. 이 때문에 상회회원은 대부분 각 업종의 방동幇董들이었으며, 어떤 지역〔예를 들어 소주와 상해〕에서는 신상일색이었다. 상회의 진정한 일반구성원은 회우會友로 이들은 바로 각 업종의 보통 공·상업자였다. 회우는 정원제한이 없으며 무릇 연회비 12원을 내면 상회의 승인을 거쳐 즉시 충원되었다. 소주상무총회에 소속된 몇몇 분회는 심지어 상인이 반드시 부담해야 할 회비가 얼마인지 구체적으로 정하지 않고, 단지 자신의 재력상황에 따라

---
102) Z2-1, 3.

자진해서 내도록 했으며 "무릇 입회에 동의하는 상인은 곧바로 본회의 회우가 될 수 있다"[103]라고 했다.

1905년 천진상회에 가입한 행방은 32행, 상점은 581개였다.[104] 이밖에 1908년 소주상회에서 간행한 『상회제명록商會題名錄』의 기록에 따르면 43개의 행방, 1,106개의 점포와 작업장이 가입하여 거의 모든 공·상업자가 거기에 이름을 올렸다. 일종의 신식상인 사단인 상회는 조직·기초면에서 전통적인 회관이나 공소보다 훨씬 광범했음을 알 수 있다. 그래서 당시 사람들이 일컫기를 "상인들의 마음은 서로 흩어져 있으나 상회는 충분히 이를 연합할 수 있으며, 상인들은 사사로운 이익만 챙기나 상회가 충분히 공익을 돌볼 수 있다"[105]라고 했다. 비록 당시에도 "공소는 하나의 업종을 위한 단체이며" 상회는 "각 업종을 위한 단체"라는 말이 있었으나 한 업종에서 각 업종으로 넘어가는 역사적 과정 속에는 실제로 이미 모종의 질적인 변화가 내포되어 있었다.

다음으로 회관이나 공소의 간단하고 느슨한 조직형식에 비하여 상회는 이미 일종의 규장제도規章制度가 비교적 완전하고, 기구가 비교적 건전한 공·상 사회단체에 속했다. 상회의 장정은 보통 10여 장에 1백 조목 가까이 되었으며 각 방면에 대하여 빠짐없이 상세한 설명과 규정이 있었다. 총리는 상회의 최고 영도인물이며 협리는 그 다음이었다. 총리와 협리의 아래에는 의동議董이 있었는데 일반적으로 28명 정도였다. 내부의 업무 분담은 매우 세밀하여 서무·회계·이안理案〔소송사건 처리〕·서기·사장査賬〔회계감사〕·규의糾儀〔의식진행〕·이사理事 등으로 나뉘어 각자 직무를 담당했다.

---

103) Z2-1, 3.
104) 『天津商會檔案匯編(1903~1911)』, 62쪽.
105) Z2-1, 67/11.

앞에서 서술한 것처럼 현재 볼 수 있는 상회당안 자료를 통해서 보면 총리·협리와 의동은 전부 신상들이 맡았다. 상부商部에서 반포한 상회장정에는 의동은 반드시 신상이 담당해야 한다는 명문규정이 없고, 다만 그 자격은 마땅히 "큰 상점의 주인 혹은 경리인으로 매년 무역하기 위해 왕래하는 지역의 걸출한 인재여야 한다"106)고 규정하고 있다. 그런데 사실상 청말에 큰 상점의 주인과 경리인은 일반적으로 모두 "관리와 상인을 연결할 수 있는" 신상이었다. 이 때문에 어떤 사람은 청말 상회가 실행한 것은 '신상영도체제'107)라고 했는데, 이것은 아주 정확한 견해이다.

상회에서는 총리總理·협리協理·의동議董에서 회원會員 내지 회우會友에 이르기까지 하나의 완전한 계층구조가 형성되어 있어 각자의 권한과 의무가 매우 명확했다. 동시에 상회는 엄격한 선거제도·재정제도와 회의제도를 제정했다. 상회의 영도계층은 모두 무기명 투표의 민주적 방식으로 선출되며, 매년 한 차례 선거를 치렀다. 그 가운데 총리와 협리는 의동이 선거하여 선출하고, 의동은 회원이 추천하여 선출하며, 회원은 회우가 공동으로 선거하여 선출했다. 각 계층의 영도인물은 모두 다수득표자가 담당했으며, 투표용지는 전체회원이 참석하는 총회[年會]에서, 모두가 보는 앞에서 개봉하고 동시에 선거결과를 선포했다. 이는 분명히 근대 사단조직이 치른 일련의 체계적인 민주적 선거과정이었다.

이밖에도 상회는 탄핵제도와 유사한 규정이 있어서 일반구성원들이 상층 영도인물을 감독할 수 있는 권한을 갖도록 했다. 상부商部에서 황제의 재가를 받아 제정한「상회간명장정商會簡明章程」에 따르면 의동이 만약 사욕을 채우거나 어느 한쪽만 두둔하여 상인들이 억울한 일을 당하게

---

106)「奏定商會簡明章程」,『東方雜志』, 第1年 第1期에서 인용.
107) 徐鼎新,『上海總商會史(1902~1929)』(上海: 上海社會科學院出版社, 1991) 참조.

될 경우 회원과 회우 누구나 연명으로 상부商部에 보고하여 관례대로 처벌한다. 만약 총리나 협리 혹은 기타 의동 역시 사사로운 이익에 치우쳐 누구를 비호하면 각 상인은 직접 상부에 고발하여 그들의 해임을 요구할 수 있다고 했다.

천진상회는 일찍이 상무공소 시기에 이미 그 장정에서 규정하기를 "본 공소의 직원은 모두 반드시 규칙을 준수하며 조금이라도 관계官界의 습성에 물들면 안된다"108)라고 했다. 상회가 공식적으로 성립된 뒤에는 정식으로 '천진상회 총회소속 각처에서 공동으로 정한 사무규정 특별조항[天津商會總會所屬各處公訂辦公專條]'을 공포하여 각 직원의 직분을 분명히 밝히고 아울러 공로를 심사하도록 했다. 1906년 3월 천진상회는 다시 총리·협리 및 각 동사들이 상회의 명의로 친척이나 친구의 분쟁사건에 개입할 수 없다는 '포고문[牌示]'을 공포했다.109)

동시에 상회는 엄격한 재정제도를 수립했다. 무릇 수입금에 대해서는 즉시 영수증을 발급하며, 총리·협리 및 회계 의동이 각각 서명했다. 지출금의 경우 만약 1백 원元 미만이면 총리·협리와 의동이 상의한 뒤 서명하여 지급했으나, 1백 원 이상이면 반드시 전체회원의 동의를 얻어야만 했다. 매월 수지결산 후 회계의동이 결산서를 총리·협리와 기타 의동에게 보내 감사하도록 하여 서명을 받았다. 연말에는 전체회원이 공동으로 두 사람을 선출하여 장부를 감사하고, 마지막으로 총리와 협리에게 넘겨 대중 앞에서 공포하며, 아울러 책자로 간행하여 상부에 보고하고 회우들에게 발송함으로써 신용을 과시했다.

상회의 회의제도에 대해서는 상회가 개최하는 회의는 총회·상임회

---

108) 『天津商會檔案匯編(1903~1911)』, 3~4쪽.
109) 위의 책, 57쪽.

의와 특별회의 세 종류를 둔다고 규정했다. 총회는 매년 정월에 개최하며 전체회원이 참가하는데, 중요한 것은 1년의 사업을 총결산하고 새로운 영도계층을 추천·선출하는 일이었다. 상임회의는 매주 한 번 열며 전체의동이 모여 마땅히 시행해야 할 각종 사무를 논의했다. 특별회의는 부정기적으로 개최되며 특별히 긴요한 사항을 상의했다.

상회의 민주적인 정신은 정기적으로 개최되는 회의를 통해서도 구체적으로 드러났다. 일반적인 상황 아래서 총리와 협리는 비록 최고위층에 있는 영도자였으나, 중대한 사안을 만나면 독단적으로 결단을 내릴 수 없었으며, 반드시 의동이나 심지어 전체회원이 함께 모여 협의했다. 매번 함께 모여 협의할 때 반드시 정회원의 과반수가 참가해야 하며, 그렇지 않으면 안건을 논의할 수 없었다. 회의에서는 "흉금을 털어놓고 여러 사람의 의견을 모아 보다 큰 효과를 거두기 위해 각 상인이 만약 건의할 내용이 있으면, 각자 마음껏 자신의 의견을 토로할 수 있게 하여 훌륭한 의견을 선택하여 따를 수 있게 했으며, 조금이라도 선입견을 갖지 않도록 했다."[110] 이와 같이 충분한 토론을 거친 뒤 드디어 거수투표로 결의했다. 일반회우會友는 비록 상회의 상임회의에 참석하지 않았으나, 수시로 "이익과 폐단을 지적하고 의견을 개진할 수 있었다."[111] 또한 중대사안이 있으면 10명 이상이 연명으로 특별회의의 소집을 요구할 수 있었다.

이상의 여러 가지 사실은 상회가 각 방면에서 이미 초보적으로 근대 사단의 조직특징을 구비하고 있었다는 것을 말하며, 이것은 바로 전통행회가 갖추지 못한 것들이었다.

사회적 기능면에서 상회는 회관이나 공소와 매우 큰 차이가 있었다.

---

110) 「奏定商會簡明章程」.
111) 乙2-1, 3/26.

그들이 내세운 '상권의 확대'·'상인지혜의 계발'·'시장상황의 연락'이라는 종지는 회관이 내건 '고향의 정 나누기'나 공소'업종 사이의 우의증진' 등의 구호에 비하여 분명 본질적인 차이가 있었다. 상회는 이미 한 행行이나 한 방幫의 이익을 보호하는 데 머물지 않고 '같은 업종 사이의 우의를 증진하여' 중국의 공·상업을 총체적으로 진흥시키는 것을 자신의 임무로 했다.

소주의 신상들은 상회의 창설이유를 나열할 때 지적하기를 "상회의 설립목적은 각 업종의 상인들이 서로 연락하고 서로 도움으로써 상업업무를 진흥시키고 스스로 이익과 권리를 지키는 데 있다"[112]라고 했다. 소상총회蘇商總會는 성립된 뒤 다시 강조하기를 "집단의 뜻을 모아 상전商戰을 전개하여 열국과 으뜸을 다투며, 민간의 지식을 개화하고 이를 융합관통시켜 소주(三吳)의 이익을 도모한다"[113]라고 했다. 동시에 "현재 만국이 서로 교류하고 경쟁하니 상업계가 의지하는 사방의 동지들이 여러 도시를 연결시키고 공익을 유지하고 서로 마음을 합쳐 함께 도우자"[114]라고 호소했다.

천진상회 역시 자신들의 장정 속에서 '상인보호'와 '상업진흥'이 그들의 종지임을 분명히 밝히고, 특별히 제기하기를 "무릇 상인들 가운데 광산사업을 창건하고, 기계공장을 건립하고, 상품을 제조하고, 중국과 해외 각국을 소통시켜 이권을 회수하는 사람이 있으면, 본회에서 상세히 상부商部에 보고하고 조정의 허락을 받아 편액을 하사하여 격려한다"[115]라고 했으며, 덧붙여서 상무학당商務學堂을 설립하고 상보商報와 선강소宣講

---

112) Z2-1, 259/2.
113) Z2-1, 259/19.
114) Z2-1, 259/26.
115) 『天津商會檔案匯編(1903~1911)』, 41쪽.

所를 개설하여 풍속을 개량하고 인재를 양성하며 상업업무를 발전시킨다고 했다.

상해상무총회는 그 장정에서 더욱 명확하게 상회의 사회적 기능을 세 가지로 귀납했다. ① "같은 업종에 종사하는 사람들을 연결하고 지식을 계발하여 상인으로서의 지혜와 통찰력을 배양한다." ② "상업을 조사하고 상학을 연구하여 상부의 자문에 응하고 회중의 토론에 대비한다." ③ "공익을 유지하고 행규行規를 개정하고 분쟁을 조정하고 억울한 사람을 도와 그들 대신 소송을 제기하여 상인들의 협력과 화합을 도모한다."[116]

이것은 모두 공·상업계에서 실행되기를 갈망했던 상업업무를 진흥시키는 데 필요한 근본적인 조치였다. 분명히 근대상회는 참신한 모습으로 경제적인 면에서 공·상업의 진흥을 종지로 하는 각종 사회적 기능, 예를 들어 공·상연결·상황조사·상학설립·분쟁조정·품질개량·경영발전 등과 같은 각종 기능을 구비하고 있었다. 바로 이런 이유 때문에 공·상업자들은 분분히 입을 모아 칭찬하기를 "상회가 설립된 이래 시장상황을 소통하여 공동으로 일을 상의하니 모두 신의를 지키게 되었으며, 이전에 상품을 위조하고 이익을 다투어 서로 알력을 일으키는 상황이 완전히 변했다"[117]라고 했다.

주의할 만한 가치가 있는 것은 상회의 기능이 비록 경제위주였으나, 단지 경제방면에만 국한된 것은 아니었으며, 경제적인 기능의 범위를 벗어나서 정치·교육·지방자치·이안理案[소송사건 처리]·사회공익 등 매우 광범한 사회영역으로 뻗어나갔다는 사실이다. 어떤 의미에서 근대신상의 사회적 기능은 주로 상회의 복잡한 사회적 기능을 통하여 구현될 수

---

116) 「上海商會試辦章程」, 『天津商會檔案匯編(1903~1911)』에서 인용.
117) Z2-1, 68/43.

있었다. 이것은 마치 장개원章開沅 선생이 다음과 같이 말한 것과 같다.

> 단지 상회가 성립된 뒤에 부르주아 계급[부르주아 계급화한 신상도 포함]은 비로소 진정으로 자신에게 속한 사단社團을 갖게 되었으며, 본 계급의 이익을 위해 이야기하고 일할 수 있는 장소를 갖게 되었다. 이로부터 다시는 개인 혹은 낙후한 행방行幇의 형상이 아니라, 신식 사단법인의 자태를 가지고 관부 혹은 기타 사회세력을 상대했다.[118]

상회 자체가 구비한 신식 결사단체로서의 성질과 참신한 사회적 기능은 상회가 상전商戰시대의 요구에 보다 잘 적응하도록 했으며, 청말 민초라는 혼란스럽고 불안정한 시기에 계속해서 왕성하게 발전하는 추세를 유지할 수 있게 했다. ⟨표 5-5⟩는 전국의 연도별 상회 창건상황을 반영한다.

<표 5-5> 전국상회 연도별 통계표(1904~1913)

연대	상무총회의 숫자	상무 분회의 숫자	합계
1904	7	23	30
1905	7	36	43
1906	11	91	102
1907	10	58	68
1908	8	84	92
1909	1	151	152
1910	2	177	179
1911	3	109	112
1912	3	162	165
1913	0	133	133
총계	52	1,024	1,076

자료출처 :『中國年鑒』제1회 ;『中華民國二年第二次農商統計表』.
* 이 표는 졸저,『過渡形態 : 中國早期資産階級構成之謎』(中國社會科學出版社, 1994)의 ⟨표 20⟩에 열거한 통계에 대하여 약간 수정을 가한 것이다.

---

118) 章開沅,『辛亥革命與近代社會』(天津:天津人民出版社, 1985), 181쪽.

2) 체육회와 상단

상단은 근대신상의 무장단체이며, 그 전신은 일반적으로 서양을 본받아 설립한 체육회였다.

체육회가 가장 먼저 설립된 곳은 상해이다. 1905년 상해상업계 인사들은 한 시대를 풍미했던 '군국민주의軍國民主義' 사조의 영향 아래 "체육회를 조직하여 몸과 정신을 단련하고 군사학을 익혀 국가의 간성이 될 인재를 길러내고자 했다."[119] 이 해에 연이어서 설립된 것으로는 호학회체육부滬學會體育部 · 상업체조회商業體操會 · 상여학회商餘學會 · 상업보습회商業補習會 · 호서사상체조회滬西士商體操會가 있었는데, 당시 이를 '5체육회五體育會'라고 불렀다. 이들은 중국최초의 신식상인 체육사단이기도 했다. 그 구성원은 상점주인과 직원위주였으며, 일부 신식 지식분자도 포함했다. 체육회는 일상적으로 맨손체조 · 유연체조 · 육상 등 체력을 단련하는 것 외에 군대식 체조를 받아들였다. 아울러 "사회의 명사를 초청하여 부국강병의 요지를 연설하게 함으로써… 상무정신을 진작시키지 않으면 스스로를 지킬 수 없을 뿐만 아니라 부강을 도모할 수도 없다"[120]라는 사실을 고취시켰다.

1907년 혁명당파가 광동 · 광서와 안휘에서 연속적으로 봉기를 일으키자 양자강 중·하류 지역의 형세가 혼란스럽고 불안정했다. 이와 동시에 상해의 지방관부는 "연관煙館을 금절禁絶하라"는 명령을 받았으나 "연민煙民이 폭동을 일으킬까 심히 두려워서" 원광동혜주현령原廣東惠州縣令 성상내외총공정국城廂內外總工程局 영수총동領袖總董 이평서李平書와 공정국工程局

---

119) 「上海商團小史」, 『辛亥革命』七, 86쪽.
120) 위와 같음.

판사총동辦事總董 증주曾鑄 등 저명한 신상을 통하여 '5체육회'가 나서서 지방치안을 유지하는 문제를 상의했다. 이에 "5단체는 임시상단을 조직하고 사령부를 설치하여 구간별로 나누어 방비했고, 사흘이 지난 뒤 무사함을 축하할 수 있었다."[121] 머지않아 통일적으로 지휘하기 편하도록 '5체육회'는 정식으로 남시상단공회南市商團公會를 조직했고 이평서가 초대 회장에 취임했다.

상단이 계속하여 노고를 아끼지 않고 지방을 위해 봉사했으므로 관청의 신임이 더욱 두터워졌고, 드디어 상해도上海道가 총과 탄약의 지급을 허락했다. 이렇게 하여 상단공회는 마침내 상해신상이 장악한 하나의 준무장 단체로 발전했으며 "이에 상해상단의 기초가 마련되었다."[122]

이후 상해 공·상 각 업종은 분분히 이를 본받아 상단을 조직했으며 "지방상단들이 이로부터 행동을 통일하여 일어나니 신해년 봄에는 이미 1천여 명에 달했고, 모두가 각 업종의 영수들이 같은 업종 종사자 가운데 지사志士들을 신중히 선발하여 훈련시켜 단團을 이루었으며, 하는 일 없이 빈둥거리는 무리가 그 속에 뒤섞이지 않도록 했다."[123] 1911년 상해 각 업종의 상단은 연합하여 '전국상단연합회'를 조직하고 신상 이평서를 회장, 심만운沈縵雲과 섭혜균葉惠鈞을 부회장으로 선출했다.[124] 이렇게 하여 분산된 각 업종의 체육회와 상단이 상해상인의 연합 준무장 조직으로 발전했다.

소주상단의 전신은 '소상체육회蘇商體育會'였다. 이 회는 1906년 가을에

---

121) 『上海縣續志』 卷13, 「兵防」에 따르면 '五體育會'는 滬學會·商餘學會·商學補習會·南京商業體操會·滬西體操會를 포함한다.
122) 주 119).
123) 李平書, 『且頑老人七十歲自叙』, 464쪽.
124) 『蘇州商團檔案匯編』〈未刊稿〉, 1~2쪽.

창건되었으며, 소주신상 예개정倪開鼎·항조량杭祖良·추종기鄒宗淇·추종함
鄒宗涵 등이 발기했다. 소주신상들이 발기하여 체육회를 창건한 것은 분
명 인접한 상해에 거주하고 있는 중국과 서양상인의 영향을 받은 것이
다. 이러한 사실은 다음의 기록에서 확인된다.

> 서양 각국의 상인들은 모두 군인자격을 가지고 있는데, 예를 들어 상해조계
> 의 서양상인이 설립한 상단은 평시에는 일정에 맞춰 훈련을 실시하고 유사시
> 에는 서로 협력하여 대처한다. 이런 까닭에 조계 안에서 일단 변고가 생기면,
> 손실을 입는 것은 대부분 중국상인의 재산이며, 서양상인은 여전히 무사하다.
> 그들은 우세하고 우리는 열세이니, 서로 비교해 보면 그 차이는 매우 분명하
> 다. 근래 상해 북시北市에서는 화상체조회華商體操會가 생겨나고 남시南市에서
> 는 상업체조회가 등장하여, 모두가 분발하여 앞지른 것을 바짝 따라잡아서
> 힘써 부족한 점의 보완을 도모하고 있다.125)

상해체육회나 상단과 유사하게 소상체육회 역시 "무력으로 상인을
보호한다"라는 원칙 아래 조직·건립되었다. 따라서 그 종지·구성원·
기구·기능 등 여러 방면에서 모두 상회와 차이가 있었다. 체육회의 종
지는 '상인의 지식을 개화하고' '상인의 힘을 합친다'는 등 모호하게 이야
기하지 않고, 구체적으로 규정하기를 "체육을 강구하고, 힘써 유약함을
교정하여 국민의 상무정신을 진작시키며, 상업계를 보전하는 단체를 결
성한다"126)라고 했다. 여기서 말하는 '체육'은 특히 군사체육을 가리키는
것으로 사실은 무력과 동의어였다. 그래서 그 발기문에 설명하기를 "현
재 우리가 공동으로 의견을 모아 성도省都의 적당한 장소에 소상체육회

---

125) 위와 같음.
126) 위의 책, 11쪽.

를 설립하여 건강과 위생을 비롯하여 공익·질서·치안유지를 종지로 하며, 효과적으로 운영하여 장래 상단의 선구자가 되고자 한다"127)라고 했다. 따라서 만약 상회가 전면적으로 공·상업의 발전을 촉진하는 사단조직이라고 한다면 체육회는 단지 무력으로 공·상업을 보호할 목적에서 설립된 조직이었다.

체육회는 비록 주로 공명과 직함을 가지고 상업을 겸영하는 신상이 창건했으나 회원의 자격에 대한 요구는 상회보다 느슨했다. 관련 회원명부를 보면 체육회의 조원操員은 상인·점원과 견습공 위주였으며, 일부 기타 직업 종사자도 포함했으나, 어떤 직업에 종사하든 모두 상인 한 사람의 보증이 필요했다. 1911년의 조원을 예로 들면 총 145명의 조원 가운데 직업이 상인·점원인 사람이 45명, 학생이 7명이고, 나머지는 신분이 불명확한 사람들이었다.128) 요컨대 체육회의 사회적 성분은 상회보다 더욱 복잡하고 광범했으며 "입회자의 신분을 상인으로 제한하지는 않았으나 상인의 명예와 절의를 위배하지 못하게 했다."129)

소주체육회 성립 초기 주요 조직회원은 유연체조를 학습했다. 1907년 위정휘魏廷暉를 교련장敎練長으로 초빙한 뒤에는 군대식 체조를 익히고, 더욱이 '마티니-헨리 소총(Martini-Henry Rifle)' 42자루, 실탄 1천 발을 요청하여 사격훈련을 실시했고, 정식으로 상업을 보호하고 도시의 치안을 유지하는 책무를 담당했으며, 아울러 소주의 아편연관鴉片烟館을 봉쇄하는 일을 도왔다.130) 신해혁명 폭발 후 소주신상은 1912년 초 소상체육회를 상단공회

---

127) 위의 책, 76쪽.
128) 위의 책, 64~73쪽.
129) 劉棟華,「蘇商體育會過去之歷史」(稿本),「序」. 劉棟華는 字가 佩芷이고 吳縣 사람이며, 체육회의 초창기 구성원으로 第一班 操員이었다.
130) 『蘇州商團檔案匯編』, 368쪽.

로 통합 편성하고, 여전히 4개의 지부를 관할했으며, 신상 반조겸潘祖謙·추종기鄒宗淇·심휘沈輝가 회장과 부회장직을 나누어 맡았다.[131] 소상체육회는 이때에 이르러 마침내 상단으로의 탈바꿈을 완성했다.

신해혁명 전후 전국 기타 지역의 신상들도 분분히 일어나 상단을 조직했다. 예를 들어 안휘 무호상회蕪湖商會는 1911년 10월 안휘순무에게 보고하기를 "상해 등지에서 상단을 창설한 것을 본받아서 비가 오기 전에 창문을 수리하듯 사전에 방비하고자 한다." 창설경비는 각 업종의 상동商董들이 분담하기로 결정했다. 단원은 "각 방에서 파견하고, 다른 지역의 방에서 가입하는 자는 반드시 점주의 실질적인 보증이 있어야 하며 나이는 40세 미만이어야 한다"[132]라고 했다. 사천 중경신상들은 중경 독립 전야에 "상단을 조직하여 스스로 지키고, 사신士紳들 역시 단련에 힘써 치안을 유지하고자 했다."[133]

어떤 지역에서는 체육회나 상단이라 일컫지 않고, 보안회保安會나 보안사保安社 등으로 불렀다. 한구상단의 전신은 바로 각 구역의 보안회였으며, 각 구역의 상점주인과 공장주들이 창건했다. 1911년 4월 각 구역의 보안회는 연합하여 각단 연합회를 조직하고, 신상 왕금보王琴甫를 회장으로 선출했다.[134] 한구가 광복된 뒤에는 다시 보안회의 기초 위에서 상회의 책임자인 신상 채보경蔡輔卿과 이자운李紫雲이 주재하여 "상업계의 사람들을 모아 상단을 조직하여 도적을 체포하고 도시 전체의 치안을 지키는 임무를 맡겼다."[135] 같은 해 10월 무창武昌에서는 상회회장 신상 여규

---

131) 위의 책, 77쪽.
132)『神州日報』, 1911年 10月 6日.
133) 中國近代史資料叢刊,『辛亥革命』六, 6~7쪽.
134)『漢口商團保安會紀略』, 武漢市工商局檔案資料.
135)『詹大悲事略』〈未刊稿〉, 皮明庥,『武昌首義中的武漢商會·商團』에서 재인용.

선呂達先이 발기하여 무창지방보안사武昌地方保安社를 조직하고 "많은 사람의 추대를 거쳐 가봉시柯逢時를 총신總紳으로 앉히고 사무소 둘을 설치했는데, 하나는 산 앞의 무창상회武昌商會에 두고, 다른 하나는 산 뒤의 무창의원武昌醫院에 두었으며 합계 11사社를 건립했다."136)

천진에서는 1910년 말 '천진체육사天津體育社'가 건립되어 "본토박이와 본지에 기거하는 사·농·공·상 및 그 자제들을 모집하여 체조를 익히고 신체를 건강하게 하고 상무정신을 진작시키는 것을 종지로 했다."137) 그러나 창건 초기에 관판의 색채가 농후했는데 "순경도헌巡警道憲을 감독으로 청하여 복종심을 보였으며" 아울러 규정하기를 "경성 각 아문의 문무실관 및 본성本省과 외성外省의 문무관원으로서 사社에 와서 참관하는 자는 내빈內賓으로 모시고 본사本社에서 사람을 보내 접대함으로써 교섭할 때 도움을 받을 수 있도록 한다"138)라고 했다. 이를 위해 천진신상들은 1911년 무창봉기 전에 따로 '수단水團'을 조직했다.

수단은 전통적인 '수회水會'를 기초로 조직되었다. 모두 79단이 있었는데, 그 가운데 19개는 조계 안에 있었으며, 수국국동水局董 신상 마운청馬雲靑[남령5품함] 등이 통솔했고, 군량과 무기를 지급하여 "낮에는 순찰을 하고 밤에는 순라를 돌게 함으로써 질서를 유지하고자 했다."139)

또한 같은 해 천진신상들은 상단조직과 유사한 '신상보위국紳商保衛局'을 조직했다. 보위국은 동문 밖에 사무실을 두고 관부로부터 관인官印을 지급받아 "토비土匪를 방비하고 도시 안팎의 치안을 유지함으로써 순경국을 보조하는 것을 종지로 삼았다." 경비는 "신상들이 공동으로 출연하

---

136) 『辛亥革命』五, 174쪽.
137) 『天津商會檔案匯編(1903~1911)』, 2395~2396쪽.
138) 위와 같음.
139) 위의 책, 2430~2432쪽.

여 모았으며, 부족할 경우 관부에 보조를 요청했다."140) 천진 부근에 위치한 당산唐山과 독류獨流 등지의 신상들 역시 천진상무총회天津商務總會가 대신 초안한 장정에 따라 본지의 신상보위국을 창설했다.

1912년 천진의 신상은 체육회·수단水團·신상보위국 조직을 기초로 하여 한걸음 더 나아가 연합적인 준 무장조직인 천진상단을 창설했다. 구성원은 "본시가지의 각 상점에서 신체 건강하고 품행이 단정한 자를 선발하여 합격시켰는 데 각 상점마다 1~2명이 할당되었다." 임무에 대하여 규정하기를 "군경을 보조하여 도시의 치안을 유지하고 비적의 반란을 진압한다"라고 했다. 또한 특별히 강조하기를 "상단은 상업계를 보호하는 외에 기타 군사행동에 참가하지 않고, 군사차출에 응하지 않으며, 행정기관에 무기를 대여하지 않는다"141)라고 했다.

상회·체육회와 상단 외에도 주로 공·상업자가 조직하거나, 혹은 공·상업과 비교적 관계가 밀접한 신식사단은 헤아릴 수 없이 많았다. 상해에서 그 이름을 조사할 수 있는 것으로는 상학공회商學公會·상학회商學會·상학보습회商學補習會·절강여호학회浙江旅滬學會·구화연합회救火聯合會·교육회 등이 있다.142)

전국각지로 말하면, 보편적으로 설립된 교육회[신상들이 많이 몸담고 있는]·농회[역시 신상들이 많이 몸담고 있는]·상선공회商船公會·상학공회商學公會·구화회[사]救火會[社]·거연회拒烟會·지방자치연구회 외에도 각종 지방특색을 가진 사단조직으로 예를 들어 절강상선협회浙江商船協會·동삼성보위공소東三省保衛公所·봉천보위공소奉天保衛公所·월상자치회粵商自治會·소주광화

---

140) 위의 책, 2445~2447쪽.
141) 위와 같음.
142) 『上海指南』〈袖珍〉(上海:商務印書館, 辛亥年 十月 初版), 12~13쪽.

공소동업연구회蘇州廣貨公所同業硏究會・여계보로회女界保路會〔소주〕・사천보로동지회四川保路同志會・사천공업협회四川工業協會・호남공업총회湖南工業總會・천진공무분회天津工務分會・천진공상연구회天津工商硏究會・천진공상연설회天津工商演說會・중경사업보상회소重慶絲業保商會所・염상회의鹽商會議〔중경〕 등등이 있었다.143) 당시 부르주아 계급은 이들 사단을 '별회別會'라고 통칭함으로써 상회와 구별했다. 신상 이후우李厚祐와 주진표周晉鑣가 초안한「화상연합회간장華商聯合會簡章」에는 다음과 같은 내용이 있다.

> 상회는 중국상인의 상무총회・상무분회 혹은 상무분소를 가리키며, 별회는 중국상인이 조직한 상무와 관련이 있는 회를 가리킨다. 예를 들어 상해상학공회上海商學公會 같은 것을 말한다.144)

3. 신식상인 결사단체의 정합

상회든 '별회'든 어느 것을 막론하고 청말 신식상인 사단은 한 무더기의 서로 상관없는 감자가 아니라, 서로 다른 형식과 서로 다른 정도로 조직적인 연관성이 존재했다. 어떤 단일 사단이든 단지 그것이 사단군락의 전체적인 연관 속에 놓여 있을 때에야 비로소 그 성격과 기능에 대하여 분명하고 정확한 설명을 부여할 수 있다. 우리는 신식상인 사단 사이에서, 알지 못하는 사이에 생겨난 이러한 내재적 연관과 구성경향을 사회조직의 정합이라고 부른다.

---

143) 몇몇 商人社團의 설립과 활동상황에 대해서는 朱英,『辛亥革命時期新式商人社團硏究』(北京:中國人民大學出版社, 1991) 참조.
144) 李厚祐・周晉鑣,『華商聯合會簡章擬稿』〈天津市檔案館 소장〉.

청말 신식상인 사단의 정합은 우선 동일유형의 사단〔예를 들어 상회·상단·교육회 등〕자체의 조직정합으로 나타났다. 최대의 상인사단인 상회를 예로 들면 각 상회 사이의 연락과 합작에는 지역에 기초한 것에서부터 지역을 뛰어넘는 것에 이르는 정합과정이 존재했다.

동일지역〔일반적으로 省과 府를 단위로 하는〕에서 상회조직의 정합은 주로 상무총회·분회·분소 사이의 실제적인 예속관계의 형성으로 체현되었다.

일반적으로 상무분회와 분소는 당연히 상무총회의 하부조직이라고 생각하는 것과 달리 관방의 관련 규정에 따르면, 상무총회와 분회·분소 사이에는 결코 엄격한 행정적 예속관계가 존재하지 않았다. 이른바 "총회와 분회는 지방의 상무가 번잡한가 간단한가를 기준으로 하며 체제를 가지고 논하는 것이 아니었다.… 총회와 분회의 본질은 연락에 있지 관할統轄에 있는 것이 아니었으므로 지방이 정체政體에 예속되는 것과 비교할 수 없다."145) 여기서 말하는 '연락'은 두 가지 함의가 있다. 첫째로 상무총회가 나서서 인근지역의 서로 예속관계가 없는 분회와 분소를 연락하는 것이고, 둘째로 그 연락방법이란 것도 "분회에서 계절별로 보고한 상무상황 및 연말에 보고한 사무경비 내역을 총회가 모아서 본부에 보고하여 감사를 받음으로써"146) 상무총회가 청나라 상부商部의 '대변인' 역할을 하는 것에 불과했다. 상무총회를 맹주로 하는 이러한 지역적인 상회연맹은 분명 일종의 명확한 정체성이 결여되고 신축성이 매우 크고 느슨한 연맹이었다. 강소성을 예로 들면 각 분회가 마땅히 예속되어야 할 총회는 행정구역과 지리형세의 편리를 참고하여 대략 다음과 같이 분배했다.

---

145) 乙2-1 259/48.
146) 乙2-1 259/47.

소주蘇州·송강松江·상주常州·진강鎭江 4부147)와 직례주直隷州인 태창太倉 등지의 분회는 사정을 고려하여 소주 혹은 상해상무총회에 예속시키고, 강녕江寧·회안淮安·양주揚州·서주徐州 4부와 직례주인 해주海州 등지의 분회는 잠시 강녕상무총회江寧商務總會에 예속시키며, 통주通州·숭명崇明·해문海門 등지의 화포분회花布分會는 여전히 통通·숭崇·해海 화업상무총회花業商務總會에 예속시킨다. 이후 만약 각지의 실정에 맞는 적절한 곳이 있으면 수시로 상황을 고려하여 결정함으로써 변화에 따른 이익을 도모하는 것도 무방하다.148)

그러나 실제 운영과정에서 상무총회·분회와 분소의 관계는 늘 관방이 정한 경계를 뛰어넘어 정합됨으로써 사실상의 관할과 상·하급 관계를 형성했다.

직례성 순덕상무분회順德商務分會는 성립될 때 천진상무총회를 당연한 상급조직으로 간주했다. 그래서 "유럽 각국의 상회는 트러스트를 조직한 이래 전국을 하나의 회로 통합하지 않은 것이 없다. 우리나라의 상업상황이 열악한 것은 무엇보다 단체가 없기 때문이다. 만약 전국을 하나의 회로 통합하는 것이 불가능하다면, 당연히 성省 전체를 하나의 회로 통합해야 한다. 이런 까닭에 우리 지역의 상회가 반드시 천진총회에 예속되어야 하는 것은 자명한 이치이다"149)라고 했다.

강소 매리분회梅里分會 역시 소상총회蘇商總會에 보낸 편지에서 분명하고도 확실하게 스스로 소상총회의 '지회'라고 칭했으며, 인장은 "당연히 귀총회에 요청하여 수령해야 해야 할 것으로"150) 생각한다고 했다. 평망분회平望分會는 회비에 대하여 규정하기를 "각 상점은 연회비 대양大洋 9원

---

147) [역주] 원문 수정 : "其蘇·松·常·太·鎭四府"→"其蘇·松·常·鎭四府". 牛平漢 主編, 『淸代政區沿革綜表』(北京:中國地圖出版社, 1990), 120~137쪽 참조.
148) 乙2-1 259/47.
149) 『天津商會檔案匯編(1903~1911)』, 192쪽.
150) 乙2-1 6/49.

을 납부하며, 그 가운데 6원은 총회에 내고, 3원은 본회의 경비로 한다"[151] 라고 하여 분회의 경비를 총회에 납입하는 체계를 만들고자 했다.

이밖에 상회 문서기록에 따르면, 분회와 분소가 총회에 보내는 문건은 때로 그 첫 머리를 '첩정牒呈'이라는 두 글자로 시작했으며, 혹은 곧장 '정문呈文'이라는 문구를 써서 존경과 올려보낸다는 뜻을 나타냈다. 각 분회와 분소는 매번 내부분규나 결정하기 어려운 일을 만나면 종종 상무총회에 도움을 청했다. 그래서 관방은 부득이 약간 양보하여 분회가 "혹 특별한 사정이 있으면 수시로 총회와 의논하여 결정하도록"[152] 인정할 수밖에 없었다. 특히 연세항쟁捐稅抗爭·입헌운동 등과 같은 각종 중대한 경제·정치 활동에서, 각지의 분회와 분소는 대부분 우선 상무총회에 자신의 행동거지를 결정할 방책을 요청하여 총회의 지도 아래 활동을 전개했다.

이리하여 각지의 상무 총·분회와 분소는 관방의 규정과 실제적인 조정의 협력방향에 따라 일종의 형식적인 면에서의 독자적인 체계를 형성했으나, 실질적으로는 층층으로 예속되는 연쇄적인 구조를 가진 유기적인 총체整體였다. 서로 예속되지 않는 분산적인 조직과 비교하여 이 유기적 총체는 더욱 강한 결집력을 가지고 있었으며, 상회 신상세력의 촉각이 성도省都와 통상항구에서부터 현縣과 진시鎭市〔集市〕의 기층사회로까지 확대되도록 했다.

상회의 지역을 넘어선 조직적 정합은 하나의 성省 혹은 전국적 범위의 상회연합체를 조직·건립함으로써 구현되었다. 1911년 3월 사천성에서는 각 도시와 읍의 상회가 추천한 신상대표들이 성도인 성도成都에서

---

151) Z2-1 4/37.
152) Z2-1 10/9.

집회를 열어 '사천상회연합회'를 창설했다. 그 종지는 "큰 무리를 한데 묶어 상업에서 공동이익을 확대하는 데"153) 있었다. 같은 해 6월 강소성 전역의 재리인연裁釐認捐154) 활동을 통일적으로 영도하기 위해 강소지역 25개 상무 총·분회의 신상들이 일제히 상해에 모여 '소속상회연합회蘇屬商會聯合會'를 설립했다. 이 회는 "강소성에 속하는 상업에 관한 일을 공동으로 논의하고, 상업의 진보에 대하여 연구하는 일을 종지로 했다."155)

그러나 '사천상회연합회'와 '소속상회연합회'는 필경 단지 일개 성의 범위 안에 국한된 상회연합체일 뿐으로, 여전히 부르주아 계급화한 신상계층이 벌이는 전국규모의 경제·정치 활동의 수요에 부응할 수 없었다. 신상들은 "상인과 상인이 합쳐 상회가 성립되었으며, 그것이 오늘날 얼마나 현저한 효력을 발휘하는지는 여러분들이 이미 잘 알고 있는 사실이다. 만약 회와 회가 연합하여 대회大會를 이룬다면, 그 효력은 반드시 지금의 상회보다 수십 수백 배 더 클 것이다"156)라고 했다.

1907년 전국 80여 개의 상회대표들이 상해에 와서 상법토론회에 참석하는 기회를 이용하여 상해상무총회가 발기하여 '화상연합회華商聯合會'를 설립하고 간단한 장정을 초안하고, 회보를 출간하고 아울러 준비를 전담하는 기관인 "화상연합회판사처華商聯合會辦事處를 설립하고자 했으나"157) "서명하여 찬동하는 사람의 수가 매우 적어" 결국 취소했다.

민국 초기에 전국의 상회를 연합하는 일이 다시 의사일정에 올랐다. 1912년 6월 한구와 상해 두 곳의 상무총회가 먼저 '중화전국상회연합회'

---

153) 『成都商報』, 1911年 3月 31日.
154) 재리인연裁釐認捐: 이금을 징수하는 이잡찰卡의 폐지와 이금의 자진납부. 김형종, 『청말 신정기의 연구—강소성의 신정과 신사층』(서울:서울대학교 출판부, 2002), 302쪽 참조.
155) 『蘇屬商會聯合會草章』(蘇州市檔案館藏).
156) 『擬組織華商聯合會意見書』, 天津商會檔案全宗(128), 二類 第29卷.
157) 『華商聯合會(開辦處)致天津商務總會函』, 天津商會檔案全宗(128), 二類 第29卷.

의 성립을 제의했으며, 각지 상회의 열렬한 호응을 얻어 같은 해 11월 '중화전국상회연합회'가 정식으로 북경에서 성립되었다. 이 회는 상해상무총회 총리 주금잠周金箴을 회장으로 추대하여 북경에 본부를 두고 상해총상회上海總商會를 총사무소로 하여 각 성省과 각 화교거주지에 분사무소 分事務所를 설립했다. 그 목적은 "국내외의 중국상인이 설립한 상무총회·분회와 분소를 연합하고 서로 협력하여 전국상무의 발달을 도모하고 중앙정부에서 시행하는 상업정책을 보조하는 것이었다."158) 화상연합회가 건립됨으로써 상회 자체의 조직정합은 드디어 일단락되었다.

다음으로 청말 신식상인 사단의 조직정합은 상회와 '별회別會' 사이의 정합으로도 나타났다. 대체로 이러한 정합방식은 두 가지 유형으로 나눌 수 있다.

첫째로 상회가 대신 보고하고 경비를 지원하고 인사를 삼투시키고 업무를 연계하는 것을 통하여 별회를 상회의 외곽조직이나 기층조직으로 흡수했다. 이것은 소주상회와 소상체육회의 관계가 가장 전형적이었다. 우선 소상체육회의 실질적인 발기·창건자는 바로 소주상무총회의 신상들이었다. '소상체육회 발기자 성명·직함'에 나열된 19명의 발기인은 거의 반수가 일찍이 상회 의동議董을 역임한 신상들이었다.159) '체육회보조개판의무원성명표體育會輔助開辦義務員姓名表'에 따르면, 16명의 의무원 가운데 의외로 13명이 상회의 주요 신상인물이었다. 그 속에는 상회 총리 우선갑尤先甲, 협리 오리고吳理杲, 명예회원 왕동유王同愈·장병장蔣炳章, 의동 議董 팽복손彭福孫·장리겸張履謙 등이 포함되어 있었다.160)

소상체육회의 창설품문稟文조차도 상회가 대신하여 관방에 전달했으

---

158) 『擬辦中國商會聯合會草章』(天津市檔案館 소장).
159) 『蘇州商團檔案匯編』, 42~43쪽.
160) 위의 책, 44~45쪽.

며, 관방 역시 회답공문을 직접 상무총회에 하달했다. 그래서 유동화劉棟華는 「소상체육회성립연기蘇商體育會成立緣起」에서 솔직히 털어놓기를 "소상체육회는 광서 32년(병오) 가을부터 상무총회가 발기하고 자금을 모아 창설했다"161)라고 했다. 소상체육회가 성립된 뒤에도 상회 의동과 회원이 직접 영도자의 역할을 담당했다. 제1기 직원 가운데 회장 홍육린洪毓麟과 부회장 예개정倪開鼎은 모두 상회 의동이고, 4명의 의사원議事員은 우선갑尤先甲(상회총리)·항조량杭祖良(상회의동)·팽복손彭福孫과 장병장蔣炳章(둘 다 상회 명예회원)이었다.162)

이밖에 소상체육회의 활동경비는 주로 상회에서 제공했다. 창건단계에서 상회는 활동경비로 2천9백여 원을 조달했고, 이후 다시 매월 자금을 지원했다. 체육회가 훈련복·총탄과 기타 장비를 구입하는 경비도 모두 상회에서 발급했다. 그래서 소상체육회는 명목은 독립사단이나 실제로는 상회의 영도 아래 놓여 있었다. 1912년 초 체육회가 상단공회商團公會로 개편될 때 상단습령習令 위정휘魏廷暉는 심지어 "청컨대 각 부 및 공회를 편대編隊로 통합하고 공회를 총대로, 지부를 지대로 하여 상회에 직속시킴으로써 통일을 기하자"163)라고 제안했다.

상해상단은 비록 상회의 직접적인 통제를 받지 않고 지방자치 기구인 성상내외총공정국城廂內外總工程局의 관할 아래 있었으나, 상회와 관계가 밀접하여 실제로는 상회가 배후에서 그것을 조종했다. 그 전신인 '5체육회'의 창건자와 책임자들은 거의 전부가 상회의 주요 핵심분자들이었다.164) 천진상단도 소주상단과 마찬가지로 직접 상회에 예속되었다. 천진

---

161) 위의 책, 1쪽.
162) 위의 책, 50쪽.
163) 위의 책, 4095쪽.
164) 『上海縣續志』 卷13, 「兵防」 참조.

'상단조례초안'에 따르면 "상회는 지방의 상황에 따라 상단을 조직할 수 있고" 상단의 "단장과 부단장은 상회 집행위원회에서 투표로 선출하고… 상단의 경비는 상회 집행위원회에서 세 명을 호선하여 매달 돌아가며 관리하고… 상단단장이 상회에 보내는 공문은 정문呈文의 형식을 취하고… 대외공문은 모두 상회가 발송한다"라고 했다. 이 일련의 규정은 실제로 이미 천진상단이 상회의 하부조직으로 들어갔으며, 체육사 시절 순경도가 관할하던 상황과는 크게 달라졌음을 의미한다.

기타 상회에 의해 하부 기층조직으로 흡수되는 경향을 가졌던 신식 상인사단으로는 몇몇 동업연구회·공무분회工務分會·보상공소保商公所·계연회[사]戒烟會[社]·구화회[사]救火會[社]·시민공사·수단水團[천진]·신상보위국紳商保衛局[천진 등지]·보안회[사]保安會[社] 등이 있었다.

상회와 기타 신식사단의 관계정합의 두번째 유형은 인사교류와 업무왕래를 통하여 협조관계를 수립하고 역할을 상호 보완하는 목적을 달성하는 것이었다. 이러한 사단은 스스로 하나의 체계를 갖추었을 뿐만 아니라 명의상에서도 상회와 평등한 단체로 예속관계는 존재하지 않았으며, 동시에 공·상 활동에 직접 개입하지 않아 일반적으로 사람들에게 상인 사단으로 인식되지 않았다. 거기에는 학무공소學務公所·교육회·농회農會·자치연구회[사]自治研究會[社]·지방공익회·공안회·강보사講報社·서화연구회·의학회 등이 포함된다. 상회와 이들 사단의 밀접한 연관과 합작은 아래 두 가지 면에서 구체적으로 드러났다.

첫째로 인원의 상호교류와 정보의 공유. 예를 들어 신식학교 설립조직의 주요구성원은 일군의 '학신學紳'이라고 불리는 사람들 즉 신식교육에 종사하는 사대부들이었으나, 그 상층인사들 가운데는 상업계의 신상이 적지 않았다. 1906년에 설립된 강소교육총회는 장건張謇이 회장, 왕동유王同愈가 부회장을 맡았다. 우리가 알고 있듯이 장건은 동남지역 상업계가 공인하는 신상 영수인물로 일찍이 통通·숭崇·해海·태泰 상무총회165) 총리를 역임했으며, 왕동유는 소주상무총회의 발기인으로 일찍이 소경蘇經·소륜蘇綸 사사창絲紗廠의 총경리를 역임했다. 절강여호학회浙江旅滬學會의 부회장 주진표周晉鑣는 저명한 신상으로 일찍이 여러 차례 상해상무총회 총리를 역임했다.

그리고 상해지방공익연구회의 회원들 "역시 대부분 상업계의 사람들이었다." 소주학무공소蘇州學務公所 30명의 의동 가운데 서로 정도의 차이는 있으나 상무 혹은 상사활동에 발을 들여놓고 있는 신상은 9명으로 30%, 학신學紳은 19명으로 63%, 유학경력이 있는 사람은 2명으로 7%를 차지했다. 이밖에 장長·원元·오吳학무총회처와 교육회의 책임자인 장병장蔣炳章과 오본선吳本善는 모두 상회의 명예회원이었다.

1911년 12월 설립된 천진공안총회는 "군郡 전체의 치안유지를 종지로 하여" 본지의 치안을 총괄하는 사단이었다. 이 총회는 겉보기에 천진상회와 별도의 체계를 갖고 있으며, 직례총독 진기룡陳夔龍으로부터 특별예산 10만 원元을 지급받아 활동경비로 쓰고 있었다. 그러나 공안총회公安總會의 직원구성을 자세히 살펴보면, 거의 천진상무총회 상층영도자들의 대거리[大換班]였다[〈표5-6〉 참조].

상회와 평행하는 사단 사이를 소통시키는 정보의 교류는 완전히 평등한 대류로, 지령을 하달하거나 혹은 그에 대하여 보고하는 방식이 아니었다. 그래서 이 양대 사단 시스템 사이에 왕래하는 문서에는 절대로 '품보禀報'나 '찰칙札飭' 등의 공문을 사용하지 않고 일반적으로 '조회照會'나 '이문移文' 등 평등관계를 나타내는 공문양식을 사용했다.

---

165) [역주] 通·崇·海·泰는 순서대로 南通·崇明·海州·泰縣을 말한다.

<표 5-6> 천진상무총회와 공안총회의 직원 상호삼투 상황

성명	직함	업종	상회에서의 직위	공안총회에서의 직위
왕현빈 王賢賓	화령3품정대하남보용도花 翎三品頂戴河南補用道	제염업	총리總理	회장會長
영세복 寧世福	화령3품함후선지부花翎三 品銜候選知府	신태흥양행 新泰興洋行	협리協理·총리總理	부회장副會長
오련원 吳連元	화령2품정대후선도花翎二 品頂戴候選道	정금은행 正金銀行	협리協理	부회장
이향진 李向辰	생원生員	미곡업	회동會董	의동議董
유승음 劉承蔭	후선동지候選同知	양곡상	좌판坐辦	의동
두효금 杜曉琴			회동會董·방판幫辦	의동
유석보 劉錫保	동지함同知銜	전장[銀號]	회동會董	고장股長

자료출처 : 『天津商會檔案匯編(1903~1911)』중의 공안총회직원公安總會職員 관련상황.

둘째로 업무의 교류와 협조. 상무와 학무는 겉보기에는 서로 다른 영역에 속하는 것 같으나 실제로는 상호교차·피차의존하는 것이었다. 그래서 "오늘날 이른바 상전商戰의 세계는 사실 학전學戰의 세계이다.… 학당이나 강습소나 진열소나 모두 상업계에서 새로운 종자를 뿌린 것이다"라고 했다.

학교를 건립하고 인재를 육성하는 실천적인 활동을 하는 가운데 상회는 교사선발임용·교재확정·수업시간편성 등 구체적인 업무를 수행하기 위해 부득이 자주 학무공소나 교육회 등 여러 교육단체에 도움을 청하지 않을 수 없었고, 이로부터 그들과 밀접한 교류관계가 발생했다. 교육단체 쪽에서도 학교 건립자금을 마련하기 위해 상회의 지원과 협조에 의지하지 않을 수 없었다. 예를 들어 소주의 학교건립 경비는 주로 토지세와 집세, 전장錢莊과 전당포의 이익금에서 나왔으며, 교육과 상무사이에는 이미 모종의 업무연계가 존재했다. 근대에 학교건립 경비의 근원이 고갈되어 몇 가지 재원을 새로 개발했는데, 예를 들어 노식路息(蘇省鐵路公司에서 지불)·사연紗捐(蘇經·蘇綸廠에서 지불)·낙연樂捐(상인기부금) 등은 모두 상회를 통해 발급되었으므로, 상회와 각 교육사단의 재무연계가 더욱 광범하고 밀접하게 변했다.

상회와 농회(실은 도시지주의 사단) 사이에도 협조관계가 존재했다. 예를 들어 1911년 소주농무총회는 일찍이 소상총회蘇商總會에 위탁하여 자바Java 수라바야Surabaya 상회를 통해 남양에서 좋은 종자를 대신 구매하고 이를 농업시험장에 공급하여 사용하도록 했다.166) 이밖에 황무지를 불하받아 개간을 추진하는 문제도 역시 상회 총리 우선갑尤先甲, 의동 반조겸潘祖謙·장리겸張履謙 등이 앞장서서 관부와 교섭했다.167) 상회 쪽은 농회와의 합작을 통해 그 세력과 영향력을 역내의 한정된 공간으로 밀고나가 광활한 향촌지역으로 침투시켰다. 그리고 농업과 양잠을 개량하고 농촌 상품경제와 시장을 활성화하여 간접적인 경제이익을 획득했다.

어떤 신상은 낙관적으로 예측하기를 농회는 "농촌학교를 설립하고, 새로운 방법을 채택하고, 수리시설을 강구하고, 토질과 작물의 적절성을 판별하고, 법도대로 경작하도록 가르치며, 게다가 일체의 양잠과 목축은 모두 순서대로 일으킬 수 있다. 만약 일이 적당하게 잘 처리된다면, 5년 후에는 당연히 훌륭한 성과를 거둘 수 있을 것이다. 매년 수입금액을 예측해 보면 이익이 남을 것이 확실하며, 이 돈으로 혹은 각종 실업을 널리 보급할 수도 있고, 혹은 지방자치 경비로 충당할 수도 있는데, 이 모두가 현재의 급선무에 속하는 것이다"168)라고 했다.

---

166) Z2-1 73/39.
167) Z2-1 73/31.

청말 신식 상인사단 조직정합의 결과 상회를 중심·간선으로 하는 하나의 관계가 긴밀한 신식사단 네트워크가 형성되었다. 이 조직 네트워크에서 각 신식사단은 더 이상 독주자와 같은 모습이 아니라, 지휘에 따라 화합하는 악대처럼 효능을 발휘했다. 광범한 사회적 연계에다 경제와 정치상의 우세가 더하여짐으로써 상회는 지방 공익사무에서 매우 높은 명망과 권력을 향유하여 신식상인 사단의 사실상의 영수단체가 되었으며, 이렇게 하여 이른바 "높이 올라 한번 소리치니 많은 산들이 모두 호응하는"169) 형세를 이루었다. 아래 그림은 소주를 예로 들어 신식 상인사단이 정합을 거친 뒤에 만들어진 조직 네트워크를 보여준다.

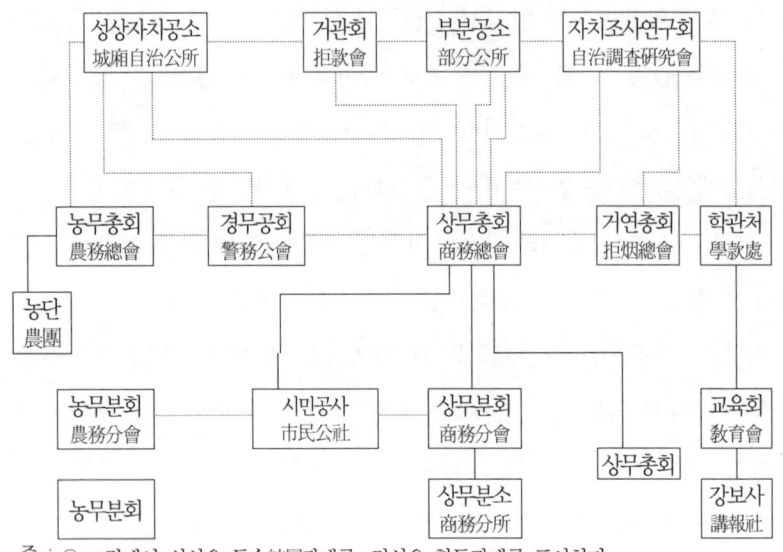

주: ① 그림에서 실선은 통속統屬관계를, 점선은 협동관계를 표시한다.
② 학관처와 교육회는 모두 학무공소에서 변화되어 나온 것인데, 그 중 학관처는 학무총회처學務總滙處의 전신이다.

---

168) 乙2-1 73/37.
169) 「蘇州市民公社檔案選輯」,「巡警道汪致蘇州商務總會片」.

그러면 상회는 어떤 역량에 의지했기에 수많은 신식사단을 연결하여 하나의 관계가 엄밀하고, 기능이 상호보완적인 사단조직 네트워크를 만들 수 있었는가? 관건은 상회의 주체를 구성하는 매개적인 사회역량 즉 부르주아 계급화한 신상에 있었다. 신상계층의 관리 겸 상인 겸 학자 겸 농민이라는 복잡다단한 사회적 속성과 기질은 상회에 모종의 독특하고 기묘한 사회적 기능 즉 상회와 기타 신식 사단조직 사이의 접합제가 될 수 있는 기능을 부여했다.

하나의 두드러진 역사적 현상은 영향력있는 많은 신상들이 보통 동시에 몇몇 서로 다른 사단 혹은 기구에서 봉직함으로써 일종의 상호삼투적이면서도 상대적으로 집중적인 인사제어망을 형성하고 있었다는 점이다. 예를 들어 상해신상 이평서李平書의 성상내외총공정국城廂內外總工程局[領袖議董]·상무총회[의동]·남시상단공회南市商團公會[회장]·남양권업회송호협찬회南洋勸業會松滬協贊會[회장]·상해의학회[설립자]·상해서화연구회[총리]에서의 지위,170) 증주曾鑄의 상회[총리]·총공정국[總董]·남시상단공회南市商團公會[발기인, 제2대 회장]에서의 지위, 욱회지郁懷智의 총공정국[총동]·상회[의동]·상여학회商餘學會[회장]·양포업상단洋布業商團[회장]·지방자치연구회[주요구성원]에서의 지위가 그러했다.171)

다시 예를 들어 소주신상 왕동유王同愈와 우선갑尤先甲의 상회[왕동유는 발기인 명예회원, 우선갑은 총리]·소상체육회[둘 다 議員]·학무공소[둘 다 의동]·경무공소警務公所[둘 다 의동]·농무총회[둘 다 발기인 겸 의동]·성상자치공소城廂自治公所[둘 다 의동]에서의 지위가 그러했으며, 왕동유는 또한 강소교육총회 부회장이었다.172) 이밖에 저명한 신상 장건은 더더욱 상회·교육회·농회·

---

170) 李平書,『且頑老人七十歲自叙』참조.
171) 乙2-1의 관련 卷宗에 근거함.

예비입헌공회·자의국·법정강습회法政講習會·권업연구회勸業研究會 등 각종 단체와 기구의 책임자를 겸하고 있었다.

　이로부터 청말 민간 신식사단의 조직정합은 주로 부르주아 계급화한 신상계층의 매개작용을 통해 실현되었음을 알 수 있다. 신상은 바로 신식 상인사단 네트워크의 실제적인 구축자이며 조종자였다. 또한 그들은 일반적으로 상회를 거점으로 하여 사회적 확장과 삼투를 진행했다. 요컨대 신상계층의 사회적 기능에 대한 분석은 청말 신식상인 사단의 조직정합 및 이로부터 야기된 시민사회의 조직과정을 해석하는 일대 관건이라고 할 수 있다.

제3절 신상과 시민사회

1. 도시자치에서의 신상

　청말 지방자치 사상의 고취는 19세기 말의 유신변법운동에서 시작되어 20세기 초에 번성했으며, 그 최대의 고취자로는 당연히 개량파 사상가인 강유위와 양계초를 꼽아야 한다. 강유위는 그의 유명한 「공민자치편公民自治篇」에서 변법은 마땅히 지방자치에서부터 시작하여 나라의 근본을 세워야 한다고 지적하면서 "지금 우리 중국 지방의 큰 병폐는 관이

---

172) 『上海縣續志』 卷13, 3쪽 ; 『申報』, 1905年 8月 6日.

민을 대신하여 다스리면서 민의 자치를 허락하지 않는 데 있다. 이를 구제할 방법은 지방자치를 허락하는 길 뿐이다"[173]라고 했다. 강유위의 제자로서 양계초 역시 지방자치를 민권을 쟁취하는 '첫번째 기초'로 간주하고 "민권의 유무는 의원議院(국회의 개원 -역자)과 참정參政(국민의 정치참여 -역자) 뿐만 아니라 특히 지방자치에 달려 있다. 지방자치의 역량이 강하면 민권은 반드시 번성하게 되고 그렇지 않으면 반드시 쇠퇴하게 된다"[174]라고 주장했다.

그러나 진정 몸소 이를 실천하여 지방자치의 이념을 실제사회에서 실현한 사람은 오히려 장건張騫이나 이평서李平書 등과 같은 신상인물이었다. 장건은 고향인 남통南通을 시험무대로 하여 먼저 실업을 일으키고, 다음으로 교육을 실시하며, 다시 자선과 공익사업으로 넓혀 간다는 수순에 입각하여 순서에 따라 점진적으로 진행하며 도시와 농촌을 함께 중시하는 방식으로 자신이 설계한 지방자치의 이상을 추진했다. 그 자신의 말을 빌리면 "큰일을 하려면 반드시 선견지명이 있어야 하고, 민지民智를 계발하려면 반드시 교육부터 시작해야 한다. 그러나 교육은 빈말로 되는 것이 아니라 먼저 실업부터 착수해야 하며, 실업과 교육이 서로 도와 성과를 거두게 되면, 자선에 이르고 공익으로 나아갈 수 있다"[175]라고 했다.

10여 년간의 고생스런 경영 끝에 장건이 남통에서 시행한 지방자치사업은 이미 그 성과가 드러나고 있었다. 그는 방대한 대생자본집단을 건립하여 자치의 토대를 마련하는 것 외에, 교육·자선·공익 등의 방면에서도 실적이 비범했다. 1915년에 작성된 목록에 따르면 남통의 지방자

---

173) 「公民自治篇」, 『新民叢報』 第6号.
174) 「問答」, 『新民叢報』 第20号.
175) 「謝絶參觀南通者之啓事」, 『張季子九錄·自治錄』.

치 사업이 교육과 자선사업에서 거둔 성과는 다음과 같았다.

> … 교육은 지방의 각 촌村과 진鎭에 설립된 공립·사립 초등소학교와 고등소학교 240여 곳 외에, 무릇 전문학교가 6개로 남초급사범학교男初級師範學校·여초급사범학교女初級師範學校 및 부설 여공전습소女工傳習所·갑·을종농업학교甲乙種農業學校·갑·을종상업학교甲乙種商業學校·방직염색학교·의학교가 그것이다. 그것과 관련이 있는 사업은 3가지인데 그것은 박물관·도서관·기상대이다. 자선사업은 이전부터 있었던 과부구휼·관목제공[施棺]·유랑민수용 등 여러 가지 일 외에 무릇 특별히 설립한 것이 6종류로 신육영당新育嬰堂·양로원·의원·빈민공장貧民工場·잔폐원殘廢院·맹아학교 등이 그것이며, 이들은 모두 합쳐 16곳이다.176)

만약 평소 '촌락주의'를 마음속에 품고 있던 장건을 청말 향촌자치운동의 모범이라고 한다면, 이평서李平書나 축승계祝承桂 등과 같은 상해의 신상인물들은 청말 도시자치운동의 선구자라고 할 수 있을 것이다. 일찍이 1900년 봄 파면되어 고향에 머물던 이평서는 어떻게 하면 "문명국의 지방자치제를 모방하여" 자강을 도모할 수 있을까 하는 문제를 연구하기 시작했다.177) 같은 해 갑북閘北신상 축승계祝承桂 등은 양강총독 유곤일劉坤一의 허락을 받고 자금을 마련하여 상해의 신갑新閘과 빈북濱北일대에 도로를 건설하고 다리를 세웠으며, 아울러 공사를 청부맡아 중국인이 이용하는 시장 한 곳을 개척함으로써 조계의 확장을 저지했다.178)

또한 1903년 이평서는 그가 1902년 호북성의 성도인 무창에서 경찰초

---

176) 「擬領荒蕩地爲自治基産請分期繳价呈」, 宋希尙, 『張謇的生平』(臺北:中華叢書編審委員會, 1963), 211쪽.
177) 『且頑老人七十歲自叙』, 504쪽.
178) 『申報』, 1906年 6月 14日.

소를 설립하는 것을 친히 목격한 경험에 근거하여 "관찰 원수훈袁樹勛에게 건의를 했고, 이 때문에 원수훈은 지방의 도로와 수로 등 일체의 공사는 반드시 지방신동紳董이 맡아 처리해야 비로소 실효를 거둘 수 있다고 했다."[179] 관리와 신사(상인) 쌍방의 합의 아래 상해의 도시자치는 한걸음씩 의사일정에 오르게 되었다.

1905년 신사 곽회주郭懷珠·이평서李平書·섭가당葉佳棠·요문새姚文鰓·막석륜莫錫綸 등은 "자치의 기초를 조직하기" 위해 총공정국을 창설하여 지방사무를 총괄하기로 의견을 모았다.[180] 이러한 행동은 소송태도蘇松太道 원수훈의 지지를 얻었다. 원수훈은 그 해 8월 6일 정식 공문을 보내 곽회주와 이평서 등 다섯 사람에게 통보하기를 "사람마다 자치의 능력을 갖춘 뒤에야 공공의 안녕을 보전할 수 있으며, 사람마다 경쟁의 열심이 있어야 화평의 행복을 추구할 수 있다.… 재삼재사 주야로 골똘히 생각을 거듭하여 방책을 구하고자 하나, 지방의 인재를 이용하여 지방의 이익을 추구하고, 지방의 자금을 이용하여 지방의 업무를 진행하는 것보다 바람직한 것은 없으며, 그렇게 되면 서로의 관계가 밀접하여 이해가 일치하게 되고 상하 간에 틈이 벌어지는 근심이 없게 되며 중지를 모아 일을 진행하여 효과를 거두기 쉽게 된다. 전에 귀 신사들이 총공정국의 창설을 제의했는데 나도 거기에 적극적으로 찬성하며, 이제 남시공정국南市工程局을 철폐하고 도로·전등 및 도시 안팎의 경찰 등 일체의 사무를 모두 지방신상들이 공동으로 선출한 동사董事에게 일임하여 처리하려고 한다"[181]라고 했다. 이에 한바탕 요란하고 떠들썩한 준비과정을 거쳐 같은

---

179) 『且頑老人七十歲自叙』, 443쪽.
180) 楊逸 纂, 『上海市自治志』, 「公牘甲編」(鉛印本), 民國 4年(1915), 1~2쪽.
181) 楊逸, 위의 책, 「公牘甲編」, 1쪽.

해 11월에 상해성상내외총공정국上海城廂內外總工程局이 정식으로 설립되었다.[182]

공정국工程局이 처음에 입안한 종지는 "지방의 모든 사무를 정돈하고, 외국인의 침탈을 저지하고, 국내의 기풍을 개화시키고, 관청의 손길이 미치지 못하는 일과 민생의 큰 이익을 보살핌으로써… 지방자치의 기초를 확립한다"[183]라는 것이었다. 공정국은 영수총동領袖總董 1명[이평서], 판사총동辦事總董 4명[莫錫倫·郁懷珠·曾鑄·朱佩珍]과 의사총동議事總董 33명을 두었다.[184] 그 밑에 호정戶政·경정警政·공정工政 세 과와 재판소 한 곳을 두었다. 각 과의 아래 다시 각 처를 분설하여 호적·부동산·수연收捐·순경·소방·위생·측회測繪·도로공사·가로등 등 여러 가지 업무를 처리했다.

1909년 청정부가 「성진향지방자치장정城鎭鄕地方自治章程」을 반포한 뒤 상해성상내외총공정국上海城廂內外總工程局은 장정의 규정에 따라 이름을 성상내외자치공소城廂內外自治公所로 바꾸어 의사회議事會와 동사회董事會를 분설하고, 원래부터 가지고 있던 자치권력의 기초 위에 일부 공상工商·문교와 위생관리권이 추가되었다. 총공정국 시기 4년 동안 모두 도로 60여 곳[혹은 구간]을 새로 개척하거나 건설하고, 교량 50여 개를 수리하거나 철거 후 재건하고, 성문 3개를 신축하거나 재건하고, 하천 9곳을 준설하고, 제방 7곳을 건설하고, 부두 4곳을 건립했다.[185] 그리고 순경 398명을 임용하여 매년 민·형사소송사건 및 위법사건 1,700여 건을 처리했고, 수입은 9만 3,600냥에서 16만 4천 냥으로 증가했다.[186]

---

182) 吳桂龍, 「上海地方自治運動述論」의 工程局 성립에 관한 서술 참조.
183) 「上海縣城廂內外總工程局章程」, 『東方雜志』, 第2年 第10期, 「內務」에서 인용.
184) 楊逸, 앞의 책, 「公牘甲編」, 1쪽.
185) 楊逸, 앞의 책, 「工程成績表」.
186) 楊逸, 앞의 책, 「警務成績表」, 「凡例」.

성자치공소城自治公所로 바뀐 뒤에는 2년 동안 모두 도로 40여 곳〔혹은 구간〕을 새로 개척하거나 건설하고, 교량 10여 개를 보수하거나 철거 후 재건하고, 성문 6개를 신설하거나 개축하고, 소학교 7곳을 건립하고, 제방 3곳과 부두 2곳을 건립하고, 소학교 6곳을 설립하여 보조하고, 순경을 455명으로 확충했으며, 연간수입은 여전히 16만여 냥에 달했다.[187] 통계숫자로 보면 상해 도시자치의 성과는 그런대로 괜찮은 편이었다.

비록 총공정국과 자치공소가 자신을 '지방 전체의 대표' '자치를 총괄하는 기관'이라고 표방했으나, 그 영도권은 실제로 상업계와 교육계 위주의 초기 부르주아 계급 분자들의 수중에, 특히 상회를 거점으로 하는 상층신상의 수중에 들어 있었다. 총공정국의 장정을 보면 "총동總董은 반드시 본지역 출신 신사로 충당하며, 방동幇董은 한 사람은 본지인으로 하고 다른 한 사람은 타지역 출신으로 하되 모두 부유한 상인이어야 한다"[188]라고 규정했다. 의사회 장정에는 "의동議董은 본지의 신사 및 도시 안팎 각 업종의 상동商董들이 공정하게 선출한다"[189]라고 규정하고 있다. 상술한 규정들은 신사와 상인이라는 이중적 신분을 가진 신상들이 청말 상해 지방자치 기구에서 매우 높은 비율을 차지하도록 했다.

총공정국 시기, 전반기 2년(1905~1907) 동안 일을 맡은 인원 가운데 참사회 영수총동領袖總董 이평서, 판사총동辦事總董 주패진·증주·욱회지·막석륜은 모두 신상이었다. 의사회의 의장 요문새姚文柟는 미곡업 신상이었으며, 32명의 의동議董 가운데 상인신분을 가진 사람은 20명으로 62.5%를 차지했다.

---

187) 楊逸, 앞의 책, 「工程成績表」, 「學校成績表」, 「會計表·收支總表」.
188) 「上海縣城廂內外總工程局章程」.
189) 楊逸, 앞의 책, 「總工程局議會章程」.

총공정국 시기 후반기 2년(1907~1909) 동안 개조 후의 참사회에서 일을 맡은 인원 가운데 이평서는 여전히 영수총동으로 유임되었고, 육회지와 막석륜은 판사총동으로 유임되었으며, 새로 뽑힌 2명의 판사총동 이후 우李厚祐와 왕진王震 역시 신상이었다. 명예동사 7명 가운데 신상신분을 가진 사람은 6명으로 86%에 달했다. 의사회 방면에서는 의장 요문새姚文鰓는 유임되었고, 의동 32명 가운데 상인신분을 가진 사람은 적어도 16명으로 의동의 50%를 차지했다.190) 〈표 5-7〉은 자치기구에서 총동과 의장을 역임한 상층인사의 배경에 관한 상황을 보여준다.

<표 5-7> 상해 자치기구 상층인사 상황

성명	직위(任職)	공명 직함	업종(行業)	상회의 직위
이종옥李鐘鈺〔平書〕	발기인 중 한 사람. 총공정국영수총동성자치공소 총동總工程局領袖總董城自治公所總董	우공優功·4품 분부낭중四品分部郞中	은행·윤선·수도·간척목축	협리協理
곽회주郭懷珠〔蘊川〕	발기인 중 한 사람. 총공정국의동總工程局議董	증공增功·동지함후보지부同知銜候補知府·통주해정국총판通州海定局總辦		
요문새姚文鰓〔子讓〕	발기인 중 한 사람. 총공정국의장總工程局議長	거인	미업동사米業董事, 권학소총동勸學所總董, 포동중학교동浦東中學校董	
섭가당葉佳棠〔棣華〕	발기인 중 한 사람. 총공정국의동總工程局議董, 명예동사名譽董事. 성자치공소의원城自治公所議員		제염업鹽業	
막석륜莫錫綸〔子經〕	발기인 중 한 사람. 총공정국총동. 성자치공소 동사	후선직례주주판候選直隷州州判	몇몇 학당의 창립자	

190) 楊逸, 앞의 책, 「上海商務總會同人錄」 등 참조.

주패진朱佩珍[葆三]	총공정국총동總工程局總董	후보도候補道	양행·은행·보험·수도전기·윤선 등	협리協理
증주曾鑄[少卿]	총공정국 총동	화령2품봉전 후선도花翎二品封典候選道	항운·보험·제지·요업 등	총리總理
욱회지郁懷智	총공정국 총동		양포업洋布業	양포업상단洋布業商團 회장·상여학회상학會 회장
왕진王震[一亭]	총공정국 총동	화령지부함후선동지花翎知府銜候選同知	항운·제분·벽돌과 기와	호남상회滬南商會 총리, 상단공회商團公會 회장
이후우李厚祐[雲書]	총공정국 총동·성자차공소 의원·시정청 임시의원 市政廳臨時議員	4품분부낭중四品分部郎中	상선업商船業	총리總理
육문록陸文麓[松候]	총공정국 의동·명예동사, 성자차공소 의원	부공附貢		의동議董
고리계顧履桂[馨一]	총공정국 의동·남구 구장南區區長, 성자차공소 동사		잡곡·제분	호남상회滬南商會 회장
소본염蘇本炎[筠尙]	총공정국 의동·성자차공소 명예동사		서양상품	의동議董, 삼약업상단參藥業商團 회장, 상여보습회商餘補習會 회장
고징석顧徵錫[松泉]	총공정국 명예동사·성자차공소 명예동사		한·양 약방	의동議董
조증훤趙增烜[松坪]	총공정국 의동·명예동사		전장錢莊	
장가년張嘉年[樂君]	총공정국 명예동사, 성자차공소 의원	5품봉직五品封職	미·두업동사米豆業董事	의동
주개갑朱開甲[志堯]	총공정국 의동, 성자차공소 명예동사		은행 매판, 윤선, 면사棉紗, 착유	의동
심은부沈恩孚[信卿]	총공정국 의동·부의장, 성자차공소 의장			
오형吳馨[畹九]	총공정국 의동·서구 구장西區區長, 성자차공소 부의장		주단綢緞	
목상요穆湘瑤[抒齋]	총공정국 의동·남구 구장南區區長, 성자차공소 남구 구장, 경무장警務長	거인擧人	면업棉業, 석탄, 방직	

모경주毛經疇[子堅]	성자치공소 명예동사, 중구 구동中區區董		사포상단단장四鋪商團團長
매예정梅豫根[長權]	성자치공소 명예동사, 서구 구동西區區董	거인, 선용지현 가동지함選用知縣加同知銜	
섭규원葉逵[鴻英]	총공정국 의동, 성자치공소 명예동사		원창정호경리源昌正號經理
하소정夏紹庭[應堂]	성자치공소 명예동사		
시조상施兆祥[善畦]	총공정국 의동, 성자치공소 명예동사		금식업金飾業
유여증劉汝曾[省吾]	총공정국 의동, 성자치공소 명예동사		경업학당동사敬業學堂董事
요증영姚曾榮[伯欣]	총공정국 의동, 성자치공소 명예동사		
주득전朱得傳[吟江]	성자치공소 명예동사		목재행木材行
곽회동郭懷桐[楚琴]	성자치공소 명예동사		
기조류祁祖鎏[昆庭]	총공정국 의동·성자치공소 명예동사		
주대경朱大經[事謙]	성자치공소 명예동사		상선업商船業
왕행정王行定[寶侖]	성자치공소 명예동사		금융업[錢業]
김조단金祖壇[仰孫]	성자치공소 명예동사		면업棉業, 연업烟業, 사업絲業

자료출처 : 吳桂龍, 『淸末上海地方自治運動述論』에 나열된 표의 내용을 조정·보충.

표에 나열된 상해 자치기구의 총동·의장·부의장·구장區長·명예동사 등 상층임원 33명 가운데 상업과 관련이 있는 사람은 22명으로 66.7%를 점하고, 공명과 직함을 알 수 있는 신상인물은 12명으로 36.3%를 점하며, 일찍이 상회와 상단에서 재직한 사람은 13명으로 39.4%를 차지한다.

소주의 도시자치 상황은 상해와 달랐다. 봉건관신官紳들이 매우 일찍부터 '소속지방자치주판처蘇屬地方自治籌辦處'라는 관영기구를 통해 지방자치의 대권을 장악했기 때문에, 본지의 신상들은 어쩔 수 없이 '시민공사 市民公社'라고 불리는 기층 자치조직을 통해서만 도시건설과 관리에 손을 댈 수 있었다. 현재 알려진 바에 따르면 이러한 기층 자치조직은 단지 소주蘇州·오강吳江·상숙常熟 세 곳에서만 발견된다.

　1909년 여름 전국의 지방자치운동이 조정의 명령에 따라 계획 실시단계에 들어간 뒤 소주에서는 비로소 전적으로 도시자치를 소임으로 하는 기층 자치조직인 관전시민공사觀前市民公社가 출현했다. 얼마 뒤 그 뒤를 이어 창문하당도오閶門下塘桃塢·도승교사우渡僧橋四隅·도양道養·금창하당동단金閶下塘東段 등의 시민공사가 생겨났다.[191]

　시민공사의 조직상의 현저한 특징 가운데 하나는 그것이 통일적인 도시자치 기구가 아니라 거리의 행정구획에 따라 조직 건립되었다는 것이다. 예를 들어 이른바 '관전觀前'이란 "초방교醋坊橋에서 시작하여 찰원장察院場 입구에 이르는" 소주에서 가장 번화한 시가지를 가리켰다. 통계에 따르면 1909년부터 1928년까지 19년 동안 소주에서 시가지별로 건립된 시민공사는 27개에 달했다.

　공사公社의 기능은 간단히 말하면 바로 "본시가지의 공익에 관한 일을 전담하는 것"[192]이었다. 구체적으로 말하면 주로 위생·도로와 보안 세 가지를 가리켰다. 위생은 거리청소와 쓰레기 수거 등을 포함하고, 도로는 도로의 유지보수와 수로의 소통 등 시정공사를 포괄하며, 보안은 주로 "연합하여 불을 끄고", "도적을 방비하는 것"을 말한다. 시민공사는 성립초기에 이 세 가지 기능 가운데 특히 소방에 치중했다. 가장 일찍 창건된 관전시민공사는 "궁宮과 항巷에서 발생한 두 차례의 화재를 거울

---

191) 民國『吳縣志』卷30, 公署3.
192) 「蘇城觀前大街市民公社簡章」, 『辛亥革命史叢刊』第4輯, 61쪽.

삼아… 구화회救火會를 조직하는 일부터 착수하는 방안을 택했다."193) 이 때문에 상해자치기구와 비교하여 소주시민공사의 자치기능은 상대적으로 협소하고 불완전했다.

민국이 건립된 뒤에야 비로소 시민공사의 사회적 기능은 비교적 큰 발전이 있었다. 이 시기의 '공익사업[公益之事]'에는 원래부터 있던 위생·공사와 보안 외에 학무學務[夜學·宣講團·閱報社 등]와 선거善擧[장례·빈민구제 등]도 역시 직무의 범위 안에 포함되었으며, 이후 금융·세무·물가 및 군수·잡연雜捐 등의 방면으로 더욱 확대되었다.194)

청말 시민공사의 조직기구는 일반적으로 간사·평의·서기·경제·서무·소방 등의 부[처]를 설치했다. 간사부[처]는 최고 행정기구에 해당되며 일반적으로 총[정]간사 1명, 부간사 2명을 두어 일체의 회무會務를 총괄하는 책임을 지도록 했다. 평의부[처]에는 평의원[혹은 評事라고 함] 12명 정도를 두었는데 이들은 전체사원이 공동으로 선출했다. 무릇 건설공사·소방펌프수리·물품추가구입 및 경비의 예·결산 등에 관한 일은 평의원 과반수의 의결을 거친 뒤 정·부 간사장에게 넘겨 시행하도록 했다. 서기부에는 서기원 2명을 두어 공사公社의 문건[文牘]과 보고서를 작성하는 등의 일을 맡겼다. 경제부에는 회계원 1~2명, 사장원査賬員 1~2명을 두었는데, 회계원은 공사의 수입과 지출자금을 관리하고 예·결산서를 작성했으며, 사장원은 수입과 지출을 감사하는 책임을 맡았다.

서무부의 인원배정은 8~30명으로 일정하지 않았는데, 건설·조사·수납·접대 등으로 업무가 나뉘어져 있었다. 공축원工築員은 거리의 유지보수에 관한 각종 공사를 책임졌고, 조사원은 위생·자선·교통 등의 방

---

193) 『蘇州市民公社檔案選輯』, 「觀前大街市民公社緣起」.
194) 위의 책, 「蘇州齊溪市民公社簡章」.

면에서 실제상황을 헤아려 조사하는 책임을 지고, 아울러 측량과 계산, 청결업무 종사자를 감독하는 등 제반업무를 맡았으며, 수비원收費員은 구간별로 월회비를 수납하고 이를 모아 회계처에 납부하고 장부를 작성하는 일을 맡았고, 접대원은 내빈을 접대하고 사원들과 교섭하는 등의 일을 맡았다. 소방부는 관할 '용사龍社[소방대]'별로 사월독룡중동司月督龍中同 10여 명을 두었는데, 주요임무는 인부들을 통솔하여 화재를 진압하는 것으로, 평시에는 늘 소방훈련을 실시하고, 소방업무 개선방안을 연구하는 등의 일을 맡았다.

민국시기 각 시민공사는 대부분 위생부[위생조사부라고도 함]를 증설하고, 의무의원義務醫員 몇 명을 두어 방역과 치료·식수위생·거리청결·화장실 관리 등의 일을 지도하는 책임을 지도록 했다.

비록 시민공사와 상해의 도시자치 기구는 그 조직특성이 크게 달랐으나 주로 도시신상들이 이를 통제하고 조종했다는 점에서는 서로 일치했다. 사실상 소주시민공사의 주요발기인과 임직자는 대부분 각 업종의 신상인물이었으며, 아울러 종종 그들은 동시에 상회회원 혹은 의동이기도 했다.

관전공사觀前公社의 제1기 임원 가운데 간사부의 시영施瑩, 평의부의 예개정倪開鼎, 조사부의 황가웅黃駕雄 등은 모두 상회의 핵심분자였다. 그 가운데 시영은 박래품업 동사로 직함은 후선염대사候選鹽大使였고, 예개정은 보석상인으로 포정사이문布政司理問의 직함을 갖고 있었으며, 황가웅은 신발상인으로 연납하여 감생監生의 공명을 얻었다.195)

도승교사우공사渡僧橋四隅公社의 발기인은 19명의 '직상職商'이었다. 그

---

195) 「觀前大街市民公社第一屆機構設置職員姓名和單位」, 『辛亥革命史叢刊』 第四輯, 112쪽. 그 직함과 업종은 蘇州商會歷屆會員名冊에 근거하여 고증했다.

가운데 소소병蘇紹柄은 담배상인으로 동지同知의 직함을 가졌고, 채정은蔡廷恩은 찻잎상인인데 상회 의동으로 연납하여 감생의 공명을 얻었으며, 풍내馮鼐는 약재상인으로 후선부경력候選府經歷의 직함을 가지고 있었다.[196] 이밖에 금창金閶·도양道養·서강胥江과 창문마로閶門馬路 등 공사의 책임자인 조영섭曹永燮·홍육린洪毓麟·심속장沈束璋·계후백季厚伯·유정강劉正康 등도 모두 신상이었다.

다른 문헌의 기록에 따르면 소주의 고찰이 가능한 15개 시민공사에서 정·부사장을 역임한 197명 가운데 상인이 169명으로 85%를 차지하며, 겨우 28명만이 퇴직관리·변호사·소학교 교장·소농장 주인 혹은 기타 직업을 가진 사람이었다. 상인출신의 단체장社長 가운데 절대다수는 상회와 밀접한 관련이 있었고 청말에는 대부분 신상에 속했다.[197]

시민공사 사원의 출신성분 구성을 보면, 그것은 여전히 에누리 없는 상인자치 조직이었다고 할 수 있다. 어떤 시민공사의 사원은 거의 상인 일색이었다. 예를 들어 도승교사우시민공사渡僧橋四隅市民公社의 '연기緣起'에 이르기를 "중인衆人을 연합하여 공회公會를 조직했는데, 회원이 모두 상인이었기 때문에 시민공사라고 부른다"[198]라고 했다.

설령 몇몇 상인이 아닌 도시거주민을 포함하고 있는 시민공사라고 할지라도 역시 상인사원이 절대다수를 차지했다. 어떤 학자의 계산에 따르면, 각 시민공사 사원총수 가운데 일반적으로 상인이 90% 이상을 차지했다. 예를 들면 민국 원년 관전공사 제4기 사원 197명 가운데 소속 상호를 기재한 사람이 187명으로 95%를 점했다. 민국 4년 이 사社의 제7기 사

---

196) 「商人韓慶瀾等呈蘇州商務總會節略」, 『辛亥革命史叢刊』第4輯, 90쪽.
197) 章開沅·葉萬忠, 「蘇州市民公社與辛亥革命」, 『辛亥革命史叢刊』第4輯, 42쪽.
198) 『蘇州市民公社檔案選輯』, 「渡僧橋市民公社緣起」.

원으로 선발된 160명 가운데 152명이 상인으로 여전히 95%를 차지했다.199)

일부 다른 성省의 신상들 역시 서로 이어서 몇몇 자치기구 혹은 단체를 설립하여 적극적으로 지방자치운동에 종사했다.200) 동삼성보위공소東三省保衛公所는 전국에서 비교적 일찍 성립된 상인자치 단체 가운데 하나였다. 이 공소公所가 1904년 무렵에 제정한 장정에 따르면 그 종지는 "전적으로 본지상인의 생명과 재산보위를 목적으로 하며… 흥경興京 해룡海龍의 각지에서 먼저 창설하여 성과가 있으면 다시 확대한다"201)라고 했다. 보위공소의 직원은 본지의 신상 가운데서 추대하며 인원수는 일정한 규정을 두지 않고 소재지의 넓음과 좁음, 업무의 다과에 따라 결정했다.

1907년 무렵 봉천보위공소奉天保衛公所가 정식으로 성립되어 "지방인민의 생명과 재산을 보위하고 본지의 일체의 이익을 확충하는 것을 종지로 했다."202) 이 공소는 봉천성 성도省都에 총국總局을 설립하고 소속 각 도시에 모두 분국分局을 설립하여 "신상 가운데 정치체제에 통달하고 진실한 사람을 총동과 부총동 등의 요직에 임용했다." 이 공소가 펼친 주요 자치활동은 다음과 같은 내용을 포함했다. ① 도박·도둑질·나태함·불결함 및 통치의 발전을 방해하는 일체의 행위금지. ② 호구·풍속·영업·재산·상업·학교에 대한 조사. ③ 화재와 수재의 구호, 도적 및 일체의 보안을 위협하는 행위방지. ④ 도로·교량·수로의 유지보수 및 일체의 공공위생 업무의 관리. 이밖에도 단련團練과 학교의 건립, 실업교육,

---

199) 『辛亥革命史叢刊』 第4輯, 43쪽.
200) 청말 상인자치 社團의 상황에 관해서는 朱英, 『辛亥革命時期新式商人社團硏究』, 167~219쪽 참조.
201) 「創立東三省保衛公屬章程」, 『東方雜誌』, 第1年 第10期.
202) 「奉天保衛公所實行章」, 『東方雜誌』, 第3年 第1期.

유학생 파견 등을 포괄했다.

1906년 원세개의 직접적인 독촉 아래 천진자치국의 관신官紳들이 발기하여 '천진현자치기성회天津縣自治期成會'를 설립하여 "지방자치의 실행을 준비했다." 자치기성회 회원은 자치국에서 공동으로 선출한 신사 6명 및 자치국원 전원 외에 천진권학소·상회에서 "각각 본지의 학계와 상업계의 공정하고 통달한 인사를 대상으로 행行별로 공동으로 선출했다."203)

당안자료의 기록에 따르면 천진상무총회 신상 가운데 이 회에 이름을 올린 자는 12명이었다. 그들은 각각 총리 왕현빈王賢賓〔鹽商, 河南補用道〕, 협리 영세복寧世福〔매판, 候選知府〕, 의동 기련영紀聯榮〔주단상, 同知銜〕·왕용훈王用勛〔주단상, 候選知縣〕·이향진李向辰〔미곡상, 생원〕·예옥곤芮玉坤〔洋布商, 候選州同〕·유석보劉錫保〔금융업자, 동지함〕·서성徐誠〔매판, 廣東補用道〕·유승음劉承蔭〔양곡상, 擧人 및 候選同知〕·호유헌胡維憲〔금융업자, 후선동지〕·조영원曹永源〔機器磨坊主, 候選縣丞〕·유종림劉鐘霖〔거인〕이었다.204) 비록 천진현 자치기성회의 활동상황에 관한 기록은 상세하지 않으나, 천진신상들이 본지의 자치운동에서 차지했던 중요한 지위와 역할은 명백히 알 수 있다.

1907년 광동상인들은 월상자치회粵商自治會를 설립하고 광주 서관西關 화림사華林寺 안에 사무실을 두었다. 그들이 제정한 장정초고에 이르기를 "월상자치회는 광동성의 행정구역대로 구역을 나누며, 무릇 본성本省에 거주하는 중국인으로서 규정을 준수하고 의무를 부담하는 사람은 누구나 권리를 누릴 수 있다.… 무릇 본성의 지방자치에 관한 일은 절차에 따라 스스로 논의하고 결정하여, 본성총독에게 보고하여 비준을 받은 뒤

---

203) 『天津商會檔案匯編(1903~1911)』, 2289쪽.
204) 위의 책, 2289~2290쪽.

대중에게 공포하며, 포고일로부터 30일 뒤에 일률적으로 준수하도록 한다"205)라고 했다. 이 장정초고에는 또 규정하기를 자치회 안에 의사회·동사회·간사회 등의 기구를 설립한다고 했으나, 이들 기구는 뒤에 실제로 설립된 것 같지 않다. 이 때문에 조직면에서 월상자치회는 비교적 느슨했다. 기록에 따르면 이 회는 "회원명부도 없고 회비도 없었으나, 어쩌다가 처리해야 할 일이 있을 경우 걸핏하면 수천 명을 동원했다"206)라고 한다.

월상자치회가 성립된 뒤 그들이 전개한 활동은 비교적 광범했다. 예를 들어 그들은 자치연구소의 설립, 중국상인의 이익보호, 반제·애국투쟁의 영도, 입헌운동에 참여하는 등등의 일을 했다. 그러나 활동의 중점은 여전히 도시자치를 전면적으로 추진하여 "지방의 공익을 도모하는 것" 예를 들면 "상무·건축공사·교육·수리·자선·위생·교통·지방재정" 등의 업무를 추진하는 데 있었다.207)

월상자치회의 핵심분자는 중·하층 신상위주였는데, 주로 광주 72행七十二行과 선당善堂 두 기구에 의지하여 활동을 전개했다. 중요 핵심분자를 보면 진혜보陳惠普는 금융업자이면서 선당선동善董이고, 이계기李戒期는 상인으로 철도회사 주주이면서 생원공명을 갖고 있으며, 진기건陳基建은 상인이면서 동지同知직함이 있고, 황경당黃景棠은 화교상인의 아들로 발공拔貢공명이 있었다. 이밖에도 곽선주郭仙洲·주백건朱伯乾·진죽군陳竹君(陳啓沅의 아들)·이형얼李衡臬 등 일군의 상인과 소수의 지식분자들이 있었다.208)

청말 한구의 신상들도 일찍이 소주시민공사와 유사한 기층 자치조직

---

205) 「粤商自治會章程草稿」, 「廣州文史資料」 第7輯, 29쪽.
206) 『廣東七十二行商報二十五周年紀念刊』, 50쪽.
207) 『廣州文史資料』 第7輯, 29~30쪽.
208) 邱捷, 「辛亥革命時期的粤商自治會」, 『紀念辛亥革命七十周年靑年學術討論會論文選』, 376쪽 참조.

을 건립했다. 어떤 것은 자치회라 부르고, 어떤 것은 자치계연회自治戒烟會라 일컬었으며, 모두 시가지별로 조직·건립하여 소재지의 신상들이 주재했다. 예를 들어 1909년 설립된 한구공익구환회漢口公益救患會는 "지방자치를 종지로 하여 소방·위생·연설에서부터 착수하는 방법을 택했다."209) 광동 가응주嘉應州의 신상들은 1907년 말에서 1908년 초에 지방공의회를 설립하여 "지방자치의 토대로 삼았다."210) 강소성 상숙常熟과 소문昭文 두 현의 신상들은 1908년 초 지방자치회를 설립하여 재정정돈·실업진흥·치안유지·공사기획·교육보조·풍속개량 등의 일을 하고자 했다.211) 단지 대만인 학자 장옥법張玉法 선생의 통계만 보아도 청말 전국각지의 기록이 있어 고찰할 수 있는 상인 자치조직과 단체는 50개 가까이 된다.212) 그러나 실제로 상인 자치단체의 수는 분명 이 불완전한 통계 숫자보다 훨씬 많았을 것이다.

청말 신상들이 상술한 자치기구와 단체를 설립한 시기는 일반적으로 청정부가 1909년 초 정식으로 성城·진鎭·향鄕에서 지방자치운동을 추진한 시기보다 빠르며, 인원구성면에서도 상인들 위주였다. 이 때문에 관판 혹은 관독신판官督紳辦[관에서 감독하고 신사가 경영하는 -역자]의 지방자치회·동사회·의사회 등과는 어느 정도 기구나 조직면에서 차이가 있었다. 이러한 사실은 민간에서 나온 사회변혁 역량과 역사적 능동성을 반영하며, 부르주아 계급화한 신상계층이 청말 정치사회의 중심을 이루고 있었다는 것을 의미한다. 동시에 더욱 중요한 것은 수많은 신상 자치단체의 출현이 청말 도시의 공적 영역 및 민간사회 성격의 변화를 한층 더 촉진함

---

209) 『武昌起義檔案資料選編』, 上卷, 251쪽.
210) 『東方雜志』, 第4年 第1期. [역자] 원문수정 : "以爲地方自治之基礎"→"以爲地方自治基礎".
211) 『東方雜志』, 第4年 第2期.
212) 張玉法, 『淸季的立憲團體』(臺北:中央硏究院 近代史硏究所, 1971), 92~96쪽.

으로써 서방 전근대에 존재했던 것과 유사한 부르주아 계급 시민사회의 추형雛形이 형성되기 시작했다는 사실이다.

2. 시민사회의 추형

근래 해외학자들 특히 미국의 중국학계는 명·청시기 및 민국시기의 '공적 영역[public sphere, 혹은 公衆領域으로 번역]'과 '시민사회[civil society, 혹은 公民社會로 번역]'의 발육정도에 대하여 비상한 관심을 보이고 있으며, 아울러 이로부터 명·청사와 근·현대사 연구에서 하나의 핫이슈가 형성되었다.213) 이 문제에 관한 주요저작으로는 메리 랜킨Mary B. Rankin의 절강성 지방 엘리트의 신행동주의에 대한 연구 및 윌리엄 로우William T. Rowe의 한구의 도시제도 및 상인조직의 변천에 관한 고찰이 있다.214) 랜킨과 로우는 모두 중국은 19세기 말 회관·공소·서원·선당善堂·의창 등과 같은 지방조직의 확산에 따라 이미 모종의 체제[constitution]변화가 야기되어 유럽 근대 자본주의 사회가 처음 등장했을 때와 유사한 특유의 '공적 영역'이 점차 발전했다고 생각했다.

게다가 랜킨은 한걸음 더 나아가 20세기 초에 이미 '맹아상태의 시민사회[incipient civil society]'가 존재했다고 단언했다. 말을 바꾸어 만약 유럽의 모

---

213) 이 문제에 관한 각종 대립적인 관점의 토론은 『近代中國』(Modern China), 1993年 第2期, 總第19卷 참조. 미국의 중국 근현대 사학자 Frederic Wakeman JR., William T. Rowe, Mary B. Rankin, Richard Madsen 및 黃宗智(Phihip C. C. Huang)가 각각 글을 써서 토론에 참가하고 있다.
214) Mary Backus Rankin, *Elite activism and political transformation in China : Zhejiang Province, 1865~1911* (Stanford, Calif.:Stanford University Press, 1986) ; William T. Rowe, *Hankow : commerce and society in a Chinese city, 1796~1889*(Stanford, Calif.:Stanford University Press, 1984) ; *Hankow : conflict and community in a Chinese city, 1796~1895*(Stanford, Calif.:Stanford University Press, 1989).

델을 유일한 표준으로 한정하지 않는다면, 독일인 학자 위르겐 하버마스 Jürgen Habermas가 유럽 초기 자본주의 사회를 분석할 때 사용한 '공적 영역' 과 '시민사회'의 개념을 19세기 말 20세기 초 중국사회의 변천사를 분석하는 데도 동일하게 사용할 수 있다는 것이다.215)

당연히 랜킨과 로우의 연구방향은 기본적으로 참고할 만하다. 그러나 실증적인 역사연구에서 그들이 주로 연구한 것은 19세기 중국사회의 조직형태의 변천이었기 때문에, 그들은 이들 조직형태의 '체제적인 변혁 (constitutional transformation)'을 설명할 때 모두 매우 큰 곤란에 직면했으며, 그래서 상당히 많은 학자들은 그들의 분석구조가 일종의 목적론적인 관점을 명·청시기의 중국에 투사하고 있는 것은 아닌지 의심을 품기에 이르렀다. 예를 들어 하버드대학의 저명한 학자 필립 쿤Philip A. Kuhn은 곧 아래와 같은 우려를 표시했다.

> 명·청시기 중국의 지방 엘리트와 도시 행회상동行會商董의 행위방식은 근본적으로 하버마스가 제기한 비판적 및 언론적인 이상형과는 서로 조금도 관계가 없으며, 따라서 그들의 세계가 단지 정도면에서만 차이가 있는 것이 아니라 성질면에서도 분명히 다르게 되지 않았는가?216)

명·청시기 행회조직과 자선기구 같은 공공단체의 확장을 가지고 근대적 변혁의지를 함유한 공적 영역 혹은 시민사회의 존재를 논증하려고 시도하는 것은 확실히 매우 곤란한 일일 뿐만 아니라, 아마도 그것은 근본적으로 잘못된 일일 것이다. 그것은 명·청시기 전통적인 공적 영역의

---

215) 하버마스Jurgen Habermas의 개념과 관점에 관해서는 하버마스 저, *The structural transformation of the public sphere : an inquiry into a category of bourgeois society*, translated by Thomas Burger with the assistance of Frederick Lawrence(Cambridge, Mass.:MIT Press, 1989) 참조.
216) 孔飛力(Phihip A. Kuhn), 「公民社會與體制的發展」, 「近代中國史研究通訊」 第13期.

확장 속에서 우리는 아직 그에 상응하는 공민(혹은 시민) 권력의 확대·발전을 볼 수 없고, 새로운 형태의 사단(社團)조직이 중간에서 서로를 연결하는 것도 볼 수 없고, 신흥 사회계급 역량의 발생도 볼 수 없으며, 그래서 또한 그 어떤 근대지향적인 체제적 변혁도 볼 수 없기 때문이다.[217]

만약 누군가 우리에게 하버마스가 유럽의 초기 부르주아 계급사회에서 본 것처럼, 근대 중국사회의 발전 속에서도 어느 정도 근대 부르주아 계급사회의 성격을 지닌 '공적 영역'과 그것과 서로 연결된 '시민사회'의 추형을 발견할 수 있느냐고 묻는다면, 그 대답은 그러한 것은 겨우 20세기 초가 되어서야 비로소 막 나타나기 시작했으며, 게다가 주로 일부 상업이 발달된 도시 (특히 개항장이 된 비교적 큰 도시)에서 출현했을 뿐이라는 것이다.

20세기 초 일군의 새로운 형태의 민간사단(社團)과 자치기구가 생겨남에 따라 중국의 도시와 읍에서 전통적인 공적 영역은 모종의 체제적 의미를 지닌 변혁이 발생하기 시작했으며, 다음과 같은 몇 가지 근대적 특징을 드러내었다.

첫째로 도시와 읍의 공적 영역은 전통적인 자선교육 공익의 좁은 격식을 타파하고 원래 국가권력의 영향력과 통제 아래 놓여 있던 영역, 예를 들면 공·상관리·도시치안·민사재판·여론도구(언론매체) 등의 영역에까지 확대되기 시작했다. 여론도구(언론매체) 하나만 예로 들면, 당시 상인조직이 독립적으로 출판한 『칠십이행상보七十二行商報』(광동)·『화상연합회보華商聯合會報』(상해)·『성도상보成都商報』·『천진상보天津商報』 외에도, 상인과

---

217) 여기서 말하는 '體制'란 위에 인용한 Phihip A. Kuhn의 논문에 나오는 'constitution'이란 말을 차용한 것이다. 그 함의는 한 부의 문자로 표현된 문건이 아니라, 어떻게 적절하게 공공사무를 경영할 것인가에 관한 일련의 관례를 말한다.

시민의 여론을 비교적 잘 반영하는 신문으로는 『신보申報』·『시보時報』·『중외일보中外日報』·『동방잡지東方雜誌』 등이 있었으며, 이들은 모두 자못 영향력있는 민간간행물이었다. 입헌파가 일본 요코하마에서 발간한 『신민총보新民叢報』는 단지 상해에만 10개의 판매처를 설치할 정도로 매우 널리 퍼져 있었다. 일본유학생들이 출판한 혁명간행물로는 『강소江蘇』·『절강조浙江潮』·『사천四川』·『운남雲南』·『호북학생계湖北學生界』·『유학역편遊學譯編』 등이 있었으며, 국내 각 도시와 읍에서도 상당히 독자가 많았다.

둘째로 민간 공적 영역의 조직연결은 선당善堂·서원·회관·공소 등 비교적 폐쇄적이고 수구적인 전통사회 조직으로부터 상회·상단·교육회·체육회·구화회救火會·자치공소·자치회 등으로 구성된 신식 민간사단 조직 네트워크를 주요 연결·소통 형식으로 하는 단계로 이행하기 시작했다. 당연히 구식 사단조직 역시 그 속에 포함되었다. 이들 신식 민간사단 조직은 조직형식·구성원칙·사회기능 등의 방면에서 모두 서방 근대 사단조직의 경험을 비교적 많이 빌려왔으며, 따라서 비교적 농후한 민주적 요소를 갖게 되었다. 예를 들면 그들이 보편적으로 실행한 회원제·선거제·의사제議事制는 근대 사단체제의 자원自願원칙·선거원칙·권리와 의무의 상호 결합원칙 등의 기본준칙을 체현하고 있었다.

전통 사회조직이 갖추지 못했던 이러한 조직의 본질은 바로 중국 근대 민주정치의 맹아를 내포하고 있었다. 그 가운데 가장 주목되는 것은 이들 신식사단이 내포하고 있던 공민公民 권력의식이다. 예를 들어 상회의 장정에 따르면, 무릇 회원들은 일단 입회하게 되면 바로 동등한 선거권과 피선거권, 표결권과 건의권을 누렸다. 대외적으로 말하면 회원은 피보호권을 누리며 상회조직의 모든 보호를 받았다. 무릇 등록하여 입회한 상점은 일률적으로 상회가 책자를 만들어 지방관아에 보내 기록을 비치하도록 했으며[備案] "돈으로 인한 사소한 잘못 때문에 고발을 당한 상인은 본회에서 언제나 사정을 고려하여 보증을 서서 그가 구속되지 않게 하고… 입회한 상인이 이치를 따르고 법을 준수하는데도, 예를 들어 그 지역 불량배[土棍]와 벼슬아치[吏役]들이 위협하고 압박하여 재물을 빼앗거나 상업을 업신여기고 소란을 피우는 자가 있을 경우, 본회가 대신 고소한다"[218]라고 했다. 사단과 법인法人의 초보적인 통일은 20세기 초기 도시의 공적 영역이 전에 없이 활발한 모습을 띠도록 했으며, 이는 19세기 이전 전통사회의 공적 영역과 분명하게 구별되는 것이었다.

셋째로 전통적 공적 영역의 운영은 주로 보수지향적인 구식신동紳董들이 장악했으며, 그들은 일반적으로 시대의 변화에 적응하는데 필요한 새로운 사상을 갖지 못하고, 기본적으로 전통적 관례[예를 들면 行會의 舊例, 善堂의 규약 등]에 의존하여 공공사무와 공공재산을 운영했다. 그러다 19세기 말 20세기 초에 부르주아 계급화한 많은 신상들이 공적 영역으로 진입하고, 그 안에서 점차 영도적인 지위를 차지하면서 공적 영역에서의 '신상영도체제'를 형성했다. 사상이 비교적 새로운 신상[예를 들면 장건·이평서 등]들이 공적 영역을 주관한 결과 필연적으로 지방사무 직권의 성격에 점차 본질적인 변화가 발생하여 지방의 공적 영역은 나날이 초기 부르주아 계급이 주도적인 작용을 하는 영역으로 바뀌었다. 19세기에서 20세기로 넘어가는 시기에 신신상新紳商과 구신동舊紳董이 지방사무에서 모순과 충돌을 일으키는 모습은 도처에서 볼 수 있다. 『신보申報』에 실린 논설에 이르기를 "요즘 각지에서 실시하고 있는 자치가 대체로 지난날의 지방정사政事와 확연히 구별되듯이, 자치를 운영하는 신동紳董 역시 옛날의

---

218) Z2-1, 3/22·20.

신동과는 다른 파에 속하므로 하나같이 서로를 용납하지 못하고 있다"[219]라고 했다.

이상의 몇 가지 점을 종합하면, 우리는 20세기 초 청말 도시의 공적 영역은 이미 이전의 전통적인 공적 영역과 거의 대부분 달라서 그 사이에는 이미 몇몇 체제적 의미를 가진 변화가 내포되어 있으며, 여러 가지 방면에서 그것은 하버마스가 제시한 유럽에서 부르주아 계급이 처음으로 출현한 시기의 '공적 영역'과 함께 논할 수 있는 것임을 알 수 있다. 물론 둘 사이에는 다른 점도 존재한다(이 점은 뒤에 다시 논한다).

도시의 공적 영역의 형질변화와 더불어 모종의 더욱 복잡한 사회유기체(機體)의 자발적 조직과정 역시 그에 따라 발생했고, 그 결과 도시행정권력이 부분적으로 관방에서 민간으로 이전되어 국가권력 기관의 바깥에 존재하는 사회권력체계 즉 재야在野의 시정市政권력 네트워크가 형성되었다. 자치기능이라는 면에서 이 네트워크는 불완전한 시정건설권·상사商事재판권·지방치안권과 공상工商·문교文敎·위생 및 기타 사회 공익사업의 관리권을 가지고 있었다. 만약 문자상의 의미에 구애받지 않고 말한다면, 재야 시정권력 네트워크는 실질적으로 헤겔 등이 일찍이 논한 적이 있는 시민사회의 추형이었다.[220]

상술한 바와 같이 시민사회는 대체로 영어 'civil society'라는 말을 번역한 것이다. 헤겔에게 있어서 시민사회는 가정과 국가의 중간지대에 구축되며, 동시에 그것은 자연사회(가정)나 정치사회(국가)와는 서로 대립적인

---

219) 『申報』, 1911年 3月 13日.
220) 과거에 우리의 저작에서는 재야 市政권력 네트워크를 '지방성 민간자치 사회'라고 일컬었으나, 지금 보면 '시민사회의 雛形이라고 고쳐 부르는 것이 더욱 합당한 것 같다. 왜냐하면 당시 蘇州 시민은 이미 그들의 자치조직을 '市民公社'라고 명명했고, 시민사회의 추형은 일종의 형성 중에 있는, 아직 완비되지 않은 부르주아 계급의 시민사회였기 때문이다.

개념이다. 시민사회는 인류의 윤리생활이 논리적으로 전개되는 한 단계로, 이는 일종의 현대적 현상이며 현대세계의 성과이다. 시민사회의 출현은 결국 현대세계와 고대세계 사이에 질적인 차이가 발생하도록 했으며, 그것은 장기적이고 복잡한 역사 변천과정의 결과이다. 체제라는 의미에서 헤겔이 말하는 시민사회는 3개 부분으로 구성된다. 필요체계-시장경제, 다원체계-자원自願조직(동업조합), 사법체계-경찰과 사법기관.[221] 시민사회 개념에서 헤겔은 특히 동업조합과 자치단체 등 시민과 국가 사이의 중간조직의 작용을 강조하여 "합법적 권력은 오직 각종 특수영역의 조직이 있는 상태 속에서만 비로소 존재하며"[222] 따라서 개인은 단지 각종 사단社團과 등급等級의 구성원이 되어야만 비로소 정치영역에 진입할 수 있다고 생각했다.

청말 시민사회의 구성은 헤겔의 사변적思辨的 개념에 완전히 부합될 수는 없다. 그러나 그것은 역사의 객관적 실체로서 확실히 이러한 시민사회가 갖는 여러 가지 특징을 구비하고 있었다. 경제적 기원이라는 점에서 청말 시민사회의 형성은 직접적으로 19세기 이래 연해 통상항구에서 일어난 상업혁명의 혜택을 받았다. 새로운 경영방식과 관리방식 (예를 들어 주식제)은 경제성장을 극도로 자극했으며, 아울러 시장을 활성화시켰다. 새로운 재산권과 계약관계는 경제활동과 부의 증식을 위해 매우 자유로운 공간을 제공했으며, 아울러 이로부터 시민사회의 경제적 기초가 다져졌다.

사회등급이란 의미에서 신흥 부르주아 계급화한 신상계층이 사회경제와 정치의 중심적 지위를 차지하고, 시민사회의 직접적인 창조자이며

---

221) 鄭正來, 「市民社會與國家」, 『中國社會科學季刊』 第2卷(香港, 1993) 참조
222) 黑格爾(헤겔), 『法哲學原理』(商務印書館, 1961), 311쪽.

조종자가 되었다. 근대 상업사회에서 진정으로 '4민四民의 말단'에서 '4민의 우두머리'로 상승한 것은 일반 소상인과 사회지위가 높지 않은 중등 상인이 아니라, 바로 부와 사회적 명망이 비교적 혁혁한 신상들이었다. 도시자치와 사회 공익사업에서 매우 활발한 활동을 벌였던 신상들은 그 사회적 기능을 한 가지에 집중시켰다. 그것은 바로 그들이 마음속에 담고 있는 '독립사회[시민사회의 또 다른 표현]'를 창조하는 것이었다. 마치 「관전시민공사 성립 서문[觀前市民公社成立弁言]」에서 토로한 것처럼.

자치를 추진하는 것은 어느 한 지역에만 국한되는 것이 아니며, 가령 공사公社를 세우는 것 역시 단지 관전觀前 한곳에만 국한되는 것이 아니다. 원컨대 전국각지에서 우리의 소문을 듣고 연이어 일어나 서로 협력해서 시민공사를 설립하기 바란다. 특히 우리 공사사람들이 부지런히 노력하여, 더욱 경건하고 정성스럽게 전진하여 더욱 높은 목표에 도달하길 바란다. 훗날 무수히 많은 작은 단체들이 합쳐져 하나의 큰 단체가 되어 시장을 번영케 하고 권리를 확장시키며, 백성들의 행복을 증진시킬 뿐만 아니라, 헌정憲政의 진행을 돕게 되길 바란다.

조직의 건립과 구성면에서 청말 시민사회는 개인영역[가정·상점·회사]과 공적 영역[학교·사단·정당 등]에 가로 걸쳐 있었으나, 주로 보편적 이익과 정치화된 공적 영역[public sphere]에 관심을 기울이는 민간사회 조직의 집합체였다. 그 구체적인 결합방식은 몇몇 통상항구에서 비교적 분명하고, 일반 중·소도시에서는 상대적으로 모호했다. 지금 비교적 분명해 보이는 것은 둘이다. 하나는 자치공소[처음에는 총공정국]를 주축으로 하고 상회를 뒷배로 하며 나아가 각종 신식 사단社團·회사·상점들을 연결한 상해 시민사회의 추형이고, 다른 하나는 상회를 중추로 하고 종횡으로 맞물린 민간 사단·회사·상점의 네트워크에 의지하여, 특히 시민공사와 같은 기층조직의 소통을 통해 사회의 구석진 곳까지 촉수를 뻗친 소주 시민사회의 추형이다. 그리고 천진·광주·한구 등지의 시민사회의 추형은 소주의 모델에 가까웠던 것 같다.

시민사회의 핵심문제는 국가와 사회의 관계문제에 있다. 하버마스가 논증한 것은 바로 부르주아 계급의 시민사회가 어떻게 성공적으로 유럽의 전제왕권이 남겨놓은 '공적 영역'을 점령하여 근대 자본주의 민주사회로 변화했는가 하는 것이다.223) 토크빌De Tocqueville이 볼 때 시민사회와 국가의 관계 역시 시종 긴장되고 심지어 대립하는 상태를 드러내며, 시민사회는 반드시 각종 자유결사를 통하여 '독립적인 눈'으로 국가를 감시함으로써 전제정부의 침탈을 방지해야 한다.224)

그러나 청말의 역사적 사실을 통해서 살펴보면, 중국에서 초기에 시민사회가 건립될 때 최초의 지향과 소망은 결코 전제국가 권력과 서로 대립하는 것이 아니라, 오히려 민간과 관방의 관계를 조화롭게 조정하여 민치民治로써 관치官治를 보좌하는 것이었다. 이는 관과 민 양쪽이 모두 가지고 있던 공통된 인식이었다.

1908년 말 헌정편사관憲政編查館과 민정부民政府가 공동으로 상주하여 제정한「성진향지방자치장정城鎭鄉地方自治章程」제1조에 규정하기를 "지방자치는 지방 공익사업을 전문적으로 취급하며, 관치를 보좌하는 것을 위주로 한다. 정해진 규정에 따라 지방에서 적합한 신민紳民을 공동으로 선출하여 지방관의 감독을 받아 업무를 처리한다"라고 했다. 1909년 말『강

---

223) 하버마스(Jurgen Habermas), 앞의 책 참조.
224) John Keane ed., *Civil society and the state : new European perspectives*(London : New York:Verso, 1988), 55~62쪽.

소자치공보江蘇自治公報에 실린「자치의 의미에 관한 해석[自治名義之釋明]」이라는 글은 전적으로 "관치를 보좌한다"라는 조목에 대하여 아래와 같은 주석을 달아놓고 있다.

> 비록 자치라고 하나 결국 관치官治를 떠나 독립할 수 있는 것이 아니다. 설령 이러한 거짓말이 있다고 해도 절대로 믿어서는 안된다.… 자치란 지방의 공익사업을 전문적으로 취급하며, 관치를 보좌하는 것을 위주로 한다. 관치를 보좌하는 것은 바로 위임받은 자치이며, 자치의 근거지이다. 지방공익은 여러 사람이 협력하고 노고를 분담하여 의무를 다해야 하며, 관장官長의 위임을 받아야 비로소 관장을 대할 면목이 서게 된다.225)

양계초도 호남성의 신정新政에 관한 평론에서 중국사회에 존재하는 서양과 확연히 다른 특수한 관·민 관계[실제로는 국가와 사회의 관계]에 대하여 잘 설명하고 있다.

> 순무 진보잠陳寶箴과 안찰사 황준헌黃遵憲은 모두 신사들에게 권한을 나누어주려 힘쓰는데, 이는 마치 자애로운 어머니가 아들을 따스하게 품어주는 것과 같다. 각국의 민주정치는 대개 민과 관의 권리쟁탈에서 비롯되었으며, 민은 결사적으로 쟁취하려 하고 관은 사력을 다해 이를 억압했다. 그런데 호남의 정세는 이것과 전혀 다르다. 진보잠과 황준헌 두 사람은 본래 무한한 권력이 있으나 이를 민에게 양보하고자 힘쓰고, 민은 원래 당연히 권리가 있음을 알지 못하므로 관청은 힘과 마음을 다 쏟아 이를 지도하니, 이러한 은덕은 세계에서 보기 드문 것이다.226)

각 도시에서 초창기에 시행된 자치는 종종 관과 민 양쪽이 협력하여

---

225)『江蘇自治公報』, 1909年 第11期.
226) 梁啓超,『戊戌政變記』, 138쪽.

추진한 산물이었으며, 때로는 지방장관이 일으킨 작용이 오히려 더 크기도 했다. 가장 먼저 정식으로 도시자치를 추진한 상해는 상해도上海道인 원수훈袁樹勛[관찰]의 민간자치에 대한 개명된 태도 및 행동상의 적극적인 지지가 관건적인 작용을 했다. 상해성상내외총공정국上海城廂內外總工程局의 창립공문[開辦公牘] 첫머리에는 원수훈이 총공정국의 건립에 관한 일을 논의하기 위해 지방신사들에게 보낸 조회照會가 실려 있다. 바로 이 조회에서 원수훈은 관방의 입장에서 출발한 자치의 이념을 명백히 표현하여 전달하고 있다. 그것은 "사람마다 자치의 능력을 갖춘 뒤에야 공공의 안녕을 보전할 수 있으며, 사람마다 경쟁의 열심이 있어야 화평의 행복을 추구할 수 있다"227)라는 것이다.

천진지방에서 전개된 자치운동으로 말하면, 당시 직례총독으로 재임하고 있던 원세개가 그 원동력을 제공했다. 1906년 말 천진현 자치국의 한 조회를 보면 다음과 같은 내용이 들어 있다. "현재 원세개[宮保]가 직접 명령한 바에 따르면, 지방자치는 시급하고도 중요한 일이므로 천진현에서부터 먼저 시험삼아 의사회와 동사회를 설치하여 지방자치의 실행을 준비하고, 아울러 1개월 안에 이를 개설하라고 했다."228)

상술한 사회-정치적 배경 아래 형성된 중국식 시민사회는 자연히 국가권력과 대립하는 상태에 놓이기를 원하지 않았으며, 언제나 조심스럽게 정치적 평형을 추구함으로써 관방의 인정과 보호를 받고자 했다. 몇몇 도시의 시민사회에서 우두머리 기관으로서 역할을 한 상회는 어느 정도 반관방半官方 기구의 의미를 띠고 있었으며, 구성원은 대부분 준관료적인 지위를 갖고 있었다. 규정에 따르면, 상회는 직접적으로 상부[뒤에

---

227) 楊逸 纂, 『上海市自治志』, 「公牘甲編」(鉛印本), 民國 4年(1915), 1쪽.
228) 『天津商會檔案匯編(1903~1911)』, 2288쪽.

농공상부로 바뀜)의 통제를 받았고, 상회의 총리總理와 협리協理는 모두 상부에서 '공문을 보내 위임'했으며 아울러 '관방關防(인장)'을 지급했다.

상부의 문서에 이르기를 "조정의 허락을 받아 설립하는 상회는 지방의 다른 공회公會와 달리 마땅히 우리 부의 관할 아래 들어와야 한다. 지방관은 비록 직접 관리할 권한은 없으나 실제로 앞장서 보호할 책임이 있다"229)라고 했다. 상부가 반포한 상회와 지방관 사이의 '행문장정行文章程'에 따르면 상무총회는 총독과 순무에 대해서는 '정呈'을 사용하고, 포정사布政使와 안찰사按察使 이하의 지방관에 대해서는 '이移'를 사용했다.230) 그러자 당시사람들이 이를 비평하여 "중국에 비록 상회가 세워졌다고 하나, 사사건건 관청에만 의지하니 결코 오래 갈 리가 없다"231)라고 했다.

여기에서 우리는 청말 시민사회의 중간조직으로서 상회와 같은 사단社團은 종종 애초부터 민간과 관방의 이중적인 요소를 내포하여 국가와 사회를 연결하는 유대이자 중개자가 되었으며, 이는 서양 민간사단이 순수하게 민간적이며 순수하게 자치적인 성격을 가지고 있던 것과 크게 다르다는 사실을 알 수 있다. 이는 중국식 시민사회의 성격과 특징에 영향을 미치지 않을 수 없었다. 환언하면, 청말의 초기 시민사회는 헤겔 등이 말한 국가에 의존하고 종속하는 시민사회의 관념에 더욱 가까웠다.232)

그러나 청말 시민사회의 국가에 대한 의존성을 강조하는 것은 결코 시민사회와 전제권력 사이에 마찰과 이심적離心的인 경향이 존재하지 않

---

229) 乙2-1, 32/20.
230) 乙2-1, 37/12.
231) 『警鐘報』, 1904年 6月 2日.
232) 헤겔은 지적하기를 시민사회는 비록 국가의 바깥에 존재(외재)한다고 하나 불가피하게 일종의 스스로 약화되는 추세를 가질 수밖에 없다. 만약 시민사회가 '시민성'을 유지하려고 한다면, 반드시 외재적인, 그러나 최고의 공공기관인 국가에 호소해야만 한다고 했다.

앉음을 의미하는 것은 아니다. '외재적 국가[헤겔의 말]'로서 부르주아 계급 시민사회는 거의 필연적으로 전제적인 '실체적 국가'와 더불어 모순과 충돌이 발생했고, 또 시민사회의 참정권이 확대되면서 이러한 모순과 충돌 역시 그에 따라 첨예화·표면화되었다. 이는 양쪽 모두 처음에 예상하지 못한 일이었다.

당시 부르주아 계급의 말을 빌리면, 지방자치는 바로 "사회의 유력한 각 계급으로 하여금 각자 국가의 행정을 맡게 하는 것"233) 혹은 "피통치자의 지위에 처한 인민들이 행정에 참여하는 것"234)이었다. 몇몇 민감한 행정영역에서는 시민사회의 권한이 증가하는 만큼 봉건정부의 실제 통치권력이 약화되었다. 이른바 "신사들이 경영하는 지방국의 경우 처음에는 신사와 관부官府 사이의 권한이 정해져 있지 않았다. 이에 관방과 신사가 가진 세력의 강약에 따라 각자의 권한 범위가 줄거나 늘어났다. 싸워서 이기지 못하면 서로 질시하여 기세가 물과 불처럼 되었다"235)라는 것이다. 이러한 민감한 영역은 징세·경찰업무·사법 등을 포함했다.

경찰업무를 예로 들면 상해 총공정국이 성립된 뒤 특별히 경정과警政科를 설치하여 순경의 모집과 훈련을 책임지게 했고, 4년(1905~1909) 동안 모두 순경 398명을 선발했다.236) 그러나 상해와 인접한 소주에서는 경찰업무권한이 최종적으로 한 곳에 귀속되기까지 여러 손을 거쳤다. 소주의 경찰행정은 1903년 신정新政시기에 관판 칠로경찰분국七路警察分局에서 비롯되었다. 1909년 성지를 받들어 지방자치운동을 실시할 초기에 신상들은 '경무공소警務公所'라는 이름의 자치단체를 설립하여 한차례 경찰업무

---

233) 『浙江潮』 第2期, 4쪽.
234) 『四川』 第2号, 64쪽.
235) 乙2-1, 96/14.
236) 楊逸, 앞의 책, 「警務成績表」.

를 인수하여 처리했다.237) 그러나 1주년도 되기 전에 관부는 왕서개汪瑞闓를 순경도巡警道로 임명하여 모든 경관들을 교체하고 경찰행정의 대권을 회수했다. '경무공소'가 유명무실해짐에 따라 소주의 신상들이 경찰업무에 손을 대려던 노력은 결국 남가일몽이 되고 말았다.238) 이렇게 하여 소주의 시민사회는 헤겔이 말한 '경찰기구'를 구비하지 못했다.

사법문제에서도 형성과정 중에 있던 시민사회와 관부의 모순은 비교적 명확하게 드러났다. 각지에서 상회가 성립될 때 분분히 장정에 써넣기를 상업분규를 접수·처리하고 상인의 이익을 보호한다고 했으며, 아울러 분분히 전문적인 기구를 설립하여 상업분규를 접수·처리하는 책임을 지도록 했다. 이 때문에 청말 절대다수의 상업적 분규는 실제로 상회가 지방관아를 대신해서 처리했다.

예를 들어 성도상무총회成都商務總會가 설치한 소송사건 처리기구는 '상사공단처商事公斷處'라고 불렀으며, 이 기구의 사건처리 성적은 "사람들이 보고 듣기에 명백하고도 현저했다." 뒤에 지방관부에서 심판청審判廳을 개설한 뒤에조차 상인들은 의견이 분분하여 결론이 나지 않는 일을 만나게 되면 "심판청에 가서 소송하려 하지 않고 여전히 공단처公斷處의 판결을 받고자 했다."239) 보정保定에서도 상무총회가 상무재판소商務裁判所를 설립한 뒤 "무릇 상점들은 모든 소송사건을 일괄적으로 상무재판소에 맡겨 처리했다."240) 거기서 심리한 사건은 주로 상업과 상인의 금전채권 분쟁, 토지재산 분쟁, 관청과 상인의 충돌 등 사건의 내용과 경위가 비교적 가벼운 민사사건이었다.

---

237) 警務公所의 주요구성원은 紳商이다.
238) 張直甫·胡覺民, 「蘇州警察的創始」, 蘇州市政協, 『文史資料選輯』第3輯.
239) 乙2-1, 66.
240) 「保定商會設所裁判訟案」, 『華商聯合報』第17期.

상회가 이러한 사건을 처리하는 과정에서 얻은 큰 성공은 시민사회가 갖고 있는 잠재적 자치능력을 보여주는 것이다. 그러나 동시에 이것은 몇몇 지방관부의 증오를 불러일으켰다. 관부는 상회가 사건을 처리하는 것이 지방관이 가진 사법권한에 대한 침탈이라 생각했고, 이 때문에 강렬하게 불만을 표시했다. 1909년 호주권업도湖州勸業道는 일찍이 무강현武康縣 상무분회의 장정을 결제하면서 "분회가 제정한 장정은 불합리한 점이 많으며, 특히 사건처리와 사건심리 등의 명목은 행정권을 침탈하는 것이다. 가령 상업계의 분쟁을 조정·처리하고자 한다면 분회는 단지 협의를 통해 원고와 피고가 화해하도록 할 수 있을 뿐이며, 소송을 접수·처리할 수는 없다"241)라고 했다. 이 결재가 『화상연합보華商聯合報』에 실리자 즉각 수많은 상회와 상인들의 질책을 받았다.

상회는 이미 기본적으로 획득한 상사商事소송의 접수·처리권에 대하여 비교적 강경한 태도로 이를 유지하고자 했으며, 보다 독립적으로 그 직권을 행사하고자 했다. 그러나 상회가 처리할 권한을 가지고 있던 것은 시종일관 사건의 내용과 경위가 비교적 가벼운 상업분규였을 뿐이고, 관청은 상회가 형사사건이나 상업과 무관한 민사사건의 심리에 참여하는 것을 절대로 허락하지 않았다. 전면적인 지방자치의 산물이었던 상해 공정국은 비록 보통의 민사사건을 처리할 수 있는 권한을 부여받았으나, 이 역시 단지 '평범한 사건'에 한정된 것이었을 뿐이며 "중요한 사건은 여전히 현의 관아로 보내서 처리했다."242) 이것은 비록 청말에 민사사법심판권이 부분적으로 사회로 이전되어 초보적으로 시민사회의 '사법기구'가 형성되었으나, 시민사회가 이 분야에서 실제로 장악한 권력은 매

---

241) 「海內外商會記事」, 『華商聯合報』 第15期.
242) 楊逸, 앞의 책, 『公牘甲編』.

우 제한적이었다는 것을 의미한다.

　중국은 유사 이래 진정으로 국가권력으로부터 독립된 사회가 없었기 때문에 시민사회가 누린 불완전한 사법권 역시 국가권력의 제약에서 벗어나 운영될 수 없었으며, 단지 관청이 농단하는 사법심판제도를 보완하는 형식으로 존재하면서, 관청의 엄격한 지도와 통제 아래 놓여 있을 수밖에 없었다.

　이상에서 알 수 있는 것은 청말 시민사회의 추형雛形과 봉건국가 사이에는 상호의존·상호모순·상호마찰이라는 복잡한 관계가 형성되어 있었으며, 그 중에서 의존적인 면이 주도적인 위치를 차지하고 있었다는 사실이다.

　신상을 핵심으로 하는 초기 부르주아 계급은 비록 '민의 힘을 결집하고' 자치를 도모하는 정치활동 속에서 역사적 능동성과 창조성을 발휘하여 약간의 성과를 거두었으나 실적은 상당히 한계가 있었다. 그들은 아직 서양의 선배들처럼 단체를 결집하고 자치를 도모하는 토대 위에서 한층 더 발전하여 독립적인 도시공화국을 세워 봉건 전제권력과 철저하게 결별하는 단계로 나아갈 수 없었다.

　이렇게 된 것은 역사문화 전통방면에 그 원인이 있는 것 외에, 더욱 중요한 원인은 청말 시민사회의 실제적 조직자이자 영도자였던 신상계층이 신사 겸 상인이며, 관리 겸 민간인이라는 이중적인 속성을 갖고 있었다는 사실에서 찾을 수 있다. 다시 말해서 신상계층은 일종의 상당히 모호한 계급적 성격을 가지고, 전통 봉건세력과 신흥 부르주아 계급사회 사이에 끼어서 좌고우면하며 정치적으로 균형과 타협을 추구했던 것이다. 역사가 미리 그들의 손에 절호의 기회〔예를 들면 신해혁명 시기의 정국〕를 쥐어주지 않는 이상, 그들은 절대로 쉽사리 정치적 극단주의를 선택하지 않았다. 간단히 말해서 근대신상의 정치적 성격에서 우리는 청말 시민사회 추형의 성격과 여러 가지 특징을 엿볼 수 있다.

제4절 신상과 남양권업회

1. 중국 최초의 박람회

　청말 신상계층은 도대체 얼마만큼 성장했는가? 그들의 사회활동 역량과 영향력은 도대체 얼마나 컸는가? 추상적이고 평범한 논의나 간단한 숫자의 나열을 피하기 위해 우리는 여기서 중국 최초의 전국규모의 박람회였던 남양권업회라는, 다방면의 사회적 역량을 동원해야 하고 대규모 조직활동을 진행할 필요가 있었던 사회경제 활동에서부터 착수하여 한걸음 더 나아가 신상계층의 사회적 기능을 구체적으로 분석해 보려 한다.

　청말 권업회勸業會나 박람회는 일반적으로 '새회賽會'라고 불렀다. 새회라는 명칭은 중국에서 옛날부터 있었다. 그러나 상품경제와 연계된 근대적 의미의 새회는 '서세동점西勢東漸'의 박래품이다. 새회는 영어 'exhibition'의 번역이며, 현재 통용되는 것은 일본어에서 따온 '박람회'라는 말이다.

　근대새회는 산업혁명 전야에 유럽에서 기원한 것으로 그 후 1백여 년 동안 새회는 힘차게 자본주의 경제발전을 자극했으며, 세계무역과 각국의 문화교류에 깊은 영향을 미쳤다. 1880년대부터 자본주의 국가 가운데 "새회를 열지 않는 나라가 거의 없고 새회가 열리지 않는 해가 거의 없었으며, 새회는 마침내 실업경쟁상의 중요한 기관이 되었다.[243] 아편전쟁 이후의 중국은 점차 세계시장에 편입되었고, 자연히 서양에서 불기 시작한 '새회열기(賽會熱)'에 빠져들지 않을 수 없었다. 청말 중국에서 서양의 영향을 받아 개최한 상품 새회활동은 크게 2종류로 나눌 수 있다. 하나는 출양부새(出洋赴賽) 즉 각국에서 개최되는 국제새회에 참가하는 것이며, 다른 하나는 서양과 일본을 모방하여 국내새회를 개최하는 것이었다.

청정부가 정식으로 관원과 상인을 파견하여 해외박람회에 출품하기 시작한 것은 1876년 미국에서 개최된 필라델피아 국제박람회였다. 기록에 따르면, 중국이 출품한 물품은 모두 720상자로 값어치는 약 은 20만냥에 달했다.[244] 이후 청말 중국상인들은 계속해서 프랑스 파리(1878·1900), 미국 뉴올리언즈(1885), 프랑스령 베트남(1902), 일본 오사카(1903), 미국 세인트루이스(1904), 벨기에 리에주(1905), 이탈리아 밀라노(1906) 등의 국제박람회에 대략 20차례 정도 참가했다.

처음에 청정부는 해외박람회에 참가하는 것을 그다지 중시하지 않았으며, 여전히 그것을 전통적으로 진기함을 겨루고 기이한 것을 자랑하는 무익한 일로 간주하고, 건성으로 일을 처리하여 외국인들의 비웃음을 샀다. 그러다 1905년 무렵에 이르러서야 비로소 어느 정도 각성을 하게 되었다. 이 해에 청정부 상부(商府)는 「출양새회통행간장(出洋賽會通行簡章)」 20조를 반포하여 중국상인이 국제박람회에 참가하는 것에 대하여 통일된 규

---

243) 『民國經世文編』〈實業〉(臺北: 文海出版社, 1973 影印本), 4578쪽.
244) 李圭, 『环游地球新錄』, 「各物總院」.

정을 제시하고, 아울러 각 성의 상인들에게 "물품을 정선하여" 활발히 박람회에 참여하도록 호소했다.

상인이 스스로 물품을 선택해서 박람회에 참가하는 것은 이전의 "세무관청에 물건의 구매를 맡겨 쓸데없이 웃음거리를 만드는"[245] 난처한 상황을 변화시켰으며, 전시품들은 여러 번 상을 받게 되었다. 특히 1911년 이탈리아의 토리노 국제박람회에서 중국은 출품한 물품 가운데 256종이 상을 받았다. 그 가운데 대상(卓絕獎)은 4명, 최우수상(超等獎)은 58명, 우수상(優等獎)은 79명, 금상(金牌獎)은 65명, 은상(銀牌獎)은 60명, 동상(銅牌獎)은 17명, 참가상(紀念獎)은 6명이었다.[246]

청정부는 상인들에게 해외박람회 참가를 제창하는 동시에, 국내에서도 지체없이 상품진열소·고공창考工廠과 권공회勸工會·물산회物產會 등 여러 가지 유형의 박람회를 개최하여 공·상업의 발전을 자극했다. 1906년 10월 농공상부는 경사권공진열소京師勸工陳列所를 개설하여 "전문적으로 중국에서 만들어진 각종 상품들을 진열하고 사람들이 관람하도록 하여 비교하고 개량할 본보기로 삼도록 했다."[247] 얼마 후 각 성의 성도省都와 통상항구에서 모두 이를 본받아 전문적인 전시관을 열어서 본지의 우량 농업·공업·상업 상품을 진열했다. 소주에 설립된 소성상품진열소蘇城商品陳列所는 각종 물품을 진열하는 것 외에 위탁판매소를 부설하여 상인들이 상품을 전시·판매하는 것을 도왔고, 권공장勸工場을 세워 "공업을 장려했다." 직례성이 설립한 고공창考工廠은 특별히 각 성省과 외국물품의 상표(label)를 사들여서 진열하고 마음대로 참관할 수 있도록 했다.

---

245) 乙2-1, 79/5.
246) 前劉, 「意大利會場之中國出品」, 『東方雜志』, 第8卷 第10號.
247) 『第二次農工商統計表』, 『農政』.

지방의 대형박람회 가운데 비교적 생동감 있고 다채로웠던 것으로는 직례·강소·호북 등의 성에서 개최한 박람회를 꼽을 수 있다. 1907년 4월 천진상무총회가 주최한 '천진상업권공회天津商業勸工會'는 한 달 동안 원근 각지의 객상들이 보내온 화물이 모두 29만 8,200여 건으로 "개장하기도 전에 갑작스럽게 상품판매가 급증하여 상인들은 적지 않은 이익을 얻었다."[248] 1909년 호광총독 진기룡陳夔龍이 무창武昌에서 발기한 '무한권업장진회武漢勸業獎進會'는 규모가 아주 거대한 지방박람회였다. 이 박람회는 5종류의 진열실을 만들어 본성本省의 공·상업 상품을 전시했고, 따로 직례·호남·상해·영파 4관館 및 한양강철창漢陽鋼鐵廠·권공원勸工院 등 7개의 특별전시실을 설치했다. 전시 기간은 45일로 어느 정도 "본성의 공·상업을 장려하고 그 발달과 진보를 돕는" 역할을 했다. 사천성과 같이 외진 곳에서도 각각 1906·1907·1908·1909년 4차례에 걸쳐 성도成都에서 상업권공회商業勸工會를 열어 "외국에서 박람회를 개최하는 의도를 본받고 이를 실정에 맞게 변통變通했다."

중국 국내의 '새회열기'는 1910년 최초의 전국적 박람회인 남양권업회 기간에 절정에 달했다. 이 박람회는 준비·발기 단계에서부터 정식으로 폐회할 때까지 거의 2년이라는 긴 시간이 걸렸다. 이는 대체로 2단계로 나눌 수 있다. 첫째는 준비기로서 1908년 12월부터 1910년 6월까지이다. 둘째는 개회기로 1910년 6월부터 11월까지이다. 권업회의 준비기간에는 주로 조직기구 설립·자금조달·전시물 모집과 박람회장의 건축 등 여러 작업을 진행했다. 그 가운데서도 특히 전시물 모집은 업무가 방대하고 관련범위가 매우 넓었다.

---

248) 『北洋公牘類纂』 卷20, 「商務」.

단지 양강[강소·안휘·강서] 소속의 각 부주府州만 해도 각각 39개의 물산회物産會를 개최하여 각 지방의 향토특산품을 전문적으로 수집·전시하고 그 가운데 우수한 것을 택해서 남양권업회에 보내어 박람회에 참가했다. 양강 이외의 봉천·직례·하남·섬서·운남·사천·광동·호남·호북 등의 성에서도 연이어 출품협회를 설립하여 전시품을 널리 수집했다. 남양군도의 수라바야Surabaya·세마랑Semarang·자바Java·바타비아Batavia(Jakarta의 옛 이름 -역자)·싱가포르 등지에서도 역시 몇몇 출품협회를 창설했다. 이밖에 각 성의 주력산업, 예를 들어 강서성 경덕진景德鎭과 호남성 예릉醴陵의 도자기, 한야평漢冶萍의 탄광과 철광, 한구漢口·상해·무석無錫의 실絲과 차茶 같은 것은 각자 전문적인 출품협회를 설립했다.249) 1909년 초부터 각지의 물산회 및 출품협회들이 선별하여 보낸 박람회 전시품들이 각각 육로와 수로를 통해 남경으로 운송되어 공전의 성황을 이루었다.

1910년 6월 5일 남양권업회는 남경에서 정식으로 개막되었다. 전시장의 규모는 광대하여 그야말로 장관을 이루었다. 양강兩江지역에서 개설한 전람관으로는 교육관·공예관·농업관·기계관·통운관通運館·미술관·위생관·무비관武備館·경기관京畿館이 있었으며, 아울러 권공장 한 곳을 부설하고, 다시 기남관曁南館 한 곳을 세워 남양화교들이 출품한 상품을 진열하는 곳으로 삼았다. 제1·제2·제3 참고관에는 영국·미국·일본·독일 4개국의 상품이 전시되었다. 각 성이 스스로 세운 진열관이 모두 14곳으로, 그것은 직례관直隸館·동삼성관東三省館·산섬관山陝館·호북관湖北館·호남관湖南館·사천관四川館·하남관河南館·산동관山東館·운귀관雲貴館·절강관浙江館·복건관福建館·안휘관安徽館·강서관江西館·안경관安慶館이

---

249) 楊士琦 等,「開會禮成辦理情形摺」,『商務官報』, 第5冊 第12期.

었다.

　이밖에 전문적인 실업관實業館 3곳을 열었는데, 그것은 강령단업관江寧緞業館·호남자업관湖南瓷業館·박산유리관博山玻璃館이었다. 3개의 특별관이 있었는데, 강남제조국江南制造局 출품관出品館·광동교육협회廣東敎育協會 교육출품관敎育出品館·강절어업공사江浙漁業公司 수산관水產館이 그것이었다. 기타 부속 건축시설로는 패루牌樓·기념탑·우체국·매점·회의실·심사처·오락장·임시창고 등이 있었고, 더욱이 중간중간에 각종 형식의 정자·화원·분수대가 배치되어 있었다.250)

　박람회에 참가한 전시품의 총수에 대해서는 정확한 통계가 없으나, 장인준張人駿과 양사기楊士琦가 상주한「전람회 개최 전시품 준비상황에 관한 상소문〔開會禮成辦理情形摺〕」에 따르면, 양강지역의 물산회에서 출품한 것만 해도 100만 건에 달했다.251) 전시품은 농산품과 부산물·공예품과 교육출판물 위주였으며 모두 24부部 440류類로 나뉘어졌다.

　통계에 따르면 몇 개월 동안 다녀간 관람자의 수는 연인원 20여만 명에 달했다. 많은 사람들이 특별히 다른 성省에서 오직 전람회를 참관할 목적으로 달려왔으며 "당시 무한의 정政·학學·군軍·신紳·상商 등 각계로부터 와서 남양권업회를 참관한 사람은 개막 후 오래지 않아 이미 3천 명에 달했다."252)

　일본과 미국도 연이어 실업대표단을 파견하여 권업회를 참관하고 시찰했다. 일본 실업대표단은 단원 12명과 수행원 2명으로 구성되었으며, 단장은 일본우선회사日本郵船會社 사장 곤도 렌페近藤廉平였다.253) 미국 실업

---

250)　商務印書舘,『南洋勸業會場圖』.
251)　이 숫자는 분명 과장된 것으로, 권업회가 출품한 전체 숫자가 10여만 건 정도였을 것이다.
252)　『時報』, 1910年 9月 5日.
253)　『時報』, 1910年 6月 18日.

대표단은 단원 23명에 부인 17명과 수행원 2명이 동행했다. 단장은 이전에 로스앤젤레스 상업회의소의 회장을 지낸 윌리스 부스Willis H. Booth였다.254)

내빈을 접대하기 위해 남양권업회는 수십 곳의 여관을 지정하는 것 외에도, 자체적으로 수천 명을 수용할 수 있는 서양식 여관을 건립했으며, 상인에게 도급을 주어 운영했다.

7월 1일부터 권업회는 또한 대규모의 심사평가 작업을 진행했다. 평가원칙은 "실업의 발전을 장려하고, 회사·국局·공장의 운영을 제창하는 것을 우선으로 했다."255) 3개월 동안 심사평가위원들은 밤낮으로 매달려 10여 만 건의 물품을 분류하고 심사했으며 전심전력으로 비교하여 마침내 1등상 66명, 2등상 214명, 3등상 426명, 4등상 1,218명, 5등상 3,345명을 선정했다. 상을 받은 전시품은 모두 5,269건이었다.256) 1등에 든 사람에게는 상업훈장이 주어졌고, 2·3·4·5등에게는 각각 특등[超等]·우등優等 증서와 금상증서가 주어졌다. 66명의 1등상 가운데 농산품으로는 실과 차, 공예품으로는 화공염직물이 가장 많았고, 광산물·도자기·교육품·미술품이 그 다음이었으며, 기계·무기·면사·제분·목축·수산품은 각각 1~2개를 차지했다. 지역별로는 강소성이 1등상을 가장 많이 차지하여 모두 19건이었고, 호북성은 그 다음으로 모두 7건이었다.

권업회의 지출예산은 70만 원元으로 관청과 상인이 각각 반씩 부담하기로 했다. 결과는 심각한 적자를 보게 되어 재원이 바닥났는데도 은銀 10만 냥을 초과 지출했다. 권업회 사무소의 거듭된 간청으로 10만 냥의

---

254) 『神州日報』, 1910年 9月 11日. 미국상단의 진정한 핵심인물은 大賚(dollar)輪船公司 사장 羅伯特·大賚(Robert Dollar)였다. Dollar는 당시 중국을 방문하고 『大賚訪華日記』를 남겼다.
255) 『商務官報』, 第5冊 第24期.
256) 위와 같음.

초과 지출분은 조정에서 탁지부에 명하여 정규경비로 지원하도록 했으나, 전액을 손해 본 상인자본[商本]을 보상하기 위해서는 아직 수십만 원이 더 필요했다.

권업회의 실제수입은 토지임대료·건물임대료·입장권·반입비·기차비 등 몇 개 항목이 있었는데, 그 가운데 토지임대료·건물임대료·입장권이 대종이었다. 입장권 수입은 개장 초기에는 상당히 많았다. 예를 들어 정식으로 개장하는 날의 1번 입장권은 남양 화교상인인 양병농梁炳農이 은 1만 원을 내고 사갔다. 그러나 시간이 지날수록 관람객이 줄어들자 할 수 없이 여러 차례 요금을 낮추어 관람객들을 불러모아야 했으므로 수입은 한계가 있었다. 토지임대료와 건물임대료는 본래 각 성의 별관에서 받는 돈이 주된 것이었으나, 각 성의 출품협회들도 역시 엄청난 적자를 안고 있었기 때문에 여러 차례 연명으로 청원하여 결국 면제를 허락받았다. 이렇게 되자 손해를 입은 상인자본은 도저히 액수대로 상환할 수가 없었다. 어쩔 수 없이 권업회 사무소와 동사회董事會는 전시장을 시가대로 팔겠다고 선포했다. 다행히 남양 화교상인 장욱남張煜南이 아낌없이 주머니를 털어 권업회의 사후 처리비용으로 10만 원을 기부하고 20만 원으로 전시장의 대지와 건물을 불하받고자 했다. 그래서 권공장·미술관·수산관과 각 성의 별관 5곳 및 도로와 다리를 남겨두고, 나머지는 모두 이 화교상인에게 넘겨 영원히 관리 운영하도록 하되 10년 동안은 방세·지세와 일체의 이금釐金·잡세를 면제해 주기로 했다.[257] 온 세상사람들이 주목했던 중국 최초의 박람회는 이와 같이 5개월의 시간이 지난 뒤 허둥지둥 막을 내렸다.

---

257) 위와 같음.

한 시대를 풍미했던 남양권업회는 비록 낙관적이지 못한 결말을 초래했고, 심지어 경영에서 다소 참담한 모습을 보여주었으나, 중국 근대사에서, 특히 민족 자본주의 발전사에서는 오히려 중요한 지위를 차지하고 있다.

2. 신상의 역할

남양권업회를 기획·개최하는 전체과정에서 강소성과 기타 각 성의 신상들은 시종일관 중요한 작용을 했다. 그들은 실제로 이번의 광범하고 영향력이 큰 전국박람회의 실제 조직자의 역할을 담당했다. 어떤 의미에서 남양권업회는 근대 신상계층의 사회활동 능력과 조직능력에 대한 한 차례의 큰 시험이었다.

일반적으로 남양권업회의 최초의 발기인은 당시 남양대신·양강총독이었던 단방端方이라고 한다. 그러나 자세히 고증해 보면, 실제로 반드시 그런 것만은 아니다. 1908년 여름 단방은 신정新政을 실시한다는 겉치레를 하기 위해 강녕공원판사처江寧公園辦事處에 명하기를 식물새회관植物賽會館을 마련하여 "식물의 재배를 고찰하고 농학을 연구하라"고 했다. 이 사무소의 선임인 도원道員 진란훈〔기〕陳蘭薰〔琪〕은 상당히 사상이 진보적인 관리였다. 그는 이 기회를 이용해서 또 다른 한 사람의 도원인 엄기장嚴其章과 연합하여 단방에게 품문稟文을 올려 이르기를 만약 겨우 식물과 화훼만을 진열한다면 국가경제와 민생에 아무런 도움도 되지 않으니, 강남공원 안에서 국내박람회를 개최하여 "농·공 상품을 모아 큰 볼거리를 만들어… 농·공·상업의 진흥을 추구하는 편"258)이 낫겠다고 했다.

단방은 진란훈 등이 올린 품문을 읽은 뒤에 몇몇 저명한 신상을 불러 모아 반복해서 토론한 뒤 박람회를 개최하면 이익을 얻을 수 있을 것이라고 확신했다. 이에 1908년 12월 황제에게 상주문을 올리고 정식으로 발기하여 제1차 남양권업회를 개최했다. 박람회라는 말 대신에 권업회라는 명칭을 사용한 이유는 "잠시 박람博覽이라는 명칭을 피함으로써 실패와 좌절의 우려를 모면하고자 했기"[259] 때문이다. 강소의 몇몇 상층신상 장건張謇·우흡경虞洽卿·주금잠周金箴·이평서李平書 등은 남양권업회의 주요발기인 겸 운영자가 되었다.

남양권업회의 조직기구는 권업회 사무소를 중추기구로 하여 회장 1명을 두었는데 단방이 스스로 회장이 되었고(후에는 張人駿으로 바뀜), 정효서鄭孝胥를 주임부회장으로 임명했으며, 나머지 몇 개의 부회장직은 당시 강녕번사江寧藩司·강녕학사康寧學司·강안양도江安糧道·금릉관도金陵關道와 후보도候補道의 직함을 가진 상해상무총회 의동議董 우흡경이 맡았다. 권업회 사무소는 남경에 두어졌으며 권업회 최초의 발기인이자 도원인 진란훈이 좌판坐辦으로 임명되어 사무소에 머물면서 일을 처리했다.

권업회 사무소의 통제를 받는 동사회董事會는 상해에 두었으며, 구체적으로 자금조달의 책임을 맡고 각 성의 전시품을 수집하는 등의 업무를 수행했다. 동사董事는 모두 13명으로 여러 주주들이 추대하여 선출했다. 그 가운데 8명은 상해상무총회의 신상으로, 그들은 각각 총리 주진표周晉鑣, 의동 주보삼朱葆三·엄의빈嚴義彬·정개후丁价候·소보생蘇葆笙·진자금陳子琴·축대춘祝大椿·석자패席子佩였다.[260] 이로부터 실제로 상해상무총회

---

258) 乙2-1 87/39.
259) 乙2-1 87/33.
260)「南洋第一次勸業會股份簡章」,『蘇州商會檔案叢編(1905年~1911年)』第1輯.

가 남양권업회의 동사회를 장악하고 권업회의 자금조달, 전시품의 수집과 운송 등 중요한 업무를 맡고 있었음을 알 수 있다.

권업회의 영도조직에 참여하는 것 외에도, 신상의 실질적인 역할은 우선 권업회 개최자금의 조달에서 구현되었다. 남양권업회의 개최자금은 처음에는 50만 원으로 정해져 관청과 상인이 각각 절반씩 부담하기로 했으며, 70만 원으로 증액된 뒤에도 여전히 관청과 상인이 반씩 부담했다.

일찍이 1908년 7월 단방은 진란훈을 상해로 보내 주식을 모집하게 했다. 그는 "상해는 가장 일찍부터 개명되었고 상업계도 단결이 잘 된다"라고 지적하면서, 상해의 공·상업계가 열렬히 주식을 인수해서 "이번 거사에 찬성해" 주기를 희망했다. 얼마 뒤 상해상무총회의 총리이자 신상인 주진표周晉鑣는 의동신상 우흡경 등 일행 9명과 함께 특별히 남경에 와서 단방을 알현하고, 아울러 그 자리에서 상인주식 15만 원어치를 인수하기로 결정했다. 이는 당시 논의하여 결정한 개최자금 50만 원의 30%에 해당하는 액수였다.[261] 경비가 증액된 뒤에는 또 남경신상 송우당宋雨棠이 독자적으로 주식 5만 원어치를 인수했다.

그러나 나머지 10만 원은 아직 마련할 방법이 없었다. 권업회 사무소와 동사회는 어쩔 수 없이 각지의 상회에 도움을 청했다. 하지만 많은 상인들이 아직도 권업회가 이윤을 남길 수 있을지 어떨지 여전히 의심을 품고 있었기 때문에 주식을 인수하는 사람은 매우 드물었다. 예를 들어 소주에서는 비록 상회가 서명할 책을 가지고 돌아다니며 "개별적으로 권유하여 모집했으나… 응하는 자는 전혀 없었으며" 끝에 가서 할 수

---

261) 『時報』, 1908年 7月 13日 : 15日.

없이 상회가 대양大洋 1백 원, 합계 20주를 인수했다.262) 상인주식을 모으기 위해 권업회는 할 수 없이 시용도試用道인 강공은江孔殷을 남양 각지에 파견하여 화교상인들에게 주식인수를 권유했다. 남양 화교상인〔그들 가운데 대부분은 직함이 있는 신상〕들의 반응은 비교적 긍정적이어서 곧바로 주식 7만여 원어치를 인수했다. 이로써 상인주식을 모집하여 개최자금을 마련하는 일은 간신히 일단락되었다.

권업회가 폐회했을 때 적자는 약 30여 만 원이었는데, 이를 해결하는 것 역시 주로 신상들의 적극적인 도움에 의지했다. 앞에서 언급한 남양 화교상인 장욱남 역시 신상인데 연납으로 후보경경候補京卿의 직함을 얻었다. 전하는 바에 따르면 상해신상 우흡경은 일찍이 자신의 재산을 상해도 아문에 저당잡히고 15만 냥을 받아 기부했는데, 그는 "공적인 일에 연루되어 피해를 입게 되었다"263)라고 했다.

특히 박람회에 참여하는 물품의 수집, 운송과 전시, 비교평가 방면에서 신상들은 막강한 활동력과 공전의 조직력을 드러내어 단기간에 10만여 건의 전시품을 수집했으며, 아울러 전시품에 대한 감별분류·포장운송을 진행함으로써 권업회가 제때에 개최될 수 있도록 했다. 각지의 협찬회·물산회와 출품협회의 실제책임자들도 거의 모두가 본지의 신상들이었다.

상해협찬회의 총리는 저명한 신상 이평서李平書였는데, 그의 주관 아래 상해출품협회가 조직·건립되고, 신상 왕진王震〔王一亭〕이 총 간사장으로 선출되었다. 왕진은 당시 상해상무총회 의동·호남상무총회滬南商務總會 총리 등의 직무를 겸임하고 있었다.264) 천진협찬회天津協贊會는 상회총리 신

---

262) 乙2-1, 251/111.
263) 『申報』, 1913年 6月 18日.

상 왕현빈王賢賓이 협리를 담당하고, 신상 송칙구宋則久·기련영紀聯榮·유승음劉承蔭이 경리를 맡았으며, 열 명의 동사董事 가운데 역시 신상이 절대다수를 차지했다.265)

「소주부 물산회 직원 수상자 명단[蘇州府物産會在事得獎人員淸單]」에 따르면 방榜에 이름이 올라간 소주신상은 모두 일곱 명인데, 그들은 각각 공예부원시독함내각중서工藝部員侍讀銜內閣中書 우선갑尤先甲, 공예부원동지함工藝部員同知銜 오리고吳理杲, 3품함탁지부낭중度支部郎中 장리겸張履謙, 후선포정사이문候選布政使理問 예개정倪開鼎, 감생 도용陶鎔, 여계수공부원3품명부女界手工部員三品命婦 장심맹연蔣沈孟淵, 방동판사출력원후선원외랑幫同辦事出力員候選員外郎 항조량杭祖良, 주녕대표한림원편수駐寧代表翰林院編修 장병장蔣炳章으로 수상자의 80%를 차지했다.266)

당시 강소자의국 국장으로 있던 저명한 신상 장건은 남양권업회에 대하여 처음부터 끝까지 비상한 관심을 가졌다. 그가 영도하여 발기한 권업회 연구회는 이서청李瑞淸을 회장으로 했으며, 장건 스스로 총간사를 맡았다. 그는 "동지들을 모아 남양권업회에 출품된 물품에 대하여 그 공업수준의 우열과 개량의 방법을 연구하여 진보를 이끌고, 권업회의 참뜻을 받들어 박람회의 실효를 거둔다"라고 했다.

이 연구회는 6월과 7월 두 달 동안 농업·위생·교육·공예·무비武備·미술·기계와 통운 8개 전람관의 전시품에 대하여 각각 연구를 진행했다. 연구항목은 대부분 전문적인 테마에 관한 것으로, 예를 들어 막죽균莫竹筠의 「중국농산품의 종류와 외국농산품의 비교[中國農業品之種類與外國農

---

264) 湯志鈞 主編, 『近代上海大事記』(上海: 上海辭書出版社, 1989), 668~669쪽.
265) 『天津商會檔案匯編(1903~1911)』, 870쪽.
266) 『蘇州商會檔案叢編1905~1911)』 第1輯, 422쪽.

業品之比較]」, 강수생江瘦生의 「영파주단과 항주주단의 비교[寧緞與杭緞之比較]」, 도선진陶先進의 「강서도자기와 호남도자기에 대한 평론[江西瓷與湖南瓷之平論]」 같은 것이 있었다.

연구방법은 먼저 각자 연구를 수행하여 조목조목 의견을 진술하고, 다음으로 공동연구를 진행하여 의심나는 점을 검증하며, 그 다음으로 다시 분야별로 전문가를 초빙하여 개선방법을 제시케 하고, 마지막으로 모든 연구성과를 편집 출판하는 것이었다.[267] 권업회 연구회의 활동은 중국 상품의 개량에 일정한 공헌을 했다.

장건은 일찍이 1903년 일본 오사카 박람회를 참관할 때 경제발전을 촉진하는 상품박람회라는 이러한 새로운 형식에 대하여 매우 깊은 인상을 받았다. 더욱이 남양권업회의 개최는 그로 하여금 어떻게 하면 이런 새로운 경제발전 수단을 중국에 이식시킬 수 있는지 현지조사가 가능하도록 했다. 그는 매우 진지하게 권업회의 각 전람관을 참관했다. 5월 27일 그는 일부러 직례관을 참관하고 그날의 일기에 쓰기를 "내 생각에 원세개는 직례총독으로서 임무수행 능력이 뛰어나다. 이 사람은 필경 다른 사람과 다르다. 공예에서 특히 뛰어난 점이 있는데 강소성은 그에 미치지 못한다"[268]라고 했다. 장건은 기계와 신식방직품 부문에서 직례성은 강소성보다 더욱 우세하다고 생각했다.

권업회 기간 동안 전국 각지의 신상들이 한곳에 모이게 되자, 그들 사이의 연락과 단결력이 더욱 강화되어 신상의 부르주아 계급화 정도가 한층 더 제고되었다. 권업회 상에서 상해·남경·소주 세 곳의 상무총회가 연합 발기하여 소속상계蘇屬商界연합대회를 개최하여 어떻게 하면 강

---

267) 南洋勸業研究會 編輯, 『南洋勸業研究會報告書』, 民國 2年.
268) 『張謇日記』, 宣統 2年 5月 27日.

소성 전역에서 재리인연裁釐認捐을 실행할 것인가 하는 문제를 집중적으로 토론했다.

1910년 10월 상해와 천진 등지의 상회와 실업계 대표의 발기 아래 각지의 신상들이 전국적인 중국실업협회를 조직하여 "각각의 실업계를 연결하여 전국의 실업을 조사하고, 진행방법을 연구함으로써 중국인의 기업능력을 발전시키는 것"을 협회의 종지로 삼았다. 회의 창립집회에서 이평서와 향서곤向瑞琨이 이사로 선출되고, 진란훈陳蘭薰과 우흡경虞洽卿 등 5명은 회동會董에 당선되었으며, 아울러 장건 등 저명한 신상 및 각지의 상회, 각각의 대실업기관大實業機關의 수뇌들에게 함께 회동의 대열에 참여해 줄 것을 공동으로 요청했다. 이 협회는 사무소를 상해에 두었다.269)

장건 등은 다시 전국농무연합회全國農務聯合會·공업연설대회工業演說大會·보계구진회報界俱進會 등 전국적인 사단조직을 발기했다.270) 전국농무연합회는 농무연합회 잡지를 간행했는데, 장건은 그 서문을 지었다.

> 전국농무연합회가 농업을 이해하고 농민이 농업지식에 통달하도록 하기 위해서는 잡지를 발행하지 않을 수 없다. 만약 사대부들이 모두 이 일을 하지 않을 수 없다는 것을 안다면, 마땅히 잡지를 통해 저쪽의 지식을 전달하여 이쪽을 깨우치고, 이쪽의 지식을 모아 저쪽에 전달함으로써 농업지식이 전파되도록 해야 한다. 들판에서 평생을 고생해도 알 수 없는 경험을 농민들에게 전수하고, 농과공부를 하는 학생들에게는 구전되는 지식을 전해 줌으로써 그들이 실습시간을 단축할 수 있도록 해야 한다. 이론과 실천을 합쳐 서로 촉진하고 서로 이롭도록 하는 일이 어찌 연합회 사대부의 책임이 아니겠는가?271)

---

269) 『時報』, 1910年 12月 10日.
270) 『南洋勸業會硏究會報告書』.
271) 「農務聯合會雜志序」, 『張季子九錄·文錄』. 〔역주〕 원문수정 : "則輸彼之說以陋比"→"則輸彼之說以誘導此".

이것은 장건과 같은 신상들의 사회에 대한 관심의 폭이 매우 광범했다는 것 즉 그들은 비록 상업계에 몸담고 있었으나 그들의 관심은 단지 상업계에만 국한된 것이 아니라, 농업 내지 전체 국민경제의 발전에 대하여 모두 깊은 관심을 쏟았으며, 이것은 그들이 옹졸하게 이익만 추구하는 모리배 장사치의 위치에서 벗어났다는 것을 말한다.

권업회 기간 동안 특히 권업회에 출품하는 물품에 통과세(釐金)를 부과하는 것에 대하여 모두가 연합하여 반대하는 투쟁을 벌인 것은 신상이 영도하고 상회 등 공·상업 사단(社團)을 연결고리로 하는 중국 초기 부르주아 계급의 조직화의 정도가 한층 더 제고되었으며, 경제·정치 활동에 종사하는 경험 역시 더욱 풍부해졌음을 뚜렷하게 보여준다.

1909년부터 각지의 물산회 및 출품협회들이 골라보낸 전시품들이 속속 수로와 육로를 통해 남경으로 운반되었다. 박람회에 출품하는 물건에 대하여 통과세를 면제할 것인가 말 것인가 하는 문제를 둘러싸고 상인과 청정부 세무처는 격렬하게 대립했다. 처음에 세무처는 심각한 재정 위기를 완화시키려는 생각 및 상민(商民)들에게 가혹하게 징세하는 고질적인 습관 때문에 박람회에 출품하는 물건에 대하여 통과세를 면제해 달라는 요청을 고집스레 승낙하지 않았다. 정부는 "박람회에 출품하는 물품도 어차피 서로 사고파는 것이므로, 정확하게 말하면 이것도 일반상품을 시장에 내다파는 것과 다를 바가 없다. 그러므로 박람회장에서 증서를 발급하여 운반하는 각 성의 전시물들에 대하여 연도에서 일률적으로 통과세를 면제해 달라는 요청은 그대로 허가하기 어렵다"[272]라고 했다.

상인들은 외국박람회의 사례를 들면서 전시품에 통과세를 징수하면

---

272) Z2-1, 81/27.

천하의 웃음거리가 될 것이며, 권업회의 앞날에 "큰 장애가 될 것"이라고 질책했다. 일찍이 외국에 나가서 시찰을 한 적이 있는 단방端方 등도 역시 분명하게 박람회 전시품에 통과세를 부과하는 것은 실제로 도리에 어긋난다고 생각하고 황제에게 상주하여 호소하기를 "각국의 통례를 보면, 크고 작은 박람회를 막론하고, 사람들을 불러 박람회에 참여하도록 해놓고, 다시 전시품에 세금을 부과하는 예는 아직까지 없었습니다"라고 했다. 아울러 지적하기를 "지금에 와서 세금을 일률적으로 면제한다고 분명히 선언하더라도 박람회에 참가하고자 하는 자가 서로 앞을 다투지는 않을 것이며, [많이 참가하도록 하기 위해] 오히려 반드시 널리 상인을 불러모으고 창도하는 방법을 써야 할 것입니다. [그런데도] 만약 세금을 징수하고 통과세를 부과하여 그들을 막거나, 한편에서는 참가를 권유하고 다른 한편에서는 세금을 부과하는 조치를 동시에 병행한다면, 상인들은 소문을 듣고 망설이며 앞으로 나아가지 않을 것입니다"273)라고 했다.

끝에 가서 청정부는 부득이 1909년 11월 25일에 상유上諭를 반포하고 세무처에 명하여 전시품에 대해서는 "세금과 이금을 각각 면제해 주라"274)고 했다. 세무처는 마침내 이른바 '연단보운새품聯單報運賽品'이라는 방안을 입안했다. 이 방안은 규정하기를 전시품을 운반하는 상인은 권업회 이사회에서 발급한 3절 전표를 소지하고 있다가, 첫번째 세관을 지날 때 전표와 물품이 일치하는지 조사를 받고, 해관세칙에 따라 세금과 이금[稅釐]을 계산하여 운송전표 3절에 상세하게 기록해 두고, 아울러 관례대로 세금의 두 배에 해당하는 금액을 보증하는 보증서를 제출해야 하며, 3개월 내에 남경의 박람회장에 물건을 운반해야 한다. 전시품이 도착

---

273) 『商務官報』, 第4冊 第15期.
274) 『商務官報』, 第4冊 第22期.

한 뒤에는 금릉관金陵關에서 결재한 판매보증 허가증을 받아, 원래 출발했던 세관으로 우송하면 보증서를 말소하고 면세우대를 한다. 그러나 모든 운송도구나 혹은 서양식을 모방해 만든 화물은 이 사례가 적용되지 않으며, 함풍 8년(1858)에 제정된 세법에 따라 세금을 징수하거나 혹은 상품가격의 5%에 해당하는 세금을 징수한다고 했다.

이 방안은 비록 여전히 여러 가지 제한을 내포하고 있었으나, 어느 정도는 봉건관부의 상인에 대한 양보를 표시하며, 신상이 일어나 상인의 이익을 보호하는 의도와 실력을 보여준다.

남양권업회 기간 동안 장건을 우두머리로 하는 신상들은 또한 미국상단이 와서 권업회를 참관하고 중국을 방문한 기회를 이용해서 적극적으로 '중·미 국민외교'를 전개했다. 미국상단의 핵심인물인 달러윤선공사〔大資輪船公司〕 사장 로버트 달러Robert Dollar는 중국에 대한 무역의 확대와 중국 내 투자의 강화에 매우 큰 흥미를 가지고 있었다. 이 때문에 장건이 말한 '중·미 국민외교'는 주로 민간의 입장에서 출발하여 달러자본집단과 경제합작·교류와 관련된 일을 상의하는 것을 가리켰다.

미국상단은 1910년 8월 12일 상해에 도착했으며 8월 20일 남경에 왔다. 8월 22일 장건은 강소자의국咨議局이 개최한 성대한 연회에 달러 일행을 초대했다. 이밖에도 당시 연회에 참석한 사람으로는 16개 성의 자의국 대표들이 있었다.

장건은 연회에서 행한 환영사에서 이르기를 "첫째로 중국은 모든 일이 바야흐로 매미가 껍질을 벗듯 변화하는 시기에 있으며, 귀국에서 평소 접촉하는 것들은 모두 여기서 그 대략적인 모습을 보았을 것이다. 둘째로 명목상 실업개량이라고 하나 측면에서 견제하고 있는, 예를 들어 재정·법률·관청 제도는 서로 관련되지 않는 일이 없으며, 이들을 동시에 개량하지 않으면 효과를 보기 어렵다. 셋째로 지금 대략 성과를 거두었다고 할 만한 것들이 있는데, 이 몸이 예를 들어 하나만 귀국에게 이야기한다면, 그것은 바로 우리들이 즐겁게 모이는 자의국이다"275)라고 했다. 그 말의 속뜻은 중국과 미국의 실업계 인사들의 접촉이 갖는 의미는 단지 경제적 협력과 교류에만 있는 것이 아니라, 더욱 큰 의미는 중국의 전면적인 개혁을 추진하는 데 있다는 것이다.

미국 상인대표인 조지 번햄George Burnham이 행한 답사도 역시 농후한 정치적 의미를 띠고 있었다. 그 대략적인 내용은 "중국의 정치가 날로 진보하려면, 반드시 민民이 만든 자의국을 대표로 삼아야 하는데, 강소 자의국은 특히 첫손가락에 꼽힌다. 언젠가는 자의국이 필라델피아의 독립기념관(Independence Hall)과 대등해지기를 바란다"276)라는 것이었다.

빈번한 상담과 최후의 정식담판을 거쳐 중·미 쌍방의 상인들은 실업 합작문제에 대하여 다음과 같은 합의에 도달했다. ① 쌍방이 합자하여 은행을 개설하며 자본금은 중국과 미국이 반씩 부담한다. ② 중·미 양국에서 각각 상품전람회를 개최한다. ③ 1915년에 미국 샌프란시스코에서 박람회를 개최한다. ④ 쌍방은 상호 수입화물에 대하여 호혜의 원칙을 적용한다. ⑤ 양국 상인이 상호 방문하여 이해를 증진시키고 무역의 발전을 촉진한다. ⑥ 중·미 합작으로 화물선 한 척을 건조하되, 경비는 쌍방이 반씩 부담하고 중국국기를 단다.277)

비록 남양권업회의 개최는 예상했던 효과를 완벽하게 달성할 수 없었으나, 중국 자본주의 경제의 발전 정도를 가늠하고, 사회적 기풍을 개

---

275) 『時報』, 1910年 9月 30日·31日.
276) 『時報』, 1910年 9月 27日.
277) 『大賚訪華日記』, 62쪽 참조.

화시키고, 상품유통을 촉진시키며, 민족 부르주아 계급의 성숙도를 한층 더 높이 끌어올렸다는 점에서 심원한 의미가 있었다. 남양권업회의 개최를 통해 22개 성의 신상들이 한곳에 모여 여러 차례 회의를 열어 공동으로 행동방침을 결정하고, 아울러 믿기 어려울 정도의 조직능력과 활동능력으로 관방과 보조를 맞추어 성대한 박람회를 완수했다. 이것은 근대 신상이 날로 하나의 중요한 사회역량이 되어가고 있으며, 청말민초의 변화무쌍한 정치조류 속에서 대단히 중요한 역할을 담당했다는 것을 의미한다.

상인의 깃발이 향하는 곳

"상인의 깃발이 향하는 곳은 길게 구만 리까지 뻗쳐 있으니, 어찌 우리 황제의 후예들인 상업계가 나아가야 할 길이 아니겠는가?"
『소주상단당안회편蘇州商團檔案滙編』

신상의 정치참여

제1절 신상과 민족주의

1. 신상의 민족의식

미국의 여성사학자 메리 라이트Mary C. Wright는 20세기 초 중국사회에서 출현한 일련의 새로운 현상(事物)을 민족주의의 발흥으로 귀결지우고, 민족주의야말로 중국 근대 혁명운동의 가장 강력한 추진력이라고 했다.[1]

라이트의 이 견해는 매우 통찰력이 있다. 청말 신상紳商들이 분산상태로부터 규합하여 사회의 집단역량이 되고, 막후에서 경제를 운영하던 상태에서 무대의 전면으로 나서 정치투쟁의 길로 들어서게 된 것은 근본적인 의미에서 "자신을 강하게 하여 외부로부터 당하는 모욕을 막고(自强禦侮), 국가와 민족을 멸망으로부터 구하여 살길을 도모한다(救亡圖存)"라는

---

[1] Wright, Mary Clabaugh ed., *China in revolution : the first phase, 1900~1913*(New Haven:Yale University Press, 1968), 3~4쪽 참조.

민족의식의 각성에 따른 것이었다.

가장 광범한 의미에서 민족주의는 자기 민족문화 전통에 대한 귀속과 동일시이며, 일종의 수천수백 년 이래 형성된 자기 민족국가에 대한 그리운 정(眷戀之情)이다. 물론 일종의 역사적 범주로서 서로 다른 시대의 사람들은 민족에 대하여 서로 다른 이해를 갖고 있으며, 서로 다른 시기의 민족주의는 서로 다른 함의를 갖고 있다. 20세기 초 초기 부르주아 계급의 민족주의는 더 이상 '이적지분夷狄之分'이나 '화이지변華夷之辨'의 틀에 갇힌 협애한 전통 민족주의가 아니었다. 그것은 선명한 시대적 특징을 가지고 있었으며, 민족관념이나 국가관념에 대하여 모두 새로운 해석을 했다.

그 가운데 가장 대표적인 것은 1903년 봄부터 『절강조浙江潮』에 연재된 「민족주의론民族主義論」이라는 글이다. 이 글의 작자는 민족주의에 대하여 다음과 같이 간명하고 요령있는 정의를 내렸다.

> 동종同種을 합치고 이종異種을 구분하여 민족의 국가를 건립하는 것을 민족주의라고 한다.
>
> 이를 풀어서 설명하면 다음과 같다. 내가 철인哲人에게 들으니 국가의 기원은 민족의 경쟁으로 말미암은 것이라고 한다. 내가 그 예를 역으로 이용하여 말한다면, 무릇 경쟁의 세계에 처한 민족으로서 자존自存하고자 하는 자는 마땅히 민족의 국가를 건립하는 것이 유일한 방도라고 할 수 있다는 것이다.2)

그리고 "민족의 국가를 건립하는 것"은 "공화의 헌장을 수립하는 것"과 불가분의 관계가 있으며, 민족국가의 관념 안에는 이미 '개인의 권리

---

2) 『浙江潮』 第1·2期.

[민권]'와 국민의식이라는 관념이 스며들어 있었다. 바로 이러한 의미에서 작자는 매우 자연스럽게 프랑스대혁명을 민족주의의 시원으로 간주했다.

내가 말하는 민족주의는 왜 반드시 프랑스대혁명에서 그 기원을 찾아야 하는가? 이를테면 민족주의와 전제정체專制政體는 서로 용납할 수 없는 것이다. 민족주의의 큰 목적은 전민족을 통일하여 입국立國하는 데 있다. 그러나 여기서 말하는 통일이라는 것은 지의志意의 통일이지 완력腕力에 의한 통일이 아니며, 공화적인 통일이지 복종적인 통일이 아니다.… 만약 전제정치체제라면 어떠하겠는가?3)

중국 근대 신흥 민족주의는 봉건 전제주의를 반대할 뿐만 아니라, 직접적으로 제국주의의 중국에 대한 침략과 분할에 대해서도 강렬한 자립 반항의식을 갖고 있었다. 어떤 사람은 지적하였다.

칼을 뽑아 들고 일어나 사방을 둘러보니 사나운 비바람의 드센 기운이 사람을 엄습한다. 위태롭고 위태롭도다. 지금의 시대는 제국주의가 가장 발달한 시대로다.4)

어떤 사람은 부르짖었다.

오호라! 지금의 세계는 경쟁풍조가 가장 격렬한 세계가 아닌가? 지금의 중국은 세계적인 경쟁풍조가 가장 격렬한 소용돌이 속에 있지 않은가? 호랑이 같은 러시아, 표범 같은 영국, 비휴豼貅 같은 독일과 프랑스, 이리 같은 미국, 승냥이 같은 일본이 호시탐탐 기회를 노리며 이빨을 드러내고 4천 년 동안 병든

---

3) 위와 같음.
4) 「帝國」, 『新世界學報』 第10號.

사자의 곁을 맴돌고 있다.… 오호라! 중국의 앞길을 바라보니 바람 앞의 등불이요 물속의 거품 같으니, 어찌 19세기의 그림자를 따라 함께 사라지지 않겠는가.5)

또한 어떤 사람은 호소하였다.

지금은 민족주의가 발달한 시대이며 중국은 그 공격을 받고 있다. 그러므로 지금 우리 중국에서 더 이상 민족주의를 제창하지 않으면 우리 중국은 정말로 망하고 말 것이다.6)

진실로 우리나라 사람 모두가 영웅과 지사가 되기를 추구하고, 다른 나라 사람의 아랫자리에 앉지 않으며, 러시아·영국·프랑스 사람에게 선두를 양보하지 않으려고 한다면, 20세기에 중국은 반드시 부흥할 날이 올 것이며, 반드시 백인종과 양립하지 않아도 되는 날이 있을 것이다. 이 일을 하고 이 일을 책임질 사람은 우리 어린이가 아니면 누구겠는가? 바라건대 제군들은 각자 재주와 힘을 다하고 백절불굴의 의지로 국사를 도모하기 바란다. 그러면 중국의 부흥은 머지않아 이루어질 것이다.7)

근대 신식 지식분자들이 고취한 민족주의와 비교하여 청말 신상계층의 민족주의 의식은 분명히 그다지 체계적이거나 조리가 있거나 격정적이지도 않았고, 상대적으로 평화롭고 구체적인 사업수행에 힘쓰며, 더욱이 일종의 상대적으로 투박하고 잠재적인 심리상태를 드러냈다. 따라서 그것을 '의식'이라고 부르는 편이 '주의'라고 일컫는 것보다 더욱 타당하다.

---

5) 李書城,「學生之競爭」,「湖北學生界」第2期.
6) 「民族主義論」,「浙江潮」第1期.
7) 「二十世紀之中國」,「童子世界」第25期.

우선 근대 지식분자와 마찬가지로 신상의 민족의식 역시 똑같은 종류의 강렬한 '외부로부터 당하는 모욕을 막고 국가와 민족을 멸망으로부터 구한다'는 의식을 드러냈다. 다른 것이 있다면 신상이 더욱 주목한 것은 외국의 경제침략 및 이러한 침략으로부터 야기된 이권의 국외유출, 이익의 침탈과 '상전商戰'실패의 급박한 정세였다. 그래서 "우리 중국은 거대한 나라로 정화精華의 집결, 물산의 풍부함이 천하에서 으뜸이며, 저 푸른 눈에 구레나룻을 기른 사람들이 이것을 알고 부러워한다. 문호개방을 부르짖고 재정을 대신 관리하여 이전에 인도와 폴란드를 대하듯이 우리를 대하려고 하는 것은 이 때문이다"8)라고 했다. 신상들은 인도 같은 나라가 열강의 식민지로 전락한 선례에 대하여 놀라움을 금치 못하며 중국이 그 전철을 밟지나 않을까 매우 염려했다.

> 아! 우리 아시아가 이런 시국에 처하고 이런 운명에 놓이게 되었으며, 이른바 중국이 작은 만이蠻夷에게 둘러싸이게 된 것은 수십 년 이래 역시 진화의 법칙에 따라 차례로 도태되고 점차로 경쟁의 힘을 상실했기 때문이다. 근래 식자들은 미세한 조짐을 보고 문제의 본질을 깨달아 마음이 놀라고 넋이 흔들렸다. 지금 모두가 민족을 보호하고 진보를 도모하는 급선무를 더 이상 늦출 수 없으며, 결코 종법사회에 의지할 수 없음을 알고 있다.9)

그들은 강한 것은 번성하고 약한 것은 도태되는 국가 간의 경쟁을 경제적 경쟁이라고 결론짓고, 강자는 경제력이 강하기 때문에 강하게 되는 것이고, 약자는 경제력이 약하기 때문에 약하게 된다고 했다.

슬프게도 대저 지금의 논자들은 중국이 외교실책 때문에 망하고 무력을 갖추

---

8) 「商業發達論」, 『江蘇』 第3期.
9) 「說競」, 『申報』, 乙巳 12月 初9日.

지 못하여 망할 것이라고 말하지 않는 사람이 없으나, 대저 상업이 발달하지 못하여 이익이 새나가는 것을 막지 못하는 것이 실로 중국을 망하게 하고도 남음이 있음을 모른다.10)

이에 신상의 민족의식 또한 경제적 경쟁에 대한 참여의식과 책임의식으로 나타났다. 전통 상인계층이 장기간 '4민의 끝자리'에 있었기 때문에 '고립주의'의 경향을 갖고 있었던 것과는 달리 근대신상은 점차로 시대가 부여한 자신의 역사적 사명을 깨닫고, 제국주의와 서로 항쟁하여 '외부로부터 당하는 모욕을 막고 국가와 민족을 멸망으로부터 구하는' 것을 자신의 임무로 여기기 시작했다. 그들은 이야기하였다.

지금 아직 숨이 붙어 있을 때 진실로 중인衆人의 지혜와 능력을 모아 상실한 이권을 회수해야 하며, 우리의 무한한 잠재력을 발휘하여 경제경쟁의 세계에서 그들과 각축하여 참담하고 격렬한 각축장에서 살아남아야 한다. 그래야만 20세기 중엽에 이르러 우리 중국민족이 전세계 상업상의 유일한 패권을 장악할 수 있을지 모른다. 그러므로 지금은 우리 중국민족에게 생사존망의 관건이 되는 시기이다. 지금의 상인은 실로 우리 중국민족의 존망과 흥폐를 결정할 수 있는 권한을 가진 사람들이다.11)

화상華商이여! 화상이여! 그대들 역시 중국의 앞날을 생각하여 급히 일어나 도모해야 할 것이다.12)

다음으로 민족의식은 직접적으로 신상의 '단체를 결성하여 협력하는 의식[合群意識]'의 탄생을 촉진했으며, 그들은 제국주의 경제침략의 강대한

---

10) 「論中國商業不發達之原因」, 『湖北學生界』 第3期.
11) 「商業發達論」, 『江蘇』 第3期.
12) Z2-1, 8/22.

압력 아래서는 단지 연합하는 것만이 효과적으로 외부로부터의 모욕을 막는 길임을 인식했다. 그렇지 않으면 쟁반 위에 흩어진 모래마냥 제국주의에 의해 각개격파 당할 것이라고 생각했다. 많은 신상들이 모두 '합쳐서 무리를 이루고' '단체들이 굳게 뭉쳐' 서로 연합하기를 희망했다. 어떤 사람은 지적하였다.

> 중국상인은 평소 단체를 결성하여 협력하는 사상(合群思想)이 없었다. 그래서 수천 년 이래 역사의 영광을 차지하지 못했다.13)
>
> 5구통상五口通商 이후 수입되는 서양물건이 날로 증가하여 우리의 상업이 그들에게 파괴된 것이 얼마인지 알 수 없다. 우리 상업계 사람들은 단체를 연합하여 공동으로 막아낼 줄 모르고, 오직 각자 자신의 이익을 추구할 줄밖에 몰랐다. 이 때문에 시세(行情)가 획일적이지 못하고 종종 서로 헐뜯고 배척하는 폐단이 발생했다. 이것이 가장 나쁜 점이다.14)

어떤 사람은 상인들이 연합을 실현하는 관건은 서로의 경계를 타파하고 '공공의 사상'을 확립하여 '공공의 의무'를 다하는 데 있다고 주장하기도 했다. 예를 들어 천진상회(상업회의소)의 신상들은 일찍이 지적하기를 "상전商戰이라는 경쟁의 세계에서 강자가 이기고 약자가 패하는 것은 정해진 이치이다. 우리나라의 상업계가 불패의 위치에 서지 못하는 것은 공공의 사상이 없어서 그 형세가 늘 고달프기 때문이다. 형세가 고달프면 담력이 약해지며, 담력이 약해지면 비록 늘 이길 수 있는 위치에 있다고 하더라도 어찌 불패할 수 있겠는가? 그러므로 공공의 의무를 다하는 공공의 사상을 가진 사람이 있어야 한다"15)라고 했다.

---

13) 「論商會依賴政府」, 『東方雜志』, 第1年 第5期.
14) 「經商要言」(滬南商學會會員演述), 『辛亥革命前十年間時論選集』 第1卷 下冊.

또한 어떤 상인은 '공공의 사상'을 높여 애국심과 공덕심이라고 했다. 소상체육회蘇商體育會의 신상들은 "당시 중국이 유약하고 용맹하지 못하여 여러 차례 외국의 침략을 당하는" 현상에 분개하여, 상업계의 동포들에게 호소하기를 "정신을 갈고 닦아… 용맹하고 유덕해야 한다"16)라고 했다. 상해수목업공소上海水木業公所의 신상들 역시 비슷한 호소를 했다.

> 단체란 자강自强의 신묘한 작용이다.… 그 정신은 어디에 있는가? 그것은 외부로부터 당하는 모욕을 막고 동포를 애호하는 데 있다. 그 명맥은 어디에 있는가? 그것은 마음과 뜻을 합쳐 지식과 재능을 갈고 닦는 데 있다.17)

이로부터 청말 신상의 민족의식은 비록 직접적으로 "서양상품이 내지 깊숙이 침투하여 중국상품의 판로가 날로 줄어들고… 서양상인의 발길이 잦아지면서 그로 인해 상업계가 지장을 받음이 실로 적지 않다"라는 경제적 동인에서 발단했으며, 아울러 사대부[신사]의 전통적인 나라를 걱정하고 백성을 근심하는 의식과 "천하의 흥망은 필부에게도 책임이 있다"라는 사회적 사명감이 삼투되어 있으나, 그 주요한 내용 및 사상의 본질에서 여전히 근대 부르주아 계급 민족주의의 역사범주에 속하며, 이것이 그 중요한 구성요소의 하나라는 사실을 알 수 있다.

시간적으로 볼 때 근대 신상의 민족주의 의식은 대략 1894년 청일전쟁에서 1903년 거아운동拒俄運動 사이에 생겨났다. 청일전쟁에서 대청제국이 '한줌밖에 안되는 작은 오랑캐 나라인' 일본에게 패했다는 사실은 중

---

15) 『天津商會檔案匯編(1903~1911)』, 1882쪽. [역주] 원문수정 : "吾國商界不能不立于不敗之地… 勢孤則膽怯矣"→"吾國商界不能立于不敗之地… 勢孤則膽怯, 膽匪怯矣".
16) 「蘇商體育會開幕式之演詞」, 『蘇州商團檔案匯編』.
17) 上海博物館圖書資料室 編, 『上海碑刻資料選輯』第108號, 碑文(上海: 上海人民出版社, 1980).

국의 사회 각 계층, 특히 사대부 계층에게 커다란 충격을 주었다. 저명한 신상인 장건張謇이 관리의 길을 버리고 상업에 투신한 것은 직접적으로 청일전쟁의 패배에서 엄청나게 큰 자극을 받았기 때문이다. '시모노세키조약'이 체결되었다는 소식을 들은 그날 밤 장건은 일기에 '강화조약 10개 조'의 주요내용을 기록하고, 아울러 주를 달아 이르기를 "중국의 고혈을 다 짜내갔으며, 국체國體의 득실은 말할 것도 없다"18)라고 했다.

1895년 여름 장건은 장지동張之洞의 요청을 받고 「입국자강에 대하여 조목별로 진술한 상소문[條陳立國自强疏]」의 초안을 잡을 때 '시모노세키조약'의 심각한 위해성危害性을 분석하고, 국방의 강화, 신학문의 확대, 상무의 제창, 공예의 강구 등 방면에서 착안하여 비교적 체계적으로 자신의 국가와 민족의 멸망을 구하는 주장을 천명했으며, 이렇게 하여 초보적으로 '실업구국實業救國'의 사상을 수립하고, 그의 일생에서 가장 중요한 "장원에서 자본가로의" 변신을 시작했다. 이에 대하여 그는 뒤에 다음과 같이 회고하였다.

> 전에 청일전쟁에서 중국군이 패하고 을미년에 시모노세키조약이 체결되어 국가의 위엄이 손상되었고 식자들이 비난을 받았다. 이로써 교육의 보급을 중지할 수 없다는 사실을 알 수 있었다.… 당시 과거시험이 아직 중단되지 않고, 민간의 지식이 낮으며, 국가는 단지 문서를 보내 알리기만 할 뿐 대책을 갖고 있지 않았다. 지방은 각자 경비의 고유한 용도를 고수하려고만 할 뿐 서로 돌볼 줄 몰랐다. 그 원인을 살피고 단서를 추리해 보면, 실업을 경영하지 않으면 안된다는 것을 알 수 있다. 그러나 나는 일개 곤궁한 선비로, 화살없는 쇠뇌만 쏜다고 어떻게 세상을 구제할 수 있겠는가? 남통南通은 면화생산이 왕성하기로 가장 유명한 곳인데, 남통에 방직공장을 일으키자는 논의가 있었고,

---

18) 『張謇日記』, 乙未 4月 初6日.

그것을 계획하는 자가 있기에 몸소 그 일을 맡았다.[19]

상해의 저명한 신상 경원선經元善도 청일전쟁 기간에 공전의 애국열정을 표현했다. 1894년 11월 청군이 연패하여 형세가 다급하게 되었다. 개량주의자 종천위鐘天緯는 성선회盛宣懷의 부탁을 받아 '군량과 의병을 모집하는 공고[募義餉興義兵公啓]'를 초안하고 그 안에 장정 몇 개조를 첨부하여 상해에 있는 경원선의 거처에 배달하여 그에게 대신 나서서 경비를 마련해 달라고 요청했다. 경원선은 아픈 몸을 추스르고 일어나 종천위의 편지와 장정을 장지동에게 올려보내 채택해 주도록 청하고, 다른 한편으로 사방에 글을 보내 국내외의 의로운 일에 앞장서는 동료들에게 "아낌없이 재산을 털어 국난을 구하고" 의병을 모집하고, 군함을 사들이고, 총과 대포를 제조하자고 호소하니 "무릇 혈기있는 사람이면 누구나 의분을 품고 공동의 적에 대하여 함께 적개심을 불태우지 않는 사람이 없었다"[20]라고 한다. 이를 보면 그의 강렬한 애국구망愛國救亡 의식이 언행에 넘치고 있음을 알 수 있다. 이 거동은 비록 성과를 거두지 못했으나, 그것은 경원선으로 하여금 개량구국의 길로 들어서게 했다.

1901~1903년의 거아운동은 애국 신상이 투신한 반제-애국운동의 첫번째 실천이었을 뿐만 아니라, 광대한 신상의 민족주의 의식을 크게 불러일으켰다. 1901년 3월 애국지사들이 상해의 장원張園에서 제1차 집회를 열자 적지 않은 공·상업계 인사가 거기에 참여했다. 이 집회는 청정부에 전보를 보내 "러시아와 조약체결을 거절하여 위급한 상황을 보위하라"고 요구하기로 했다. 집회 뒤 적지 않은 신상이 "소식을 듣지 못했음을

---

19) 「南通師范學校十年度支略序」, 「張季子九錄·敎育錄」.
20) 「經元善集」, 144쪽.

유감으로 생각하고 분분히 편지를 보내 서명에 동참하고자 하는 사람이 수십 명이었다."21)

1903년 4월 상해에 머무는 각 성의 신상지사紳商志士 1천여 명이 재차 장원張園에서 집회를 열었는데, 이전에 열었던 몇 차례의 집회와 비교하여 집회에 참여한 사람들의 거아拒俄의 태도와 표현이 더욱 단호했으며, 공개전보를 쳐서 이르기를 "설령 정부가 승인한다고 해도 우리 전국인민은 절대로 인정할 수 없다"22)라고 했다.

4월 30일 『소보蘇報』에 실린 「중국 4민총회 공고〔中國四民總會知啓〕」의 부언附言은 더욱 직접적으로 상인들에게 거아운동에 참여할 것과 애국의 열정을 발휘해 줄 것을 호소했다.

> 무릇 우리 상인은 마땅히 애국의 열정을 발휘하고 애국의 양심을 다해야 한다. 시간이 되면 많이 와서 함께 모여 방법을 의논하여 상인의 체면을 잃지 않는 것이 중요하다.
>
> 애국의 지극한 정성을 발휘하여 나라 일을 집안일처럼 생각하고, 국토사랑하기를 집안의 재산을 사랑하듯 하며, 이로써 다른 사람이 한 치의 땅도 함부로 빼앗아가지 못하게 하고, 털끝만큼이라도 우리의 권리를 침탈하지 못하도록 해야 한다.

이것은 신상이 이미 점차적으로 독립 자주의식과 국가관념을 갖기 시작했으며, 그들의 민족주의 의식이 이미 하나의 새로운 경지로 진입했음을 말한다.

---

21) 『中外日報』, 1901年 3月 17日 : 18日.
22) 『蘇報』, 1903年 4月 28日.

그러나 거아운동은 아직도 근근이 신상의 반제-애국운동이 그 서막을 연 것에 불과할 뿐이며, 이어서 등장한 미국상품배척운동과 이권회수운동이야말로 한걸음씩 신상을 반제애국운동의 중심위치로 밀어올려 그들의 민족주의 의식이 그 어느 때보다 증강되도록 했다.

2. 미국상품배척운동의 영도자

만약 1903년의 거아운동에서는 단지 상해의 일부 신상들이 애국적인 의분과 민족주의적 감화에 격동되어 조연의 신분으로 투쟁의 대열에 몸을 던졌다고 한다면, 1905년 미국상품배척운동이 폭발했을 때는 각지 상회商會의 지속적인 건립에 따라 신상계층은 이미 엄연히 운동의 영도자와 조직자가 되어 사회각계의 주목을 받았다. 미국상품배척운동은 신상계층이 참여하고 영도한 첫번째의 대규모 반제-애국투쟁이었다.

미국상품배척운동은 당시 미국정부가 추진한 일련의 화교와 중국인 노동자를 박해하고 배척하는 정책에서 기인했다. 미국건국사에서 초기에 도미한 대규모 중국인 노동자의 고된 노동은 미국 서부개발의 번영을 촉진했으며 "중국인 노동자가 없었다면 서부개척도 없었을 것이다." 그러나 19세기 말에 이르러 미국에서는 국내경제 위기라는 곤란한 상황 아래 중국을 배척하는 정책이 점차 강도가 높아졌고, 중국인을 박해하는 사건이 수시로 발생했다.

1894년 3월 미국정부는 당시 청정부의 주미공사인 양유楊儒를 부추겨서 정식으로 「중국인 노동자의 도미를 제한하고 미국에 거주하는 중국인을 보호하는 조항〔限制來美華工·保護寓美華人條約〕〔일반적으로 「華工禁約」이라고 부름〕

을 체결했다. 이후 10년간 미국은 이에 근거하여 끊임없이 중국인 노동자를 제한하고 금지하며 중국인을 배척하는 갖가지 조목을 늘여감으로써 "어떤 중국인을 막론하고 미국경내로 들어가려고 할 경우 가혹한 대접을 받지 않는 사람이 없는"[23] 지경이 되었다.

1904년 말 「화공금약」의 기한이 만료되자 중국인민은 중국인을 박해하는 이 가혹한 조약의 폐지를 요구했다. 미국에 거주하는 10여만 명의 화교는 일찍이 연명으로 청나라 외무부 및 당시 주미공사인 양성에게 전보를 보내 미국과 조약폐기 교섭을 하도록 요청했다. 그러나 미국정부는 중국인민의 강렬한 반대에도 불구하고 개정조약 속에 여전히 중국인을 학대하는 조항을 유지하고자 했으며, 결국 기세등등한 반미-애국운동을 야기했다. 상해의 신상은 이제 막 성립된 상해상무총회를 통하여 미국상품배척운동을 발기하고 추진하는 역할을 했다.

1905년 5월 10일 화교를 배척하는 미국의 가혹한 조약에 반대하기 위해 상해상무총회는 회의를 소집하여 가장 먼저, 전국적으로 미국상품배척운동을 일으키자고 주장했다. 회의에서 복건방福建幇의 영수 겸 상회 의동이었던 신상 증주曾鑄[자는 少卿, 一品封典花翎候選道]는 연단에 올라 연설하면서 2개월을 기한으로 정하되 만약 기한이 되어도 "미국이 가혹한 조약의 개정을 허락하지 않고 강제로 우리에게 속약[개정조약]을 체결하도록 하면, 우리 중국인은 마땅히 전국을 연합하여 맹세코 미국상품을 운송·판매하지 않음으로써 미국상품을 배척하자"라고 제안했다. 증주가 연설할 때 "감정이 강개 격앙되고 말마다 사람을 감동시켜… 자리에 앉은 신상 가운데 손을 들어 찬성하지 않는 사람이 없었다."[24]

---

23) 和作 輯, 「1905年抵制美貨運動」, 『近代史資料』, 1956年 第1期.
24) 蘇紹柄 輯, 『山鐘集』, 11쪽.

또한 신상들은 회의에서 전보문의 원고를 함께 논의했는데 "천하의 공익을 위해 그 어떤 위험도 감수한다"라는 증주를 첫 서명자로 하여 각자 따로 외무부와 상부商部에 전보를 보내 굳은 마음으로 조약체결을 거절하도록 요구하고, 아울러 남·북양대신에게 전보를 보내 협력하여 막아내자고 요청했다.

미국이 중국인을 학대하는 것은 노동자에서 상인으로 이어지고 있다. 미국공사가 외무부에 속약續約을 강요한다고 하는데, 이 일은 국체國體와 민생에 관련된 중대 사안이다. 간절히 바라건대 외무부에 전보를 보내 서명하지 않도록 함으로써 국권을 강화하고 상업의 이익을 보호할 수 있다면, 대국을 위해 매우 다행한 일일 것이다.25)

이와 동시에 한구漢口·의창宜昌·진강鎭江·천진天津 등 전국 21개 개항장의 상회 혹은 신상에게 공개전보를 보내 "소식을 전하여 각 상인들이 알 수 있도록 하라"26)고 요구했다. 5월 14일 복건방 상인들은 천장회관泉漳會館에 모여 의논을 했다. 회의석상에서 증주는 5개 항의 배척방법을 제안했다. ① 미국에서 들어온 상품(기계를 포함하여)은 일체 쓰지 않는다. ② 각 항구에서는 일률적으로 미국선박에 화물을 실어주지 않는다. ③ 중국인 자제들은 미국인이 설립한 학교에서 공부하지 않는다. ④ 미국인이 개설한 상점에서 매판 및 통역 등의 일을 하지 않는다. ⑤ 미국인 주택에서 고용인으로 일하는 사람들에게는 일을 그만두도록 권한다. 아울러 서로 약속하기를 2개월 뒤에도 미국 측이 처음의 뜻을 굽히지 않고 여전히 고집대로 하면, 상술한 각 항을 즉각 실행에 옮긴다고 했다.

---

25) 『山鐘集』, 27쪽.
26) 『山鐘集』, 28쪽.

상해상회의 신상이 미국상품을 배척하자는 호소를 한 뒤에, 전국각지의 상회와 많은 신상들이 적극적으로 호응하여 "각 성 각 업종에서 각자 모임을 갖고 배척을 실행하지 않는 곳이 없었으며"[27] 서로 약속하여 "미국상품을 쓰지 않고, 미국상품을 주문하지 않기로 함으로써"[28] 운동이 신속하게 각 통상항구에서 여러 중·소도시 및 읍으로 확산되어 전국적인 규모를 형성했다.

천진에서 상회 신상들은 상해로부터 증주가 보낸 "미국상품을 쓰지 않도록 서로 계도하고, 서로 은밀히 힘을 합쳐 배척하자"라는 전보를 받은 후 즉각 상회 총리 왕현빈王賢賓이 친필로 전보문을 초안하여 상해상회에 회신하기를 "증주 형께서 보낸 전보를 받고 미국이 중국인 노동자를 금지하므로 상해상인들이 외무부에 조약체결 연기를 요청하고, 미국상품을 금지하려고 한다는 사실을 알았습니다. 귀회貴會에서 어떻게 대응할 것인지 전보로 알려주면 따르겠습니다"[29]라고 했다. 뒤에 다시 정식으로 상해상회에 회신을 보내 표명하기를 "여러 번 각 행의 동사董事들과 협의한 결과, 전보 및 서신으로 회답을 보내 상해상인들이 조목별로 제시한 적절한 배척방침에 따르기로 했습니다"[30]라고 했다. 6월 28일 상회의 신상들은 직례총독 원세개의 저지와 탄압에도 불구하고 집회를 개최하여 배척방법을 논의했다. 상회 협리 영성보寧星普[31]가 회의석상에서 "우리 신상들은 더욱이 시종일관 태만하지 말고 각자가 일을 분담하고 널리 알려 확실하게 미국상품불매운동을 전개해야 한다"라고 호소하자

---

27) 天津『大公報』, 1905年 8月 21日.
28) 『時報』, 1906年 2月 2日.
29) 天津市檔案館 等編, 『天津商會檔案匯編(1903~1911)』(天津:天津人民出版社, 1989), 1877쪽.
30) 위의 책, 1878쪽.
31) [역주] 원문수정 : "世福"→"星普"..

"참석자들이 한 목소리로 동의했으며… 아울러 법규를 정하여 만약 어기는 자가 있으면 은銀 5만 원의 벌금을 내도록 했다."32)

광동에서는 광주廣州의 길거리 곳곳에서 미국상품을 배척하자는 표어·집회·연설 혹은 설창說唱공연을 볼 수 있었다. 막 성립된 광동총상회廣東總商會의 신상들은 72행七十二行 및 구대선당九大善堂을 연합하고 거약회拒約會를 조직하여 광동지역의 거약투쟁을 통일적으로 연락·지도했다. 얼마 뒤 거약회는 '광동주저가대화공총공소廣東籌抵苛待華工總公所'로 이름을 바꾸었으며 모든 사무는 "일률적으로 상업계에서 주관했다."33)

한구에서는 상무총회의 신상들이 상해 쪽의 전보를 받은 후 즉각 도시 전역의 공·상업자들을 동원하여 미국상품배척운동을 계획했다. 7월 중에 한구상무총회는 여러 차례 회의를 개최하여 공동으로 논의했는데, 회의 참석자들의 정서는 격앙되어 있었으며 서로 앞 다투어 연단에 올라 연설을 했다. 모두가 일치단결하여 결의하기를 "무릇 종래 미국상품을 취급하던 사람들은 일률적으로 그것을 중지하고, 본래 미국상품을 소비하지 않던 사람들도 일률적으로 미국상품을 구입하지 않도록 하자"34)라고 했다.

항주에서는 약 50여 개 업종의 신상들이 7월 중에 두 차례 집회를 열었으며, 모두가 한마음으로 "모든 미국상품은 일률적으로 수입하지 않고, 일체 사용하지 않는다"라는 방침에 찬성했다. 7월 23일 다시 제3차 회의가 열렸는데, 회의에서 각 상동商董들은 "배척을 실행하는 방법을 제안했고… 대중의 의지는 열렬했다." 아울러 각 신문사에 통지하여 다시

---

32) 『大公報』, 1905年 6月 20日.
33) 『嶺東日報』, 1905年 9月 14日.
34) 『時報』, 1905年 8月 7日.

는 미국상품 광고를 게재하지 않도록 하며, 미국의 재해생명보험공사[美國水火人壽保險公司]에 보험을 든 사상士商들에게 권고하여 "이미 보험에 든 사람은 조속히 보험을 취소하고, 보험에 들지 않은 사람은 일체 보험에 들지 않도록 하자"[35]라고 결의했다.

당시 소주상회는 아직 설립 준비단계에 있었으나, 애국적인 신상들은 여전히 적극적으로 현지의 미국상품배척운동을 이끌었다. 일찍이 4월 28일에 소주의 신상과 교육계 인사들은 이미 행동하기 시작했는데, 복음의원福音醫院을 빌려 1백 명 이상의 사람들을 모아 집회를 열고 미국상품을 사용하지 않도록 호소했다. 아울러 미국상품 배척과 조약폐지운동을 영도하는 총기구인 '쟁약처爭約處'를 설립했는데, 책임자는 왕원도汪遠燾·주보삼朱寶森·이사형李士熒·항삼項森 등이었다.[36]

상해상회의 전보를 받은 뒤 쟁약처는 즉시 심극의沈戟儀를 상해로 보내 증주 등과 연계하여 행동이 일치되도록 했다. 5월 29일 쟁약처는 원묘관元妙觀을 빌려 제2차 회의를 소집했고 "서명에 찬성한 사람은 8백여 명에 달했으며 배척을 실행하자고 서로 격려했다."[37] 각 업종의 회관會館과 공소公所 역시 잇달아 회의를 열어 미국상품의 배척방법을 상의했다. 신상 소소병蘇紹柄이 동사로 있는 연업정주회관烟業汀州會館은 결의하기를, 6월부터 다시는 미국의 품해패品海牌 및 구패球牌담배[38]를 판매하지 않으며 "모두 준수할 것을 맹세하고, 반드시 조약이 개정된 뒤에야 그만둔다"[39]

---

35) 『山鐘集』, 64쪽.
36) 『山鐘集』, 73쪽.
37) 위와 같음.
38) [역주] 品海牌 담배 : Pinhead cigarettes. 球牌담배 : Atlas cigarettes, '頂球牌' 또는 '人頂球牌'라고도 함.
39) 『山鐘集』, 82쪽.

라고 했다. 6월 28일 쟁약처는 여화다원麗華茶園을 빌려 제3차 대회를 열었
는데 "모인 사람들로 매우 붐볐다." 도정교都亭橋(지금의 東中市)의 대유성大有
成 담배상점은 상점 내에 비축하고 있던 미국의 품해패 담배를 전부 원
묘관元妙觀으로 옮겨 대중 앞에서 소각했다. 이화상怡和祥의 신상 시병경施
炳卿은 본래 미국 담배상인과 1년간의 계약을 맺고 있었으나, 역시 단호
하게 대중 앞에서 계약폐기를 선언했다.40)

각 통상항구와 성도省都 외에 각 현성縣城과 집진集鎭의 신상사민士民들
도 미국상품 배척투쟁에 가담했다. 7월 15일 강소성 상숙常熟의 신상들이
읍묘邑廟를 빌려 조약에 저항하는 대회를 열자 "모인 사람이 1천여 명이
었으며, 그 가운데는 짧은 옷에 맨발도 있었다."41)

호북성 사시沙市의 신상들은 상해상무총회에 보낸 회답전보에서 이
르기를 "미국이 중국인 노동자를 금지한다는 사실이 사상士商들에게 알
려지면서 사상들이 이를 몹시 원망하고 있다. 귀총회에서 배척을 제의하
고 아울러 우리에게 전보로 알리니, 무릇 혈기있는 사람치고 감격하여
찬성하지 않는 사람이 없다. 이미 각 행行에 알려 모두 미국상품을 판매
하지 않도록 했다"42)라고 했다.

절강성 소흥紹興의 신상들은 전보를 받은 그 다음날 곧바로 각 업종의
상동商董들을 모아 의논한 뒤 표명하기를 "우리 소흥은 비록 후미진 내지
에 위치하고 있으나, 결코 마땅히 해야 할 직분[미국상품 배척]을 방치할 수
는 없다"43)라고 했다.

안휘성 동성桐城에서는 "신상들이 소식을 듣고 이에 호응했으며" 현縣

---

40) 『山鐘集』, 139쪽.
41) 『山鐘集』, 294쪽.
42) 『山鐘集』, 65~66쪽.
43) 『山鐘集』, 111쪽.

의 학당이사 등이 7월 17일에 발기하여 공소를 빌려 연설회를 개최하자 "신상들이 모두 모여들었고, 서명희망자를 계산해 보니 신사로서 미국상품을 쓰지 않겠다고 한 사람이 요촉실姚促實 등 28명이고, 미국상품을 발송하지 않겠다고 한 상점이 태화상太和祥 등 35호이며, 학계인사로서 미국상품을 쓰지 않겠다고 한 사람이 완중면阮仲勉 등 52명이었다."44)

미국상품배척운동 기간 동안 신상과 각계인사들은 민족이 처한 생사존망의 위기에 대하여 깊고 애절한 우려와 두려움을 표현했다. 그들은 "이번 금약禁約에 대한 배척은 우리 4백조四百兆 동포가 외교에 간여하는 첫번째 출발점이다.… 이번에 만약 조약폐기를 이루어내지 못하여 장차 각국이 미국의 정책을 본받게 된다면, 시험삼아 묻겠는데, 장차 우리 중국인이 국경 밖으로 한 걸음이라도 나갈 수 있겠는가? 만약 국경 밖으로 나갈 수 없다면, 이는 버려진 백성이며 국민이 아니다. 이집트·인도·폴란드·유태인이 남긴 교훈이 멀지 않으니, 어찌 소름이 끼치지 않겠는가?"45)라고 했다. 또 이르기를 "지금 우리가 진행하는 조약거부운동은 단지 어떤 단체를 위한 것이 아니라 중국의 대세와 관련된 일이다.… 아래로는 수만 명의 고달픈 중국인 노동자를 위해 원한을 풀고, 위로는 수천 년 이래 문명국가인 중국의 나약함을 바꾸어 강하게 만들기 위함이다"46)라고 했다.

이것은 이미 새로운 시대적 특징을 구비한 반제애국운동이 신상계층의 정치시야를 넓혀줌으로써 그들의 시야가 자신·가정·고향·본행本行과 본점本店이라는 협소한 범위를 벗어나서 전국과 전세계로 옮겨가기

---

44) 『山鐘集』, 274쪽.
45) 위와 같음.
46) 乙2-1, 295/14.

시작했으며, 자신의 이익을 보호하는 것과 민족의 위기를 연계하기 시작했다는 것을 의미한다.

미국상품배척운동은 근대신상의 민족주의 의식이 전례없이 고양되도록 촉진했을 뿐만 아니라, 신상계층의 조직화 정도가 한층 더 제고되도록 했다. 상회의 설립을 추진 중에 있던 많은 지역에서는 미국상품배척운동이 직접적으로 상회와 같은 신상사단社團 조직의 건립을 가속화했다. 예를 들어 소주지역에서는 미국상품배척운동이 일어나기 전부터 소주의 신상들이 비록 이미 상회의 창설을 계획하고 있었으나, 여전히 관망하면서 주저하고 있는 상태였다. 그러다 운동이 시작된 뒤 신상들은 곧바로 상회조직의 부재가 초래하는 불편과 한계를 깨닫고 "소주지역에 상회가 없어 이곳에 모여 논의하는 바를 바깥세상에서는 여전히 잘 알지 못한다"47)라고 했다. 이렇게 하여 상회의 창설은 갑작스레 매우 긴급한 문제가 되었다.

> 비록 거국적으로 함께 미상품배척운동을 전개하고 있으나, 상가商家가 먼저 공격의 대상이 되고 있으며 상가의 방책은 또한 반드시 상회에 의존해야 하는데, 그것은 바로 상회가 그들을 위한 기관이기 때문이다.… 상회의 이익은 비록 쟁약爭約(유리한 조약체결을 도모하는 것)에만 있는 것은 아니나, 쟁약과 실로 밀접한 관련이 있다. 그러므로 쟁약을 위해서는 상회의 건립이 필요하며, 또한 그렇게 해야만 배척을 준비할 수 있다.48)

신상과 사민士民들이 여러 번 재촉한 결과 소주상무총회는 마침내 9월 중에 고고의 소리를 울리며 탄생했다. 새로 성립된 상회의 첫번째 커

---

47) 『山鐘集』, 139쪽.
48) 『時報』, 1905年 7月 19日.

다란 정치적 행동은 이미 종결단계에 다다른 배척운동을 영도하는 것이었다. 10월 신상 황가웅黃駕雄은 화공금약華工禁約을 저지하는 일로 상회 총리 우선갑尤先甲에게 편지를 보냈다.

> 어제 오씨의장吳氏義壯에서 그대를 만나 직접 말씀드리기를, 미국상품을 배척하고 화공금약華工禁約을 저지하기 위해 반드시 그대 및 상회 전체회원들이 타당하게 일을 처리함으로써 실제로 배척의 효과를 거둘 수 있도록 해달라고 했습니다. 청컨대 26일 상회에서 먼저 회의를 열도록 허락해 주시기 바랍니다. 저와 동지 등 36명은 □□를 알고 탄복하지 않는 사람이 없으며, 더욱이 우리 중국 소주에 그대와 같은 사람이 있다는 것을 너무나 다행스럽게 여기고 있습니다.49)

분명히 소주상회는 미국상품배척운동 속에서 탄생했을 뿐만 아니라, 바로 이 운동을 영도함으로써 자신의 최초의 명성을 얻게 되었다. 상회의 뒤를 이어서 '합군애국合群愛國'의 시대분위기 아래 체육회·상단商團·상학회商學會 등의 신상사단社團들이 잇달아 설립된 것은 신상계층이 정치상에서 나날이 성숙되어 가는 모습을 보여주는 것이었다.

또한 미국상품배척운동은 간접적으로 신상의 자립의식과 국민의식을 촉진하여 그들이 지방자치운동에 적극적으로 참여하도록 추진력을 제공했다. 진강鎭江에서 주단과 서양상품업에 종사하는 어떤 신상은 지적하기를 "미국이 중국인 노동자의 입국을 금지하자 사람들이 뜻을 모아 이것을 배척하고자 했으며, 한 곳에서 발기하자 그 기세가 신속하게 사방으로 퍼져나갔다. 집사執事는 정신을 가다듬고 분발하여 자신의 책임을 다하여 두 달 동안 조금도 나태함이 없었다. 이러한 행동은 그 일을

---

49) Z2-1, 295/14.

유지하기 위해 얼마나 고생하는지, 기백이 얼마나 걸출한지 증명하기에 족하다. 그야말로 남양의 위인이며 상업계의 영수로 손색이 없다"라고 했다. 아울러 이로부터 "사람들의 마음이 하나로 뭉치면 일이 비록 클지라도 만회하기 어렵지 않으며, 우리 국민의 정신이 이로부터 환하게 빛나기 시작했음을 알 수 있다"50)라는 결론을 얻었다.

유신사상가 양계초梁啓超 역시 미국상품배척운동에 대하여 매우 높은 평가를 내렸다. 그는 "이 운동으로 말미암아 우리 전국민은 이제 운동의 마력이 이처럼 위대하다는 사실을 알게 되었다. 이후 이와 유사한 일이 있을 때면 용감하게 이 힘을 이용하여 정부를 후원함으로써 우리 국민의 자격과 위치가 세계에서 더욱 중요하게 되도록 해야 한다. 그러나 여러분들이 국가에 공헌할 수 있는 일이 어찌 오직 사소한 배척운동뿐이겠는가?"51)라고 했다.

그밖에 상해의 저명한 신상 이평서李平書의 회고에 따르면, 상해의 신상이 적극적으로 지방자치를 제기한 직접적인 동기는 미국상품배척운동이 촉발한 강렬한 애국의 열정에서 나왔다고 한다. 이평서는 「상해를 논함[論上海]」이라는 글에서 다음과 같이 쓰고 있다.

갑진년(1904) 이전에도 민지民智가 개화되지 않았다고 할 수 없으나, 국가·지방·정치사상으로 말하면, 막연하여 들은 바가 없었다. 을사년(1905)에 미국과의 조약문제가 발생한 이래 한번 부르짖으면 천만 명이 호응하여, 흡사 누구나 공덕심이 있고, 누구나 독립심이 있으며, 국민의 자격이 불현듯이 진보하는 것 같았다. 당시는 비유하자면 긴긴 밤 깊은 잠에 빠져 있던 사람들이 종소리 한 번에 모두 일어나는 것과 같았다. 그런데 종소리를 처음 울린 곳은

---

50) 『山鐘集』, 66쪽.
51) 「抵制禁約與中美國交之關係」, 『新民叢報』, 第3年 第20号.

바로 상해였다. 그해 여름 상해의 신사들은 관영 마로공정국(馬路工程局)이 부패하자, 신사들이 대신 경영할 수 있도록 해달라고 요구함으로써 지방자치를 시도하고자 했다.52)

이 한 단락의 간략한 개괄은 이미 1905년 무렵 신상과 보통 민중의 사상이 급격하게 변하고 있었다는 사실을 분명하게 지적하고 있으며, 또 얼마 뒤에 대두한 지방자치운동의 배후에 강대한 민족주의 동력이 자리잡고 있었음을 명백하게 제시하고 있다.

1905년 8월말 미국정부와 청정부의 당근과 채찍을 곁들인 위협 아래, 더욱이 몇몇 상층신상의 동요로 인하여, 광풍노도처럼 돌연히 일어났던 미국상품배척운동은 썰물이 빠지듯이 신속하게 가라앉았고, 9월이 되자 더 이상 이어지지 못했다. 북쪽의 각 지역에서는 "미국상품이 이미 판매되고 있었고" 남쪽의 각 성에서는 비록 여전히 미국상품을 쓰지 않겠다고 버티는 사람이 있었으나, 보편적으로 퍼져 있는 것은 "미국상품을 쓰고 안 쓰고는 각자의 권리"라는 무기력한 흐름이었다.

미국상품배척운동 시기에 한번 질타하면 세상에 풍운을 일으킬 정도로 위세가 당당했던 신상 증주(曾鑄)도 부득이 탄식하며 이르기를 "많은 사람이 〔미국상품을 주문하지 않겠다고〕 서명했으나, 모두 빈말에 불과하며" 지금은 단지 "물건을 주문할 사람은 스스로 판단하여 물건을 주문하고, 물건을 쓰지 않을 사람도 스스로 판단하여 쓰지 않을 수밖에 없다"53)라고 했다. 신상계층이 영도한 장렬한 미국상품배척운동은 이렇게 용두사미로 끝났다.

---

52) 『上海縣續志』 卷30, 36쪽.
53) 『山鐘集』, 511~512쪽.

3. 이권회수의 중견역량

미국상품배척운동이 가라앉은 뒤 근대신상은 그들의 역량을 규모가 더욱 크고 지속기간도 훨씬 긴 이권회수운동에 투입했다. 19세기 말에서 20세기 초까지 계속된 이권회수운동은 신해혁명 이전 반제애국운동의 중요한 구성부분이었으며, 그것은 광산주권의 회수와 철로주권의 회수 두 가지 방면의 내용을 포함했다.

19세기 말 20세기 초 열강들은 각종 수단을 동원하여 중국의 광산채굴권과 철로부설권을 마구 약탈함으로써 중국의 주권을 심각하게 침해하고 중국의 민족위기를 심화시켰을 뿐만 아니라, 직접적으로 부르주아 계급화한 신상들과 밀접한 관련이 있는 경제적 이익에 영향을 미쳤다. 이 때문에 애국신상들은 드디어 각 지역의 이권회수운동의 핵심역량이 되었다.

광산권리의 회수방면에서 신상이 참여하거나 혹은 영도한 투쟁은 다음과 같다. 1905~1908년 산서성 신민紳民이 발동한 영국복공사英國福公司 [Peking Syndicate]에게 빼앗긴 광산권리를 회수하기 위한 투쟁, 이 투쟁과정에서 산서성 신상 거본교渠本翹와 유독경劉篤敬 등은 산서보진광무공사山西保晋礦務公司를 창립했다. 1902~1910년 안휘성 신민의 동관산銅官山 광산권리 회수운동, 이 운동의 발기인은 재적신사 이경여李經畬와 방리중方履中 등이었다. 1904~1909년 사천성 신민의 강북청江北廳 광산권리 회수투쟁. 1900~1911년 운남성 신민의 도로하사금광都魯河砂金礦 회수투쟁. 1908년 산동성 신민의 중흥매광中興煤礦 회수투쟁. 1909년 산동성의 신상들이 '보광회保礦會'를 설립하여 모산茅山 등지의 저당잡힌 광산물을 돈을 주고 되찾기 위해 벌인 운동 등등.

1907~1911년 사이 각 성의 신민들이 이미 회수한 주요 광산자본 및 배상금에 대한 통계는 아래 표와 같다.

<표 6-1> 1907~1911년 각 성의 광산회수 통계표

광산 명칭	소유국	회수연도	원자본(원)	속회贖回금액(원)
산서복공사매광山西福公司煤礦	영국	1907	13,986,000	3,776,000
봉천금서난지당매광奉天錦西暖池塘煤礦	중국 영국	1908	203,000	203,000
산동역현화덕중흥공사매광山東嶧縣華德中興公司煤礦	중국 독일	1908	-	47,000
안휘동관산중영기업공사安徽銅官山中英企業公司	중국 영국	1909	119,000	727,000
사천강북청매광四川江北廳煤礦	중국 영국	1909	690,000	308,000
운남칠부융흥공사석광雲南七府隆興公司錫礦	영국 프랑스	1911	2,098,000	2,098,000
산동광무공사山東礦務公司	중국 독일	1911	1,527,000	294,000
호북양신만순공사탄산만매광湖北陽新萬順公司炭山湾煤礦	중국 프랑스	1911	1,119,00	1,119,000

자료출처 : 汪敬虞 編, 『中國近代工業史資料』 제2집, 하책, 759쪽.

철로주권의 회수방면에서 신상이 참여하거나 앞장선 투쟁은 다음과 같다. 1904~1905년 월한粵漢철로 주권의 회수투쟁. 1903~1911년 강소성과 절강성 신민紳民의 소항용蘇杭甬철로 주권 회수투쟁. 1903~1911년 사천성 신민이 전개한 '사천성 철로의 상판商辦'을 위한 보로투쟁保路鬪爭. 1905~1910년 운남성 신민의 전월滇越철로 회수투쟁 등등. 여기서는 단지 비교적 두드러졌던 강절江浙철로분쟁을 예로 들어 신상들이 이권회수운동에서 담당했던 역할을 구체적으로 분석한다.

수년간 지속된 강절철로분쟁은 대체로 호녕滬寧철로 부설권의 쟁취, 주식을 모집하여 두 성의 철로를 자체적으로 건설하는 것과 소항용철로의 건설을 위한 차관도입의 거절 등 세 가지 방면의 내용을 포함한다. 이 세 방면의 투쟁은 서로 뒤섞이면서 번갈아 나타나 차츰차츰 차관을 거부하고 철로권리를 지키기 위한 거관보로투쟁拒款保路鬪爭을 최고조로 끌어 올렸는데, 애국신상들은 시종일관 이 운동의 중견역량이며 직접적인 조직자이자 영도자로서의 역할을 담당했다.

　강소와 절강 두 성의 철로부설권은 19세기 말에 이미 영국에게 약탈당하기 시작했다. 1898년 중국주재 영국공사 클라우드 맥도널드Claude M. Macdonald는 청정부의 총리아문에 영국상인이 중국의 철도 다섯 선로를 도급맡아 건설할 수 있도록 해달라는 무리한 요구를 제기했고, 우선 이화양행怡和洋行이 영국은공사英國銀公司[P. & O. Banking Coporation, Ld -필자]를 대표해서 청정부의 독판철로대신督辦鐵路大臣 성선회盛宣懷와 논의하여 호녕철로가조약을 체결했다. 1903년에는 다시 호녕철로정식계약서[滬寧鐵路正合同]에 조인했다.

　이 철도의 총길이는 겨우 570리里였으나 차관은 오히려 350만 파운드나 되었다. 이것은 "1리당 은 1만 냥이 드는 일반가격에 비해 4배나 더 비싼 것이었다."54) 게다가 계약서에는 차관기한을 50년으로 규정했는데, 이것은 중국이 50년을 기다린 뒤에야 비로소 철도를 되살 수 있다는 것을 의미했다. 또한 이전에 공금으로 건설한 송호松滬철로를 호녕철로의 담보로 제공했다.

　1905년 매국적인 호녕철로정식계약서가 공포되었고, 영국은 계약서의 규정에 따라 송호철로를 접수했으며, 동시에 호녕철로의 건설에 착공

---

54) 『申報』, 1905年 10月 9日.

했다. 이 사건은 강소성 신민紳民의 격렬한 분노를 불러 일으켰다. 그들은 잇달아 글을 올려 "건설비의 낭비가 심하고 철로를 되사는 일도 기약하기 어렵다"라고 질책했다. 여론의 압력에 못 이겨 청정부는 부득이 성선회에게 명하여 책임지고 영국 측과 다시 담판을 짓도록 했다. 그러나 성선회는 도리어 "상대를 설득할 방법이 없으며, 이미 체결한 계약을 취소하기 어렵다"라고 밝히고, 막바지에 마지못해 단지 차관 100만 파운드를 감하는 데 동의함으로써 사태를 무마했다.

호녕철로의 건설이 시작된 뒤 낭비가 심하여 여전히 공사비가 모자라게 되었다. 이에 1906년 말 청정부는 당소의唐紹儀를 보내 독판호녕철로대신의 명의로 영국은공사英國銀公司와 철로차관 65만 파운드의 추가도입을 협의하고, 아울러 국내에서는 노표路票를 발행함으로써 재차 강소성 신민들이 항의하는 사태를 야기했다. 상해·남경·소주 등지의 신상들은 연명으로 당소의에게 글을 올려 강력하게 요구하기를 "먼저 소표小票[노표]를 정지하고, 상부大部에 청하여 주영 중국공사駐英新使에게 전보로 알려 한편으로는 아직 착공하지 않은 공정을 계산하고, 한편으로는 이전의 낭비를 조사하여, 강소성의 아직 다 짜내지 않은 고혈을 약간이나마 남겨놓아 강소성이 철로를 되사는 고통을 조금이나마 덜 수 있도록 하라"55)고 했다.

청나라 농공상부는 일찍이 소주상회에 공문을 보내 특별히 명령하기를 "경향 각지의 관신官紳과 본성本省의 부상富商들에게 권유하여 신속하고도 열렬하게〔호녕노표를〕구입하도록 해달라"고 했으며, 강소성의 포정사布政司와 상무국商務局 역시 일찍이 연명으로 소주상회에 조회照會하여 상민들에게 권유하여 노표를 구매하도록 해달라고 요청했다. 그러나 모

---

55) Z2-1, 297/21.

두 상회의 신상들로부터 냉담한 거절을 당했다.56)

1908년 호녕철로가 정식으로 개통된 뒤 신상들은 이를 갈며 증오하고, 분노에 차서 이야기했다.

> 지금 호녕철로를 탈취당하여 성 밖에서 울리는 기적소리가 마치 저녁 북소리와 새벽 종소리처럼 날마다 우리를 미몽迷夢에서 깨어나게 한다. 우리가 만약 차관을 거절한 뒤에라도 장차 이 철로를 되사지 않으면 여전히 우리의 주권은 온전할 수 없을 것이다.57)

그러나 호녕철로 투쟁의 실패는 단지 작은 서막에 불과했으며, 소항용철로의 차관문제를 둘러싸고 강소와 절강 두 성의 철로분쟁은 빠르게 고조되어 갔다.

1898년 호녕철로를 약탈하는 동시에 영국은 곧 무리하게 소주에서 항주를 거쳐 영파寧波에 이르는 소항용철로를 도급맡아 건설할 수 있도록 해줄 것을 요구했다. 같은 해 10월 여전히 성선회가 나서서 영국은공사와 비밀리에 소항용철로가조약 4개조를 체결하여 강소성과 절강성의 철로부설권을 영국이 모두 차지하도록 했다. 가조약 체결 후 영국 측은 정해진 기한 안에 노선을 측량하지 않았다. 1905년에 이르러서도 영국 측은 여전히 노선측량을 준비하지 않았으며, 청정부와 정식계약도 체결하지 않고 있었다.

당시 전국각지에서는 철로주권회수운동이 바야흐로 한창 진행 중이었으며, 특히 광동·호남·호북 세 성의 신상들은 미국의 수중에서 월한철로 주권을 회수하는 데 성공했다. 이로 인해 강소와 절강 두 성의 신상

---

56) 乙2-1, 294/44·52.
57) 乙2-1, 297/35.

들은 크게 고무되었으며, 그들은 주식을 모집하여 소항용철로를 직접 건설하려고 결심했다. 절강성의 신상들은 한 걸음 앞서 나가 1905년 상해에 모여 절강성 전체의 철로를 자체적으로 부설하는 문제를 논의하고 강서성과 안휘성의 선례대로 처리하고자 했다.

상부商部는 여론에 못 이겨 7월 황제의 재가를 받아 절강철로공사浙江鐵路公司를 설립하여 본지신사 탕수잠湯壽潛이 총리, 유금조劉錦藻가 협리의 직책을 맡아 주식을 모집하여 절강성 철로를 부설하도록 허락했다. 다음해 강소성 신상들도 이 사례를 원용하여 강소성 내의 철로를 부설하고자 했다. 5월에 한림원시독학사 운육정惲毓鼎이 첫 서명자가 되고 256명의 강소성 출신 관원과 본지신상들이 연합하여 상부商部에 정문呈文을 보내 소성철로공사蘇省鐵路公司를 설립하여 "신상들이 자금을 모아" 계속해서 강소성의 철로를 부설할 수 있도록 해달라고 요청했다.

소주상회당안蘇州商會檔案에 보존되어 있는 「재적신상명단[在籍紳商具名清單]」이라는 자료를 보면 발기인 명단에 이름이 올라 있는 강소성의 저명한 신상은 상부삼등고문관후선도商部三等顧問官候選道 주정필周廷弼, 후선도候選道 증주曾鑄, 한림원편수 심운패沈雲沛, 내각중서內閣中書 우선갑尤先甲 등이다. 그밖에 이름을 고증할 수 있는 소주신상은 20여 명에 달한다.[58]

소성철로공사는 상부우승商部右丞 왕청목王清穆을 총리로, 한림원수찬 장건張謇, 한림원편수 왕동유王同愈, 안휘후보도安徽候補道 허정림許鼎霖을 협리로 선출했다. 장건은 그 가운데서도 중요한 역할을 했는데, 상부商部의 상주문을 보면 다음과 같이 이야기하고 있다.

수찬修撰 장건은 재능이 넘치며 업무처리가 견실하고, 종래 실업實業을 정돈하고 상무를 발전시킨 경험이 있으며, 철로사무에 대해서도 아주 익숙하여 사

---

58) 『蘇州商會檔案叢編(1905~1911)』第1輯, 773~774쪽.

람들이 모두 그를 추천하니, 청컨대 그를 협리로 임명하여 주식의 모집, 노선의 조사와 측량, 부지의 매입, 착공 등 중요한 일을 모두 그에게 맡겨 신중하고 타당하게 계획하여, 수시로 우리 상부商部에 보고하고, 다시 황제의 재가를 얻어 적절하게 공사를 진행하도록 함으로써 업무에 관한 권리를 통일하고 중지를 수렴할 수 있도록 하십시오.59)

소성철로공사는 총공사판사처總公司辦事處를 상해에 두고 기타 각지에 분공사판사처를 설치했다. 철로건설 계획은 남북 두 길로 나누어 북로간선北路幹線은 진강鎭江으로부터 북쪽으로 양회揚淮를 거쳐 산동성 기주沂州에 이르고, 남로간선南路幹線은 하나는 소주로부터 절강으로 들어가는데 이를 소가로蘇嘉路라고 부르고, 다른 하나는 상해로부터 절강으로 들어가는데 이를 호가로滬嘉路라 부르기로 했다.

토론을 거쳐 신상들은 "먼저 남로부터 공사를 시작함으로써… 쉽게 공사를 완공하고 신속하게 이익을 얻을 수 있도록 하자"60)라고 결정했다. 철로건설을 위해서는 먼저 자금을 조달해야 했는데, 이에 대해서는 "상부商部에서 정한 공사율公司律에 따르면, 확정된 자본이 있다는 사실이 검증되지 않으면 공사를 입안할 수 없으며, 자본가들도 입안을 허가하는 공문서가 없으면 주식을 인수하려고 하지 않을 것이다. 강소성 남부선로로 말하면 더욱이 먼저 자본금 주식 30만 원을 마련하지 못하면 주식에 투자하고자 하는 사람들의 마음을 단단히 붙잡아 상부에 보고하여 입안하는 기초로 삼을 수 없다"61)라고 했다.

소가로蘇嘉路의 건설에 필요한 자본금 주식 30만 원을 마련하기 위해

---

59) 위의 책, 775~776쪽.
60) 위의 책, 771쪽.
61) 乙2-1, 297/36.

소주상회 신상들은 특별히 부유한 신사와 대상인들을 초청해서 특별회의를 개최하여 철로공사의 취지에 대하여 설명하기를 "우리 성 전체 사람들의 정신을 환기하여 우리 성의 철로정책을 완수하는 것은 실로 중대한 일이 아닐 수 없다"62)라고 했다. 그 결과 강소성의 공익기금을 관리하는 신상 반조겸潘祖謙과 장리겸張履謙의 제안대로 그들이 경영관리하는 풍비창豊備倉의 비축곡물 항목에서 10만 원을 발급받아 경비로 충당하고 "철로건설이 완공되면 철로공사에서 자금을 마련하여 상환하도록 했다." 나머지 20만 원의 자본금 주식은 각 신상들이 분담하여 주식을 인수하기로 했다.63)

자본금 주식을 충분히 마련하고 아울러 상부에 요청하여 입안한 뒤에 다시 소주신상이 주축이 되어 소성철로공사 소주지사를 결성하고, 저명한 신상 왕동유王同愈와 우선갑尤先甲을 경동經董으로 추대하여 부지매입·노선측량·주식모집 임무를 맡겼다. 주식을 공개모집한다는 사실을 신문에 게재하여 각계 인사들에게 열렬히 주식을 인수해 달라고 요청하는 외에, 소주신상들은 여러 차례 상해로 사람을 보내 "상해에 거주하는 신상들에게 서명을 하고 자본금 주식을 인수하도록 요청함으로써" 신속하게 2백만 원의 자금을 모았다.

후에 각종 원인으로 인하여 소가로蘇嘉路는 착공되지 못하고 '공사연기'라는 명목으로 중단되었으며, 이미 마련된 자금은 소로蘇路주주회의의 결정에 따라 호가로滬嘉路의 건설에 전용되었다.

영국정부는 강소와 절강 두 성의 신상들이 스스로 철로건설에 착수하는 것을 보고 이미 손에 넣은 권익을 다시 잃게 될까 염려하여 즉시

---

62) Z2-1, 297/36.
63) Z2-1, 297/26.

청정부 외무부와 대대적으로 교섭을 벌여 청조정이 즉각 은공사銀公司와 소항용철로에 관한 정식계약서를 체결하도록 요구했다. 두 성의 신상들은 이 소식을 듣고 급히 저지할 방법을 강구했다. 절강성 신상들은 외무부에 전보를 보내 공언하기를 "절강성 사람들은 이제 절강의 자금으로 절강의 철로를 건설할 것이며" 가조약의 폐지와 주권의 회수를 끝까지 요구할 것이라고 했다.

1907년 강소와 절강 두 성의 철로공사가 정식으로 소항용철로의 항가杭嘉·호가滬嘉 구간의 공사에 착공한 뒤 영국공사英國公使는 부끄럽고 분한 나머지 거듭 청정부에 압력을 가하여 청조정이 이미 상인들에게 건설을 허가해 준 명령을 강제로 취소시키고자 했다. 영국 측의 압력 아래 청정부는 타협하는 방향으로 기울어졌고, 조서를 내려 선포하기를 "영국인들이 여러 차례 고집을 부리며 주장을 굽히지 않고 있으니, 대놓고 거절만 일삼으며 이전에 두 나라가 합의한 바를 전혀 고려하지 않았다가, 그들에게 구실을 주어 또 다른 문제가 생기게 할 수는 없다"64)라고 했다.

막바지에 청정부는 온갖 궁리를 다해 이른바 차관도입과 철로건설을 "둘로 나누어 처리하는" 절충적인 방법을 고안해냈다. 다시 말해서 철로건설에 관한 일을 계약서에 기재하지 않음으로써 "중국이 스스로 건설한다"라고 표명했다. 그러나 차관 150만 파운드는 7%를 공제한 금액을 넘겨받고, 연간이율은 5%로 했다. 이밖에도 반드시 영국인을 총공정사總工程師로 초빙하고, 아울러 영국 측이 기자재를 대리 구입하며, 소항용철로의 기점을 상해로 바꾸어 영국이 이미 점유한 호녕철로滬寧鐵路와 서로 연결한다고 규정했다.

내용은 그대로 둔 채로 교묘하게 형태만 바꾸어 호항용철로 주권을

---

64) 『淸德宗實錄』 卷579, 15쪽.

팔아넘기는 "차관을 도입하여 철로를 건설한다"라는 방안이 공포되자 즉각 강소와 절강 두 성의 신상과 사회 각 계층 인사들의 강렬한 분노를 불러일으켰다. 신문은 보도하기를 "강소와 절강 두 성의 신상들이 외무부가 외국인에게 순종하여 강제로 외국의 차관을 들여온다는 소식을 듣고 격분하여 서로 이리저리 뛰어다니며 호소했으며 즉각 사람을 모아 의논하여 전보를 보내 강력하게 항의했다"65)라고 했다. 절로부공정사浙路副工程師 탕서湯緒는 이를 위해 단식투쟁을 하다 목숨을 잃었으며, 절로업무학교浙路業務學校의 어떤 학생은 이 일 때문에 피를 토하고 죽기도 했다.

이에 두 성에서는 신속하게 차관도입을 거절하고 철로권리를 지키기 위한 투쟁의 물결이 일어났다. 상해·소주·항주 상회는 잇따라 농공상부에 전보를 보내 상판商辦을 유지할 수 있는 대책을 강구하도록 요구했다. 절로공사浙路公司는 또한 사천·섬서·광동·호북·안휘·강서 등 각 성에 전보를 보내 차관을 "저지할 수 있도록 원조해 달라고 요청했다." 1907년 겨울 절강성에서는 "상인들은 논의하여 무역을 중지하고, 고용인들은 서로 약속하여 작업을 거절하고, 항주의 상점들도 기부금의 납부를 거절하자는 논의가 있었다. 이렇게 하여 상업계[商市]가 동요하고 사람들이 놀랐다."66)

같은 해 12월 초 소상총회蘇商總會에서 보로집고대회保路集股大會를 발기하자 강소와 절강 두 성의 신상들 가운데 회의에 참가한 사람이 약 3백여 명이었다. 사정이 있어 회의에 참석하지 못한 상회 총리 우선갑을 대신하여 신상 채운생蔡雲笙은 회의석상에서 천명하기를 "각종 상업의 발달

---

65) 墨悲 編, 『江浙鐵路風潮』 第1冊, 「時論」(臺北:中國國民黨中央委員會 黨史史料編纂委員會, 1968), 166~167쪽.
66) 宓汝成 編, 『中國近代鐵路史資料(1863~1911)』 第2冊(北京:中華書局, 1963), 876쪽.

은 모두 철로를 따라 진행된다. 만약 차관의 도입이 성사되면, 진실로 우리에게 살을 에는 듯한 고통을 줄 것이다. 그러므로 상회의 종지는 각 신상들에게 권하여 주식을 모집하여 철로권리를 지키는 것을 첫번째 중요한 일로 삼는 데 있다"67)라고 하면서, 철로권리의 보호(保路)와 민족자본주의 경제의 발전이 밀접한 관련이 있음을 분명히 지적했다. 신상 육우암陸雨庵은 회의석상에서 행한 연설에서 정곡을 찔러 지적하기를 "외국인에게 돈을 빌리는 것은 오늘날 나라를 망하게 하는 새로운 방법이다. 튀니지·이집트·폴란드·인도·한국(高麗)은 모두 차관의 전철이다"68)라고 했다.

신상의 애국적인 행동은 각계인사들의 지지를 받았다. "유일소부동향회留日蘇府同鄕會"의 애국학생들은 소주상회蘇州商會에 성원의 편지를 보내 이르기를 "이 철로는 우리 성省의 명맥이 걸린 일이다. 철로권리를 상실하는 것은 마치 성 전체의 권리를 모두 외국인이 장악하도록 내주는 것과 같다.… 이 일은 절대 사력을 다해 저지하지 않으면 안된다"69)라고 했다. 소주의 여성계까지도 '여계보로회女界保路會'를 설립하고, 결연하게 신상의 차관거부, 철로권리 보호투쟁을 지지했다.

강소와 절강 두 성의 철로분쟁을 가라앉히기 위해 청정부 외무부는 두 성의 순무를 통해 두 성의 사상士商들에게 지시하기를 각각 대표를 선출하여 북경으로 보내면 대부大部에서 "방법을 상세하게 묻고, 더불어 차관의 경위를 설명하겠다"라고 했다. 북경에 대표를 파견할 것인가 말 것인가 하는 문제를 두고 두 성 신상들의 의견은 일치하지 않았다. 한

---

67) 乙2-1, 291/35.
68) 乙2-1, 291/35.
69) 乙2-1, 297/42.

파는 북경으로 가서 교섭하는 것에 반대하면서 이르기를 "차관은 본래 강소성과 절강성 국민들이 승인하지 않은 것인데, 무엇 때문에 협상을 한단 말인가? 이것은 정부가 한 두 사람의 대표를 수도로 유인한 뒤 강압적인 태도를 취하여 강제로 동반서명하게 함으로써 차관도입의 목적을 달성하고자 하는 것이다"라고 했다. 소주상회의 다수 신상들은 원래 이러한 비교적 급진적인 의견을 갖고 있었다.

소주상회의 주최로 열린 한 차례의 소로蘇路주주총회에서 대표를 선출하여 북경에 보낼 것인가 말인가 하는 문제를 토의한 뒤 표결에 붙였을 때 "대표를 보내지 말자고 주장하는 쪽이 다수를 차지했다."70) 또 다른 한 차례의 회의에서 소주상회는 더욱 명확하게 네 가지 제안을 의결했다. ① 상인이 차관을 도입하고 상인이 상환하는 것에 반대한다. ② 주식을 모집하되 차관을 거절한다. ③ 대표를 북경에 파견하는 것에 반대한다. ④ 강소성과 절강성의 연합에 찬성한다.71)

신상들 가운데 또 다른 한 파는 대표를 북경에 파견하여 교섭할 것을 주장했다.

> 국민과 정부가 서로 주장을 굽히지 않고 팽팽히 맞서는 상황에서, 정부가 우리에게 대표자를 선출하여 북경에 보내 직접 만나서 의논하자고 하는 것은 실로 이번이 처음이다. 설령 지극히 정당한 요구라고 할지라도 그것을 쟁취하지 못하고, 서로가 자기의 목적을 달성하지 못한다면, 철로를 건설하는 일은 당연히 끝나버리고 말 것이다. 정부 또한 반드시 이것을 구실로 삼을 것이니, 이후에 국민들이 크게 불편한 일이 있더라도 오직 전제적인 통치 아래서 영원히 신음할 수밖에 없으며, 그것이 우리에게 끼치는 재난이 어찌 끝날 날이 있겠는가!72)

---

70) 墨悲, 앞의 책 第2冊, 「開會認股匯記」, 14쪽.
71) Z2-1, 297/10.

상해 소로공사蘇路公司 총사무소의 신상들은 대다수가 이와 같이 적극적으로 정부와 교섭하는 태도를 갖고 있었으며, 아울러 소주에 사람을 파견하여 해명하기를 "현재 대표를 북경에 보내는 것은 이전에 허락받은 대로 상인이 건설할 수 있도록 하겠다는 것이지 결코 차관도입을 의논하기 위해 가는 것이 아니다"[73]라고 했다.

결국 소주신상들은 왕동유王同愈를 대표로 선출하여 허정림許鼎霖과 장원제張元濟 등을 대동하고 북경으로 가서 청원하여 청정부에 차관방안의 철회를 요구하도록 하는 데 동의했다. 대표들은 "성지를 받들어 상인이 건설하며, 차관도입은 인정할 수 없다[遵旨商辦, 不認借款]"라는 여덟 글자의 종지宗旨를 견지하며 외무부와 반복적으로 교섭했다. 그러나 청정부는 여전히 그들의 의견을 받아들이지 않고 자신들의 고집대로 철로권리를 팔아넘기는 입장을 고수했으므로 청원은 전혀 결실이 없었다. 강소와 절강의 철로분쟁은 갈수록 더욱 격렬해졌으며, 점점더 많은 하층노동자들이 투쟁 속으로 말려들었다.

1908년 3월 청정부는 '의화단사건[庚子之亂]'이 재연되는 것을 두려워했으며, 원세개가 나서 주청하여 소항용철로蘇杭甬鐵路를 호항용철로滬杭甬鐵路로 고치고 "상인이 빌리고 상인이 갚는" 방안을 "정부가 빌리고 정부가 갚는" 방안으로 바꾸어 즉 우전부郵傳部의 명의로 영국은공사와 차관계약을 체결하여 총차관 150만 파운드를 빌리고 우전부에서 두 성의 공사公司에 다시 빌려주기로 했다.[74] 강소성과 절강성의 상층신상들 역시 계속해서 철로문제로 소란을 피우다가는 민중들의 봉기를 불러일으키지나 않

---

72) 墨悲, 앞의 책 第1冊, 「時論」, 12쪽.
73) 乙2-1, 297/10.
74) 「郵傳部借款章程」, 『東方雜誌』, 第5年 第6期.

을까 두려워했으며, 동시에 그들은 청정부의 지나친 노여움을 샀다가는 자신들에게 뜻밖의 재난이 닥칠 수도 있다는 생각에 겁을 먹고 있었다. 그래서 이미 "상인이 건설한다"라는 명분을 확보한 상황 아래 부득이 청정부가 제시한 차관방안을 받아들이는 데 동의할 수밖에 없었다. 이로써 기세등등했던 강소성과 절강성의 철로분쟁은 일단락되었다.

미국상품배척운동과 비교하여 범위가 더욱 넓고 지속시간이 더욱 길었던 이권회수운동에서 신상의 민족주의 의식은 또다시 새로운 발전이 있었다.

우선 그들은 '철로권리[路權]가 곧 국권'이며, 철로권리를 지키는 것이 국권을 지키는 것이라 여기고 반제-애국투쟁과 국가주권의 수호를 긴밀하게 연결시켰다. 그들은 일찍이 심각하게 천명하기를 "국가의 권리를 지키는데 철로정책보다 중요한 것은 없으며, 권리를 다투는데도 역시 철로정책보다 더 시급한 것은 없다"라고 했다. 어떤 사람은 보다 구체적으로 비유하기를 "지금의 중국은 동쪽에서는 철로를 할양하고 서쪽에서는 광산을 상실했으니, 이것은 마치 한 가정에 가장은 없고 단지 네다섯 명의 어린이들만 있을 뿐이어서 비열한 하인 무리가 몰래 비옥한 토지를 팔아먹는 것과 같다"[75]라고 했다. 이러한 인식에 근거하여 그들은 특별히 강조하기를 "스스로 계획하고 실행하여 철로권리를 보호함으로써 국권을 보호하고, 또 이로써 이권을 지켜야 한다"[76]라고 했다. 이것은 철로가 바로 국가경제의 명맥이라는 사실을 구체적으로 표현한 말이라고 할 수 있다.

신상들은 또한 국가·민족의 성쇠와 국가주권의 보전은 자신들의 이

---

75) 『蘇州商會檔案叢編(1905~1911)』第1輯, 798쪽.
76) 乙2-1, 297/48.

익과도 밀접한 관련이 있으므로, 일어나서 항쟁하지 않으면 안된다는 사실을 깊이 인식하고 있었다. 이에 어떤 사람은 놀라 소리치기를 "차관도입이 성사되면 철로권리를 상실하게 되고 상민商民은 피폐하게 될 것이다. 그렇게 되면 개인의 재산과 생명 역시 장차 소멸하게 될 것이다. 게다가 이미 인수한 주식이 모두 허사로 돌아간다는 것은 더 이상 말할 필요도 없다"라고 했다. 또한 어떤 신상은 강조하기를 "차관을 거절하는 일은 조약체결에 관한 투쟁에 비할 바가 아니다. 화교들은 해외에서 아직 보지 못했을 것이나, 만약 강소절강철로 같은 사건을 목격한다면 뼈에 사무치는 재난임을 알 것이다. 차관도입 거절이 성공하지 못하면 개인과 가정과 재산은 다시는 회복할 수 없는 지경이 되어버리고 말 것이다"77)라고 했다. 이것은 신상들의 국권을 쟁취하고 민족의 멸망을 구원하려는 투쟁이 드높은 애국의 열정에서 나온 것일 뿐만 아니라 자본가로서의 매우 현실적인 동기에서 비롯된 것이며, 신상의 애국구망愛國救亡은 종래의 아무런 내용도 없는 공허한 것이 아니라 모종의 '경제적 범주의 인격화'의 체현이었다는 사실을 말한다.

다음으로 이권회수운동은 부르주아 계급화한 신상과 청나라 통치자 사이의 모순을 격화시켰으며, 그들은 이미 초보적으로 반제-애국과 봉건 전제통치에 대한 반대, 정치권리의 쟁취를 연계시키기 시작했다. 일찍이 미국상품배척운동 시기에 신상 가운데 어떤 사람이 이미 지적하기를, 미국정부가 저렇게 아무런 거리낌 없이 중국인 노동자를 박해하고 중국인을 배척할 수 있는 중요한 이유는 중국정부가 부패한 전제정부이며, 외국의 앞잡이 노릇이나 하는 집권정부이기 때문이다. "무릇 중국은 2천여 년 동안 황제에 의한 전제정치가 시행되어 내정과 외교를 막론하

---

77) Z2-1, 297/10.

고 줄곧 권력을 잡은 자들이 마음대로 독단·전횡했으며, 국민은 실오리나 겨자씨 같은 존재로 정치에 관여할 수 없었다"78)라고 했다.

각지에서 보로투쟁保路鬪爭이 진행되는 가운데 청정부는 신상을 핍박하여 차관을 도입하고, 고집스럽게 철로권리를 외국에 팔아넘기고자 함으로써 한층 더 신상과 청정부 사이의 모순을 격화시켰다. 어떤 사람은 『신보申報』에 글을 투고하여 질책하기를 "차라리 국민에게 죽으라고 할지언정 외국인의 노여움을 사지 않으려고 한다.… 우리 두 성省의 강토를 초개보다 못하게 생각하며, 우리 두 성의 인민을 땅강아지나 개미보다 못한 존재로 본다"79)라고 했다. 또 어떤 사람은 "나는 이제 알겠다. 관리가 인민과 이익을 다투는 마음이 날이 갈수록 변화가 심하며, 수단 또한 갈수록 강경해지고 있다는 것을… 관에서 하는 일은 이미 신용을 크게 잃었다"80)라고 했다. 이것은 더 이상 정부를 믿을 수 없으므로 부득이 민족 부르주아 계급 자체의 역량에 의지하여 '민民'에게 그들이 당연히 누려야할 권리를 돌려주어야 한다는 것이다.

> 국가는 인민의 집합체이며 인민은 국가의 한 분자이다. 한 분자로서 의무를 부담하는 이상 당연히 한 분자로서의 권리를 누려야 한다.… 종전에 교주膠州·광주廣州·위해威海 각 항구를 할양할 때 우리 모두가 이러한 도리를 몰랐으며, 정부와 외국이 우롱하는 것을 감수하며 애통함을 견디었다. 지금 차관에 반대하는 풍조가 이와 같이 격렬한 것은 실로 우리 민중의 기상과 민권이 발달했다는 증거이며, 수천 년 이래의 전제 정치체제에 한 줄기 광명이 비치는 것이니, 진심으로 앞날을 위해 축하하지 하지 않을 수 없다.81)

---

78) 乙2-1, 295/14.
79) 『申報』, 1907年 10月 8日.
80) 墨悲, 앞의 책 第1冊, 「時論」, 173쪽.
81) 乙2-1, 297/36.

이밖에 이권회수운동을 전개하는 가운데 신상들은 반제-애국과 민족 자본주의 경제의 성장・발전을 결합시켜, 상인이 스스로 광산과 철로를 경영하는 것은 이권을 회수하는 최선의 수단일 뿐만 아니라, 그것은 국가운명의 흥망과도 관련이 있는 것으로 "철로가 도달하는 곳은 곧 국권이 수립되는 곳이며, 또한 이권을 장악하는 곳이다"[82]라고 했다.

전국각지에서 많은 사람들이 광산과 철로를 자본주의와 직접 연계함으로써 대대적으로 중국 민족 자본주의의 발전을 촉진했다. 예를 들어 안휘성 동관산銅官山의 광산권리를 회수하기 위한 투쟁의 추동 아래 안휘성 신상들 가운데 관청의 허락을 받아 광산업무를 경영하고자 하는 사람들이 분분히 일어났고 "1년 사이에 상인이 도급맡아 경영하는 광산이 20여 곳에 달했다."[83]

철로권리회수운동은 어느 정도 열강의 중국 철로권리에 대한 약탈을 저지했을 뿐만 아니라, 중국상인이 경영하는 철로의 발전을 강력하게 촉진했다. 1903~1911년 사이 전국에는 모두 합쳐 상판 철로공사 16개가 설립되었는데, 주식모금액이 5,977만 원元에 달했으며, 건설한 철로가 422km였다.[84] 이러한 사례들은 모두 근대 민족주의 사상의 격동이 근대 중국경제의 발전에 강력한 촉진작용을 했다는 것을 말한다.

따라서 만약 서세동점과 식민세력이 동방 각 민족의 생사존망에 대하여 치명적인 위협을 가했던 20세기 초에, 민족주의의 제창을 통하여 국가주권을 지키고 민족경제를 발전시키는 것이 동방 각국 부르주아 계급이 직면한 공통의 과제였다고 한다면, 중국과 같이 수천 년의 문화전

---

82) 乙2-1, 297/48.
83) 『皖礦始末通告書』, 2쪽.
84) 宓汝成 編, 『中國近代鐵路史資料』 第3冊, 1149~1150쪽.

통을 가진 고로한 민족의 경우, 어떻게 민족정신을 진작시키고 민족문화를 부흥시키며, 어떻게 경쟁상대가 즐비한 세계 민족경쟁의 무대에서 자립할 수 있을 것인가 하는 것은 더욱더 전례없이 긴박한 과제였다. 이로부터 왜 바로 민족주의가 중국 근대의 모든 변혁을 초래하는 궁극적인 동력이 되는지, 왜 중국 근대사회 변천을 해석하는 중요한 관건이 되는지 쉽게 이해할 수 있다.

요컨대 신상 부르주아 계급이 정치적으로 날로 성숙하여 근대 중국 사회에서 하나의 갈수록 중요한 사회변혁 역량으로 성장한 것은 결코 민족주의의 주입이나 인도와 분리하여 생각할 수 없다.

제2절 신상과 입헌운동

1. 신상의 참정의식과 방식

장기적으로 상인을 억압하고 상인을 천시하는 정책이 시행된 결과, 중국상인은 법률의 보호를 받는 사회적 지위가 결핍되었을 뿐만 아니라, 그에 상응하는 정치의식 역시 결핍되었다. 그들은 중국 정치생활의 주류에서 배제되어 그 바깥에 존재했으며, 이렇게 오랜 시간이 지나면서 정치적으로 냉담(무관심)주의와 고립주의가 형성되어, 오직 "상업에 종사하며 장사를 논할 뿐" 정사에 대하여 간여하지 않고 정치에 참여하지 않는

것이 대다수 중국상인들이 신봉하는 준칙이었다. 이것은 마치 양계초가
"우리나라는 자고로 상인을 천시하여 상인들은 요행을 바라며 예전부터
해 오던 사업을 지키고 사소한 이익이나 따지는 외에 다른 생각이 없었
다"85)라고 한 것과 같다.

근대에 들어와 비록 어떤 사람은 이미 "[상인이] 정치사상이 없고 국
민정신이 모자라면 결국 상전商戰의 세계에서 살아남을 수 없으며 열강
들 사이에서 독립할 수 없다"86)라는 사실을 인식했으나, 일반상인으로
말하면 "상업에 종사하며 장사를 논할 뿐" 정사에 간여하지 않는 상황은
달리 큰 변화가 없었다. 그들이 마음속에 품고 있는 이상적인 경지는 "상
인은 돈과 장부와 매매를 관리하고, 신사는 기기機器의 학습과 견습생의
교육·훈련을 관장하며, 관리는 보호하되 이권을 침탈하지 않는 것이었
다. 다시 말해서 관청에 갈 일이 있으면 신사가 일을 처리하여 상인이
연루되어 손해를 보지 않게 하고, 의심하거나 두려워할 필요가 없게 하
는 것"87) 다시 말해 '상商' 즉 보통자본가는 여전히 오직 공·상업을 경영
하여 이윤을 추구하는 일에 몰두하고, 정치권리는 순순히 '관官'과 '신紳'
에게 양보하는 것이었다.

그리하여 일부논자들이 지적하듯이 "주로 정치에 대하여 모종의 흥
미와 비교적 적극적인 태도를 갖고 있는 일부의 부르주아들이, 다수를
차지하나 정치에 대하여 관심이 없는 부르주아들의 정치적 이익을 대변
하고 반영하는" 하나의 두드러진 정치적 현상이 출현했다.88) 이른바 "정

---

85) 梁啓超 著, 李華興·吳嘉勛 編,『梁啓超選集』(上海:上海人民出版社, 1984), 578쪽.
86) 「商業發達論」,『江蘇』第3期.
87) 「陝西集股創用機器織布說略」, 章開沅,「論張謇的矛盾性格」에서 재인용.
88) 張亦工·徐思彦,「20世紀初期資本家階級的政治文化與政治行爲方式初探」,『近代史研究』, 1992年 第2
期 참조.

치에 대하여 모종의 흥미와 비교적 적극적인 태도를 갖고 있는 부르주아들"이란 바로 공명과 직함을 가지고 있을 뿐만 아니라 재산도 있는 '신상'을 가리킨다. 19세기 말 20세기 초 각지 상회의 영도자이며 핵심분자였던 부르주아 계급화한 신상은 비록 그 수가 많지는 않았으나, 오히려 비교적 정치에 열심이어서 항상 각종 정치적 행사에 얼굴을 내밀었다. 그들은 "흔히 비교적 영향력이 있고, 영도자의 지위에 있고, 상당히 강한 호소력과 조직능력이 있었다. 그래서 자산가의 정치활동에 대하여 항상 결정적인 영향력을 행사했다. 따라서 그들은 부르주아 계급의 정치적 대표였다."89) 환언하면, 청말 상인의 참정의식과 방식을 연구하기 위해서는 당연히 청말에 부르주아화한 신상계층의 정치의식과 참정방식을 주로 연구해야 한다는 것이다.

서로 비교하여 말하면 근대신상은 이미 날로 명확한 정치참여 의식을 표현했다. 이러한 참여의식은 물론 외국상품 배척과 이권회수라는 경제투쟁에서 기인한 것이지만, 완전히 경제적 범위에만 한정된 것은 아니며, 더욱 넓은 의미의 '정치'영역으로 확대되었다. 예를 들어 소주신상이 창건한 시민공사市民公社라는 자치조직은 명확하게 밝히기를, 이로써 "하나의 공공 단체를 조직하여… 독립 사회의 기점"으로 삼고자 하며, 그 목표는 단지 "상업을 진흥하고 권리를 확장하는 데"만 있는 것이 아니라, 더욱이 "헌정의 진행을 돕는 데" 있다고 함으로써, 이미 분명히 경제이익과 정치참여를 함께 연결하고 있다. 1907년 광동성 신상들이 월상자치회 粤商自治會를 창설할 때도, 이 조직의 설립목적에 대하여 밝히기를 "역량을 조직하여 차례로 재화財貨의 증대와 상업권리의 확대를 실현하며, 나아

---

89) 위와 같음.

가 신정新政참여와 상업입국의 위대한 소망을 이룬다"90)라고 했다. 장건張謇·이평서李平書·우흡경虞洽卿 같은 신상의 정치에 대한 열정은 아마도 실업이나 교육을 일으키는 데 대한 열정보다 더 컸을 것이다. 다만 그들은 자신의 독특한 참정방식이 있었으며 정치에 대해서도 자신의 독특한 이해가 있었다.

우선 신상들이 볼 때 상인 정치의 기본목적은 바로 관·상 관계를 적절하게 조절함으로써 상인을 위한 최대한의 경제이익과 정치권리를 쟁취하는 것이었다. 장건의 말을 빌리면 즉 "관과 민이 불가분의 관계를 수립한 뒤에야 비로소 정치가 행해진다"91)라는 것이다. 신상들은 시종 자신들을 관과 상이 소통하는 교량이며 서로를 연결하는 중개자로 인식했다. 이 때문에 그들의 정치예술은 정부와 상민의 사이를 맴돌면서 관과 상이 충돌할 때 불편부당한 조정자의 역할을 담당함으로써 "아래로는 여러 상인들의 의견을 조절하고, 위로는 각급 관리의 의사를 조율하여"92) 양쪽 다 공평하게 문제를 해결하고 양쪽에서 모두 두각을 나타내는 것이었다. 이것은 아주 현실적이며 동시에 매우 근시안적인 정치이념이었으나, 오히려 신상의 성격특징과 부합되는 것이었다.

다음으로 신상들이 관심을 가졌던 정치는 주로 그들의 절실한 이익과 밀접한 관련이 있는 '상정商政'이었으며, 권력분할과 같은 '순수한 정치'에는 그다지 관심이 없었다[물론 예외도 있었지만]. '상정'의 내용은 우선 상업이익과 관련된 정부의 결정과 각종 시행방침을 포함한다. 예를 들어 상회를 설립한 목적은 신상으로 하여금 관방의 의도를 제때에 이해하고

---

90) 「粤商自治會与粤商維持公安會」, 『廣州文史資料』 第7輯, 24쪽.
91) 「江蘇咨議局第一年度報告」 第3冊, 5쪽.
92) Z2-1, 120/7.

관철하도록 하기 위함이며, 동시에 상인의 요구를 관방에 전달하여 그들로 하여금 공·상업을 보호하는 정책조치 및 구체적인 방법을 제정하도록 하기 위해서였다. 즉 "대내적으로는 정부에 상인의 상황을 전달하여 알리고, 대외적으로는 각국과의 상무교섭을 주관하며"93) "강령을 세우고 보호하고 유지하여 상무가 나날이 진보하도록 한 것은 실로 상회에 의지한 바가 컸다"라는 것이다. 상부商部가 조정에 상주하여 상회간명장정商會簡明章程을 제정하도록 건의할 때 이르기를 "현재의 상황을 살펴보니 상인과 관방 사이의 장벽을 제거하기 위해서는 반드시 먼저 상인을 위한 정연하고 획일적인 규정을 마련한 뒤에 우리 부에서 힘을 다해 보호하고 유지하도록 해야 합니다"94)라고 했다. 상회설립을 권유하는 첩문帖文에도 이르기를 이로써 "상하가 한 마음이 되고, 관과 상이 단결하고, 실력이 정돈되고, 이익의 근원이 확대되기를"95) 기대한다고 했다.

명백히 '상정'의 형성과 관철은 신상의 참여와 협조가 없이는 곤란했다. 각지 상회의 장정을 보아도 신상이 '상정'을 자신의 임무로 여기고 있었음을 알 수 있다. 예를 들어 상해상회上海商會의 장정을 보면, 상회의 종지에 대하여 다음과 같이 분명히 기록하고 있다. "같은 업종을 연합하고, 지식을 계발하여 상인의 지식을 개화시킨다.… 상업을 조사하고 상학을 연구하여 상부商部의 자문에 대비하고, 회중의 토론에 응하여 상업의 발전을 도모한다.… 공익을 유지하고, 행규行規를 개정하고, 분규를 조정하고, 억울한 사람의 소송을 대신함으로써 상업계의 화합을 도모한다."96) 광동상회장정廣東商會章程은 다음과 같이 규정했다. "본 상회는 각 업

---

93) 「江南商務報」第5期(1900年 3月 11日), 「新聞報」에서 전재.
94) 「商部奏勸辦商會酌擬簡明章程折」, 「東方雜志」, 第1年 第1期.
95) 「商部勸辦商會諭帖」, 「東方雜志」, 第1年 第2期.
96) 「上海商務總會暫行試辦詳細章程」, 「天津商會檔案匯編(1903~1911)」, 5쪽에서 인용.

종을 대표하는 기구로 무릇 상업계의 손해와 이익에 관련된 일이 있으면, 반드시 있는 힘을 다해 단결하고 정돈하고 제창하며, 혹 지방관에게 호소하거나 상부商部에 요청하여 방법을 마련하여 문제를 해결함으로써 상전주의商戰主義에 부응한다.… 본 상회는 오직 상업의 진흥을 대변하며, 상업 이익에 장애가 되지 않는 일은 일체 상관하지 않는다."97)

천진상회의 신상들은 『대학大學』 십장十章의 예를 본떠서 상회가 당연히 발을 들여 놓아야 할 '상정'에 대하여 조목별로 분석하여 아래와 같이 자세히 나열했다.

> 검소한 생활을 숭상하여 상업의 원천[商源]을 공고히 한다.
> 잡비를 절약하여 낭비를 막는다.
> 신의를 지켜 상업풍속을 유지한다.
> 경영상황을 보고하여 상업이윤을 살핀다.
> 상벌을 분명히 하여 상업정신을 장려한다.
> 상회의 직인[관방에서 인정한 권위의 상징 -역자]을 사용하여 업계의 우의를 증진한다.
> 주식을 확정하여 상업이윤을 공평하게 분배한다.
> 공금을 모아 경비로 쓴다.
> 채무의 불이행을 금지하여 상업자본을 공고히 한다.
> 보험제도를 이용하여 상인의 마음을 즐겁게 한다.98)

신상이 관심을 가졌던 상정商政은 또한 '상법商法'과 '세정稅政'을 포괄했다. 중국상인들은 줄곧 법률의 보호를 받지 못하여 "기운이 없고 풀이 죽은 채로 도리없이 상업에 종사한 지 오래였다." 이 때문에 명확한 상법

---

97) 「廣東總商會簡明章程」, 『東方雜誌』, 第1年 第12期.
98) 『天津商會檔案匯編(1903~1911)』, 37쪽.

이 제정되어 상인의 상업경영 이익을 보호해 주기를 간절히 희망했다. 그래서 "중국상인이 외국인과 무역할 때 외국상인은 보호해 주는 법률이 있으나, 중국상인은 보호해 주는 법률이 없어 직접적으로 그 영향을 받는다. 서로 비교해 보면 형세의 불리함이 곧바로 드러난다. 이로 인하여 실패하는 경우가 부지기수로 많다. 법률이 없어 입는 손해가 다른 사회에 비하여 특히 크다. 우리 상업계가 일제히 통곡하는 것은 이 때문이다"99)라고 했다.

그들은 정부가 상법을 제정할 때 상인을 배제하고 일을 진행하는 방식에 대하여 큰 불만을 품고 상법의 제정과 개정에 참여할 수 있도록 해 줄 것을 강력히 요구했다. 『농공상보農工商報』는 일찍이 논평을 발표하여 지적하기를 중국에서 "법률을 제정하는 권한은 정부가 갖고 있다. 그러나 동·서 각 입헌국에서 국법을 제정하는 권한은 국민이 갖고 있으며, 상법을 제정하는 권리는 상민에게 있다. 그리고 정부는 단지 인가하고 선포하는 권한만 갖고 있을 따름이다"100)라고 했다. 어떤 신상은 지적하기를 "정부가 상사법령商事法令을 반포하면서 한번도 상인과 협의하지 않음으로써 많은 부분에서 시장상황과 어긋나는 결과를 초래했다. 비단 상업을 보호하기에 부족할 뿐만 아니라, 오히려 많은 장애가 생기도록 했다"101)라고 했다. 바로 이러한 상사商事에 대한 입법권의 요구는 신상들이 1907년 대규모의 '상법제정운동[擬定商法活動]'[자세한 내용은 후술]과 전국적인 상관습 조사활동을 벌이도록 촉구했다.

세무행정 역시 상정商政의 중요한 구성요소 가운데 하나였다. 청말에

---

99) Z2-1, 3/57.
100) 『農工商報』 第9期, "中國新聞".
101) 『天津商會檔案匯編(1903~1911)』, 284쪽.

는 가혹하고 잡다한 세금이 특히 무거웠는데, 관부의 거듭되는 수탈과 겹겹이 둘러쳐진 속박은 이미 "피부와 살은 간데없고, 뼈를 갈라 골수를 다 빼내지 않고는 그만두지 않는" 지경에까지 이르렀다. 단지 '이금제도釐金制度'만 하더라도, 장건은 폭로하기를 "국가가 중흥한 이래 20여 년 동안〔필요한 재정은〕모두 이금과 연납〔釐捐〕으로부터 공급받고 있으며, 천하가 혼란스러워지자 이금은 드디어 쓸모없는 관리〔冗官〕, 속이 빈 선비〔秕士〕와 유민들의 소굴이 되었다. 논객들은 이금과 연납을 포기하면 나라를 유지할 수 없다고 하나, 내 생각에 나라를 안정시키기 위해서는 반드시 이금과 연납을 폐지해야 한다"102)라고 했다.

이리하여 재정-세수방면에서 신상들은 늘 용감하게 나서서 거리낌 없이 자신의 경제적 이익을 옹호했다. 그들이 볼 때, 입헌과 경제적 환경의 정돈은 불가분의 관계가 있으며 "입헌의 세상은… 4민四民이 평등하고 치우침이 없으며, 관리는 매우 고달프나 상인은 아주 즐거우며, 관리는 명예 때문에 귀하게 되고, 상인은 이익 때문에 존경받는 사회였다."103) 재정-세수방면에서 "인민이 관리의 압제에 순종하며 정부에 호소하지 않는다면, 이 역시 입헌국 국민의 신분을 포기하는 것이며, 무릇 논죄할 때 관리와 동일한 죄로 다스려야 한다"104)라고 했다.

청말민초에는 상인의 항세항연투쟁抗稅抗捐鬪爭이 끊임없이 이어져 중단된 적이 없었다. 그 가운데서도 특히 규모가 크고 영향이 심원했던 것으로는 강소신상 부르주아 계급이 전개한 '재리인연裁釐認捐'과 '재리가세裁釐加稅'105) 투쟁을 꼽을 수 있다.106)

---

102)「致黃學使函」,『張季子九錄·文錄』.
103)『商務官報』, 第1冊 第16期.
104) 乙2-1, 116/26.
105) 〔역주〕재리인연裁釐認捐 : 이금을 징수하는 이잡釐卡의 폐지와 이금의 자진납부. 재리가세裁釐

정치적 행위방식에서 신상 부르주아 계급은 기본적으로 비폭력주의자에 속했다. 그들은 늘 신중하고 조심스럽게 자신의 정치활동을 합리적이고 합법적인 범위 안에 제한했으며, 한 걸음도 경계를 넘으려고 하지 않았다. 예를 들어 1905년 미국상품배척운동에서 신상들은 처음부터 '비야만적인 저항'을 강조했으며 운동이 합법적인 범위 안에서 진행되도록 힘썼다. 배척운동이 거듭되는 곤란에 빠졌을 때 태도가 가장 급진적이었던 상해신상 증주曾鑄는 그가 발표한 「천하 동포에게 드리는 고별편지[留別天下同胞書]」에서 전국상민에게 재삼 부탁하기를 "배척방법은 여전히 사람마다 미국상품을 사용하지 않는 것을 종지로 삼아 절대로 폭동을 일으켜서는 안된다. 만약 각국에게 야만적이라는 구실을 준다면 나는 죽어서도 차마 눈을 감지 못할 것이다"[107]라고 했다.

신상의 정치적 항쟁수단 역시 늘 평화적이고 보수적이었다. 상급기관에 문서를 대신 올리는 일, 실정을 호소하는 일, 의안으로 회부하는 일, 집회를 열어 청원하는 일, 여론에 호소하는 일 등등은 모두 상회 신상들에게 비교적 익숙하면서도 그들이 즐겨 사용하는 참여와 항쟁의 수단이었으며, 전업종의 동맹파업과 휴업 등 비교적 격렬한 투쟁수단은 잘 사용하지 않았다. 예를 들어 강소성에서 한때 세상을 뒤흔들었던 장항연釐缸捐의 납부를 거부하고 아행세[牙稅]의 추가 징수에 반대하는 투쟁에서 단양상회丹陽商會 신상들이 제기한 대처방법은 다음과 같았다. ① 각 업종의 고충을 열거하여 신문에 실어 널리 알린다. ② 행정장관이 만약 강경

加稅 : 이금폐지와 관세증가. 김형종, 『청말 신정기의 연구-강소성의 신정과 신사층』(서울:서울대학교 출판부, 2002), 301~302쪽 참조.
106) '裁釐認捐'과 '裁釐加稅'에 관해서는 졸고, 「淸末江蘇裁釐認捐活動述略」, 『華中師範大學學報』, 1985年 第6期 ; 王翔, 「從"裁釐認捐"到"裁釐加稅"」, 『近代史硏究』, 1988年 第3期 참조.
107) 『山鐘集』, 511~513쪽.

한 수단을 사용하면 상부商部에 전보를 보내 원조를 요청한다. ③ 본 성省 출신의 중앙부처 관리에게 알려 실정을 상주하도록 청한다. ④ 어떠한 압력을 막론하고 모두 일치단결한다.[108]

율양상회溧陽商會의 신상들이 상의한 7가지 대응방법 역시 이것과 대동소이했다. 그 내용은 각각 다음과 같다. "공동으로 대표를 선출하여 업무처리의 권한을 통일한다. 자금을 마련하여 경비로 제공한다. 목적을 확실히 인지한다. 각 주현州縣이 호소하는 고충을 각 상회는 연명으로 상부商部에 전달한다. 다른 상회와 연결하여 서로 표리의 관계를 유지한다. 예상되는 압제에 충분히 대비한다. 간관을 통해 황제에게 주청한다. 5속五屬이 연합하여 장패醬牌를 반환한다."[109]

두 가지 방법의 공통적인 특징은 입헌파가 정해 놓은 '평화적인 배척'에서 반걸음도 벗어나지 않고, 무릎을 꿇은 채 반란을 일으키며, 자기 의견을 굽혀 일을 성사시키려고 했다는 점이다. 상회의 신상들이 스스로 한 말을 빌리면 "평화적인 방법에 의지하여 강경하게 추진하며, 굳게 참고 견딤으로써 정도를 고수하는" 목적을 달성한다는 것이다.

이러한 '강경强硬'과 '견인堅忍'의 함의는 무엇인가? 이를 위해 신상들이 관방의 압제에 대응하기 위해 행한 '준비'의 내용을 구체적으로 알아보는 것도 무방할 것이다. 그 내용은 다음과 같다. 첫째로 관방에서 사람을 체포하려고 하면 그에 순종하되 체포당한 사람의 가족을 돌봐주고, 체포당한 사람에게 필요한 경비를 제공한다. 둘째로 만약 관리가 한 사람을 구속하면 "상인들 모두가 함께 가서 죄를 받는다." 이와 같이 부드러움으로 강함을 극복하고 일시적으로 굽힘으로써 미래의 발전을 도모

---

108) 乙2-1, 115/5.
109) 乙2-1, 120/24.

하는 절묘한 배척책략은 혹 억상정책 아래서 '함양'된 것으로, 아마도 오직 수천 년 이래 중국식으로 살아온 유상儒商들만이 비로소 생각해낼 수 있고, 아울러 능숙하게 운영할 수 있는 책략이었을 것이다.

신상들의 이러한 온화하고 보수적이며 원활한 정치적 행위방식의 특징은 그들의 독특한 내재적 기질과 성격적 특성에 의해 결정되었다. "상업에 종사하면서도 여전히 유학을 지향하는" 가치관념의 추구는 근대 신상으로 하여금 기질과 행위방식에서 온건하고 구체적인 사업수행에 힘쓰는 경향을 갖도록 했으며 심지어 고지식하고 보수적이 되도록 했다. 장건張謇의 "평생 동안 매사에 다른 사람의 뒤에 서려고 했다"라는 자조 섞인 말은 중국의 유가형 공·상업 부르주아의 독특한 행위방식에 대한 절묘한 개괄이다.

이 때문에 그들은 혁명당파가 격렬한 언론과 행동으로 흐르는 것에 대하여 종종 한두 사람 '왁자지껄(浮囂)'한 청년의 몰지각한 거동이라고 간주했으며, 성실한 장사치와 독서인은 그들과 한패가 될 수 없다고 생각했다. 따라서 그들 사이에는 감정적으로 하나의 넘을 수 없는 경계선이 존재했다.

반대로 개량-입헌파의 정치주장에 대해서는 그것이 노련하고 타당하다고 여겼으며, 그들과 단번에 의견이 일치했다. 상해의 신상 경원선經元善은 일찍이 강유위에 대하여 우러러 탄복하는 심정으로 이르기를 "강 선생의 명성은 익히 들어왔다. 전에 『신학위경고新學僞經考』를 읽고 자못 탁월한 식견을 가지고 있으며, 너무 높아 쳐다볼 수조차 없는 분이라고 생각했다. 그런데 올해 여름 우연히 만나 이야기를 나누어 보고 비로소 그가 남을 잘 돕고 학문이 높은 도덕군자라는 사실을 알고 감탄을 금할 수 없었다"[110]라고 했다. 신상이 개량-입헌파의 계급기초가 되거나 혹은 개량-입헌파의 대표인물이 되는 것은 전혀 이상한 일이 아니었다.

2. 헌정참여와 국회청원

　20세기 초 자치의 기초 위에서 입헌군주제를 실행하는 것은 이미 부르주아 계급화한 신상에게 최고의 정치이상이 되었으며, 또한 그것은 그들의 모든 정치활동의 중심목표였다. 단체를 모으고 자치를 도모하는 것은 헌정의 실행을 돕기 위한 행동에 지니지 않았으며"[111] 중국인 노동자에게 불리한 조약의 배척과 이권의 회수는 "민족의 발전을 위한 싹"일 뿐만 아니라 더욱이 "입헌을 실행하는 기초였다."[112] 물론 신상계층이 입헌운동에 몰두한 것은, 아직은 부르주아 계급의 입헌이론 학설에 대한 깊고 절실한 이해가 있어서가 아니라, 더욱 많은 부분에서 오히려 그들의 경제와 정치적 이익이라는 현실적인 고려에서 비롯된 것이며, 또한 주로 그들의 정치적 행위방식의 일관된 특징에서 나온 것이었다.

　새로운 경제역량의 대표로서 부르주아 계급화한 신상과 봉건 통치세력 사이에는 조화되기 어려운 모순이 존재했다. 신상은 특히 청정부가 그들에게 가져다 준 중대한 정치적 질곡과 경제적 압박을 증오했으며, 동시에 청정부가 제국주의에 굴종하는 것에 대하여 극도로 불만이었다. 그러나 그들은 필경 구신사와 구상인으로부터 분화되어 나온 사람들로, 여전히 서로 다른 정도로 일찍이 자신을 배태한 모체와 혈육관계를 유

---

110) 經元善, 『居易初集』 卷1, 64쪽.
111) 「觀前市民公社第一屆報告冊弁言」, 『蘇州市民公社檔案選輯』.
112) 『山鐘集』, 306쪽.

지하고 있었다. 그들의 사회적 지위를 나타내는 공명과 직함은 청정부가 준 것이며, 장기간 유가교육이 배양한 사회적 가치와 윤리관념 역시 당분간 완전히 포기할 수 없는 것이었다. 따라서 완만한 개혁, 온화한 형식, 신·구의 혼합을 지향하는 입헌의 길은 자연히 정치적으로 그들의 구미에 가장 적합한 것이었다.

1906년 9월 청정부가 '방행헌정仿行憲政'의 유지를 반포한 뒤 각지의 신상들은 "기뻐서 춤을 추며 회의를 열어 경축하지 않는 사람이 없었다." 상해상무총회上海商務總會·상해상학공회上海商學公會·영파상무총회寧波商務總會·석금상회錫金商會 및 해외의 요코하마·나가사키·고베 등 각지의 중화상회中華商會는 각각 농공상부에 전보를 보내 "간절한 소망으로 입헌의 뜻을 실행하고 하늘의 덕을 대신 실현해 주기를 바란다"113)라고 했다. 천진의 신상과 학신學紳들은 "일제히 갖가지 색으로 장식한 깃발을 내걸어 축하하고 온 시내를 돌아다니며 기쁨의 노래를 불렀다.… 축하하기 위해 몰려든 신사와 상인과 학계의 사람들이 대략 수백 명에 달했으나, 상업계가 가장 많았는데, 이는 한때 그들의 번성함을 여실히 증명했다."114)

장건 등을 우두머리로 하는 동남지역의 신상과 사신士紳들은 솔선하여 상해에서 예비입헌공회預備立憲公會를 발기·설립하여 정효서鄭孝胥를 회장으로 추대하고, 탕수잠湯壽潛과 장건을 부회장으로 추대했다. 공회의 구성원 가운데 적어도 23%는 기업가·공사경리·상회총리 및 각종 공·상기업의 임직자였으며, 대신사 겸 대자본가인 상층신상이 이 회의 주도역량을 구성했다. 장건과 탕수잠이 부회장의 직무를 맡은 외에도, 상업계의 허정림許鼎霖·이운서李雲書·이평서李平書·손음정孫陰庭·우흡경虞洽卿·영종

---

113) 「商民翹盼立憲之興情」, 『商務官報』, 光緒 22年 第17期.
114) 『天津商會檔案匯編(1903~1911)』, 2287쪽.

경榮宗敬·영덕생榮德生·왕동유王同愈·우선갑尤先甲·욱병한郁屛翰·주보삼朱葆三·주금잠周金箴·주순경周舜卿·왕일정王一亭·서윤徐潤·하수방夏粹方·소보삼蘇宝森·장미익張美翊·섭혜균葉惠鈞 등이 의동議董이 되거나 회의 핵심을 이루었다.115) 예비입헌공회는 입헌의 준비를 종지로 헌정과 지방자치운동을 선전하고 촉진함으로써 상층신상이 직접 입헌파와 서로 결합할 수 있는 계기와 장소를 제공했다.

이밖에 광동자의국廣東咨議局 의원 94명은 모두 거인·공생·생원·진사 및 각종 관함을 갖고 있었으며, 그 가운데 적어도 24명은 상점을 소유하거나 직접 경영하는 신사 겸 상인의 신분을 가진 신상이었다.116) 호북성 입헌파의 거물인 탕화룡湯化龍의 조상은 여러 대에 걸쳐 상업에 종사했다. 그는 호북자의국湖北咨議局을 주재하는 기간 동안 무한상회武漢商會·상단商團과 비교적 긴밀한 관계를 유지했다. 탕화룡이 헌정동지회憲政同志會를 창립할 때는 한구총상회에서 12명이 즉각 찬동했다. 그 중요[基本] 회원 가운데는 상업계의 신상 채보경蔡輔卿[한구상회 제4기 총리]·이자운李紫雲[한구상회 제2기 총리]·유흠생劉歆生[상회협리]·왕보민王保民·시상진時象晉 등이 있었다. 또한 유흠생은 탕화룡에게 상당히 큰 경제적 지원을 했다.117)

1907년 예비입헌공회와 상해상무총회가 발기한 '상법입안[擬訂商法]' 활동은 입헌파와 부르주아 계급화한 신상의 입법권을 쟁취하기 위한 첫번째 시도였으며, 그들의 한 차례 중요한 참정활동이었다.118) 입헌파와 신상이 이때 연합 발기하여 상법 입안활동을 벌인 것은 우선, 상업입법은

---

115) 『辛亥革命浙江史料選輯』, 210~223쪽 참조.
116) 『廣東咨議局籌辦處第三次報告書』 등 참조.
117) 王保民, 「關于武漢歷史見聞」<武漢市政協檔案資料>.
118) '상법 입안활동[擬訂商法活動]'에 관해서는 朱英, 「辛亥革命前資産階級擬訂商法活動述論」, 『華中師范大學學報』(1991 증간) 참조.

입헌활동과 불가분의 관계가 있는 부분으로 "민법과 상법의 법전은 헌정의 수립을 위한 일대 관건이었으며" 사전에 각 항목의 법전을 입안해야만 비로소 "헌정수립의 시기를 놓치지 않을 수 있었기"[119] 때문이다. 다음으로 그들은 이제 더 이상 "상업이 법률의 보호를 받지 못하는" 사회환경을 참을 수가 없었으므로 이 불합리한 현상을 개선하여 상업경영 활동과 상인의 권리가 법률의 보호를 받을 수 있도록 해줄 것을 강력하게 요구했다.

상해상회의 신상들은 강조하기를 "우리 상인들은 수십 년 동안 상업에 종사하며 온갖 고난을 맛보았다. 그 가운데는 엎어지고 자빠져 낭패를 당하고, 때로 고조되고 때로 가라앉으며, 위태롭게 얻고 위태롭게 잃었으며, 전반적으로 계산해 보면, 승리한 날은 적고 실패한 날이 많았다. 그것은 무엇 때문인가? 그것은 오직 법률이 없었기 때문이다"[120]라고 했다. 예비입헌공회의 대표들 역시 명확하게 지적하기를 "상법초안의 발기는 사실 상인들이 법률의 보호를 받지 못하는 위태로운 상황을 감안하여 전국상민 모두를 위험에서 구하고자 하는 것이다"[121]라고 했다.

상법 입안활동은 맨 처음에 예비입헌공회가 동의를 제출하고 아울러 상법초안을 편찬하는 임무를 맡았다. 의정議定은 공회에서 선발·파견한 진서개秦瑞玠·탕일악湯─鶚·소희邵羲·장진가張鎭家·맹삼孟森 등 5명이 전문적인 상법초안 편집부를 구성하여 광범하게 상관습商慣習에 대한 조사를 진행하고, 그 결과를 바탕으로 널리 각국 상법의 진수를 수집하여 차례로 계약·파산·상행위·해상법海商法 등의 법전을 편찬했다. 동시에 상해

---

119) 「商法調査案叙例匯錄」, 『預備立憲公會報』, 1909年 第5期.
120) 「上海商務總會致各埠商會擬開大會討論商法草案書」, 『申報』, 1907年 9月 24日.
121) 『天津商會檔案匯編(1903~1911)』, 284쪽.

상무총회가 나서서 전국 각 상회에 상법초안의 토론을 요청하는 서한을 발송하여 상해에서 개최되는 상법초안대회商法草案大會에 초청했다.

제1차 대회는 1907년 11월 19일 상해 우원寓園에서 개최되었다. 회의기간은 이틀이었으며 주로 어떻게 상법대강을 확정하고, 각 지역의 상관습을 조사하며, 화상연합회華商聯合會를 창설할 것인지 등의 문제를 토론했다. 이때의 회의는 규모가 매우 컸으며, 이것은 중국 근대상인을 위한 첫번째 대집회였다. "원근 각지에서 대표를 파견한 상회는 분립된 단체별로 80여 개의 상회에 달했고, 관련된 성省은 14개에 달했으며, 원거리에서 대표를 파견한 지역으로는 동남양양東南兩洋의 화교들이 거주하는 3개의 항구도시가 있었다."[122] 이밖에 서신을 보내는 형식으로 대회에 참여한 단체로는 흑룡강黑龍江·보정保定·오주梧州 등 30여 개의 상무총회와 분회가 있었다. 1909년 12월 개최된 제2차 상법대회는 주로 상법초안 제1편 공사법公司法을 토론하고, 아울러 농공상부와 법률관法律館에 보내 이를 사정하도록 했다.

입헌파와 신상이 연합하여 발기한 이번의 상법 입안활동은 청말 신상 부르주아 계급의 참정과 의정에 대하여 중요한 의의가 있다. 그것은 부르주아 계급이 이미 독립적인 정치권리를 쟁취하기 시작했으며, 조직 정도와 사회적 영향력 역시 한층더 확대되었다는 사실을 반영한다. 이번 활동의 구체적 성과인 상법초안은 중국역사상 첫번째의 비교적 완전한 자본주의 성격을 가진 경제법규 문헌이며, 또한 첫번째의 민간상업 입법으로 중국 근대 자본주의 발전사와 근대 법제사에 대하여 모두 중요한 의미가 있다. '화상연합회'의 발기와 『화상연합회보華商聯合會報』의 창간은

---

122) 위의 책, 283쪽.

부르주아 계급의 내부응집력이 한층더 강화되고 있다는 것, 상업계의 분산 고립된 상황이 다소 바뀌고 있다는 것, 신상이 정치면에서 한층더 성숙했다는 것, 부르주아 계급화의 정도 역시 다소 제고되었다는 사실을 분명히 보여준다. 이는 마치 제1차 상법대회에서 공포된 「화상연합회 조직에 관한 의견서 초안〔擬組織華商聯合會意見書〕」에서 천명하고 있는 바와 같다.

> 상법이란 상업 한 분야의 일입니다. 오늘 회의에 참석한 여러분께 시험삼아 물어보겠습니다. 우리 상인들이 당연히 주의하고 마땅히 연구해야 할 것으로 상법 외에 다른 일은 아무것도 없다고 할 수 있겠는지요? 또 여러분께 시험 삼아 물어보겠습니다. 오늘 대회 이후 여전히 뿔뿔이 흩어져서 서로간의 왕래를 끊어버리고 말 것인지요? 아니면 연간 한번 회의에 참석하고 세상일에 허덕허덕 바삐 뛰어다니며 단지 상법 하나로 만족할 것인지요? 여러분이 멀리서 온 목적과 상해上海의 상업계가 이 대회를 발기한 목적은 당연히 이와 같은 것만은 아닐 것입니다. 상인과 상인이 한데 모여 상회를 설립한 효과가 오늘 분명히 드러났습니다. 그것은 여러분들도 이미 잘 알고 있는 사실입니다. 만약 회와 회를 연합하여 더 큰 회를 만든다면 그 효력은 반드시 상회보다 수십 수백 배나 클 것입니다.[123]

국회청원은 청말 신상이 개입한 또 한 차례의 비교적 큰 국내정치 활동이었다. 1910년 입헌파가 연속 세 차례 발기한 국회청원은 발걸음이 완만한 청말 입헌운동을 고조시켰다.

제1차 청원운동(1910년 1월)은 각 성의 자의국咨議局 의원 33명이 발기한 것으로, 부르주아 계급 신상은 직접 대표를 파견하여 참가하지 않았다. 이번의 청원은 청정부로부터 "국민의 지식이 정연하지 않다"라는 구실

---

123) 위의 책, 292쪽.

로 여지없이 거절당했다. 입헌파는 이번의 청원이 벽에 부딪친 뒤 얻은 교훈을 총괄하여, 청원은 반드시 경제적 능력이 있고 인원수가 많은 상업계의 지지를 받지 않으면 안된다는 사실을 깨달았다. 그들은 제1차 청원 대표가 대부분 "신사와 학계 두 분야의 사람으로 이루어졌으며 상업계는 배제되었다"라고 생각하고 "오늘날 세계에서 공·상업을 입국의 근본으로 삼지 않고, 무릇 상인이 일약 국가의 가장 중요한 지위를 차지하지 않은 나라가 없는 것은 나라 정치의 득실과 상인 사이에 특별한 관계가 있기 때문이다. 그러므로 지금 우리나라에서 국회청원을 하기 위해서는 더더욱 상업계와 연결하여 그들을 중견으로 삼아야 한다"124)라고 했다.

이러한 인식에 기초하여 입헌파의 영수인물이자 신상인 장건의 계획 아래, 제2차 국회청원 준비기간에는 각별히 상업계와의 연합에 주의를 기울여 직례·강소·광동·호북 네 성의 상회에 전보를 보내 청하기를 "각 성의 상회에 통고해서 각기 대표를 선출하여 한구漢口에서 대회를 개최하고 곧바로 한구로부터 상경하여 청원서를 올리자"라고 했다. 아울러 해외의 화교상회에도 전보를 보내 대표를 선발하여 북경으로 보내 "각 성의 인민과 함께 청원에 참여해 달라"고 요청했다.

각 성의 신상들이 이에 대하여 적극적인 반응을 보임으로써 화상연합회華商聯合會는 1910년 5월에 발표한 「국내외 화교상인을 연합하여 국회의 개원을 청원하는 공고〔聯合海內外華商請願國會公告書〕」에서 다음과 같이 지적하였다.

지금이 어느 때인가? 지금은 각계가 청원하여 구하지 않으면 얻지 못하는 시

---

124) 「代表團敬告各省商會請聯合請願書」, 「廣東咨議局編査錄」.

대가 아닌가? 우리 상업계가 입헌 문명의 국민이 되는데 그치지 않고, 만약 입헌 국민의 사상을 갖고자 한다면, 당연히 먼저 입헌 국민의 의무를 다해야 한다. 그리고 국회청원운동도 당연히 각계가 계속해서 수행하지 않으면 안된다.[125)]

물론 일부 신상들은 국회청원에 그다지 열중하지 않았다. 예를 들어 천진상회의 신상들은 국회청원의 참여여부에 대하여 의견이 일치하지 않았다. 10명의 천진상회 의동議董들이 모여 국회의 조기개원을 청원하는 일에 대하여 참여여부를 논의한 회의기록에 따르면, 찬성자 5명, 반대자 4명, 태도가 불분명한 자가 1명이었다.

찬성자들은 "상회를 설치한 원래의 목적은 상업을 보호하기 위한 것이므로 다른 일에 관여해서는 안된다. 그러나 현재 시국은 모든 상민商民이 곤란에 처해 있으며, 이 모든 것은 관부의 압력과 국가의 전제로 인한 것이므로, 국회를 열지 않으면 전제의 압력을 바로잡을 수 없다"라고 생각했다. 아울러 "국회는 오직 상업계가 연합하여 조속한 개원을 청원해야만, 반드시 사·농·공보다 특별한 관계를 가지게 될 것이다"라고 했다.

반대의견을 가진 사람들은 "상회는 원래 당연히 상업계의 일을 처리해야 하며 … 비단 국회에 관한 일만 처리할 필요가 없는 것이 아니라, 상업계 이외의 일은 일체 관여하지 않음으로써 명의名義에 부합해야 한다"라고 여겼다. 어떤 사람은 주장하기를 "국회의 일은 매우 중요하여 상인은 이를 논할 자격이 부족하며 더욱이 처리할 능력도 없다"라고 했다.

천진신상들의 논쟁은 아마도 당시 일반신상과 보통 상인의 망탈리테 및 사상경향을 잘 보여주는 예일 것이다. 그러나 제2차 국회청원 기간에

---

125) 『華商聯合會報』第3期.

상해상무총회 신상들의 즉각 참여를 주장하는 태도가 매우 결연하여 청원을 지지하는 의견이 점차 우세를 차지하게 되었다.

1910년 6월 발동된 제2차 국회청원에서 국내의 상회는 상해상무총회의 심만운沈縵雲과 소주상무총회의 항조량杭祖良을 상업계 대표로 선발하여 기타 각 성의 청원대표를 대동하고 상경하여 청원하도록 했다. 북경에 머무는 기간 동안 심만운은 전국 각지 상회연합회를 대표하여 국회의 조기개원을 요청하는 청원서를 제출했으며, 항조량과 심만운은 다시 소주상회와 상해상회를 대표하여 또 다른 청원서를 올렸다.

심만운이 첫 서명자가 되어 올린 청원서는 은행·상업정책·세법의 득실·대외무역 4가지 방면과 국회의 개원이 갖는 관계라는 점에서 "국회의 부재가 야기하는 폐단"에 대하여 강력하게 문제를 제기하고, 반드시 조속히 국회를 열어야 하는 이유를 상세히 설명했다.[126]

항조량과 심만운이 공동으로 첫 서명자가 되어 올린 청원서는 상인의 입장과 이익에서 출발하여 청정부의 공·상업과 세수정책을 맹렬히 비판함과 동시에, 청정부에게 경고하기를 "우리가 수십 만 상인의 위탁을 받아 죽음의 형벌을 무릅쓰고 대궐문 앞에 머리를 조아리며 한 가닥 살길을 찾기 위해 국회의 조속한 개원을 청원하고 있는데도 조정이 만약 시간을 끌며 이것을 허락하지 않는다면, 상업환경이 침체하고 상업이 쇠퇴하는 형세가 반드시 이전보다 단번에 천 길이나 떨어지게 될 것이다. 대개 상인의 희망이 사라지고 상인의 마음이 떠나게 되면 상업이 무너지기 시작하고 이 때문에 전체가 와해될 것이니 후회해도 이미 때는 늦으리라!"[127]라고 했다. 또한 신상의 대표로서 심만운과 항조량은 각자

---

126) 『申報』, 1910年 6月 29日.
127) 『時報』, 1910年 7月 22日.

관방과의 관계를 동원하여 황족과 도성에 있는 고위관리의 집을 분주히 드나들며, 혹은 이해를 구하고, 혹은 지지를 호소했다.[128]

그러나 사리에 밝지 못한 청정부는 여전히 청원대표들의 요구를 안중에 두지 않았으며, 두 차례에 걸쳐 국회를 조속히 개원하라는 청원을 거절했다. 비록 다수의 청원대표들은 여전히 예기가 꺾이지 않은 채 다시 "세번 네번 열번이라도 계속하자"라고 했으며, 전국 각지의 단체와 조직들도 분분히 북경에 있는 청원대표단에게 전보를 치거나 편지를 보내 끝까지 청원을 계속하도록 그들을 격려했으나, 일부 상층신상들은 오히려 이미 동요의 기색을 보이고 있었다. 예를 들어 꾸물대기만 하고 식견도 부족했던 천진상회와 소주상회의 신상들은 청원이 실패한 뒤 그 어떤 성원의 편지나 전보도 발송하지 않았다.

1910년 10월 여전히 불만인 입헌파는 다시 제3차 국회청원을 발동했으며, 각 성의 총독과 순무 역시 연명으로 즉각 국회를 개원하라고 요구했다. 각 방면의 압력 아래 청정부는 부득이 "예정된 기한을 앞당겨" 선통宣統 5년(1913)에 국회를 개원한다고 선포했으며, 아울러 미리 내각의 조직에 착수했다. 동시에 다시 청원대표들에게 강제해산을 명령하고 동삼성東三省 청원대표 10여 명을 고향으로 압송했다.

이때 운동을 영도한 입헌파와 상층신상 내부에 심각한 의견불일치가 발생했다. 적지 않은 지역[예를 들어 사천·호남·호북·직례·산서·강서·복건 등]의 대표들은 절망한 나머지 청정부와 결별했으나, 장건을 우두머리로 하는 강소성과 절강성의 상층신상들은 오히려 온화하게 수용하는 태도를 취하

---

128) 沈縵雲은 일찍이 당시 현임 수석 군기대신이던 慶親王 奕劻과 한 차례 국회문제에 관한 유명한 대화를 나누었다. 이 대화는 1910년 6월 12일자 『大公報』(天津)에 발표되었다. 杭祖良은 사사로이 당시 현임 東閣大學士이던 蘇州장원 陸潤庠을 방문한 적이 있다.

여 서로서로 축하했다. 당시 강소자의국(江蘇咨議局) 부의장으로 있던 장병장[蔣炳章(소주출신 신사, 소주상회 명예회원)]은 가장 먼저 강소자의국 명의로 전국 각지에 두루 축전을 보냈으며, 심지어 "천은이 망극하다.… 감격스러워 눈물이 난다"라는 등 낯간지러운 문구를 사용함으로써 사회여론의 잇따른 질타를 받았다. 북경의 자정원에서 회의를 열 때 의원 이색운(李索雲)은 이르기를 "오늘 강소성 자의국의 축전을 받고 나도 몰래 가슴이 아팠다. 5년 동안 국회의 개원을 기다려야 한다는 것은 조문(弔問)을 해야 할 일이지 결코 축하할 일이 아니다"129)라고 했다.

그러나 몇몇 지방의 상층신상들은 각지의 여론 따위에는 아랑곳없다는 듯 연이어 행사를 열어 청원목적의 '달성'을 축하했다. 북경의 상민(商民)들은 등불을 들고 행진하며 경축했다. 소주의 상민들은 성대한 의식을 거행하여 청원대표 항조량의 귀향을 환영했다. 각 상점은 용기(龍旗)를 높이 달고 갖가지 색깔로 장식한 등롱을 내걸었다. 상회와 각 단체 대표들이 "연이어 역으로 달려가 환영했고, 군악대가 앞에서 대열을 이끌었으며, 길게 뻗은 거리에는 구경꾼이 1만 명도 넘었다."130) 한 차례 기세가 드높고 국내외의 주목을 끌었던 국회청원운동은 이렇게 다소 풍자적이고 과장된 의미를 지닌 분위기 가운데 허둥지둥 막을 내렸다.

국회청원운동에서 보여준 근대신상의 행동은 이 사회계층의 정치적 성격특징이 여전히 온건하고 온화하며, 심지어 보수적이고 수구적이라는 사실을 재차 증명했다. 정치에서 그들은 일반적으로 안목이 좁고, 현실을 중시하며, 작은 성취에 안주했다. "그들은 차라리 청정부의 부패한 통치 아래서 완만한 혁신을 도모하고자 했다. 그러다 객관적인 형세가

---

129) 『民立報』, 1910年 11月 14日.
130) 『民立報』, 1910年 11月 16日.

압박해오자 비로소 비틀거리며 봉건통치자와 결별하는 수순을 밟기 시작했다."[131]

제3절 신해혁명 전후의 신상

1. 신상과 신해혁명

이상의 서술을 통해 우리는 이미 근대 신상들의 기본적인 정치적 경향 및 입헌파와의 밀접한 정치적 관계에 대하여 대강 살펴보았다. 그렇다면, 신상계층과 당시 중국의 또 다른 대정치 파벌 즉 부르주아 계급 혁명파와의 관계는 어떠했는가?

총체적으로 말하면 신해혁명 이전 부르주아 계급화한 신상과 혁명파는 기본적으로 탈구상태에 있었다. 신상계층의 기본적인 정치태도는 입헌군주제에 연연하며 유혈혁명을 두려워했다. 혁명봉기는 "상업을 방해하는 매우 무지한"[132] 행동이라고 생각하는 것이 당시 신상계층의 공통된 정치적 판단이었다. 혁명파 쪽에서 보면, 그들은 자신이 종속된 계급 본체에 대한 인식 역시 비교적 모호했다. 초기 공·상 부르주아의 분화가 불충분하고, 발육이 불건전하고, 관리 겸 상인이라는 현상은 혁명파

---

131) 章開沅, 「辛亥革命與江浙資産階級」, 『辛亥革命與近代社會』(天津: 天津人民出版社, 1985).
132) 馮自由, 『革命逸史』 第2集, 224쪽.

로 하여금 중국의 부르주아는 "아직 탄생하지 않았다"라고 잘못 판단하게 했다. 그래서 일부 해외화교 부르주아와 연락하는 외에, 그들이 주동적으로 국내 공·상업계 인사들과 서로 접촉하는 경우는 거의 드물었다. 이것은 입헌파가 국회청원 기간에 "상업계와 연결하여 그들을 중견으로 삼으려고 한" 것과 선명한 대조를 이룬다.

충분한 사회적 기초가 결핍되어 있었기 때문에 혁명당파는 어쩔 수 없이 눈을 돌려 회당會黨을 통해 노동인민과 비교적 많은 관계를 맺고, 아울러 지하활동과 은밀하게 봉기를 시도하는 투쟁방식을 많이 채택했다. 이렇게 한 결과 신상을 포함한 공·상 부르주아와의 관계는 더욱 멀어졌으며 "토비와 혁명당의 연합에서 혁명당은 설령 아주 개화(文明)되었다고 할지라도 토비의 약탈은 이루 말로 다 할 수 없었다."[133)]

그러나 신상계층이 총체적으로 혁명파와 탈구상태에 있었다고 해서 혁명파가 신상계층의 이익을 전혀 대변하지 않는다는 결론을 내리기는 어렵다. 반대로 신상계층을 핵심으로 하는 초기 공·상 부르주아 계급은 바로 혁명파의 사회계급 기초였다. 다만, 입헌파에 비해 혁명파는 계급주체와의 관계가 더욱 소원하고, 더욱 간접적이었을 뿐이다.

이는 마치 장개원章開沅 선생이 "부르주아 계급 내부로부터 계층의 구분을 찾아내어 그것을 입헌파와 혁명파의 계급기초로 삼는 것보다 차라리 그들과 부르주아 계급의 친소親疎로부터 문제를 분석하는 것이 낫다"[134)]라고 지적한 것과 같다. 이른바 친소라는 것은 경제-사회적 관계의 밀접함뿐만 아니라 정치적 태도와 견해의 동질성을 가리키며, 동시에 당

---

133) 『國風報』, 第2年 第8号.
134) 章開沅, 「辛亥革命與江浙資産階級」, 中華書局編輯部 編, 『紀念辛亥革命七十周年學術討論會論文集』上(北京:中華書局, 1983).

연히 심리적 특징·윤리·도덕관념과 사상감정의 근접함도 포함한다. 여기에는 결코 엄격한 경계선이 존재하지 않으며, 그것은 오히려 상당한 모호성과 가변성이 있어서, 때로는 사람이나 일의 상황에 따라 변하기도 한다.

이러한 의미에서 일부 상층신상들이 신해혁명 전야에 혁명당파와 서로 접촉하거나 혹은 혁명을 동정했던 역사적 현상을 어렵지 않게 해석할 수 있다. 주지하는 바와 같이 상해의 저명한 신상 심만운沈縵雲·왕진王震·우흡경虞洽卿·섭혜균葉惠鈞·고이계顧履桂·이후호李厚祜·이운서李雲書·이평서李平書·주보삼朱葆三·주진표周晉鑣 등은 신해혁명 전야에 혁명파와 은밀하게 접촉했으며, 그 가운데 일부는 이미 비밀리에 동맹회에 가입했음을 증명하는 자료가 있다.[135] 1910년 봄 동맹회가 광동성에서 일으킨 신군 봉기가 실패하자, 일부 동맹회 회원들은 신상단체인 월상자치회粵商自治會에게 봉기에 참가한 신군사병들을 도와줄 것을 요청했고, 자치회는 이것을 "흔쾌히 승낙했을 뿐만 아니라 열심히 협조했다."[136]

이러한 사례는 다음과 같은 사실을 설명한다. 우선 비록 총체적으로 볼 때 혁명파가 장기적으로 부르주아 계급화한 신상과 심각한 탈구상태에 빠져 있었을 뿐만 아니라 신상은 정치적인 면에서 일반적으로 입헌군주제에 부응하여 혁명을 배척했으나, 계급주체로서의 부르주아 계급화한 신상과 정치대표로서의 혁명파 사이에는 필경 모종의 내재적인 정치적 연계가 존재하며, 혁명파의 정치적 주장은 필경 장기적이고 근본적인 이익이라는 점에서 부르주아 계급화한 신상의 경제-정치적 추구를 체현하고 있었다. 이러한 보일락 말락 하는 내재적 정치연계가 바로 신

---

135) 丁日初, 「辛亥革命前的上海資本家階級」, 위의 책 참조.
136) 鄒魯, 『回顧錄』第1冊, 30쪽.

해혁명 폭발 후 신상계층이 분분히 봉기에 가담하고 짧은 시간 안에 혁명으로 기울어지게 만든 정치적 기초였다.

　다음으로 입헌군주제는 본질적으로 정치적 근대화를 추진하는 수단 가운데 하나로 일종의 점진적인 개혁운동이었다. 정치적 근대화를 실현하는 총체적인 취향에서 개혁과 혁명은 서로 다른 방식으로 같은 효과를 내는 것이었다. 다만 개혁은 수단면에서 비교적 평화롭고, 범위면에서 제한적이며, 과정면에서 비교적 완만하고, 내용면에서도 그다지 철저하지 못했다.

　그러나 개혁과 혁명을 뚜렷이 구분하기는 어려우며 둘 사이의 경계는 흔히 매우 모호하다. 혁명은 일반적으로 개혁이 축적된 결과이거나, 혹은 개혁이 더 이상 정상적으로 추진될 수 없을 때 야기된다. 헌팅턴이 말한 것처럼 "혁명의 두 가지 전제조건은 첫째로 정치제도가 새로운 사회세력의 정치참여 및 새로운 엘리트가 권력층으로 진입할 수 있는 루트를 제공할 능력을 갖지 못하는 것이며, 둘째로 지금까지 정치에서 배제되었던 사회세력들이 정치참여를 갈망하는 것이다."[137]

　청말 정치에서 입헌과 혁명이라는 양대운동의 관계에 대해서는 이러한 관점으로부터 재해석이 가능하며, 과거처럼 둘을 자른 듯이 분명하게 대립시켜 한쪽은 칭찬하고 다른 한쪽은 헐뜯을 필요가 없을 것 같다. 신상계층이 신해혁명 기간에 보여준 열정과 지지에 대해서도 역시 간단하게 어림잡아 이를 투기적이라고 질책하는 것은 바람직하지 않으며, 마땅히 혁명의 고조라는 중압 아래 계급의 본체[실체]와 그 급진적인 정치대표가 정치상에서 서로 접근하게 된 것으로 간주해야 할 것이다.

---

137) [美] 塞繆爾 亨廷頓 著, 李盛平 等 譯, 『變革社會中的政治秩序』(北京:華夏出版社, 1988), 268쪽. [원전:Samuel P. Huntington, *Political order in changing societies*(New Haven, Yale University Press, 1968)]

중국대지에서 신해혁명이 배태되어 신속하게 전파되었던 짧은 몇 개월 동안 우리는 부르주아 계급화한 신상계층이 어떻게 한걸음씩 혁명으로 "내몰렸으며[逼向]" 어떻게 자신들의 급진적인 정치대표 쪽으로 기울어졌는지 분명히 알 수 있다. 그들은 결코 혁명을 좋아하지 않았다. 그러나 역사라는 한 쌍의 보이지 않는 손에 떠밀려 정치무대에 등장했으며, 아울러 혁명과정에서 모종의 특별히 정해진 역할을 담당함으로써 이 한 차례의 혁명에서 자신의 낙인을 찍도록 운명이 정해져 있었다.

신상계층의 급격한 정치적 전향에는 그 발생을 촉진한 세 가지 비교적 중요한 요소가 있었다. 국회청원의 실패 및 황족 내각의 출현이 빚어낸 극도의 실망이 그 가운데 하나였다. 예를 들면 상해신상 심만운沈縵雲은 제2차 국회청원 기간 동안 경친왕慶親王 혁광奕劻과 한 차례의 유명한 대화를 나눈 뒤에 실망한 나머지 자기도 모르게 길게 탄식하기를 "솥 안의 물이 막 끓으려 하는데도 헤엄치고 있는 물고기는 아직도 그것을 알지 못하는구나. 하늘의 뜻은 돌이킬 수 없고 사람이 할 수 있는 일은 다 했다. 나는 앞으로 다시는 상국相國의 대문을 찾아가지 않을 것이다. 이제 그만 작별을 고하고자 한다"[138]라고 했다. 제3차 국회청원이 실패한 뒤 심만운은 청조정에 대한 환상에서 완전히 벗어나 결연히 혁명의 길로 나섰다. 그는 1911년 6월 송교인宋敎仁·담인봉譚人鳳·진기미陳其美등 혁명당원과 함께 상해의 각 민간단체를 연합하는 총기구인 중국국민총회中國國民總會를 조직했으며, 아울러 회장으로 추대되었다. 이 기구는 "상무를 제창하고 단련을 창건하였으며, 국민이 마땅히 져야 할 의무를 수행하는 것을 종지로 삼았는데"[139] 실제로는 공·상업계를 포함하는 전국민적인

---

138)「政府對于國會代表之問答」, 天津『大公報』, 1910년 6월 12日.
139)「時報」, 1911년 6월 12日.

민간 반청무장단체였다.

'비야만적인 철로수호투쟁〔文明爭路〕'에서 '유혈철로수호투쟁〔流血爭路〕'으로의 전환을 강요당하는 절망적인 상태, 이권회수로부터 혁명으로의 전환은 신상의 정치적 전향을 촉진한 두번째 요소였다. 이는 사천성의 보로운동(保路運動)에서 더욱 뚜렷하게 나타났다. 보로동지군(保路同志軍)들은 "보로를 만청(滿淸)을 전복시키는 도구로 삼는다"140)라고 했다. 신상의 정치적 전향을 촉진한 마지막 요소는 혁명형세의 최종적인 형성 및 무창봉기의 실제폭발이었다. 이는 또한 가장 관건이 되는 요소였다. 경제적인 현실성은 신상계층으로 하여금 정치에서의 극단적인 현실성 혹은 극도로 '좁은 안목'을 갖도록 했다. 그들은 기필코 손 위의 주판알을 튕기듯이 아주 정확하게 정치상의 이해득실을 계산한 뒤에야 비로소 바람의 방향을 보고 키를 돌리고 조류에 순응하여 배를 몰았다. 다시 말해 "객관적인 형세의 끊임없는 핍박을 당하고 나서야 그들은 비로소 비틀거리며 봉건통치자와 결별하는 길로 나아갔던 것이다."

무창봉기 폭발전야에 이르기까지 비록 이미 여러 가지 변화의 조짐들이 있었으나 전체적으로 말한다면, 신상계층은 결코 혁명으로 전향하지 않았다고 할 수 있다. 바로 혁명 그 자체가 입헌파와 부르주아 계급화한 신상들이 갖고 있던 입헌에 대한 환상을 철저하게 타파했고, 그것이 거대한 구동력이 되어 신상계층에게 새로운 정치적 선택을 하도록 촉진했다.

전례없는 혁명폭풍의 와중에 각지 신상들의 정치적 동향은 대체로 두 종류로 나뉘어졌다. 하나는 혁명역량이 비교적 강대하고 무장봉기가

---

140) 曹叔實, 『四川保路同志會與四川保路同志軍之眞象』.

일어난 지역에서, 신상들이 일반적으로 열렬하게 혁명에 호응하여 온 힘을 다해 봉기를 지지하고 적극적으로 협조하는 역할을 한 경우로, 무한과 상해를 예로 들 수 있다.

최초로 봉기가 일어난 무한은 당시 혁명사조가 가장 고조되고 발달된 지역으로, 문학사文學社와 공진회共進會 등의 혁명단체는 일찍부터 무한에서 장기간 동안 비밀리에 선동선전과 조직공작에 종사했다. 그들은 공작의 중점을 신군·회당會黨·화교·유학생에게 두었으나, 상업계까지 침투하여 서로 연계를 맺었다. 이 때문에 비록 무한지역의 대다수 신상들은 무창에서 신해혁명의 첫 봉기가 일어나기 전까지 부르주아 계급 입헌파에 붙어서 입헌군주제에 연연했으나, 소수의 사람들은 여전히 은밀히 혁명당원과 연락하여 혁명사상이 싹트기 시작했으며, 그 가운데 일부 공·상업계 인사들은 혁명조직인 문학사에 참여했다. 장유곤章裕昆의「문학사무창수의기실文學社武昌首義紀實」에 따르면 "무한의 두 상업학당의 학생인 등한정鄧漢鼎·이도李濤, 한구상단 단원 유소방劉少舫·임성농林醒濃·황소지黃小池·이명실李鳴實 등은 원래 서로 학문을 토론한다는 핑계로 비밀 단체인 신주학사神州學社를 조직했고 구성원은 40여 명이었는데, 평소 축제륙祝制六 등과 늘 소식을 주고받다가 현재 축제륙의 소개로 모두 문학사에 가입했다"[141]라고 한다. 그 가운데 유소방은 무한주재 광동방 상인 가운데 저명한 인물로, 1905년 미국상품배척운동의 조직자 가운데 한 사람이었다.

상술한 기초 위에서 무창봉기의 총성이 울린 뒤 혁명당원들은 적극적으로 탕화룡湯化龍 등 입헌파 대표인물들에게 참여를 요청하는 외에,

---

141) 楊松等 編 : 榮孟源 重編, 『中國近代史資料選輯』(北京:生活·讀書·新知 三聯書店, 1954).

특히 무한상회와 상단의 신상들을 끌어들이기 위해 힘을 쏟았다. 군정부는 성립 초기에 곧바로 고시를 공포하여 상인을 위로하며 "상무를 어지럽히는 사람은 참수하고… 상무를 돌보는 사람은 상을 준다"라고 강조했다. 또한 군정부는 연국捐局과 연잡捐卡을 철폐하고, 각종 명목의 잡다한 기부금을 폐지한다고 선포했으며, 이 모든 조치가 상업계를 대단히 고무시키고 희망을 안겨주었다.

잠시 동안 관망하며 이해득실을 가늠한 뒤에, 무한의 신상들은 대부분 태도를 바꾸어 혁명당파 쪽으로 기울어졌다. 상회와 상단의 지도자들은 각 보안회로 하여금 "흰 베〔白布〕를 표지로 삼아" 민군民軍을 지원하도록 했다. 민군에게 군량을 원조하기 위해 "상회는 우선 5만 금金을 빌려주어 임시식비로 지급하도록 했다."142) 한구상무총회는 또한 거금을 마련하여 신군新軍 1개 진鎭을 모집하는 데 필요한 자금〔봉급〕을 제공하고, 아울러 상동商董 네 사람을 추천하여 군수업무를 전담하여 군량과 마초를 보급하는 일을 책임지도록 했다. 통령統領 하석번何錫藩이 내린 명령에 이르기를 "본부의 보급품은 한구상회와 군정부가 마련한 군량과 마초로, 유가묘劉家廟 역에서 수령한 것이다"143)라고 했다.

한구상단의 경우 "각 단 연합회는 적극적으로 난관에 대처하기 위해 치밀한 계획을 수립하여 보급소 다섯 곳을 설치했다. ① 심가묘沈家廟, ② 육영국育嬰局, ③ 제생당濟生堂, ④ 소관제묘小關帝廟, ⑤ 우인의사友仁義社. 상단은 인근단체에서 건량을 구입한 다음 기일에 맞춰 운송하여 민군을 접대했다."144) 민군이 한구를 점령한 뒤 상회회장 채보경蔡輔卿과 부회장 이

---

142) 李西屛,「武昌首義紀事」,『辛亥首義回憶錄』第4輯, 34쪽.
143) 楊玉如,『辛亥革命先著記』(北京:科學出版社, 1957), 128쪽.
144)「漢口各團聯合會協助民軍紀實」,『武昌起義檔案資料選編』上卷, 246쪽.

자운李紫雲은 군분부軍分府에 가서 혁명군을 위로하고 아울러 군수지원금 10만 원元을 전달했다. 대략적인 통계에 따르면, 최초의 봉기기간에 무한 상회와 상단의 신상들이 민군에게 지원한 군비는 합계 1백만 원에 달했다.

10월 14일 어떤 일본인이 무창을 방문하여 여원홍黎元洪에게 군수품 문제에 대하여 이야기하자, 여원홍은 웃으며 대답하기를 "현재 상인들이 군사비로 1백 원도 내고 2백 원도 내고 있으며, 상인들이 이처럼 원조를 아까지 않으므로 우리는 결코 군사비가 부족할까 걱정하지 않는다"[145]라고 했다. 10월 19일 민군이 유가묘劉家廟에서 청군을 격파하자 상회신상들은 다시 술과 고기 등을 구입하여 전선으로 가서 위로했으며, 아울러 붉은 천과 채색 천을 병사들에게 나누어 주어 용감하게 싸우도록 격려했다.[146]

도시경제를 안정시키고 사회치안을 유지하는 면에서도 무한신상들은 최초봉기의 승리를 보증하기 위해 아주 큰 공헌을 했다. 최초봉기의 초기에 전란의 두려움과 토비의 소란 아래 상점·관전국官錢局·표호票號 등이 잇따라 문을 닫아 금융이 큰 영향을 받자 사람들이 술렁거렸다. 금융불안과 화폐가치의 하락을 막기 위해 한구상회는 군정부의 의도대로 지폐 50만 원을 발행하여 자금회전을 도왔다. 아울러 상민商民들을 격려하여 거듭 지폐가 잘 유통되도록 했으며, 이와 함께 많은 환전소를 설치함으로써 관표官票의 신용이 유지되도록 했다.[147]

사회질서를 유지하기 위해 한구의 신상들은 각 구역 보안회를 기초

---

145) 「記詹大悲辦大江報和漢口軍政分所」, 『辛亥革命回憶錄』 2(北京:中華書局, 1961).
146) 楊玉如, 앞의 책, 126쪽.
147) 蔡寄歐, 『鄂州血史』(上海:龍門聯合書局), 100쪽.

로 하여 반 무장상단을 조직해서 각단 연합회라 부르고 "회의를 열어 대책을 상의하여… 지방을 보위하고, 민군에 협조하는 것을 중요한 임무로 했다." 각단 연합회 책임자인 마강후馬剛侯와 관소요關少堯는 구역을 나누어 연설을 했다. 그들은 "민군은 훌륭한 대책을 완비하고 있으며, 병사들은 하늘을 나는 매처럼 용맹하여 백성을 재난에서 구출하여 안락하게 하는 것은 너무나 쉬운 일에 속하니, 청컨대 각 상점의 상인들은 평소와 같이 교역하고, 집집마다 권유하여 등불을 하나씩 내걸고, 가정마다 장정을 한 사람씩 뽑아 보호하도록 하자"[148]라고 했다.

전방에서 전쟁이 치열할 때 상단은 밤낮으로 훈련을 받았으며, 실탄으로 무장하고 "거리를 순찰하여 비도들을 체포하고, 도시 전체의 치안을 유지하는 일을 담당함으로써" 민군의 후방을 공고히 하는 일을 효과적으로 수행했다. 무창武昌과 한양漢陽의 신상들은 또한 상단(무창은 보안사라고 부름)을 창설하고 주요 도로를 장악하여 시내를 통제하고, 밤낮으로 순찰하고, 있는 힘을 다해 "질서를 유지함으로써 관방의 힘이 미치지 않는 곳을 돌보았다." 뒤에 상회회장 채보경蔡輔卿은 심지어 순경총감巡警總監으로까지 발탁되어 약 6백 명의 경찰을 관할했다.[149]

더욱이 상해의 '광복'은 혁명당원과 상단이 공동으로 피 흘려 싸운 결과로, 심만운沈縵雲·이평서李平書·왕일정王一亭·섭혜균葉惠鈞 등의 신상은 그 가운데서 중요한 역할을 담당했다. 입헌에 대한 절망감 때문에 방향을 바꾸어 혁명의 길로 들어섰고, 아울러 비밀리에 동맹회에 가입한 심만운은 혁명당원과 상해의 신상들 사이에서 서로를 연결하는 중개자의 역할을 담당했다.

---

148) 「漢口各團聯合會協助民軍紀實」, 「武昌起義檔案資料選編」 上卷, 246쪽.
149) 漢口 「中西時報」, 1911年 10月 13日.

상해봉기 전날 밤 동맹회 중부총회의 송교인宋敎仁과 진기미陳其美 등의 영도자들은 일찍이 중국국민총회中國國民總會의 신상 심만운·섭초창葉楚傖 등과 한 차례 비밀집회를 열어 "즉석에서 상단과 연락하고 사신士紳과 연합하는 것을 상해봉기의 중점 공작으로 삼았으며, 아울러 『민립보民立報』를 이용하여 혁명의 승리를 선전하여 민중의 기상을 고무시킬 것을 결의했다."[150]

그러나 "상단과 연락하고, 사신士紳과 연합하는" 관건은 상단연합회 회장 겸 저명한 신상인 이평서의 지지를 얻어 그로 하여금 혁명당원 쪽에 서도록 하는 데 있었다. 이 중요한 임무는 자연스럽게 당시 상단연합회 부회장직을 맡고 있으면서 이평서의 '막역지우'인 심만운에게 떨어지게 되었다. 이평서의 회고에 따르면, 심만운은 유세의 사명을 매우 성공적으로 완수했다.

무창에서 봉기가 일어난 뒤 하루에도 몇 차례 상해로 전보가 날아들었다. 소식을 들은 사람들은 열렬한 관심을 표명했으나 심만운은 남몰래 이를 근심했다. 하루는 나에게 "근래 개인적으로 전보를 받았는데 한양漢陽은 확실히 지킬 수 있을 것으로 믿으나, 만일 지키지 못하게 되면 무창武昌 역시 위태롭게 되며, 만약 이번에 실패하면 우리 한족이 여전히 살아남을 수 있을지 모르겠다"라고 했다. 말을 한 뒤에 탄식을 멈추지 않았다. 나는 "나 역시 신문에 실린 승리를 알리는 전보의 내용이 모두 믿을 것이 못된다는 사실을 알고 있으며, 어떻게 해야 할지 그 방책을 깊이 생각해 보았다. 지금 동남지역에서 급히 일어나 호응하지 않는다면 무한武漢의 위기를 구할 수 없을 것이다.…"라고 했다. 말이 끝나기도 전에 심만운이 벌떡 일어나며 "선생께서 그런 생각을 가지고 있었습니까? 근래 상해의 혁명당원들이 바로 이 일을 논의하고 있는데,

---

150) 『辛亥革命回憶錄』 4(北京:中華書局, 1962), 48쪽.

오직 선생의 찬동을 얻지 못하고 있습니다. 지금 동지들을 선생께 소개하고자 하는데 만나보시겠는지요?"라고 했다. 내가 "좋다"라고 했다. 이에 그날 저녁 진기미陳其美와 함께 우리 집에 왔기에 밀실에서 만났는데, 만나자마자 서로 의기가 투합했다.151)

이평서는 당시 현임 상단연합회 회장이었을 뿐만 아니라, 동시에 상해성상내외자치공소上海城廂內外自治公所의 총동總董 겸 호남상회滬南商會의 의동議董으로서 상해의 신紳·상商·학學 각 계에 모두 상당한 영향력을 갖고 있었다. 그러므로 그의 정치적 선택은 아직도 "정세를 관망하고" 있는 신상거물들에게 영향을 미쳐 그들로 하여금 관망·방황·유예에서 벗어나 신속하게 혁명당파 쪽으로 기울어지도록 할 수 있었다. 이평서는 『차완노인칠십세자서且頑老人七十歲自敍』에서 상해신상과 혁명당원이 서로 왕래한 역사에 대하여 아래와 같이 기술하고 있다.

남시南市 신성은행信成銀行 주임 심만운과 진기미는 동지로 나와는 막역지우이며, 진기미를 소개하기 위해 기일을 정하여 서로 만나기로 했다. 나는 심신경沈信卿·오회구吳懷玖·막자경莫子經과 약속하여 서로 만나 비밀리에 상의했다. 모두 시세가 여기에 이르렀으니 폐관주의를 택할 수는 없으며 정세를 자세히 살펴 진퇴를 결정해야 한다고 했다. 이에 진기미와 약속하여 정길리貞吉里의 우거寓居에서 만나기로 했다.152)

여기에 언급된 심신경沈信卿〔恩孚〕·오회구〔형〕吳懷玖〔馨〕는 당시 각각 성자치공소의사회城自治公所議事會의 의장과 부의장직을 맡고 있던 사람이며, 막자경莫子經〔錫綸〕은 성자치공소 동사董事로 모두 상해 지방자치의 중요인물

---

151) 『沈縵雲年譜』, 附 : 李平書 撰, 「哀文」.
152) 李平書, 『且頑老人七十歲自叙』, 187쪽.

이었다. 그들이 암암리에 봉기에 동의했다는 것은 의심할 바 없이 상해 지방자치 권력 및 상단 무장세력이 이미 혁명당파의 수중으로 들어왔다는 사실을 의미한다.

1911년 11월 초 상해 혁명당원은 상단신상과 연합하여 군정부의 명의로 봉기를 선포했다. 11월 3일 봉기부대는 결의대회를 거행했는데 "가장 질서정연한 것은 섭혜균葉惠鈞이 인솔해 온 상단사람 수백 명으로, 그들은 성능이 좋은 총기로 완전 무장하고 있었다." 결의대회에서 상해신상의 영수인 이평서와 심만운은 혁명당 영수인 진기미와 함께 단상에 올라 연설하여 사기를 북돋우었다. 대회가 끝나고 병사들은 두 갈래로 나뉘었다. 한 갈래는 진기미가 통솔하는 민군民軍으로 강남제조국江南製造局을 공격했으며, 다른 한 갈래는 상단으로 상해도上海道와 상해현上海縣의 각 관공서를 공격했다. 상단 쪽은 진격이 순조로웠으나, 민군 쪽은 완강한 저항에 부딪혀 진기미는 청군의 포로가 되었다.

이 중대한 고비에서 이평서 등 상단의 영도자들은 결심을 굽히지 않고 상단과 민군이 공동으로 강남제조국을 계속 공격하여 포로가 된 진기미를 구출하고자 했다. 11월 4일 밤 상단소속 6백~7백 명의 병력은 무장을 갖추고 출병을 기다리고 있었다. "출전에 임박하여 왕일정·심만운·섭혜균 세 사람이 눈물로 호소하고 거듭 격려하자 단원들은 모두 밥솥을 부수고 배를 침몰시키는 결사의 각오로 용기를 내어 힘차게 돌진하고자 했으며, 뒤를 돌아보는 자가 하나도 없었다."[153] 사기가 오른 상단은 민군결사대와 협조하여 단숨에 속전속결로 기적처럼 신속하게 강남제조국을 점령하고 진기미를 구출함으로써 상해의 대세를 유리하게 이끌었다. 이 싸움에서 상단과 민군 측의 작전은 매우 영특하고 용감했으

---

153) 上海社會科學院 歷史硏究所 編,『辛亥革命在上海史料選輯』(上海: 上海人民出版社, 1981), 152쪽.

며 지휘 역시 탁월하여 "의롭게 죽은 사람은 단지 한 명뿐이었고, 부상자도 겨우 몇 명에 불과했다."154)

직접 군사행동에 참여하는 외에 상해신상들은 경비를 마련하여 군정부의 재정곤란을 해결하는 면에서 더욱 큰 공헌을 했다. 심만운·주순경周舜卿이 경영하는 신성은행信成銀行과 우흡경虞洽卿이 경영하는 사명은행四明銀行은 모두 적극적으로 민군에게 경비를 제공했다. 당시 봉기군에게 "발급된 군량은 대부분 이 두 은행에서 제공한 것이었다."155) 4월 초 상해상무총회 총리 주진표周晋鑣는 한 번에 백은 5만 냥의 원조를 약속했다.156) 이후 상회는 다시 "부유한 상점을 골라 각각 1천 냥씩 차입하여 합계 27만 냥을 마련하여… 군정부가 사용하도록 넘겨주었다."157) 주금표周金鑣가 1913년 상해상무총회 특별회의에서 행한 보고에 따르면, 상해광복 전후 상해군〔滬軍〕이 상해상인에게 체납한 부채는 모두 3백만 원에 달하는 거금이었다.158)

상해의 신상들은 지방질서 유지에서 경내를 수호하고 백성을 편안하게 하는 것을 특별히 중시했다. 사실상 신상들이 혁명파 쪽으로 전향하기로 결정한 이유는 거의 대부분 지방을 보전하고, 동시에 자신들의 생명과 재산을 보호하려는 현실적인 고려에서 비롯된 것이었다. 민국시기 『상해현지上海縣志』에는 다음과 같이 기술하고 있다.

혁명이 일어난 뒤 민당民黨영수와 지방사신士紳들은 모두 이평서李平書의 말을

---

154) 위와 같음.
155) 『民立報』, 1913年 1月 19日.
156) 『字林周報』, 1911年 11月 11日.
157) 『神州日報』, 1912年 6月 13日.
158) 『上海總商會辦事報告』, 1913年 1月 14日, 特別會議記錄.

중요하게 여겨, 뭇사람들의 의견을 광범하게 수렴하고 은밀히 대응방법을 강구했는데, 매사에 지방을 보전하고 백성의 생명을 해치지 않는 것을 요지로 삼았다.

봉기가 일어난 뒤 상해에서는 한동안 "주민들이 숨어서 나오지 않고 건달과 불량배들이 나타나 길을 막고 강탈하는" 혼란한 국면이 출현했다. 이 때문에 이평서 등의 주재 아래 성자치공소城自治公所는 10월 말 임시특별회의를 소집하여 다음과 같이 의결했다. ① 동구東區 경내에 순사巡士 2백 명, 남구南區에 90명, 서구西區에 60명을 보강한다. ② 상해 남부철로[滬南鐵路] 역 부근에 빈민습예소貧民習藝所를 설치하여 전쟁으로 인하여 실업자가 된 빈민들을 수용한다. ③ 곡물을 구입하여 빈민을 구제하며, 경비는 성자치공소에서 조달한다. ④ 협의를 거쳐 각 상단·상회 및 각 업종의 동사들에게 요청하여 신속하게 단련團練을 개설하여 지방을 보호하도록 한다. ⑤ 협의를 거쳐 각 향鄕·진鎭의 지역동사들에게 요청하여 스스로 단련을 계획·설치하여 토비의 소란을 방지하도록 한다.[159] 그리하여 "상단이 중심이 되고 구화회救火會가 보조하여… 밤낮으로 경비하고 교대로 나가 지키며 지방을 보위함으로써" 아주 빠르게 사회질서가 안정되었으며 "이에 마을이 평안하고 백성들이 조금도 다치지 않게 되었다."[160]

신상들이 상해 광복기간에 행한 중요한 역할로 인하여 호군도독부滬軍都督府가 성립된 뒤 적지 않은 신상들이 요직을 맡게 되었다. 이평서는 민정부장, 심만운은 재정부장, 왕일정은 교통부장, 우흡경은 고문관이 되고, 상단사령商團司令 이현모李顯謨는 군무부軍務部 부부장副部長에 임명되

---

159) 『時報』, 1911년 10月 28日.
160) 「上海商團小史」, 『辛亥革命』7, 88쪽.

었다. 분명히 부르주아 계급화한 신상들은 호군도독부에서 상당히 지배적인 역할을 할 수 있게 되었고, 단지 있으나 마나한 일종의 장식품에 불과한 존재는 아니었다.

신해혁명 기간 동안 신상의 정치적 동향으로서 두번째 유형은 봉건 구관료와 입헌파 세력이 우세하고, 혁명역량이 상대적으로 약하거나 혹은 힘이 미치지 못하는 지역에서, 신상이 늘 구관료나 입헌파와 서로 결탁하여 '평화적인 독립'을 도모하는 것이었다. 신해혁명 기간에 절대다수를 차지한 것은 이러한 상황이었는데, 특히 소주와 광주의 '독립'이 그 전형이었다.

소주의 독립은 강소성의 '평화적인 광복〔和平光復〕'의 축소판이었다. 무창봉기 후 소주신상들은 처음에 시국의 변화를 조용히 관망하는 태도를 취했다. 그들은 지방사회의 질서를 유지하는 데 온 힘을 기울여 관부와 공모하여 혼란을 평정하고 서로 보호할 뿐, 결코 상해의 부르주아 계급 거물들처럼 혁명당원과 협력하여 무장봉기를 일으키지 않았다. 소주신상들은 혁명풍조가 야기한 금융혼란과 사회위기에 대처하고자 잇달아 다음과 같은 4가지 조치를 취했다.

첫째로 국고금 20만 원을 차입하여 위급함을 구했다. 강소순무는 국고금 잔고 20만 원을 현양(現洋)으로 상회에 대출하여 시장상황을 회복시키고자 했다. 그러면서 상점에 연대보증을 세우고 상회 역시 책임을 지도록 했으며, 2개월 뒤 청산하되 "현양으로 상환하도록 했고 이자는 면제했다."[161] 이 자금은 금융장애라는 초미의 급선무를 어느 정도 완화하는 작용을 했다.

둘째로 관전국(官錢局)에서 발행한 지폐를 이전처럼 그대로 사용하고

---

161) Z2-1, 303/16.

동시에 새 화폐를 발행하도록 요청했다. 무창봉기의 승리 후 사람들은 청정부 관전국에서 발행한 지폐가 쓸모없는 종이조각으로 변하지나 않을까 걱정했다. 그런 까닭에 분분히 화폐를 현양으로 바꾸고 있었으며, 그에 따라 상점과 점포에서도 신용이 크게 떨어진 지폐를 거절했다. 시장을 안정시키기 위하여 소주상회는 각 업종에 알려 반드시 이전과 같이 옛 지폐를 사용하도록 함으로써 "혼란을 막고자 했다." 동시에 소상총회蘇商總會는 총독과 순무에게 각각 전보를 보내 남경에 보관하고 있는 "현은現銀으로 지불을 보증하는" 새 화폐 가운데 1백만 원을 소주에 구제금으로 보내 긴박한 자금의 흐름을 완화시킬 수 있도록 해달라고 요청했다.162) 이 일은 청정부가 당시 이미 이것을 돌보다 보니 저것을 놓치고, 아침에 저녁 일을 보장할 수 없는 급박한 상황에 처했으므로 중지될 수밖에 없었다.

셋째로 상회의 주도로 20만 원의 유통표流通票를 발행하여 일시적으로 시장상황을 구제했다. 이에 앞서 전업공회錢業公會는 10월 18일 강소순무가 발급한 20만 원의 공급은 "한 잔의 물로 한 달구지의 장작불을 끄려는 격이니, 일을 계속해 나가기가 매우 어렵다"라고 생각했다. 따라서 상회가 서둘러 유통표流通票 20만 원을 발행하고, 각 업종에 공문을 보내 오직 유통만 시키되 현금으로 바꾸지 못하게 하며, 아울러 상회가 수발업무를 담당하는 총기관이 되어 유통표의 수발은 모두 상회에서 처리하며, 시장상황이 안정되면 다시 회수하도록 하라고 요청했다. 소상총회의 신상들은 당시에 비록 이것이 일시적으로 시장상황을 구제하는 한 가지 방책이라고 생각했으나, 또한 표票의 유통이 순조롭지 못하여 오히려 혼란을

---

162) 乙2-1, 308/35.

야기하지나 않을까 걱정하면서, 여전히 청정부에서 명령을 내려 새 화폐를 발행하도록 해주기를 희망했다. 새 화폐의 발행을 요청하는 계획이 무산된 뒤 소상총회의 신상들은 달리 해결방도가 없는 어려운 상황에서 이 방법을 채택할 수밖에 없었다. 소상총회는 순경도巡警道·소주부蘇州府와 장주長洲·원화元和·오吳 세 현에 공문을 보내 알리기를 각 전장錢莊의 요청을 받아들여 상회의 직인을 찍은 액면가 1원짜리 20만 원元을 발행하여 "잠시 구제하여 시장상황을 소통시킨다"[163]라고 했다.

넷째로 임시질단국臨時質緞局[164]을 설립하여 방직업자를 구제했다. 현금의 결핍과 일부 조업정지 때문에 야기된 방직공의 동맹파업 풍조를 안정시키기 위해서 상회는 다시 운금공소雲錦公所와 회동하여 전상錢商 왕립오王立鰲〔蘇經·蘇綸絲廠 총경리를 겸임〕와 전상典商 유흥보俞興甫에게 5만 원의 현양現洋을 내도록 권유하여 임시로 질단국을 설립하고, 자금력이 비교적 영세한 사단장紗緞莊과 방직 수공업자를 구제했다. 이 질단국은 운금공소가 직인을 찍어 발부한 전표에 근거하여, 임시로 무늬있는 비단을 담보로 잡고, 무게 45량 1필 당 현양 15원씩, 매월 2리의 이자를 기준으로 대출해 주되, 6개월을 기한으로 하여 기한이 만료되면, 그 비단을 팔아서 원금과 이자를 상환하도록 했다.[165]

소주상회의 신상들이 취한 위와 같은 일련의 조치는 의심할 바 없이 전대미문의 심각한 금융위기에 대응하여 가까스로 시장의 교역을 유지시키고, 상인들이 중대한 재산손실을 모면하도록 보호하는 데 어느 정도

---

163) 乙2-1, 99/10.
164) 〔역주〕臨時質緞局 : 蘇州의 紳商들이 현금의 결핍, 부분적인 조업정지 때문에 일어난 機工〔방직공〕의 파업쟁의를 수습하기 위해 설립한 기관으로, 이를 이용하여 재력이 비교적 약한 絲緞莊과 機戶〔방직수공업자〕를 원조했다〔필자의 해석〕.
165) 乙2-1, 99/50·24.

긍정적인 작용을 했다. 이러한 임기응변 조치는 물론 혼란한 정세 속에서 상인의 경제적 이익을 유지하기 위한 것이었으나, 당시의 특정한 역사적 조건 아래서 확실히 봉건관신官紳과 〔상인이〕 '상호보호'하는 작용도 했다. 그것은 곧 혁명의 위기가 이미 도래했음에도 불구하고, 다분히 타협성과 연약성을 지닌 소주의 신상 부르주아 계급은 여전히 개량입헌이라는 정치적 입장을 고수하고 있었으며, 장차 혁명에 의해 야기될 거대한 사회적 진통과 재산의 손실을 두려워한 나머지, 억울하지만 차라리 구질서의 '두엄더미[糞堆]' 속에 계속 기생하는 편이 낫다고 여겼으며, 감히 무턱대고 봉건통치자와 전면적으로 결별하지 못했다는 사실을 분명하게 보여준다.

몇몇 성省이 잇달아 광복을 맞이하고 혁명의 바람 소리가 전국에 울려 퍼지면서 청왕조의 전면적인 붕괴가 기정사실화되었을 때, 소주의 신상들은 마침내 부득이 자신들의 정치적 행방을 처음부터 다시 생각하여, 봉건통치자와 공모하여 혼란을 평정하고자했던 방법을 포기하고 '봉기에 찬성하는' 대책을 취하여 적극적으로 온건한 '평화독립'을 모색하는 방향으로 전환하지 않을 수 없었다.

상해가 광복된 다음날(11월 4일) 소주상회 총리 우선갑尤先甲과 의동 반조겸潘祖謙 등은 강소순무 정덕전程德全을 만나 압력을 가하여 독립을 선포하라고 요구했다.166) 그날 밤 상해 쪽에서 다시 신상 우흡경虞洽卿과 진광보陳光甫가 소주로 와서 정덕전에게 유세했으며, 이보다 앞서 상해교육계와 '식루息樓'167)인사 황염배黃炎培·심은부沈恩孚·주숙원朱叔源·사량재史量

---

166) 『時報』, 1911년 11월 6일. 이밖에 葉昌熾, 『緣督廬日記鈔』, 신해년 9월 14일 참조.
167) 〔역주〕息樓 : 1904년 상해에서 창간된 『時報』 사옥 3층에 있던 휴게실 이름. 신해혁명을 전후하여 상해에 머물던 문화교육계의 명사들이 모여 천하대사를 논하던 곳.

才·모경주毛經疇 등도 일찍이 여러 차례 소주에 와서 유세했다.[168] 각종 요소의 상호작용 아래, 더욱이 각 성의 잇따른 광복이라는 혁명정세의 압박을 받아, 정덕전은 부득이 11월 5일 "소주오속사신蘇州五屬士紳의 청을 받아들여" 소주에서 독립을 선포하고 강소도독부江蘇都督府를 결성했다. 유일한 혁명적 행동은 대나무 장대를 이용하여 순무관아 정청正廳 처마 위의 기와 몇 장을 끄집어 내림으로써 "혁명은 반드시 파괴가 따른다는 사실을 보여준 것이었다." 강소성에 속한 각 지방 역시 이른바 "격문을 돌려 평정했다."

광복 초기에 소주의 일부 상층신상과 학신學紳들은 마치 광복원훈과 같은 자세로 군정부의 계획에 참여했다. 11월 5일 "자치신동自治紳董 오본선吳本善·방병훈方炳勛, 상회총·협리 우선갑尤先甲·오리고吳理杲, 전업錢業대표 방천생龐天笙, 당업當業대표 방내군龐鼐君, 상동商董 예영상倪永裳, 단동團董 반조겸潘祖謙, 교육회 공소진孔昭晉 등은 모두 평상복 차림으로 도독을 만나 일의 진행을 논의했다."[169] 신상들의 잇따른 혁명가담은 민심을 안정시키고 혁명의 위력을 강화하는 데 긍정적인 작용을 했다.

신상들은 군정부의 재정압박을 경감하는 일에도 적지 않은 힘을 발휘했다. 당시 유소裕蘇·유녕裕寧 관전국官錢局의 폐업으로 인하여 심각한 '환전가수요소동[搶兌風潮]'이 야기되자, 상회는 각 상점에 공문을 보내 "다같이 곤란한 시기를 고려하여" 평소와 다름없이 관전국의 지폐와 임시유통표流通票를 수용하자고 했다. 소주가 "평화적으로 광복되고" 오래지 않아 강소성의 민군이 남경에 대한 연합공격을 준비하자, 군정부는 엄청난 군수품을 조달하기 위해 막대한 자금이 필요했으며 "이에 특별히 군

---

168) 蘇州市政協, 『文史資料選集』 第6輯, 7쪽.
169) 『時報』, 1911년 11月 6日.

사비 조달처를 설치하여 널리 모금을 장려했다." 소주의 신상들은 대부분 아낌없이 주머니를 털어 "기꺼이 봉기에 필요한 군비를 헌납했다." 동인화同仁和 등 15개의 주단장綢緞莊은 현양現洋 5백 원을 모았고 "저축과 재물을 군대에 기부하여 도왔다."170) 전업典業의 복태福泰·원순元順·원창元昌·안태安泰 등 4개의 전포典鋪는 "11월 1일부터 15일까지 일률적으로 이자를 절반으로 감면했으며, 거두어들인 절반의 이자를 전액 군사비로 기부했다." 단지 3개뿐인 소주의 양담배업은 상회가 보낸 '조향장정助餉章程'을 받은 뒤 "삼가 이 글을 읽고 누군들 감격하지 않겠는가?"라고 하면서 "애써 문은紋銀 150냥을 마련하여 작은 성의를 표한다"171)라고 했다.

1911년 말까지 소주상회의 신상들이 민군경비로 지원한 금액은 모두 2만 2천2백 원에 달했으며, 그 가운데 거액을 차지하는 것은 전업공회錢業公會가 기부한 1만원이었다. 전업공회는 기부사유에 대하여 설명하기를 "지금 우리 전업은 국민들 사이에 늘어서 있고, 같은 한족으로서 공화의 공기를 마시고 있는데, 어찌 감히 공동으로 부담해야 할 의무를 잊을 수 있겠는가?"172)라고 했다. 이러한 내용은 어느 정도 상인의 혁명에 대한 동정과 지지를 반영하고 있다.

무장봉기가 일어난 지역이나 평화적인 광복이 이루어진 지역을 막론하고, 신상들은 처음부터 끝까지 지역의 보전과 사회질서의 유지를 첫번째 위치에 두었는데, 이것은 공통적인 현상이었다. 무한이나 상해의 신상들과 마찬가지로, 사회에 격렬한 변동이 발생했을 때 사회-경제적 이익을 유지하기 위하여, 소주의 신상들은 한층더 자신들의 무장역량을 확

---

170) 乙2-1, 282/16.
171) 乙2-1, 282/6.
172) 乙2-1, 282/14.

대하는 과정을 강화시킴으로써 지방의 '밑천[本錢]'을 보전하고자 했다. 당시 소상총회의 주관 아래 소상체육회蘇商體育會는 신속하게 확대되어 4개의 지부를 거느렸고 회원수는 6백여 명에 달했으며, 아울러 계속해서 총과 탄약을 추가 구매했다. 상회 신상들의 영도 아래 체육회 회원들은 실탄으로 무장하고 민군과 협력해서 "밤낮으로 순찰하여 질서를 유지했으며, 이렇게 하여 지방은 안정을 되찾았다. 일이 끝난 뒤 비로소 상무총회는 도독부에 등록하여 소상체육회의 명의를 상단공회商團公會로 바꿈으로써 이름과 실제가 부합되게 했다."173)

광주廣州에서는 중·하층 신상 및 일반상인이 수구신사 및 대신상大紳商들과 장기적으로 대립하는 위치에 놓여 있었다. 전자는 월상자치회粵商自治會와 72행七十二行을 근거지로 삼고 있었으며, 후자는 문란서원文瀾書院과 상무총회를 거점으로 삼고 있었다. 이러한 사실 때문에 광주의 평화적인 독립은 여타지역과 다른 특징을 갖게 되었다.

무창봉기 폭발 후 10월 25일 광주시내의 각 신상단체들은 문란서원에서 집회를 열었다. 여기서 일부 수구적인 신사들은 광동성의 '개량독립改良獨立'을 제의했으나, 공화에 찬성하는 문제에 대해서는 언급하지 않았다. 이것은 사실상 관리와 수구신사들의 '교활한 자기보호' 술책이었다. 상회의 상층신상들이 거기에 부화뇌동하자, 월상자치회와 72행의 중·하층 신상 및 일반상인들은 극도로 불만이었으며 "이런 정책은 결코 사태해결에 도움이 되지 않는다"라고 생각했다.174)

10월 29일 광주신상들은 애육선당愛育善堂에서 집회를 열어 "공동으로 공화정체共和政體의 승인을 결의했다." 이날 오후에는 장소를 문란서원으

---

173) 『蘇州商團檔案匯編』, 2쪽.
174) 郭孝成, 「廣東光復記」, 『辛亥革命』 7.

로 옮겨 회의를 열었는데, 어떤 사람이 '광동민단독립廣東民團獨立'의 기치를 내걸자, 도시 전체의 상인들이 모두 이미 독립이 되었다고 생각하여 분분히 "깃발을 내걸고 등불을 매달며 폭죽을 터뜨려 서로 축하했다." 그 결과 상인들의 행동은 장명기張鳴岐의 탄압을 받았으며 평화적인 독립은 실현되지 않았다. 10월 30일부터 광주시 전역의 상인들은 동맹파업을 거행함으로써 장명기가 평화적인 독립을 탄압한 데 대하여 항의를 표시했다. 11월 9일 혁명당원과 신상의 연합행동 아래 광동성은 마침내 독립을 실현했다.

광동성의 독립 후 상회 상층신상들도 뚜렷하게 혁명 쪽으로 선회했다. 11월 17일 군정부는 총상회 신상들에게 부탁하여 각계의 인사들을 소집하여 행정강령을 논의했으며, 혁명당원이 제기한 군정부 인선은 전부 순조롭게 통과되었다.175) "구선당九善堂·총상회總商會·72행상七十二行商은 각각 전력을 다해 군사비를 모금하겠다고 약속했다." 군정부가 금융 질서를 유지하기 위해 발행한 새 화폐에 대하여 "상회는 그 유통과 사용을 승인했다."176)

이상의 사실은 신해혁명 시기에 각지의 부르주아화한 신상들이 혹은 느리게 혹은 빠르게, 혹은 많고 혹은 적게 모두 혁명에 대하여 어느 정도 동정과 지지를 표현함으로써 혁명에 찬동하고 공화를 추구하는 실제행동으로 자신의 계급적 염원을 표달했다는 것을 말한다. 신해혁명의 폭발은 물론 손문을 영수로 하는 민주혁명파가 장기간 꾸준히 분투한 결과이지만, 만약 신상계층을 핵심으로 하는 공·상 부르주아 계급의 지지가 없었다면, 이 한 차례의 혁명은 혹시 만주족이 세운 청나라를 타도하고

---

175) 위와 같음.
176) 『各省光復』中, 419쪽.

승리를 획득하기 어려웠을지 모른다. 이러한 점에서 볼 때 부르주아 계급 주체 즉 공·상 자본가들이 혁명에서 내뿜은 정치적 열정과 활력 역시 마찬가지로 소중하며 그 공적을 무시할 수 없다.

그러나 부르주아화한 신상들은 필경 봉건적인 인습에 너무 깊이 물들어 있고 타협성이 너무 강했다. 이 때문에 혁명과정에서 필연적으로 보수적이고 타협적인 정치성향을 표출함으로써 혁명의 진행에 영향을 미쳤다. 특히 몇몇 민족 자본주의 경제발전이 불충분한 지역과 혁명역량이 상대적으로 약한 지역에서 신상계층의 정치적 보수성은 더욱 심각했다. 이러한 정치적 보수성은 혁명폭발 초기에는 일반적으로 무서워서 앞으로 나아가지 못하고, 양다리를 걸치고 관망하는 형태로 표현되었다.

상술한 소주와 광주의 상층신상과 관부가 공모하여 상호 보호하는 사례 외에도, 예를 들어 무창에서 최초의 봉기가 일어난 뒤 천진상회의 신상들은 직례총독의 명령에 순종하여 관부가 경제질서 및 지방치안을 유지하는 데 협조함으로써 직례총독 진기룡陳夔龍으로부터 다음과 같은 칭찬과 격려를 받았다.

> 호북성에서 사건[신해혁명 -역자]이 발생한 뒤 유언비어가 사방으로 퍼져나갔다. 북경과 천진 일대 역시 이 때문에 인심이 흉흉하고 시장이 심각한 공황상태에 빠졌다. 다행히 상무총회商務總會 총리 영세복寧世福, 협리 오련원吳連元, 좌판坐辦 이향진李向辰, 방판幇辦 두보정杜寶楨 등이 대의를 통찰하여 고생을 마다하지 않고 있는 힘을 다해 질서를 유지하여 상인들이 동요하지 않게 함으로써 실로 대세의 유지에 큰 도움이 되었다.[177]

상층신상들은 진기룡의 칭찬과 격려에 감격을 금치 못하고 즉각 답

---

177) 『天津商會檔案匯編(1903~1911)』, 2420쪽.

장을 보내 계속 충성할 것을 다짐했다.

> 호북성에서 변란이 발생한 뒤 천진의 인심이 흉흉했으나 다행히 총독께서 침착하고 태연자약한 모습을 보이시어 상민商民들이 그것을 우러러보고 본받아 동요하지 않겠다는 마음을 견지함으로써 시장상황이 안정을 찾게 되었습니다. 저희들이 무슨 공로가 있어 감히 칭찬과 격려를 받을 수 있겠습니까… 저희들은 시장상황을 처음부터 끝까지 안정시킴으로써 총독의 대국을 유지하고자 하는 뜻에 부응하고자 합니다.178)

동삼성東三省 상인들의 정치적 태도 역시 기본적으로 보수적이었다. 예를 들어 봉천奉天에서는 상층신상들이 11월 초에 총독 조이손趙爾巽이 주재한 보안회의의 준비와 조직에 참가했고, 아울러 외국인에게 상단을 조직하여 지방의 질서유지를 도와달라고 부탁하는 일도 아끼지 않았다.179)

각 성이 잇따라 독립하고 지방정권을 건립하는 과정에서 신상들의 정치적 보수성은 다시 주동적으로 구관신舊官紳과 입헌파를 가까이하고 점차 의지가 확고한 혁명파를 멀리하는 형태로 표출되었다. 그들은 특히 하층군중으로부터 표출되는 혁명정서에 대하여 걱정이 태산이었으며, 혁명이 계속 심화되어 기존 사회질서를 파괴하지나 않을까 우려했다.

최초로 봉기가 일어난 무한에서 신상들은 여원홍黎元洪·탕화룡湯化龍 등과 밀접한 관계를 맺고 있었으며, 적지 않은 공·상업계 인사들이 여원홍이 이끄는 민사民社와 진보당에 참가했다. 강소성의 신상들은 즉각 구관료인 정덕전程德全이 강소江蘇도독의 자리를 맡아야 한다고 주장하면서

---
178) 위와 같음.
179) 英國 『外交部使館檔案』(奉天, 1911年 11月 13日, 第44號 電文).

"상민商民들이 정공(정덕전)을 원하는 마음은 가뭄에 단비를 바라는 것과 같다"[180]라고 했다. 광동성이 독립한 뒤 신상들은 차라리 공화에 반대하는 장명기張鳴岐와 용제광龍濟光을 도독으로 선택할지언정 진정으로 혁명당원이 도독직을 맡는 것을 원하지 않았다. 특히 용제광은 줄곧 신상들의 권유를 받았다.[181]

요컨대 신해혁명 시기에 신상계층이 보여준 임기응변, 진퇴와 행동거지를 통해 다시 한번 분명하게 알 수 있는 것은 이 계층의 정치적 행위방식은 매우 실무적이고 보수적이며, 그들은 정치적 이상과 원칙을 중시하기보다는 과정과 수단을 더욱 강조했다는 사실이다. "안정을 유지하고 혼란을 예방하여" 최대한으로 자신의 경제적 이익과 사회적 기득권을 지키는 것이 그들이 가진 정치이념의 최대 관심사였다. 이러한 현실적인 목표를 달성하기 위해 그들은 현단계에서 장구한 이익을 보장해 줄 수 있는 정치대표에게 접근·영합할 수 있으며, 역시 현실적인 이익을 고려하여 하룻밤 사이에 그들을 버릴 수도 있었다. 신해혁명 시기 신상과 혁명파의 이합집산은 바로 이러한 현실적 이해관계라는 중심줄거리[線索]를 둘러싸고 구체적으로 전개되었던 것이다.

2. 민국 초기 신상의 변천

민국 초기 정당이 난립하는 혼란한 정치상황에서 각지의 신상들은 경제발전에 유리하고 안정적인 사회환경을 갈망했다. "안정을 유지하고

---

180) 乙2-1, 305/3.
181) 『震旦日報』, 1911年 11月 25日.

혼란을 예방하려는" 일관된 정치적 추구에서 출발하여 그들은 "중립주의를 견지하며" 제삼자의 입장에서 당쟁을 조정함으로써 국가정치를 질서화하고 제도화할 수 있게 되기를 희망했다. 그러나 그들은 당쟁을 조정하기가 쉽지 않고 정치가 날로 암흑화하는 것을 보고는 점차 혁명을 버리고 [혁명]당원을 떠나 한 발짝씩 걸음을 옮겨 '안정'과 '질서'를 표방하는 원세개 북양집단의 품에 투신했다. 계속되던 신상들의 정치적 타락〔滑坡〕은 1913년 '2차혁명'의 폭발에 이르러 마침내 절정에 달했다.

'2차혁명'은 역사적으로 '계축지역癸丑之役' 혹은 '감녕지역贛寧之役'으로 불린다. 그것은 신해혁명 뒤 중국정국의 복잡한 변화의 결과일 뿐만 아니라, 남방 혁명세력과 북양군벌 집단 사이에 벌어진 한 차례의 군사·정치적 대결전이었다. '2차혁명'은 원세개가 송교인宋敎仁을 암살한 '송안宋案'이 도화선이 되었다. 1913년 7월 12일 강서토원군江西討袁軍이 호구湖口에서 봉기한 것을 시작으로 같은 해 9월 12일 웅극무熊克武가 중경重慶에서 강요에 못 이겨 독립을 취소하기까지 전후 2개월 동안 지속되었고, 강서·강소·안휘·호남·광동·복건·사천의 7개 성으로 파급됨으로써 원세개의 독재정치에 상당한 위협을 가했다. 이를 두고 당시사람들은 다음과 같이 묘사하고 있다.

호남·안휘·강서·강소·사천·복건·광동 각 성이 잇따라 독립하고, 소주蘇州·상주常州·무석無錫·진강鎭江·청강淸江·양주揚州·강북江北 등지 역시 무장한 병사들이 출전을 기다리고 있었으며, 해군도 모두 찬성하고 외국인들도 중립을 약속했으며, 서주徐州와 숙주宿州에서 승리했으므로 호북성 역시 지탱하지 못할 것이다. 시국의 추이를 관찰해 보면 대세는 남쪽에 있지 북쪽에 있는 것이 아니다.[182]

그러나 '2차 혁명'은 매우 짧은 기간 안에 실패하고 말았다. 겨우 2개월 뒤에 혁명당원은 일패도지했다. 손중산孫中山·황흥黃興·이열균李烈鈞·호한민胡漢民 등은 잇따라 일본으로 도망했고, 10만 군중이라 불리던 혁명 무장세력은 전부 흩어졌으며, 7개 성의 세력근거지도 거의 다 상실했다. 원세개는 잔혹한 폭력진압을 통하여 마침내 표면적인 무력'통일'을 완성했다.

2차혁명이 이처럼 참담한 실패로 끝난 것은 무엇 때문인가? 당시의 혁명가들은 일찍이 여러 차례 고통스러운 반성을 했다. 손중산은 강조하기를 "계축년의 실패는 전쟁의 잘못이 아니다."[183] "계축년의 전쟁으로 말하면, 내가 가장 앞장서 싸울 것을 주장했는데, 그것이 실패한 이유는 원세개의 병력이 강해서가 아니라, 사실은 우리 당원의 마음이 뿔뿔이 흩어졌기 때문이다"[184]라고 했다. 후세의 역사가들도 남·북 군사력의 현격한 차이, 혁명당원 내부의 의견불일치, 급작스러운 거사, 남방 혁명세력에게 믿을 만한 군중적 기반이 결핍되어 있었다는 점 등 여러 방면에서 깊이 있는 연구와 토론을 진행했다. 그러나 우리가 볼 때 상회신상을 포함하는 부르주아 계급이 급박하게 '등을 돌려' 혁명을 포기한 것이 '2차혁명'이 매우 짧은 기간 안에 철저한 실패에 빠지게 된 중요한 이유였다.

'2차혁명'에서 가장 괴이한 현상은 바로 부르주아 계급의 이익을 대표하는 '혁명'이 의외로 본계급 주체의 지지를 전혀 얻지 못하고, 원세개같은 봉건성이 매우 강한 군사독재 통치자가 오히려 광대한 '상민商民'의

---

182) 「葛道藩致呂公望書」, 洪越, 『癸丑戰事匯錄』.
183) 『孫中山選集』 上卷, 97쪽.
184) 『孫中山選集』 上卷, 96쪽.

추대를 받았다는 사실이다. 이것은 당시 공·상 자본가들이 중시한 것은 사회의 안정이라는 현실적 이익으로, 그들은 단지 두번 다시 "정세가 급격하고도 복잡하게 변하는" 전란만 없으면 그만이라고 여겼으며, 무슨 공화국의 이상이니 국가체제 대사니 하는 따위에는 거의 관심이 없었다는 사실을 말한다.

'송교인 암살사건'이 발생한 뒤 민족 부르주아 계급 가운데 심만운·섭혜균·왕일정 등 소수 공·상업계의 급진분자들이 적극적으로 원세개에 대한 무력토벌을 지지한 것 외에, 절대 다수의 사람들은 모두 '2차혁명'에 대해 극도로 냉담하거나 혹은 단호하게 배척하는 태도를 갖고 있었다. 저명한 신상 장건張謇은 제기하기를 "시무를 아는 사람들은 모두 전철을 경계하여 생명과 재산에 대한 걱정으로 불안에 떨었으며, 그 누구도 피와 땀으로 얻은 금전을 2차·3차 계속되는 혁명에 쏟아부어, 올해도 내년에도 헤어나지 못할 고통을 자진해서 맛보려고 하지 않았다"[185)]라고 했다. 각지 상회의 신상들은 잇따라 공개전보를 발송하고 공문을 돌려 원세개 토벌에 반대하면서 오로지 전쟁이 다시 일어나는 것을 두려워했다. 예컨대 상해총상회가 보낸 공개전보를 보면 다음과 같다.

> … 근래 송교인 암살사건, 차관문제와 총통선거 문제 등에 관한 논쟁이 분분하다. 생각건대 송교인 암살사건은 법정에서 심판하고, 차관과 선거문제는 의회에서 결정함으로써 법률의 범위 안에서 처리해야지 어찌 혈기로 승부를 가리겠는가? 상인은 상업에 종사하며 상업에 대하여 이야기할 뿐 부화뇌동을 모른다. 만약 파괴만 있고 건설이 없으며, 혼란한 국면이 수습되지 않는다면, 일이 언제 끝날지 누가 알겠는가? 각 업종의 단체들로부터 여러 차례 질

---

185) 『張季子九錄·政聞錄』 卷4, 10쪽.

책을 받아 더 이상 침묵하기 어려우니 대총통·국무원·참의원과 중의원, 각 성의 도독과 민정장民政長은 상민商民을 보호하고 질서를 유지하는 것을 종지로 삼아, 우리 상민으로 하여금 남은 생애 동안 다시는 참화를 겪지 않게 하고, 앉아서 대세를 상실하여 혁명의 위대한 업적에 오점을 남기지 않도록 하라.186)

2차혁명이 정식으로 폭발하자 수많은 상회신상들은 즉각 공개적으로 원세개의 편에 서서 혁명을 타도하고 평정하는 데 참여했다. 상해일대에서 원세개를 토벌하고 독립을 쟁취하기 위한 행동을 개시할 때, 진기미는 일찍이 두 차례 신상의 영수인 이평서를 방문하여 신해혁명 시기의 '합작'관계를 회복하고자 했다. 그러나 이평서는 거듭 "평화적으로 문제를 해결하며 전쟁을 피한다"라는 방침을 내세우며 거절했다. 상해총상회上海總商會·상단공회商團公會·교육회 등의 단체도 "송교인 암살사건이 발생한 뒤에 상인들의 곤란함이 이미 절정에 달했는데 어떻게 다시 싸움거리를 만들겠는가?"라는 이유로 "쌍방을 중재하는 데 전력을 다하고, 애써 전쟁을 그만둘 것을 권했다."187) 뒤에 이평서는 상대방에게 솔직하게 사실대로 이야기하기를 "올해의 일은 지방이 찬동하지 않으므로 작년과 비교할 수 없다.… 지금은 절대로 경거망동하여 은혜가 원한으로 바뀌게 함으로써 이후에 어찌할 도리가 없도록 해서는 안된다"188)라고 했다.

남경이 독립한 뒤 "금융기관의 활동이 크게 위축되고… 각종 지폐의 태환이 이루어지지 않자" 토원군討袁軍〔원세개를 토벌하는 군대〕에 막대한 재정

---

186) 『上海商會議案錄』, 1913年 5月 7日, 特會記錄.
187) 李平書, 『且頑老人七十歲自叙』, 531쪽.
188) 姚文枏, 「通敏先生行狀〈稿本〉」. 章開沅·林增平 主編, 『辛亥革命史』下冊, 465쪽에서 재인용.

압박이 가해졌다. 토원군이 대표를 파견하여 상회신상들에게 "상업계에 권고하여 군량을 원조하도록 해달라"고 요청하자, 무력압박에 못 이겨 "상업계가 비록 반대하지는 않았으나, 신해혁명 시기에 군량을 원조할 때와 같은 열의가 없었으며"189) 결국 쌍방은 불쾌한 기분으로 헤어졌다. 이것과 선명한 대조를 이루는 것은 다음과 같은 사실이다. 7월 말 정덕전 程德全이 공개전보를 보내 독립취소를 선포하자 상회신상들은 즉각 나서 현은現銀 2만 원을 마련하여 "제8 사단장에게 건네주면서 현상을 유지하도록 했다."190)

광동성이 독립하자 홍콩과 광주의 상인들은 모두 일어나 반대했으며, 홍콩의 구작행九作行, 광주의 삼용행參茸行·석업행錫業行·해미행海味行·소기행蘇機行·구팔행九八行·동철행銅鐵行·주단행綢緞行·면분행麵粉行·약행藥行·다엽행茶葉行 등은 모두 상회 혹은 개인명의로 원세개에게 글을 보내 "강서성에서 난이 발생하여 광동성이 다시 독립했는데, 손문과 황흥을 주살하지 않으면 천하가 안정될 수 없다"191)라고 했다. 강서성과 절강성의 상민商民들 역시 "경솔하게 전쟁으로 말미암은 재난을 일으키는 것은 옳지 않다"라고 하면서 질서의 유지를 요청했다. 한구상회의 신상들은 공개적으로 상단을 조직하여 '자위自衛'에 나섰다.

원세개 정부가 상회에 요청하기를 각 상점에 권유하여 '반란군'이 발행한 군사용 지폐를 받지 말며, 혁명당이 강소성에 저축해 놓고 서로 주고받는 각종 자금을 압류하여 "반란의 근원을 차단하라"고 하자, 전국상회연합회全國商會聯合會·중국보상회中國保商會와 북경총상회北京總商會는 즉시

---

189) 『癸丑禍亂紀略』.
190) 『申報』, 1913年 8月 3日.
191) 郭斌佳, 『民國二次革命史』, 前武漢大學 『文哲季刊』, 第4卷 第4號에서 인용.

연명으로 각지 상회에 공개전보를 보내 혁명당원에 대하여 비방하기를 "사사로이 외국인과 내통하고, 반역도당을 사방으로 보내 토지를 훔치고, 독립을 선포하여 동족상잔의 비극을 야기하고, 인륜을 단절시키며, 혁명을 선전하는 격문을 돌려 치안을 어지럽히고 있다"라고 했다. 동시에 원세개를 치켜세우며 이르기를 "국가를 통일하여 기강을 바로잡기 위해 대대적으로 토벌하여 반도들을 섬멸하지 하지 않을 수 없으며", 이 때문에 "동료들 역시 더 이상 이 문제로 왈가왈부하기를 원치 않는다"라고 했다. 아울러 공개적으로 호소하기를 "반역도당들과 모든 경제관계를 단절하여… 신속하게 환란을 평정하자"192)라고 했다.

원세개는 각지의 상회와 상단의 신상들이 '2차혁명'에서 보여준 온순한 태도를 상당히 칭찬했다. '2차혁명'이 끝나자마자 여원홍黎元洪은 지체 없이 각지 '상민商民'의 공적을 포상하도록 요청했다. 그는 이르기를 "각 성의 상단은 사전에 그들의 간계를 알아차리고 행동과 표정으로 서로 경계했다. 상해와 광주 두 지역은 개화가 가장 빠르고 그 정도 역시 다른 지역보다 우수하여 폭도를 거절하는 힘 역시 가장 강했다. 강서江西·구강九江·남경南京·안휘安徽 지역은 상업계의 역량이 비교적 약한 곳이다. 비록 굴종이 달갑지 않으나 감히 드러내놓고 거절할 수도 없는 처지라 결국 반대하지 못하고 묵인했다. 그러면서도 반역도당으로 하여금 자금을 마련할 방도가 없게 함으로써 후원군을 얻지 못하도록 했다. 또 예를 들어 호남성이 독립을 모의할 때도 상회의 찬성을 얻지 못했기 때문에 독립의 선포는 가장 늦고 취소는 가장 빨랐다." 이런 까닭에 상서하여 '표창'을 청한다고 했다.193)

---

192)「申報」, 1913年 8月 3日. 第6版.
193) 黎元洪,「上大總統并致京外各機關」,『黎副總統政書』第29卷. 4~5쪽.

9월 17일 원세개는 훈령을 내려 각지의 상회를 칭찬하고 표창했다. 그는 이르기를 "간사한 계략을 배척하고 정론正論을 제창하는 데 있어 특히 각 성의 상회가 큰 힘을 발휘했다.… 각지의 상업계는 그들의 간사함을 알아차리고 자금지원을 단절함으로써 역모가 확산되는 것을 막고, 혼란한 국면이 신속하게 평정되도록 했으며, 재난을 미연에 방지했으니, 그 공로가 실로 적지 않다"194)라고 하면서 공로에 따라 훈장과 편액을 내렸다.

겨우 1년 남짓한 시간 간격이 있었을 뿐인데, 상회와 신상 부르주아 계급이 혁명당원을 대하는 태도에 어찌하여 이처럼 큰 변화가 발생했는가? 우리는 반드시 신해혁명 후 신상 부르주아 계급의 태도에 급격한 변화가 발생하도록 촉진한 각종 정치·경제와 사회적 근원을 한번 고찰해 보아야 한다.

사무엘 헌팅턴Samuel P. Huntington은 일찍이 제기하기를 "한 차례의 전면적인 혁명은 폭력을 사용하여 신속하고 맹렬하게 현존하는 정치제도를 파괴하고, 신흥집단을 동원하여 정치활동에 참여시키는 것과 새로운 정치제도를 건립하는 것을 포함한다"195)라고 했다. 이 기준으로 가늠해 보면, 신해혁명은 어느 면으로 보나 모두 성숙되지 못하고 불철저한 부르주아 계급의 혁명이었다. 이 혁명의 진정한 비극은 그것이 결코 중국 심층사회 구조의 핵분열을 조성하지 못했다는 즉 근본적으로 중국 근대의 반식민지 반봉건사회의 성질을 변화시키지 못했다는 데 있다.

그러나 마찬가지로 부정할 수 없는 것은 신해혁명이 낡은 봉건 왕조체제를 파괴하는 과정에서 확실히 중국사회의 표층구조에 강렬한 진동

---

194) 『袁大總統書牘匯編』第2卷, 69~70쪽.
195) 〔美〕塞繆爾·亨廷頓(Samuel P. Huntington), 앞의 책, 260쪽.

을 야기했다는 사실이며, 이는 전통 정치제도가 거대한 충격을 받고 있다는 징표였다. 비록 미증유의 정치적 무질서와 사회동란이 존재하긴 했으나, 이러한 잠시 동안의 동란이 두려운 것이 아니라, 중요한 사실은 그 배후에 역사의 진전이라는 중대한 발걸음이 감추어져 있으며, 단지 그것이 지속되고 심화되도록 하기만 하면 새로운 정치질서를 건립할 수 있다는 것이다.

매우 애석한 일은 연약한 신상 부르주아 계급은 거대한 사회변혁에 대응하기 위해 반드시 필요한 심리적 수용능력 및 대가의식을 가지지 못했다는 것이다. 그들은 눈앞의 기득이익을 지키는 데만 급급하여 더욱 원대한 정치적 목표를 아낌없이 포기했으며, 사회혼란의 가중과 가능한 재산손실을 피하기 위하여 서슴없이 자신의 정치대표에게 등을 돌렸다. 이것이 바로 신해혁명 후에 신상 부르주아 계급의 정치적 타락을 촉진한 원인이다.

군군軍·신신紳 사이의 모순과 군군軍·상상商 사이의 모순이 격화된 것은 신해혁명 후 하나의 두드러진 사회현상이었다. 대부분의 경우 신상 부르주아 계급은 혁명당원과 소원해져서 결별하기에 이르렀으며, 종종 처음부터 혁명군과 서로 반목했는데, 보다 정확하게 말하면 그것은 크고 작은 '병변兵變' 때문이었다. 이른바 '병변'은 사실 기율이 느슨하고 통제할 방법이 없는 사병들이 상인과 주민에게 저지른 무장 대약탈이기도 했다.

당시 일부 신군사병[대다수는 귀순한 청군]들이 저지른 이러한 공공연하고 대담한 약탈 때문에 각지 상민商民의 고생은 이루 말할 수 없었다. 예를 들어 1912년 3월 27일 밤에 발생하여 강소성뿐만 아니라 전국을 깜짝 놀라게 한 소주 '창문병변閶門兵變'의 경우, 반란병들은 연이어 331개의 상점을 약탈했는데, 상민들이 입은 손실은 약 73만여 원에, 7명이 타살되고

1명이 중상을 입었다. 소주 전당업계의 손실은 더욱 심각했다. "특히 병비兵匪들이 한꺼번에 몰려와 점포마다 수색하며 약탈했는데, 한 무리가 지나가면 다른 무리가 들이닥치고, 밤을 새워 새벽까지 약탈이 계속되었으며, 모든 전당포가 함께 희생당했다. 여러 가지 비참한 처지는 실로 전대미문의 참혹한 것이었다."196) 병변이 발생한 뒤 상인들의 혁명군에 대한 시각은 즉각 180도로 변했다. 『시보時報』에 실린 「소주병변감언蘇州兵變感言」은 다음과 같이 논평하고 있다.

> 혁명 초기에 내가 이미 사무치도록 간절하게 호소하기를 각지의 상인들은 마땅히 있는 힘을 다해 상단商團을 조직하여 자신의 생명과 재산을 스스로 지켜야 한다고 했으나, 당시 모두가 이를 가볍게 여겨 듣지 않더니, 지금 각지에서 병변兵變이 발생했다는 소식이 계속 들려오고 있다. 그들이 약탈하는 것은 다른 사람이 아니라 각지의 상인들이다. 각지의 상인들은 아무런 저항도 하지 못하고 그들이 불지르고 빼앗는 대로 당하기만 하고 있다. 오호라! 그래도 앞길이 구만 리 같으니 지금이라도 급히 스스로 보호할 방도를 찾는다면 아직도 늦지 않았다. 그렇지 않으면 중국의 모든 상인들이 모조리 유린당하고 말 것이다.197)

또 다른 한 편의 「양병위언養兵危言」이라는 논평은 상인들의 실망스런 정서를 더욱 구체적으로 표현하여 전달했다.

> 청 황제가 퇴위하기 전에 무한에서 봉기가 일어나자 동남지역 절반이 분분히 이에 호응했으며, 그 사이에서 백성들은 삿자리에 미음 한 사발로 끼니를 때우며 소문에 귀를 기울이고 앞날을 걱정했는데, 진실로 물 깊고 불 뜨거운

---

196) 『民國蘇州商會檔·公事簿(三)』.
197) 『時報』, 1912年 3月 29日.

만주족 청나라의 학정에 갇힌 현실에서 돌연히 의군이 일어나 민생을 보장하고 전제통치의 여독을 일소해 주기만을 갈망했다. 오늘의 상황을 살펴보면, 그들 이른바 돌연히 일어났던 의군의 모습은 어떠한가? 그들의 이른바 민생보장은 또 어떠한가? 뜻밖의 일에 대비한다는 명분으로 각 도독들은 여전히 군대를 거느리고 있으며, 각 군정부 역시 마찬가지로 군대를 보유하고 있다. 이제 민국이 수립되었음에도 남북의 각 군대는 통일의 명분만 들먹일 뿐 통일의 실현을 미루고 있다. 더욱 심한 것은 도독들끼리 서로 싸우면서 군대를 격분시켜 변란을 일으키는 것이다.… 불쌍한 이 백성들 가운데 얼마나 많은 사람들이 한·당·원·명나라의 말기와 같은 소용돌이에 휘말려 들지 않고, 옛날에 군대를 양성한 것이 화근이었다며 후회하지 않을 것인가?[198]

'의로운 군대[義師]'라는 성대한 영예로부터 '재앙의 군대[禍兵]'라는 오명을 얻기까지, 그 과정은 비록 봉기가 승리한 뒤 혁명군에게 일어난 모종의 변화를 반영하고 있으나, 양심적으로 말하면, 더욱 많은 경우 이러한 오명은 상인들의 분노가 만들어낸 편견이었다. 몇 곳의 '무질서한 군대[亂兵]'를 보고 모든 혁명군을 일률적으로 논하거나, 혁명군을 보고 혁명당에게 화를 전가하는 것은 사실 도리에 크게 어긋나는 일이다. 그러나 당시 대다수의 상인들은 그렇게 생각했다.

당시 사회불안정을 초래한 또 다른 요소는 하층 노동군중의 저항에서 비롯되었다. 혁명 후 건립된 민국은 공화국이라는 허울만 쓰고 있었을 뿐 민생주의는 뒷전이었고, 농민과 기타 하층 노동군중의 경제적 지위는 개선되지 않았다. 그 때문에 도시와 농촌인민의 투쟁이 여전히 계속되었다. "당시 소주蘇州와 상주常州 각지에서는 각종 명분에 의탁하여 반기를 들고 일어나 약탈을 자행하는 무리들에 관한 소식을 날마다 들

---

198) 『申報』, 1912年 4月 10日.

을 수 있었다."199)

도시와 농촌에 두루 퍼진 항조抗租·항량抗糧·파업[罷工] 운동 및 사회 치안의 혼란은 상업과 금융의 유통에 심각한 영향을 미쳤다. 예를 들어 강소성의 경우 광복된 지 2개월이 지나도록 금융시장은 여전히 활동하지 못하고 있었으며, "화물이 중단되자 상업이 손실을 입고… 은원銀元의 폭등은 나날이 심각해지고, 인심의 공황상태는 거의 절정에 달했다."200)

이에 대하여 서둘러 공·상 실업을 발전시키고자 했던 신상 부르주아 계급은 근심에 싸여 거듭 호소하기를 "무릇 오늘날 가장 두려운 것은 토비가 기회를 틈타 약탈하는 일이다.… 빈민과 노동자들에게 일거리가 없으면, 궁지에 몰려 위험을 무릅쓰고 의식없이 소요를 일으키게 되며, 이는 대세에 매우 해로운 일이다"201)라고 했다.

이때 신상 부르주아 계급이 관심을 가졌던 것은 이미 혁명이 철저하고 깊은지 아닌지의 여부가 아니라, 최대한 신속하게 사회질서를 회복하여 더욱 큰 경제적 손실을 막는 것이었다. 이 때문에 신상 부르주아 계급은 누구든 안정된 '질서'를 수립할 수 있는 능력이 있다고 생각되면 바로 그 사람을 옹호했다. 그들이 볼 때 원세개는 바로 그러한 능력을 갖춘 강력한 인물이었다.

'남북강화[南北議和]' 기간에 한구상회의 신상들이 표명한 태도는 그 대표적인 예이다. 그들은 "우리 상인들은 이번의 심각한 약탈에 직면하여 의탁할 곳이 없어 현재 민단民團을 결성하고자 한다. 우리는 어떤 정부를 막론하고 단지 우리를 보호해 주는 정부에 복종할 것이다"202)라고 했다.

---

199) 朱熙, 「雲陽程公六十壽序」, 『雲陽乘氏家譜』 卷2.
200) 「商會議董請鼓籌銀元以維市面呈都督府略」, 『蘇州商會檔案』.
201) 『申報』, 1911年 10月 21日·26日.
202) 『時報』, 1911年 11月 13日.

원세개는 바로 부르주아 계급의 이러한 "열렬히 안정을 갈망하고" 동란을 두려워하는 심리를 정확하게 간파하고 수단을 부려 자신을 부르주아 계급의 이익에 대한 충실한 보호자로 가장하여, 훈령을 내려 각지 관원들에게 상민商民에 대한 보호를 지시하면서 이르기를 "만약 비도匪徒들이 트집을 잡아 소란을 피워 상인들이 손해를 입게 되면, 해당도독과 민정장民政長에게 책임을 묻겠다. 본 대총통은 맹세코 모든 희생을 각오하고 우리 죄없는 양민을 지킬 것이다"라고 했다.

부르주아 계급 가운데 적지 않은 사람들이 원세개의 '평화'·'질서'·'실업진흥'·'부원富源개발'과 같은 달콤한 약속을 쉽게 믿고 스스로 짠 '금빛' 환상에 도취되었다. 이 때문에 새로운 혁명의 폭풍을 싫어하고 두려워하며 손문 등 혁명파를 천 리 밖으로 내팽개치고, 스스로 혹은 자기도 모르게 원세개의 편에 서서 '2차혁명'의 진압을 돕는 공범자나 졸개가 되었다.

그러다 원세개가 '민국'이라는 헛간판을 철저하게 파괴하고, 징과 북을 치며 요란하게 복벽칭제復辟稱帝의 여론을 일으키자, 비로소 부르주아 계급 가운데 일부사람들이 놀라기 시작했으나 때는 이미 늦었고, 바로 이어서 군벌이 혼전을 벌이는 고해 속으로 빠져들었다. 이후 북양군벌의 난폭한 학대와 제1차 세계대전 이후 제국주의 세력의 권토중래가 겨우 다시 부르주아 계급의 정치의식을 일깨워, 재차 혁명세력과 악수하고 화해하여 정치상의 자주와 자립을 쟁취했다.

민국 초기에는 정치적인 면에서 신상 부르주아 계급에게 여러 가지 진화가 발생함과 동시에, 그 자신의 사회구조와 성분 역시 그에 상응하는 각종 변화가 생겨났다.

신해혁명의 구사회 질서에 대한 충격은 중국사회 계급구조에 새로운 분화와 개조가 발생하도록 했다. '함여유신咸與維新[모두가 함께 유신을 주장함]'

의 구호 아래 전통적인 구신사(일부 향촌의 토호열신을 포함하여)들은 몸을 흔들어 한번 변신하더니 위풍당당한 민국사신民國士紳으로 탈바꿈했고, 뜻밖에도 입만 열면 '공화'니 '민권'이니 하는 유행어를 내뱉었으며, 신·구 신사의 경계는 이미 그다지 분명하지 않게 되었다. 군권軍權의 상승과 무인武人의 사회적 지위제고는 얼마간 군권이 신권紳權을 제약하는 현상을 야기했으며, 또한 신사신분의 사회적 가치하락을 초래했다.203) '공명'·'직함'·'봉전封典' 같은 청대 전기의 사회적 특권과 지위를 상징했던 간판은 시든 국화처럼 이미 철 지난 물건에 불과했다. 그러므로 '신상'이라는 명칭도 점차 사람들의 기억에서 사라지고 신상계층 역시 분화가 발생했다.

소수의 신상들은 정계로 진출하여 비교적 순수한 관료 혹은 사신士紳이 되었다. 예를 들어 장건과 주학희周學熙는 잇달아 농상총장農商總長을 역임했고, 일부 상층신상은 '상동商董'이라 자칭하며 여전히 상업계의 상류사회에 머물렀으며, 대다수의 중·소 신상들은 아직도 원래의 비교적 순수한 중등 수준의 공·상 부르주아로 활동하며 스스로 '민상民商'이라 불렀다. 그들은 일군의 젊고 기력이 왕성하며 새로운 문화적 소양과 전문적인 자질을 갖춘 실업계의 신세대 인물들(예를 들어 穆藕初·葉雲臺 등)과 서로 결합하여 신흥 민족 부르주아 계급의 중간역량이 되었다.

신상이라는 명칭이 기억에서 사라지는 것과 신상 자체의 분화는, 청말민초에 공명과 직함과 부를 결합하여 각 지역의 상인조직을 영도하는 지위에 있었던 신상계층이 점차 소멸되기 시작했으며, 이들을 대신하여 근대화의 요구에 더욱 적합하고 시대의 조류에 보다 잘 적응하는 새로운 기업가 계층이 등장했다는 사실을 말한다.

---

203) 신해혁명 후 軍權과 紳權의 상호작용 관계에 대해서는 陳志讓, 『軍紳政權』 참조.

민국 초기 신상계층의 분화와 개조가 결국에는 소멸될 역사의 흔적이라는 사실은 당시 보존되어 내려오던 역사 당안檔案 문헌에도 그대로 반영되어 있다. 예를 들어 비교적 체계적인 민국시기 천진상회의 당안을 보면, 일반적으로 '신상'에 관한 기록은 매우 적으며, 간혹 '신상'의 명칭을 언급하고 있다고 해도 역시 '신상'의 최초 함의 즉 신사와 상인이라는 두개의 각기 다른 사회집단을 나누어 가리키는 것으로 돌아가 있으며, 복합명사처럼 쓰여 단지 한 사람 혹은 한 무리를 가리키는 '신상'의 개념은 기본적으로 더 이상 보이지 않는다.204)

또 예를 들어 1916년 성립된 '직례전성신상금융임시유지회直隸全省紳商金融臨時維持會'는 문자가 갖는 표면상의 의미로 볼 때, 비록 여전히 '신상'이라는 명칭을 쓰고 있으나, 그것에 내포된 의미는 이미 청대 전기의 공명과 직함과 상인이라는 신분을 모두 모아서 한 몸에 갖고 있는 '신상'계층과 다르며, 완전히 신상과 상인이라는 두 부류의 집단을 나누어 가리키고 있다. 당안 속에 보존되어 있는 '직례임시금융유지회直隸臨時金融維持會' 명단에 따르면 신계紳界에 이름이 나열된 사람들의 사회직업은 퇴직한 관원과 학계·신문업계 인사로, 모두 직접 공·상업을 경영하지 않는 비교적 '신사'라는 전통적 함의에 가까운 사람들이었다.205)

또 다른 문서인 '신상 유사원 등 열 명이 자금을 모아 공업용 화학약품 제조공장을 건립하는 일에 관해 올린 글(紳商劉思源等十人集資創設工業用理化藥品制造廠禀文)'을 보면, 10명의 발기인 가운데 5명만이 포호鋪號와 공사公司의 경리經理이며, 나머지 5명의 사회직업은 기사技師·과원科員·군관軍官·

---

204) 1912년부터 1928년까지 4권짜리 『天津商會檔案匯編』에는 복합명사로서의 '신상'개념은 단지 2개의 사례뿐이다.(『匯編』 第1卷, 7·12쪽 참조)
205) 『天津商會檔案匯編(1912~1928)』 第1卷, 980~981쪽..

문독원文牘員·창원廠員으로 가까스로 신紳의 대열에 들 수 있는 사람들이 었다.206) 이로써 이 시기의 신紳과 상商은 확실히 분리되는 사회집단으로, 더 이상 하나의 계층으로 존재하지 않았음을 알 수 있다.

명·청시기 신紳과 상商의 합류에서 민국시기 신紳과 상商의 분리에 이르는 과정은 중국 근대기업가 계층이 인온화생氤氳化生하여 어렵게 성장한 역사적 과정을 구불구불 굴절시켜 보여주고 있다. 만약 신상세대의 출현이 중국사회가 중농억상重農抑商·숭사천상崇士賤商이라는 전통적 '4민四民' 등급사회로부터 가치가 다원화하고, 직업이 복잡화하고, 사회유동성이 전례없이 증대된 근대 공·상업 사회로 넘어가는 과도기를 반영하는 것이라고 한다면, 신상세대의 소멸은 중국이 [적어도 몇몇 대규모 통상항구에서] 이미 초보적으로 근대 공·상업 사회의 문턱을 넘어섰다는 사실을 표명한다. 비록 이 사회가 성숙되기 위해서는 어느 정도의 반복과 상당히 긴 역사적 과정을 격을 필요가 있으며, 단번에 이룰 수 있는 것은 아니라고 할지라도.

민국시기 상해상회의 성장문제를 분석한 어떤 학자는 이러한 사실에 대하여 매우 잘 지적하고 있다.

> 상해총상회[그 전신인 상해상업회의공소와 상해상무총회를 포함하여]의 영도권력을 장악하고 있는 신상계층의 거물과 신상영도체제 아래 놓여 있는 상해총상회는 일정한 역사시기 동안 관官과 상商 사이에 끼여 있는 특수한 사회적 신분을 이용하여 상업업무의 발전에 장애가 되는 관과 상 사이의 틈을 제거하고, 관과 상의 관계를 소통시키기 위해 일찍이 얼마간 적극[긍정]적인 작용을 했다. 역사의 진행과정에서 두드러진 사회모순을 해결한다는 점에서 보면, 이 역시 근대화를 위해 장애를 제거한 것이다. 그러나 근대화가 이미 중국인이 당면

---

206) 위의 책 第3卷. 2974쪽.

한 가장 두드러진 주제가 되었고, 사회혁신 조류가 이미 도도히 밀어 닥쳤으며, 신세대 기업인재가 이미 두각을 나타내기 시작했을 때로 말하면, 신상세대든 혹은 그들이 장악하고 있는 상해총상회든 어느 것을 막론하고 더 이상 구관점과 구습관에 안주하다가는 필연적으로 시대의 낙오자가 될 수밖에 없었다.207)

이 대목은 이미 비교적 정확하게 신상계층의 역사적 지위 및 시대적 한계성을 개괄하고 있다. 그 어떤 역사적 산물이든 모두 장차 역사 속에서 자신의 역사를 마감한다. 역사의 세로좌표 위에서 영원한 존재는 없다. 신상계층 역시 예외일 수 없다. 그것은 자신의 결점과 약점을 갖고 있는 존재로, 결코 순수하고 순수한 사회집단이 아니며, 단지 그것을 역사의 어느 한 지점 위에 고정시킬 때, 비로소 그것은 자신의 존재이유와 평가가치를 가지게 된다.

하나의 특정한 사회계층으로서의 신상은 비록 민국 초기 10년 무렵 이미 점차 소멸되었으나, 그것이 포함하고 있던 사회실정 즉 빛나는 사회적 지위와 풍부한 재력이 상호 결합된 상층 재야사회 세력은 오히려 예전과 다름없이 장기적으로 존재하고 있었으며, 아울러 중국의 경제와 정치에 대하여 여러 가지 영향력을 행사했다. 권력과 금전의 유착에 관한 이야기 역시 여전히 형식만 바뀌고 내용은 그대로인 채 다시금 상세하게 서술되어 내려오고 있었다. 책상머리를 뒤져 손에 잡히는 대로 두 개의 사료를 발췌해 보면 다음과 같다.

하나는 민국 원년(1912) 『성시일보醒時日報』에 실린 천진상회天津商會 상동商董의 십대 특색을 논한 글인데, 단지 두 조항만 적어보면 다음과 같다.

---

207) 徐鼎新·錢小明, 『上海總商會史(1902~1929)』, 243~244쪽.

1) 매번 새로운 관리가 부임하면 상회는 사람의 현명하고 어리석음을 막론하고 먼저 환영대회를 열어 서로 연락하여 이익을 도모하는 발판으로 삼는다. 그 관리가 우리 직례성 사람들과 이해관계가 있든 없든 일체 따지지 않고, 그저 아첨하고 영합하며, 임기가 만료되어 다른 성으로 전근을 가거나 혹은 잘못을 저질러 해임되어도, 반드시 편액·우산과 공로패(傘牌) 등을 준비한다. 이때 상점마다 사람을 보내 구입비를 강제로 징수하는데, 상인들은 못마땅하나 감히 거역하지 못한다. 이것은 상회가 상인들의 힘을 빌려 관리에게 영합하는 것이다.

2) 적은 자본으로 영업을 하다 채무 때문에 송사에 휘말리거나 혹은 재판이 상회로 이송되는 사건이 발생할 경우, 양심과 도리에 따라 말하자면, 대상인과 소상인을 막론하고 당연히 모두 온화하게 대해야 한다. 그러나 우리 천진상회는 그렇지 않다. 그들은 대상인이 송사에 관련되면 [상대가 머리를 조아려 절을 하는 가운데 이익을 챙길 수 있기 때문에] 기뻐하고, 소상인이 송사에 관련되면 [덕을 볼 일이 별로 없기 때문에] 화를 낸다. 그들은 이러니저러니 마구 소리쳐 대고, 기준없이 마음대로 상벌을 정하여 전횡을 일삼는다. 그들이 심문이라도 할라치면, 송사에 관련된 사람은 사태가 험악하게 돌아감을 알아차리고 '어르신 어쩌고, 대인 저쩌고' 하며 은혜를 호소하는 소리가 감히 입에서 떠나지 않는다.[208]

다른 하나는 민국 11년(1922) 상숙常熟의 『사등社燈』에 실린 지역신사에 관한 글이다.

현재 상숙常熟사회에서 가장 세력이 강한 부류는 어떤 사람인가? 이른바 신사들이 아닌가? 관청에서 무슨 회의만 있으면 가장 먼저 소집하는 것은 신사이고, 사람들이 관청에 무슨 요구할 일이 있어도 반드시 신사들에게 변호를 부

---

208) 『天津商會檔案匯編(1912~1928)』 第1卷, 17~18쪽.

탁하며, 대규모 행사를 거행하려고 할 때도 늘 신사들에게 요청하여 몇 사람의 서명을 받는다. 신사의 세력이 정말 커질 대로 커졌다.209)

이 두 종류의 사료는 모두 당시 널리 알려지지 않은 백화문으로 발간된 소형신문에서 찾은 것이다. 그러나 작고 유명하지 않기 때문에 오히려 아무런 거리낌없이 진실을 말할 수 있었으며, 당시의 실제 사회생활을 우리에게 보여줄 수 있다.

앞의 사료가 말하고 있는 내용은 민국 초기 관官·상商의 출세하기 및 상동商董들이 갖고 있던 '관료기질'에 관한 것이며, 뒤의 사료가 묘사하고 있는 것은 지방신사의 혁혁한 위세에 관한 내용이다. 만약 이것을 본서에서 서술한 청말 신상의 역사와 서로 대조해 본다면, 우리가 어찌 일종의 "마치 강남 갔던 제비가 다시 돌아온 듯한" 느낌을 가지지 않을 수 있겠는가?

이로부터 중국이라는 2천 년에 걸친 관본위의 봉건적 전통을 가진 사회에서, 특정한 역사적 산물인 신상계층 자체는 물론 역사의 변천에 따라 소멸될 수 있으나, 그것이 체현한 문화가치 관념과 사회심리 상태는 오히려 단기간에 소멸될 수 있는 것이 아니며, 혹은 단지 이름만 없어지고 실체는 남아서 어느 땐가 적당한 기후와 토양을 만나게 되면 '관상유착官商聯姻'과 '금권교환錢權交換'은 명목이 잡다한 형식으로 다시 출현할 것이라는 사실을 알 수 있다. 이 점으로 말하면 중국이 현대화된 사회를 향해 매진하는 발걸음은 반드시 어렵고 무거울 수밖에 없다.

---

209) 『社燈』, 1922년 8月 16日, 常熟市檔案館 소장.

여론餘論
현대화 진행과정에서의 관상관계

본래 마지막 장을 다 쓰고 나면 이 책도 완성된 셈이다. 그러나 돌이켜보면 책 속에서 중점을 두어 논술한 것이 관과 상 사이의 중간계층[中介層次] 즉 신상이었던 까닭에, 관과 상의 관계에 대한 이론분석은 오히려 붓을 댄 것이 비교적 적으며, 이것은 매우 큰 유감이라고 하지 않을 수 없다. 이 때문에 책을 덮기 전에 나의 재주없음을 무릅쓰고, 아직 다 말하지 못한 생각들을 정리하여 독자와 함께 토론하고 연구함으로써 더욱 폭넓은 대화의 기초를 마련하고자 한다.

I

의심할 바 없이, 현대화 진행과정의 가장 기본적인 특징은 날로 새로워지는 사회와 경제의 빠른 발전이다. 발전은 현대화의 영원한 주제이다. 그러나 사회와 경제의 발전은 광범한 사회적 동원과 불가분의 관계가 있으며, 사회의 유형·무형 자원의 재배치와도 분리될 수 없다. 현대화를 성공적으로 추진하기 위해서는 사회시스템이 반드시 새로운 정치체계를 창조하여 즉 국가적 차원에서 사회와 경제의 개혁을 추진해야 한다. 현대화를 실현하는 두번째 조건은 그 사회의 시스템이 반드시 신흥 사회세력을 정치체계 속으로 흡수하고, 아울러 이로부터 경제적 요소

이외의 현대화 동력을 획득할 수 있는 능력을 갖추는 것이다. 바로 이러한 의미에서 관(정부역량)과 상(민간역량)이 현대화 과정을 추진하는 두 개의 가장 유력한 지렛대가 되어 양자 사이의 관계를 정확하게 처리할 수 있는가의 여부도 각국의 현대화에서 성패의 관건이 된다. 신상문제는 오직 현대화 진행과정에서 관·상 관계라는 광대한 배경 아래 놓여야만 비로소 깊은 사회적 평가의 의미를 가질 수 있다.

서유럽 각국에서 자발적으로 자본주의 경제구조가 싹트고, 가장 앞서 현대화를 실현하는 길로 들어설 수 있었던 것은 봉건 전제왕조 말기에 관과 상의 관계가 비교적 밀접했던 것과 무관하지 않다. 영국의 전제왕권은 해상패권을 쟁취하기 위해, 일찍이 15세기 중엽부터 보호무역주의와 자국상인을 부양하는 정책을 실행했다. 1455년 견직물의 수입을 금지하여 자국의 제조업을 보호하고, 1463년 (영국에 들어와 있는) 외국상인이 (영국의) 양모를 (외국에) 수출하는 것을 금지시키고, 1464년에는 또 대륙의 모직물에 대한 제한정책을 실행했다.[1]

튜더왕조의 창시자 헨리 7세(1485~1509)는 더욱 단호하게 보호주의와 중상주의정책을 추진하고, 자국상인의 요구에 응하여 점차 한자Hansa상인의 특권을 삭감함으로써 영국상인이 무역특권을 독점하도록 했다. 17세기에 들어서자 영국은 대외무역의 추진을 강행하고, 식민지확장정책을 실행했다. 1600년 엘리자베스 여왕의 특허장을 얻어 영국 동인도회사가 성립을 선포했다. 15년 후 동인도회사의 무역사무소는 20여 개로 증가하여 인도와 인도양의 일부 도서에 분포하게 되었으며, 인도네시아 및 일본의 히라츠카平塚도 그 안에 포함되었다. "민족을 강대하게, 국가를 풍

---

[1] (벨)亨利皮朗 著, 樂文 譯, 『中世紀歐洲經濟社會史』(上海:上海人民出版社, 1964), 196쪽. (원전 : Henri Pirenne, *Economic and social history of medieval Europe*(New York, Harcourt, Brace, 1956)]

족하게, 상인을 부유하게, 세계를 제패한다"라는 것이 영국 부르주아 계급과 왕권이 타협하는 기초가 되었다.

영국의 부르주아 계급 혁명을 통해 집권한 크롬웰은 봉건왕권의 유산을 계승하여 공격적인 중상주의정책을 실행했다. 1651년 그는 제1차 항해조례를 반포하여, 유럽의 화물은 오직 영국선박 혹은 화물원산지 국가의 선박만이 영국본토로 운송할 수 있으며, 아프리카·아시아·아메리카 대륙에서 생산된 화물은 오직 영국 혹은 영국 식민지 선박만이 운송할 수 있다고 규정했다.2)

프랑스의 중상주의정책은 16세기에 시작되었다. 루이 14세와 콜베르의 통치 아래 있던 1663년부터 1685년까지는 이른바 '태양왕'과 부르주아계급의 연맹시기로, 이 때 프랑스의 중상주의는 정점에 달했다. 그들이 볼 때 "무역회사는 국왕의 군대이고, 프랑스의 수공업 공장은 국왕의 상비군이며… 국가는 오직 풍부한 자금을 보유해야만 비로소 세력과 명성을 확실하게 변모시킬 수 있었다." 콜베르의 촉구 아래 프랑스는 4백여 종의 제조업을 설립하고 '집단공장'·'개인공장', 국왕의 왕실 수공업공장 등 여러 가지 생산조직 형식을 채택하여 벽걸이용 양탄자·자기·유리제품·고급옷감 등과 같은 사치품과 수출품의 생산을 장려했으며, 마찬가지로 기초생산[야철·제지·무기]과 일반소비품의 생산[양모와 아마직물 등]을 촉진했다.3)

대외무역 부문에서 프랑스 정부는 보호주의를 실시하여 1664년과 1667년 두 차례에 걸쳐 상품수입세를 올려 프랑스 대외무역의 확대에 유리한 조건을 제공했다. 동시에 프랑스는 적극적으로 독점적인 무역회사

---

2) [프]米歇爾·博德 著, 吳艾美·楊慧玫·陳來勝 譯,『資本主義史: 1500~1980』(北京:東方出版社, 1986), 23·38쪽. [원전 : Michel Beaud, *A history of capitalism, 1500~1980*(London:Macmillan, 1984)]
3) 위의 책, 38쪽.

를 부양했다. 1664년 프랑스 동인도회사는 인도양과 태평양에서 50년간 무역과 항해를 독점하는 권리를 획득했다. 그러나 회사의 성과는 미미했으며, 다음 세기에 이르러서야 겨우 번성하기 시작했다.

비록 뒤에 서구 각국의 상인과 부르주아 계급은 보편적으로 전제왕권과 격렬하게 충돌하고 아울러 부르주아 계급 혁명을 일으켰으나, 혁명의 소용돌이를 겪은 뒤 관과 상 사이에는 새로운 공동이익의 토대 위에서 다시금 새로운 형태의 긴밀한 관계가 수립되었고, 정부와 민간이 힘을 합쳐 자국의 현대화를 추진했다.

서구와 중국의 자본주의화 역사는 서로 선명한 대조를 이룬다. 중국 역대 봉건왕조는 중상주의 의식이 없었을 뿐만 아니라, 필사적으로 상업을 천시하고 상인을 억압하여 관리와 상인이 심각하게 대립하는 양극단으로 갈라지도록 했다. 관리는 지극히 존귀하고 높은 존재인 반면 상인은 지극히 낮고 천한 존재였다. 고대 중국은 모든 가치지향이 전부 '관리' 쪽으로 향해 있는 진정한 '관리의 나라(官國)'였으며, 행정권력 지상의 '관본위(官本位)' 사회였다. 벼슬길에 나가 관리가 되어, 안으로는 성인의 도리를 깨우치고 밖으로는 임금의 어진 정치를 베푸는 것은 선비들에게 인생최고의 이상이자 성공의 상징이었다. "학문을 익혀 뛰어나면 벼슬길로 나아가며" 인생에서 가장 득의양양한 때와 가장 득의양양한 일은 이른바 "전시에 급제했을 때"였다.

일단 관리가 되면 모든 것을 누릴 수 있었다. 각종 특권·부와 명예가 줄줄이 따라왔다. "덕德이 있으면 반드시 지위를 가지게 되고, 지위가 있으면 반드시 봉록을 가지게 되고, 봉록이 있으면 반드시 용도가 있게 된다."4) 중국의 전통적인 사회등급 구조에서 관리는 '4민四民'의 위에 군림하며 당연한 통치자가 되었고, 사士는 '4민' 가운데 첫 자리를 차지하고 있으면서 관리의 총예비대를 이루었다.

'관본위'의 정치와 사회배경 아래서 관리의 지위, 관리의 특권, 관리의 대우는 실로 너무나 매력적이어서, 사람들이 오리처럼 떼를 지어 몰리는 곳이 되었다. 이와 반대로 4민의 끝자리에 있는 상인에게 관심을 가지는 사람은 없었고, 사람마다 백안시하여, 상인들은 좁은 틈새夾縫에서 생활했다. 그래서 "우리나라가 상인을 천시한지 수천 년이 되었다. 우리나라가 상인을 천시하는 폐단은 상인을 보호하지 않는 데서 그치지는 것이 아니라 상인을 방해하며, 상인에게 불이익을 주는 데서 끝나는 것이 아니라 상인을 끊임없이 착취하는 것이다.… 상권商權은 항상 외국인의 수중에 떨어져 있고, 필요한 물품은 공급이 적절하게 이루어지지 않으며, 국세는 나날이 쇠퇴하여 활기가 없는 것은 이상한 일이 아니다"5)라고 했다.

관리를 중히 여기고 상인을 가볍게 여기며, 사士를 숭상하고 상인을 천시하는 사고방식이 초래하는 직접적인 사회적 결과는 관권官權이 무한히 팽창하고, 관리가 쇠털처럼 많아지고, 관리사회가 부패하여 암흑으로 변하고, 관료정치가 기형적으로 발전하고, 공·상 실업과 국가경제와 민생이 당연히 받아야 할 중시를 받지 못하고, 생산의 발전이 완만해져서, 장기적으로 호구형糊口型 소농경제라는 기현상 속에서 배회하게 만드는 것이었다.

시대가 근대로 바뀌어 열강들이 주위에서 노리고, 나라가 장차 나라같지 않게 되자, 비로소 중상주의에 대한 호소, 관과 상 사이의 관계를 개선하라는 요구가 생겨났으며, 조정조차도 어쩔 수 없이 수줍어하며 반

---

4) 『荀子』, 「富國」篇.
5) 「論中國商業不發達的原因」, 『湖北學生界』 第3期.

성하기를 "중국의 상민商民은 평소에 관리사회와 벽이 있어 그들의 사정을 신속하게 전달할 수 없었다. 불초한 관리들은 혹은 견제하고 억압하며, 심지어 세관에 신고하여 세금을 완납했는데도 뇌물을 요구하며, 상선商船이 통과에 필요한 검사를 다 마쳤음에도 이르는 곳마다 고의로 트집을 잡았다. 어쩌다가 송사라도 생기면 신속하게 판결을 내리지 않고 질질 끌며, 일처리를 공정하게 하지 않았다. 그리하여 시장에 화물이 순조롭게 유통되지 못하게 함으로써 상업에 여러 가지 지장을 초래했다"6)라고 했다.

비록 청말 마지막 10년 동안 조정에서 지방에 이르기까지 일련의 상업을 장려하고 상인을 보호하는 조치를 시행하여 관리와 상인 사이의 장벽을 허물고, "관리와 상인이 일체가 되고, 서로 간에 정의가 통하게" 하려는 시도를 했으나, 수천 년에 걸친 상인천시의식과 '관본위' 구조가 어찌 일조일석에 바뀔 수 있겠는가? 청대에는 끝끝내 "관리는 존귀하고 상인은 비천하며, 상하가 장벽으로 막힌" 상황에 결코 실질적인 변화가 없었다. 관·상 관계의 융합이 어려워 정부와 민간의 합력을 이끌어낼 수 없었다는 사실은 겉으로 드러나지 않는 큰 폐단으로, 시종 중국 현대화의 진행과정에 걸림돌이 되었다.

II

만약 자세하게 구분한다면, 현대화 진행과정에서의 관·상 관계는 실제로 두 단계의 상호 관련된 내용을 포함한다. 첫째는 정부와 민간(혹은

---
6) 朱壽朋 編, 『光緒朝東華錄』 5, 5091쪽.

국가와 사회]의 상호작용 관계이고, 둘째는 바로 그 실체가 되는 관리와 상인의 관계이다. 첫째 단계가 갖는 의미로 말하면 '관'은 정부의지와 국가역량의 직접적인 체현이며 '상'은 곧 넓은 의미에서 '민'의 대표로서, 현대화와 자신들의 이해관계가 서로 밀접하게 연결되어 있는 민간사회 역량의 총칭이다.

정부와 민간의 각도에서 살펴보면, 현대화의 진행과정은 사실 쌍방의 상호작용 관계 아래서 추진되는 사회발전 과정으로, 하나라도 빠져서는 안된다. 그러나 영국·프랑스 등 서방국가의 현대화는 일종의 자발형 현대화에 속하며, 사회 내부의 모순이 자연스럽게 진화한 결과이기 때문에, 현대화의 추진역량은 주로 민간으로부터 나왔고, 기업가와 상인이 처음부터 끝까지 주역을 담당했으며, 국가정권은 단지 보조적인 역할을 했을 뿐이다.

세계최초의 산업화 국가인 영국을 예로 들면, 1640년 혁명 이전에 신귀족[사실은 농업자본가]·기업주[주로 양모제조상]·소상인과 자유민으로 구성된 중산계급이 "거의 자기도 모르는 사이에 모든 사회역량을 장악했으며" 그들은 중의원[하원]을 통제하고, 동일한 종교를 신봉하고, 봉건귀족과 독점대상인의 이익을 대표하는 절대군주·전제정부와 서로 대립했다. 1640년의 혁명을 통해 중산계급은 마침내 절대군주제를 뒤엎고, 신귀족 집단과 공·상 부르주아의 연맹을 기초로 하는 입헌군주제를 수립했다.

그 후 1백 년 동안 공·상 부르주아는 침착하게 산업혁명을 일으키고 "봉건적 외피를 두른 낡은 영국"의 면모를 근본적으로 변화시켜 경제근대화를 실현하고, 가장 먼저 산업화 국가의 대열에 진입했다. 뒤이은 1832년의 의회개혁은 영국에서 진정으로 정치적 근대화가 실현되었음을 상징했다. 당시 부르주아 계급이 이미 성숙하여, 토지귀족의 과두통치는 공·상 부르주아 집단에 의해 대체되었고, 영국은 부르주아 계급의 염원에 따라 조직된 진정한 근대화 국가로 탈바꿈했다. 영국 초기 현대화(근대화)의 전과정을 종합적으로 고찰하면, 가히 민간에서 나온 부르주아 계급이 처음부터 끝까지 주도적인 역할을 했으며, 그들은 특유의 활력과 능동성으로 계급 자체와 국가의 갱신을 실현했다는 것을 알 수 있다.

서양이 앞장서 국가의 현대화를 실현한 것과는 달리 아시아·아프리카·라틴아메리카 후진국가의 현대화는 일반적으로 외부로부터의 위협적인 강요에 직면한 상태에서 추진되었다. 민족주의적인 원인과 부르주아 계급역량의 미약함 때문에 부득이 정부가 초기 현대화운동에서 조직자와 영도자로서의 역할을 담당했다.

19세기 중엽에서 20세기 중엽에 이르는 중국의 현대화 과정은 크게 아래와 같이 몇 단계를 거쳤다. ① 1860~1895년 양무운동 기간에 지방양무파 관료가 추진한 현대화운동, ② 1901~1911년 청정부가 직접 착수하여 추진한 현대화운동, ③ 1912~1916년 원세개의 독재통치 아래 추진된 현대화운동, ④ 1916~1927년 민간사회의 역량으로 추진된 현대화운동, ⑤ 1927~1949년 상대적으로 통일된 국민정부가 추진한 현대화운동.

상술한 각 단계의 현대화운동에서 분명한 것은 중국의 현대화 과정은 기본적으로 위에서부터 아래로의 과정이었으며, 정부의 역량에 의해 엄격하게 통제된 과정이었다는 점이다. 민간사회 역량은 종속적이고 피동적인 위치에 놓여 있었으며, 아래로부터 위로의 호응이 결핍되어 있었다. "비록 국가 자체가 경제성장의 과정을 조종하려는 생각을 가지고 있었던 것은 아니라고 할지라도, 국가는 기업 부르주아 계급의 탄생을 가로막음으로써 장차 성장하는 사회가 초래할 수 있는 후환을 성공적으로 제압했다. 통제시스템과 시장경제는 공존한다. 정부의 엄격한 통제를 받는 사회와 상대적으로 자주적인 경제부문의 공존, 이러한 것들은 바로 19세기와 20세기에 현대화를 추진하는 사람들이 부득이 대항할 수밖에 없었던 전통이었다."7)

이러한 전통이 미친 직접적인 영향 가운데 하나는 국가로 하여금 효과적으로 경제성장과 발전의 문제에 대하여 책임을 지지 못하게 만들었을 뿐만 아니라 사회역량을 동원하여 혁신적이고 진보적인 인력(人力)의 중심을 형성할 수도 없게 만든 것이었다. 따라서 의식적으로 현대화를 위한 민간역량을 육성하고 배양하는 면에서 국가의 공적은 매우 미약했다. 집중적인 권력은 지나치게 정치집단 간의 정쟁을 치르는 데 이용되었고, 현대화라는 사회발전을 추진하는 데는 사용되지 못했다. 이에 매우 큰 정치적 색채와 선전효과를 지닌 '가식적인 현대화(虛假的現代化)'가 출현했다. 더욱 심한 것은 정부권력의 과도한 팽창이 종종 형성 중에 있는 시민사회(civil society)를 가로막거나 무너뜨림으로써 국가와 사회 간의 적당한 평형을 유지할 수 없게 만드는 것이었다. 그 결과 보편적인 사회의 무질서와 기능문란을 야기하여 현대화 진행과정에 거듭되는 장애를 유발했다.

상술한 것처럼 정부와 민간사회 역량이 각자 제갈길을 가고, 각자 자신의 일을 행하여 협력하기 어려운 상황을 조성한 기본적인 원인은 정부와 민간사회 역량의 이익이 일치하지 않았기 때문이다. 만약 우리가 간단하게 부르주아 계급을 민간사회 역량이라고 부른다면, 청말에서 민국까지 역대 중국정부는 부르주아 계급이익의 대변자라고 보기 어려우며, 차라리 그것은 봉건관료와 무인정객의 전매특허품이라고 해야 한다

---

7) [프]白吉爾(Marie-Claire Bergère), 「近代中國現代化周期同國家與社會的關係(1842~1949)」, 中國近代經濟史叢書編委會 編, 『中國近代經濟史硏究資料』 七(上海: 上海社會科學院出版社, 1987).

는 사실을 알 수 있다. 단지 청말 중국정부와 일본 명치정부를 약간 비교해 보면, 양자는 근본적인 계급속성에서 본질적인 차이가 있음을 알 수 있다.

명치유신을 거쳐 탄생한 명치정부는 봉건적인 색채를 띤 부르주아 계급 정권이었다. 명치정권의 주요 사회적 기초를 구성하는 하급무사 계층은 원래 봉건적인 경제-정치적 지위의 급격한 쇠락 때문에 "통치계급 구성원으로서의 신분에 적합한 생활수준을 유지할 수 없었을 뿐만 아니라 제2의 직업에 종사하여 살길을 찾을 필요가 있었다."[8] 그들은 자신의 지위를 낮추는 방식으로 상인과 고리대금업자에 투신하기도 하고, 스스로 상업과 수공업을 경영하기도 했으며, 또 어떤 사람은 전업하여 기타 자유직업에 종사했다. 바로 부르주아 계급화한 하급무사 가운데서 사이고 다카모리西鄕隆盛·오쿠보 도시미치大久保利通·이토 히로부미伊藤博文 같은 원대한 정치적 식견을 가진 부르주아 계급 정치가가 탄생했으며, 아울러 그들이 명치정권의 핵심 영도계층을 이루었다.

반대로 중국을 통치한 청정부는 기본적으로 고루한 봉건왕조의 연속이었다. 그 가운데서도 완고파 집단은 일체의 신기한 사물에 대하여 그것을 모두 원수처럼 대하는 태도를 취했고, 공공연히 표방하기를 "기괴한 기술을 금지하여 무질서가 싹트는 것을 방지하고, 인의를 숭상하여 통치의 근본을 수립하면, 도리가 공고해져 만세토록 변하지 않을 것이다"[9]라고 했다. 완고파와 대립적이었던 양무파 집단은 비록 어느 정도 자본주의적인 경향을 지니고 있긴 했으나, 그 변화과정은 지극히 완만했으며, 그들의 주된 사회적 신분은 여전히 봉건 관료지주에 속했다. 이

---

8) 〔日〕森島通夫 著, 胡國成 譯, 『日本爲甚麽"成功"』(成都: 四川人民出版社, 1986), 95쪽.
9) 劉錫鴻, 『英軺私記』, 「觀電學有感」.

때문에 그들의 개혁주장 역시 처음부터 끝까지 '중체서용'이라는 상투적인 형식에서 벗어날 수 없었다.

청정부와 명치정부가 확연히 다른 계급적 속성을 가지고 현대화의 각기 다른 이익을 대변했다는 바로 이 점 때문에, 그들이 자국의 현대화 과정에서 일으킨 작용 및 취득한 실제성과는 서로 크게 달랐다.

일본 명치정부는 "결연히 서양문명을 흡수하는" 용기와 개방적인 심리상태를 지니고 "시정방침을 오로지 교육·식산殖産·공업·무역·항해 등의 사업에 두고 이를 크게 장려했다." 그들은 부르주아 계급을 부양하는데 힘을 기울이다가 일단 좌절을 만나면, 다시 민첩한 태도로 이를 조정했으며, 그래서 자국의 초기 현대화를 성공적으로 이끌 수 있었다. 그러나 독재·부패한 청정부가 현대화 개혁을 추진할 때는 흔히 우레소리는 요란하나 비는 적게 내리고, 낡은 규칙을 묵수하고, 효과적인 조치가 결핍되고, 신흥 부르주아 계급에 대하여 각 방면에서 경계심을 드러내며, 민간사회에 충분한 활동공간을 제공하지 않았다. 그 결과 종종 역사가 제공한 귀중한 기회와 시간을 쓸데없이 낭비하여, 중국사회의 발전이 현대화의 궤도에 진입할 수 없도록 했다. 이 때문에 일본 부르주아 계급과 신흥 사회세력으로 말하면, 그들에게 명치정권은 신뢰할 수 있는 정부였으며, 정부가 모든 힘을 다해서 자본주의를 발전시키고 부르주아 계급을 육성함으로써 정부와 민간 사이에 현대화를 추진하는 강력한 협력체제가 구축되도록 했다.

반면에 중국 초기 부르주아 계급과 기타 신흥 사회세력으로 말하면, 청정부는 신뢰하기 어렵고 의지할 수 없는 정부였으며, 피차간의 협력과 타협은 단지 일시적인 것에 불과했고, 모순과 충돌은 오히려 근본적이고 장기적인 것이었으며, 정부와 민간의 관계를 조율하는 것은 곤란이 중첩되어 사람들을 실망시키기에 충분했다. 이러한 현상은 마치 어떤 상인이 원망하기를 "우리나라에 상부商部가 없을 때 상인들은 차라리 교역의 현장에서 스스로 생겨나고 스스로 번식했다. 그러나 상부가 생기고 나서 우리 상인들은 오히려 살을 에고 골수를 빼내는 듯한 고통이 수없이 증가했다. 천하에 명성과 실제가 부합되지 않는 일 가운데 이보다 더한 것은 없을 것이다"라고 한 것과 같다.

심지어 장건張謇 같은 자제력이 강한 '신상'조차도 청말의 관·상 관계에 대하여 극도로 실망하여, 실업을 제창하는 속마음을 털어 놓기를 "중국에서 그것은 외줄거문고를 타며 광야를 거니는 것과 같아서, 내 연주를 듣기 좋아하고 내가 매일하는 수고를 불쌍히 여기는 사람은 없다"[10]라고 했다. 다시 말해 그 역시 내심으로 청말의 관·상 관계에 대하여 극도로 실망했으며, 실업을 제창하면서 느끼는 고독감과 실의감은 이루 말로 다 형언하기 어렵다고 생각했다. 똑같이 정부가 나서서 현대화를 제창하고 추진했으나, 관·상 관계는 오히려 이와 같이 큰 차이를 드러냈던 것이다. 따라서 일본의 성공과 중국의 실패는 말하지 않아도 알 수 있는 것이었다.

정부와 민간 혹은 국가와 사회의 관계는 현대화의 진행과정에서, 반드시 구체적인 관리와 상인[여기서는 부르주아 계급의 총칭]의 실제관계로 구현된다. 이 관·상 관계의 실제적인 단계에서도 상황은 역시 낙관적이지 않다. 천 년이 넘는 '관본위' 구조와 더불어 과거제도로 선발되고 육성된 관료들은 개별적인 예외 상황을 제외하고는, 보편적으로 학문이 공허하고 세상물정에 어두우며, 경제실무에 어리석고 무지하며, 과학기술로' 나

---

10) 張孝若 編, 『南通張季直(謇)先生傳記』, 115쪽.

라를 번성시키는 일에 흥미가 없으며, 가치체계와 지식구조 역시 불가피한 결함이 있으며, 맹목적으로 '의리'를 중시하고 '기예'를 경시하며, 시대에 맞지 않는 제도와 진부한 규범에 집착하여 시대의 도전에 대응할 수 없었다. 가치관념과 정신적 기질의 차이에다 상인을 천시하는 전통적인 사고방식의 방해가 더해져서 실체적인 관·상 관계 역시 조율이 어려웠으며, 둘 사이에는 처음부터 끝까지 일정한 긴장상태가 존재했다.

근대중국에서 관료와 상인이 경제업무 때문에 대규모로 접촉하기 시작한 것은 양무운동 시기 '관독상판官督商辨' 기업방식에서 비롯되었다. 시행 초기에 상인들은 이 형태에 대하여 환상을 품고 있었다. 그들은 이를 통해 비교적 원만한 관·상 관계가 수립되기를 희망했다. 저명한 민족자본가 정관응鄭觀應은 "상무商務전쟁은 당연히 관의 힘을 빌려 보호하고 유지해야 하며, 공업의 흥기는 더욱 관권을 빌리지 않고는 진작시킬 수 없으므로… 반드시 관독상판하여 각자 책임지고 임무를 완수하도록 해야 한다"[11]라고 했다.

그러나 관독상판 기업이 차례로 건립된 뒤 "관리가 권력을 장악함으로써" 생기는 폐단이 점차 드러나기 시작했다. 그 가운데 가장 두드러진 것은 두 가지였다. 첫째는 경영과 관리가 부실하고, 관리사회의 악습이 모두 그대로 기업 속으로 이전되어 친인척 관련 비리가 속출했으며, 모두가 사복을 채우기 위해 수단과 방법을 가리지 않는 것이었다. 최대의 관독상판 기업인 윤선초상국輪船招商局은 오래 동안 "주식배당금은 모자라도 국원局員들의 보너스는 여전했다."[12] 둘째는 관방의 재정착취가 초래하는 상인주주에 대한 침탈이다. 예를 들어 1891년부터 1911년까지 청

---

11) 鄭觀應, 『盛世危言初編』 卷5, 3쪽.
12) 『交通史航政編』 第1冊, 189쪽.

정부는 '헌납'이라는 명목으로 윤선초상국으로부터 합계 은 135만 3,960
냥을 착취했다.13) 더욱이 대·소 관원이 착복한 돈은 너무 많아 셀 수가
없을 정도였다. 이러한 현상은 한때 관리와의 합작에 대하여 환상을 품
고 있던 상인들이 점차 극도의 실망에 빠지게 했다. 그들은 '관독官督'이
라는 말만 들어도 심장이 놀라고 살이 떨렸으므로 오직 그것을 모면할
궁리만 했다.

정관응은 관독상판이 초래하는 각종 폐단을 목도한 뒤 탄식을 금치
못하며 이르기를 "명분은 상인을 보호한다고 하나, 실제로는 상인을 착
취하고 있으니, 관독상판의 기세는 호랑이와 같다"라고 했다. 상해상인
경원선經元善 역시 지적하기를 "광서 9년과 10년의 2년 동안 상해에서도
주식모집에 힘을 쏟아 깃발을 세우고 고객을 불러모은 바가 적지 않으
나, 어쩌다가 경영에 적합한 인재를 얻지 못하여 윤선초상국·전보국·
개평탄광을 제외하면 나머지는 모두 일패도지로 실패했다. 이리하여 주
식모집이라는 이 한 마디는 사람들에게 듣기만 해도 신물나고, 보기만
해도 떨리는 말이 되었으며, 이 때문에 사람들은 구더기 무서워 장 못
담그는 격으로 지레 겁을 먹고 정작 해야 할 일을 못하게 되었다"14)라고
했다.

20세기 초 청정부가 직접 나서 현대화를 추진하기 시작했을 때 '관독
상판' 방식은 이미 주도적인 지위를 차지하지 못했으며, 청정부는 주로
신사이면서 상인이기도 한 신상을 중용하고, 상회商會〔상업회의소〕조직을 설
립하는 등의 수단을 통해서 관과 상 사이의 연결을 강화했다. 이에 신상
과 상회는 정식으로 "관리와 상인을 소통시키는" 중개자가 되기 시작했

---

13) 注熙, 「從輪船招商局看洋務派經濟活動的歷史作用」, 『歷史研究』, 1963年 第2期 참조.
14) 經元善, 『居易初集』 卷2, 32쪽(光緒 辛丑本).

다. 청정부는 특별히 각 지역 상회의 총리總理와 협리協理는 "반드시 여러 상인들이 공동으로 자질과 덕망이 우수한 사람을 선출하여 임무를 맡김으로써… 지방관과 수시로 교섭하여 서로 틈이 생기는 걱정을 덜 수 있도록"15) 해야 한다고 규정했다.

상회의 상층신상을 구슬리기 위해 청나라 상부商部는 특별히 상회처商會處를 설립하고 「상회동사의 접견에 관한 장정〔接見商會董事章程〕」을 제정하여 지적하기를 공·상 각 업계는 "무슨 이익을 일으키고 무슨 폐단을 제거할지, 어떤 것을 건립하고 어떤 것을 중지할지, 모두 상회처와 상회가 협의하여 복명한다"라고 했다. 아울러 규정하기를 "각 업종 가운데 만약 어엿한 거상巨商이 있어 우리 부의 고위관리를 배알하고 직접 의견을 진술하고자 하는 사람이 있으면 얼마든지 관공서를 방문할 수 있다. 이때 관아의 하인들은 "조금도 트집을 잡아 강제로 뇌물을 요구하는 등의 일을 해서는 안된다. 만약 방해를 받을 경우 당사자인 동사董事는 사실을 기탄없이 지적하고 보고할 수 있으며, 상회처는 사건을 사무청司務廳으로 이송하여 엄중히 처벌한다"16)라고 했다.

이로써 상인이 직접 중앙관원과 접촉할 수 있게 되었는데, 이것은 과거에는 상상조차 할 수 없는 일이었다. 상회의 신상이 관과 상 사이의 중개자가 되어 쌍방의 관계를 밀접하게 함으로써 당시에도 확실히 일정한 효과를 거두어 과거 융합하기 힘들었던 관·상 관계에 모종의 느슨하고 완만한 조짐이 나타났다. 그러나 만약 이로부터 관·상 관계가 진정으로 원만하게 타결되었다고 여긴다면 그것은 너무 천진난만한 생각이다. 사실 상회의 신상들이 직접 나서서 관·상 관계를 조율하는 행위는

---

15) 『蘇州商會檔案叢編(1905年~1911年)』 第1輯, 36~37쪽.
16) 『東方雜志』, 第1年 第11期.

오히려 부정적인 일면이 존재했다.

첫째로 진정으로 정부관원과 동등한 자격으로 교류할 수 있는 사람은 수많은 상민商民들 가운데 오직 소수의 상층신상들뿐이었으며, 다수의 중·하층 상민들은 여전히 관청출입을 거부당했고 마땅히 받아야 할 보호를 받지 못했다. 이들 상층신상들은 일반적으로 상회의 의동議董이거나 혹은 각지의 철도와 광산회사, 비교적 큰 기업의 경리經理 혹은 동사董事였다.

둘째로 신상과 관리사회의 매우 밀접한 '혈연관계'는 신상으로 하여금 어느 정도 '관리기질'에 물들지 않을 수 없게 했으며, 관권에 대하여 너무 큰 의존성과 타협성을 갖게 했다. 이로부터 '상'의 소질에 변이가 발생하여 때로는 오히려 '관'의 입장에 서서 보통 상민들을 억압했으며 "혹은 도대체 관리인지 상인인지 분간조차 할 수 없는 지경에 이르러" 관방에서 하기 어려운 민간사회 역량을 오도하고 와해시키는 역할을 함으로써 상인계층으로 하여금 '순수한 상인'으로서의 사회적 역할과 영향력을 발휘하기 어렵게 만들었다. 이 역시 중국 근대상인들에게 보편적으로 독립성과 정치적 반항의식이 결핍되도록 만든 원인 가운데 하나였다.

셋째로 선비형[士人型] 신상들은 흔히 유교문화의 심원한 영향을 받아내면 깊숙이 봉건사대부의 윤리가치 관념에 더욱 큰 친밀감을 느끼고 있었다. 그들로 하여금 벼슬길을 버리고 장삿길을 선택하도록 촉진하는 동력은 주로 자본주의적인 금전욕과 이익욕이 아니라, 봉건사대부의 '경세치용經世致用'이라는 인생의 이상이었다. 이와 같이 그들은 공·상업에 종사하여 이윤을 획득하는 동시에 내면에는 여전히 유교문화 의식이 잠재되어 있었다. 그들에게는 막스 베버가 제기한 프로테스탄트 윤리와 서로 교직交織된 자본주의 정신에 어울리는 기질이 결핍되어 있었다. 이는 그들이 설립한 기업의 성과에 손해를 끼치고, 자본주의 기업정신이 중국에서 싹트고 성장하는 것을 방해하지 않을 수 없었다.

넷째로 하나의 과도적 사회계층으로서 신상들은 불안정성이라는 특징을 가지고 항상 분화상태에 놓여 있었다. 일부 이윤의 자극을 받아 상업으로 전환한 관원과 사인士人들은 치부를 한 뒤에 다시 관리사회로 되돌아가거나 혹은 다른 사회에서 직업을 모색할 가능성이 매우 높아 신상으로 하여금 관과 상을 연결하는 항구적이고 의지할 만한 사회적 유대가 될 수 없도록 했다. 민국 초기에 신상계층이 점차 사라지자 이에 따라 관과 상의 사이에서 중개 역할을 담당했던 신상의 역사적 사명 역시 종말을 고했다.

III

현대화 진행과정에서의 관·상 관계에 관한 역사적 사고가 우리를 깨우쳐 주는 면은 넓고도 깊다.

우선 중국과 같은 후발 외재형外生型 국가의 현대화운동에서 정부가 구현하는 국가역량의 간섭은 반드시 필요하며, 이는 가장 효과적으로 국가자원과 민족역량을 동원하여 현대화운동에 종사하기 위해 불가결한 수단이다. 이때는 국가의 간섭이 필요한가 필요하지 않은가 하는 것이 문제가 아니라, 어떻게 간섭하는가 혹은 무엇이 '효과적인 간섭'인가 하는 것이 문제이다. 정부는 도대체 무엇을 근거로 경제적 현대화 과정에 간섭하는가? 만약 가장 간단하게 한 마디로 요약하면 그것은 바로 '권력'이다. 이것은 대규모의 유형과 무형자원에 대한 점유와 지배권을 비롯하여 조직적인 국가역량 즉 정부의 기구·조직·군대·법정·경찰에 대한 통제와 사용권 및 강제적인 사회계약 즉 법률의 제정과 집행권을 포함한다.

현대화의 진행은 실제로 '두 개의 손'에 의해 추진된다. 하나는 사회 자체로부터 나오는 '보이지 않는 손' 즉 시장이며, 다른 하나는 정부로부터 나오는 '보이는 손' 즉 권력이다. 경쟁적인 시장은 인류가 효과적으로 자원을 배치하고 생산에 종사하는 합리적인 경제형식이다. 그러나 시장은 진공 속에서 운행될 수 없으며, 그것은 정부가 제공하는 법률 규칙체계가 필요하다. 이밖에 어떠한 시장일지라도 모두 결함이 있고, 시장이 모든 영역과 모든 방면에서 자발적인 조절작용을 하는 것은 불가능하며, 정부권력이 필요한 감독과 조절을 진행하는 것, 다시 말해 정부가 적극적이고 효과적인 간섭을 진행할 필요가 있다.

그렇기 때문에 우선 해결해야 할 것은 정부가 어떻게 정확하게 권력을 행사하는가 하는 문제이다. 경제적 현대화의 건설에서 정부권력 운영의 기본전제는 시장 자체의 조절작용이 충분히 발휘되도록 유리한 조건을 조성하되 지나치게 간섭해서도 안되고 제멋대로 흘러가도록 방임해서도 안된다는 것이다. 정부의 간섭은 당연히 주로 세금징수·신용대부·이율·환율 등의 경제적 지렛대를 이용하여 거시적인 조정을 진행하는 형태로 구현되어야 하며, 직접 미시적인 경제활동에 간섭하거나 혹은 기업경영에 참여해서는 안된다.

대부분의 개발도상국(중국도 포함하여)에서 행해지는 정부권력의 전형적인 부당운용 사례 가운데 하나는 행정권력과 경영권의 부당한 결탁이며, 이로부터 관상官商과 관도官倒현상이 생겨난다. 관상과 관도란 정부관원이 직접 자신이 장악하고 있는 행정권력을 이용하여 경영활동에 종사함으로써 권력으로 돈을 벌거나 권력과 돈을 교환하는 것일 수도 있고, 친척·부하 혹은 친구관계를 이용하여 간접적으로 행정권력을 행사함으로써 권력과 돈을 교환하는 목적을 달성하는 것일 수도 있다. 어떠한 상황을 막론하고 권력과 돈을 교환하는 것은 모두 사복을 채우기 위해 부정한 일을 마구 저지르는 부패한 현상이 생겨나는 직접적인 온상이다.

물론 낙후된 국가에서 현대화 건설에 종사할 경우 초기단계에서는 언제나 정부가 '제1단계 추진 로켓'의 작용을 담당할 수밖에 없으며, 여기에는 관영 광산·철로와 기타 유형의 공장기업이 포함된다. 그러나 이 최초의 추동과정은 짧으면 짧을수록 좋다. 정부는 마땅히 최대한 신속하게 경영권을 민간상인에게 넘겨주어 '제1단계 추진 로켓'에서 '제2단계 추진 로켓'으로의 전환을 실현함으로써 시장경제의 법칙에 부합되도록 해야 한다.

이 방면에서 일본은 근대화 초기에 비교적 성공적인 경험을 했다. 명치유신 이후 일본에서는 부르주아 계급이 매우 유약한 상황 아래에서 일찍이 한 차례 어쩔 수 없이 명치정부 자신이 실업가의 역할을 담당하여 잇따라 관영 군수기업과 관영 민수民需기업을 창건했다. 국가자본이 차지하는 비중은 1875년에 81.7%, 1880년에 57.5%, 1885년에 74.9%였다.[17] 경제원리에 위배되고 관리가 부당했기 때문에 관영 민수기업은 급속하게 중국의 양무기업과 마찬가지로 파산의 운명에 직면했다. 그리하여 1884~1886년에 명치정부는 부득이 저렴한 가격으로 많은 근대공장과 광산을 개인자본가에게 팔아넘겼다. 이것이 이른바 일본역사에서 이야기하는 '관업처리官業處理'이다. 관업처리는 본래 일종의 불가피한 정책이었다. 그러나 그것은 오히려 완전히 의외의 결과 즉 강대한 민간 공업자본

---

17) 〔日〕江見康一, 『長期經濟統計 4 : 資本形成』(東京:東洋經濟新報社, 1971), 224쪽.

집단이 탄생하도록 하는 결과를 낳았다. 저명한 미츠이三井·미츠비시三菱·스미토모住友·후루가와古河·구하라久原·후지타藤田·아사노淺野 등의 '정치상인'들은 바로 '관업처리'를 통해 근대 대공업 자본가로 변신했다.

다음으로 정부권력의 정확한 사용과 관련있으며 매우 큰 현실적인 의미가 있는 문제는 바로 관리와 상인 간에, 정부와 민간사회 간에 일종의 긍정적인 상호작용 관계를 조성하는 문제이다. 중국의 현대화 진행과정의 실제 상황을 통해서 볼 때 오늘날 우리가 반드시 주의해야 할 점은 두 가지가 있다.

첫째로 '관본위' 사회의 '행정권력 지상주의' 전통을 타파하기 위해서는 정부와 민간사회 간의 권한을 적절하게 구분하여, 정부가 관장해야 할 일은 단호하면서도 효과적으로 잘 관리하고 정부가 간섭하지 말아야 할 일은 당연히 권한을 민에게 돌려주거나 사회로 넘겨서 이른바 '작은 정부 큰 사회'의 구조를 만드는 것이다. '작은 정부 큰 사회'는 결코 '약한 정부 강한 사회'가 아니라 '강한 정부 강한 사회'를 말한다. 이것은 국가와 사회 간에 명확한 분업과 협력관계가 수립되어 정부로부터 나오는 거시적인 통제·지도와 관리가 있을 뿐만 아니라, 상대적으로 독립적인 민간 사회로부터 나오는 활력과 창조성·자치성이 존재하며, 이로부터 지금까지 오랫동안 지속되어 온 국가권력의 사회생활에 대한 불합리한 간섭과 강압적인 통제를 바로잡음으로써 정부와 사회 간에 일종의 조화롭고 건강하고 바람직한 상호작용 관계가 형성되도록 하는 것을 의미한다.

둘째로 정부와 민간의 바람직한 상호작용 관계를 형성하는 문제는 국가와 민중 사이에 적당한 정도의 중개공간을 조성하고 국가권력과 개인·가정 사이에 존재하는 '시민사회'를 육성하는 데 달려 있다. '시민사회'는 시장경제의 토대 위에 건립된 사단社團[결사단체]과 조직의 집합체를 말하며 자립·자주 및 자율이라는 특성을 갖고 있다. 시민사회의 활동공간은 경제영역을 포함할 뿐만 아니라 비경제적인 사회보장·사회복지·문화·교육과 기타 사회 공익영역[제5장 제3절 참조]을 포괄한다. 사회가 자율적으로 조직한 일종의 이성역량으로서 시민사회는 정부와 민중 사이에서 서로를 연결하고 조율하는 작용을 한다. 정부는 주로 시민사회의 도움을 받아 전체사회를 관리하며 아울러 그것은 국가권력을 민중 속으로 삼투시키는 통로로 이용된다. 반면에 시민사회는 '독립된 눈'이 되어 국가의 권력행사를 감독하는 의무를 지며 아울러 정부의 권위와 경제적 역량에 의지하여 자신을 발전시킨다.

시민사회와 동시에 발전한 것은 대량의 사단조직[工會·商會·각종협회 등] 외에도 사회 중간계층으로 존재한 공·상 엘리트와 지식분자가 있다. 그들은 시민사회의 핵심이 되어 사회의 자율적 조직역량의 대표로 존재하면서 시민사회 내부의 각종 문제를 조율하고 관리하는 책임을 지고 어느 정도의 사회 자치업무를 처리했다. 동시에 그들은 국가와 시민사회를 소통시키는 매개체였다. 국가의 민중동원, 국가법률과 정책의 실시는 대부분 그들을 통해서 실현되었다. 이 때문에 현대화의 진행과정이 심화됨에 따라 공·상 엘리트와 지식분자들은 이후의 현대 사회질서 속에서 더욱 중요한 역할을 담당했다.

상술한 내용을 종합하면 현대화 진행과정에서 관·상 관계 및 이로부터 파생된 국가와 사회의 관계는 중국 현대사회의 형태변화와 구조재편 등 중요한 이론문제와 관련이 있으며, 그 속에 들어 있는 간단하면서도 심오한 도리는 이 '여론餘論'에서 남김없이 개괄할 수 있는 범위를 훨씬 초과한다는 것이다.

[부록] 1 : '신상'의 어의분석1)

사방謝放

근대'신상'에 관한 연구는 이미 적지 않은 중요한 성과를 거두었다. 이들 성과는 청말 이래 신사와 상인이 합류하는 역사적 현상이 출현했으며, 더불어 하나의 '신사 겸 상인'계층이 형성되었다는 사실을 확실히 증명했다. 그러나 각종 근대 역사 문헌에 자주 등장하는 '신상'이라는 말은 도대체 신사와 상인(gentry and merchants)을 따로 가리키는 성질 즉 분지성分指性('복수형'으로 통일 -역자)을 가진 말인가, 아니면 이미 하나로 융합된 '신상(a gentry merchant)'을 단독으로 가리키는 성질 즉 단지성單指性('단수형'으로 통일 - 역자)을 가진 말인가 하는 문제는 보다 깊이있는 탐구가 필요하다.

여영시余英時 선생은 「중국 근세의 종교윤리와 상인정신(中國近世之宗敎倫理與商人精神)」이라는 글에서 지적하기를 "'신상'이라는 말은 도대체 복합명사(混合詞)인지, 아니면 신사와 상인을 따로 가리키는지, 토론해 볼 만한 문제로 생각된다"2)라고 했다. 마민馬敏 선생은 역사문헌 속에는 마치 두 가지 서로 다른 함의를 가진 '신상'이라는 말이 존재하는 것 같다고 했다.3)

필자는 이 문제가 확실히 연구할 만한 가치가 있다고 생각하고 관련 자료를 검토하던 중에 '신상'이라는 말은 '복수형'이 명백한 사례가 비교

---

1) 본문의 초고는 장개원 선생과 마민 선생의 교정을 받았고, 화중사범대학 역사연구소는 필자가 자료를 열람하는 데 매우 큰 도움을 주어 특별히 감사의 뜻을 전한다.
2) 余英時, 『士與中國文化』(上海:上海人民出版社, 1987), 575쪽 주석 1).
3) 馬敏, 『官商之間 : 社會劇變中的近代紳商』(天津:天津人民出版社, 1995), 94~95쪽.

적 많으며, 단수형의 사례는 비교적 적을 뿐만 아니라 많든 적든 약간의 의문점이 존재한다는 사실을 발견했다. 그래서 재주가 없음을 무릅쓰고 기존연구를 토대로 하여 '신상'이라는 말의 변천과 함의가 갖는 몇 가지 의문에 대하여 분석을 시도함으로써 '신상'연구의 심화에 도움이 되기를 바란다.

I

 '신상'이라는 말이 문헌에 보이기 시작한 것은 언제부터인가? 여영시 선생은 '신상'은 상인과 신사를 따로 가리키는 말로 '신사상민紳士商民'의 준말이라고 했다. 그가 본 '신사상민'이라는 말이 기록된 자료 가운데 가장 빠른 것은 강소순무 비순費淳이 가경 2년(1797)에 지은 「소주성하재준설기[重浚蘇州城河記]」로 그 글 속에 "이에 군郡의 신사상민이 보낸 기부금이 속속 답지했다"4)라는 말이 있다.
 그러나 필자는 가경 2년보다 빠른 건륭 28년(1763)에 쓴 '신사상고紳士商賈'와 '신사상민紳士商民'에 관한 기록을 발견했다. 파현巴縣당안 『건륭 28년 중경부에서 기부금을 받아 성벽을 수리한 일에 관한 인문 및 연책[乾隆二十八年重慶府捐修城垣引文及捐冊]』의 인문引文부분을 보면, 일곱 차례나 '신사상고'라는 말이 나온다. "내가 곧바로 도대道臺에게 자세히 보고하고, 파현巴縣 현령 단段 아무개와 더불어 □□□□ 받들어 제창하고자 하나, 필요한 자금이 너무 많아 부득이 도시의 신사상고인紳士商賈人 등에게 의지하여 □□□ 계책을… 우리 군郡의 신사상고인 등에게 성벽은 집으로 말하면 외부

---

4) 余英時, 위의 책, 575쪽 주석 1).

인의 출입을 통제하는 대문과 같으니, 엄밀히 보호하고 간악한 비도들을 방지하기 위한 대책을 세우지 않는다면, 우리의 친척과 충군애국하는 백성들이 무어라 하겠는가? 무릇 담장을 고치고 대문을 수리하는 것은 신사상고인 등이 스스로 가정을 지키기 위해서이다. 엄밀히 보호하여 간악한 비도들을 방지하는 것은 신사상고인 등이 함께 우리 군을 지키는 일이다. 그대들 신사상고인 등에게 권유하노니 여러 사람이 힘을 모아 함께 어려움을 극복하자… 또한 이번 일로 총독이 그대들 신사상고인 등을 위해 심려하는 바가 깊고도 크다.… 그대들 신사상고인 등과 조정의 태평을 함께 누리게 될 것을 믿는다."5)

기부금 명부(捐冊)부분에도 '신사상민紳士商民'이라는 기록이 있다. 즉 "삼가 명을 받들어 우리 현에서 성벽공사에 보낸 기부금 액수와 신사상민 기부자의 명부를 갖추어 올리니 살펴보시기 바랍니다"라고 했으며, 아울러 기부자의 성명을 '신사紳士'·'상민商民'·'회수會首'·'아행牙行'·'방주房主'·'사승寺僧'·'선호船戶' 등으로 나누어 열거했다.

『건륭 32년 9월 8일 공방 이경원이 받은 건륭 32년 파현 공문서첩[乾隆三十二年九月初八日工房李瓊元承乾隆三十二年巴縣詳冊]』에도 이르기를 "신사상민에게 권유하여 은 2만 90냥을 기부하게 했는데… 신사상민이 은량을 기부한 것에 대하여 관례대로 마땅히 포상해야 한다"6)라고 했다.

여영시 선생의 '신상'은 바로 '신사상민'의 준말이라는 견해와 관련하여 필자는 광서시기 파현당안에서도 하나의 증거를 찾았다. 다시 말해서 광서 19년(1893) 중경초상국위원重慶招商局委員 후선현승候選縣丞 섭병량葉秉良이 주식을 모집하여 기기방사공사機器紡紗公司를 설립하면서 올린 품의에 이

---

5) 四川省檔案館 編, 『淸代巴縣檔案匯編(乾隆卷)』(北京: 檔案出版社, 1991), 315쪽.
6) 위의 책, 318~321·322쪽.

르기를 "제가 작년 겨울 중경에 온 뒤 매번 성 안팎의 상고신량商賈紳糧들과 외국인이 면사를 판매하여 얻는 이익에 대하여 이야기할 때마다 탄식을 금할 수 없었습니다. 지금 신상들의 의견에 따라 역시 상해방사공사上海紡紗公司의 장정을 모방하여 우선 주식을 모아 중경 성 바깥에 기기방사국機器紡紗局을 개설하고자 합니다"7)라고 했다. 이 자료는 '신상'이 바로 '상고신량'의 축약형이라는 것은 의심의 여지가 없으며 여영시 선생의 견해가 확실히 근거가 있다는 사실을 말한다.

산서 삭평부朔平府지부 장집형張集馨은 도광 17년(1837) 일기에 쓰기를 "다시 군성郡城의 신고紳賈와 상의하여 보고서를 올려 포상을 요청하겠다는 약속을 하고, 비로소 동전 수천 관貫을 얻어 신사紳士에게 넘겨주어 일을 처리하게 하되 관리의 손을 거치지 않도록 했다"8)라고 했다. 여기서 말하는 '신고'는 당연히 잠시 후의 문헌 속에 나오는 '신상'이다. 이것은 필자가 본 비교적 이른 시기의 '신상'에 관한 기록이다. 도광 25년(1845) 「중수강감현학비기重修江甘縣學碑記」에도 '신상'이라는 말이 보인다. "신상에게 권유하여 자금을 기부받아 착공했으며 6개월이 지나 준공했다."9)

함풍 원년(1851) 양강총독 육건영陸建瀛의 상주문 속에도 '신상'이라는 말이 보인다. "곧바로 상해청上海廳과 상해현上海縣에 명하여 복건성 사람들에게 유시를 전달하고, 신상 6~7명만 가서 관찰하도록 했다."10) 함풍 초기 문겸文謙 등이 올린 상주문에도 여러 차례 '신상'이 언급되고 있다. "다시 조사해 보니 천진의 신상사민紳商士民 가운데 평소 부자로 알려진

---

7) 四川省檔案館 編, 『淸代保路運動選編』(成都:四天人民出版社, 1981), 65쪽.
8) 張集馨, 『道咸宦海見聞錄』(北京:中華書局, 1981), 31쪽.
9) 桂超萬, 『宦游紀略』 卷5. 그 비석의 기록에 따르면, 縣學은 "乙巳(道光 25년) 6월에 착공하여 9월에 준공했다."
10) 中國第一歷史檔案館·福建師範大學歷史系 編, 『淸末敎案』 1冊(北京:中華書局, 1996), 132쪽.

사람이 적지 않으며… 이들 신상들이 있는 곳은 천지의 은혜를 받은 것과 같으니 마땅히 있는 힘을 다해 은혜에 보답해야 한다."11)

오후吳煦당안 속에도 비교적 많은 함풍연간의 '신상'에 관한 기록이 있다. 예를 들어 함풍 6년(1856)의 한 조목에 기록하기를 "신상에게 돈과 음식을 기부하도록 권유하는 문제로 말하면… 신상을 불러모아 거듭 다시 일깨우니 현재 모두가 수락했다"라고 했다. 같은 해의 또 다른 기록을 보면 "신상이 생필품을 기부할 수 있는지 모르겠다"라고 했다. 함풍 7년(1857)의 한 조목에 기록하기를 "지금 보고에 따르면 신상 욱송년郁松年 등이 합계 정미 2만 석을 기부했다고 한다"라고 했다. 함풍 10년(1860)의 한 조목에 기록하기를 "근래 신상이 올린 품의에 따르면"12)이라고 했다.

『곽숭도주고郭嵩燾奏稿』에는 동치 초년의 '신상'에 관한 기록이 있다. 동치 2년(1863) 「광동성의 전반적인 상황에 관한 보고[縷陳廣東大概情形疏]」: "신상은 습성이 교활하고 위선적이며, 관리는 기꺼이 천하고 더러운 자리에 앉으려 한다." 동치 3년(1864) 「강서와 호남순무에게 명하여 군대를 보내 광동성을 지원하도록 해 줄 것을 청하는 글[請飭江西湖南撫臣分兵援粤片]」: "수년 전에 신상에게 빌린 돈이 수십만 냥을 밑돌지 않는데 아직 한 푼도 갚지 않았다." 동치 5년(1866) 「각 항구에 이금을 증설하는 문제를 상의하는 글[籌議各海口添設釐行片]」: "광동성의 교역세는 이미 신상들이 일을 도맡아 징수하여 국局에 납부하기로 결정되었으므로… 역시 신상이 이윤을 독점하는 폐단을 어느 정도 제거해야 한다."13)

『신보申報』 등 근대신문 속에도 적지 않은 동치와 광서연간의 '신상'에

---

11) 「文謙等奏陳飭地方官設法勸捐幷請撥給海運漕米以備按日支發片」, 『粤匪雜錄』 권2, 太平天國歷史博物館 編, 『太平天國史料叢編簡輯』 5冊(北京:中華書局, 1962), 22쪽에서 재인용.
12) 太平天國歷史博物館 編, 『吳煦檔案選編』 6집(南京:江蘇人民出版社, 1983), 175·210·248·372쪽.
13) 楊堅 校補, 『郭嵩燾奏稿』(長沙:岳麓書社, 1983), 4~5, 123·315쪽.

관한 기록이 있다. 동치 12년(1873) 정월 초 7일『신보』에 실린 "여학당과 연관의 시급한 금지를 촉구하는 상해전역 신상의 공개서한[論女堂烟館亟宜禁止事, 上海闔邑紳商公啓]". 광서 6년(1880) 10월 15일『신보』에 실린「상해기기직포국공고[上海機器織布局啓事]」: "우선 각지에서 주식을 대신 접수하는 각 신상의 주소와 성명을 모아 뒤에 자세하게 열거했다." 광서 7년(1881) 4월 초 1일『신보』에 게재된「상해기기직포국계사上海機器織布局啓事」: "우리 국局은 전에 통상대신이 격문으로 위임한 뜻을 받들어 상인으로부터 주식을 모아 기계방직 공장을 설립하고 양포를 모방하여 방직하는데, 신상들이 주식을 모아 넘겨주기를 앙망한다는 사실은 전에 이미 두 차례 신문에 게재했다.… 계획했던 모금액수는 신상들이 끊임없이 주주를 불러모아 준 덕분에 곧 액수가 찰 것이다." 광서 16년(1890) 정월 20일『자림호보字林滬報』에 실린 기사: "이번 설에는 동향의 관리와 상인들이 모두 모여 이 달 초 2일 정오에 공소公所에서 단체로 신년하례를 하려하니… 그때가 되면 각 상점의 신상들은 모두 기꺼이 참석해 주기 바란다."14)

광서연간에는 또한 '중서신상中西紳商'·'중외신상中外紳商'·'각국신상各國紳商' 등의 용례가 출현했다. 경원선經元善 등이 올린「중국여학당에서 남·북 양대신에게 올리는 글[中國女學堂稟北南洋大臣稿]」(1898.1)을 보면 "지난 달 21일 상해에 머무르는 중中·서西 신상들의 모임이 있었는데 참석자가 40~50명이었다"라고 한다. 경원선의「하라구치 히라카즈 군에게 답하는 글[答原口聞一君問]」(1900.11.7)에는 "상해와 홍콩 각지의 중中·외外 신상과 선교사, 신문사에서 소식을 듣고 모두 의분을 느끼고 힘써 공론을 주도하고, 아울러 포르투갈 관청에 보내는 편지와 전보가 연이어 답지했다.… 나는 전

---

14) 彭澤益 主編,『中國工商行會史料集』下冊(北京:中華書局, 1995), 751쪽.

보국에 근무한 이래 비로소 각국 신상들과 접촉하면서 묵묵히 외국인이 경영하는 상업업무의 요점을 살폈는데, 비록 겉보기에 농단하는 것 같으나 사실은 오직 신용을 중시하는 데 있다"15)라고 했다.

위에서 인용한 자료들은 늦어도 19세기 중엽부터 '신상'이라는 말이 이미 각종 공·사 문헌에 널리 쓰였다는 것을 분명히 알려 준다. 20세기에 들어온 뒤 각종 문헌에서 '신상'이라는 용례는 더욱 흔하게 볼 수 있게 되었다. 여기서는 더 이상 장황하게 늘어놓지 않는다.

II

현재 국내외 학자들의 연구를 보면 대부분 '신상'이라는 말은 신사와 상인을 따로 지칭하는 말이면서, 특별히 신사와 상인이 융합하여 생겨난 새로운 계층을 가리키는 말일 수도 있다고 한다.

프랑스의 중국학 연구자인 마리안느 바스띠드-브리기에르Marianne Bastid-Bruguiere 교수는 일찍이 지적하기를 "20세기 초에 전통적인 상류사회로부터 하나의 새로운 사회계층이 탄생했다. 이 계층은 이름이 없었다. 그러나 당시 문헌에서 이야기하는 '신상'은 거의 모두 이 새로운 계층을 가리킨다. 신상은 관원과 문사文士를 가리킬 뿐만 아니라 상인을 가리키기도 했다. 이것은 두 개의 서로 다른 병렬범주이며 동시에 '민'이나 '관'과도 달랐다. 그러나 이러한 칭호는 갈수록 보기 드물어졌다. 일반적으로 말해서 만약 이 명칭을 하나의 집단에 사용할 경우 그것은 바로 상업에 참여하는 관리와 문사, 공명과 직함을 가진 상인 및 그들과 왕래하는

---

15) 虞和平 編, 『經元善集』(武漢: 華中師範大學出版社, 1988), 211·342·345쪽.

순수 문인과 상인을 두루 가리키며, 만약 이 명칭을 개인에게 적용할 경우 그것은 단지 앞의 두 부류만을 가리킨다. 우리는 그것을 '상업신사'라고 번역할 수 있다"16)라고 했다.

마민馬敏 선생은 20세기 초기의 문헌에서 '신상'이 신사와 상인을 따로 가리키는 사례들을 제시하면서 "20세기 초에 이르기까지 문헌 속에 사용된 '신상'이라는 말은 대부분 '신사와 상인'을 가리킨다"라고 했다. 동시에 그는 단수형의 사례들도 존재한다는 사실을 제시했는데, 어떤 상인을 "직접적으로 '신상[a gentry merchant]'이라고 칭함으로써 '신상'이라는 말이 더 이상 '신사와 상인[gentry merchants]'이라는 복합적인 의미를 갖지 않게 되었다"17)라고 했다.

왕선명王先明 선생은 "청말 사회관계체계가 격변하는 가운데 '신'과 '상' 두 사회계층이 상호 삼투하여 한 사람이 두 가지 일을 맡는 인물이 존재하는 것은 이미 보편적인 사회현상이 되었다. 그러나 '신'과 '상'은 총체적으로 여전히 서로 다른 계층과 집단의 구별이 있었다.… '신상'은 신사와 상인을 함께 지칭하는 말일 뿐만 아니라, 신사 겸 상인인 부류의 인물들을 단독으로 지칭하는 말이기도 하다. 이것은 사회격동기의 확실하고도 적절하게 성격을 규정하기 어려운 유동적 호칭개념이다"18)라고 했다.

---

16) 費正淸 編, 中國社會科學院 歷史硏究所編譯室 譯, 『劍橋中國晚淸史』 下卷(北京:中國社會科學出版社, 1985), 620쪽. 〔원전 : Fairbank, John K. and Liu, Kwang-ching eds., The Cambridge History of China Volume 11 Late Ch'ing, 1800~1911, Part II(Cambridge University Press, Cambridge, London, New York, Melbourne, 1978)〕

17) 馬敏, 『官商之間 : 社會劇變中的近代紳商』, 94~95쪽.

18) 王先明, 『近代紳士— 一個封建階層的歷史命運』(天津:天津人民出版社, 1997), 241~243쪽. 왕선명 선생은 또한 청말 『憲政編査館核査粤省紳士辦士習慣』에서 "신사와 상인의 경계", "신사와 상인의 혐의", "신사와 상인의 충돌경쟁의 습관" 등의 말을 예로 들면서 지적하기를 "객관적인 역사진행과정을 통해 보면, '신상'은 결코 하나의 내재적 응집력이 매우 강한 사회역량이 아니다"라고 했다.

필자가 고찰한 바로는 역사문헌에서 '신상'이라는 말이 '신사'와 '상인'을 따로 가리키는 사례가 비교적 많았다. 아래에 6가지 사례를 선별하여 제시한다.

1) 장건張謇이 대생사창大生紗廠을 설립할 때 양강총독 유곤일劉坤一에게 올린 편지[函文] : "신상들이 회의를 열어 관방의 직기를 은 50만 원으로 평가하고 상인자본 50만 원을 모으기로 했다.… 관방자본 50만 원으로 구입한 직기를 사용하되, 따로 상인자본 50만 원을 마련하기로 하고 관상합판官商合辦으로 바꾸었으나 여전히 효과가 없었으며, 그렇다고 중지하기도 어려워… 다시 신령상판紳領商辦으로 변경했다. 무릇 각자 관방자본 직기 가운데 25만 원에 해당하는 분량을 인수하기로 하고, 각자 상인자본 25만 원을 마련하기로 했다.… 관방직기의 평가 금액이 25만 원이고, 상인들이 따로 25만 원의 주식을 모집하여 합계 50만 원으로 했다. 이것이 관상합판官商合辦이 되었다가 다시 신독상판紳督商辦이 된 연유이다."19) 여기서 말하는 '신상'은 분명히 '신령상판'·'신독상판'에 나오는 '신紳'과 '상商'을 따로 가리키고 있다.

2) 『상학신보湘學新報』에 실린 「산서성에서 상인으로부터 주식을 모으는 일에 관한 장정초안[晉省招商集股擬定章程]」 : "산서성에 국局을 설치하여 관방과 신상이 합심 협력한다. 관의 세력에 의지하지 않고 상업상의 권리를 침범하지 않는다. 재무와 장부·매매 등에 관한 업무는 신상이 담당하고, 지방을 통제하고 이권을 보호하는 일은 관에서 주관한다. 만약 관청과 관련된 일이 발생하면 신사들이 일을 도맡아 처리한다. 이때 절대로 상인이 연루되어 피해를 입지 않도록 해야 하며, 공정하게 일을 처리

---

19) 張謇研究中心·南通市圖書館 編, 『張謇全集』 3권(南京:江蘇古籍出版社, 1994), 2·10·16쪽.

하여 의구심이 생기지 않도록 한다."20) 이 글에서 말하는 '신상'은 분명히 '신紳'과 '상민商民'을 각각 따로 지칭하고 있다.

3) 1908년 7월 26일 『신보』 제1장 제3판 '논설' : "상로공사湘路公司로 말하면 처음에는 신사와 관리 간에 의견이 맞지 않았고, 이어서 상인과 신사의 의견이 대립했으며, 지금은 주소株昭21)철로 때문에 전 성省의 신상과 총독·순무와 상부商部의 관리들이 각자 견해차이로 인한 불만을 갖고 있다." 여기서 문장의 뒷부분에 나오는 '신상'은 바로 앞에서 언급한 '상인과 신사'이다.

4) 1908년 12월 5일 사천포정사四川布政使 등 6사司의 관리들이 연명으로 〔會銜〕자의국주판처諮議局籌辦處 설립에 관한 보고를 할 때 첨부한 「주판처장정籌辦處章程」 : "본처에는 총리 1명, 협리 4명을 두어 관신官紳이 임무를 분담한다. 이들은 모두 총독이 선임하며 총독에게 보고하여 승인을 받아 본처의 전체업무를 처리한다.… 본처는 신·상·학계의 인사를 초청 방문 및 공동 선출하는 방법으로 몇 명을 초빙하여 본처의 참의參議로 삼는다." 여기서 '관신官紳'·'신상학계紳商學界'는 따로 가리키는 말이라는 사실이 비교적 분명하며, 각각 관官·신紳·상商·학學 각 계를 지칭한다. 12월 15일 자의국 주판처에서 주청하여 입안한 한 부의 문서는 더욱 명백하게 따로 가리키는 말이라는 사실을 보여준다. "이에 본월 27일(12월 20일)에 개국식을 거행하며, 아울러 총회를 열고 성도省都에 거주하는 관계官界·신계紳界·학계學界·상계商界 인사를 초청하여 진행방법을 협의하기로 했다."22)

---

20) 『湘學新報』 1〈臺北華文書局影印本〉, 286쪽. 원래 영인본은 期數가 없는데, 上海圖書館 편, 『中國近代期刊篇目滙錄』 1권(上海: 上海人民出版社, 1965)에 의거했다. 이 장정은 『湘學新報』 제11책(1987년 7월 29일)에 등재되었다.
21) 〔역주〕 株昭 : 湖南 株洲에서 江西 昭萍〔지금의 江西 萍鄕〕에 이르는 철로〔필자의 해석〕.
22) 『四川保路運動檔案選編』, 97·100쪽.

5) 1927년 3월 27일 천진의 '일계신상공회日界紳商公會'가 행상공소行商公所에 보낸 답신 : "우리 회는 이름은 비록 신상공회紳商公會라고 하나, 회 안에 신사는 없으며 상호商戸 역시 수십 개에 불과하다." 여기서 이야기하는 '신상'은 '신사'와 '상호商戸'를 따로 가리킨다.23)

6) 1928년 2월 6일 경조윤京兆尹 진제신陳濟新이 탁현涿縣에서 진군晉軍의 입경入境으로 인하여 상민商民이 입은 손실에 관하여 내무총장에게 올린 보고서 : "이번 일로 탁현성향임시유지회涿縣城鄕臨時維持會와 신상紳商·공민公民 각 대표들이… 올린 보고서의 내용을 보면… 지방에는 목적없이 쓸 수 있는 경비가 없어서 이번에 진군晉軍에게 제공한 자금은 혹은 상가商家에게 빌리고 혹은 신부紳富에게 융통했다.… 목적없이 쓸 수 있는 경비가 없어 고민하다 진군에게 제공한 자금은 상가에게 빌리거나 혹은 신부에게 융통했다.… 이번 자금은 홍만자회紅卍字會 회장 오조의吳兆毅와 신상 각계가 간절한 성명서를 발표하고… 현의 신상에게 잇따라 요청하여 진군에게 식품과 각종 물자를 공급하는 데 필요한 자금을 대신 지불해 달라고 한 것이다.…"24) 이 보고서에서 세 군데 나오는 '신상'이라는 말은 분명히 두 군데 나오는 '신부紳富'와 '상가商家'를 따로 가리키고 있다.

Ⅲ

필자가 본 '신상'에 관한 기록 가운데 단수형이 보다 명확한 사례는 비교적 적고, 게다가 많든 적든 간에 약간의 의문점이 있었다. 아래에

---

23) 天津檔案館 等編, 『天津商會檔案滙編(1912~1928)』 2冊(天津:天津人民出版社, 1992), 1386쪽.
24) 中國第二歷史檔案館 編, 『中華民國史檔案資料滙編』 3집, 農商 2(南京:江蘇古籍出版社, 1991), 1154~1157쪽.

4가지 예를 골라서 서술한다.

1) 광서 29년(1903) 「천진지부 능복팽凌福彭이 재차 올린 상무공소의 상황에 관한 품의 및 그에 대한 회답공문(天津府凌守覆東商務公所情形稟幷批)」: "아울러 신상 영세복寧世福・요련원么聯元・변욱광卞煜光・왕현빈王賢賓 등을 공소公所의 동사董事로 위임했다."25) 여기에서 '신상'이라는 말은 직접적으로 영세복 등 네 사람과 결부되어 있어서 비교적 명백한 단수형으로 보이나, 만약 곰곰이 생각해 보면 여전히 의문점이 있다.

첫째로 '신상 누구누구 등'은 당시 공・사 문헌에서 일종의 비교적 보편적인 표현방식으로 '신상 누구누구 등'에서 '등'자는 단지 이름이 나열된 사람만 가리킬 수도 있고, 출신성명을 나열하지 않은 기타의 사람을 포괄할 가능성도 있다. 예를 들어 민국 원년(1912) 8월 공상부工商部에서 하남도독에게 보낸 자문咨文에 이르기를 "하남 신양주信陽州 명항진明港鎭 신상 유한장劉翰章 등의 품의에 따르면"이라고 했다. 공상부의 회답공문(批文)에도 이르기를 "하남 신양주 명항진 신상 유한장 등의 품의에 회답한다"라고 했다. 만약 단지 이 두 자료만 본다면 여기에 나오는 '신상'이라는 칭호는 오직 유한장 한 사람과 결부되어 있는 것처럼 보인다. 그러나 사실 원래의 품의에는 유한장 등 4명 및 13개 공사公司의 상호商號가 포함되어 있다. 원래 품의에 이르기를 "하남성여녕부신양주명항진객려신상河南省汝寧府信陽州明港鎭客旅紳商 유한장劉翰章・장자하張紫霞・나청신羅淸臣・만붕정萬鵬程(원문에는 이 네 사람의 이름이 상하 두 줄로 배열되어 있다)・만순공사萬順公司・이운공사利運公司・화창공사華昌公司・양상순揚祥順・협삼영協森永・복의항復義

---

25) 天津檔案館 等編, 『天津商會檔案匯編(1903~1911)』上冊(天津:天津人民出版社, 1989), 2쪽. 이 예는 마민 선생이 이미 인용했다. 그는 "여기에서 '신상'이라는 말이 갖는 단수형으로서의 성격이 더욱 분명하게 드러난다"라고 했다. (마민, 앞의 책, 95쪽)

恒・의화원원풍공사義和元元豊公司・천성공사天盛公司・옥성공사玉成公司・여춘성如春城・공성원公盛遠・취옥성聚玉成・상태명祥太明 등이 주관자를 자청하여 흉악하고 횡포함을 제거하여 상업을 안정시키고자 한다"26)라고 했다. 따라서 여기서 말하는 '신상'은 '신〔유한장 등 4명을 지칭〕'과 '상〔13개 공사의 상호〕' 두 개 부분을 포함할 가능성이 매우 높음을 알 수 있다.

둘째로 기타 문서를 보면 상업계에서 영세복 등을 지칭할 때나 혹은 영세복 등이 자기 자신을 지칭할 때를 막론하고 모두 '신紳'이라고 했지 '신상'이라고 하지 않았다. 이로써 그 신분을 주로 '신紳'으로 인식했음을 알 수 있다〔뒤에 자세히 논함〕.

2) 광서 34년(1908) 12월 「방환 등이 포정사에게 올린 글〔方還等稟布政使稿〕」: "곤신昆新신상 방환方還・이금장李金章・장정천張靖遷・고복수顧福樹가 품의한 안건은 이미 종결되었고, 원고와 피고 모두 화해하기를 원하니 더 이상 추궁하지 말아달라고 청했다." 여기에서 '신상'은 직접적으로 네 명과 결부되어 있고 이 글자 뒤에 '등'자가 없다. 이미 '신상'은 바로 이 네 명을 가리키는 의미로 보인다. 그런데 바로 이어지는 문장에서 네 명은 자칭 '신紳'이라고 했지 '신상'이라고 하지 않았다. 즉 "신紳 등은 이 사안이 이미 종결되었으므로"라고 한 것과 "신紳 등이 거듭 쌍방에게 권유하여"라고 한 것이 그것이다. 곤신상무분회昆新商務分會의 다른 공문에도 방환을 '신紳'이라 부르고 있다. "방신方紳은 본회의 발기인으로 상업상황에 두루 정통하여 뭇사람의 신망을 얻고 있다." 이로부터 이 네 명의 신분에 대하여 여전히 '신紳'으로 인식하고 있었음을 알 수 있다.27)

---

26) 江蘇省商業廳・中國第二歷史檔案館 編, 『中華民國商業檔案資料滙編』 1권(1912~1928) 下冊(北京:中國商業出版社, 1991), 879·881쪽.
27) 章開沅 等主編, 『蘇州商會檔案叢編(1905年~1911年)』 제1집(武漢:華中師範大學出版社, 1991), 155~157쪽.

3) 광서 31년 12월 12일(1906년 1월 6일) 「소상총회에서 입회 및 회비 기부에 관한 일로 전당공소에 알리는 글[蘇商總會爲入會幷捐助會費事知會典當公所文稿]」: "전당업은 각 업종의 머리이고 전당업을 경영하는 상인은 모두 부유한 신사이며, 특히 다른 상인들은 전당업에서 어떻게 하는지 눈과 귀를 기울이고 있으므로, 마땅히 각별히 힘을 내어 공익을 위해 협조하기 바란다. 우리 총회가 성립될 때 각 전당업 신상들이 모두 집회에 참석했으며, 이에 의동회원으로 선출된 각 전당포의 신상들은 이미 명부를 작성하여 상부에 보고한 상태이다." 이 자료를 통해 볼 때 '전당업을 경영하는 상인'과 '부유한 신사'를 겸하고 있는 사람은 그 아래 나오는 '신상'이며, 여기서 말하는 '신상'은 단수형처럼 보인다.

그러나 이 글에서는 바로 이어서 다시 '신상'을 '상동商董'과 '신동紳董'으로 나누어 부르고 있어서 여전히 구별이 존재했다. "수개월 이래 지난번에 이야기한 회비 찬조금의 수납명단이 아직 우리 총회에 도착하지 않고 있으며, 전당업계에서 마땅히 납부해야할 동계 회비를 아직 보내오지 않아 각 업종의 상동들이 원망하는 소리가 높다. 전당업에 종사하는 각 상인들이 혹 의견이 일치되지 못하여 일률적으로 입회하지 못하는 것이라면, 각자가 원하는 바를 들어주어 먼저 입회를 원하는 각 상인들이 낸 기부금 액수를 기록한 전표를 우리 총회에 보내 등록하고 수납금을 납부하여 각 업종 상동들의 비방을 면하고, 체면을 유지하고, 공용에 모자람이 없도록 해주길 바란다. 이를 위해 즉시 귀공소貴公所의 신동들에게 문서의 내용을 알려 번거롭지만 규정대로 처리해 주길 바란다. 반드시 이 문서[照會]의 내용을 알려야 할 사람 : 위의 문서를 받은 전당공소典當公所의 신동."28)

4) 『상무관보商務官報』 광서 33년 4월 15일(1907년 5월 26일) 제9기 「신상 양

음당이 임업공사의 일로 글을 올려 명령을 내려 보호해 주기를 청한 안건에 대한 회답공문(批紳商楊蔭棠稟林業公司請飭保護一案)」. 회답공문의 제목에서 '신상'을 직접적으로 양음당(楊蔭棠) 한 사람과 결부하고 있으므로 단수형이 분명하다. 그러나 비준 문서에는 오히려 세 곳에서 양음당을 가리켜 '그 상인'이라고 부르면서 '그 신상'이라고 부르지 않고 있는 것이 의문점이다. 비준문서에는 대략 이르기를 "전에 그 상인이 품의를 올려 임업공사 林業公司를 창립하려고 하니 보호를 지시하는 서찰을 보내 입안해 달라고 하는 등의 사정에 따르면⋯ 그 상인이 심은 각종 수목은 1만여 그루이며⋯ 그 상인이 임업을 중시하여 공사를 설립하여 문제를 해결하려는 것은 참으로 가상한 일이다"라고 했다. 이로써 관방에서 볼 때 양음당의 신분은 여전히 '상인'이었음을 알 수 있다. 필자가 본 자료로 말하면 의문의 여지가 없는 '단수형'의 증거를 아직 발견하지 못했다.

IV

상술한 '신상'에 관한 역사문헌을 참고하여 필자는 아래와 같은 몇 가지 작문규칙(行文規律)을 발견했다.

1) '신상'이라고 연결하여 부르는 것은 대부분이 관방의 회답공문이거나 혹은 타인의 '타칭'이고[29] '신상'의 '자칭'은 대부분 주의 깊게 '신 등

---

28) 『蘇州商會檔案叢編(1905~1911)』 제1집. 43쪽.
29) 하나의 비교적 전형적인 예를 들자면, 安徽 "靑陽縣 紳商 아무개가 省都에 와서 순무에게 품문을 올려 광산기술자가 자기 현의 烏株嶺에서 매장량이 풍부한 광구를 발견했다고 했다.⋯"[『時報』, 1905년 8월 15일. 汪敬虞, 『中國近代工業史資料』 2집 下冊(科學出版社, 1957), 784쪽에서 재인용]는 것이다. 위의 예에서 확실히 '신상'을 직접적으로 아무개 한 사람과 결부시키고 있으므로 단수형이 거의 확실하다. 다만 주의해야 할 것은 이것은 여전히 '他稱'의 사례라는 점이다.

紳等' 혹은 '상 등商等'으로 구분하여 부르고 있으며, 자칭 '신상'이라고 하는 경우는 매우 드물다. 이것은 '신상'을 대표하는 사람이 자기가 '신紳'에 속하는지 혹은 '상商'에 속하는지에 대하여 매우 분명하게 인식하고 있었다는 사실을 말하는 것으로 보인다. 상회문헌 속에는 이런 사례가 적지 않다.

(1) '신紳'이라고 자칭하는 예

① 한림원 편수 왕동유汪同愈 등은「소상총회에서 성립을 보고하고 정부의 허락을 청하며 양강총독에게 올린 글[蘇商總會申報成立請求備案呈江督稿]」에서 자칭하기를 "신 등이 마땅히 소주상무총회를 설립해야 하는 이유는…"30)이라고 했다.

② 상해도上海道가 '신상 조양曹驤 등'의 품의에 답한 글 : "전에 상해신상 조양 등의 품의에 따르면 '신 등이 자금을 조달하고 장인들에게 공사비를 산정하도록 지시했다'라고 했다." 조양 등은 품의에서 자칭 '신 등紳等'이라고 했고, 상해도上海道 역시 거듭 '그 신사 등[該紳等]'이라고 칭했다.31)

③ 천진상무공소天津商務公所의 책임자인 왕현빈王賢賓·영세복寧世福·변욱광卞煜光·요련원姚聯元 등은「천진상무공소에서 조정의 명을 받들어 각 행에서 상무공소에 보조한 경비의 지출상황을 명백히 조사하여 천진부에 보고한 공문[天津商務公所尊諭查明各行津貼商務公所經費開支情形事稟天津府文]」에서 거듭 자칭 '신紳'이라 했다. 이 문서는 '신紳'과 '상商'에 대한 지칭도 명확하게 구분되어 있다. "천진지역 각 행상行商이 작년 4월 무렵부터 궁보宮保에게 품의를 올려 상무공소의 설립을 요청했으며, 신 등紳等이 유시諭示로 위임받아 일을 처리하여, 지시대로 4월 17일에 개설했고, 이 사안은 이미

---

30)『蘇州商會檔案叢編(1905년~1911년)』제1집, 13쪽.
31) 「滬道詳夏添辟城門問題」,『申報』, 1908년 8월 20일.

문건에 기록되어 있다. 그때 각 행상들이 경비를 마련하여 사무비로 사용하도록 하고자 했던 일은 시장상황이 순조롭지 못하여 일찍이 총독과 신 등이 거듭 완곡하게 거절하다가 총독이 보조금으로 은 1백 냥을 내려 주고, 신 등이 각기 은 1백 냥을 마련하여 합계 5백 냥을 모아 잠시 급한 경비를 지불하기로 했다. 이후 경비가 부족하여 다시 신 등이 은 2천5백 냥을 융통해 주었다.… 올봄에 공소의 경비가 바닥나서 다시 신 등이 은 양銀洋 4백 원을 잠시 빌려주었다.… 각 행상들이 좌시하기 어려워 총독에게 품의를 올려 양곡상들이 내는 세금을 경비로 사용할 수 있게 해달라고 요청했다.… 각 행상들 가운데 보조금을 낼 능력이 있는 자를 헤아려 보면, 삼진마방三津磨房에서 매년 보조금 1백 냥을 내기를 원하고, 두점상斗店商에서 매년 보조금 2백 냥을 내기를 원하며, 양행상洋行商에서 매년 보조금 5백 냥을 내기를 원하여 이미 합의가 이루어졌으나, 아직 품의를 올려 입안한 상태는 아니다. 그밖에 토약土藥·생강공장·송목松木·염화染貨 등의 상점 역시 소문을 듣고 몰려들었으나 아직 합의가 이루어진 것은 아니다."32) 위에 인용한 품의에서는 '신 등紳等'·'각 행상'·'양곡상糧商'·'두점상斗店商'·'양행상洋行商' 등으로 구분하여 지칭하고 있는데, 이점에서 볼 때 신상이 신사와 상인을 따로 가리킨다는 사실은 매우 명백하다.

(2) '상商'이라고 자칭하는 예

① 정자곡鄭慈谷 등 여덟 명이 오강현성택진상무공회吳江縣盛澤鎭商務公會의 설립을 청하는 품의에서 자칭하기를 "상 등商等은 성택진에서 장사를 한 지 여러 해가 되었으며, 각지의 상업도시에서 상회를 설립하여 공익을 유지함으로써 상인이 큰 이익을 얻는 것을 보고… 상 등이 거듭 대책

---

32)『天津商會檔案滙編(1903~1911)』上冊, 145~146쪽.

을 상의했다"33)라고 했다.

② 소주평망상무분회蘇州平望商務分會 회원 심산沈冊 등 12명이 올린 문서에서 칭하기를 "상 등商等이 공동으로 능분淩棻을 후임총리로 선출하고… 상 등이 즉각 신임총리 능분을 통해 보고하여… 상 등은 회의 업무를 신중하게 처리할 목적으로"34)라고 했다.

③ 문안현文安縣 승방진勝芳鎭 행상行商 이보영李步瀛 등이 올린 품의에서 칭하기를 "기풍이 아직 크게 개선되지 않아 상회를 설립하는 일은 아직 이루지 못하고 있다. 상 등商等이 그 효과를 목도하고 갈망한 지가 오래되었으며… 상 등이 진鎭으로 돌아온 뒤 곧바로 우리 진의 각 상各商을 모아 대책을 상의했다"35)라고 했다.

앞의 두 가지 사례에서 정자곡鄭慈谷 등 여덟 명과 심산沈冊 등 열 두 명은 비록 모두 직함〔補用知縣·候選大理寺寺丞·候選川同·候補府經歷 등〕혹은 공명〔生員·稟貢·監生 등〕을 갖고 있었으나, 여전히 자칭 '신상'이라고 하지 않고 자칭 '상'이라고 했다. 이것은 그들의 신분에 대한 인식이 여전히 '상'쪽에 편중되어 있었음을 말한다.

도대체 '자칭' 가운데 '신상'이라는 말을 사용한 사례는 있는가 없는가? 있다. 그러나 그러한 사례는 비교적 드물다. 앞에서 제시한 '하남성 여녕부신양주명항진객려신상河南省汝寧府信陽州明港鎭客旅紳商'의 품의가 바로 그 한 가지 예이다. "신상 등은 기차가 다니기 시작하고 나서부터… 뒤에 신양信陽에서 자금을 마련하여 학교를 설립하고 교통세를 징수했다. 이로 인하여 우마차 인부는 발이 묶이고 운임이 크게 올라 신상 등이 상당한 손해를 보았다.… 신상 등이 이 때문에 큰 고통을 받았다.…"36)

---

33) 「鄭慈谷等請設分會稟稿」, 『蘇州商會檔案叢編(1905~1911)』 제1집, 119쪽.
34) 「沈冊爲增設代辦總理等事呈農工商部」, 『蘇州商會檔案叢編(1905~1911)』 제1집, 93쪽.
35) 『天津商會檔案滙編(1903~1911)』 上冊, 247쪽.

앞에서 서술한 것처럼 여기서 품의를 올린 '신상'은 유한장劉翰章 등 4명 및 13개 공사상호公司商號를 포괄하고 있다. 대체로 신사도 있고 상인도 있으며, 자칭 '신사' 혹은 '상인'이라고 할 경우 둘 다 품의를 올린 모든 사람을 포괄할 수 없었다. 그래서 단지 자칭하여 '신상'이라고 할 수밖에 없었던 것이다. 어쩌면 단지 이러한 상황 아래서만 비로소 자칭 '신상'이라는 말이 출현할 수 있었을지 모른다.

2) 일부문서에서는 '타칭' 가운데서도 주의 깊게 '신사'와 '상인'을 구분하고 있다. 이것은 이때 타인은 이미 '신상'의 확실한 신분을 비교적 잘 이해하고 있다는 사실을 분명하게 보여 주는 것처럼 보인다. 아래의 두 가지 예를 보자.

(1) 상부商部의 회답공문에서는 명확하게 왕동유王同愈 등을 '신사'라고 부르면서 그를 비롯한 '신사'들로 하여금 '상인'과 연락하여 상회를 설립하게 했다. "그 신사 등은 고향을 위하는 마음으로 소주蘇州 각 업종의 상인을 규합하여, 일꾼을 모으고 땅을 골라, 먼저 성도省都에 상무총회를 설립하여, 공익을 증진시키고자 하니, 마땅히 요청한대로 허락한다."[37]

(2) 소주상무의원蘇州商務議員 육수번陸樹藩은 왕동유王同愈에게 보낸 조회에서 '신동紳董'과 '상동商董'이 공동으로 의논할 것을 요구함으로써 '신사'와 '상인'을 명확하게 구분했다. "귀 신동들이 고향을 위하는 마음을 갖고 있다는 사실은 자세히 알고 있으니, 마땅히 신속하게 요청하여 각 업종의 영수상동들을 만나 공동으로 의논하여 장정의 규정대로 함께 상회에 가입해야 한다."[38]

3) 상업계의 문서에서도 매우 주의깊게 '신사'와 '상인'을 구분하고 있

---

36) 『中華民國商業檔案資料滙編』 1권(1912~1928) 下冊, 879쪽.
37) 「商部批復」, 『蘇州商會檔案叢編(1905年~1911年)』 제1집, 4쪽.
38) 「蘇省商務議員陸樹藩照會王同愈」, 『蘇州商會檔案叢編(1905年~1911年)』 제1집, 6쪽.

다. 예를 들어 천진상회당안 문서 「공유후 등 61호의 상점에서 상무공소를 상회로 바꾸어 줄 것을 청하고 아울러 영세복과 왕현빈을 총리와 협리로 선출했음을 보고하는 글〔公裕厚等六十一戶商號稟請將商務公所改爲商會幷公推寧世福王賢賓爲總協理文〕」(1903)에서는 스스로를 '상인'이라 부르면서 영세복 등을 '신사'라고 칭했다. "작년 4월 무렵 상무공소가 창설되는 은혜를 입고 우리 상인들〔經商等〕은 공동으로 3품함후선지부候選知府 영세복寧世福, 하남시용지부河南試用知府 신사 왕현빈王賢賓, 분성보용지현分省補用知縣 신사 요련원么聯元, 광록시서정廣祿寺署正 신사 변욱광卞煜光을 선출하여 업무를 총괄하도록 했다.… 상 등商等은 궁보宮保에게 특별포상을 요청하려 했으나, 그 신동〔該紳董〕은 끝까지 불가입장을 고수했다.… 상 등은 여러 차례 집회를 열어 만장일치로 결의하고 아울러 상호를 명기하고 도장을 찍어 공동으로 이 직무를 맡을 사람을 선거하여 영세복을 총리로, 신사 왕현빈을 협리로 뽑았다. 천진지역은 남북의 요충지이고 상회는 이제 막 설립되어 업무가 번잡하므로, 신강申江〔상해〕을 본받아 상회장정商會章程을 고치고 요련원과 변욱광을 좌판坐辦으로 삼았다. 네 명의 신동은 서로 같은 마음으로 함께 일을 추진하는 사람들이나 각자 장점이 있으므로 그 가운데 1명이라도 빠져서는 안된다."[39] 이 자료는 '신사'와 '상인'의 신분에 구별이 있다는 것을 분명히 보여주고 있다.

V

상술한 의문제기와 소략한 분석을 통해 필자는 초보적으로 아래의

---

39) 『天津商會檔案滙編(1903~1911)』 上冊, 30~31쪽.

몇 가지 성숙되지 못하고 보다 깊이 있는 검증이 필요한 인식을 얻었다.

첫째로 청말 이래 비록 신사와 상인의 합류가 나타나 신사 겸 상인인 계층이 형성되었으나, 당시의 공·사 문헌에 보이는 '신상'이라는 단어는 기본적으로 '신사'와 '상인'을 따로 가리키는 말이며, 아직 하나로 융합된 단수형 복합명사로 쓰인 것은 아니다.

둘째로 신사와 상인의 결합이라고 하나 그것은 결코 대등하고 평등한 것은 아니며 '신사 겸 상인'인 사람의 신분에 대한 인식은 여전히 신사 쪽에 편중되어 있거나 혹은 상인 쪽에 편중되는 차이가 있었다. 이를테면 '신사'는 비록 "유학을 포기하고 장사에 뛰어들었지만" 신분에 대한 자아인식과 사회적 정체성은 여전히 '신사'였고, '상인'은 비록 금전을 이용하여 '신사'라는 이름뿐인 직함을 샀지만 신분에 대한 자아인식과 사회적 정체성은 여전히 '상인'이었다고 할 수 있다. 지금 사람들이 볼 때는 비록 둘 다 '신사 겸 상인'인 존재라고 할지라도 당시 사람들의 눈에는 여전히 보다 큰 차이가 존재했을 것이다.

셋째로 '신사'와 기타 계층의 관계라는 점에서 보면 문헌 속에는 서로 다른 문맥(context)이 있고, 현실 속에는 서로 다른 상황이 있었다. 관방과 관련이 있는 신사는 대체로 '관신官紳'이라 불리고[40] 상회를 설립하고 실업을 진흥하는 일에 종사하는 신사는 대부분 '신상'이라고 불리며[41] 교육을 일으키거나 혹은 지식계가 참여하는 사회활동에 동참하는 신사는 아마도 '신학紳學'이라고 불렸을 것이다.[42] 각계인사가 참여하는 경우에

---

[40] 예를 들어 1896년 5월 1일자 『直報』에 등재된 『紀都門善堂事』: "官은 일의 진행을 총괄하고 紳은 관리를 담당하여 官紳이 상부상조하니 이른바 시의 적절하게 일을 처리하는 것이 아니겠는가?" 1909년 6월 3일자 『申報』에 실린 『銅官山抵制會成立紀事』: "官紳이 서로 한마음으로 뭉쳐 결연한 의지를 견지하며, 반드시 힘을 합하여 이 문제를 해결한 후의 대비책을 마련해야 한다."
[41] 예가 너무 많아 일일이 열거할 수 없으나, '신상'과 관련있는 문헌은 대부분 기부를 권유하고, 상회를 설립하고 실업을 일으키는 등의 내용을 담고 있다.

는 '신紳·상商·학學', '관官·신紳·상商·학學', '신紳·상商·학학·군軍' 등등의 서로 다른 '조합'이 출현할 수 있으나43) 각종 서로 다른 '조합'에서 '신사'는 실로 중요한 역할을 했다. 비록 이때의 '신사'는 한 몸에 두 가지[신사 겸 상인] 임무 혹은 세 가지[신사 겸 상인 겸 학자] 임무를 겸할 수도 있고 심지어 '상인기질'이 보다 농후할 수도 있으나, 그 주요한 신분적 정체성 혹은 사회적 역할은 여전히 '신사'에 편중되어 있었으며44) '신사'의 실제적 사회지위 역시 분명히 '상인'보다 높았다. 따라서 '신사'는 하나의 중요한 사회적 지위와 역할을 담당하는 계층이었으며, 근대사회에서 그들의 분화와 변천에 대하여 탐구하는 것은 여전히 근대사회의 변천을 인식하는 중요한 통로가 된다. 그리고 지역을 나누고 업종을 구분하는 비교연구가 학자들의 더욱 큰 중시를 받아야 할 것으로 생각된다.

---

42) 예를 들어 1908년 7월 5일자 『申報』에 실린 교육회의 성립에 관한 기사 : "甬屬鎭 海縣 교육회는 현재 紳·學界가 조직 설립했다." 1911년 10월 12일자 『民立報』의 호남 각 학당의 수업 거부풍조에 관한 기사 : "호남성 순무 余壽平은 紳·學界의 이러한 거동을 알고 폭동으로 번지지나 않을까 매우 두려워하여 法學兩司 및 巡警道에 서찰을 보내 엄밀하게 조사하여 금지하라고 했다."

43) 예를 들어 1907년의 강소 절강지역 철로차관거부운동[江浙鐵路拒款潮] : "紳·學·商界는 仁錢會, 敎育會의 힘을 빌려 차관 거부대회를 열었다"[『辛亥革命浙江史料選集』(浙江人民出版社, 1981), 229쪽]. 1908년 국회청원운동 : "官·紳·學界의 인사들 가운데 국회에 대하여 이야기하면서 득의만만하지 않은 사람이 없었다"[『申報』, 1908년 8월 25일]. 1909년 5월 18일자 『民呼日報』에 실린 「豫省紳商軍學界同啓」, 1912년 3월 5일자 『民立報』에 실린 산동성에서의 신해 혁명에 관한 기사 : "산동성의 여러 동지들과 접촉하고, 아울러 군대를 대상으로 운동하고, 紳·商·學 각계와 연락하여 모든 준비를 갖추어 함께 힘을 모아 진행했다." 1912년 4월 22일 南昌商會의 신해혁명에 대한 참여 상황을 진술한 문건 : "武漢이 봉기한 뒤 潯陽이 뒤를 이었다. 우리 강서성이 광복되기 전에 軍·紳·商·學 각계는 사전에 일을 준비했는데 모두가 우리 회를 집회장소로 삼았으며 마침내 세상을 바로잡는 공을 이루었다"[『天津商會檔案滙編(1912~1928)』 1책, 756쪽].

44) 邱捷 선생의 연구에 따르면, 청말 粤路公司의 실제 책임자이자, 광동상업계에서 상당한 실력과 지위를 가지고 있었던 黃景棠은 전형적인 '신사 겸 상인'인 인물이라고 할 수 있다. 비록 그가 가진 '신사'의 자격[貢生출신으로, 知縣의 벼슬을 받고, 연납으로 候補道가 됨]과 지위는 省都인 廣州에서 결코 높은 것은 아니었으나, 그가 남긴 『詩草』를 보면, "자신의 역할에 대한 자아의식은 상인이 아니라 사대부였다"는 사실을 분명하게 드러내고 있다. 양광총독 張鳴岐가 반포한 고시에도 거듭 黃景棠을 '신사'라고 부르고 있다. [邱捷, 「黃景棠和他的『倚劍樓詩草』」, 『近代史研究』, 1996년 제6기 참조].

넷째로 '신상'이라는 말의 변천과 그 말이 내포하고 있는 의미는 단지 하나의 언어·어휘의 변천문제일 뿐만 아니라, 실제로 사회형태의 변화와 문화의 변천이 남겨놓은 '부호'이며, 그 속에는 풍부한 사회적 내용과 문화적 함의가 내포되어 있다. 그러한 까닭에 '신상'이 처한 사회경제 환경과 문화심리 체험에 대한 더욱 깊이 있는 연구가 진행되어야만 비로소 '신상'이라는 말의 사용과 변화 속에서 전송되어 나오는 역사정보를 더 많이 받아들일 수 있으며, 비로소 '신상'이라는 말이 서로 다른 문맥에서 드러내는 미세한 차이를 더욱 깊이 있게 이해할 수 있을 것이다. 이러한 차이는 오늘날의 사람들에게는 알아차리기 어렵고 소홀하기 쉬운 것이나 당시사람들의 눈에는 아마도 뚜렷하고 명백했을 것이다.

[본문은 원래 『역사연구歷史硏究』 2001년 제2기에 수록된 것이다. 작자 사방謝放은 1950년생으로 사천대학四川大學 사학과 교수이다.]

[부록] 2 : 신상의 어의 및 함의에 관한
　　　　　몇 가지 검토

마민馬敏

　　학우인 사방謝放 교수가 「'신상'의 어의분석(紳商詞義考析)」이라는 대작을 발표하여 학문을 연구・토론・논쟁하는 기풍을 이끌었다. 이는 감사하기 그지없는 일이다. 사방 교수는 생각이 치밀하고 학풍이 돈독하며 '신상'이라는 말의 뜻에 대하여 조목조목 따져가며 깊이 있는 분석을 하여, 과거에 내가 근대 신상문제를 연구할 때 생각하지 못했던 많은 새로운 견해를 제시했다. 글을 읽은 뒤에 많은 깨우침을 얻었다. 다만 몇 가지 다른 의견 혹은 부수적인 견해가 있어 『역사연구歷史研究』의 지면을 빌어 나의 견해를 발표하여 토론에 응하며 아울러 사방 교수의 질정을 바란다.[1]
　　청말 '신상'은 이미 각종 공・사 문헌에서 널리 쓰이는 하나의 키워드가 되었고, 신사와 상인의 합류를 통해 이미 하나의 신사 겸 상인인 '신상'계층을 형성했다. 이점에 대해서는 사방 교수도 이의가 없다. 그가 지적하고자 하는 것은 당시 공・사 문헌에 보이는 '신상'이라는 말은 기본적으로 '신사'와 '상인'을 따로 가리키며 하나로 융합된 단수형 '복합명사'가 아니라는 점이다. 그러나 이 점은 내 생각과 다르다. 나는 관련된 저작에서 '신상'은 비록 다수의 경우에 신사와 상인(gentry and merchants)을 함께

---

1) '紳商'의 사회적 함의의 비교적 체계적인 서술에 관해서는 졸고, 「近代紳商名辨及其社會內涵」, 『學人』 第15輯 참조.

부르는 말[복수형 -역자]이지만, 때로는 신사 겸 상인인 인물[a gentry-merchant]을 단독으로 부르는 말[단수형 -역자]로도 쓰인다고 했다.2)

사방 교수는 그가 본 자료에 따르면 "의문의 여지가 없는 '단수형'의 증거를 아직 발견하지 못했다"라고 한다. 그러나 내가 본 바에 따르면 비록 신상이 '단수형'으로 쓰인 사례들이 문헌에 많이 보이지 않는 것은 사실이나, 그렇다고 극히 드물다고 할 수도 없다. 이러한 '많이 보이지 않는' 명칭이야말로 전환기의 사회집단을 연구하는 데 매우 깊은 의미가 있으며, 연구자들이 주목할 만한 가치가 있는 것이다. 아래에서 몇 가지 예를 들어본다.

단수형 '복합명사'로서의 '신상'은 때로 신사 겸 상인이나, 신사와 상인이라는 이중적 특징을 겸비한 사회집단을 가리킨다. 이것은 청말의 문헌에 분명하게 반영되어 있다. 예를 들어 광서 16년 정월 20일 『자림호보字林滬報』에 이르기를 "이번 설에는 동향의 관리와 상인들이 모두 모여 이번 달 초 2일 정오에 공소公所에서 단체로 신년하례를 하려 하니… 그때가 되면 각 상점의 신상들은 모두 기꺼이 참석해 주기 바란다"3)라고 했다. 여기서 '각 상점의 신상[各字號紳商]'은 분명히 각 상호 중의 신상[各商號中的紳商]을 가리키는 것으로, 함께 상업에 종사한다는 의미에서 신사와 상인은 이미 더 이상 구분할 수 없는 것으로 보인다.

또 예를 들어 1903년 「상해상업회의공소제1차장정上海商業會議公所第一次章程」에 언급하기를 "특별회의는 불공평한 일을 만나 제소하고자 하는 사

---

2) 신사 겸 상인인 인물을 단독으로 가리키는 말[單稱]이 존재했다는 것에 대하여 王先明 교수도 그의 저작에서 같은 견해를 피력했다. 그는 이르기를 "'紳商'은 신사와 상인의 함께 일컫는 말[合稱]일 뿐만 아니라, 신사 겸 상인인 인물을 단독으로 가리키는 말[單稱]이기도 하다. 이것은 사회격동기에 확실하게 성격을 규정하기 어려운 동태적 호칭개념이다"라고 했다.[『近代紳士――一個封建階層的歷史命運』(天津: 天津人民出版社, 1997), 241~243쪽]
3) 彭澤益 主編, 『中國工商行會史料集』 下冊(北京: 中華書局, 1995), 751쪽에서 재인용.

람이 있으면, 억울한 일을 당한 사람에게 3일 전에 그 일을 공소에 알리도록 하고, 공소에서 전단을 돌려 공정한 신상을 불러모아 기한이 되면 함께 공정하게 중재하고 시비곡절을 판정하며, 거짓으로 모함한 자는 처벌한다. 각 동사董事는 반드시 특별회의에 가입하여 공정하고 부유한 신상〔殷實紳商〕으로서 의무를 다한다"4)라고 했다. 이 자료에서 앞 구절에서 나오는 '공정신상公正紳商'이 대관절 혼연일체가 된 신상집단을 가리키는 것인지, 아니면 신사와 상인을 따로 가리키는 것인지 아직 확실하지 않다고 하더라도, 뒷 구절에 나오는 '부유한 신상'이라는 말은 신사와 상인이 융합하여 만들어진 새로운 사회집단을 가리킨다는 것을 이미 분명하게 느낄 수 있다.

　단수형이라는 의미에서 신상이라는 칭호는 때로 직접적으로 한 개인에게 붙여지기도 했다. 1906년 『상무관보商務官報』에 실린 상부商部의 「북경 서쪽 교외에서 석탄업에 종사하는 신상 상춘 등이 올린 글에 대한 회답 공문〔批京西業煤紳商常春等稟〕」에 이르기를 "그 신상이 요청한 매년 책임지고 5천 명을 고용하고 아울러 운반비를 납부하도록 허락해 달라는 공문을 받았다. 이 사안은 이미 북양대신의 허락을 받았으며, 그 신상 등이 창고를 설립하고 석탄을 운반·저장하는 일체의 일은 요청대로 허락하고 이미 등록했다"5)라고 했다. 여기서 '그 신상'의 칭호는 명백히 상춘常春 한 사람을 가리키는 단수형이 틀림없다.

　마찬가지로 『상무관보』에 실린 「상부가 상소하여 피낭Pinang신상 임여주가 학교를 일으키고 상인을 보호한 것에 대하여 포상을 청한 글〔本部具奏檳榔嶼紳商林汝舟興學保商懇請獎勵摺〕」에 이르기를 "… 5품함 임여주林汝舟는 복건

---

4) 『上海商務總會歷次奏案稟定詳細章程』〈上海市檔案館 소장〉.
5) 『商務官報』〈合訂本〉, 1冊 17期.

성 해징현海澄縣 사람으로, 말레이시아 피낭에서 50여 년 동안 상업에 종사하면서 중국인과 외국인의 존경을 받아왔다. 이곳에는 원래 평장공관平章公館이 건립되어 복건성과 광동성 사람들이 함께 공익을 도모하고 있는데 공동으로 그 신사를 총리로 선출했다.… 피낭섬 신상에게 포상을 청하는 모든 사유는 삼가 상주문을 올려 자세히 아뢰었다"[6]라고 했다. 이 사료를 보면 제목에서 벌써 신상이 단수형을 가리키는 말이라는 사실이 명백할 뿐만 아니라, 문장의 의미로 보아도 단수형이 분명하다.

또 다른 2개의 단수형에 대한 실례가 있다. 하나는 1905년 8월 15일자 『시보時報』에 실린 한 기사에 보도하기를 "안휘성 청양현靑陽縣 신상 아무개가 성도省都에 와서 순무에게 품의를 올려 광산기술자가 자기 현의 오주령烏株嶺에서 매장량이 풍부한 광구를 발견했다고 했다.…"[7]라고 한 것이고, 다른 하나는 1909년 7월 6일자 『전절공보全浙公報』에 실린 「방관자가 공평하지 못한 일을 대신 보고함[旁觀者代報不平]」이라는 공시문으로, 공시문의 작자는 끝에 서명하기를 "신상 여국경 근계紳商呂國慶謹啓"라고 했다.[8] 이 두 가지 사료는 확실하고도 의심할 바 없이 '신상'이라는 칭호가 직접적으로 한 개인에게 붙여지는 말이었다는 것을 보여주는 움직일 수 없는 증거라고 할 수 있다. 특히 두번째 사료에서 자칭 '신상'이라고 한 것은 단수형으로 사용된 '신상'이라는 '복합명사'가 확실히 존재했다는 사실을 증명한다.

나아가 만약 좀더 자세하게 퇴고한다면, 사방 교수의 글에서 제기한 몇몇 비교적 분명한 '단수형' 신상의 예증에 대한 의문은 사실 얼음녹듯

---

6) 『商務官報』, 3冊 8期.
7) 이 자료는 謝放의 논문주석에도 인용되었다.
8) 이 자료는 浙江大學 政治學系 강사·在職博士生 馮筱才 선생이 제공한 것으로 심심한 감사의 뜻을 전한다.

이 풀릴 수 있다.

사례 1) 천진상회당안 「천진지부 능복팽凌福彭이 재차 올린 상무공소의 상황에 관한 품의 및 그에 대한 회답공문〔天津府凌守復陳商務公所情形稟並批〕」: "아울러 신상 영세복寧世福·요련원么聯元·변욱광卞煜光·왕현빈王賢賓 등等을 공소동사公所董事로 위임한다."9) 사방謝放 교수는 이 자료에서 '신상'이라는 말 뒤에 하나의 '등等' 자가 있으므로 여기서 말하는 '신상'은 신사와 상인을 아울러 일컫는 말일 수도 있다. 즉 이미 열거한 네 명은 '신사'지만 아직 열거하지 않은 '상인'이 있을 수 있다고 했다.

그러나 사실상 영세복·요련원·변욱광·왕현빈 네 명이 상무공소의 동사董事로 위임된 까닭은 바로 그들이 신사화한 상인으로, 신사 겸 상인이라는 특수한 신분을 갖고 있었기 때문이다. 그 가운데 영세복은 신태흥양행매판新泰興洋行買辦 3품함후선지부三品銜候選知府, 요련원은 금융업거동銀錢業巨東 분성보용지현分省補用知縣, 변욱광은 부상富商 광록시서정光祿寺署正, 왕현빈은 염업거동鹽業巨東 하남시용지부河南試用知府였다. 상무공소를 설립한 중요한 이유는 '상商'으로 '관官'을 대신하여 이보다 앞서 설립된 관에서 운영하는 '상무국'의 단점을 보완하기 위한 것이었다. 그래서 신사 겸 상인인 이 네 명의 '신상'이 관방과 공문서를 주고받을 수 있는 사람으로 간주된 것이라고 할 수 있으며, 혹은 본인들조차 자신들이 도대체 신사인지 아니면 상인인지 분명히 구분하지 못하고 '신상'으로 통칭했다고 할 수 있다. 비록 네 사람의 이름 뒤에 '등'이라는 한 글자가 붙어 있으나 관방에서 '위임'한 동사董事는 단지 이 네 명뿐이었다.10) 기타 동사의 선임

---

9) 『天津商會檔案彙編(1903~1911)』 上(天津: 天津人民出版社, 1989), 2쪽.
10) 천진상회당안에 들어 있는 하나의 자료는 당시 天津商務公所 董事로 위임된 신상은 단지 寧世福·么聯元·卞煜光·王賢賓 네 사람뿐이라는 사실을 증명한다. "작년 4월 무렵 商務公所가 창건되는 은혜를 입고, 우리 상인들〔商等〕은 공동으로 三品銜 候選知府 寧世福, 河南試用知府 紳士 王賢

방법에 대하여 첨부되어 있는 '상무공소잠행장정商務公所暫行章程'에 따르면 "각 업종 가운데 경영규모가 큰 것은 공동으로 동사 2명을 선출하고, 작은 것은 1명을 선출한다"11)라고 했다. 상업계에서 영세복 등을 '신사'라고 부르거나 혹은 영세복 등이 자칭 '신사'라고 한 것으로 말하면, 그것은 단지 당시의 풍조가 그렇게 만들었을 뿐이다[물론 여기에도 일정한 규칙이 있으며 이 문제는 뒤에서 다시 자세히 서술한다].

사례 2) 광서光緖 31년 12월 12일 「소상총회에서 입회 및 회비기부에 관한 일로 전당공소에 알리는 글[蘇商總會爲入會並捐助會費事知會典當公所文稿]」: "전당업은 각 업종의 머리이고, 전당업을 경영하는 상인은 모두 부유한 신사이며, 특히 다른 상인들은 전당업에서 어떻게 하는지 눈과 귀를 기울이고 있으므로, 마땅히 각별히 힘을 내어 공익을 위해 협조하기 바란다. 우리 총회가 성립될 때 각 전당업 신상들이 모두 집회에 참석했으며, 이에 의동회원으로 선출된 각 전당포의 신상들은 이미 명부를 작성하여 상부에 보고한 상태이다." 사방 교수는 이 자료를 통해서 볼 때 '전당업을 경영하는 상인'과 '부유한 신사'를 겸하고 있는 사람은 그 아래 나오는 '신상'이며, 여기서 말하는 '신상'은 단수형으로 보인다는 사실을 인정했다.

그러나 그의 의문은 이 자료에서 바로 이어서 다시 '신상'을 '상동商董'과 '신동紳董'으로 나누어 부르고[복수형] 있다는 것이다. "수개월 이래 지난번에 이야기한 회비찬조금의 수납명단이 아직 우리 총회에 도착하지 않고 있으며, 전당업계에서 마땅히 납부해야 할 동계회비를 아직 보내오지 않아 각 업종 상동들의 원망하는 소리가 높다. 전당업에 종사하는 각 상

賓, 分省補用知縣 紳士 幺聯元, 廣祿寺署正 紳士 卞煜光을 선출하여 업무를 총괄하도록 했다."「『天津商會檔案彙編(1903~1911)』上, 30~31쪽.

11) 『天津商會檔案彙編(1903~1911)』上, 2~3쪽.

인들이 혹 의견이 일치되지 못하여 일률적으로 입회하지 못하는 것이라면, 각자가 원하는 바를 들어주어 먼저 입회를 원하는 각 상인들이 낸 기부금 액수를 기록한 전표를 우리 총회에 보내 등록하고 수납금을 납부하여 각 업종 상동의 비방을 면하고, 체면을 유지하고, 공용에 모자람이 없도록 해주길 바란다. 이를 위해 즉시 귀 공소의 신동들에게 문서의 내용을 알려, 번거롭지만 규정대로 처리해 주길 바란다. 반드시 이 문서〔照會〕의 내용을 알려야 할 사람 : 위의 문서를 받은 전당공소典當公所의 신동."12)

사실 이것은 결코 이상한 것이 아니다. 공소公所의 우두머리를 '신동'이라고 부르는 것은 당시의 습관으로, 공소의 우두머리는 상인일 뿐만 아니라, 일반적으로 직함 혹은 공명이 있어서 '신사'의 지위를 구비하고 있었기 때문이다. 각 업종에서 '상동'이라고 부르는 것은 곧 '각 업종'의 상인이 매우 복잡하여 모두가 직함 혹은 공명을 가지고 있는지를 분명히 알 수가 없기 때문에 습관적으로 '상동'이라고 부르는 것이지, 이것 때문에 윗부분에 나오는 '부유한 신사'인 '전당업을 경영하는 상인'이 바로 아래서 이야기하는 '신상'이라고 하는 사실을 부정할 수 있는 것은 결코 아니다.

사례 3) 『상무관보商務官報』〔합본〕 제2책 제9기, 광서 33년 4월 15일 「신상 양음당의 품의에 대한 회답공문〔批紳商楊蔭棠稟〕」. 사방 교수는 지적하기를 여기서 '신상'은 직접적으로 양음당楊蔭棠 한 사람과 결부되어 있으므로 단수형이 분명하다. 그러나 비준문서에서 "전에 그 상인〔該商〕이 품의를 올려 임업공사林業公司를 창립하려고 요청한 바에 따르면… 그 상인이 심은 각종 수목은 1만여 그루이며… 그 상인이 임업을 중시하여 회사를 창

---

12) 『蘇州商會檔案叢編(1905~1911)』 第1輯(武漢: 華中師範大學出版社, 1991), 43쪽.

립하여 문제를 해결하려는 것은 참으로 가상한 일이다"라고 하여, 오히려 3곳에서 양음당을 가리켜 '그 상인'이라고 부르면서 '그 신상'이라고 부르지 않고 있는데 이것이 의문점이라고 했다.

이것은 여전히 호칭습관의 문제이다. 당시 '그 신상'이라고 부르는 방식은 결코 보편적인 것이 아니며, 습관적으로 신상 가운데 직함과 공명이 비교적 높은 사람 혹은 사회적 영향력이 비교적 큰 사람에 대해서는 '그 신사'라고 불렀고〔예를 들어 앞에서 천진의 영세복·왕현빈 등에 대한 호칭도 이렇게 이해할 수 있다〕. 직함과 공명이 비교적 낮고 주로 장사를 업으로 하는 상인에 대해서는 '그 상인'이라고 불렀다. 이 역시 불려지는 사람의 신분과 지위에 대한 부르는 사람의 가치판단을 반영하고 있다.

통계상으로 볼 때 비록 이러한 '신상'이라는 말을 직접적으로 한 개인의 이름 앞에 붙이는 사례가 차지하는 비율이 높지 않으나, 이미 이러한 용례가 있다는 것은 신사와 상인의 결합 정도가 이미 상당히 높았으며, 사람들이 무의식적으로 자신도 모르는 사이에 이처럼 자주 쓰이지 않는 호칭을 불쑥 내뱉었다는 것을 말한다. 이것은 하나의 새로운 용어가 막 유행하기 시작했을 때 늘 발생하는 현상으로 이상할 것이 없다.

단수형 신상과 함의가 서로 비슷하고 동시에 청말 문헌에서 사용빈도가 매우 높았던 또 다른 하나의 명사는 '직상職商'이다.

청말 상회당안에서 '직상'의 호칭은 매우 보편적이었다. 예를 들어 천진직상天津職商 기거분紀巨汾의 품의를 보면 "인기연권유한공사麟記㕚烟卷有限公司 현승직함縣丞職銜 기거분이 품의를 올려 진술하기를 상품의 판로를 방해받고 있으니 고시告示를 내려 보호해 달라고 요청한 건 : 그 직상이 공사公司를 창립하여 궐련을 제조하는 일은 이미 귀회貴會에서 농공상부에 청하여 등록·입안한 문서가 보관되어 있다.…"라고 했다. 기거분이 자칭 직상이라고 한 것은 그가 연납捐納하여 '현승縣丞'의 직함을 얻었기 때문이다.13) 천진상회당안에 들어 있는 '직상성명청책職商姓名淸冊'이라는 자료에 나열된 이른바 직상은 모두 각종 공명과 직함을 가진 상인으로, 크게는 '후선통판候選通判'·'중서과중서中書科中書'에 이르고, 작게는 '종9품'·'감생監生' 등에 이른다.14)

통행되는 공문양식에서 민상民商과 직상은 종종 서로 다른 호칭을 사용했다. 민상이 올린 공문의 예:「서매안 등이 공사를 설립하기 위해 소상총회에 올린 글徐梅安等爲開設公司稟蘇商總會文」에 이르기를 "품의서〔具稟〕: 상민商民 서매안徐梅安·유도劉燾·장웅점張熊占·오유희吳裕喜 등은 약정서에 본관과 연령을 분명히 기록하고, 삼가 서술하기를 특별히 힘써 개량을 도모하여 헌장을 준수하고 생업에 관련된 업무를 처리하며…"15)라고 했다.

직상이 올린 공문의 예: 요문전姚文佺이 화통공사華通公司를 조직하면서 올린 품의에 이르기를 "직상후선훈도職商候選訓導 요문전姚文佺과 현승縣丞 허효선許孝先이 품의를 올려 토산품을 외국으로 운반하는 일을 입안하여 보호해 달라고 요청했으므로…"16)라고 했다. 위에서 인용한 각종 자칭의 성질을 가진 '직상' 외에도, 상부商部 등의 여러 회답공문에서 타칭의 성질을 가진 '직상'호칭을 많이 발견할 수 있다. 예를 들면 "직상 이굉부李宏富의 품의에 대한 회답〔批職商李宏富稟〕"과 "직상 손종위孫鍾偉의 등록신청에 대한 회답〔批職商孫鍾偉注冊呈〕" 등등. 이러한 종류의 회답공문은 종종 보통 민상民商에게 회신할 때 사용하는 호칭과 차이가 있었다.

---

13) 『天津商會檔案彙編(1903~1911)』上, 1169쪽.
14) 위의 책, 261쪽.
15) 『蘇州商會檔案叢編(1905~1911)』第1輯, 308쪽.
16) 위의 책, 323쪽.

이 때문에 단수형의 의미에서 '직상'은 '신상'의 보다 공식적인 호칭으로, 양자가 내포하고 있는 의미는 매우 비슷하며 혹은 기본적으로 호환이 가능하다. 문헌에서도 일부 호환되어 사용되는 실례를 발견할 수 있다. 예를 들어 『상무관보商務官報』 광서 32년 4월 초5일자에 실린 「길림신상 양선불 등이 올린 글에 대한 회답공문[批吉林紳商楊先猷等呈]」: "올린 글을 보고 이미 그 상인 등이 공사公司를 설립하여 그 성省의 삼림실업을 일으켜 이권을 보호하려고 한다는 사실을 모두 알았으며, 우리 부의 상서가 주강수周康壽 등이 올린 글을 보고 그 직상職商과 상의하여 처리하기를 원한다고 했다.… 그 직상 등이 길림과 흑룡강 두 성의 실업을 일으켜 이권을 보호하고자 하니 그 뜻이 실로 가상하다." 이 회답공문의 제목에 나오는 '신상'은 바로 회답공문 본문에 두 번 나오는 '직상'으로 분명히 호환관계가 존재한다.

또 예를 들어 천진상회당안에 들어 있는 한 부의 관방문서에도 '신상'과 '직상'의 호칭이 반복하여 교대로 나오고 있다. "…이밖에 비록 유명한 통상항구는 아니지만 각 부·주·현 가운데는 상회의 건립이 필요한 곳이 있다. 그런데 그것을 설립하지 않는 까닭은 각지의 신상들이 해마다 준비해 온 내용을 자세히 모르기 때문이며… 우리 현에서는 지시를 받들어 즉각 공시하여 널리 민중에게 알리고, 한편으로 각 신상에게 알려 상무분회의 설립을 권유하도록 했고[원문은 이와 같다]. 이어서 독류진獨流鎭 직상職商 왕계영王桂榮·이종수李鍾秀·왕거형王炬熒·유은명劉恩銘·하여춘夏如春·장은다張恩多·유봉원劉逢源·가상영賈祥榮이 연명으로 올린 품의에 따라… 이에 따라 우리 현에서 그 신상 등이 독류진에 상무분회를 설립하기로 한 것은 공익에 열심이라는 사실을 보여주는 것으로 매우 가상한 일이다."17)

이러한 호칭의 혼용은 문서를 초안한 사람이 '신상'과 '직상'이라는 두 가지 용어를 그다지 뚜렷하게 구분할 필요가 없었다는 사실을, 다시 말해서 이 두 용어가 내포하고 있는 의미가 서로 매우 가깝다는 사실을 말해 준다. 그러나 정식문서에서 당시의 사람들은 직함과 공명이 있는 상인을 가리킬 때 왜 '직상'이라는 말을 많이 사용하고 '신상'이라는 말을 적게 사용했는가?18) 그 원인은 두 가지로 생각된다.

하나는 정식공문에서 사람들이 습관적으로 '직'자를 관방과의 동일시를 상징하는 말로 사용하는 데 보다 익숙해져 있었기 때문이다. 예를 들어 '직도職道'·'직회職會'〔예컨대 商會〕·'직원職員' 등은 모두 매우 보편적으로 사용되던 말이다. 직상이라는 말의 대량사용은 단수형으로서의 신상이라는 말이 정식공문에서 비교적 적게 보이는 직접적인 원인이다.

다른 하나의 원인은 신상이라는 말은 너무 포괄적이어서 신사와 상인을 따로 가리킬 수도 있고, 신사와 상인의 결합체를 단독으로 가리킬 수도 있는 말이며, 따라서 그 의미가 직상처럼 명확하고 고정적이지 않았기 때문이다. 이는 대체로 언어사용 습관의 문제이다. 급격한 사회변동의 와중에 당시 사람들이 단수형으로 쓰이는 신상이라는 어휘의 사용법에 적응하기까지는 보다 긴 시간이 필요했다. 또한 이것은 하나의 새로운 용어가 사람들에게 점차 널리 받아들여지는 자연스러운 발전과정이다.

말해 두어야 할 것은 비록 나는 사방謝放 교수의 논문 가운데 일부

---

17) 『天津商會檔案彙編(1903~1911)』上, 259~260쪽.
18) 『商務官報』 제1冊 합계 29期에 들어 있는 商部의 呈報公司와 기타 사안에 관한 회답공문을 조사한 결과 다음과 같은 사실을 발견했다 : '該商' 혹은 '該商等'으로 호칭한 것 합계 73사례, '該職商'과 '該職商等'으로 상호 호칭한 것 합계 67사례, '該職商'과 '該商' 혼합하여 호칭한 것 11사례, '該紳商'과 '該紳商等'으로 상호 호칭한 것 겨우 2사례.

구체적인 판단과 결론에 그다지 찬성하지 않지만, 그가 "의문이 없는 곳에 의문이 있다"라고 생각하고 당시의 '문맥'과 결합하여 사료를 세밀하게 해석하는 학문태도와 방법에 도리어 탄복하지 않을 수 없다는 점이다. 더욱이 나는 진실로 매우 세밀하고 조리있게 직접 몸으로 느끼듯이 사료를 해석하는 과정에서 비로소 역사의 자세한 사정을 재건할 수 있고, 역사의 진상을 올바르게 탐구할 수 있다고 생각한다. 일찍이 진인각陳寅恪 선생은 역사를 논할 때 이르기를 고서를 해석하는 근엄한 방법은 "여전히 흔히 쓰이는 뜻을 이용하되 … 반드시 역사적 사실과 인정人情을 널리 구하여 참고해야 한다"라고 했다. 이러한 논의는 '신상'이라는 말의 뜻과 거기에 내포된 의미를 이해하는 문제에 시사하는 바가 대단히 크다.

환언하면 우리가 '신상'이라는 말을 해독할 때는 우선 반드시 문헌에서의 본뜻 즉 "흔히 쓰이는 뜻"을 존중해야 한다. 그러나 동시에 반드시 "역사적 사실과 인정을 널리 구하는 것"을 통하여 역사의 "진정한 이해"에 도달해야 하고, 말의 숨은 뜻 내지 다른 의미를 이해해야만, 이로부터 그 풍부한 내포와 외연을 파악할 수 있다. 진실로 사방 교수가 이야기한 것처럼 "반드시 '신상'이 처한 사회경제 환경과 문화심리 체험에 대한 더욱 깊이있는 연구가 진행되어야만 비로소 '신상'이라는 말의 사용과 변화 속에서 전송되어 나오는 역사정보를 더 많이 받아들일 수 있으며, 비로소 '신상'이라는 말이 서로 다른 문맥에서 드러내는 미세한 차이를 더욱 깊이있게 이해할 수 있을 것이다."

여러 가지 의미를 가진 '신상'이라는 말은 말하는 주체의 주관적인 취향이 서로 다르고, 말하는 주체가 그 말을 받아들이는 망탈리테가 서로 다르기 때문에, 그 강조하는 측면 역시 다소 차이가 있다. 이것이 바로 우리가 단어나 구와 연계되어 있는 문맥에 각별히 주의해야 하는 이유이다. "단어가 그것이 사용된 특정한 문맥 밖에서 고려될 때에는 여러 가지 의미를 가지게 된다.… 단어의 다의성多義性은 특정한 메시지 안에서 단어들이 취한 당시의 통용적 가치를 확정하고자 할 때 문맥의 선별하는 역할로 보충할 것을 요구한다."19) 말을 바꾸어 연구자로 말하면 더욱 중요한 것은 연구대상이 처한 특수한 '문맥'〔즉 특정한 시대분위기와 사회환경〕으로 돌아가서, 그것을 그렇게 쓸 수밖에 없었던 작자의 '고심과 높은 경지'를 속속들이 살펴야 한다는 것이다.

사방 교수의 글에서 지적한 천진상회天津商會의 왕현빈王賢賓·영세복寧世福·변욱광卞煜光·요련원姚聯元 등이 자칭 '신사'라고 하거나, 혹은 일반 상인들에게 '신사'라는 존칭으로 불린 예는, 당시의 문맥 아래서〔즉 신사의 지위가 일반적으로 여전히 상인보다 높은〕그들이 대표하는 일종의 망탈리테와 자신의 지위에 대한 자아인식을 나타내는 것일 뿐, 결코 그들이 신사 겸 상인이라는 이중적인 신분을 부정하는 증거가 될 수는 없다.

관부의 눈에 비친 그들은 여전히 주로 '상인'을 대표하는, 특수한 사회적 지위를 지닌 '상업계의 영수'였기 때문에 여전히 '신상'·'직상'으로 불려졌다. 각지에서 상회의 총리總理·협리協理와 회동會董을 선거할 때 나타나는 신분지위를 중시하고 상업상의 업적을 그다지 중시하지 않는 경향에 대하여 관방은 못마땅하게 여겼다. 농공상부는 거듭 천명하기를 "요즈음 각 상회에서 총리·협리와 회동을 공동으로 선출할 때, 재주와 인품을 늘어놓으면서 정해진 규칙대로 그 임원이 대관절 어떤 업종에

---

19)〔法〕保羅利科爾 著, 陶遠華 等譯, 『解釋學與人文科學』(石家莊:河北人民出版社, 1987), 43쪽. 〔원전 : Paul Ricoeur, *Hermeneutics and the human sciences : essays on language, action, and interpretation*, edited, translated, and introduced by John B. Thompson, Cambridge〔Eng.〕: New York:Cambridge University Press; Paris: Editions de la Maison des sciences de l'homme, 1981〕 〔역주〕폴 리쾨르 지음, 존 톰슨 편집·번역, 윤철호 옮김, 『해석학과 인문사회과학—언어, 행동, 그리고 해석에 관한 논고』(서울:서광사, 2003), 87쪽 참조.

종사하고 어느 상점을 경영하는지 자세하게 밝혀 기록하지 않는 경우가 있다"[20]라고 했다.

역사에서 이처럼 아주 복잡한 상황과 세밀하게 판단하기 어려운 문제에 대해서는, 반드시 구체적인 역사환경과 당사자의 주관적인 망탈리테를 결합하여 다각도로 고찰해야만, 비로소 진상을 놓치지 않을 수 있으며, 단어나 구의 '함정'에 빠지는 오류를 방지할 수 있다.

신상이라는 단어의 뜻을 판별하고 분석하는 것은 지극히 중요한 기초 작업이며, 진실로 사방 교수가 지적한 것처럼 어의학語義學의 각도에서 본다면 '신상'이라는 어휘의 변천과 그 말이 내포하고 있는 의미는 단순히 하나의 고립적인 언어현상이 아니라, 실제로 사회형태의 변화와 문화의 변천이 남겨놓은 '부호'이며, 그 속에는 풍부한 사회적 내용과 문화적 함의가 포함되어 있다. 그러한 까닭에 '신상'의 함의에 대한 이해는 단지 겉으로 드러나는 말뜻을 분석하는 단계에만 머물러서는 안되며, 당연히 사회사의 관점에서 어휘의 배후에 깔려 있는 광범하고 심오한 사회변동을 보다 깊이 탐구하고, 보다 깊은 단계인 사회관계의 구조적 변동 가운데서 '신상'이라는 말 속에 축적되어 있는 사회적 함의를 파악해야 한다. 바꾸어 말하면 이렇게 해야만 비로소 보다 정확하게 '신상'이라는 말이 역사문헌 속에서 갖는 '진의'를 이해할 수 있다.

사회사적 관점에서 보면 '신상'이라는 말의 변천은 실로 근대중국의 사회관계에서 가장 기본적이고 가장 복잡하며 동시에 가장 오래 지속된 사회관계의 대변동과 관련이 있을 뿐만 아니라, 관官·신紳·상商·학學 관계의 조정과 구조재편 및 이러한 구조재편과 조정이 야기한 국가와 사

---

20) 『蘇州商會檔案叢編(1905~1911)』 제1輯, 59쪽.

회관계의 재건과도 관련이 있다.21) 고대의 '사·농·공·상'으로부터 명·청시기의 '신사상민紳士商民'으로 변화하고 이어서 청말의 '신상'으로 변신하기까지, 그 사이를 관통하고 있는 것과 그것이 반영하고 있는 것은 일종의 근세시기 역사변동의 대추세 즉 사士와 상商과 신紳의 끊임없는 접근과 결합 및 그 때문에 야기된 전통적인 '4민'사회의 쇠퇴이다. 신사와 상인이 서로 접근하는 경향은 언어와 어휘 자체의 변화에 반영되었고, 이로부터 점차 '신상'이라는 어휘가 만들어지고 유행하게 되었다.

　신사와 상인이 전통사회의 상하 양극단에서부터 어깨를 나란히 하여 걷는 대등한 지위에 이르고 공동으로 사회의 중시를 받기까지는 길고 긴 역사적 과정을 겪었다. 신사와 상인의 합류는 명·청시기에 시작되어 19세기 말 20세기 초에 성행했다. '서세동점'의 격동 아래 명·청시기 강남지역에서는 비교적 두드러진 '사와 상이 서로 뒤섞이는' 현상이 신속하게 확대되었으며, 전국적으로 영향을 미치는 사회조류가 되었다. 이러한 조류 아래에서 두 줄기의 겉으로 드러나지 않는 세찬 흐름이 생겨났다. 그것은 바로 상인에서 신사로 나아가는 흐름과 신사에서 상인으로 움직이는 흐름이었다.22)

　특히 1905년 과거제의 폐지로 독서讀書-승관升官-치부致富 3자 사이에 불변의 진리처럼 존재했던 필연적인 관계는 사라지고, 사인士人은 더 이상 '요행히 급제를 바라는 마음'을 품을 수 없게 되었다. 동시에 각 성의 수백만의 동생童生, 수십만의 생원生員과 수만의 거공擧貢들은 '생계유지가 막연하여' 부득이 공명을 포기하고 다른 출로를 모색하여 새로이 자신의

---

21) 근대 官·紳·商·學 관계의 변천에 관해서는 章開沅·馬敏·朱英 主編,『中國近代史上的官紳商學』(武漢: 湖北人民出版社, 2000) 참조.
22) 청말 紳商의 대류상황 및 관련사료에 관해서는 졸저,『官商之間 : 社會劇變中的近代紳商』(天津: 天津人民出版社, 1995) 참조.

사회적 역할을 확정하지 않을 수 없었다. 많은 수의 거공과 생원들은 구직을 위해 신식학당으로 몰려들어 반신반구(半新半舊)의 '학신學紳'으로 변신했다. 동시에 일부 선비들은 염치불구하고 그들이 줄곧 천한 업종으로 간주해온 상업계로 뛰어들어 이윤을 추구함으로써 근대 공·상업 부르주아가 되기 위한 매우 험난한 변신을 시도했다. 그래서 "근래 벼슬길에 오른 사람들은 학문뿐만 아니라 상업의 도리에도 밝지 않으면 안된다"23)라고 했다.

요컨대 1905년 과거제의 폐지는 강제적으로 전통 신사계층의 대분화大分化를 야기하여 신사와 상인의 합류추세를 전례없이 증대시키는 일대 관건이 되었으며, 근대 사회계급 관계의 조정과 재편에 심원한 영향을 미쳤다.

사인士人의 지위가 상대적으로 내려감에 따라 상인의 사회적 지위는 상대적으로 높아졌다. 관방과 접촉할 때 그들은 이미 과감하게 과거에 사용했던 천한 호칭인 '개미같이 하찮은 무리'를 '상 등商等'과 '직상職商'으로 바꾸었으며, 이전보다 말투에 힘이 많이 들어가 있었다. 당시의 사회소설인 『협객담俠客談』을 보면, 주인공이 이야기하기를 "내가 상업계에 투신한지 4년이 되었는데, 내가 얻은 것이 실로 적지 않다. 상인의 근면함은 선비(士)를 앞서고, 상인의 활동은 선비를 이기고, 상인의 언행은 선비에 가깝거나 능가하며, 상인의 치부는 선비를 능가한다. 내가 선비가 되기를 마다하고 상업에 투신한 것은 이 때문이다"24)라고 했다. 상인이 선비보다 우월하고, 선비보다 낫다고 하는 이야기는 과거에는 감히 상상조

---

23) 「論居官經商」, 『申報』, 1883年 1月 25日.
24) 「經商要言」, 張枏·王忍之 編, 『辛亥革命前十年間時論選集』 第1卷 下冊(香港: 生活·讀書·新知 三聯書店, 1960), 890쪽에서 인용.

차 할 수 없었던 일이다.

상인을 천시하는 심리의 역전과 상인을 경시하는 기풍의 변화는 상인으로 하여금 어느 정도 자중自重하고 자존自尊하도록 했으며, 점차 모종의 사회적 책임감과 직업적 자부심을 갖도록 했다. 그래서 "서기 1900년대, 20세기 실업경쟁의 시대라고 불리는 이 시기에 사는 우리 장사하는 사람들은 존귀하기 그지없다.… 세상에서 가장 활발한 정신이 있고, 가장 큰 발전의 잠재력이 있으며, 인류의 핵심기관이 될 수 있다. 상인을 제외하고 다른 것 가운데 이처럼 가치있는 것은 없다"[25]라고 했다. 비록 상인의 말 속에 드러나는 '오직 상인만을 존중하는' 의식이 너무 앞서가는 느낌이 없지 않으나, 상인의 사회적 지위가 높아진 것만은 틀림없는 사실이다.

근대에 신사와 상인이 한층더 상호 삼투·합류한 결과 이른바 '신상' 계층이 형성되었다. 이 신흥 사회계층은 공명과 직함이 구현하는 사회정치지위를 향유할 뿐만 아니라, 상당한 재력을 보유하고 점차 전통 신사계층을 대신하여 대·중 도시 내지 일부 향鄕과 진鎭에서 가장 권세있는 재야 사회계층이 되었다. 이것은 이미 고인이 된 저명한 사학자 진욱록陳旭麓 선생이 "신상[상인으로부터 신사가 되고, 신사의 신분으로 상인이 된]과 향신鄕紳은 관리와 백성의 중개인이며, 전자는 대부분 도시에 거주하고 후자는 대부분 시골에 거주했다. 전자는 공·상업과 인연을 맺고, 후자는 종법이나 지대[地租]와 관련이 있었다. 그들의 신상身上에서 중국 근대사회의 맥락을 파악할 수 있다"[26]라고 한 것과 같다.

물론 신사와 상인의 접근과 결합은 역사의 대추세를 두고 하는 말이

---

25) 『新新小說』, 1號, 樂正, 『近代上海人社會心態(1860~1910)』(上海: 上海人民出版社, 1991)에서 재인용.
26) 『陳旭麓文集』 4卷(上海: 華東師範大學出版社, 1997), 156쪽.

며, 그것은 하나의 전개 중에 있는 역사적 과정이었다. 당시의 사람들에 대해 말하자면 아직 미래의 역사 추세를 투시하거나 예견할 수는 없었고, 그들은 대부분 전통적인 관습에 의지해서 판단하고 '목전'의 사회분위기에 근거해서 일을 처리했다. 당시의 일반적인 상황으로 말하면 '상인'의 지위가 상승한 것은 틀림없으나, 상인들은 늘 상승이 충분하지 않다고 여기고 언제나 요술을 부리듯 단숨에 지위가 혁혁한 '신사'로 변신하고자 했으며 '신사'는 비록 도처에서 '상인'과 이익을 나누어 풍족하고 여유있는 생활을 누리게 되었지만, 아직 단번에 '신사'라는 이 황금간판[金字招牌]을 팽개치고 싶어 하지 않았다.

신사라는 간판이 한결같이 가치가 있었다는 것은 당시의 사회가 기본적으로 여전히 관리를 본위로 하고 신사를 중심으로 하는 사회이며, 가치지향이 여전히 기본적으로 신사 쪽으로 기울어져 있었다는 사실을 말해 준다. 중국사회가 비록 이미 근대 공·상 사회로 이행하기 시작했으나, 추세는 미처 현실을 대체할 수 없었고, 전통이 그 생명을 다하기까지는 아직 머나먼 길이 남아 있었다.

이로써 우리는 사방 교수가 이야기했던 청말에 신사와 상인의 경계가 여전히 존재했다는 사실 즉 "'신사'는 비록 '유학을 포기하고 장사에 뛰어들었지만' 신분에 대한 자아인식과 사회적 정체성은 여전히 신사였으며 '상인'은 비록 금전을 이용하여 '신사'라는 이름뿐인 직함을 샀지만, 신분에 대한 자아인식과 사회적 정체성은 여전히 '상인'이었다"라고 한 사실을 합리적으로 해석할 수 있다. 환언하면 지금 사람들이 볼 때는 비록 둘 다 신사 겸 상인인 '신상'이라고 할지라도, 당시사람들의 눈에는 여전히 보다 큰 차이가 존재했다는 것이다.

귀납하면 내가 볼 때 이른바 신상은 좁은 의미로 말하면 '직상' 즉

위에서 서술한 직함과 공명이 있는 상인을 가리키며, 넓은 의미로 말하면 관료와 신사와 상인이 서로 접근하고 결합하여 형성된 하나의 독특한 사회집단 혹은 계층을 가리킨다. 그들은 완전히 전통적인 의미의 신사도 아니고, 그렇다고 아직 근대적인 의미의 공·상 부르주아가 된 것도 아니며, 이 둘 사이에 끼여 있는 존재로 상대적으로 통일되고 명확한 경제와 정치적 특징을 가지고 있었다. 이들은 공·상 실업활동에 종사하면서 동시에 전통적인 공명과 직함을 향유하고 있는, 신구시대 사이, 등급사회와 직업사회 사이에 존재하는 일종의 과도적인 사회계층으로, 전통 사회 역량이 근대 사회경제 역량으로 이행하는 데 필요한 '컨테이너〔承載物〕'와 '환승역〔中轉站〕'[27]이 되었다.

언어발전과 사회변천의 변증법적 관계에서 보면 상술한 광범위한 사회변동을 바탕으로 복수형의 신사와 상인이 부지불식간에 늘 연용連用되다가 점차 단수형으로 의미가 바뀌어 신흥 사회계층의 대명사가 되었다. '신사'와 '상인'이 분리되어 있다가 '신사'와 '상인'이 서로 접근하고, 다시 '신사'와 '상인'이 합류하는 명·청 이래 중국사회 계급구조의 재편과 조합과정은 언어와 어휘의 변천에도 분명한 흔적을 남겼다. 이 점으로 말하면 역사문헌의 해독과 역사 언어·어휘에 대한 이해는 결코 그 배후에 있는 사회변동의 대추세에 대한 정확한 파악과 분리될 수 없으며, 반드시 양자의 관계를 물과 젖이 서로 잘 융합되는 것처럼 서로 잘 통일하고 소통시켜야 한다. 이러한 점에서 사방 교수는 나와 의견이 일치할 것이

---

27) 商會史 연구의 전문가인 徐鼎新 연구원도 비슷한 견해를 갖고 있다. 그는 '紳商'은 "官과 상 두 계층〔界〕 사이에 끼여 있는 특수한 사회계층으로… 의심할 바 없이 官과 商의 틈을 해소하는 가장 적합한 사회 中介力量이며… 당시의 역사적 조건 아래서 商會의 紳商 영도체제는 당연히 어느 정도 긍정적인 의미를 갖는다"라고 했다.〔徐鼎新,「從紳商時代走向企業家時代―近代化進程中的上海總商會」,『近代史硏究』, 1991年 第4期

라고 생각한다.

　마지막으로 몇 마디 사족을 덧붙인다면 '신상'이라는 말의 뜻에 대한 분석과 그것이 갖는 사회적 함의에 대한 토론은 사실 근대사 연구에서 문헌과 키워드의 정리를 통하여 중국사학 자체의 '담론체제〔discourse system-필자〕'에 진입하며, 아울러 자신의 '해석의 틀'을 형성하는 하나의 '큰' 문제와 관계가 있다. 만약 중국학술 자체의 명제와 본토의 개념을 바탕으로 하지 않고, 아울러 중국역사의 실제로부터 문제를 사고하지 않는다면 이른바 우리의 학술연구는 더욱 쉽게 서방 명사·술어의 각축장이 되어, 서방담론체제의 함정에 빠져서 헤어날 수 없으며, 결국 '서양사람들'에게 코가 꿰어 끌려다니게 될 것이다〔예를 들어 근래에 시민사회, 공적 영역 문제에 관한 토론은 서방언어의 기현상(이상 기류)에 빠져 다른 사람이 닦아놓은 지반 위에서 좌충우돌하며 출로를 찾지 못하고 있다〕. 물론 이것은 사실 너무 큰 문제이기 때문에 여기서 두세 마디의 말로 다 설명할 수는 없으며, 반드시 따로 글을 써서 논해야 할 문제이다.

　〔본문은 원래 『역사연구』 2001년 제2기에 수록된 것이다. 작자 마민馬敏은 1955년생으로 화중사범대학華中師範大學 교수이다.〕

[부록] 3 : 청말 문헌 속의 광동'신상'

구첩邱捷

사방謝放과 마민馬敏 두 분 선생은 근대문헌에서 '신상'이란 두 글자가 연용되는 상황에 대하여 매우 의미있는 연구를 했다.1) 두 분은 모두 '신상'이라는 단어〔혹은 단어의 조합〕의 변천과 함의는 풍부한 사회적 내용과 문화적 의미를 내포하고 있다고 생각하고 있으며, 나는 두 분의 이러한 의견에 전적으로 동의한다. 두 분 선생의 사고의 맥락을 따라가면서, 본문은 오로지 청말 문헌에서 언급하고 있는 광동'신상'의 상황에 대해서만 몇 가지 토론을 해보고자 한다.

I

사방 선생은 자신의 글에서 근대문헌에 보이는 '신상'은 대부분 '신사'와 '상인'을 따로 가리키며, 명확하게 '신사 겸 상인'인 '신상'을 단독으로 가리키는 예는 극히 드물 뿐만 아니라, 어떠한 의문점도 없는 '단수형'의 사례는 "아직 발견하지 못했다"라고 했다.

필자는 청말 광동문헌에서 몇몇 '단수형'의 사례를 본적이 있다. 예를

---

1) 馬敏,「"紳商"名辨」, 1998년 7월 홍콩 대학에서 개최된 '第二次商業史學術硏討會'에 제출한 논문 : 謝放,「"紳商"詞義考析」, 2000년 7월 호북성 十堰市에서 개최된 '經濟組織與市場發展國際學術硏討會'에 제출한 논문.

들면 다음과 같다.

1) 「홍콩신상 유학령이 육재서사의 학당운영이 성과가 있으므로 정부가 이를 입안해 줄 것을 청한 사유〔香港紳商劉學詢稟爲辦理育才書社學堂成效請咨立案由〕」.2) 여기에는 유학령劉學詢 단지 한 사람뿐으로 '신상'은 당연히 그를 가리킨다.

2) 「권업도가 광주총상회에서 사람을 선발하여 일본실업회를 방문하도록 한 일에 관하여 공금으로 경비를 보조해 주도록 청한 사유에 대하여 장 총독이 결재한 공문〔督院張批示勸業道東廣州總商會選員赴日本實業會報聘請酌助公款緣由文〕」. 당시 일본실업가들이 중국실업가의 일본방문을 요청하자, 권업도勸業道는 품의를 올려 이미 광주총상회廣州總商會의 허병진許秉榛과 심도생沈道生 두 사람을 선정했으며, 아울러 "홍콩 동화의원東華醫院에 편지를 보내 다시 신상 한 사람을 선출할" 생각이라고 했다.3) 여기서도 단지 한 사람만 이야기하고 있으며, 게다가 그는 실업가이다. 여기에 나오는 '신상'은 당연히 '신사'와 '상인'을 따로 가리키는 말일 수 없다.

그러나 청말 문헌에서 광동'신상'을 언급할 때, 글자의 의미라는 점에서 보면 단수형인지 복수형인지 구분하기가 매우 어려운 경우가 많다. 아래에서 몇 가지 사례를 들어본다.

1) 『홍콩화자일보香港華字日報』에 실린 '논설' : "광동의 신상들은 상무를 진흥시키기 위해 상회를 창립하여 성도省都에서 시작하여 점차 각 도시로 보급했다. 그 장정을 보면 우리 광동을 위해 축하하지 않을 수 없다. 어떻게 축하할 것인가? 광동의 기풍이 크게 열리고 문명이 진보하고 상업이 발달하고 광동사람의 명성이 전국에서 으뜸이 된 것을 축하한다.

---

2) 「育才書社稟請經費」, 『香港華字日報』, 1906년 11월 28일.
3) 「兩廣官報」, 16期(신해년 8월), 「實業」欄.

여기서 우리 존경하는 신상, 우리 사랑하는 지사들이 가슴 가득 뜨거운 피를 쏟아내어 신상의 웅지를 드높이길 바라며, 대양의 큰 물길을 갈라 신상의 호연지기를 키우기 바란다.…"4)

2) 1906년 초 양광총독 잠춘훤岑春煊은 철로투쟁 문제로 광동신사 여국렴黎國廉을 구속했다가 뒤에 상민商民의 압력에 못 이겨 그를 석방했다. 신문에 보도하기를 "신사 여국렴이 사면받아 집으로 돌아오자 팔선당八善堂의 신동紳董과 72행七十二行의 신상들이 환영회를 준비하고 있었다. 이날 남정국南正局에 와서 그를 맞이한 사람들이 많았으나, 총상회에서 기다리는 사람들도 적지 않았다. 여국렴 신사가 당연히 총상회에 들러 서로 만나보고 여러 사람의 인정을 위로해야 했으나, 봄비에 길이 진흙탕으로 변하여 왕래가 불편했다. 그래서 24일 2시에 총상회에서 만나기로 했다. 총상회에서 차와 간식을 준비하고, 시간이 되어 여국렴 신사가 가마를 타고 도착하여 여러 신상들과 읍을 하며 인사를 나누었다.…"5)라고 했다.

3) 상해의 광동성 출신 상인단체인 광조공소廣肇公所가 광주총상회에 보낸 전보의 첫머리 호칭 : "광주총상회 신상 균감廣州總商會紳商鈞鑒".6)

4) 정관응鄭觀應이 월한철로공사粤漢鐵路公司 동사회董事會에 보낸 편지 : "생각해보면, 본공사本公司의 분쟁이 일어난 것은 신상이 불화하고 각자 공을 다투고 사람이 뒤섞이고, 말이 어지러워 사리를 따져 이야기할 수가 없었기 때문이다."7)

5) 정관응의 「사차함독서辭差函讀序」: "병오년 초봄 내가 모친상을 당하여 한적하게 마카오에 머물 때 광동 성도省都 72행七十二行・구선당九善堂・

---

4) 思救世齋主, 「粤省商會章程書後」, 『香港華字日報』, 1904년 12월 5일.
5) 「黎紳赴茶會演說」, 『香港華字日報』, 1906년 2월 20일.
6) 「旅滬粤人贊成自辦鐵路電文」, 『香港華字日報』, 1906년 2월 14일.
7) 『鄭觀應集』下冊(上海:上海人民出版社, 1988), 711쪽.

총상회의 각 신상들이 월한(粵漢)철로공사를 창립하고, 대표들이 공동으로 투표하여 나를 철로공사 총판(總辦)으로 선출했다."8)

이 다섯 건의 자료는 각각 광주총상회·72행과 월로공사 분쟁에 대하여 언급하고 있다. 표면적으로 보면 여기서 말하는 '신상'은 모두 신사와 상인을 따로 가리키고 있는 것처럼 보인다. 그러나 반드시 '신사'와 '상인' 두 계층을 나누어 가리키는 것이라고 보기 어려운 측면이 있다. 그 이유는 위에 나열한 몇 가지 사료에 보이는 '신상'은 '상인'이 아닌 '신사'를 포괄할 수 없기 때문이다. 만약 따로 가리키는 복수형으로 이해한다면, 그것은 바로 공명과 직함이 있는 '신상'과 공명과 직함이 없는 서민상인을 따로 가리키는 것이다. 그러나 광주총상회는 선당(善堂)에서 추천한 정(正)·부(副) 상동(商董)과 72행의 상동이 뜻을 모아 건립한 것으로, 광주총상회의 총리·협리와 좌판(坐辦)은 모두 공명과 직함이 있으며, 그들은 모두 2가지 신분을 겸하고 있는 '신상'이었다.9)

첫번째 사례의 '신상'은 단수형이든 복수형이든 사실상 차이가 없다. 세번째 사례에 보이는 전보 수신자의 호칭으로 말하면 광조공소(廣肇公所)의 전보 발신자가 수신자인 광주총상회 거물의 신분에 대하여 잘 모를 리가 없으며, 따라서 '광주총상회 신상'은 당연히 일종의 존칭이지, 결코 총상회 안의 신사와 상인을 따로 가리키는 말이 아니다.

두번째 사례에서 '팔선당(八善堂) 신동(紳董)'과 '72행(七十二行) 신상(紳商)'을 병칭하고 있는데, 글의 흐름으로 볼 때 '신상'을 '신사신분을 가진 상인'으로 이해해도 무방하다. 여국렴은 광동의 대신사로 광동성 신상과 사민(士

---

8) 위의 책, 739쪽.
9) 廣州總商會의 건립에 관해서는 『申報』, 1903년 11월 29일자에 실린 「商會肇興」기사 참조 ; 廣州總商會의 總理·協理·坐辦에 관해서는 『光緖三十四年農工商統計表』의 「商務會總表」참조.

民의 철로분쟁에 연루되어 성망이 매우 높았다. 당시의 사교관례로 볼 때 차모임[茶會]에 참가할 수 있었던 사람은 당연히 72행에서 공명과 직함이 있는 거물급이었을 것이며, 지위가 높지 않은 보통의 서민상인은 참여할 수 없었을 것이다. 따라서 '72행 신상'이란 당연히 72행의 '신상'을 말하는 것이지, 72행의 '신사'와 '상인'을 말하는 것이 아니다.

네번째와 다섯번째 두 사례로 말하면, 반드시 알아야 할 것은 월로粵路공사 분쟁은 결코 '신사'와 '상인' 간의 모순이 아니라, 주로 광주 72행의 '신상'과 기타 '신상'이 공사公司책임자의 선출, 주식의 보존문제 등을 둘러싸고 일으킨 충돌이라는 사실이다. 1906년 4월 24일(음력 4월 초1일) 월로공사 '권리인權理人[임시책임자]'의 선거에 참가한 "광동 성도省都 72행·구선당·총상회의 각 신상"은 선당과 각행의 대표를 가리키며, 정관응은 반비성潘飛聲에게 보낸 편지에서 당일 참가한 구선당 및 63행의 선거인 127명의 성명을 일일이 열거했다.10) 청말 광주에서 "선당은 행상의 대표로"11) 일반적으로 상인이 관리했다. 예를 들어 '9대선당九大善堂의 으뜸'으로 불렸던 방편의원方便醫院은 "72행상이 업무를 관리했으며… 해마다 두 개의 행行을 총리로, 두 개의 행行을 협리로 선출했다."12) 선당에서 활약이 뛰어난 인물은 대부분 상업계에서 나왔으며, 이 때문에 선당의 신동紳董 역시 신상이었다.

이상의 몇 가지 사례를 통해 청말 광동문헌에서 문자가 가지는 표면적인 의미로 볼 때, 설사 복수형으로 보이는 '신상'도 문맥과 결부시키면, 실제로는 주로 신사 겸 상인인 인물을 가리킨다는 사실을 알 수 있다.

---

10) 『鄭觀應集』 下冊, 746~748쪽.
11) 『粵商自治會函件初編』, 廣州七十二行商報承印, 1908년 인쇄, 1쪽.
12) 鄧雨生 編, 『全粵社會實錄初編』, 「方便醫院」篇, 廣州調査全粵社會處, 1910년 인쇄, 1~3쪽.

청말 광동에서 사용된 '신상'이라는 말은 지금 사람들이 볼 때 종종 그것이 단수형인지 복수형인지 판단하기 어려운 것은 물론이거니와, 필자의 생각에는 몇몇 자료의 경우 [예를 들어 위에 인용한 첫번째와 두번째 사례] 당시 문서의 작성자들조차도 그것을 명확하게 구분할 수 없었던 것 같다. 그러나 공교롭게도 이러한 상황은 '신사'와 '상인' 두 계층의 대류가 이미 매우 보편적이었다는 사실을 반영한다. 그리고 문헌에서 어떤 집단행동을 언급할 때 뭉뚱그려서 이야기하는 '신상'은 종종 신사와 상인 두 계층을 가리키는 것이 아니라, 공명과 직함이 있는 '신상'과 서민상인, 그 가운데서도 주로 신사이면서 상인이기도 한 '신상'을 가리켰다.

마민馬敏 선생이 지적한 것처럼 청말 문헌[특히 공문]에서는 어떤 구체적인 직함이 있는 상인에 대해서는 대부분 '직상職商'이라 칭함으로써 서민신분을 가진 상인과 구별했다. '직상'과 '신상'의 함의는 서로 같다. 그러나 필자는 청말 광동의 '직상'과 '신상'에 관한 사료 가운데서 적지 않은 경우에 '신상' [혹은 직상]의 신사신분이 결코 언제나 모두 사람들로부터 인정받거나 중시된 것이 아니었다는 사실을 발견했다. 사방 선생이 의문을 느꼈던 사례와 아래의 사례는 상당히 비슷한 점이 있다.

예를 들어 월로공사가 성립된 뒤 주주들 사이에 분쟁이 끊이지 않았다. 광주 72행 상인들은 홍콩상인 진갱우陳賡虞와 양울빈楊蔚彬 등이 주주라는 사실을 인정하지 않았으며, 진갱우와 양울빈 등은 철로공사의 회계가 불투명하다는 이유로 일부 외지의 주주를 대표로 선출하여 회계를 감사해야 한다고 요구했다. 우전부에서 광동철로공국에 보낸 전보에 이르기를 "진갱우·양울빈·성경준盛景浚·주병장朱秉章 네 사람은 주주들이 공동으로 선출하는 과정을 거쳤고, 아울러 이미 품의를 올려 양광총독의 비준을 받았으므로, 당연히 그 신사[該紳]들이 와서 회계감사를 하도록 해야 한다"13)라고 했다. 얼마 뒤 우전부는 양광총독에게 전보를 보내 이르기를 "근래 진갱우 등이 전보를 보내 주식자금의 지급을 미루는 일을 아뢰고, 아울러 방안을 제시해 줄 것을 청한 일에 대하여 막 귀 관청에 전보를 보내 처리하려던 차에, 다시 농공상부에서 전달한 전보를 받고 이미 그 상인들에게 주식가입을 허락했다는 사실을 알게 되었다.…"14)라고 했다. 진갱우와 양울빈 등은 모두 '신상'이나 서로 다른 문서에서 각각 '신사'와 '상인'으로 간주되었다.

동일한 공문에서도 어떤 '직상'은 때로는 '신사'로 간주하고(該職이라 부름), 때로는 '상인'으로 간주했다(該商이라고 부름). 여기서 다시 몇 가지 예를 들어본다.

1) 1907년 여름 '직상' 곽중형霍仲衡 등이 광서에 가서 쌀을 수매할 수 있는 허가증을 신청했다. 그들이 올린 문서에는 자칭 '직상 등職商等'이라고 했으나, 선후국善後局에서 내린 회답공문에는 한번은 '그 상인 등〔該商等〕'이라 칭하고, 두 번은 '그 직상 등〔該職商等〕'이라고 칭했다.15)

2) 1910년 초 염운사가 염무공소鹽務公所에 보낸 서찰에서 "직상화령염운사함후선도職商花翎鹽運使銜候選道 진보침陳寶琛, 화령후보동지花翎候補同知 공헌상孔憲相, 화령도함花翎道銜 구감원邱鑑原, 화령원외랑함花翎員外郎銜 공생貢生 소병권蘇秉權, 동지함同知銜 채문헌蔡文軒, 화령도함花翎道銜 소송징蕭頌澄, 화령원외랑함花翎員外郎銜 소병강蘇秉綱, 화령제거함花翎提擧銜 공생 황식삼黃植森, 화령제거함花翎提擧銜 공생 소병신蘇秉燊, 5품함선용지현五品銜選用知縣 임간재林幹材, 제거함提擧銜 양서영梁瑞榮, 3품함재결연평영수비三品銜裁缺連平營守備 보

---

13) 「查究混稱總商會入稟之人」, 『香港華字日報』, 1907년 1월 16일.
14) 「郵傳部致周督認陳楊股本電文」, 『香港華字日報』, 1907년 1월 24일.
15) 「請領往西購米執照何得漫無限制」, 『廣州總商會報』, 1907년 8월 13일.

홍수保洪壽" 등의 품의를 인용했다. 품의에서 진보침陳寶琛과 공헌상孔憲相 등은 자칭 '직상 등職商等'이라 했고, 총독의 회답공문에는 그들을 일컬어 '그 직 등[該職等]'이라고 했으나, 염운사사鹽運使司의 서찰에는 세 차례나 그 들을 '그 상인 등[該商等]'이라고 불렀다.16)

3) 1911년의 「원래 광주-마카오 철로업무에 종사했던 직상 양운규가 공사를 설립하고 주식자본을 모으기 시작한 상황과 사유를 적어 올린 글에 대하여 장 총독이 회답한 공문[督院張批原辦廣澳鐵路職商梁雲達稟報設立公司開收股本情形緣由文]」. 원래 품의에서 여섯 차례 자칭 '직 등職等'이라고 했으나, 총독의 회답 공문에는 세 차례에 걸쳐 양운규梁雲達를 '그 상인[該商]'이라고 칭했다.17)

4) 1911년의 「진화공사 직상 이학붕이 품의를 올려 총상회에 명하여 채무를 일률적으로 분담하도록 해줄 것을 청한 사유에 대하여 장 총독이 회답한 공문[督院批振華公司職商李鶴朋稟請轉飭總商會債項一律勻攤緣由文]」. 상인 주부란朱富蘭이 중국인과 외국인에게 각각 빚을 지고 잠복하자, 총상회總商會가 그의 재산을 처분하여 채권자에게 빚을 상환하기로 했다. 진화공사振華公司 직상職商 이학붕李鶴朋은 광주총상회가 채무를 상환할 때 외지 채권자를 차별 대우할 것이라 여기고, 총독이 감독해 줄 것을 요구했다. 품의에서 이학붕은 자칭 '직상'이라고 했으나 총독의 회답공문에는 그를 '그 상인[該商]'이라고 불렀다.18)

5) 1911년의 「농공상부에서 자문을 보내 직상 진위남 등에게 제설유한공사의 특허기간에 대하여 회신한 내용을 조사하되 이 일을 광동권업

---

16) 「運憲札發鹽務公所原文」, 『香港華字日報』, 1910년 1월 24일.
17) 『兩廣官報』, 12期(辛亥年 閏6月), 「實業」欄.
18) 『兩廣官報』, 20期(辛亥年 8月), 「實業」欄.

도에게 맡겨 규정대로 처리하도록 해 달라는 요청을 장 총독이 비준한 문서〔督院張准農工商部咨核復職商陳煒南等制雪有限公司專辦年限緣由行東勸業道轉飭遵辦文〕」. 진위남陳煒南 등은 품의에서 자칭 '직상'이라고 했으며, 권업도勸業道의 보고서에도 역시 그들을 '그 직상 등〔該職商等〕'이라고 불렀다. 그러나 총독의 회답공문에는 이르기를 "그 직상 등이 광동성에서 제설유한공사制雪有限公司를 창설하려고 하는 것은 이권을 만회하기 위한 것이며… 제설制雪의 방법은 그 상인이 스스로 발명한 것이 아니므로 특허권을 줄 수 없다"[19)] 라고 했다.

이와 유사한 사례는 셀 수 없이 많다.

한층 더 깊이있는 탐구를 위해 월상자치회粤商自治會 회장 진혜보陳惠普 〔즉 陳基建, 점원출신의 銀號司理〕를 예로 들어 보다 상세하게 분석해 보자. 그는 직함이 있는 '신상'으로 일찍이 다른 몇 사람의 상인과 자본을 합쳐 탄광을 설립하고자 했다. 「광동권업도가 진기건 등이 증성현 포격촌 탄광을 청부맡아 경영하는 계약보증에 대하여 보고하고, 공문을 보내 탄광개발 허가서를 발급한 사유에 관하여 조사해 줄 것을 요청한 일에 대하여 총독이 회답한 공문〔督院張批東勸業道詳陳基建等承辦增城縣布格村煤礦補繳供結保單咨核給開礦執照緣由文〕」에서 인용한 진혜보 등이 올린 탄광 설립허가 신청서의 뒤에 첨부된 '동사 및 수석직원의 이력'을 보면 "총리 1명: 진기건, 45세, 순덕현順德縣 사람, 동지직함同知職銜. 협리 1명: 진국감陳國淦, 51세, 순덕현 사람, 감생監生. 동사董事 3명: 주문박朱文博, 45세, 신회현新會縣 사람, 화령운사함후선도花翎運司銜候選道. 노찬화盧贊華, 61세, 삼수현三水縣 사람, 도사직함都司職銜. 능계금淩繼錦, 41세, 번우현番禺縣 사람, 동지직함同知職銜"이라고 했

---

19) 『兩廣官報』, 21期(辛亥年 8月), 「實業」欄.

다. 그러나 권업도勸業道의 보고서에는 "전에 광상礦商 진기건과 진국감 등이 올린 품의에 따르면… 그 상인 등[該商等]은…"20)이라고 하면서 그들의 '신사' 신분을 반영하지 않고 있다.

1907년 진기건 등은 광동계연총회廣東戒煙總會의 건립을 주장했다. 그 품의에서 진기건 등은 자신들을 일컬어 "… 상 등商等이 총독의 뜻을 받들어 이달 17일 서관西關 문란서원文瀾書院에 계연총회戒煙總會를 설립하고자"라고 했으나, 호리護理양광총독의 회답공문에는 오히려 "그 신사 등[該紳等]이 문란서원에 계연총회를 설립하고자…"21)라고 했다.

진기건은 월상자치회粵商自治會의 회장이었으므로 그가 첫 서명을 하거나 이름을 올린 문건은 늘 신문에 실렸으며『월상자치회 서신집 초편[粵商自治會函件初編]』에 수록되어 있다. 다만 현재 볼 수 있는 진기건이 첫 서명자로 되어 있는 [월상자치회나 자선단체나 아니면 72행의 명의로 된 것을 막론하고] 모든 문건에는 그의 직함이 나열된 적이 없다. 이것은 그가 사회활동을 할 때 자신이 '신사'라는 사실을 강조하지 않았음을 의미하는 것이다.

정식으로 과거에 급제하여 공명을 얻은 '신사'들 역시 진기건을 자신들과 동일시하지 않았다. 광주총상회 협리 겸 대리총리 구찬삼區贊森[거인]은 은밀히 관부에 글을 올려 "진혜보 즉 자치회의 진기건은 본래 시정의 무뢰배로 낫 놓고 기역 자도 모르고, 패역무도하고, 평소 늘 간교한 도당에게 이용당하고, 신문인에게 우롱당하기 일쑤고, 때로 과격한 말로 사람들을 현혹시킨다. 무릇 정부를 공격하고 사회를 업신여기고 동료를 배척하는 일, 예를 들어 서강西江의 체포권, 마카오의 경계선 측량, 양성梁誠

---

20)『兩廣官報』, 9期(宣統 3年 閏6月),「實業」欄, 62~64쪽.
21) 鄧雨生 編,『全粵社會實錄初編』,「廣東戒煙總會」篇, 4쪽.

의 구속 등에 관한 전보 가운데 열에 아홉은 모두 진기건의 서명이 있다"[22]라고 했다. 이것은 자아동일시 혹은 사회적 동일시를 막론하고 진혜보의 신사신분은 기본적으로 중시되지 않았음을 말하는 것이다.

청대의 관리사회는 명분과 호칭을 매우 중시했다. 그러나 이상의 사례에서 보면 관부가 많은 '직상'의 신사신분에 대하여 특별히 중시하지 않고 있었음을 알 수 있다. 이것은 생각해 볼 만한 가치가 있다.

II

이러한 현상을 어떻게 해석할 것인가?

청말의 광동은 대체로 단수형의 '신상'이 특별히 많은 성으로[23] 신사 겸 상인 겸 군자 겸 정치가 겸 학자인 사람이 적지 않았다. 어떤 신상은 아마도 선동善董 겸 자의국의원 겸 학당감독이었을 수도 있으며, 그가 서로 다른 사회활동에 종사할 때 '신사'와 '상인' 두 가지 신분에 대한 동일시 상황에 차이가 있었을 것이다. 일반적으로 말해서 선동으로 활약할 때는 신사로서의 신분이 강조되었다. 앞에서 인용한 진기건의 경우 금연회를 창설할 때 상인신분으로 품의를 올렸으나, 관부는 그를 신사신분으로 간주했다. 그러나 만약 순수하게 상업업무에 속하는 활동을 하는 상황이라면, 신상의 신사로서의 신분이 반드시 중시되지는 않았을 것이다.

이밖에 청말 각급 관부는 상인과 접촉하면서 많은 새로운 문제에 부

---

22) 「區贊森密稟當道」, 『香港華字日報』, 1910년 7월 27일.
23) 馬敏 선생이 동일한 기준[商會 會董 인원수]으로 계산한 바에 따르면, 廣東은 단수형으로서의 紳商이 가장 많은 성이다.[馬敏『官商之間─社會劇變中的近代紳商(天津: 天津人民出版社, 1995), 107쪽 참조]

덫혔다. 그것은 관원들이 늘 공문의 양식과 호칭 등에 대하여 어찌할 바를 몰랐다는 사실이다. 1907년 초 남해현南海縣 현령은 명을 받들어 돈적곡미사건囤積穀米事件을 조사할 때 광주총상회에 서찰을 보내 상회에서 조사한 뒤에 "사실대로 보고할 것"을 요구했다. 그런데 서찰의 어투는 명령적이고 편지봉투에는 뜻밖에 '총상회 노야 균계總商會老爺鈞啓'라고 적혀 있었다.

규정에 따르면 총상회는 지방에서 단지 독무에 대해서만 '인품印稟'하고 기타 아문에 대해서는 모두 평등한 공문으로 '조회照會'하도록 되어 있었다. 게다가 총상회의 총리와 협리의 직함은 모두 '노야老爺'라고 칭하는 관원보다 높았다[광주총상회의 총리를 역임한 좌종번左宗藩은 두품정대후보4품경당頭品頂戴候補四品京堂, 후임자인 장진훈張振勳은 두품정대시랑함태복시정경頭品頂戴侍郞銜太僕寺正卿이었고, 협리를 역임한 정관응鄭觀應은 2품정대진선보용도二品頂戴盡先補用道, 후임자인 나광정羅光廷은 화령보용지부花翎補用知府였으며, 좌판坐辦 가운데 한 사람이었던 황경당黃景棠은 후선도候選道였다. 관례대로 한다면 그들을 부를 때는 당연히 '대인大人'이라는 존칭을 사용해야만 했다. 그런데 '노야老爺'는 하급관원에 대한 존칭이었던 것이다].

그래서 총상회는 답장에서 조금도 정중한 태도를 취하지 않으면서 이르기를 "본 총상회는 사무가 번잡하여 실로 다른 업무를 돌볼 겨를이 없으니" 남해현 현령이 직접 조사하라고 했다.24) 총상회의 거물들은 거의 모두가 과거급제를 통해 공명을 획득했거나 혹은 실관출신의 '신상'이었다. 남해는 수현首縣으로 늘 광주총상회와 접촉했음에도 불구하고 이러한 공문양식의 오류와 호칭에 관한 해프닝이 벌어진 사실로 미루어 볼 때, 관원들이 일반신상의 호칭에 대하여 갈피를 잡을 수 없었던 것은 조금도 이상할 것이 없다.

---

24)「南辛因奉查究屯米事致商會函」,『廣州總商會報』, 1907년 4월 12일.

일반적으로 말해서 만약 과거급제나 혹은 실관출신으로 '신사'의 신분을 획득한 경우 그의 신분은 언제든지 관부 및 사회의 인정을 받았다. 그러나 연납을 통해 얻은 '신사'의 신분은 사정이 크게 달랐다. 예를 들어 「각성 자의국 장정」의 선거권 자격에 관한 규정을 보면 "공거貢擧·생원生員 이상 출신자… 실관을 지낸 사람 가운데 문관 7품, 무관 5품 이상으로 파면되지 않은 자"라고 했다.25) 특별히 '실관을 지낸 사람'을 요구했는데, 이것은 수적으로 매우 많은 연납을 통해 허함虛銜을 획득한 사람들을 배제하기 위해서였다.

청말 연납을 통해 공명과 직함을 얻는 것은 실제로 그렇게 돈이 많이 드는 일이 아니었다. 광서 초기의 연납에 관한 규정을 보면, 감생監生과 부생附生이 공생貢生이 되는 데는 은 144냥, 증생增生에서 공생은 120냥, 늠생廩生에서 공생은 108냥이었고, 준수俊秀에서 감생은 108냥, 부생에서 감생은 90냥, 증생에서 감생은 80냥, 늠생에서 감생은 60냥이었다. 직함을 사는 경우 도원道員 5,248냥, 지부 4,256냥, 염운사운동鹽運司運同 3,840냥, 동지同知 2천 냥, 통판通判 1,600냥, 주동등관州同等官 3백 냥, 주판등관州判等官 250냥, 현승등관縣丞等官 2백 냥, 현주부등관縣主簿等官 120냥, 종구미입류從九未入流 80냥이었고, 화령3품花翎三品 이상 2천 냥, 4품 이하 1천 냥, 남령藍翎 5백 냥이었다.26)

그러나 청말 연납의 가격은 거듭 하락했으며 허함은 갈수록 값어치가 없었다. 실제가격은 종종 단지 원래 정한 액수의 몇 분의 일에 불과했다. 심지어 10분의 1도 안되는 경우가 있었다. 예를 들어 광동에 설립된 강서진연江西賑捐의 경우 "봉함封銜과 공감貢監은 관례대로 원가의 10%를

---

25) 『清末籌備立憲檔案史料』 下冊(北京:中華書局, 1979), 672쪽.
26) 「光緒朝捐納則例」, 『近代中國史料叢刊』 3編 80輯(臺北:文海出版社, 1996), 59~78쪽.

받는다고 했다가 이어서 9%로 떨어졌고, 십성공감+成貢監은 관례대로 원가의 22%를 받는다고 했다가 다시 18%로 줄어들었고, 추광대함推廣大銜은 관례대로 원가의 12%를 받는다고 했다가 10%로 떨어졌고, 화령4품 이하는 값이 내려 실제로는 은 180냥을 받았으며, 남령은 반으로 떨어졌다."27)

값이 더 적은 경우도 있었다. 선통 원년(1909) 탁지부에서 상주하기를 "영자翎子28)는 군사적인 공적이 없으면 수여하지 않는 것이다." 그러나 "각 외성外省에서는 연납 액수가 사사로이 130여 냥으로 떨어졌다"29)라고 했다. 이러한 가격은 대부분의 광동상인에게 감당하기 어려운 것이 아니었다. 당시 대관절 얼마나 많은 광동상인이 연납을 통해서 공명과 직함을 획득했는지에 대해서는 현재 확실하고 전반적인 통계수치를 찾을 방법이 없다. 그러나 공명을 중시하는 광동사회의 기풍 및 광동상인의 재력으로 볼 때 그 인원수가 상당히 많았음에 틀림없다.

1910년에 발간된 『광동재정설명서』에 나열된 것을 보면 광동연납의 실제수령액은 광서 34년(1908)이 21만 7,573.092냥, 선통 원년이 92만 1,464.097냥이었다.30) 이 두 숫자만 보아도 광서와 선통시기에 연납을 통해 직함을 획득한 사람의 숫자가 적지 않았음을 알 수 있다. 만약 광동 이외의 지역에서 연납한 경우를 합치면[다른 성의 사람들이 광동에서 연납했을 가능성도 있으나, 재력을 비교해 보면 당연히 광동사람이 다른 성에 가서 연납하는 경우가 더욱 많았을 것이다] 20~30년 동안 그 액수는 매우 많았을 것이다. 물론 연납한 사람 모두가 상인이었던 것은 아니지만, 그 가운데서 상인이 차지하는 비율이 높았다는 것은 대체로 의심의 여지가 없다. 앞에서 언급한 진

---

27) 廣東淸理財政局 編, 『廣東財政說明書』 卷7 類8, 「捐輸」, 1910.
28) [역주] 영자翎子 : 청대 관리 모자의 장식으로 다는 공작의 깃털.
29) 劉錦藻 編, 『續淸朝文獻通考』 卷93, 「選擧」(10).
30) 『廣東財政說明書』 卷7 類8, 「捐輸」.

기건陳基建이 탄광을 건립할 때 동업한 사람은 모두 보통상인이었으나 그들이 모두 직함을 가지고 있는 사람들이었다는 것으로부터 이러한 사실의 일단을 엿볼 수 있다. 연납으로 직함을 얻는 경우가 이처럼 많고도 광범했다면, 관부나 민간을 막론하고 이러한 '신사'의 직함에 대해서 그다지 중시하지 않았을 것이다.

『관장현형기官場現形記』를 보면 연납으로 후선도候選道의 직함을 얻은 상해의 어떤 '신상'이 연회석상에서 이르기를 "나는 여기서 장사나 하는 뭐 대수로울 것도 없는 사람이나, 늘 여러분들과 자리를 함께 하는 까닭에 부득이 연납을 통해 도대道臺의 직함을 사서, 모임에 어울리는 치레용 직함을 하나 가지려고 한 것뿐이다. 나의 이 도대는 '무대용 도대'라고 할 수 있다. 이 자리에 모인 여러분 도대들을 만나면 나 역시 도대이다. 만약 장사꾼으로 보자면 나는 역시 나의 1품 대백성이다"[31]라고 했다. 이것은 아마도 허함虛銜을 산 일반상인들의 보편적인 상황이었을 것이다.

실제로 과거제도와 연납제도로 말미암아 '신사'와 '상인'의 대류는 일찍부터 존재했다. 청대 한 시기 동안 광동은 줄곧 상업이 특별히 번성한 성으로 "상인으로부터 신사가 되든지" 아니면 "신사로부터 상인으로 나아가던지" 어떤 경우를 막론하고 광주에서는 이런 현상이 일찍부터 출현했다. 19세기 중엽 광주에는 이미 일군의 공명과 직함을 가진 대상인이 존재했다. 13행 상인인 반潘·역易·양梁씨는 줄곧 청말에 이르기까지 모두 신사 겸 상인인 대동족(大家族)이었다.[32] 그러나 청말에 이르러 대상인뿐만 아니라 중·소상인 가운데서도 적지 않은 '신상'이 출현했다. 그리고 신사들 가운데 상업에 발을 들여놓거나 혹은 상업을 통해 수입을 얻

---

31) 李寶嘉, 『官場現形記』下冊(北京: 人民文學出版社, 1957), 579쪽.
32) 梁嘉彬, 『廣東十三行考』(廣州: 廣東人民出版社, 1999), 395~396쪽 참조.

는 사람이 더욱 보편적이 되었다.

청말 광동에서 '신사로부터 상인으로 변신한' 사람이 얼마인지 필자는 전반적이면서 확실한 통계수치를 제공할 수 없다. 그러나 내가 본 사료에 따르면 당시 광동의 많은 대신사가 모두 상업과 관련이 있음을 알 수 있다. 몇몇 과거출신 신사들은 심지어 바다 건너 외국에까지 가서 상업에 종사했다. 예를 들어 광동성의 번우番禺·남해南海·순덕順德 여미삼읍회관旅美三邑會館(미국에 머무는 광주출신 상인단체)에서 1875년부터 1927년까지 사사司事(주석)를 역임한 사람은 모두 15명인데, 그 가운데 공명이 불분명한 사람이 1명, 광동법정학당 졸업자가 1명, 진사 3명, 거인 9명, 늠생이 1명이었다.33) 성내 각 상무분회의 총리 가운데는 과거출신자로서의 공명을 확인할 수 있는 사람이 더더욱 적지 않다.

첫번째 부분에서 우리는 여러 가지 사례를 예로 들어 공명과 직함이 있는 상인의 '신사'신분에 대한 동일시 문제를 토론했다. 이제 눈을 돌려 몇몇 상업에 종사하는 신사에 대하여 토론해 보자.

독무번얼督撫藩臬을 역임한 허응규許應騤·등화희鄧華熙·양정분梁鼎芬 같은 특급 대신사는 설사 그들의 동족(家族)이 상업활동에 종사한다고 할지라도, 그들은 자연히 오직 '신사'로 간주되었다. 청말 광주의 신紳·상商·선계善界에서 모두 맹활약을 펼친 광주출신 2품함한림원편수翰林院編修 강공은江孔殷은 대대로 차업(茶業)을 경영하던 집안출신으로 월상자치회粤商自治會의 설립에 참여했다. 1907년 초 집안사람이 극장에서 자리를 다투는 사소한 일에 연루되자, 강공은은 대신사의 지위를 이용하여 홍콩상인 황역규黄亦葵의 첩을 창기라고 모함하고, 친히 사람을 데리고 가서 황씨 부

---

33) 區龍賜, 『1850~1974年旅美三邑總會館簡史』(미국 舊金山市(샌프란시스코) 旅美三邑總會館, 1975), 170쪽.

부를 체포했으며, 황역규에게 "대신사에게 항거했다"라는 죄명을 뒤집어 씌었다.『광주총상회보廣州總商會報』는 이것을 연속 보도하고 논평을 덧붙여, 신사가 상민을 압박한 사건으로 간주하여 강공은에게 야유를 보내고 비난했다.34) 강공은은 직·간접적으로 상업을 경영했고 심지어 일반상인에 더 가까웠으나, 사회는 단지 그가 가진 '신사'의 신분만을 중시했음을 알 수 있다.

일찍이 광주총상회 좌판坐辦, 철로공사 협리를 지낸 황경당黃景棠은 그의 아버지인 황복黃福이 싱가포르와 말레이시아에서 도박세와 공사를 청부맡았던 부유한 상인이었다. 황경당은 청년시절에 귀국하여 공명을 구했다. 1897년 급제하여 공생貢生으로 선발되고, 다시 입경하여 전시에 합격하여 지현知縣벼슬을 받았으며, 뒤에 연납하여 후선도候選道에 올랐으므로 정도출신의 신사라고 할 수 있다. 그의 시집『의검루시초倚劍樓詩草』에는 사대부 생활에 대한 묘사가 많이 보이나, 의외로 본인의 상업활동에 관한 기록은 전혀 보이지 않는다. 비록 황경당의 실력과 지위는 주로 '상업'[그는 72행에서 큰 영향력이 있었다]에서 나왔으며 철로·부두·부동산·신식 상업 등 방면에 모두 거액을 투자했으나, 자신의 역할에 대한 자아인식은 상인이 아니라 신사였다.

1911년 6월 황경당이 광주상인들을 책동하여 청정부의 철로국유정책에 반대하자, 양광총독 장명기張鳴岐는 고시告示에서 거듭 그에 대하여 위협하고 경고하면서도 줄곧 그를 '그 신사該紳'라고 불렀다.35) 이것은 그가 과거를 통해 공명을 얻은 사람이기 때문에 관부가 모든 경우에 그를 '신

---

34)「河南戲院爭座之實情」·「河南戲院爭座之談判」·「指拿私娼理應州晦巫」,『廣州總商會報』, 1907년 2월 27일 : 28일 : 3월 9일.
35) 졸고,「黃景棠和他的倚劍樓詩草」,『近代史研究』, 1996년 第6期 참조.

사'신분으로 간주했다는 것을 말한다. 그러나 일개 발공拔貢출신의 후선도候選道 신분으로는 대신사가 즐비한 성도省都 광주의 신사사회에서 높은 지위를 차지할 수 없었다. 다만 그는 자체가 부유한 대상인이었을 뿐만 아니라, 상인단체인 월상자치회의 창립회원 가운데 한 사람이었다. 이 때문에 광주상인들의 눈에 그는 '상인'의 대표였고, 상업계에서 그의 영향력은 신사사회에서보다 훨씬 컸다.

대다수의 상황 아래 신사 스스로도 자신의 '신사'로서의 신분을 인정했으며, 아울러 사회적으로도 인정을 받았다. 그러나 일부 특정한 상황 아래서는 이러한 신분도 엄폐되었다. 1911년 광주시 성구城區거주민의 직업분류 통계상황은 다음과 같다[단위는 戶]. 관리 1,086, 신사 454, 군인 739, 경찰 1,109, 학계 10,408, 신문사 93, 상인 15,028, 해운 74, 판매 11,482, 공예 19,390, 고용인 2,260, 염업 246, 사사同事 521, 여관館幕 464, 미술 642, 의사 1,128, 방기方技 434, 종식種植 360, 목축 246, 심부름꾼 2,320, 대서 115, 우령優伶 497, 짐꾼 2,316, 가마꾼 5,320, 요리사 418, 간수看守 79, 서판書辦 523, 아행[牙保] 178, 무도巫道 416, 야경更練 85, 민간신앙종사 803, 승려 178, 분뇨수거 520, 거지 129, 비구니 889, 창기 2,758, 고희瞽姬 218, 출양出洋 1,602, 신도 102, 무직 5,471.36)

이치대로라면 광주시의 신사는 당연히 1천 호가 넘을 것이나37) 직업통계에서는 단지 454호밖에 되지 않는다. 이것은 과거제도의 폐지와 관제의 개혁에 따라, 신사의 신분에 의지해서는 이미 경제적으로 수입을 얻기가 매우 힘든 상황 아래, 절대다수의 신사들이 각종 직업에 종사했

---

36)「省城戶口職業分類表」,『香港華字日報』, 1911년 9월 11일.
37) 1906년 1월, 兩廣總督 岑春煊이 廣東紳商 粤路商辦 투쟁 대표인 黎國廉를 구속하자, 신사와 상인 각계에서 분분히 집회를 열어 항의했다. 15일 "광주 府學 명륜당에서 집회를 열었는데 참석한 신사가 수천 명이었다."(『申報』, 1906년 1월 28일 기사 참조).

으며, 그들은 직업을 보고할 때 단지 '학계'·'신문업계'·'상인' 등의 항목으로 분류될 수밖에 없었다는 사실을 말한다.

III

본문에서 토론하고 있는 것은 단지 청말 광동문헌에 보이는 '신상'의 함의 및 몇 가지 '신사'와 '상인'의 신분인식에 관한 문제이다. 이러한 자료는 '신사'와 '상인'의 대류로 인하여 청말 광동에서는 신사 겸 상인으로 구성된 대규모 집단이 이미 형성되었으며, 이러한 사람들은 당시 특히 이후 '신상'이라고 일컬어졌다는 사실을 반영한다. 그러나 '정통'신사들은 연납한 상인들이 자신들과는 다소 다른 무리라고 생각했다. 상인들도 비록 공명과 직함을 구입하긴 했으나, 자신과 신사가 이미 완전히 합류되었다고 생각하지는 않았다. '신사'와 '상인'의 경계는 여전히 매우 뚜렷했다. 아래에서 청말 광동의 '신사'와 '상인'의 경계를 반영하는 사료를 검토해 보고자 한다.

1910년 초 양광총독 원수훈袁樹勳은 헌정편사관憲政編査館에 보낸 「광동 지역 신사의 업무처리 습관에 관한 일[粤屬地方紳士辦事習慣宜]」에서 신사들이 하는 일로 다음 몇 가지 사항을 열거했다. ① 공공업무 관리, ② 자선사업, ③ 공공업무의 분담, ④ 상업업무의 겸임관리, ⑤ 신사와 상인의 연합에 관한 업무, ⑥ 신사와 상인의 업무분담에 관한 사항, ⑦ 신사와 상인의 경계에 관한 업무, ⑧ 신사와 상인의 의견대립, ⑨신사와 상인의 충돌 경쟁습관….38)

청말 10여 년 동안 광동의 '신사'와 '상인'에 관한 자료를 통해서 우리는 양자가 '연합분임聯合分任'하는 때는 갈수록 드물어지고, 의외로 '경쟁 충돌'하는 일이 갈수록 많아졌음을 분명히 알 수 있다.

1900년 광주상인들은 '광주의 상인과 시민'의 명의로 양광총독에게 임대료의 일부를 징수하여 순경巡警을 설치할 것을 요청했다. 원래의 품의에 이르기를 "수령이 위에서 감독하고 통솔하지 않으면 기강을 바로 잡을 수 없고, 신사가 참여하지 않으면 아래의 사정을 위에 전달할 수 없으며, 부유한 상인이 아래에서 관리하지 않으면 일을 오래 유지할 수 없다. 그러므로 처음 설립할 때 반드시 관리가 앞장서 부르짖고 신상들이 협력하여 일을 도모해야 한다"라고 했다.

상인들이 스스로 정한 장정에 비록 "인사와 행정에 관한 일은 신상이 모여 의논한 뒤 관방의 재가를 받아 결정한다"라고 했으나, 상인들의 주된 직책은 비용을 제공하는 일이었으며, 총국과 분국의 업무를 주관한 것은 모두 '상동商董'이 추대한 신사들이었다.39) 이로부터 두 개의 세기가 교차할 무렵 광주에서 신사와 상인이 연합하여 일을 처리할 때, 둘 사이의 경계가 여전히 분명했다는 사실을 알 수 있다. '신사'는 주도적인 지위를 차지하고 있었고, '상인'은 종속적인 지위를 차지하고 있으면서 자신감이 결핍되어, '신사'에게 자신들의 이익을 대변하는 사람이 되어주기를 요구했다. 물론 상동商董이 추천한 신사는 '신상'이 아닌 사람이 없었으나, 그들은 '신사'의 신분으로 세상에 모습을 드러냈다.

그러나 몇 년 후가 되자 상황은 크게 변했다. 1906년 월로공사粤路公司의 성립은 광동의 신사와 상인 두 계층이 연합하여 이룩한 하나의 대사였다고 할 수 있다. 월로 주식모집 장부(粤路招股冊)의 소인小引 첫머리에 이

---

38) 「看看所謂地方紳士辦事之習慣」, 『香港華字日報』, 1910년 3월 17일.
39) 「行商街衆請抽租捐設巡警原摺」, 廣州 『博聞報』, 1900년 7월 16일.

르기를 "공고 : 월한철로粤漢鐵路는 우리 광동성 전역의 신상들이 권리를 회수하여 스스로 건설하는 것으로…"40)라고 했으나, 이제 '신사'와 '상인' 두 계층의 지위는 뒤바뀌었다.

상업계의 신속한 주식모집 성공 및 철시의 위협은 잠춘훤岑春煊으로 하여금 태도를 바꾸어 여국렴黎國廉을 석방하고, 아울러 상판을 지지하는 쪽으로 돌아서게 만든 중요한 원인이었다. 상업계는 이 사건을 통하여 자신감이 크게 증대되었다. 광주에서 가장 힘있는 전장[銀號]의 상인은 철로건설에 관한 건의에서 "금일의 철로는 우리 72행七十二行과 팔선당八善堂의 상인들이 창설하는 것"이라고 하면서 상인들에게 호소하기를, 지난날의 "책임을 회피하고 서로 미루는" 낡은 습관을 고쳐 72행과 선당이 창건의 책임을 담당하자고 했다.41) 뒤에 월로공사는 "광주상무총회·광주성廣州城 72행七十二行·구선당九善堂"을 '창립자'로 하여 농공상부에 등록했다.42) 이때 비록 일을 주관하는 사람은 대부분 공명과 직함이 있는 사람들이었으나, 이제 그들은 단지 '상인'의 대표에 불과했을 뿐이다.

이 두 가지 사안은 모두 광주성의 '신사'와 '상인'이 연합하여 처리한 일이다. 전자는 경찰업무에 관한 것으로 자연히 신사의 역할이 비교적 컸으나, 후자는 상업업무에 속하는 일로 상인이 더욱 분명하게 능력을 드러내었다. 둘을 비교할 때는 당연히 이상의 상황을 고려해야 한다.

그러나 필자가 주의를 기울인 것은 상인의 언론과 행동 속에 반영된 심리이다. 청말 광동의 문헌을 보면, 월로공사가 성립된 뒤 상인은 갈수

---

40) 「粤路招股冊小引」, 『香港華字日報』, 2월 28일. 廣東 紳商과 兩廣總督 岑春煊의 충돌 및 粤路公司의 창립에 관해서는 1906년 1~3월의 『申報』와 『香港華字日報』 등에 모두 상세한 연속보도 기사가 있다. 필자는 「黃景棠和他的倚劍樓詩草」, 『近代史研究』, 1996年 第6期에서 간단하게 서술했다.
41) 「銀行獻議之密切」, 『香港華字日報』, 1906년 2월 14일.
42) 『宣統元年農工商部統計表』의 「光緒三十四年公司注冊表」.

록 신사를 두려워하지 않았고, 심지어 갈수록 관부도 두려워하지 않았다. 월로공사 성립 후 당시사람들은 심지어 광동에서 "총상회總商會·구선당九善堂·72행七十二行은 대단한 기세로 사람들을 압도하는 명사이다. 무릇 공무를 처리하기 위해 뜻을 같이하는 사람을 불러 모으고자 한다면, 이 세 단체에 의지하지 않고는 성공할 수 없다. 셋 가운데서도 특히 72행의 명성이 가장 크다"43)라고 했다. 이때 상인의 사회적 지위와 영향은 실제로 이미 신사를 능가했다.

1911년 무창武昌봉기 후에 광동의 '신사'와 '상인' 두 계층은 모두 광동의 '평화적인 독립'의 주도권을 장악하기 위해 서로 책동했으나, 결과적으로 상승세를 탄 것은 72행의 상인이었으며, '신사'계층의 대본영인 자의국은 광동의 독립과정에서 기본적으로 제 역할을 다하지 못했다.44) 이것은 다른 성의 경우와 매우 다르다. 그러나 만약 청말 10년간 '신사'와 '상인' 지위의 성쇠라는 점에서 본다면, 이러한 결과는 필연적인 것이라고 생각된다.

'신사'와 '상인'의 인식(동일시)에 관해서는 구체적인 사람에 대해서 뿐만 아니라 사회단체에 대해서도 모두 토론할 만한 문제가 있다. 청말 광동에서 주요 사회단체의 거물들은 대체로 모두 '신상'이었다. 그러나 이러한 단체들이 어떤 '계층(界)'에 속하는가 하는 것은 사회적으로 대체로 공통된 인식이 있었다. 월상자치회보다 13일 빨리 성립된 광동지방자치연구사廣東地方自治硏究社 는 비록 구성원 가운데 상업과 관계가 있는 사람도 있었으나 주도적인 지위를 차지하지는 못했다. 따라서 자치연구사는

---

43) 「七十二行之相」, 「廣州總商會報」, 1907년 8월 24일[홍콩 「循環日報」에서 전재].
44) 廣東의 獨立에 관해서는 졸고, 「廣東商人與辛亥革命」, 「紀念辛亥革命七十周年學術討論會論文集」 上冊(北京:中華書局, 1983) 참조.

신사계층의 단체로 간주되었다.45) 반면에 월상자치회의 회장 진혜보(同知職銜)와 부회장 이계기李戒欺(생원)는 비록 모두 공명과 직함이 있고, 72행의 거물, 예를 들어 행수行首 같은 사람도 공명과 직함이 있었을 가능성이 매우 높으나 상인들이 광범하게 참여했기 때문에 이 둘은 모두 상업계의 단체로 간주되었다.46)

광주총상회로 말하면 그것은 비록 상인단체이나, 그것을 주관하는 사람이 모두 과거출신 공명 혹은 실관을 역임한 '신상'들이었었던 까닭에, 총상회는 보수적이고 부패하고 활력이 결핍되어 늘 일반상인들의 비판을 받았다. 총상회의 회동會董은 명의상 50명이었으나, 회의가 열릴 때 "참석하는 사람은 10명 정도였으며, 그나마 끝까지 자리를 지키는 사람은 3~4명에 불과했다."47)

총상회에서는 항상 '신사'와 '상인'이 경쟁하는 사례를 볼 수 있다. 광주총상회의 협리 겸 대리총리 구찬삼區贊森이 월상자치회 회장 진혜보를 공격한 일은 이미 앞에서 서술한 바와 같다. 그러자 72행의 상인들은 1910년 구찬삼을 상회에서 축출하는 운동을 벌였다. 그 전단에 이르기를 "구찬삼은 평소 선량·신사·상인이라는 신분을 이용하여 온갖 못된 짓을 다한다"48)라고 했다.

1907년 11월 19일 월상자치회가 성립된 동기는, 일부 상인들이 총상회가 거물신사와 대상인들에 의해 조종당하고 있다고 느꼈으며, 이에 새로

---

45) 廣東地方自治研究社에 관해서는 賀躍夫, 「廣東士紳在淸末憲政中的政治動向」, 『近代史硏究』, 1986年 第4期 참조.
46) 粤商自治會에 관해서는 졸고, 「辛亥革命時期的粤商自治會」, 『近代史硏究』, 1982年 第3期 참조. 이 글은 1980년대 초에 쓴 것으로 이용한 자료에 한계가 있다.
47) 「粤省行商集議預備選擧會董情形」, 『申報』, 1910년 12월 10일.
48) 「七十二行商衆集議驅逐區贊森傳單」, 『香港華字日報』, 1910년 11월 24일.

운 사상을 가진 상인들이 "총상회에서 뭔가 새로운 일을 하고 싶어도 손을 쓸 방법이 없었기"49) 때문이다. 월상자치회의 청말 광동사회에 대한 영향력은 총상회를 훨씬 능가했으며, 항상 앞장서 관부를 비판하고 상인을 위해 이야기했으므로, 신사계층은 이를 '살두회殺頭會'라고 간주했다.50) '신사'와 '상인'의 경쟁 및 총상회와 대등한 상인단체인 72행과 월상자치회가 존재했기 때문에, 광주총상회의 사회적 지위와 작용은 다른 도시의 총상회에 훨씬 못 미쳤다.

필자가 청말 광동의 신상('신사'와 '상인'을 포괄할 뿐만 아니라 '신사 겸 상인인 신상'도 포함)에 관한 자료를 보고 난 뒤 받은 인상은 '신사'와 '상인'의 대류와 연합은 이미 매우 보편적인 현상으로, 확실히 하나의 인원수가 상당히 많고 사회적으로 매우 큰 영향력이 있는 '신사 겸 상인'인 집단이 형성되었으나, '신사'와 '상인'이 합류했다고 보기에는 아직 거리가 있으며 양자의 경계와 경쟁 역시 매우 분명했다는 사실이다. 전체적으로 볼 때 아마도 경계와 경쟁이 더욱 중요한 측면이라고 할 수 있을 것이다. '신사'와 '상인'의 관계변화의 대체적인 경향은 호한민胡漢民이 "상인이 점차 세력을 갖게 되면서 신사는 차츰 쇠퇴하고, 상인과 관방이 가까워져 '관상官商'이라고 병칭되기에 이르렀고, 일반적으로 상민商民을 보호한다고 말하곤 하던 여태까지의 관습은 거의 타파되었으며, 상인이 4민四民의 첫 자리를 차지했다"51)라고 한 것과 같다.

끝으로 반드시 말해 두어야 할 것은 이 글은 결코 마민과 사방 두 선생의 글에 대한 토론을 제기한 것이 아니라는 점이다. 두 분 선생은

---

49) 李衡皐·余少山, 「粤商自治會與粤商維持公安會」, 『廣州文史資料』 第7輯(1963), 21~24쪽.
50) 『廣東七十二行商報廿五周年紀念號』의 「六十年廣州社會稗史」(牧公 著), 50쪽.
51) 「胡漢民自傳」, 羅家倫 主編, 『革命文獻』 第3輯(臺北:正中書局, 1958(재판)), 44쪽.

어느 한 지역에 대해서 뿐만 아니라 전국의 상황에 대하여 모두 상당히 세밀한 연구를 했으나, 나의 시야는 단지 광동이라는 한 지역[주로 광주지역]에 한정되어 있다. 따라서 설사 나의 견해가 두 분 선생의 관점과 일치하지 않는다고 할지라도, 부분적인 사실을 가지고 전체를 개괄할 수는 없다.

많은 학자들이 알고 있듯이 청말의 사회변천을 연구하는데 '신사'와 '상인'은 특별히 주목할 만한 가치가 있는 두 개의 집단이다. 그리고 '신상'의 연구에서 광동은 특별히 주의를 기울여야 할 곳이다. 그러나 민국 이래 광동은 여러 차례 전란을 겪으면서 사회나 경제관련 문헌이 대량으로 산실되어, 지금 우리는 단지 여기저기 흩어져 있는 각종 자료를 이용하여 역사적 사실을 재건할 수밖에 없으며, 그렇게 하여 그려낸 경관은 매우 불완전하다. 필자는 종종 광동의 몇몇 특수성을 강조했으나, 사실 '특수성'의 이면에는 분명 공통적인 사실도 존재한다. 근대중국에서 광동이 차지하는 중요한 지위 및 두 분 선생의 연구에서 광동의 자료를 많이 이용하지 않고 있다는 점을 감안하여, 본문이 마민과 사방 두 분 선생의 연구를 보충할 수 있는 글이 되기를 바란다.

[본문은 원래 『역사연구歷史硏究』 2001년 제2기에 수록되었다. 작자 구첩邱捷은 1945년생으로 중산대학中山大學 사학과 교수이다.]

□쉼터

참고문헌

□쉼터

I. 당안檔案

1. 『蘇州商會檔案』(全宗號乙2-1), 蘇州檔案館藏.
2. 『蘇州總商會同會錄』, 蘇州檔案館藏.
3. 『民國蘇州商會檔公事簿』(三), 蘇州檔案館藏.
4. 『蘇州商團檔案彙編』(未刊稿), 蘇州檔案館藏.
5. 蘇州市檔案館 編, 『蘇州市民公社檔案選輯』(辛亥革命史叢刊, 第四輯), 中華書局, 1982.
6. 章開沅 等 主編, 『蘇州商會檔案叢編(1905年~1911年)』(第一輯), 武漢:華中師範大學出版社, 1991.
7. 『天津商會檔案全宗』(2類), 天津市檔案館藏.
8. 李厚佑·周普鑣 編, 『華商聯合會簡章擬稿』, 天津市檔案館藏.
9. 天津檔案館 等 編, 『天津商會檔案彙編(1903~1911)』, 天津人民出版社, 1989.
10. 天津檔案館 等 編, 『天津商會檔案彙編(1912~1928)』, 天津人民出版社, 1992.
11. 上海社科院 編, 『啓新洋灰公司檔』, 上海人民出版社, 1980.
12. 『巴縣檔案』, 四川省檔案館藏.
13. 四川省檔案館 編, 『四川保路運動檔案選編』, 四川人民出版社, 1981.
14. 湖北省曁武漢市政協 編, 『武昌起義檔案資料選編』, 湖北人民出版社, 1981.
15. 中央研究院近代史研究所 編, 『海防檔』, 1957.

II. 자료휘편

1. 張海鵬 主編, 『明淸徽商資料選編』, 黃山書社, 1985.
2. 陳眞 編, 『中國近代工業史資料』, 三聯書店, 1961.
3. 汪敬虞 編, 『中國近代工業史資料』, 中華書局, 1962.
4. 宓汝成 編, 『中國近代鐵路史資料』, 中華書局, 1984.
5. 嚴中平 主編, 『中國近代經濟史統計資料選輯』, 北京科學出版社, 1957.
6. 趙靖·易夢虹 主編, 『中國近代經濟思想史資料選輯』, 中華書局, 1982.
7. 姚賢鎬, 『中國近代對外貿易史資料』, 中華書局, 1962.
8. 西南師院 編, 『中國近代史資料選輯』, 三聯書店, 1954.
9. 陳新憲 編, 『禹之謨史料』, 湖南人民出版社, 1981.
10. 中國史學會 編, 『辛亥革命』, 上海人民出版社, 1957.
11. 張柟·王忍之 主編, 『辛亥革命前十年間時論選集』, 三聯書店, 1977.
12. 浙江省圖書館 編, 『辛亥革命浙江史料選輯』, 浙江人民出版社, 1981.
13. 上海社科院 編, 『辛亥革命在上海資料選輯』, 上海人民出版社, 1981.

14. 楊世驥, 『辛亥革命前後湖南史事』, 湖南人民出版社, 1958.
15. 經世文社 編, 『民國經世文編』, 臺北:文海出版社, 1969.
16. 中華民國開國五十年文獻編委會 1962年 編印, 『各省光復』, 臺北:中正書局, 1963.
17. 寧波市政協 編, 『寧波文史資料』, 浙江人民出版社, 1985.
18. 廣州市政協 編, 『廣州文史資料』, 廣東人民出版社, 1982.
19. 蘇州市政協 編, 『蘇州文史資料選輯』, 江蘇人民出版社, 1985.
20. 天津市政協 編, 『天津文史資料選集』, 天津人民出版社, 1980.
21. 李宏齡, 『山西票商成敗記』, 山西太原監獄 石印本.
22. 陳其田, 『山西票莊考略』, 上海商務印書館, 1937.
23. 『上海總商會槪況』, 上海總商會, 1928年 編印.
24. 『上海商務總會同人錄』(1906年 刊行).
25. 嚴廷楨 編, 『上海商務總會歷次奏案稟定詳細章程』, 上海, 1907.
26. 楊逸纂, 『上海市自治志』, 民國 4年(1915).
27. 『上海指南』(袖珍本), 上海商務印書館, 1911.
28. 『上海私營五金商業社會主義改造資料』(油印稿).
29. 大生系統企業史編寫組 編, 『大生系統企業史』, 江蘇古籍出版社, 1990.
30. 『先施公司二十五周年紀念冊』, 上海先施公司, 1924年 編印.
31. 上海社科院 編, 『榮家企業史料』, 上海人民出版社, 1980.
32. 洪越 編, 『癸丑戰事彙錄』, 上海癸丑戰事彙錄總發行所, 1913.
33. 人民銀行上海分行 編, 『上海錢莊史料』, 上海人民出版社, 1960.
34. 上海社科院 編, 『上海碑刻資料選輯』, 上海人民出版社, 1982.
35. 中國人民銀行上海分行金融室 編, 『中國第一家銀行-中國通商銀行的初創時期(1897~1911)』.
36. 上海政協文史委員會 編, 『舊上海的外商爲買辦』, 上海人民出版社, 1987.
37. 蘇州歷史博物館, 『明淸蘇州工商業碑刻集』, 江蘇人民出版社, 1981.
38. 江蘇省博物館 編, 『江蘇省明淸以來碑刻資料選集』, 三聯書店, 1959.
39. 蘇路股東常會 編, 『蘇路股東意見書』(1906年 刊行).
40. 劉棟華, 『蘇商體育會過去之歷史』(稿本).
41. 墨悲 編, 『浙江鐵路風潮』, 光緖 33年(1907) 鉛印本.
42. 李華 主編, 『明淸以來北京工商會館碑刻選編』, 文物出版社, 1980.
43. 梁廷楠 主編, 『粤海關志』, 臺北:成文出版社, 1968.
44. 梁嘉彬, 『廣東十三行考』, 上海國立編譯館, 1936.
45. 廣東省社科院 編, 『明淸佛山碑刻』, 廣東人民出版社, 1987.
46. 『廣東諮議局籌辦處第三次報告書』, 廣州中山圖書館藏.
47. 廣東諮議局 編印, 『廣東諮議局編査錄』, 廣州中山圖書館藏.

48. 『農工商部統計表』, 光緒 三十四年(1908).
49. 丁寶楨, 『四川鹽法志』, 光緒 刻本.
50. 『中國經濟全書』, 兩湖督署藏版, 1908.
51. 田文鏡, 『宦海指南五種』, 京都榮錄堂, 光緒 12年(1866).
52. 重慶市工商聯 編, 『重慶工商人物志』, 重慶人民出版社, 1984.
53. 交通部交通史編委會, 『交通史航政編』, 上海商務印書館, 1931.
54. 南洋勸業硏究會 編輯, 『南洋勸業硏究會報告書』, 民國 2年(1913).
55. 農商部總務廳統計科 編纂, 『民國元年第一次農工商統計表』, 中華書局, 民國 3年(1914).
56. 農商部總務廳統計科 編纂, 『民國二年第二次農工商統計表』, 中華書局, 民國 4年(1915).
57. 全國政協文史委員會 編, 『湖南工商史料』, 工商史料, 文史資料出版社, 1981.

Ⅲ. 정서(政書)·실록

1. 陳毅, 『軌政紀要初編』, 臺北:文海出版社, 1970.
2. 『李文忠公奏稿』, 吳汝綸, 『李文忠公全集』, 光緒 31年~34年(1905~1908) 金陵刻本.
3. 賀長齡 編, 『淸朝經世文編』, 臺北:文海出版社, 1972年 影印本.
4. 『大淸光緒新法令』, 商務印書館, 1910年 編印.
5. 沈桐生 輯, 『光緒政要』, 江蘇廣陵古籍刻印社, 1991.
6. 黃爵滋 等 撰, 『皇朝道咸同光奏議』, 上海六敬齋, 1902.
7. 何嗣焜 編, 『張靖達公奏議』, 光緒 25年(1899).
8. 盛宣懷, 『愚齋存稿』, 中國書店, 1987.
9. 『釕定大淸會典事例』, 臺北:文海出版社, 1991.
10. 甘厚慈 輯, 『北洋公牘類纂』 卷20, 臺北:文海出版社, 1966.
11. 易國干 等 編, 『黎副總統政書』 第29卷, 武昌官印刷局, 1914.
12. 陸純 編, 『袁大總統書牘彙編』 第2卷, 臺北:文海出版社, 1966.
13. 『明英宗實錄』 卷193, 北京中國書店, 1983.
14. 『淸聖祖實錄』 卷224, 臺北:大通書局, 1984.
15. 『淸德宗實錄』, 臺北:大通書局, 1984.
16. 『大淸世宗憲皇帝實錄』, 臺北:大通書局, 1984.
17. 朱壽朋 編, 『光緒朝東華錄』, 中華書局, 1958.
18. 丁日昌, 『撫吳公牘』, 臺北:華文書局, 1969.

Ⅳ. 지방지·족보

1. 宋敏求, 『長安志』.

2. 『泉州府志』.
3. 『蘇州府志』.
4. 萬曆, 『杭州府志』.
5. 『揚州府志』(康熙 年間 重修).
6. 乾隆, 『元和縣志』.
7. 乾隆, 『佛山忠義鄕志』.
8. 萬崇鼎 主編, 嘉慶, 『休寧縣志』, 臺北: 成文出版社, 1985.
9. 萬越貢, 嘉慶, 『松江府志』, 北京書目文獻出版社, 1991.
10. 道光, 『黟縣續志』.
11. 史澄, 『廣州府志』(光緖 5年刊), 續志.
12. 光緖, 『婺源縣志』.
13. 同治, 『蘇州府志』.
14. 姚文楠 編, 『上海續志』.
15. 『民國新修歙縣志』.
16. 民國, 『吳縣志』.
17. 民國, 『溫江縣志』.
18. 民國, 『雲陽縣志』.
19. 民國, 『巴縣志』.
20. 民國, 『綿竹縣志』, 巴蜀書社, 1992.
21. 民國, 『佛山忠義鄕志』, 江蘇古籍出版社, 1992.
22. 顧沅輯, 『元妙觀志』, 民國 17年(1928) 鉛印本.
23. 吳大根, 『豐備義倉全案』, 1840.
24. 『大埠潘氏族譜』, 蘇州市博物館藏.
25. 婺源, 『湖溪孫氏族譜』.
26. 『刊水張氏族譜』, 宋氏族譜, 何氏宗譜傳, 湖北省武穴市檔案館藏.
27. 『射村費氏族譜』.
28. 『雲陽乘氏家乘』 卷2.

V. 문집

1. 『陳確集』, 中華書局, 1979.
2. 『何心隱集』, 中華書局, 1960.
3. 孫作, 『滄螺集』, 臺灣商務印書館, 1983.
4. 蘇紹柄 輯, 『山鍾集』, 廣東中山圖書館, 1958 翻印.

5. 〔明〕歸有光, 『震川先生全集』, 上海商務印書館, 1935.
6. 曾廉, 『瓟瓜庵集』, 邵陽曾代會輔堂, 宣統 3年(1911).
7. 歐陽輔之, 『劉忠誠公遺集』, 臺北:文海出版社, 1968.
8. 〔清〕歸莊, 『歸莊集』, 上海古籍出版社, 1984.
9. 楊書霖 編, 『左文襄公全集』, 中國近代史料叢編續編(第64輯), 臺北:文海出版社, 1960.
10. 吳汝綸 編, 『李文忠公全集』, 中國近代史料叢編續編(第70輯), 臺北:文海出版社, 1960.
11. 『梁啓超選集』, 上海人民出版社, 1984.
12. 『戴震文集』, 中華書局, 1980.
13. 王守仁, 『傳習錄』, 臺灣商務印書館, 1984.
14. 〔明〕李贄, 『藏書』, 中華書局, 1959.
15. 〔明〕李贄, 『道古錄』, 北京圖書館縮微製品, 1992.
16. 顧炎武, 『天下郡國利弊書』, 上海科學技術文獻出版社, 2002.
17. 黃宗羲, 『明夷待訪錄』, 中華書局, 1981.
18. 吳德旋, 『初月樓聞見錄』, 臺北:明文書局, 1985.
19. 王端履, 『重論文齋筆錄』, 江蘇廣陵古籍刻印社, 1984.
20. 梁章鉅, 『稱謂錄』, 上海古籍書店, 1987.
21. 李斗, 『揚州畫舫錄』, 江蘇廣陵古籍刻印社, 1984.
22. 李圭, 『環游地球新錄』, 湖南人文出版社, 1980.
23. 吳自牧, 『夢梁錄』, 國家圖書館善本圖書.
24. 孟元老, 『東京夢華錄』, 中國商業出版社, 1982.
25. 朱國楨, 『湧幢小品』, 江蘇廣陵古籍刻印社, 1981.
26. 葉夢珠, 『閱世編』, 上海古籍出版社, 1981.
27. 何德剛, 『客座偶談』, 上海古籍出版社, 1983.
28. 馮贄, 『雲仙雜記』, 臺灣商務印書館, 1983.
29. 王應奎, 『柳南隨筆』, 中華書局, 1983.
30. 徐潤, 『徐愚齋自敍年譜』, 臺北:文海出版社, 1978.
31. 季坤文, 『季篠松生平事略』, 未刊稿.
32. 李平書, 『且頑老人七十歲自敍』, 臺北:文海出版社, 1974.
33. 穆藕初, 『藕初五十自敍』, 上海古籍出版社, 1989.
34. 王同愈, 『栩緣日記』, 上海圖書館藏善本書.
35. 張謇, 『柳西草堂日記』, 臺北:文海出版社, 1968.
36. 曹之麟編, 『張嗇庵(謇)實業文抄』, 臺北:文海出版社, 1969.
37. 『張謇日記』, 江蘇人民出版社, 1985.
38. 張謇, 『張季子九錄』, 上海書店, 1991.

39. 宋尙希, 『張謇的生平』, 臺北:中華叢書編審委員會, 1963.
40. 張孝若, 『南通張季直(謇)先生傳記』, 上海書店, 1991.
41. 周叔媜, 『周止庵(學熙)先生別傳』, 臺北:文海出版社, 1966.
42. 魏源, 『海國圖志』, 海南國際新聞出版中心, 1986.
43. 馮桂芬, 『校邠廬抗議』, 上海書店出版社, 1992.
44. 鄭觀應, 『盛世危言』, 鄭州中州古籍出版社, 1994.
45. 鄭觀應, 『易言』, 1880年本.
46. 鄭觀應, 『盛世危言初編』, 夏東元 編, 『鄭觀應集』, 上海人民出版社, 1982.
47. 鄭觀應, 『盛世危言後編』, 夏東元 編, 『鄭觀應集』, 上海人民出版社, 1982.
48. 薛福成, 『庸庵筆記』, 上海商務印書館, 1937.
49. 容閎, 『西學東漸記』, 岳麓書社, 1985.
50. 邵廷采, 『東南紀事』, 上海書店, 1982.
51. 劉錫鴻, 『英軺私記』, 岳麓書社, 1986.
52. 馬建忠, 『適可齋紀言』, 中華書局, 1960.
53. 葛元煦, 『滬游雜記』, 上海古籍出版社, 1989.
54. 盛宣懷, 『愚齋存稿初刊』(1932年 思補樓藏版), 中國書店.
55. 錢泳, 『履園叢話』, 中華書局, 1979.
56. 何良俊, 『四友齋叢說』, 中華書局, 1959.
57. 〔淸〕屈大鈞, 『廣東新語』, 中華書局, 1985.
58. 張瀚, 『松窗夢語』, 上海古籍出版社, 1986.
59. 薛論道, 『林石逸興』, 江蘇廣陵古籍刻印社, 1979年 重印.
60. 葉六奇, 『明季北略』, 中華書局, 1986.
61. 何啓·胡禮垣, 『新政眞詮』, 遼寧人民出版社, 1994.
62. 虞和平 編, 『經元善集』, 華中師範大學出版社, 1988.
63. 鄒魯, 『回顧錄』, 民國叢書(第2編), 上海書店, 1978.
64. 馮自由, 『革命逸史』, 中華書局, 1981.
65. 經元善, 『居易初集』, 上海同文書社, 1903.
66. 〔淸〕沈垚, 『落帆樓文集』, 吳興叢書(第35輯), 吳興劉氏嘉業堂(1939年 刊印).

Ⅵ. 국내논저

1. 陳旭麓, 『陳旭麓學術文存』, 上海人民出版社, 1990.
2. 顧頡剛, 『史林雜識初編』, 中華書局, 1963.
3. 汪敬虞, 『十九世紀西方資本主義對中國的經濟侵略』, 人民出版社, 1983.

4. 章開沅, 『開拓者的足迹―張謇傳稿』, 中華書局, 1986.
5. 章開沅, 『辛亥革命爲近代社會』, 天津人民出版社, 1985.
6. 章開沅·林增平, 『辛亥革命史』, 人民出版社, 1981.
7. 馬敏, 『過渡形態:中國初期資産階級構成之謎』, 中國社會科學出版社, 1994.
8. 虞和平, 『經元善集』, 華中師範大學出版社, 1988.
9. 馬敏·朱英, 『傳統爲近代二重變奏 : 晚淸蘇州商會個案硏究』, 巴蜀書社, 1993.
10. 中華書局 編, 『紀念辛亥革命七十周年學術討論會論文集』, 中華書局, 1983.
11. 中南地區辛亥革命史硏究會 主編, 『紀念辛亥革命70周年靑年學術討論會論文選』, 中華書局, 1983.
12. 朱英, 『辛亥革命時期新式商人社團硏究』, 中國人民大學出版社, 1991.
13. 樂正, 『近代上海人社會心態(1860~1910)』, 上海人民出版社, 1991.
14. 許滌新·吳承明, 『中國資本主義的萌芽』, 人民出版社, 1985.
15. 吳承明, 『帝國主義在舊中國的投資』, 三聯書店, 1995.
16. 吳承明, 『中國資本主義爲國內市場』, 中國社會科學出版社, 1985.
17. 傅筑夫, 『中國經濟史論叢』, 人民出版社, 1988.
18. 許大齡, 『淸代捐納制度』, 哈佛燕京學社, 1950.
19. 許維雍·黃漢民, 『榮家企業發展史』, 人民出版社, 1985.
20. 丁日初, 『辛亥革命前的上海資産階級』, 中華書局, 1983.
21. 牟安世, 『洋務運動』, 人民出版社, 1956.
22. 黃逸峰 等, 『舊中國買辦階級』, 上海人民出版社, 1982.
23. 嚴中平, 『中國棉紡織史稿』, 中國科學出版社, 1955.
24. 徐鼎新·錢小明, 『上海總商會史(1902~1929)』, 上海社科院出版社, 1991.
25. 湯志鈞, 『戊戌變法』, 人民出版社, 1984.
26. 羅玉東, 『中國釐金史』, 商務印書館, 1936.
27. 徐勇, 『非均衡的中國政治 : 城市爲鄕村比較』, 中國廣播電視出版社, 1992.
28. 羅崙·景甦, 『淸代山東經營地主經濟硏究』, 濟南齊魯書社, 1985.
29. 萬峰, 『日本資本主義史捐軀』, 湖南人民出版社, 1984.
30. 唐力行, 『商人爲中國近世社會』, 浙江人民出版社, 1993.
31. 皮明庥, 『武昌起義中的武漢商會, 商團』, 中國文史出版社, 1991.
32. 宋希尙, 『張謇的生平』, 臺北:中華絲書編審委員會, 1963.
33. 周武·吳桂龍 著, 『上海通史』第5卷, 晩淸社會, 上海人民出版社, 1999.
34. 湯志鈞, 『近代上海大事記』, 上海辭書出版社, 1989.
35. 『孫中山選集』, 人民出版社, 1981.
36. 蔡尙思, 『論淸末民初中國社會』, 1983.

37. 張玉法, 『淸季的立憲團體』, 臺北:中央硏究院近代史硏究所, 1968.
38. 陳志讓, 『軍紳政權』, 三聯書店, 1980.
39. 余英時, 『士與中國文化』, 上海人民出版社, 1987.
40. 李西屛, 『辛亥首義回憶錄』, 湖北人民出版社, 1961.
41. 楊玉如, 『辛亥革命先著記』, 科學出版社, 1957.
42. 譚永年, 『辛亥革命回憶錄』, 中華書局, 1961.
43. 蔡奇鷗, 『鄂州血史』, 上海人民出版社, 1958.
44. 中國史學會 主編, 『辛亥革命』, 上海人民出版, 1957.
45. 傅衣凌 著, 『明淸時代商人及商業資本』, 人民出版社, 1956.
46. 章開沅, 「論張謇的矛盾性格」, 『歷史硏究』, 1963年 第3期.
47. 林立平, 「唐宋時期商人社會地位的演變」, 『歷史硏究』, 1989年 第1期.
48. 王先明, 「近代中國紳士集團轉型初探」, 『東南文化』, 1990年 第4期.
49. 章開沅·葉萬忠, 「蘇州市民公社與辛亥革命」, 辛亥革命叢刊(第4輯).
50. 馬敏, 「淸末江蘇裁釐認捐活動述略」, 『華中師大學學報』, 1985年 第6期.
51. 王翔, 「從認捐裁釐到裁釐加稅」, 『近代史硏究』, 1988年 第3期.
52. 朱英, 「辛亥革命前資産階級擬訂商法活動述略」, 『華中師範大學學報』, 1991年 增刊.
53. 夏東元, 「論盛宣懷」, 『社會科學戰線』, 1981年 第4期.
54. 鄭正來, 「市民社會與國家」, 『中國社會科學季刊』(香港), 1993年 第2卷.

Ⅶ. 신문·잡지

『敎會新報』『申報』
『浙江潮』『萬國公報』
『淸議報全編』『東方雜志』
『商務官報』『商務報』
『江蘇』『時務報』
『華商聯合報』『江南商務報』
『四川官報』『字林西報』
『北華捷報』『淸華學報』
『政府公報』『時報』
『新聞報』『四川經濟季刊』
『渝報』『上海消防』
『成都商報』『神州日報』
『新民叢報』『江蘇自治公報』

『警鐘報』『四川』
『新世界學報』『童子世界』
『中外日報』『蘇報』
『大公報』『嶺東日報』
『農工商報』『豫備立憲公報』
『民立報』『國風報』
漢口『中西時報』『字林周報』『震旦日報』
『湖北學生界』
『新新小說』『東南文化』
『廣東七十二行商報二十五周年紀念刊』
前武漢大學『文哲季刊』
『近代中國』(Modern China)

Ⅷ. 국외논저

1. Chang, Chung-li(張仲禮), The Chinese gentry : studies on their role in nineteenth-century Chinese society, Seattle:University of Washington Press, 1955. [중역본 : 張仲禮 著, 李榮昌 譯, 『中國紳士 : 關于其在19世紀中國社會中作用的研究』, 上海:上海社會科學院出版社, 1991. ; 한역본 : 장중례 저, 김한식·정성일·김종건 공역, 『중국의 신사』, 서울: 신서원, 1993.]

2. Ho, Ping-ti(何炳棣), The ladder of success in Imperial China : aspects of social mobility, 1368~1911, New York:Columbia University Press, 1962.

3. Esherick, Joseph W. and Rankin, Mary Backus eds., Chinese local elites and patterns of dominance, Berkeley:University of California Press, 1990.

4. Fei, Hsiao-tung(費孝通), China's gentry : essays in rural-urban relations, Chicago:University of Chicago Press, 1953.

5. Rhoads, Edward J. M., "Merchant Associations in Canton, 1895~1911", The Chinese city between two worlds, edited by Mark Elvin and G. William Skinner, Stanford, Calif.:Stanford University Press, 1974.

6. Hao, Yen-ping(郝延平), The comprador in nineteenth century China: bridge between East and West, Cambridge, Harvard University Press, 1970. [중역본 : 郝延平 著, 李榮昌·沈祖煒·杜恂誠 譯, 『十九世紀的中國買辦 : 東西間橋梁』, 上海:上海社會科學院出版社, 1988. ; 한역본 : 하오옌핑 지음, 이화승 옮김, 『동양과 서양, 전통과 근대를 잇는 상인 매판─중국 최초의 근대식 상인을 찾아서』, 서울:씨앗을 뿌리는 사람들,

2002.〕
7. Chan, Wellington K. K.(陳錦江), "The Organizational Structure of the Traditional Chinese Firm and Its Modern Reform", *Business History Review* 56, no. 2(Summer), 1982.
8. Chang, Chung-li(張仲禮), *The income of the Chinese gentry*, introd. by Franz Michael, Seattle:University of Washington Press, 1962.〔중역본 : 張仲禮 著,費成康・王寅通 譯, 『中國紳士的收入 : 『中國紳士』續篇』, 上海:上海社會科學院出版社, 2001〕
9. Habermas, Jurgen, *The structural transformation of the public sphere : an inquiry into a category of bourgeois society*, translated by Thomas Burger with the assistance of Frederick Lawrence, Cambridge, Mass.:MIT Press, 1989.
10. Keane, John ed., *Civil society and the state : new European perspectives*, London:New York : Verso, 1988.
11. 孔復禮(Philip A. Kuhn),「公民社會與體制的發展」,『近代中國史研究通訊』第13期, 1992.
12. 江見康一 著,『資本形成』, 東京:東洋經濟新報社, 1971.(叢書名 :『長期經濟統計』 4)
13. Morse, Hosea Ballou, *The International Relations of the Chinese Empire. Volume I, The Period of Conflict 1834~1860*, London, New York [etc.] Longmans, Green, and Co., 1910. (중역본 : 馬士 著, 張匯文 等 譯,『中華帝國對外關係史』第一卷, 一八三四~一八六〇年衝突時期』, 上海:上海書店出版社, 2000.)
14. Wright, Mary Clabaugh ed., *China in revolution : the first phase, 1900~1913*, New Haven:Yale University Press, 1968.
15. Rowe, William T., *Hankow : commerce and society in a Chinese city, 1796~1889*, Stanford, Calif.:Stanford University Press, 1984.
16. Rowe, William T., *Hankow : conflict and community in a Chinese city, 1796~1895*, Stanford, Calif.:Stanford University Press, 1989.
17. Rankin, Mary Backus, *Elite activism and political transformation in China : Zhejiang Province, 1865~1911*, Stanford, Calif.:Stanford University Press, 1986.
18. 重田德 撰,『清代社會經濟史研究』, 東京:岩波書店, 1975.
19. Chan, Wellington K. K.(陳錦江), *Merchants, mandarins, and modern enterprise in late Ch'ing China*, Cambridge : East Asian Research Center, Harvard University:distributed by Harvard University Press, 1977. 〔중역본 : 陳錦江 著, 王笛・張箭 譯,『清末現代企業與官商關係』, 北京:中國社會科學出版社, 1997.〕
20. Esherick, Joseph, *Reform and revolution in China : the 1911 revolution in Hunan and Hubei*, Berkeley:University of California Press, 1976. 〔중역본 : 周錫瑞 著, 楊愼之 譯,『改良與革命-辛亥革命在兩湖』, 北京:中華書局, 1982.〕
21. 小島淑男,「辛亥革命における上海獨立と商紳層」, 東京教育大學 文學部 東洋史學研究室

等 編, 『中国近代化の社会構造 : 辛亥革命の史的位置』, 東京:大安, 1960.
22. Rhoads, Edward J.M., *China's republican revolution : the case of Kwangtung, 1895~1913*, Cambridge, Mass.:Harvard University Press, 1975.
23. Fairbank, John K. ed., *The Cambridge History of China Volume 10 Late Ch'ing, 1800~1911, Part I*, Cambridge University Press, Cambridge, London, New York, Melbourne, 1978. ; Fairbank, John K. and Liu, Kwang-ching eds., *The Cambridge History of China Volume 11 Late Ch'ing, 1800~1911, Part II*, Cambridge University Press, Cambridge, London, New York, Melbourne, 1978. 〔중역본: (美)費正淸 編, 中國社會科學院 歷史硏究所編譯室 譯, 『劍橋中國晩淸史: 1800~1911年』上卷, 北京:中國社會科學出版社, 1985. ; (美)費正淸・劉廣京 編, 中國社會科學院 歷史硏究所編譯室 譯, 『劍橋中國晩淸史: 1800~1911年』下卷, 北京:中國社會科學出版社, 1985.〕
24. Fairbank, John King, *The United States and China*, Cambridge, Harvard University Press, 1958. 〔중역본: 費正淸 著, 孫瑞芹・陳澤憲 譯, 『美國與中國』, 北京:商務印書館, 1971.〕
25. 『馬克思恩格斯(마르크스・엥겔스)選集』, 人民出版社, 1972.
26. 『馬克思恩格斯(마르크스・엥겔스)選集』, 人民出版社, 1974.
27. 森島通夫 著, 胡國成 譯, 『日本爲什麼"成功": 西方的技術和日本的民族精神』, 四川:四川人民出版社, 1986.
28. 澁澤榮一, 『論語與算盤』, 臺北:允晨文化實業公司, 1987.
29. 黑格爾(Hegel) 著, 范揚・張企泰 譯, 『法哲學原理』, 北京:商務印書館, 1961.
30. Huntington, Samuel P. *Political order in changing societies*, New Haven, Yale University Press, 1968. (중역본: 亨廷頓 著, 李盛平 等 譯, 『變革社會中的政治秩序』, 北京:華夏出版社, 1988. ; 한역본: Huntington, Samuel P. 저, 민준기・배성동 역, 『政治發展論: 變革社會에 있어서의 政治秩序』, 서울:乙酉文化社, 1971.)
31. Pirenne, Henri, *Economic and social history of medieval Europe*, New York, Harcourt, Brace, 1956. 〔중역본: 亨利・皮朗 著, 樂文 譯, 『中世紀歐洲經濟社會史』, 上海:上海人民出版社, 1964.〕
32. Beaud, Michel, *A history of capitalism, 1500~1980*, London:Macmillan, 1984. 〔중역본: 米歇爾・博德 著, 吳艾美・楊慧玫・陳來勝 譯, 『資本主義史: 1500~1980』, 北京:東方出版社, 1986〕
33. 白吉爾(Marie-Claire Bergère), 「近代中國現代化周期同國家與社會的關係(1842~1949)」, 中國近代經濟史叢書編委會 編, 『中國近代經濟史硏究資料』(七), 上海:上海社會科學院出版社, 1987.

후기 (1)

근대신상의 탄생에 관한 연구에 흥미를 갖기 시작한 것은 이미 10년 전의 일이다. 당시 지도교수인 장개원章開沅 선생의 제의에 따라 나는 소주시蘇州市 당안관檔案館에 가서 '소주상업회의소 문서〔蘇州商會檔案〕'의 정리에 참여할 수 있는 기회를 얻었다. 문서를 정리하는 과정에서 나는 점차 청말의 관리이면서 상인이기도 한 신상집단에 대한 연구가 어쩌면 청말 상회商會의 구조와 기능을 이해하는 중요한 열쇠가 될지도 모르며, 나아가 이를 확대하면 신상에 대한 연구는 장차 중국 근대 사회관계의 형태변화를 탐구하는 데도 큰 도움을 줄 수 있을 것이라는 생각을 했다. 이 뜻밖의 깨달음으로 인하여 나는 신상과 상회문제의 연구에 장장 10년을 고생스럽게 헤매다가 '서른〔而立〕'에서 '마흔〔不惑〕'으로 들어섰다.

신상연구에서 내가 이룬 최초의 성과는 장개원章開沅 교수, 진휘陳輝 교수와 유망령劉望齡 교수의 지도 아래 완성한 석사논문『신해혁명 시기의 소주신상〔辛亥革命時期的蘇州紳商〕』『신해혁명사총간辛亥革命史叢刊』제8집, 1991년에 수록)이다. 이는 비교적 자세하면서도 구체적인 개별연구인 동시에 이후의 한층 더 깊은 연구를 위한 바탕이 되었다. 본래 만약 내가 박사과정에서 조리 정연하게 지속적으로 이 과제를 연구했더라면 아마도 이 책은 몇 년 더 일찍 세상에 나왔을 것이다.

그러나 당시 스스로 이론 공부가 모자랄 뿐만 아니라 자료의 수집 역시 부족함을 느끼고, 지도교수인 장개원 선생의 동의를 얻은 뒤 나는 의연히 신상문제로부터 범위가 더욱 넓고 이론의 난이도가 훨씬 높은 중국 초기 부르주아 계급 구성문제에 대한 연구로 전환하여, 근대사회 계급관계의 변화를 탐색하는 방면에서 비교적 체계적인 이론견해를 수립하는 데 노력했으며, 그 결과 박사논문『과도형태 : 중국 초기 부르주아 계급구성의 수수께끼〔過渡形態 : 中國早期資産階級構成之謎〕』〔중국사회과학출판사, 1994.4. 출판〕를 준비·집필·출판하기까지 전후 약 7년이라는 시간을 보냈다. 그 사이에 나는 멀리 외국으로 나가 타향에서 생활하면서 비록 다른 일에 힘쓰기도 했으나, 결코 신상과제에 대한 자료수집과 사고를 멈추지 않았다.

　　1992년 초 미국에서 돌아온 뒤에야 비로소 시간을 내어 차분히 자료를 정리하고 생각의 갈피를 가다듬어 정식으로 이 책을 저술하기 시작했다. 그러나 뒤이은 1993년은 내가 온갖 고초를 다 맛본 한 해였다. 내가 존경하던 장모님께서 이 해에 불행히도 암으로 작고하시면서 〔겨우 향년 53세였다〕 우리 가족 모두에게 큰 타격을 안겨주었다. 그러나 거의 같은 시기에 늦둥이 아들이 태어나 거의 마비된 우리의 심경에 한 가닥 새로운 기쁨과 희망의 기운을 불어넣었다. 이처럼 빈번히 병원을 방문하면서 심신이 지치고 바쁜 상태 속에서도 나는 감히 잠시도 태만함이 없이 밤낮으로 작업에 몰두하여 마침내 이 책 약 30만 자의 초고를 완성하게 되었다. 이제 곧 원고를 인쇄에 넘기려는 마당에 그 동안 심혈을 기울인 두꺼운 한 무더기의 원고를 대하노라니 딱히 무슨 말을 해야 할지 모르겠다. 다만 스스로 고생스럽게 저술한 성과를 지극히 사랑하는 아내에게 바침으로써 지난날 우리가 겪은 고통스러운 세월의 증거로 삼고자 할 따름이다.

　　끝으로 나는 이 기회를 빌려 스승이신 장개원 교수께서 여러 해 동안 나에게 베풀어 주신 가르침과 격려에 대하여 거듭 감사를 드린다. 동시에 편집책임을 맡아주신 진익민陳益民 선생에게도 감사드린다. 이 책은 최초로 컴퓨터로 편집하고 출판했으며, 게다가 내가 저술과정에서 겪은 딱한 처지로 인하여 만약 진 선생의 엄밀한 점검이 없었다면, 책 속에 아마도 너무나 많은 '문자나 체제상의 큰 착오'를 남겨 나로 하여금 부끄러워 어쩔 줄 모르게 했을 것이다. 물론 아무리 그렇다고 할지라도 책 속에는 아마도 여전히 이러저러한 부족함과 착오가 있을 것이다. 독자 여러분의 아낌없는 질정을 바란다.

마민馬敏
1994년 7월 7일 무창 남호南湖 호반에서

후기 (2)

본서는 1995년 천진인민출판사天津人民出版社에서 출판된 뒤 동료·전문가들의 주목을 받아, 신상과 상회연구에 관한 중요한 저작 가운데 하나로 일컬어지게 되었으며, 여러 차례 국내외 저술에 인용되었다. 또한 일찍이 보다 광범한 독자층에게 어느 정도 반향을 불러일으켰다. 그러나 제1판은 인쇄수량이 한정되어 있어 일반서점에서는 구입하기가 쉽지 않았다. 이에 많은 동료와 일반독자들이 책을 구하는 편지를 보내왔으나, 유감스럽게도 내 개인수중에 있는 책 또한 점차 바닥이 나서 책을 원하는 많은 사람들의 수요를 만족시킬 수 없었다. 다행히도 이번에 화중사범대학출판사華中師範大學出版社에서 개교 100주년을 맞이하여 천진인민출판사와 협의 아래 '계원서총桂苑書叢'이라는 학술총서의 일환으로 재판을 하게 되어 개인적으로 큰 도움이 될 뿐만 아니라 책을 원하는 독자들의 고초를 어느 정도 해소시켜 줄 수 있게 되었다.

이번 재판은 기본적으로 원서의 예전 모습을 그대로 유지하고 있으며 일부 명백한 착오를 수정한 것을 제외하면 커다란 첨삭은 없다. 다만 독자들의 '신상紳商'의 어의에 대한 이해를 돕기 위하여 『역사연구歷史研究』 편집부와 작자 본인의 동의를 얻어 특별히 『역사연구』 2001년 제2기에 게재된 사방謝放·구첩邱捷 및 본인의 '신상'의 어의에 관한 논문 세 편을 책 뒤에 수록하여 독자들이 서로 대조하며 읽을 수 있도록 했다. 그밖에 인용문헌의 출처를 검색하기 쉽도록 학생들에게 도움을 청하여 「참고문헌목록」을 엮어 책의 뒤쪽에 첨부함으로써 학술저작의 체제에 더욱 부합되도록 했다.

본서의 재판에 즈음하여 다시 한번 나에게 도움을 준 스승과 동료, 그리고 본서의 출판을 위해 열과 성을 다해 준 편집부에 진심으로 감사를 표한다.

마민馬敏 부기附記
2003년 9월
화중사범대학 동구東區 새로 지은 집에서

역자 후기

　3년여에 걸친 각고의 노력 끝에 중국 화중사범대학華中師範大學 마민馬敏 교수의 저서 『관상지간─격변하는 사회 속의 근대 신상〔官商之間─社會劇變中的近代紳商〕』〔역서명 : 『중국 근대의 신상』〕이 마침내 한국어로 번역되어 한국어권의 독자들과 만나게 되었다. 돌이켜보면 당초 이 책을 어떻게 번역할지 논의할 때 우리는 주로 마민 교수의 심오한 학문 및 이 책이 중국 학술계에 미친 광범한 영향을 중시하였다. 아울러 우리는 이 일을 통해 한·중 양국의 학술 교류에 조금이나마 실질적인 역할을 할 수 있게 되기를 희망했다.

　그러나 번역과정에서 우리는 이 일이 생각했던 것보다 훨씬 복잡하고 어려운 작업이라는 사실을 깨달았다. 그래서 지금 이 순간 우리의 마음속에는 조금도 무거운 짐을 덜었다는 홀가분한 기분이 들지 않는다. 다만 우리는 이 일을 통해 상이한 문화와 언어를 뛰어넘는 작업이 확실히 도전적이면서도 의미있는 일이라는 사실 역시 충분히 깨달을 수 있었다. 게다가 그동안 우리는 한 글자 한 구절씩 내용을 다듬으면서 이 책이 갖고 있는 여러 가지 특징을 발견하게 되었고, 더불어 많은 것을 배우게 되었다.

　첫째로 마민 교수의『관상지간─격변하는 사회 속의 근대 신상』은 내용이 풍부하고, 취급범위가 광범하고, 중국에 근거하고 있으며 견해가 심오하다. 이 책은 시간적으로나 공간적으로 다루고 있는 범위가 매우 넓다. 종적으로는 신상계층의 형성과 변화라는 전반적인 역사과정에 대하여 전통 신사계층의 등장과 발전 그리고 명·청시대 신·상 합류紳商合流의 전승과 변화라는 기초 위에서 근대 신상계층이 형성되는 특수한 역사적 조건을 중점적으로 분석하고 있다. 그리하여 독자들로 하여금 고대 '사士'계층의 등장, 전통 신사계층의 형성과 변천, 신·상 합류의 맹아, 특히 근대 신상계층의 형성 및 그 역할과 작용 등의 문제에 대한 체계적인 인식과 이해가 가능하게 하였다. 횡적으로 이 책은 근대 신상계층에 대한 깊이있는 분석을 통해 신상의 유형구분·사회적 특징·사회적 기능·정치참여 등 여러 방면에 대한 연구를 진행함으로써 신상계층의 사회적 속성을 해독해냈다.

마민 교수는 신상계층이 뚜렷한 과도적 특징을 가지고 있으며, 전통사회와 가깝고 신·구 사회 계급·계층과 부분적으로 중첩되고 연결되어 있다는 점에 주의를 기울였다. 그들은 이미 근대공업에 투자하였고 전장·전당포·상점 등의 전통적 업종을 경영하였으며 그 생활방식과 문화적 망탈리테는 거의 전통 신사와 상인에 가까운 것으로 서양문명의 영향은 비교적 적게 받았다고 한다. 이 때문에 마민 교수는 "근대 신상계층의 사회계급 속성을 중국 민족 부르주아 계급의 초기형태라고 확정하였다. 이른바 '초기형태'란 신상이 아직 성숙되고 완비된 형태의 근대 부르주아 계급이 아니라, 단지 중국사회가 중세기 농경사회로부터 근대 공·상업사회로 전환하는 과정에서 일부 신사 겸 상인인 인물들이 점차 근대적 의미에 부합되는 기업가로 탈바꿈하였으며, 차츰 근대 민족 부르주아 계급의 몇몇 사상과 행위 특징을 구비하게 되었다는 것을 의미한다."[4장 3절]

또 저자는 중국에 입각하여 시종일관 신상계층은 "중국의 독특한 역사·문화적 전통, 사회구조 및 기타 역사적 조건들의 상호 작용의 산물"이라는 기본이념을 견지하였으며, 끊임없는 탐구와 노력으로 중국의 사회적 특질을 발굴하여 마침내 "사람들에게 근대 중국사회 역사를 이해하는 데 필요한 열쇠를 제공하였다."〔장개원의 「서문」〕

둘째로 마민 교수는 책 속에서 학술적인 시야의 넓음과 공력의 심후함을 잘 보여주고 있다. 그는 신상계층에 대하여 독특하고도 깊이있는 분석을 전개하고 관리와 상인 사이에 처한 중국의 신상과 서양 초기 부르주아 계급을 다각도로 비교하였을 뿐만 아니라, 국제학술계의 주된 관심사인 공적 영역(public sphere)과 시민사회(civil society)에 대한 견해를 재천명하고 있다. 그의 정확하고 투철한 견해는 많은 국제학자들과 충분히 어깨를 나란히 할만하다.

모두가 알다시피 일찍이 1950년대 초에는 하병체何炳棣와 장중례張仲禮가 중국신사에 대한 연구를 시작하였다. 60년대에는 고지마 요시오小島淑男와 마리-끌레르 베르제르Marie-Claire Bergère가 각각 근대 중국의 신상계층을 연구하였다. 메리 라이트Mary C. Wright는 각국의 학자들이 근대 신사와 사회 엘리트에 관한 연구작업을 더욱 적극적으로 전개하도록 큰 자극을 주었다. 뒤이어 미국 학자 페어뱅크John K. Fairbank 역시 『케임브리지 중국 만청사The Cambridge History of China』(Volume 10-11, Late Ch'ing, 1800-1911)에서 특별히 '신상계층'을 논하였다. 80~90년대에는 메리 랜킨Mary B. Rankin・윌리엄 로우William T. Rowe・프라센짓 듀아라Prasenjit Duara 등도 각자의 연구에서 약속이나 한 듯이 청말민초 중국에서는 이미 어느정도 시민사회와 공적 영역이 출현했다는 관점을 제기하였다.

마민 교수는 단지 이들 외국학자들의 뒤를 따라가면서 개념문제에서 시작하여 개념문제로 끝나는 식으로 중국에 공적 영역과 시민사회가 존재했는지 여부 등의 문제에 대하여 논쟁하고자 한 것이 아니라, 근대 신상의 숫자를 추산하고 신상집단 내부에 존재했던 선비형·매판형·관료형의 차이를 분석하는 작업을 통해서 신상의 과도적 특징과 중개 역할을 연구하여 '공公'적 영역에서부터 근대 도시 공익으로의 확대, 신식 상인단체(社團)의 정합整合 및 그 활동의 발자취 등을 밝혔다. 그렇게 함으로써 한편으로는 근대 중국신상의 연구를 촉진하여 중국학술계의 근대 중국사회 및 구조 체제의 변화에 대한 전반적인 인식을 심화시켰고, 다른 한편으로 국제학술계의 공적 영역과 시민사회, 특히 현대화 등의 문제에 관한 연구에 화답하여 중국의 경험과 독창적 견해를 제시하였다.

특별히 긍정적인 의미가 있는 것은 마민 교수가 서양학자들이 제기한 개념과 범주들에 대해 깊이있는 분석을 진행하여 서양학자들이 제기한 이른바 명·청 시기에 근대적인 변혁의 의미를 내포한 공적 영역 혹은 시민사회가 존재했다는 관점이 어쩌면 근본적으로 잘못된 것일지도 모른다고 지적한 점이다. 설령 근대 중국에서 점차 발전하는 이른바 시민사회라는 것이 있었다고 하더라도 그것은 서구적인 의미에서의 시민사회와는 다르다는 것이다. 이로부터 마민 교수가 상당히 심후한 학술적 조예와 국제적 시야를 갖추고 있음을 알 수 있다.

셋째로 이 책은 사료가 매우 상세하고 논증이 빈틈이 없으며 연구방법 역시 융통성이 있고 다양하다. 저자는 수많은 1차사료를 심도 있게 발굴·정리하고, 중국과 해외의 수많은 학자들의 우수한 연구성과를 흡수하여, 완전하고 짜임새 있는 신상 연구체계를 수립하기 위한 견실한 기초를 닦았다. 사실 일부 성공한 학술저작들은 기본적인 연구범주를 확립할 때 이미 그 성공여부가 정해진다. 마민 교수가 이 책의 제목을『관상지간─격변하는 사회 속의 근대 신상』이라고 정한 것은 바로 다음과 같은 인식에 기초를 둔 것이다. "신상은 신사와 상인이라는 이중적인 신분과 이중적인 성격을 한 몸에 지니고 위로는 관부와 통하고 아래로는 공·상업계와 연결하여 관리와 상인 사이의 완충 및 매개가 되어, 한편으로는 관부의 의도를 관철하고, 다른 한편으로 공·상업계를 위해 일함으로써 관리와 상인을 연결하는 전달자로서의 역할을 하였다." 이로부터 그는 누구나 동의할 만한 역사의 내부로 통하는 하나의 진입로를 찾아냈던 것이다.

또한 주목할 만한 가치가 있는 것은 저자가 여론餘論에서 숙련된 솜씨로 비교사적인 방법을 활용하여 전통에서 근대로의 변화라는 것을 기본 좌표左標로 삼아 영국의 '젠트리'·프랑스의 '법복 귀족'·일본의 '주판을 든 사무라이'와 중국 '신상'의 차이를 비교함으로써 일정한 보편적 의의 및 각국의 각자 다른 특색을 드러내 보이고, 더 나아가 중국의 "현대화 과정 속의 관·상 관계"를 탐구하였다는 점이다. 그는 역사의 심층적 원인을 조사하여 관료와 상인의 관계 및 거기에서 비롯된 국가와 사회의 전개에 대하여 논술하였는데, 치밀하게 논증하여 베일에 싸인 진실을 들추어 냄으로써 중국 현대사회의 구조변화와 재수립 등 중요한 이론문제에 해답을 주었다.

그러나 진실로 마민 교수의 『관상지간─격변하는 사회 속의 근대 신상』을 위해 서문을 쓴 중국의 저명한 역사학자 장개원章開沅 교수가 말한 바와 같이 우리 역시 "결코 이 책이 완전무결하다고는 생각하지 않는다. 이러한 충분하지 못한 점들은 바로 마민 교수 및 이후의 사람들이 분발하여 새로운 학술적 노력과 공헌을 이루어 보완하길 기다리고 있다."

책 전체의 완성도를 유지하기 위해 우리는 부록으로 실린 세 편의 글, 즉 사방謝放 교수의 「'신상'의 어의語義 분석」, 마민 교수의 「'신상'의 어의 및 함의에 관한 몇 가지 검토」, 구첩邱捷 교수의 「청말 문헌 속의 광동

'신상'」도 번역하였다.

　또, 번역 과정에서 우리는 열람할 수 있는 1차문헌과 학자들의 저작을 서로 대조하여 몇몇 실수를 바로잡았다. 하지만 우리의 학식과 수준에 한계가 있기에 여전히 만족하기 어려운 점들이 있을 것이다. 독자들의 비평과 지적을 바란다.

　마지막으로 마민 교수의 번역자들에 대한 신뢰 및 바쁜 일정에도 불구하고 번역작업에 기꺼이 협조해 준 데 대하여 감사하고 싶다. 또, 부해안付海晏·진방秦方·풍지양馮志陽·이정방李淨昉·유우총劉宇聰 등 중국 학생들과 김동학·강명화·조영숙 등 한국 학생들의 도움 역시 잊을 수 없다. 고문해석을 도와준 정용수 교수, 서양사에 관한 질문에 흔쾌히 응해준 박순준·김학이 교수, 일본 인명표기를 도와준 김재현 교수, 교정을 도와준 남영주 선생에게도 감사의 뜻을 전한다. 더욱 고마운 것은 한국의 동아대학교와 신서원 출판사의 일관된 지원이다. 전자는 책의 번역에 필요한 연구비를 지원해 주어 교육과 연구작업의 국제화에 대한 높은 관심을 보여 주었으며, 후자는 심오한 학술적 가치를 지닌 이 연구저작이 더욱 많은 한국독자들에게 읽혀 질 수 있도록 실질적인 노력과 공헌을 했다.

　이것은 또 한 차례의 오래 기억될 학술방면에서의 국제적 합작이다. 이를 통해 한·중 양국 학자 사이의 우정이 오래 지속되고, 아울러 수준 높은 연구성과들이 끊임없이 쏟아지길 바란다.

후걸
2006년 1월 28일

색인

□쉼터

(ㄱ)

가경전柯敬傳 201
가봉시柯逢時 439
가식적인 현대화〔虛假的現代化〕 621
가의賈誼 96
각단 연합회 578
간옥계 298
간옥계簡玉階 297
간조남 298
간조남簡照南 297
간타전看咑錢 75
감녕지역贛寧之役 595
감생監生 119
갑장甲長 384
강공은江孔殷 498, 692
강남제조국江南製造局 581
강서토원군江西討袁軍 595
『강소江蘇』 154
강소교육총회 448
강소도독부江蘇都督府 588
강소자의국江蘇咨議局 568
강약소講約所 385
강유위 181, 454
강유위康有爲 171
강재江才 122
강절江浙철로분쟁 531
개란광무공사開灤礦務公司 260
거독사去毒社 406
거아운동 516, 518
거약회拒約會 522
거연총회拒烟總會 405
검을 가진 기사〔帶劍的騎士〕 366
격자회 400
견습공 275

경무공소警務公所 483
경사권공진열소京師勸工陳列所 489
경사수도공사〔京師自來水公司〕 261
경심서원經心書院 383
경원선 211~218, 254, 326, 347, 349, 394
경원선經元善 210, 329, 341, 392, 516, 557, 626, 639
경자선당敬慈善堂 263
경정서원經正書院 213
경종루警鐘樓 397
계소송季筱松 156, 335
계숭경桂嵩慶 327
계신양회공사 259, 261
계신양회공사啓新洋灰公司 259
계연戒煙 401, 403
계연선회戒烟善會 402, 403
계축지역癸丑之役 595
고공창考工廠 489
고대의 상인계층 65
고민령告緡令 89
고염무顧炎武 159
곡물상 281
곡물업 280
「공사율」 148
공생貢生 56
공소公所 415, 417, 418, 420, 421, 423, 424, 426, 427, 430
공소의 기능 420
공익사업 388
공자진龔自珍 129
공적 영역〔public sphere〕 7, 8, 375~377, 381, 385, 387, 471~476, 478, 479
공정국工程局 409
공진회共進會 575

공체상용工體商用」론 139
과거공명 54
과거제도 20, 28, 29, 58, 169, 171
과도계층 353
과도적 특징 359
과색課索 77
『곽숭도주고郭嵩燾奏稿』 638
곽요郭樂 297
곽천郭泉1 297
관도官倒 30, 630
관독상판官督商辦 625, 626
관료형 신상 241
관반管班 399
관본위사회 29
관상官商 30, 241, 244, 630
관상과 신상 241
관상과 신상의 중요한 구별 244
관성궁關聖宮 310
관소요關少堯 578
관자管子 79
『관자』 83
관장포關莊布 305
『관장현형기官場現形記』 691
관전국官錢局 584
관전시민공사觀前市民公社 463
관중管仲 80, 83
『관책關冊』 317
광동신상 677, 678
광동관廣東館 310
광동방廣東帮 307
광동자의국廣東咨議局 560
광동주저가대화공총공소廣東籌抵苛待
　　　　華工總公所 522
광동총상회廣東總商會 522

광무공사礦務公司 329
광조공소廣肇公所 233
광주선시공사廣州先施公司 338
광주총상회보廣州總商會報 693
굉의학사宏毅學舍 263
교정생鄔挺生 224
교통운수업 323
구대회口袋會 400
구덕준裘德俊 153
『구시게요救時揭要』 236, 238
구찬삼區贊森 699
구천句踐 69
구패球牌 523
구화회救火會 396
국제비교 366
국회청원 558, 563, 565
국회청원운동 568
군장매판軍裝買辦 223
굴대균屈大均 245
권선간보회勸善看報會 349
권업회勸業會 487
귀거래사歸去來辭 49
귀유광歸有光 113
귀장歸莊 121, 174
극존신의克存信義 275
근대 도시 공익사업 387
근대사회의 대변동 127
근신近臣 86
금衿 54
금각禁権 89
금연 401, 403
기거분紀巨汾 664
기남관暨南館 491
기제수룡구화사旣濟水龍救火社 397

색인　731

기창윤선공사旗昌輪船公司　232
길드guild　420
김성金城　381
김성金聲　122

(ㄴ)

『낙범루문집落帆樓文集』　105
낙양　74
낙연樂捐　451
남북사선생南北四先生　256
남사선생南四先生　257
남양공학南洋公學　254
남양권업회　487, 490~492, 495, 496, 499, 500, 504, 505
납속배작제도納粟拜爵制度　119
낭사閬絲　98
노동력 시장　100
노식路息　451
노야老爺　688
노홍창盧鴻倉　185
농림공회農林公會　263
농회　451
능복팽凌福彭　177, 645, 661

(ㄷ)

단團　415
단련　384
단방端方　495, 503
담인봉譚人鳳　573
당경성唐景星　303
당인唐寅〔唐伯虎〕　122
당정추唐廷樞　227~231, 233, 235, 319, 343
당정추와 정관응　227

대동향大同鄕　302
대생사창大生紗廠　163, 204, 206, 305, 326~328, 642
대시大市　67
대영지戴盈之　82
대인大人　688
덕대사창德大紗廠　298
도검을 주판으로 바꾼 무사　368
도승교사우공사渡僧橋四隅公社　465
도시자치에서의 신상　454
도연명　49, 51, 262
도용陶熔　397
도정상陶正祥　203
도주공陶朱公　69
도통道統　51
독보회讀報會　349
동맹회　571
동삼성보위공소東三省保衛公所　467
동생童生　56
동업공소同業公所　417
동의대의義大　398
동족〔家族〕　47, 274, 275, 291, 295, 302, 339
동족〔家族〕제도　19
동족기업　297
동족기업 네트워크　292
동족기업 집단　300
동족식〔家族式〕 경영　290
두국斗局　281
두국자斗局子　281
두점斗店　280

(ㄹ)

레이H.N. Lay　228
로버트 달러Robert Dollar　504

(ㅁ)

마강후馬剛候　578
마건충馬建忠　138, 301
마례손교회학당馬禮遜敎會學堂〔Morrison School〕　227
마상백馬相伯　301
마운청馬雲靑　399, 439
마응표馬應彪　338
막자경莫子經　580
만수궁萬壽宮　310
말업　83
망탈리테　11, 207, 339, 352
매리분회梅里分會　443
매판〔comprador〕　219~221, 224, 226, 233
매판간買辦間　221
매판계층의 수입　222
매판의 신사화　219
매판의 총수　222
매판형 신상　219
맹계부孟繼符　295
맹계생孟繼笙　295, 296
맹서잠孟瑞箴　295
맹연승孟衍升　295
맹자　81, 82, 111
맹전산孟傳冊　295
맹흥지孟興智　295
면방직업　321
명·청시대의 사회변동　97
명치유신　622
명치정부　622, 631
모조모毛祖模　183
목상요穆湘瑤〔자는 抒齋〕　166
목우초穆藕初　297, 298, 346, 349
목저재穆杼齋　297, 298

『몽양록夢梁錄』　73
무사武士　36, 39
무창봉기　574
무창지방보안사武昌地方保安社　439
무호상회蕪湖商會　438
문곡성文曲星　116, 125
문맥〔context〕　654, 668
문사文士　36, 39
문학사文學社　575
물산회物産會　491
미국상품배척운동　518, 525, 526, 527, 528, 529
미부화유美孚火油　286, 337
민국 초기 신상의 변천　594
민족주의　507, 508

(ㅂ)

박람회　487
반두盤頭　399
반조겸潘祖謙　164, 288, 289, 340
밥신도〔吃敎〕　197
방개당方介堂　291
방건강方建康　292
방성재方性齋　292
방수회防水會　400
방앙교方仰喬　292
방연상龐延祥　155
방윤제方潤齊　291
방중方中　351
백규白圭　70
범려范蠡　69
법복 귀족〔穿袍貴族〕　367
변경汴京　74
변시辯士　85

색인 733

별회別會 441, 446
병변兵變 602, 603
병비兵匪 603
병전兵戰 133~135, 137, 138
보갑제도 384
보로동지군保路同志軍 574
보로운동保路運動 574
보로집고대회保路集股大會 539
보로투쟁保路鬪爭 545
보안사保安社 438
보안회保安會 401, 438
보영국保嬰局 391
보절원保節院 391
보정保正 384
보제당普濟堂 377
복강전장福康錢莊 335
복건관福建館 310
복전원福田院 377
봉천보위공소奉天保衛公所 467
부유한 기사〔財富的騎士〕 367
부현傅玄 95
북사선생北四先生 257
북양성냥공사〔北洋火柴公司〕 331
『북화첩보北華捷報』 229
분호왕래제分號往來制 276
불산佛山의창 382
비금오費金吾 246, 247
비순費淳 175
비옹업肥壅業 411
빈민습예소貧民習藝所 583

(ㅅ)

사적 사회 386
사士 33, 37~39, 54, 64, 80, 85, 86

사士계층의 대두 33
사군자士君子 38
사단社團 181, 425
사대부 42, 43, 45, 48~50, 64
사대부 문화 48
사대부의 학자적 품성 50, 51
『사등社燈』 611
사명은행四明銀行 582
사무엘 브라운S.R. Brown 227
사무엘 헌팅턴Samuel P. Huntington 601
4대선四大船 288
4민四民 20, 80, 85, 86
4민사회四民社會 79, 87, 93, 94
사문沙文 220
사민士民 80, 87
사세춘史世椿 380
사수社首 379, 382
사시司市 67
사신士紳 55, 63, 64
사업공소絲業公所 421
사연紗捐 451
사와 상의 융합 111
사우재총설四友齋叢說 114
사족士族지주 45
사창 382
사창社倉 376, 379
사천상회연합회 445
사행 417
사혼상재士魂商才 370
산민전산算緡錢 89
산부算賦 89
산서표호山西票號 276
산역散役 399
상계계연소商界戒烟所 406

상고지사商賈之士 86
상단 434~436, 438
상단공회 437
상단공회商團公會 447, 590
상덕회관常德會館 310
『상률商律』 148, 149
상무공소 661
상무국 661
『상무보商務報』 351
상무재판소商務裁判所 84
상방商幇 77, 306, 415
상법초안대회商法草案大會 562
상부商部 147
상사공단처商事公斷處 484
상신商紳 175, 24
상앙商鞅 83
상업권공회商業勸工會 490
상업자본 26
상업전습소商業傳習所 263
상업회관 77
상업회의공소 182
상인에서 신사로의 전이 152
『상인통례商人通例』 148, 265
상전商戰 133, 135, 137, 138
상정商政 550
상춘常春 178
상층신사 53
상판철로공사 546
상평창常平倉 379
상해구화연합회上海救火聯合會 397
상해기기직포국上海機器織布局 321, 325
상해상무총회 432, 519
상해상업회의공소 182, 183, 267
상해성상내외총공정국上海城廂內外總工

程局 458, 481
상홍양桑弘羊 89
상회商會 151, 180, 182, 425, 427, 429, 430, 432, 436, 442, 444, 445, 448, 452, 453, 481
『상회간명장정商會簡明章程』 428
상회당안商會檔案 193
상회설립의 의의 180
상회의 회의제도 429
『상회제명록商會題名錄』 427
새회賽會 487
생원 56
서건후徐建候 350
『서경부西京賦』 89
서원 383
서원무徐源茂 398
서윤徐潤 184, 223, 228, 231, 233, 267, 286, 303, 341, 343, 350
서초후徐超候 350
석시夕市 67
석원사石元士 287
석자회惜字會 381
석정보席正甫 303, 344
선비형 신상 197
선비형 신상의 특성 216
선시백화점〔先施百貨商店〕 338
설남명薛南溟 286
설복성薛福成 139, 142, 143
섭성해葉星海 413
섭징충葉澄衷 286, 337, 341, 365
섭혜균葉惠鈞 581
성강盛康 249
성도상무총회成都商務總會 484
성발호成發號 281

색인 735

성병기盛炳紀 166
성상내외자치공소城廂內外自治公所 458
성상내외총공정국城廂內外總工程局 447
성선회盛宣懷 161, 182, 211, 249, 251~255, 361
성선회와 주학희 249
『성세위언盛世危言』 237
『성시일보醒時日報』 610
성유선강 385
성자치공소城自治公所 583
셰익스피어 116
소가로蘇嘉路 536, 537
소경사창蘇經絲廠 321
소농경제 26
소동향小同鄕 302
소륜사창蘇綸紗廠 163, 321
소방 395
소상체육회蘇商體育會 435, 446, 590
소상총회蘇商總會 431, 451
소성상품진열소蘇城商品陳列所 489
소성철로공사蘇省鐵路公司 535, 536
소소병蘇紹柄 466
소속상회연합회蘇屬商會聯合會 445
소속지방자치주판처蘇屬地方自治籌辦處 462
소순蘇甸 96
소장공소梳粧公所 419
소주 407, 99
소주농무총회 451
소주상단 435
소주상무총회 526
소주상회 446
「소주상회당안檔案」 193
소주소목업공소蘇州小木業公所 421

소주소장공소蘇州梳粧公所 420
소주염방업공소蘇州染坊業公所 420
소주의 공소 421
소주전화국蘇州電話局 334
소주학무공소蘇州學務公所 449
소주회관 308
소항용철로 534
소항용철로蘇杭甬鐵路 542
손낙수孫樂修 168
손대만孫大巒 200
손손孫遜 168
송교인 암살사건 597
송교인宋敎仁 573, 579, 595
송국음宋國陰 399
송승암宋勝庵 201
송안宋案 595
송위신宋煒臣 158
송호淞滬철로 532
수객선생水客先生 283
수국水局 395, 396
수단水團 439
수룡국水龍局 395
수룡회水龍會 396
수사水社 395
수소회水筲會 400
수재 56
수회水會 395, 399, 439
순경국 407
순덕상무분회順德商務分會 443
『순자』 81
순황 86
순황荀況 84
시市 66
시모노세키 조약 515

시민계층 101
시민공사市民公社 463~466, 549
시민사회(civil society) 7~9, 364, 471, 472,
    476, 477, 479, 481, 482, 484, 485,
    621, 632
시민사회의 추형 471, 473
『시보時報』 344
시봉施鳳 198
시부사와 에이이치澁澤榮一 369
시영施瑩 465
시적市籍 87
시정 407
식루息樓 587
식물새회관植物賽會館 495
신4민론 107
신紳 54
신강申江 653
신관상新官商 248
신금紳衿 55
『신보申報』 170, 394
신사운동설 23
신사gentry의 정의 53
신사紳士 55
신사계층 21
신사계층의 수입원 152
신사로부터 상인으로의 전화 162
신사상민紳士商民 175
신사와 상인gentry and merchants 175, 178
신사와 상인의 합류 30, 97, 151
신사의 사회적 역할 63
신사의 수 57, 60
신사의 함의 53
신상紳商(a gentry merchant) 19, 21, 22, 25,
    33, 174, 175, 178, 674

신상계층 11, 25, 26, 174
신상과 결사단체 414
신상과 근대 부르주아 계급 353
신상과 민족주의 507
신상과 사회공익 375
신상과 시민사회 454
신상과 신해혁명 569
신상과 입헌운동 547
신상보위국紳商保衛局 439
신상영도체제 428, 475
신상의 민족의식 507
신상의 수적 통계 192
신상의 숫자 192, 193, 196
신상의 실업투자 313
신상의 연령 192
신상의 참정의식 547
신상의 함의 174
신식사단 네트워크 452
신식상인 결사단체 424
신식상인 결사단체의 정합 441
신주학사神州學社 575
신해혁명 22, 24, 27, 571, 573
신해혁명의 성격 25
실결實缺 155
심만운沈縵雲 566, 573, 579
심신경沈信卿 580
심요沈垚 105, 106, 109, 118
심운패沈雲沛 165, 361
심판청審判廳 484
심학心學 101

(ㅇ)
아편 401
아편전쟁 402

아행세 280
안혜경顏惠慶 258
「야독夜讀」 123
약도藥都 282
약재업 282
약정約正 385
양계초梁啓超 130, 171, 455, 480, 528
양계헌楊桂軒 303
양공楊鞏 167
양리洋釐 275
양매남楊梅南 303
양명간楊明簡 190
양무파 134
양문광楊文光 297
양병농梁炳農 494
양성 519
양유楊儒 518
양음당楊蔭棠 648
양제원養濟院 377
양종한楊宗瀚 286
양해산楊海珊 167
양행 133
양호서원兩湖書院 383
양환규梁煥奎 320
양희중楊希仲 297
엄기장嚴其章 495
엄신후嚴信厚 157, 165, 182, 184, 267, 345
엄자균嚴子鈞 267
에피쿠로스의 신 65, 69, 74, 95, 160
여계보로회女界保路會 540
여국렴黎國廉 679, 680
여규선呂逵先 438
여문의余文義 380
여미삼읍회관旅美三邑會館 692

여석진余席珍 381
여원홍黎元洪 577, 600
여조응余兆熊 166
『역언易言』 135, 236, 239
연관捐官 153, 161
연관烟館 402
연국捐局 153
연납捐納 119~121, 152, 154, 155, 157, 158, 185, 190, 192, 223, 224, 243, 276, 424, 689, 690
연수捐輸 152, 158, 243
염상鹽商 241
영국복공사英國福公司 19, 530
영국은공사英國銀公司 532
영녕구화사永寧救火社 401
영덕생榮德生 297, 298, 299
영미연공사英美烟公司 224, 304
영성보寧星普 521
『영어집전英語集全』 229
영업산업유한공사榮業産業有限公司 333
영의용사永義鎔社 398
영종경榮宗敬 158, 297, 298, 299
영파방寧波幇 307, 312
영파회관寧波會館 312
영화공당永和公堂 422
영희태榮熙泰 297
예개정倪開鼎 465
예비입헌공회預備立憲公會 559, 561
오건장吳健章 361
오국금吳國錦 201
5두五蠹 85
오리고吳理杲 272
오병감伍秉鑒 242, 243
오원미伍元薇 243

오자목吳自牧　73, 75
오정생鄔挺生　342
오종용吳宗融　381
5체육회五體育會　434
『오풍록吳風錄』　113
오회구〔형〕吳懷玖〔馨〕　580
옥황궁玉皇宮　310
완적　51
완적阮籍　49
왕괴산王槐山　221, 286
왕금보王琴甫　438
왕기王畿　101
왕동유汪同愈　649
왕동유王同愈　163, 345, 350
왕선겸王先謙　167, 253, 323
왕송봉汪松峰　120
왕순수汪純粹　121
왕승회王承准　167
왕안석王安石　78, 113
왕양명　101, 102
왕요신王堯臣　299
왕우경王禹卿　299
왕우람王友欖　285
왕원보王元寶　78, 79
왕진王震　346, 498
왕현빈王賢賓　183, 269, 282, 521
요좌희寥佐熙　385
요합姚合　73
용굉容閎　225~227, 233
용국龍局　395, 396
용문진龍門陣　302
용사勇士　85
용사龍社　395~397
용제광龍濟光　594

우선갑尤先甲　164, 272, 288, 289, 340
우선성尤先聲　288
우지모禹之謨　167
우흡경虞洽卿　312, 498
운금공소雲錦公所　586
운육정惲毓鼎　535
웅극무熊克武　595
원세개　258, 500, 601, 605, 606
원수훈袁樹勛　457, 481
월상자치회粵商自治會　190, 468, 469, 549, 571, 699
월증월성月增月盛　276
월한철로　534
위령궁威靈宮　310
위르겐 하버마스 Jürgen Habermas　472
위생　407
위원魏源　134
위정휘魏廷暉　437
『유림외사儒林外史』　25, 117
유사游士　39, 45
유상儒商　197~199, 201, 203, 204
유세가　86
유수옥鈕樹玉　198
유승음劉承蔭　269
유일소부동향회留日蘇府同鄕會　540
유정실劉正實　377
유통표流通票　585
유흠생劉歆生　188
육견산陸見山　121
육영당育嬰堂　377
육영소育嬰所　391
육우암陸雨庵　540
육윤상陸潤庠　321
육윤상陸潤庠　163

육의陸儀　379
윤선초상국輪船招商局　303, 625
융커Junker　367
은사隱士　85
은탁銀拆　275
『의검루시초倚劍樓詩草』　693
의돈猗頓　70
의량議糧　385
의리양전설義利兩全說　371
의예회義瘞會　381
의창義倉　376, 379
의학전습소醫學傳習所　263
이경교李慶剴　156
이계기李戒期　469
이국위李國偉　299
이권회수운동　530, 544, 546
이병요李炳燿　190
이사명李士銘　287
이색운李索雲　568
이야정李也亭　292
이운서李雲書　294
이유유왕利有攸往　275
이자운李紫雲　438, 576
이정보李定甫　413
이종각李鐘珏〔자는 平書〕　166
이지李贄　101, 103, 105
2차혁명　595, 596, 596, 600
이평서李平書　385, 434, 456, 498, 528, 579, 580~582, 598
이필안李珌安　294
이홍장李鴻章　128, 129, 134, 211, 232, 235
인각陳寅恪　668
인경麟慶　175
일저삼면제一底三面制　335

임병장林炳章　405
임시질단국臨時質緞局　586
임여주林汝舟　659
임흠林鈫　303

(ㅈ)

자공子貢　70
자모상권子母相權　139
『자본론』　65
자본주의의 맹아　100, 128
자유국慈幼局　377
자정원　568
작爵　34
작은 정부 큰 사회　632
잠상강습소蠶桑講習所　263
잡량행雜糧行　416
장건張謇　163, 181, 204~207, 209, 210, 257, 298, 304, 319, 322, 326, 327, 345, 347, 360, 369, 455, 456, 499~501, 504, 515, 550, 557, 559, 564, 597, 624, 642
장건과 경원선　204
장건재張健齋　201
장경강張慶鏘　155
장기 지속　20
장리겸張履謙　288, 289, 336, 340
장명기張鳴岐　591
장명기張鳴岐　594
장박張朴　203
장병장蔣炳章　568
장보고蔣報科　190
장본열張本列　200
장안　74
장업공소醬業公所　421

장욱남張煜南　494
장제張祭　298
장조동張祖　67
장형張衡　89
장회章匯　285
재리가세裁釐加稅　554
재리인연裁釐認捐　445, 554
재야 사회집단　54
재야 시정권력 네트워크　476
재야계층　174
재야사회 계층　673
재야성　58
재진載振　147
쟁약처爭約處　523
저피오련업猪皮熬煉業　412
적곡창積谷倉　383
전국상단연합회　435
전당전당　277
전당공소　662
전당업　278, 279, 336
전당포　278, 279
전업공회錢業公會　585, 589
『전연재기傳硯齋記』　121, 174
전장錢莊　274, 275, 335
전통 상인조직　414
전통적 신사계층　33
절강철로공사浙江鐵路公司　535
정건창丁建昌　223
정관응鄭觀應　135, 137, 138, 142, 143, 211, 234~238, 240, 303, 326, 625, 626
정덕전程德全　587, 593, 599
정련중程聯仲　404
정문서鄭文瑞　234
정백소鄭伯昭　304

정보정丁寶楨　383
정생鄭生　200
정일창　226
정일창丁日昌　225, 230, 392
정정강鄭廷江　234
정통政統　51
정효서鄭孝胥　559
제1차 청원운동　563
제2차 국회청원　564, 566
제3의 영역(the third realm)　10
제3차 국회청원　567
제염업　281
「제전題錢」　115
조시朝市　67
조이손趙爾巽　593
조일승趙日升　397
조조晁錯　71
조조비趙祖庇　379
조지 번햄George Burnham　505
존 프라이어John Fryer　350
존슨B. Johnson　230
종선수회從善水會　396
주금잠周金箴　182, 184, 446
주기앙朱其昻　231
주보삼朱葆三　188, 267
주액周掖　320
주자춘朱子春　320
주재정朱載亭　320
주정필周廷弼　364
『주지암선생사략周止庵先生事略』　258
주지요朱志堯　301
주진공소籌賑公所　393
주진표周晉鑣　582
주청원周淸原　377

색인 741

주학희周學熙 256, 257, 259~264, 342, 346, 347, 361
죽림칠현 49
준관료〔semi-bureaucracy〕체계 19
중개역할 359
중국 민족 부르주아 계급 26
중국 전통사회 64
중국 초기 공·상 부르주아 계급 27
중국 최초의 박람회 487
『중국경제전서中國經濟全書』 178, 222
중국국민총회中國國民總會 573
중국실업협회 501
중국여학당 214
중국의 현대화 과정 620
중국최초의 상회 183
중서학당中西學堂 254
중화상무총회中華商務總會 190
중화전국상회연합회 446
증렴曾廉 284
증주曾鑄 158, 188, 286, 435, 519, 529, 555
지방공의회 470
지방성 58
지식분자 40, 41
직상職商 178, 664, 666, 674, 682
진기건陳基建 469, 686, 690
진기룡陳夔龍 410, 592
진기미陳其美 573, 579, 581, 598
진란훈〔기〕陳蘭薰〔琪〕 495
진무계연종사振武戒煙宗社 403
진문광秦文光 378
진문위陳文煒 323
진벽陳壁 168
진소유陳少游 112
진신縉紳 55
진운룡陳雲龍 190
진윤부陳潤夫 267
진지굉陳志宏 378
진치陳熾 143, 144, 181
진혜보陳惠普 469, 685, 699
진획陳㩴 103, 104

(ㅊ)
차서次敍 67
『차완노인칠십세자서且頑老人七十歲自敍』 580
차파差派 77
찰거제察擧制 46
창문병변閶門兵變 602
창수倉首 379
채광업 319
채보경蔡輔卿 438, 576, 578
채승공소采繩公所 422
채운생蔡雲笙 539
채정은蔡廷恩 466
책론 171
천상궁天上宮 310
천진공안총회 449
천진방역보위의원天津防疫保衛醫院 413
천진상단 440
천진상무공소天津商務公所 183
천진상업권공회天津商業勸工會 490
「천진상회당안」 194
천진체육사天津體育社 439
천진현자치기성회天津縣自治期成會 468
천후궁天后宮 310
철로권리회수운동 546
첨태규詹泰圭 285
청말 중상주의 136, 139, 140, 143, 146, 180

청말 중상주의의 대두　136
청일전쟁　162, 172, 514
청정부와 명치정부　623
체육회　434, 437, 438, 447
최초의 상인　68
추풍치鄒風熾　78
『춘추곡량전春秋穀梁傳』　80, 86
충격-반응　131
췌서贅壻　87
치사致仕　56
치생治生론　101, 107, 113, 247
치안용사治安龍社　398
7과적七科謫　87

(ㅋ)
클라우드 맥도널드Claude M. Macdonald　532

(ㅌ)
탄파과색攤派科索　76
탕서湯緖　539
탕수잠湯壽潛　559
탕장제宕賬制　334
탕화룡湯化龍　560, 575
태평천국　160
토원군討袁軍　598
토크빌De Tocqueville　479
통사通事　220
특권　60

(ㅍ)
팔고문　170, 171
패장牌長　384
팽여종彭汝琮　325

페스트　413
평망분회平望分會　443
평장공관平章公館　660
포문鮑雯　202
표호票號　274, 276, 277
품해패품海牌　523
풍계분馮桂芬　134, 170
풍내馮鼐　466
피낭Pinang　659

(ㅎ)
하계　145, 146
하계何啓　138, 141
하량준何良俊　108, 109, 114, 117
하문거독사廈門去毒社　405
하심은何心隱　109
하층신사　53
학부學部　208
학사學士　86
학신學紳　21, 172, 363, 448
학자적 품격　50
학자적 품성　52
학전學戰　352
한구공익구환회漢口公益救患會　470
한구상무총회　576
한구상무총회漢口商務總會　185
한구영제소방회漢口永濟消防會　401
한국〔高麗〕　540
한권업장진회武漢勸業獎進會　490
한범韓范　379
한비韓非　84, 86
합진수회총국闔津水會總局　399
항조량杭祖良　566, 568
항해조례　615

색인 743

행行 76, 415
행규전 421
행두行頭 76
행로行老 76
행상 242
행수行首 416
행업공소行業公所 417
행주行主 416
행회行會 76, 77, 415, 416, 420, 430
향신鄕紳 22, 63
향토연원 291
허덕유許德裕 398
『허연노인묵적椛緣老人墨迹』 345
『허연화집椛緣畫集』 345
허죽일許竹逸 285
허형許衡 102, 104, 106
헌정동지회憲政同志會 560
헌정참여 558
헤겔 476, 482, 484
혁광奕劻 147
혁명 572
『협객담俠客談』 142, 672
협사俠士 86
협진공소協脈公所 213, 392, 394
혜로자제당惠老慈濟堂 377
호가로滬嘉路 536, 537
호광관湖廣館 310
호군도독부滬軍都督府 583

호녕滬寧철로 532
호례원胡禮垣 138, 141, 145, 146
호사湖絲 98
호한민胡漢民 700
호항용철로滬杭甬鐵路 42
홍일법사弘一法師 346
화사火社 395, 396
화상사창연합회華商紗廠聯合會 298
화상연합회華商聯合會 445, 562, 564
『화상연합회보華商聯合會報』 562
화신和珅 245
화신방직공사華新紡織公司 261
황가웅黃駕雄 156, 465, 527
황경당黃景棠 693
황경종黃敬宗 199
황복黃福 693
황상皇商 241
황성증黃省曾 113
황여충黃汝忠 379
황역규黃亦葵 692
황장수黃長壽 202
황종희黃宗羲 107
황주회관黃州會館 310
회관會館 307, 310, 312, 415, 421, 424, 426,
      427, 430
회우會友 426
휘상회관徽商會館 381